超越國境的東亞近現代史

國際秩序的變遷

上卷

中日韓三國共同歷史編纂委員會 著

前言

懷着對和解與和平的期待，我們告別了曾經被侵略與戰爭所困擾的 20 世紀，迎來了新的 21 世紀。但是，新世紀剛一開始，圍繞歷史認識與歷史教科書的爭議就在東亞突出地表現出來。為了在反省過去歷史的基礎上加深相互理解，形成歷史認識的共有，開拓東亞未來的道路，中日韓三國的學者、教師與市民團體的代表們開始了編寫共同的歷史教材的努力，嘗試突破以往以本國為中心描述歷史的框架。

2005 年 5 月，我們編寫的《東亞三國的近現代史》讀本在出版後，出乎意料地產生了極大反響，在中日韓三國的發行總量超過了 30 萬冊。各國都有一些學校，包括初中、高中甚至大學將其用作輔助的教材。這本書也引起了美國、歐洲及世界其他許多國家學術界和從事歷史教育的相關人士的注意，人們對東亞三國學者以「共有的歷史認識」為平台，開創「和平、人權、民主主義的未來」所做出的努力給予熱切的響應。

但是，《東亞三國的近現代史》一書也存在局限性和問題。例如，有人認為那本書側重於對日本發動侵略戰爭的批判，相對削弱了對和平的展望，也未能充分體現「共有的歷史認識」；也有人指出：那本書雖然旨在從「東亞史」的角度回顧歷史，但事實上仍停留在對三個國家近現代史的平行敘述上。這些意見都切中了《東亞三國的近現代史》一書的核心問題。

幾乎在《東亞三國的近現代史》讀本出版的同時，東亞出現了消除歷史認識紛爭的種種努力：在韓國和日本，出版了好幾種共同編寫的歷史著作，提高了對鄰國歷史的關心；為消除歷史糾葛、實現歷史認識的共有，東亞地區召開了多次以東亞史為主題的研討會和論壇；韓國編寫的高中「東亞史」教科書已

經刊行，從 2012 年起在學校正式使用。

社會的關注，學術界的交流，對實現歷史認識共有的期待，是對我們的莫大鼓勵。因此，我們決定本着編寫《東亞三國的近現代史》讀本的宗旨，在那一本書的基礎上繼續編寫新版共同歷史讀本。

2006 年 11 月，在日本京都召開的國際會議上，我們就共同編寫反映中日韓三國共同歷史認識的系統性的東亞近現代通史的基本原則達成了共識，即：新版共同歷史讀本（以下簡稱為「新書」）定位為加深理解東亞近現代史，促進實現歷史認識的共有；延續《東亞三國的近現代史》讀本的工作方式，將內容作進一步的延伸。

2005 年出版的《東亞三國的近現代史》，着眼於促進中日韓三國學生和民眾正確理解近現代史的歷史事實，糾正錯誤的歷史認識，因此內容構成以三國之間存在爭議的話題和內容為主。而「新書」的目標是將東亞近現代史放在世界史的發展中予以系統解釋，因此改變了執筆者只承擔本國歷史寫作的方式，而是按每章安排寫作任務，並圍繞東亞近現代史結構變化展開敘述。「新書」注重從東亞地區國際關係中分析中日韓三國的國家結構和相互關係的變動，而且要結合東亞地區與歐美國家之間的關係變動來進行敘述。

考慮到單純從東亞國際關係變動的角度敘述會忽略對民眾具體生活形態的描述，進而無法看到民眾活動和交流同近現代史之間的聯繫，所以我們決定將反映三國民眾生活與交流的內容也放在「新書」中。這樣，「新書」的上卷是按時間順序從國際關係的演變角度敘述東亞三國近現代史的結構變動，下卷則按專題，分門別類地反映東亞民眾的生活和交流。

為了編寫「新書」，三國學者間舉行了十四次國際會議，其中東京三次，北京六次，首爾四次，濟州島一次，另外，還召開了五次討論有關編輯事務方面的會議。

我們之所以耗費大量時間和精力從事共同研究，其目的不僅僅是學者之間

對具體研究成果進行交流與深化，也不僅僅是單純地匯集個別的研究成果，而是為了打造共同的「作品」，着眼於將共同努力的成果轉化為社會的公共財富。而作為自 2002 年以來推動我們不斷前行的動力的是「建設東亞和平共同體」的共同問題意識。

　　與本世紀初我們開始共同編寫歷史讀本時的情況不同，如今，東亞三國間圍繞「東亞共同體」建設的討論已經開展得十分活躍了。我們期待這本書能夠有助於消除三國糾紛、建設和平。只有這樣才是東亞民眾溝通、共享文化、交流思想的未來發展之路。

　　我們真誠期待這本「新書」被大家廣泛閱讀，並展開討論。期盼這本「新書」能夠起到正確認識東亞歷史，用開放的視野對待本國之外的其他國家的歷史，以及建立面向未來的歷史認識的作用。帶着這樣一種期盼，我們在中日韓三國一起出版由兩冊構成的「新書」，願以此為契機，掀起新一輪有關東亞歷史認識的對話和交流的熱潮。

中日韓三國共同歷史編纂委員會

2012 年 5 月

目　錄

第一章

西方衝擊與
東亞傳統秩序動搖

本章大事年表

1592 年	豐臣秀吉發動侵略朝鮮戰爭
1597 年	豐臣秀吉再次發動侵略朝鮮戰爭
1603 年	江戶幕府創設
1616 年	後金建立
1623 年	仁祖推翻光海君
1627 年	後金與朝鮮戰爭
1636 年	後金改國號「清」，與朝鮮戰爭
1644 年	明朝滅亡
1684 年	清朝宣佈停止海禁
1811 年	朝鮮通信使中斷
1840 年	第一次鴉片戰爭
1842 年	中英《南京條約》簽訂
1854 年	《日美和親條約》簽訂
1856 年	第二次鴉片戰爭
1858 年	締結《安政五國條約》
1864 年	高宗即位、興宣大院君執政
1868 年	明治維新、明治政府成立
1871 年	《中日修好條規》簽訂
1872 年	廢琉球王國為琉球藩
1874 年	日本出兵台灣
1875 年	江華島事件
1876 年	《朝日修好條規》簽訂

自古以來，東亞地區傳統秩序由冊封朝貢關係所構成。自稱天子的中國皇帝通過冊封的形式，承認周邊國家國王的合法地位及其管轄區域，周邊國家國王則需要定期向中國派遣使節進貢，以表示其臣服於中國皇帝。但是，中國和周邊國家與民族的關係，在不同時期其具體形式也並非一成不變。17世紀在中國發生的明清王朝交替，尤其被廣泛理解為以夷變夏的事件，對東亞地區秩序帶來了巨大影響。

　　此後，以1840年第一次鴉片戰爭為契機，東亞地區傳統秩序發生動搖。西方列強在19世紀入侵東亞，以《萬國公法》（國際法）為紐帶建立了新的國際秩序。這個以西歐為中心的國際秩序，標榜文明國家之間的平等。西方列強以《萬國公法》為口號，認為侵害半文明國家主權為理所應當，同時認為「無主」的未開發地理所當然地應由最早發現和開拓的人來支配。《萬國公法》對西方列強支配佔領世界版圖賦予了「正當性」。

　　在東亞地區向西方列強開放門戶後，日本較早地利用《萬國公法》的兩面性，積極推進向文明國進軍的戰略步伐。在推進本國文明發展進程的同時，日本利用文明發展理論，強迫鄰國朝鮮和中國接受其殖民統治和半殖民統治，因此，導致亞洲地區傳統秩序崩潰的力量不僅僅是西方列強。

　　在這一章裡，我們主要介紹東亞傳統的地區秩序，和西方列強的侵略戰爭給此地區秩序帶來的變化，以及東亞各國關係重新調整的過程。

第一節　17 世紀東亞政治變動與區域秩序

中日朝三國間的戰爭與政治變動

　　15 世紀的東亞地區秩序，是中國明朝與各地區統一政權間建立的冊封朝貢關係。但是，16 世紀中葉以後，因倭寇在中國東南沿海地區再次開展秘密貿易，使得既有的和平外交關係與和平交流方式開始動搖，並在 16 世紀末日本侵略朝鮮後發生重大轉折。

　　豐臣秀吉統一日本，結束了日本長達一百多年的戰國時期。他向大名勢力透露其欲征服明朝傲視東方的雄心，並於 1592 年發動侵略朝鮮的戰爭❶。其實，這次侵略戰爭的目的，是為了控制大名勢力擴張，以及恢復 16 世紀中期以後中斷了的日本與明朝之間的勘合❷貿易。

　　戰爭初期，因日本在統一過程中積累了豐富的作戰經驗，加上接受西洋技術製造了新式火槍，於是日軍很快攻佔漢城（今首爾，日本強行吞併朝鮮半島後曾稱京城），並繼續挺進，最後直逼明朝國境。節節勝利的日軍北上，遭到了朝鮮水軍及義兵抵抗。李舜臣❸率領的朝鮮水軍，阻斷了北上日軍的軍需供給。朝鮮各地義兵組織游擊戰，也不斷進行抵抗。此外，明朝為了在遼東地區進行防禦，防止戰火蔓延至本土，便派出軍隊，與朝鮮軍聯合攻下平壤城，使

---

❶ 明萬曆年間，豐臣秀吉曾發動兩次進攻朝鮮的戰爭，中國稱「朝鮮之役」。第一次在1592年，日本稱「文祿之役」，韓國稱「壬辰倭亂」；第二次在1597年，日本稱「慶長之役」，韓國稱「丁酉再亂」。

❷ 勘合：日船入港需要持有的證明，即執照簽證。

❸ 李舜臣（1545～1598），朝鮮王朝時期著名將領，在任全羅左道水軍節度使時，改製龜甲船抵禦日本軍隊的進攻，被譽為韓國民族英雄。

得戰局發生逆轉。明朝軍隊南下途中，在高陽碧蹄館敗給日軍，戰爭進而陷入僵局。此後，明軍不顧朝鮮的反對試圖和日軍講和。

明朝以日軍撤退為前提，提出了講和條件，即應允冊封豐臣秀吉為日本國王，日本向明朝政府朝貢。對此，豐臣秀吉提出迎娶明朝公主，割讓朝鮮八道中的四道，以及無論冊封與否也要恢復勘合貿易等條件。但是，明朝政府卻認為，只有將日本納入到冊封朝貢體系中，才能實現講和，於是冊封豐臣秀吉為「日本國王」（1596 年）。豐臣秀吉見自己提出的其他要求沒被採納，1597年再次發動了戰爭。1598 年豐臣秀吉病死後，受朝鮮軍和明朝軍隊聯合反擊，孤軍作戰的日軍完全撤離朝鮮。

日本前後兩次侵略朝鮮的戰爭持續七年時間，最終在東亞各地區出現王朝政權交替等政治變動。基於這些新變化，東亞地區新的國際關係即將出現。

繼豐臣秀吉之後，德川家康開創了日本江戶（今東京）幕府時期（1603年）。德川幕府上台後，為恢復因戰爭中斷了的日本與朝鮮和明朝間的外交關係不斷展開交涉。

幕府對朝政策，儘管在不同時代略有不同，但總體上維持了以對馬藩為媒介，恢復和維持鄰國關係。因兩次日本對朝鮮的侵略戰爭，日朝外交關係中斷，經濟頗受影響的對馬藩，甚至通過秘密偽造兩國國書，積極為恢復兩國關係充當橋樑。1607 年，朝鮮和幕府講和後，向幕府派遣「回答兼刷還使」。1609 年，朝鮮又允許對馬藩通過在釜山設立的「豆毛浦倭館」這一機構，重新恢復對朝貿易往來。日朝關係得以恢復，這與當時的局勢不利於朝鮮也有關係。就當時的朝鮮而言，既需要應對在北方逐漸發展壯大的建州女真 ❶ 勢力對其構成的威脅，還需要正式終止對日戰爭狀態並恢復邦交關係，從而在南部建立穩定的對

---

❶ 在中國東北南部地區活動的女真族，即後來的滿族。

外關係。

　　對明朝方面，幕府則欲通過琉球恢復兩國關係。1609 年，經家康允諾，薩摩藩征服琉球王國，建立了主從關係。但薩摩藩採取了不干預琉球王國和明朝間固有的朝貢關係的方針，因此琉球王國處在既屬明朝又屬薩摩藩的特殊地位。當明朝拒絕通過琉球與幕府進行交涉後，幕府只能通過往返東南亞地區的朱印船 ❶，與明朝開展間接貿易。「朱印船」是得到幕府承認允許與外國展開交易的貿易船舶，主要在以長崎為中心的海域開展活動。因此後明朝頒佈禁令，1635 年「朱印船」也停運。

　　幕府以對馬藩為媒介，成功恢復了與朝鮮的外交關係。但是，幕府與明朝間的外交關係正常化卻遭到了失敗。此後，幕府徹底實施海禁政策。而另一方面，又在長崎壟斷針對荷蘭和中國的貿易往來，承認以對馬藩為媒介與朝鮮展開的貿易，和以松前藩為媒介與蝦夷地（今北海道）、樺太（今庫頁島）開展貿易，以及薩摩藩通過琉球王國與中國開展的貿易。

　　朝鮮、明朝與日本三國正展開戰爭時，在中國東北地區的女真族努爾哈赤勢力不斷壯大，甚至還曾向明朝提出要派兵支援朝鮮。1616 年，努爾哈赤建國，國號為「後金」，隨後向明朝宣戰，並佔領了遼東地區的撫順（1618 年）。明朝一方面積極備戰，準備討伐後金，另一方面又以在「壬辰倭亂」和「丁酉再亂」時曾派援軍為由，要求朝鮮派援軍討伐後金。對此，為不激怒後金，維護朝鮮安全，朝鮮國王光海君想與明朝和後金同時開展雙重外交。但是，由於明朝的壓力，以及在朝鮮內部出現理應向曾派兵援朝的明朝提供援兵的輿論，光海君最終決定派兵。在薩爾滸之戰 ❷ 中，朝鮮援軍遭到慘敗。這與光海君指示

---

❶ 在日本持有「異國渡海朱印狀」，被特許前往安南、暹羅、呂宋、柬埔寨等東南亞國家進行貿易的商船。

❷ 1618年，當時的後金與明朝軍隊的重要戰爭，努爾哈赤以少勝多，奠定了此後清朝建立的基礎。

長崎唐船：1571 年，日本長崎成為貿易港，中國船隻（唐船）每年頻繁來訪，許多中國人定居長崎，形成唐人居住區（長崎縣美術館藏）

朝鮮軍避免積極應戰及投降後金的密令有直接關係。此後，朝鮮光海君拒絕明朝增派援軍的要求，並想與後金和親，以維持和平，因此與主張援明的官吏矛盾不斷激化。1623 年，朝鮮發生了仁祖推翻光海君政權的軍事政變——「仁祖反正」。

　　對此，明朝政府一開始譴責，認為「仁祖反正」是動搖明朝與朝鮮之間已有冊封朝貢關係之根基的「篡奪」行為。當時，仁祖需要得到明朝冊封，並承認其新政權的正統性地位，以鞏固其統治。於是，仁祖特別強調光海君聯合後金欲背叛明朝，以及表明將積極協助明朝討伐後金行動之意。明朝政府因後金威脅面臨危機，迫切需要朝鮮的援助，便以冊封為條件要求朝鮮「援明抗金」。

仁祖從明朝獲得帶有條件的冊封後，採取了「親明排金」的外交路線。當然，這也並不意味着朝鮮就可以很快「排金」。相反，仁祖因內部沒有構建堅實的政權基礎，所以採取了慎重的態度以維持現狀，即一方面強調「親明」，一方面又試圖不刺激後金。

這一時期，後金皇太極繼努爾哈赤登基後，1627 年發動戰爭討伐朝鮮 ❶。因戰備不足，朝鮮撤退到江華島做長期作戰準備，同時接受後金的「兄弟關係」提議實現講和。對朝鮮而言，一直以來都維持了優於女真族的地位，因此與女真族建立的後金簽訂兄弟之盟，本身就是屈辱行為。加之，後金經常向朝鮮提出物資要求，更加重了朝鮮的經濟負擔，這樣便使朝鮮走上排金路線。儘管取得了經濟利益，但是後金對朝鮮日益高漲的排金情緒也表示出了不安。

1636 年，皇太極稱帝，改國號為清。清朝在與明朝對抗的同時，要求朝鮮接受藩屬關係。朝鮮國內要求與清朝積極作戰的聲音逐漸佔據上風，更進一步惡化了兩國關係。同年 12 月，清軍出兵朝鮮 ❷。在南漢山城作戰 45 天後，仁祖最終投降。朝鮮同意清朝提出的藩屬關係而進行朝貢，並斷絕與明朝的外交關係，以及在清軍討伐明朝時增派援軍。清朝在消除來自朝鮮的後顧之憂後，最終於 1644 年推翻明朝，在中國大陸建立新的王朝。

後金（清）兩次向朝鮮發動戰爭，是源於明、後金（清）、朝鮮等三國在 17 世紀初呈現複雜外交關係的戰爭。在戰爭過程中，日本的幕府或對馬藩均提議向朝鮮提供武器，進行軍事援助，還致力於積極改善「壬辰倭亂」後惡化了的日朝關係。對此，為了警戒日本並牽制清朝，朝鮮對日本採取了溫和外交政策。「丙子胡亂」爆發前，朝鮮派往日本使節團的名稱，從包括對日本的和親邀請予以「回答」與「召回俘虜」之意的「回答兼刷還使」，更名為意指兩國

---

❶ 韓國的歷史書中將這一事件稱為「丁卯胡亂」。
❷ 韓國的歷史書中將這一事件稱為「丙子胡亂」。

清代北京妙峰山地區廟會民
俗風景

基於「信義」開展交流的「通信使」，可以充分反映這一政策。

　　16 世紀末 17 世紀初，以朝鮮為舞台，中朝日三國間發生了四次戰爭，由此建立了新的東亞地區秩序。其中，尤其是明清交替過程被人們認為這是以「夷」變「華」，對當時的東亞秩序帶來了深刻影響。

「大航海」熱潮湧入東亞地區

　　15 世紀後半期，東亞地區秩序正發生變化。其時，歐洲國家已開展「大航海」，經過東南亞，湧入到東亞地區。16 世紀中期以後，葡萄牙在澳門建立根據地，並開始壟斷對華、對日貿易。同時，西班牙在馬尼拉獨佔對華交易，並逐漸掌握了倭寇進行轉口貿易的途徑。不久，荷蘭在印度設立東印度公司，獨佔對日貿易，在東亞貿易中奠定其優越地位。這個時期，通過海洋貿易，歐洲

與美洲新大陸所產白銀不斷流入東亞，並與日產銀一道，在東亞地區建立了以銀作為流通媒介的龐大的經濟圈。

歐洲國家在開拓殖民地的同時，通過從羅馬教皇那裡接受的「傳教保護權」，積極宣傳天主教。澳門成為天主教在東亞地區的傳教中心。

耶穌會在東亞地區正式傳播，並非始於中國，而最早始於日本。1549 年，聖方濟各・沙勿略抵達日本九州，之後也有不少傳教士陸續到日本傳教。當時日本正值戰國時期，為實現富國強兵，大名在各地展開激烈競爭，他們對西方人威力強大的大炮表示出興趣，甚至有部分大名後來成為天主教徒。江戶幕府在建國初期，承認外國人的經商和傳教活動，但在獲悉荷蘭人散佈的葡萄牙和西班牙覬覦日本領土的消息後，便禁止傳教活動。1637 年，天主教信徒在九州島原發動政變。隨後，幕府全面禁止天主教活動。這導致與天主教有關的葡萄牙和西班牙在日本的貿易被迫終止，只允許與信奉新教的荷蘭進行貿易。

在中國，馬泰奧・里奇（Matteo Ricci）於 1583 年進入大陸後，天主教才正式傳播。他在傳教實踐中，尊重以尊孔祭祖為代表的中國風俗習慣，並穿儒士服裝，同時還給自己起了一個中國名，叫「利瑪竇」。耶穌會內部認為這種傳教方式走向了異端，並予以批判。在 17 世紀中期以後長達一百多年時間裡，在中國展開了圍繞是否尊孔祭祖等中國文化與風俗習慣有關的「禮儀之爭」。在此過程中，教皇派遣使節向清朝傳達「勅書」，告誡中國禮儀是迷信行為。對此，清朝政府認為這是對中國內政的干涉，因此只准許尊重中國禮儀的天主教傳教士進行傳教活動，而禁止其他宗教在中國傳教。

自 16 世紀末以來，葡萄牙、英國、荷蘭、法國、美國等外國船舶經常出入朝鮮半島沿岸。西方船舶訪朝目的，根據不同國家和不同時期而有所不同。起初，大部分外國船舶是因漂流偶然抵達朝鮮，或因補充糧水和燃料等原因臨時靠岸，但隨着時間推移，逐漸轉為以測量和考察、要求通商及傳教為目的的秘密靠岸。朝鮮政府應對外國船舶的策略，並沒有採取「一刀切」態度，而是

16~17 世紀，白銀在世界的流通路線

根據具體情況而定。對於漂流船舶，不論國籍，一律按照船舶人員的意願予以遣返。在收留遇難人員，並給他們提供食宿的同時，嚴禁其與朝鮮居民進行接觸，隨後予以遣返。除因惡劣天氣被迫漂流至朝鮮的情況外，對於凡提出測量、通商、傳教等要求的西洋船舶，朝鮮一律予以拒絕，態度十分強硬。

明清交替與東亞地區秩序變化

1644 年，清朝攻佔北京城。儘管推翻了明朝政府，但是各地反清運動不斷，氣勢兇猛。特別是明朝將軍鄭成功，在 1661 年成功驅逐荷蘭人後，以台灣為根據地，通過海上活動，對清朝構成了極大威脅。清朝在 1656 年首次頒佈禁

海令，1661 年又頒令嚴禁沿海居民的移民活動，由此進一步強化其海禁政策。

　　1683 年，清政府在平定台灣鄭成功勢力後，放寬海禁政策，允許中國商人進行海外貿易。與此同時，在福建廈門、廣東廣州、浙江寧波、江蘇上海等四地建立海關，管理海外交通和貿易，並徵收進出海關的船舶關稅。這就意味着，即便沒有建立冊封朝貢關係，但只要具備支付關稅等一定條件，也可以與清朝進行貿易。為了將這種通商形式與朝貢區別開來，故稱為「互市」。1757 年以後，只允許在廣州十三行進行貿易時，也一直保留着這種通商形式。以廣州為中心，以東印度公司的船舶為主的歐洲各國的船舶紛紛來到中國。

　　17 世紀中期，俄羅斯將勢力擴張到了黑龍江流域，在尼布楚、雅克薩築城的同時，為了與清朝政府通商，還派使節數次前往北京，但都遭到失敗。在鎮壓台灣鄭氏勢力後，為了控制東北邊境地區俄羅斯哥薩克移民增多，清朝於1685 年收復位於黑龍江邊俄羅斯所佔領土雅克薩（雅克薩戰爭）。俄羅斯先暫撤到尼布楚，隨後再次向雅克薩發動攻擊。對此，清軍再度予以回擊。經長時間談判後，1689 年清政府與俄羅斯在尼布楚簽署劃界條約（《尼布楚條約》）。其結果是，清朝獲得黑龍江流域領土的控制權，一直維持到 19 世紀中葉，而俄羅斯方面，也得以繼續開展北京貿易。至此，中國東北地區邊界雖然得以確定，但西北蒙古地區與西伯利亞間的邊境問題卻沒有明確下來，因此有關貿易糾紛日益增多。為解決這個問題，1727 年，中俄兩國決定將以前任意開展的貿易僅限在恰克圖（《中俄恰克圖條約》）。當時確定的邊界一直延續至今，成為俄羅斯與蒙古間的國界。

　　清朝通過與俄羅斯簽署確定兩國領土邊界問題的條約，承認了俄羅斯具有同等主權國家地位，但在劃定中朝邊界問題上，卻採取了截然不同的態度，沒有締結條約。

　　當時的清朝與朝鮮，隔着鴨綠江和圖們江互相往來，糾紛時有出現。1685年，在長白山附近考察的清朝官員，被渡過鴨綠江放山（採山參）的朝鮮人殺

害。這個事件當時引起外交問題。此後，在 1690 年、1704 年、1710 年，也發生了類似事件。為解決中朝邊境問題，清朝政府派大臣前往該地區勘察邊界。1712 年 5 月 15 日，在鴨綠江、圖們江兩江分水嶺設立「穆克登碑」❶，作為查邊定界的憑證。但是，到 19 世紀 80 年代，圍繞「圖們江」問題，清朝與朝鮮兩國再次出現領土糾紛。

清朝中央負責對外事務的機構有禮部和理藩院。理藩院除了管理內外蒙古、青海、新疆、西藏等中國內部藩屬以外，還負責管理從西北兩面陸路進入中國的俄羅斯與廓爾喀、浩罕等中亞國家的外交事務。禮部則主要負責管理朝鮮、琉球、安南、緬甸、暹羅、南掌、蘇祿等朝貢國，以及從東南沿海地區進入中國的日本、印度、荷蘭、葡萄牙、西班牙、英國、法國等互市國的外交事務。

清朝的對外政策，也反映在東亞地區國家之間的外交關係上。首先，朝鮮與中國國土相連，雖然曾計劃討伐清朝，但在現實壓力下，最終還是被納入到以清朝為主導的冊封朝貢關係之中。為紀念「壬辰倭亂」時向朝鮮派援軍的明朝神宗皇帝，朝鮮修築大報壇，可見朝鮮對明朝的信義仍根深蒂固。同時，朝鮮並沒有將清朝視為「中華」，並從理念上已經構建了將自身解釋為繼承「明朝之禮」的中華文明的「小中華思想」。這種在思想層面維護和明朝間的「信義」，以表示對清朝精神抵抗的勢頭，一直持續到 18 世紀後期。此外，從 18 世紀中期以後，朝鮮還通過引進西方文化，逐漸迎來引進清朝文化的繁榮時期，一些有識之士在目睹和切身體會這一過程後，提出了不再排斥清朝文化而是積極引進清朝文化為內容的「北學論」思想。

與朝鮮不同，日本幕府受清朝施加的壓力相對少，較為自由，不接受清朝

---

❶ 韓日稱之為「白頭山定界碑」。

冊封，只以長崎為中心開展交易，成為清朝的互市國。就這樣，日本置身於以清朝為中心的冊封朝貢關係之外，此後出現了視朝鮮、琉球、荷蘭、阿伊努（アイヌ）❶為「夷」的華夷思想。

明清交替這一中國內地政治變動，為朝鮮和日本這些國家建立獨立的中華思想，以及從以中國為中心的中華思想中脫離出來，提供了重要契機。這對朝日關係也帶來了重大影響。壬辰倭亂後，應日本邀請，朝鮮再次派遣通信使，既為了牽制清朝，也防止日本再侵朝鮮。幕府通過朝鮮通信使的訪日，積極向內展示將軍權威。但是，17 世紀後期，以清朝為中心的東亞地區秩序逐漸趨穩，幕府權威得到鞏固，也就失去了對通信使的需求，於是 1811 年後兩國停止互派通信使。

這一時期，東亞地區對外基本上嚴格貫徹海禁政策，其自給自足經濟也沒有發生重大改變。因為歐洲國家的貿易船還只是極少數，因此在與中國進行的貿易中，一直處於貿易逆差地位。其結果是，與南北美洲不同，當時東亞地區國家沒有被納入到從屬於歐洲的勞動分工體系之中。

18 世紀末，比起其他西方國家，英國已在廣東貿易中佔有絕對優勢地位。然而，在中國市場，英國的商品並沒有受到歡迎，相反英國從中國大量進口茶葉，出現了嚴重的貿易逆差。為解決貿易逆差問題，英國開始往中國出口印度鴉片。此後，東亞地區迅速被捲入以資本主義為基礎的、以歐洲為中心的分工體系中。

---

❶　生活在北海道的日本少數民族。

廣州城平面圖

1. 海關
2. 外國商館
3. 粵海關監督衙門
4. 總督衙門（至一八五八年為止）
   天主教會（自一八六〇年起）
5. 總督衙門（自一八六〇年起）
6. 撫台衙門
7. 將軍衙門
8. 八旗操場
9. 貢院
10. 英國領事館（自一八六〇年起）
11. 法國領事館（自一八六〇年起）
12. 法場
13. 投遞稟貼的城門

18 世紀廣州城平面圖（上）與廣東商館圖（下）

東亞地區冊封朝貢關係

在古代東亞地區，有一種以中國為中心的「華夷」觀念。「華夷」觀念一開始是指稱中國中原地區「華夏」文明與其周邊民族「夷（狄）」間的文化差異，最初只是解釋中國內部各民族關係的一種文化觀念。但是這一概念逐漸擴大，以至於後來指稱中國與周邊國家間建立的政治關係。冊封朝貢關係是其具體表現形式。這種冊封朝貢關係可追溯到秦代，經過漢代，到了隋唐時期，其性質更為明確，到明朝時期，其體系的構建最終完成。

那麼明朝的冊封朝貢關係是如何形成的呢？首先，我們看明朝與朝鮮的關係。1392 年，朝鮮國建立。在建國初期，明朝雖然立即承認朝鮮建國，但卻一直沒有冊封朝鮮太祖李成桂。朝鮮國王最終獲得明朝的冊封，是通過明太祖駕崩後圍繞爭奪帝位發生的「靖難之變」而實現的（1399年）。其時，朝鮮國王太宗從明朝建文帝那裡得到冊封，並向建文帝提供軍馬援助（1401 年）。不久，建文帝在帝位爭奪戰中失利，朝鮮便再次向剛剛即位的永樂帝提出冊封請求（1403 年）。對因非嫡長子在繼承帝位時缺乏正統性的永樂帝而言，這無疑是承認其為中國合法天子之意，因此欣然允諾朝鮮的這一請求。此後，朝鮮對明朝維持事大政策，力求鞏固政權穩定，同時通過朝貢貿易發展經濟和文化。明朝對朝鮮採取的態度是，只要朝鮮不對明朝構成威脅，明朝也絕不干涉朝鮮內政。

以倭寇問題為肇端，明朝與日本之間的冊封朝貢關係得以建立。1370 年，明太祖向統治日本九州地區的後醍醐天皇之子懷良親王派遣使者，主要有兩個目的：討伐經常出入中國沿海的倭寇，奉勸他派遣使者

向明朝朝貢。1371 年，懷良親王向明朝進貢，被冊封為「日本國王」，並將明朝冊封的關係視作統治九州地區的重要手段。1392 年，室町幕府第三代將軍足利義滿鎮壓在九州地區建立政權的南朝勢力和倭寇，此後也試圖通過與實施海禁政策的明朝開展貿易，以擴大幕府財政收入。恰逢此時，明朝內部發生如前所述的「靖難之變」，所以與朝鮮被冊封一樣，足利義滿也分別在 1401 年和 1403 年獲得了明朝建文帝和永樂帝冊封為「日本國王」，並開始勘合貿易。於是，曾經存在的明朝與足利義滿之間只有朝貢而沒有冊封的特殊關係得以改變。

朝鮮和日本兩國關係，也在以明朝為中心建立的朝貢冊封關係中得以確立。1404 年，足利義滿以「日本國王」名義，向朝鮮國王發出書契。此後，朝鮮國王向幕府將軍派遣通信使，而幕府將軍也以「日本國王」名義再次派遣使節前赴朝鮮。兩國互派通信使，主要是因兩國均為受明朝冊封的藩國，需要建立對等的關係。

但上述僅限於朝鮮與幕府之間的關係，而並不適用於朝鮮與對馬的關係。為征討倭寇，朝鮮建國初期便攻擊倭寇根據地對馬島。1443 年，朝鮮與對馬最終正式簽署《癸亥條約》，明確規定對馬向朝鮮朝貢的次數、時間和船舶的數量。可見，朝日關係表現為雙重結構：即在以明朝為中心的朝貢冊封前提下，朝鮮國王與室町幕府將軍之間是對等關係；而朝鮮國王與對馬島島主之間則是從屬關係。

綜上所述，15 世紀以後，以明朝為中心的東亞地區朝貢冊封關係逐步建立。當時，東亞地區新建政權之間需要承認對方政權地位的狀況，使這種關係得以進一步發展。

古代琉球

14 世紀，現在的沖繩地區主要有北山、中山、南山三大勢力，1492 年，由中山建立統一王朝，即琉球王國。通過明朝皇帝冊封的關係，琉球國王與明朝展開密切的外交和貿易活動，還與朝鮮、日本、東南亞積極開展中轉貿易。

琉球王國向明朝皇帝進貢琉球產的馬匹、硫磺、磨刀石、紡織品，日本產的刀劍等武器、屏風、扇子，以及東南亞的胡椒、蘇木和象牙等物品；同時，又從中國引進鐵製器具、紡織品和陶瓷等。琉球王國的船隻還以向明朝進貢為名，往返暹羅、蘇門答臘、爪哇、安南等東南亞地區，這些船隻頻繁出入那霸港。琉球王國船隻在日本的兵庫港停靠，將東南亞地區的蘇木、胡椒和明朝的銅錢帶到日本國內。1469 年，琉球發生政變，新的王朝誕生，但是與亞洲各國的外交、貿易仍舊十分活躍。那霸港因博多、堺港等日本商人，及其他外國商人經常出入，而變得繁華。但是，16 世紀中期，隨着葡萄牙和西班牙入侵，以及中國和日本商人積極推進海外貿易，琉球貿易開始衰退，其地位隨之下降。

1609 年，日本薩摩藩侵略並征服琉球王國，並將琉球王國對華進貢貿易納入其管理範圍。1644 年，中國的清朝建立，取代之前的明朝。1654 年，清朝決定冊封琉球王國。1663 年，冊封使東渡抵達琉球王國。此後，每次琉球王國的國王更迭，都會迎來清朝的冊封使。琉球王國每兩年一次向北京派遣進貢使，拜見中國皇帝，獻上國書與禮品。進貢使歸國後先向琉球國王提交報告書，隨後也派人到薩摩藩報告中國國情。這種形式一直持續到 1870 年。

此外，琉球王國也向幕府派遣使節。1634 年，琉球使節在京都拜見幕府將軍。1644 年以後，則直接派使節拜訪江戶。琉球使節分為慶祝將軍更替的慶賀使和琉球國王向新就任的將軍表示謝意的謝恩使。

　　就這樣，琉球向中國皇帝和日本將軍都派遣使節。古代琉球王國，不論在政治外交還是經濟貿易方面，在東亞都扮演了橋樑的作用。

第二節　西方列強侵略東亞

鴉片戰爭和《南京條約》

　　廣東貿易是維持海禁政策的清政府唯一對外開放的貿易窗口，通過壟斷商人組織機構「公行」自行徵收關稅，監視和限制外國商人的貿易和行動。這成為英國擴大貿易之障礙，為打破這種貿易壁壘，英國曾多次派遣使臣，要求廢除貿易限制，建立對等外交交涉權，但清政府的態度始終沒有改變。

　　在此背景下，1784 年英國的茶葉關稅下降，英國對中國茶的需求猛增。英國為籌備購買茶葉所需之白銀，不得不需要尋找一種替代物來代替原來作為主要出口商品的紡織品。他們最終選擇的這種商品正是鴉片。英國向印度低價出口紡織品獲取利潤，同時通過向中國秘密出口印度鴉片，以確保大量的白銀流入英國。然後，再用這些白銀，大量進口中國茶葉和瓷器等，從而確保了巨大的經濟利潤。這樣，便形成了由英國對印出口貿易、印度對華貿易和中國對英貿易所構成的「三角貿易」外貿渠道。其結果是，在 19 世紀 20 年代中期以後，鴉片走私擴大，清朝財政出現貿易赤字，大量白銀流入海外，而且其規模逐年劇增。

　　儘管清朝政府多次頒發鴉片禁令，但到 19 世紀 30 年代後期，中國至少有兩百多萬人已染上鴉片煙癮。面對這種局面，清朝內部展開了激烈討論，但意見不一，包括嚴禁進口鴉片和立足實際對其進行合法化管理等主張。其中，嚴禁鴉片主張最終佔據上風。1839 年，清政府派欽差大臣林則徐前往廣東嚴查鴉片交易。林則徐以英國船員殺害中國人為由封鎖了澳門港，沒收 2 萬 291 箱（1284 噸）鴉片並銷毀。英國以此為藉口，發動第一次鴉片戰爭。鴉片戰爭是西方列強正式進軍東亞地區的重要契機。英國議會不顧在野保守黨的鴉片貿

易彈劾論，通過了提供戰爭所需軍費的決議。這意味着新興商業資本家要求廢除限制性廣東貿易，以及主張自由貿易的觀點被議會採納。此後，以堅船利炮武裝的英國軍隊很快佔領長江下游諸城市，進逼南京城下。清政府最終於 1842 年 8 月與英國簽訂《南京條約》。

《南京條約》全文共十三款，主要內容包括：中國割讓香港島；開放廣州、廈門、福州、寧波、上海等五處為通商口岸；准許英國派駐領事，准許英商及其家屬在通商口岸自由居住；向英國賠款洋銀 2100 萬元，其中賠償被銷毀鴉片 600 萬元，賠償英國軍費 1200 萬元，償還英商債務 300 萬元；廢除清政府原有的「公行」貿易制度；進出口商品關稅由兩國協定。1843 年，清朝與英國在虎門簽訂《五口通商附粘善後條款》及協定關稅補充條約，即《虎門條約》。1844 年，清朝還與美國和法國分別簽訂《望廈條約》和《黃埔條約》，並承認協定關稅、領事裁判權、最惠國待遇、開放港口的船舶停泊權等條款。這些條約都是清朝被迫與西方列強簽訂的不平等條約。

根據《南京條約》規定，從 1843 年至 1844 年間，廣州、廈門、福州、寧波、上海等地陸續被開放。但是，清朝與西方列強簽訂條約，不過是暫緩危機的權宜之舉，並未從根本上改變既存的朝貢貿易方式。因此，以英國為首的西方列強向中國全面出口絲織品的構想，進展並不順利。此外，中國的社會經濟結構仍有很強的自給自足性質，人們排斥進口商品，而且在鴉片戰爭以後，排外情緒以廣州為中心快速蔓延。

1856 年，掛英國旗的華人商船亞羅號在航海途中被清朝官吏截留，全體船員以海盜嫌疑遭到搜查，英國國旗也被扔入大海（亞羅號事件）。以此為契機，英國拉攏正與清朝就傳教士在廣西被殺事件進行交涉的法國，共同出兵中國（第二次鴉片戰爭）。英法聯軍先是佔領廣州，隨後繼續北上，抵達天津，便要求修改條約，並於 1858 年與清政府簽訂《天津條約》。主要內容包括：外國公使駐京；外國人可前往內地遊歷，允許外國商船駛入長江沿岸各口岸經

第一次鴉片戰爭形勢圖

商；鴉片貿易合法化；增加通商口岸；保護基督教士傳教。美國和俄國也相繼與清政府簽訂相同條約。

　　按《天津條約》規定，在簽約後一年內，在北京互換其批准書。當英法聯軍撤軍後，清政府官員提議廢除《天津條約》。1860 年，英法聯軍再次入侵、佔領北京，火燒圓明園，並強迫清政府簽訂《北京條約》。在英法聯軍撤離北京後，俄國也與清政府簽訂《北京條約》。清政府在 1858 年還曾與俄國簽訂《璦琿條約》，承認黑龍江以北為俄國領土。在中俄《北京條約》中，清政府又承認烏蘇里江以東地區為俄國領土。這樣，便為俄國佔據海參崴地區提供了條件。

　　清朝立足朝貢貿易，向西洋各國有限制地開放的廣東貿易體制最終消失，從此進入持續百年之久的不平等條約體系時期。

佩里艦隊與日本「開國」

　　19 世紀後，為打開中國市場，以及爭奪荷蘭屬地與商權，原主要佔據印度市場的英國船舶開始進出日本近海。1808 年，英軍艦費頓號（Phaeton）為了追擊荷蘭船舶，闖入日本長崎港，劫持荷蘭商館職員為人質，取得水和食物等給養，然後撤退（費頓號事件）。1816 年，英國向琉球王國提出通商要求。1817 年、1818 年、1822 年，英國艦隊頻繁駛入日本內港浦賀，要求與幕府建立通商關係。1825 年，為防止英國突然襲擊，幕府發佈命令，對於凡未經許可接近日本任何海域的所有外國船艦均予以打擊。

　　但是，以鴉片戰爭為契機，幕府的上述政策悄然發生改變。幕府從荷蘭獲悉清朝在鴉片戰爭中戰敗的消息。1842 年 7 月，為避免同其他國家發生武裝衝突，幕府再度發佈命令，要求提供外國軍艦燃料、水、糧食等物品，並使其安全離港；同時，還命令各藩以江戶灣為中心，做好海岸防備，以應對英國侵略。

　　鴉片戰爭的餘波，最先殃及琉球。1843 年，英國在多次進出琉球沿岸，反

覆探測其戰略地位後，正式向琉球提出通商要求。琉球對此採取回避態度，並請求清朝與幕府給予援助。對此，清朝沒有做出任何回應，而幕府卻立刻派出調查團，並基於斷交、和親、戰爭三種不同情況，制訂了三種應對案。幕府這樣做的主要目的是，在迫不得已的情況下，可開放琉球港口，以此阻斷給日本帶來通商與開港的壓力。

1844 年，美國與清朝簽訂《望廈條約》，由此不斷擴大對華貿易規模。1846 年，美國又派遣海軍準將貝特爾（James Biddle）訪問日本，試圖與幕府交涉通商事宜。但是，因未充分做好計劃和準備，貝特爾只帶領兩艘軍艦抵達江戶灣，最終無功而返。1853 年 6 月，美國海軍準將佩里（Mathew C. Perry）採取了截然相反的措施。他抵達浦賀後，便以武力示威，要求開港，結果兩國於次年簽訂《日美和親條約》（《神奈川條約》）❶。至此，幕府維持兩百多年的海禁政策，最終宣告結束。這個條約的主要內容為：日本開放下田和函館；允許美國船舶駛入，並提供所需的糧食和燃料。美國期望跟日本簽訂像與清朝間的《望廈條約》一樣內容廣泛的通商條約，但除了最惠國待遇以外，其他條件均沒有得到滿足。美國考慮到日本國內反對開放門戶的情況，決定先退一步，日後再進行交涉。

1854 年、1855 年、1856 年，幕府又先後與英國、俄國、荷蘭簽訂相同內容的條約。1858 年，幕府還與美國簽訂《美日修好通商條約》。這個條約規定，開放橫濱、長崎、新潟、兵庫等四個港口，並在江戶和大阪❷開市，以及關稅協定、領事裁判權、建立居留地及最惠國待遇等條款。此後，幕府與荷蘭、俄國、英國、法國等國也簽訂相同內容的修好通商條約，被稱為《安政五國條

---

❶ 因佩里率領的艦隊為黑色近代鐵甲艦，為日本人第一次所見，所以將佩里的到來稱為「黑船來航」。
❷ 明治維新以後改名為大阪。

佩里率領艦隊進入橫濱

約》。但是，從內容上看，上述條約與同一年清朝和歐美列強簽訂的《天津條約》相比，對日本而言算是相對有利的條約。因為《天津條約》包括保護傳教、允許鴉片貿易、外國人在華自由通商等內容。可以說，這種差異的產生，源於《天津條約》是第二次鴉片戰爭戰敗後簽訂的條約，而《安政條約》則可以理解為通過交涉實現的條約。此外，從宏觀層面來講，這也是中國太平天國和印度土兵叛亂（Sepoy Mutiny）等亞洲民眾運動，間接影響包括英國在內的西方列強對日政策的結果。同年，為適應這一系列條約體制，幕府設立了獨立外交

機關——外國奉行。

在起草與幕府簽訂條約的草案中，美國也曾計劃並提出將琉球王國的那霸港作為開放港口之一。但是，幕府以琉球王國與其相距較遠，不在其所能統轄範圍之內為由，拒絕了美國的這一提議。儘管如此，幕府卻以此為契機，逐漸意識到解釋琉球王國的「歸屬」問題，是一個非常重要的外交問題。佩里成功地與幕府簽訂《日美和親條約》後，便開始與琉球展開交涉，並於 1854 年 7 月與琉球王國正式簽訂通商條約。1855 年、1859 年，琉球王國還分別與法國、荷蘭簽訂通商條約，從而被納入到西方列強的條約關係之中。至此，西方列強以條約為媒介，對於除朝鮮以外的東亞地區實施了侵略。

西方列強侵略朝鮮

清朝政府在兩次鴉片戰爭中戰敗後，被迫與西方列強簽訂條約，而日本幕府和琉球王國也被迫與西方列強簽訂一系列不平等條約。其時，朝鮮正值王室特定外戚和官僚勢力掌握全權的勢道政治 ❶（1800~1863）時期。這段期間，朝鮮仍實施海禁政策，與其正式建立的對外關係，僅僅局限在與清朝的冊封朝貢關係，以及與幕府的通信使往來關係（1811 年中斷）範圍。

在西方列強中，英國最早向朝鮮提出通商要求。1832 年，東印度公司所屬的阿美士德勳爵號（Lord Amherst）商船，出現在黃海道夢金浦近海，要求通商。1845 年，英國派軍艦冒然對濟州島及西南海岸進行測量，並要求通商。對此，朝鮮以與英國相隔較遠，很難進行交易，同時在沒有得到中國皇帝允許前不能私自交易為理由，予以拒絕。朝鮮為拒絕西方國家提出的通商要求，藉助

---

❶ 朝鮮王朝後期由權臣把持朝政，尤其是外戚專權的政治局面。

其與清朝之間的朝貢冊封關係為自我防護的憑據。

1846 年，三艘法國軍艦停靠在忠清道外煙島，將抗議七年前朝鮮把包括法國傳教士在內的天主教信徒兩百餘人處刑的信轉交給國王。次年，兩艘法國軍艦為得到對這個事件的回覆，在全羅道古群山列島靠岸。此次，朝鮮也以冊封朝貢關係為依據，通過清政府轉達給法國回覆內容。這是朝鮮與西方國家間的首次外交文書往來。

第二次鴉片戰爭後，俄國佔據烏蘇里江以東沿海地區，至此俄國以圖們江為界與朝鮮相鄰。其時，位於圖們江口的鹿屯島還曾被俄國佔領。因海參崴天氣嚴寒，一年中通航時間平均只有 140 天左右，為向太平洋地區擴張勢力，對俄國來說，確保朝鮮半島及其周邊不凍港至關重要。為此，1862 年，俄國先向日本提議，用俄國的千島群島交換日本所屬的庫頁島南部，卻遭到日本拒絕。於是俄國佔領對馬島，試圖確保南部橋頭堡，後因英國應日本之邀介入進來，俄國不得不在六個月之後撤退。英國認為，俄國佔領對馬島，不僅對其佔領日本和朝鮮，甚至會為俄國向太平洋以外地區擴張提供橋頭堡，因此積極予以阻止。此後，俄國在朝鮮半島尋找不凍港，在向東部海岸派出軍艦進行測量的同時，還要求朝鮮政府通商。對此，朝鮮政府並沒有書信答覆，還處置與俄接觸的相關人士，仍堅持對西方國家實施嚴格的海禁政策。

1863 年，高宗即位，因其時尚年幼，所以由其父興宣大院君掌握政權。此後，興宣大院君對內徹底根除勢道政治所造成的腐敗和弊端，以恢復王室權威；對外則警戒西方船舶出入，並嚴禁通商，特別是中斷了同與西方列強建立外交關係的日本的通商。為防止日本入侵，朝鮮還加強釜山東萊城一帶的防禦設施。

這一時期，西方列強也正式向朝鮮發動侵略。1866 年 8 月，美國舍門將軍號商船要求朝鮮通商被拒絕，美軍以武力相威脅，由此引發官民抵抗，最終美國商船遭火攻焚燬，船員全部死亡。10 月，有七艘法國軍艦以興宣大院君迫害

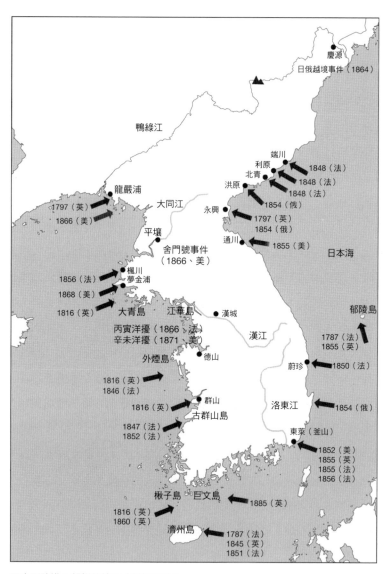

西方列強進入朝鮮的情況（朝鮮開港）

天主教（丙寅迫害）為由，佔領江華島，要求處置相關負責人，並簽訂通商條約。但是，法軍遭朝鮮軍頑強對抗，一個月後被迫撤離。

1868年，德國人澳佩爾（E. J. Oppert）實施「南延君墳墓盜掘事件」未遂，此事給興宣大院君拒絕通商建立外交關係帶來了決定性影響。1871年，美國派出五艘軍艦赴朝，要求處罰舍門將軍號事件有關負責人，同時計劃動用武力逼迫朝鮮簽訂通商條約。美軍登陸江華島後，遭朝鮮軍隊頑強抵抗，最終未能建立通商關係，被迫在一個月後撤離。但在此時，因美國軍艦封鎖朝鮮半島南部通往漢城的江華水路，導致漢城一時出現糧食供應短缺，物價上漲的情況，愈發加重了民眾對西方國家的不滿。同時，在朝鮮社會，也有部分人士提出開港不可避免的主張，但隨着西方列強正式侵略朝鮮，興宣大院君更是加強了拒絕通商的外交政策。

第三節　東亞三國對西方入侵的應對

總理各國事務衙門與洋務運動

　　通過兩次鴉片戰爭，條約體制逐漸形成。在此過程中，中國出現新變化。1861 年，咸豐皇帝批准設立總理各國事務衙門（總理衙門），作為辦理洋務及與西方各國外交事務的中央機構。此後，以漢人官僚為核心開展了洋務運動。洋務派官僚最先在軍事方面引進西方先進技術。他們開始着手修建鐵路、製造輪船，還將投資領域逐步擴大到軍需產業和民用產業。此外，還根據《北京條約》，被迫改善與西方各國的關係，包括允許各國外交官常駐北京，並設立公使館，開放通往北京的門戶天津等城市。

　　值得關注的是，清朝對於簽訂新條約的西方各國事務由總理衙門負責管理，但東亞各國間事務仍由禮部來負責。這表明，條約關係只針對西方各國，限定在非東亞地區的國家。

　　1863 年 9 月，時任美國駐華領事館翻譯的傳教士丁韙良（W.A.P. Martin），攜帶惠頓（H. Wheaton）撰寫的《國際法原理》漢譯本《萬國公法》手稿，與美國公使蒲安臣（A. Burlingame）一起，走訪清朝總理衙門。起初，總理衙門對該書的發行比較消極。但是，恰巧 1864 年普魯士和丹麥的糾紛，波及中國領海，並由此引發普魯士船艦在大沽港劫持三艘丹麥商船的事件。總理衙門以丁韙良提供的《萬國公法》為依據，指出外國軍隊在中國沿海範圍劫持他國船舶，是侵害清朝主權的行為，並向普魯士公使問罪。結果，普魯士公使釋放丹麥三艘商船，還向清朝支付賠償金 1500 美金。以此事件為契機，總理衙門出資 500 兩白銀印行丁韙良的《萬國公法》漢譯本 300 冊，將其分發給各級官員學習。總理衙門的外交政策取得這番成就後，洋務派思想家鄭觀應認為，清朝

1865 年李鴻章在南京建立的金陵機器局

憑《萬國公法》便可充分確保其自身權益。這表明,部分洋務派人士已摒棄基於華夷思想的傳統世界觀,開始接受基於基督教文明和為西方列強侵略提供合理依據的《萬國公法》式世界觀。

在此背景下,隨着 1858 年簽訂的《天津條約》之改訂日期愈加臨近,為商討條約改訂,總理衙門於 1868 年首次正式向西方國家派出外交使節,以前美國公使蒲安臣為代表的清朝官員一行正式訪問美國和歐洲。蒲安臣使節團如期拜訪各國元首,又與美國簽訂了較為平等的修訂條約。但是,諸如傳教、通商、鐵路和電信建設、鴉片販賣、治外法權及中國內陸航運等一系列頗為棘手的問題,並沒有得到解決。1870 年,英國下議院否決了與清朝簽訂的《條約改訂協商案》。在中國,由於一些傳教士在治外法權的庇護下多有種種不法行為,激起了民眾的強烈不滿,因而導致了襲擊天主教堂,殺害相關人員的事件,例如「天津教案」。所以西方列強再次加強了針對清朝政府的外交攻勢。此後,處理「天津教案」善後事宜的直隸總督李鴻章成為清朝對外交涉的中心人物。

尊王攘夷運動與明治維新

　　日本幕府在並未得到天皇允許的情況下，與美國簽訂了《美日通商條約》，由此導致「尊王攘夷」運動高漲。因「安政大獄」，幕府鎮壓「尊王攘夷」運動，所以更是激化了「尊王攘夷」運動，運動隨即增添了反幕府色彩。

　　長州藩 ❶ 的尊王攘夷派與掌握該藩主導權的京都公家 ❷ 聯合，強迫幕府攘夷。於是，幕府答應以 1863 年 5 月 10 日為實施攘夷之日。同日，長州藩向途經下關（即馬關）海域的外國船艦實施炮擊。但這時朝廷內的反對派公家與薩摩、會津兩藩開始反悔，於是，幕府從京都流放了尊王攘夷派公家及志士。對此，長州藩欲展開對抗，並向京都挺進，但最終被鎮壓。天皇下達攻擊長州藩之命，與此同時，英國、法國、美國、荷蘭的軍艦也聯合出擊，以報復此前長州藩炮擊外國船。在此過程中，長州藩處罰了尊王攘夷派，並向幕府請罪，以收拾殘局。此後，長州藩的尊王攘夷派認為，現實不容開展攘夷路線，遂將其方針轉為開國和討幕。

　　1863 年，因英國人曾被薩摩藩殺傷，英國向鹿兒島發動攻擊。以此戰爭為契機，薩摩藩改變方針，轉為討幕。1866 年 1 月，為了討伐幕府，薩摩藩與長州藩正式結盟。此後，他們之間的政治對立，主要圍繞着幕府擁護天皇與朝廷主導政局，還是討伐幕府，建立以天皇為中心的新政權而展開。1867 年 12 月，發生「王政復古」❸ 政變，反對派通過政變掌握權力，並建立了新政府。

　　直到 1869 年 5 月，在與幕府舊勢力的交戰中，新政府最終獲勝。此後，新政府用「開國親善」路線來代替之前一直作為打倒幕府之口號的「攘夷」路

❶　也稱萩藩、毛利藩、山口藩，日本幕府末期西南大藩之一，其地在今山口縣。

❷　原指日本天皇或朝廷，鎌倉時代武家地位確定後，指一般的朝臣貴族，與武家相對。

❸　1867年，日本的討幕派廢除江戶幕府，將政權移交給朝廷，使天皇權力得到恢復。

線，並積極推行；同時宣佈，在「萬國對峙」的國際秩序中，只有天皇親政才得以揚國威。這便意味着，日本即將建立以天皇為中心的近代國家體制。在日本，為消除幕府支配體制，建立近代國家所進行的政治、社會改革，歷史上稱之為「明治維新」。

明治新政府需要解決的對外課題，是修訂由幕府簽訂的不平等條約。恰好幕府與西方列強簽訂的條約修改日期是 1872 年 5 月。早在 1871 年 11 月，明治政府派以岩倉具視為代表的大規模使節團前往美國和歐洲，其人員包括大久保利通、木戶孝允等政府要員 46 人，加上留學生及隨行人員 60 名，其規模超過100 人。此次使節團的任務是：第一，向簽訂條約國元首傳遞外交文書；第二，提前為修改條約進行協商；第三，調查西方各國制度和文化。其中，為修改條約事先開展的協商，從訪問的第一個交涉國美國開始，就已宣告失敗。使節團歷經兩年多時間，相繼走訪美國和歐洲各國，實地考察當地近代化政策走向，然後返回國內。

1871 年岩倉具視率領的使節團（左起木戶孝允、山口尚芳、岩倉具視、伊藤博文、大久保利通）

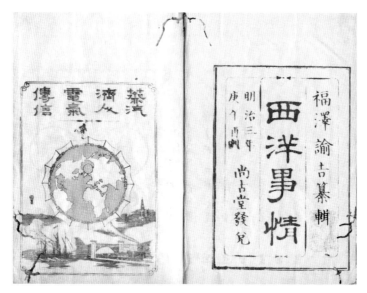

福澤諭吉的《西洋事情》第一版封面

在此背景下，日本出版了多種介紹西洋的書籍。由福澤諭吉編著的《西洋事情》（1866 年）首次發行後，就創下銷售十五萬餘冊的驚人記錄，可見其受歡迎程度。這一數字表明，近代日本的歷史認識，從以日本為中心的華夷秩序觀，開始向以西方為中心的「文明」進步和發展這一方向，發生巨大轉變。這本書明確提出文明史觀，將世界史發展解釋為從「混沌」經過「野蠻」和「未開化」走向「文明開化」。隨着明治政府將「文明開化」作為主要國家政策，更加速了這種歷史認識的轉變。

高宗親政與對外政策變化

因西方列強入侵朝鮮，興宣大院君開始強化拒絕通商的外交政策。其時，日本建立以天皇為中心的新政權，並向朝鮮通告王政復古，要求建立兩國外交關係。但是，日本於 1868 年 12 月發給韓國的書契中包含有「皇、敕」等與天

皇有關文字，朝鮮以這有別於以往傳統外交文書格式為由，未予接受。對朝鮮而言，接受這類格式的「書信」，就意味着從兩國之前的平等關係變為從屬關係。即便朝鮮多次提出要求更改「書信」格式，但日本堅持原來立場。日本的立場是，朝鮮國王與江戶幕府的歷代將軍是同一級別，幕府將軍是天皇之臣，因此朝鮮國王對日本天皇應備臣之「禮」。1869 年 12 月，日本因與朝鮮建立外交關係困難重重，於是派外務省官員佐田白茅前往朝鮮。但是，所有努力終歸失敗。第二年 3 月，佐田回國，由此得出日本不可能與朝鮮建立外交關係的結論，並向政府提議「征韓論」。此後，日本政府高層領導間圍繞着「征韓論」問題展開了討論，通過制定方針，決定再派使節前往朝鮮進行交涉，提出建立國交關係之要求，如果朝鮮不予採納，就派兵以武力解決問題。在岩倉具視使節團尚未返回的情況下，日本於 1873 年 8 月做出了向朝鮮派遣西鄉隆盛使節團的決定。同年 10 月，岩倉使節團歸國。岩倉具視、大久保利通、木戶孝允等人推翻了原來派遣使節的決定。對此，西鄉隆盛等征韓派人士抱有不滿，憤然退出政界（征韓論政變）❶。然而，這並不意味岩倉等人反對出兵朝鮮。征韓論政變後發生的進攻台灣及江華島事件，也證明了這一點。

在日本發生征韓論政變約一個月後，朝鮮內部也發生政治變動，高宗取代攝政的興宣大院君，開始親政。為穩定政權，高宗修改興宣大院君執政時期的政策。在此過程中，以前在「倭洋一體」❷ 名義下，拒絕日本書契的對日政策，也開始發生轉變。其中，高宗的對外認識起到了至關重要的作用。

在興宣大院君嚴格實施拒絕門戶開放政策時，通過前往清朝的使節，高

---

❶ 西鄉隆盛等人後來返回家鄉，組織反政府的勢力，與政府軍發生西南戰爭。

❷ 1875年，日本在打開朝鮮國門之際，朝鮮民間掀起抗議對日締約的浪潮。以崔益鉉為首的大批儒生在漢城王宮門前持斧上疏，堅決反對同日本談判乃至締約，崔益鉉提出「倭洋一體」論，認為日本與西方列強一樣對朝鮮有野心。

宗聽取了有關東亞國際情勢變化的報告。在聽取西方國家與清朝之間並非冊封朝貢關係，以及日本也與清朝建立對等關係的相關報告後，高宗看到了東亞地區秩序發生的改變。同時，除朝鮮外，中國和日本都與西方國家通商，並通過洋務運動與明治維新正實現富國強兵，相比之下，高宗對朝鮮的孤立狀態深表憂慮。

在此對外認識前提下，高宗親政後，派朴定陽到東萊府，調查朝鮮過去與日本交涉開展外交的過程。朴定陽更換或處罰包括負責對日外交事務的慶尚道觀察使，及東萊府對日外交官員負責人在內的所有相關人員，與此同時，還與駐釜山倭館日本官員進行接觸。1875 年 2 月，高宗在親自主持議政府會議時，現場接受日本外交文書，主張積極開展對日外交關係。因群臣百官反對，高宗的這個主張沒有實現，但卻表明高宗親政後對日政策出現了變化。日本在覺察到朝鮮的這種對日政策變化後，為了通過更有利自身的條件開放朝鮮，便仿傚西方列強用在東亞地區的炮艦外交方式，於 1875 年 9 月，出動雲揚號軍艦，向朝鮮開展武裝示威。

日本各派政治勢力圍繞「征韓」的爭論（錦繪）

中日韓三國對《萬國公法》的認識

18 至 19 世紀，西方各個主權國家，通過簽訂平等關係的國際條約，構建了國際法秩序。但是，西方國家通過這個國際法對非西方國家實施差別化對待，同時對不平等通商條約做出了合理解釋。這個國際法被稱為《萬國公法》，廣泛波及東亞。清朝政府、日本、朝鮮（大韓帝國）政府，都通過不同的方式，引進了《萬國公法》。

1860 年英法聯軍佔領北京後，為了與西方國家展開交涉，清朝開始積極利用《萬國公法》。1864 年，清政府資助出版由美國傳教士丁韙良翻譯的《萬國公法》漢譯本。然而，清朝政府並沒有完全照搬《萬國公法》內容，而是以建立同西方平等的國際關係作為前提，沒有對領事裁判權、貿易關稅權、最惠國貿易等不平等條約條款作出修改，試圖既維持現存華夷秩序，又只承認公法中規定的條款，由此不給西方國家提供侵略中國的藉口。

漢譯版《萬國公法》問世後，日本很快引進並出版。此外，由留學荷蘭的西周於 1868 年再次出版《萬國公法》。明治政府視公法為一種基本的國際規範，進而用來合理化其開國正當性，還用作與西方各國修改條約，以恢復平等國家身份的依據。1876 年，明治政府在與朝鮮進行開港相關交涉時，為使朝鮮擺脫清朝政府的影響，依據《萬國公法》，強調朝鮮的獨立國家地位，並與主張朝鮮為屬邦的清朝政府展開爭論。

1882 年後，在與美國、英國等西方列強簽訂通商條約時，朝鮮通過《萬國公法》中規定的主權，及列強間相互保障相關條款來維護主權。1885 年，英國佔領巨文島，清朝也介入朝鮮事務，朝鮮的主權受到侵犯，

於是朝鮮便開始對《萬國公法》的效力產生懷疑。但是，1897 年，當大韓帝國宣佈成立之時，卻又以布倫（J.C.Bluntschli）的《公法會通》作為強化皇權及對外獨立的依據。

可見，中國引進《萬國公法》，是為了既維持華夷秩序，也是為了反駁西方列強侵略之正當性。日本則出於為掌握東亞地區的主導權，及侵略別國之需要，才積極利用《萬國公法》。但是，朝鮮欲通過《萬國公法》，讓國際社會承認其政權獨立性，卻未能收穫明顯成效。

第四節　東亞內部秩序的動搖

簽訂《中日修好條規》及新的中日關係

以 1871 年簽訂、1873 年批准的《中日修好條規》為契機，東亞內部秩序開始發生變化。這意味着在東亞開始出現有別於以往朝貢冊封關係的一種國際關係。

1870 年，日本外務省收回一直以來負責與朝鮮進行外交的對馬藩的外交權，同時派遣外務大臣柳原前光前往天津，要求與清朝簽訂平等關係的條約。日本欲通過這些措施，在對朝外交關係中處於優勢地位。對此，清朝內部有人認為，這是日本趁清朝國內發生「天津教案」陷於外交困境之際而設下的陰謀，

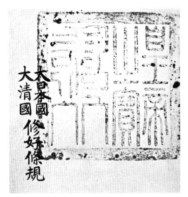
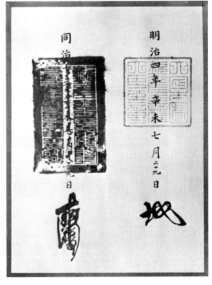

1871 年簽訂的《中日修好條規》

因此無論如何也不能接受。但是，直隸總督李鴻章與兩江總督曾國藩等人卻主張，當今日本已不是清朝的朝貢國，無條件拒絕其簽訂條約之要求並不妥當。特別是李鴻章強烈提出，在與西方列強已簽訂條約的情況下，與其拒絕日本的要求將其變成敵人，還不如積極應對日本，與日本共同尋求應對西方列強的方法。總理衙門採納了李鴻章的提議，最終與日本簽訂條約。

中日談判開始後，日本向清朝提出了有利於日本的領事裁判權和最惠國待遇等內容的不平等條約草案。為獲取僅次於西方列強的特殊利益，日本在預備交涉階段所提供的平等條約草案已經完全發生改變。於是，李鴻章拒絕接受日本提出的草案，並單獨起草一份草案交給日本。1871 年 7 月，日本派伊達宗城為欽差全權大臣前往北京，與李鴻章進行首席代表會談。會議主要按照清朝所起草的草案進行協商。同年 9 月，兩國簽訂《中日修好條規》和《通商章程》。其主要內容包括：規定兩國領土完整和相互援助；相互承認原被西方列強剝奪的領事裁判權和協定關稅等內容。這是一個變相的平等條約。日本未能實現通過獲取最惠國待遇及內地通商權，在中國佔據優勢權益的預期目標。因此，日本推遲條約批准時間，要求清朝政府修改《中日修好條規》，但遭到拒絕。1873 年 4 月，兩國在天津交換了未做任何修改的條約批准書。《中日修好條規》的簽訂，表明清朝對外方針，即把條約關係只限定於西方國家的態度發生轉變，同時也意味着東亞地區秩序開始發生轉變。

但是，《中日修好條規》並不意味着日本沒有獲得任何利益。因為通過簽訂此條約，日本與清朝建立了一種平等關係，表明日本事實上已經擺脫以中國為中心的傳統東亞冊封朝貢關係，並擁有比以清朝為宗主國的朝鮮更高地位的名分，為此後日本以不亞於清朝的勢力出現在東亞地區秩序中提供了契機。1874 年 5 月，日本侵略台灣可謂是其肇端。

日本侵略台灣及吞併琉球

　　1871 年底，台灣原住民殺害 54 名琉球宮古島飄流民，這一事件成為日本侵略台灣的發端。1872 年，日本廢除琉球王國，設置為琉球藩，這表明日本將歷史上與清朝及日本兩國都具有朝貢關係的琉球王國編入其領土範圍。以此為依據，日本要求清朝進行賠償，對殺害本國國民作出補償。對此，清朝不僅重申對琉球王國的支配權，而且提出台灣的「生蕃」如同日本的阿伊努和美國的印第安人一樣，屬政令教化所不及的「化外之民」，因此拒絕賠償。日本外務大臣副島種臣對「化外」用語進行任意解釋，稱這是清朝寓意台灣原住民不屬其管轄範圍。在接受美國顧問李仙得 ❶ 的建言後，他提議日本政府進攻台灣，其理據是基於對「無主地」由先佔領的國家持所有權的《萬國公法》相關內容。

　　1873 年 10 月，日本政府內部因圍繞「征韓論」出現嚴重對立，副島種臣宣佈退出政界。次年 2 月，台灣問題由大久保利通為主導制定對台方針。大久保利通提出的台灣攻略，表面上是在追究殺害琉球人的台灣原住民的責任，但實際上卻旨在得到琉球為日本領土的承認。與此同時，還計劃對台部分地區進行殖民統治。

　　1874 年 5 月，日本以報復台灣為由，派 3000 遠征兵登陸台灣。這在近代歷史上，是日本首次向海外派兵。當時英、俄兩國正展開對峙，因此日本抱有樂觀態度，預測此時進攻東南亞地區的要地台灣，應該不會惹來西方列強的異議。但出乎意料，日本侵略台灣之舉，不僅引起了欲與清朝改善關係的西方列強譴責，而且因日軍在當地染上熱帶病，最終五百多名士兵陣亡。因

---

❶ 李仙得（Charles W. Le Gendre，或譯李讓禮、李善得，1830~1899），曾擔任美國駐廈門領事之職，搭船返美途中過境日本橫濱，在美國公使介紹下，與日本外務卿副島種臣會面，參與日本侵略台灣。

當時洋務派的西洋式軍制改革未順利開展，清朝政府也無力與日本開戰。考慮到開戰會導致貿易中斷，於是經英國駐華公使調解，清朝政府最終以向日本支付 50 萬兩白銀作出了妥協。對此，日本認為，這表明清朝事實上接受了琉球屬日本領土。

在對清外交取得勝利後，日本通過要求琉球斷絕與清朝之間的冊封朝貢關係，以進一步強化其支配權，並於 1879 年最終將琉球正式劃入日本領土範圍，設置為沖繩縣。此後，為復辟琉球王國及恢復冊封朝貢關係，琉球統治階層多年來開展了不合作及不服從日本政府的運動，並請求清朝政府派遣援兵，但這些努力均遭到日本政府鎮壓，以失敗告終。

1880 年，日本政府計劃將琉球諸島中的宮古、八重山兩個島嶼割讓給清朝，以此為條件，提議清朝修改《中日修好條規》，使日本與其他西歐列強一樣享有最惠國待遇，確保其在中國內地的自由通商權。在美國前總統格蘭特（Ulysses Simpson Grant）的調解下，儘管已起草《琉球分割條約》，但是因清朝內部反對呼聲強烈，最終沒能正式簽署。

江華島事件與《朝日修好條規》

1875 年 9 月 20 日，日本雲揚號軍艦以考察朝鮮沿海地區為由，非法潛入朝鮮近海。駐守邊防的朝鮮軍發現後，進行防禦性攻擊，雲揚號也予以炮擊，並登陸永宗鎮，擊敗朝鮮海軍，造成朝鮮海軍重大的人力損失，然後撤離。此後，日本以此為藉口，要求朝鮮通商。

同年 12 月，根據《中日修好條規》，日本向清朝通告將向朝鮮派出全權辦理大臣的同時，要求清朝對朝鮮與清朝兩國關係做出一個明確回覆。對此，因日本軍事優勢地位顯著，清朝試圖避開與日本展開正面對決，採取通過和平形式解決問題的消極立場。正是清朝這種態度，結果使日本消除了其在對朝鮮

交涉中視為最大障礙的清朝介入問題。

　　與此同時，俄國駐日公使司徒琳（Charles Kirill von Struve）接到日本向朝鮮派遣使者的消息後，立即表示會支持日本，並明確表示會相機提供援助的意向。英國駐日公使帕克斯（Harry Smith Parkes）也叮囑日本警惕俄國南下，希望日本代替西方列強打開朝鮮國門。美國為確保其在台灣和朝鮮近海的通商權益，此時也積極為日本提供支援。

　　就這樣，在打好與朝鮮簽訂條約的國際基礎後，1876 年 1 月，日本派六艘軍艦前往江華島，並強迫朝鮮簽訂條約。為了應對不能與朝鮮簽訂條約的情形，日本在下關（馬關）屯兵，準備與朝鮮開戰。1876 年 2 月，兩國最終簽訂《朝日修好條規》（《江華條約》）。這個條規包括 12 項條款，第一條明確提出，朝鮮與日本兩國均是具有平等權利的主權國家，其用意是阻斷清朝與朝鮮兩國關係，並確立其在朝鮮佔據的優勢地位。第五條要求在條約簽訂 20 個月內，開放除已設立倭館的釜山之外的兩個港口 ❶，並允許通商。第七條包括允許日本在朝鮮海岸開展自由測量及繪製海圖，這是日本為了偵察軍事作戰時的登陸地點。第十條規定，在開放港口發生的涉及兩國國民間的犯罪事件，依據「屬人主義」原則及所屬國家的法律處理，即承認日本人的治外法權，但這一條於1883 年被廢除。

　　同年 8 月，繼《朝日修好條規》之後，又簽訂了《朝日修好條規附錄》及《朝日通商章程》，兩國由此明確了在開港範圍內的日本貨幣流通、米穀進出口貿易自由、日本商品免稅政策。事後，朝鮮政府認識到免稅條款所蘊涵的危害性，試圖通過交涉予以修改，但最終失敗。直到 1882 年簽訂《朝美修好通商條約》，才規定對進出口商品徵收關稅屬於朝鮮政府權力。

---

❶　條約並未規定具體開放的港口，1880年開放了元山港，1882年開放了仁川港。

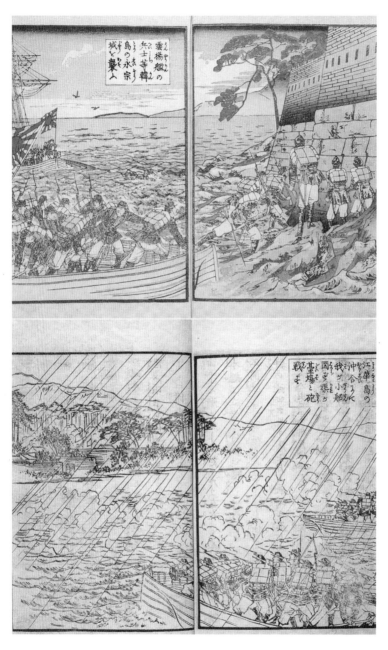

江華島事件（錦繪）

可見，同從鴉片戰爭以來清朝和日本被迫與西方列強簽訂的所有不平等條約相比，《朝日修好條規》和《朝日通商章程》所包括的內容更加苛刻。日本將與自己長期保持平等關係的朝鮮視為落後於自身的國家，為了在西方列強之前搶先確保其在朝鮮的經濟、政治的優先權，強迫朝鮮簽訂極為不平等的條約，這比日本與西方各國簽訂的條約還要不平等很多。此後，在為牽制日本的軍事擴張而提供幫助的清朝建議下，朝鮮與美國於 1882 年簽訂《朝美修好通商條約》，還與以英國為代表的西方列強簽訂通商條約，朝鮮逐步被納入到近代國際關係之中。

如上所述，19 世紀 70 年代，從 1871 年簽訂《中日修好條規》起，經 1876 年簽訂的《朝日修好條規》，到 1879 年日本吞併琉球，可以說，東亞傳統秩序發生了根本性的動搖。對於清朝而言，因圍繞琉球和台灣問題、伊犁問題、越南問題，分別與日本、俄國、法國相互對抗，以往的冊封朝貢關係開始面臨考驗，反過來，清朝的危機意識表現為 19 世紀 80 年代開始公開對正式與西方列強簽訂條約的朝鮮進行干涉。此外，日本較早基於西方《萬國公法》，調整東亞地區關係到條約體系之中。對朝方面，日本強迫朝鮮打開國門，並接受比西方列強所提出的更加不平等的條約內容。日本入侵朝鮮，威脅了清朝對朝鮮的宗主權，對此，清朝政府通過強化對朝干涉予以對抗。

第二章

中日甲午戰爭與
東亞傳統秩序解體

本章大事年表

1879 年　　廢琉球藩，設沖繩縣

1880 年　　朝鮮通信使金弘集赴日

1882 年　　《朝美修好通商條約》簽訂後，朝鮮與英、德締結通商條約　壬午軍亂

　　　　　　《中朝商民水陸貿易章程》締結

1884 年　　甲申政變

1883~1885 年　　中法戰爭

1889 年　　大日本帝國憲法頒佈

1894 年　　《日英通商航海條約》締結　甲午農民戰爭　中日甲午戰爭

1895 年　　《馬關條約》（《中日議和條約》）締結　俄、德、法三國干涉還遼　日本

　　　　　　侵台戰爭　日本公使館員等殺害明成皇后（閔妃）事件

1896 年　　《日清通商航海條約》締結

以華夷秩序為基礎的東亞傳統國際秩序，從 19 世紀 70 年代至 80 年代，受到西歐列強的壓迫以及與此連動的日本的舉動所造成的影響，開始迅速地瓦解。日本為了推動近代國家的建設，參與西方列強的角逐當中，早早地接受了西方的近代國際法——《萬國公法》，隨後，打出了「脫亞入歐」的國家方針，擴大其在朝鮮半島的勢力。日本的大陸政策的焦點對準了朝鮮。面對將朝鮮視作焦點的日本的大陸政策，中國清朝為了維持傳統國際秩序，遂加強了對朝鮮的干預。而朝鮮則試圖擺脫日本和中國的干預，與西方列強直接建立外交關係。在這種形勢下，1894 年，以東學農民戰爭為契機，爆發了中日甲午戰爭。這場戰爭使東亞的傳統秩序最終解體，形成了新的國際關係。中日甲午戰爭成為決定東亞三國關係走向的歷史轉折點。

第一節　19 世紀 80 年代的東亞變動與朝鮮問題

東亞的變動

19 世紀 70 年代，日本加強了把琉球編入日本領土的政策，同時推進侵略朝鮮的政策。對此，清朝想方設法要維持以往的秩序。

1879 年，日本強行吞併琉球並設立沖繩縣。雖然清朝未予承認，但這意味着中華帝國朝貢圈的一角已經崩潰。此時清朝的洋務派們，開始採取了與以往不同的東亞政策。他們干涉朝鮮政治，勸告其對西方開放門戶，以此來牽制日本。

朝鮮政府於 1876 年簽訂《朝日修好條規》對日本開放門戶後，仍然拒絕對西歐各國的開放。於是，認為朝鮮具有地緣政治學上重要位置的美國，試圖先於其他列強進入朝鮮，委託日本從中協調，但是日本並未採取積極態度，朝鮮也拒絕日本從中協調。因此美國轉變路線，考慮通過中國的中介與朝鮮簽訂條約。1880 年，美國提督薛斐爾在中國天津與李鴻章開始了簽訂《朝美修好通商條約》的交涉。李鴻章想通過向朝鮮引進西方勢力，來牽制採取向朝鮮、中國南下政策的俄國，和意圖侵略朝鮮的日本。

另外，1880 年 8 月，根據《日朝修好條規》的決議，朝鮮修信使金弘集赴日，清朝駐日公使何如璋令書記官黃遵憲起草《朝鮮策略》，送給了金弘集。《朝鮮策略》提出：對中國、朝鮮、日本而言最可怕的是俄國，為了對抗俄國，朝鮮應親近中國，和日本結合，與美國攜手。金弘集攜此文回國，向國王提出應與俄國對抗，實行門戶開放的意見。朝鮮政府選擇了開放門戶，並在 1881 年 3 月向李鴻章傳達。

1882 年 3 月，李鴻章接受朝鮮政府對美交涉的請求，代表朝鮮政府與美國

開始交涉條約。中國在條約中試圖寫入朝鮮雖為中國的屬國，但內政外交自主的內容。然而，由於美國的反對，結果是在條約以外作為妥協，朝鮮國王向美國總統另外發出照會，明確朝鮮為清朝屬邦。清朝固守這一立場，是想讓國際承認朝鮮是中國的屬國。

《朝美修好通商條約》（《薛斐爾條約》）簽訂於 1882 年 5 月。隨後的 6 月，朝鮮又分別與英國、德國簽訂了內容幾乎相同的條約。

圍繞壬午軍亂的三國關係

朝鮮政府受修信使一行的見聞及《朝鮮策略》的影響，以富國強兵為目標，開始推行開化政策。為強化軍事力量創立了別技軍，聘請日本人教官推行新式的軍事訓練；還向日本和中國派遣使節團和留學生接受先進事物。得到政府開化政策的支持，試圖引進西方近代制度和技術來改革內政的金玉均等開化派勢力增強。對此，以儒生們為中心，早前開始的反對開化思想 / 開化政策的傾向更加激烈，「衛正斥邪」❶ 運動擴大。由於朝鮮政府予以鎮壓，兩派勢力的對立更加嚴峻。

當時，因應開化政策而成立的別技軍，由於比以前的軍人享受工資高等特別待遇，引起了舊式軍人對差別的不滿。1882 年 7 月，分配給舊式軍人的料米（充當工資的大米）被拖延，出現不正當行為，舊式軍人以此為由發動叛亂。士兵們襲擊並殺害腐敗官僚及日本軍事教練。這時，部分反日的民眾也加入進來，反亂勢力更大了，最後襲擊了昌德宮（壬午軍亂）。國王高宗為收拾局面而恢復了本來已經下台的興宣大院君的地位。

---

❶　近代朝鮮以儒生為首的為維護傳統價值，抵制西方資本主義勢力的滲入及天主教傳播的思潮。

舊式軍人與民眾襲擊了日本公使館後，以花房義質為首的日本公使館人員都從仁川回到日本，將事態匯報給日本政府。日本在仁川周圍集結了四艘軍艦和一個陸軍大隊，以武力要挾朝鮮政府承擔事態的責任。

另一方面，中國為了阻止日本利用這個機會侵入朝鮮，向朝鮮派出 3000 名清軍。中國的馬建忠以武力為後盾，欲調停日朝關係，還挾持了興宣大院君帶往天津。其理由是逼迫清朝皇帝認可的朝鮮國王下台奪取政權，是欺君犯上，輕視皇上的行為，罪不可赦。於是清朝過度介入朝鮮的內政，並試圖將其合法化。於是，興宣大院君政權勢力瓦解，閔氏 ❶ 政權勢力復甦。

朝鮮方面在馬建忠的仲裁下和日本簽訂了《濟物浦條約》和《日朝修好條規續約》。前者中，朝鮮方面幾乎接受了日本的所有要求，包括處罰犯人和負責人，向被害人遺族、受傷者支付慰問金，朝鮮政府公開道歉等。雖然朝鮮方面強烈拒絕支付賠償金和為保護公使館的日本軍隊的駐紮，但是迫於日方的強硬態度，最後不得不承認。

壬午軍亂後圍繞朝鮮問題，中日兩國的對立更加明確，中國加強了對朝鮮的內政干涉，1892 年 9 月派遣士兵 3000 人進駐漢城，由袁世凱負責指揮。12 月，向朝鮮政府派遣了內政顧問馬建忠和外交顧問中國通、德國外交官穆麟德 ❷。

10 月，中國與朝鮮之間簽訂了《商民水陸貿易章程》。它是規定了互相派遣商務委員來管理本國商人的通商條約。由於中國和朝鮮存在固有的宗屬關係，該章程實際上是有利於中國的不平等條約。章程的前文中明確記載朝

---

❶ 即朝鮮明成皇后，高宗李熙王妃，閔氏外戚集團核心人物。19世紀末朝鮮實際統治者。早期主張開放，後期與日本對立，而被日本人殺害。

❷ 穆麟德（Paul Georg von Möllendorff），德國人，1869年來到中國學習滿漢語言，後在上海、漢口等地的海關任職。在此期間，他發明並提倡的滿文轉寫方案至今廣為滿語研究的語言學家採用。1882年，受李鴻章派遣監管朝鮮，但因鼓吹「聯俄拒中」而被罷黜，留在朝鮮擔任閔妃集團的私人顧問，受命前往中國上海購買新式武器，為日本人追殺後流亡中國。1901年4月20日死於中國寧波。

鮮為中國的「屬國」。中國政府認為，簽訂該章程是由於中國想要優待屬國。中國強調其與朝鮮的特殊關係，是為了表明中國和朝鮮的關係是在傳統的宗屬體制中的關係，而不是像和西方一樣的近代條約關係。該章程具有傳統的宗屬意識和近代條約觀念的兩重特性，雖然有別於西方列強與朝鮮及東亞其他國家簽訂的不平等條約，但是對清朝從政治上和經濟上介入朝鮮，起到了某種程度的效果。

壬午軍亂後，朝鮮政府繼續推行開化政策，也受到清朝的指導和監督。金玉均、朴泳孝、徐光範和洪英植等急進開化派為了擺脫中國、進行徹底的改革，試圖通過明治維新式的改革加強與日本的關係，從而和朝鮮政府走向對立。

日本眼看為統治朝鮮與中國的衝突在所難免，於是大張旗鼓地擴大軍備。但是，尚未具備足夠的軍事力量。於是，在日本政府當中，也有人提出構想，通過日、中、美、英、德五國來實現朝鮮的中立化。這一構想的原本意圖是，與對朝鮮半島有影響的其他列強共同介入朝鮮問題來進行管理，但實際上是為了強化走向弱勢的日本的立場。

甲申政變與西方列強的介入

1883 年，法國試圖將越南變為自己的保護國，因此與主張對越南有宗主權的中國加深了對立，局勢緊張。1884 年中法之間發生武力衝突，兩國進入了交戰狀態。中法戰爭一直持續到 1885 年，締結《中法新約》（《天津條約》）後才結束。根據該條約，中國承認了法國對越南的保護權。

中法戰爭加深了日本國內對西歐列強侵略亞洲的危機感。自由民權運動的組織自由黨的機關報也提議，日本應該進入亞洲，停止國內政府與國民的對立。

而朝鮮的急進開化派們瞄準了清朝為應對中法戰爭將駐紮朝鮮的清軍半數

甲申政變的主要人物

撤退的好機會，1884 年 12 月，金玉均、朴泳孝等激進開化派們發動政變，日本公使給予了支持。雖然急進開化派壓制王宮並奪取了政權，卻由於清軍的出動，政變僅三天就以失敗告終，金玉均、朴泳孝和徐光範等人逃亡日本（甲申政變）。政變發生之際，日本國內的強硬論擴大，認為應對中國採取果斷的措施，而日本政府過於軟弱。支援開化派、支持政變的福澤諭吉 ❶ 積極主張對中

---

❶ 福澤諭吉（1835~1901），是日本近代著名的啟蒙思想家、明治時期傑出的教育家。他的著述與教育活動形成啟蒙意義的教育思想，對西方資本主義文明在日本的傳播和日本資本主義的發展起了巨大的推動作用，被稱為「日本近代教育之父」、「明治時期教育的偉大功臣」。

國開戰。

日本政府繼續否認日本公使與甲申政變的關係，1885 年 1 月，與朝鮮政府簽訂《漢城條約》，規定朝鮮政府公開道歉、向受害者的遺族支付救濟費和財產擔保等內容。3 月到 4 月期間，伊藤博文 ❶ 代表日方，在天津與清朝的李鴻章交涉，簽訂了《天津條約》，決定了中日兩國從朝鮮共同撤軍，將來在派兵之前要互相通告。事後，福澤諭吉寫了《脫亞論》，主張斷絕與亞洲「惡友」的關係，與「西方文明國」一道採取行動。

《天津條約》簽訂後，清朝加強了對朝鮮的干預。為此，朝鮮國王接近俄國，希望利用俄國的力量牽制中國。高宗想利用清朝派來的穆麟德從俄國邀請軍事教練對抗清朝，但計劃未能實現。於是中國派遣袁世凱替代穆麟德，加強了對朝鮮的內政、外交的干涉。

對清朝的這種動向，日本雖有通過戰爭將其排除的舉動，但執有政府主導權的人認為，應該回避與中國的衝突。於是，日本向中國提議，兩國攜手阻止俄國侵入朝鮮，但是被中國拒絕。甲申政變後，雖然日本對朝鮮的政治影響力有所減弱，但是經濟上更加深了向朝鮮的滲透。

1885 年 4 月，因為阿富汗而和俄國對立的英國，為牽制俄國的太平洋艦隊和俄國抗衡而非法佔領了朝鮮半島和濟州島之間的巨文島。1886 年，應朝鮮的仲裁要求，李鴻章和駐清俄國公使交涉，使其承諾俄國不會侵入朝鮮。1887 年 2 月，英軍從巨文島撤軍。就這樣，西方列強的壓力直接波及朝鮮，中日之間在朝鮮問題上的對立，加上英俄的對立，使朝鮮問題演變為超出東亞的國際問題。

---

❶ 伊藤博文（1841~1909），是日本近代政治家，明治九元老之一，曾四次組閣，為日本首任內閣首相，首任韓國統監，任內發動中日甲午戰爭，使日本登上了東亞頭號強國的地位。後被朝鮮義士安重根刺殺於中國哈爾濱。

不平等條約與條約修改問題

中國與西方各國簽署的條約是不平等條約。中國政府在與西方各國的交涉中逐漸認識到不平等條約的危害。由於 1858 年與英國簽訂的《天津條約》十年期滿，1867 年，中國開始着手準備修改條約，1868 年至第二年與英國談判簽訂了新訂條約和重訂條約善後章程。但是，英國商人評價此修改條約為「讓步的條約」，英國政府沒有批准。之後，受到日本修改條約的影響，中國政府也開始積極要求西方各國修改條約。雖然未能廢除不平等條約本身，但是在減少條約特權的負面內容上作了努力。

日本與西方各國簽署的條約也是不平等條約。明治維新後成立的新政府將修改條約作為國家目標，1871 年前後就開始着手修改不平等條約。其目的是為了實現和西方各國的平等關係，作為國際社會的一員受到承認。但與此同時，日本在 1876 年又強迫朝鮮簽訂《日朝修好條規》，將不平等條約強加給朝鮮。之後，朝鮮也被迫和西方各國相繼簽署不平等條約。然而，西方各國沒有介入朝鮮與中國的隸屬關係，並默認了宗主國中國對朝鮮外交的操縱權。

中國容忍朝鮮作為朝貢國可以與其他國家簽訂條約，並說明朝鮮雖為屬國但是可以自主。這是以維持傳統的冊封朝貢關係為前提，在對外關係上承認朝鮮的自主性。但是，在「屬國」、「自主」的認識上，中國和朝鮮形成了對比。中國方面將「屬國」視作從屬、保護關係，朝鮮方面認為僅是禮節上的說法。在「自主」問題上，朝鮮認為是國際法上的獨立，中國則認為僅僅是名目而已。

1886 年 5 月，作為穆麟德的後任成為朝鮮政府外交法律顧問的美國人德里與袁世凱對立，並批判其專橫。1888 年，他公開了批判清朝朝鮮政策的手冊《清韓論》（China and Korea），指出「屬國」應譯作朝貢國（tributary state），而不是從屬國（vassal state）。他從朝貢國是獨立國這一角度，主張朝鮮不是中國的從屬國，而是擁有獨立和主權的國家。相反，袁世凱強調，「屬國」就是

從屬國。

　　朝鮮的思想家俞吉濬認為，儘管朝鮮作為主權國家和中國以外的其他外國簽訂條約，但是和中國之間依然持續着宗屬關係，並稱之為「兩截體制」。朝鮮雖然仍在進行朝貢，但因其內政外交自主，在公法上屬於主權國家，從《萬國公法》上試圖否定朝鮮對清的宗屬關係。

　　而日本政府修改與西方各國的條約，是想要基於《萬國公法》參與對等的國際關係。日本政府想通過修改條約恢復關稅自主權，1878 年，與美國簽署了新的協議。而英國和德國等國表示反對，再加上國內呼籲先取消治外法權的呼聲高漲，交涉遂中斷。之後，日本政府制定了修改一部分法權、稅權的方案，於 1882 年，與締結條約的列國之間，多次召開了審議修改條約基礎方案的預備會議。1886 年的條約修改會議，以與英國和德國的方案為基礎制定了條約修改案，並試圖實施。

　　推動條約修改交涉的外務大臣井上馨主張，將帝國建設為歐洲式的帝國，將國民培養成歐洲式的國民，在東洋建立歐洲式的新帝國。這樣日本才能與西方各國處於平等的地位，才能富裕強大。從明治初期開始，日本政府就開始推動國家和社會的西方化，這一舉動在井上馨負責外交時尤為明顯。

　　政府瞞着國民進行條約修改的交涉，然而在 1887 年，從政府中傳出對於日本政府不利的消息，反對屈辱的條約修改方案的運動在全國展開。國民強烈反對將日本國內對外國人開放，取代廢除治外法權，任用外國人法官等對外國諂媚的修改方案。因此，井上馨辭去外務大臣的職務，條約修改交涉中斷。之後就任外務大臣的大隈重信，利用西方各國的對立，分別和各國進行交涉。其結果是，1888 年，和美國、德國、俄國等國的交涉成功，但是任用外國人法官等內容，基本上和以前相同，於是，民間又掀起了反對運動，條約修改再度中斷。

　　日本政府之後也繼續嘗試修改條約，最後簽署《日英通商航海條約》。廢

修改條約會議——明治新政府為修改與歐美締結的不平等條約，從 1871 年開始，經過了長期和多次的修改條約會議。這是一次會議的場面，外相井上馨向各國公使說明日本的方針

除英國的領事裁判權，是在中日甲午戰爭開戰前的 1894 年 7 月。稅權恢復是在日俄戰爭後的 1911 年，也是吞併朝鮮後的第二年。

　　因此說，日本通過修改條約，實現與西方的對等關係的過程，和瓦解傳統的東亞關係，在東亞建立新的不平等和從屬關係的過程是裡外對應的。並且，它也是日本為了抵抗企圖南下東亞的俄國，與英國加深接近的過程。

條約體系與治外法權

　　條約體系是根據國際法通過國家之間簽訂條約而建立的近代國際體系。由於西方列強的武力侵略，迫使中國、日本、朝鮮簽訂一系列不平等條約，東亞傳統的華夷秩序被打破，新的近代國際體系逐步建立。這是一個不平等條約體系，西方列強依靠強權獲得了種種不平等特權，嚴重損害了東亞三國的國家主權和利益。

　　中英鴉片戰爭以後，條約體系在近代中國逐漸形成。1842 年，中英簽訂的《南京條約》，是近代中國第一個不平等條約。1844 年，中美簽訂《望廈條約》，中法簽訂《黃埔條約》。1847 年，中瑞挪訂立《五口通商章程》。1851 年，中俄訂立《伊犁塔爾巴哈台通商章程》。這一批不平等條約，標誌着條約體系在近代中國初步形成。1858 年、1860 年，中國與英、法、美、俄訂立《天津條約》、《北京條約》，列強在華的主要特權得以確立，標誌着條約體系的基本形成。1860 年至 1880 年代，中國與世界主要資本主義國家均簽訂了不平等條約。1895 年，通過甲午戰爭，中日《馬關條約》簽訂，日本躋身列強之中，近代中國的條約體系進一步發展。1901 年，通過八國聯軍侵華戰爭，中國被迫與英、俄、法、美、日、意、德、奧、荷、比、西十一國簽訂《辛丑條約》，圍繞近代中國的條約體系基本定型。此後，中外所訂條約雖稍有調整，但框架基本未變。

　　日本於 1858 年與美國、荷蘭、俄國、英國、法國簽訂通商條約，稱《安政五國條約》。條約規定列強擁有領事裁判權、協定關稅等特權，是不平等條約。明治維新後，日本即於 1871 年開始着手修改不平等條約，希

漫畫《釣魚遊戲》，反映了 19 世紀中期處於中國、日本與俄國之間的朝鮮

望實現和西方各國的平等關係，作為國際社會的一員受到承認。但與此同時，日本於 1876 年強迫朝鮮簽訂《朝日修好條規》，又將不平等條約強加給朝鮮。

朝鮮於 1882 年與美國簽訂通商條約，開始向西方列強開放。同年，朝鮮與日本簽訂《朝日修好條規續約》，又分別與英國、德國簽訂通商條約。1884 年、1886 年，朝鮮還與俄國、意大利、法國簽訂通商條約。列強從朝鮮獲得領事裁判權、協定關稅、內地通商及最惠國待遇等特權。這樣，朝鮮也被納入西方列強（包括日本）的不平等條約體系之中。

近代條約體系的癥結，在於其不平等的交換條件，以及所謂的「治外法權」（extraterritoriality）。近代條約體系下的「治外法權」，主要是

指領事裁判權（consular jurisdiction），是西方列強通過不平等條約在被侵略國家所享有的，由領事按照本國法律對其僑民行使司法管轄權的片面特權。

1843 年中英簽訂《五口通商章程》，英國最早取得在華的領事裁判權。隨後，美國、法國、瑞典、挪威、俄國也相繼通過條約取得這項特權。日本於 1895 年通過《馬關條約》取得在華的領事裁判權。

日本於 1858 年與美國、荷蘭、俄國、英國、法國簽訂的《安政五國條約》，也有給予列強以領事裁判權的規定。

通過與日本、西方列強簽訂通商條約，朝鮮賦予列強領事裁判權。1882 年，清朝與朝鮮簽訂《商民水陸貿易章程》，也獲得單向的領事裁判權。1899 年，清朝與韓國簽訂的通商條約，則規定雙方互相享有領事裁判權。

第二節　中日甲午戰爭

戰爭前夜的東亞

壬午軍亂使中日兩國關係發生了變化。明治維新後，一直追求富國強兵路線的日本開始準備對清正式開戰，進行了軍備擴張。而中國越過東亞傳統秩序的框架，直接干涉朝鮮的政治、軍事、經濟、外交。1885年《天津會議專條》❶簽訂，中日之間圍繞朝鮮的紛爭表面上收斂，卻加深了對立關係。

中法戰爭後，西方列強更加關注東亞，除了圍繞朝鮮的中日對立外，英俄的對立也開始表面化。列強的壓力在東南亞也有所加強。中法戰爭中中國敗北，中國不得不放棄對越南的宗主權。接着1886年，英國宣佈吞併緬甸，並將其編入英屬印度之中。

1890年12月，日本首相山縣有朋在首屆帝國議會上發表施政方針演講，主張國家要想獨立，不僅要保衛國境的「主權線」，也要保護和維持與主權線有密切關係的「利益線」，要求批准擴張軍備的預算。設想為利益線的，即是朝鮮半島。這是因為他們有在俄國入侵朝鮮半島之前，下手確保朝鮮半島為自己勢力範圍的過度防衛的設想。但是實際上，這個時期，俄國的遠東政策尚為消極，其主要目的在於維持朝鮮的現狀。而且，其中還有隨着「主權線」的擴張，「利益線」也會不斷擴大的荒謬的擴張理論。軍備擴張的結果是，日本在1894年前後，海陸軍都處在可與中國開戰的狀態中。

---

❶ 中日《天津會議專條》又稱《中日天津條約》或《朝鮮撤兵條約》。這是1885年日本全權大臣伊藤博文在天津與李鴻章就「甲申政變」後中日雙方同時從朝鮮撤兵等問題達成的協議。

東學農民戰爭與中日出兵朝鮮

1860 年，崔濟愚 ❶ 在朝鮮創立了結合儒、佛、道的獨立的宗教，相對於西方基督教的西學而被稱作「東學」。其教理中包含排除外國勢力，改革社會這一願望。東學宣揚信教可得到拯救，在農民中廣泛傳播。朝鮮政府在東學的氣勢驚嚇下，以妖言惑眾為由處死了崔濟愚。第二代教主崔時亨在政府鎮壓下，仍將勢力發展至全國，許多人成為東學教徒。

當時，朝鮮各地的農民由於兩班統治層的壓制和地方官的腐敗無能而苦不堪言，1862 年以來，各地發生了抗爭運動。開港後，由於中國和日本爭奪商業圈以及糧食貿易的擴大，農民生活陷入困境，各地要求租稅 / 政治改革的鬥爭擴大，朝鮮人的反日、反清情緒高漲。1890 年，漢城的朝鮮商人們舉行關店罷工，要求日本和中國的商人從漢城市內、龍山、楊花津等地退出。1891 年，濟州漁民起義，要求禁止日本漁民到濟州島海域捕魚。而且，農民由於地方官吏的非法和腐敗行為不得不承擔苛捐雜稅，大米出口引起米價上漲，生活益加困頓。

1893 年，東學教徒們向政府要求佈教合法化而開展運動，而成為東學教團新領導層的全琫準、孫化中等人藉此時機打出了「斥倭洋倡義」的旗幟，即為抵抗日本和西洋而舉義兵，號召農民起義。

1894 年 2 月，朝鮮全羅道古阜一千餘農民在全琫準的領導下起義。全琫準當時在古阜一帶的農民中享有威望，試圖從古阜開始將鬥爭擴大到全羅道一帶。農民軍與出動鎮壓的政府軍之間展開了戰鬥，5 月底，農民軍佔領了全羅道的中心全州（東學農民戰爭）。

---

❶　崔濟愚，是朝鮮天道教第一任教主，朝鮮李朝末期哲學家，東學創始人。

東學農民戰爭領導人全琫準

　　朝鮮政府無法鎮壓農民鬥爭，6月初，遂非正式地請求中國出兵，隨後提出正式請求。已經準備好向朝鮮出兵，而正在尋找出兵機會的日本瞄準這個時機，早早地以保護公使館、領事館及在朝居住的本國國民的名義決定派兵約六千人。他們設立了戰爭指揮部的大本營，明治天皇和伊藤博文內閣等着手準備戰爭。然後按照《天津會議專條》向中國發出出兵朝鮮的通告，大規模地派遣部隊。6月7日，中國也向日本發出了正式的出兵通告。中國軍隊的第一次派遣隊大約二千一百人在朝鮮登陸，駐紮在以牙山為中心的忠清道一帶。

　　佔領了全州的農民軍，對中日兩國軍隊介入感到危機，在與政府軍簽訂了《全州和約》後撤退。農民軍撤退後，全羅道的大部分地域裡設置了農民自治機構執綱所。農民們通過執綱所開始進行對惡劣官吏的處罰、廢除身份制度、改革稅制和土地制度等。

中日共同改革的提議

《全州和約》使中日兩國喪失了駐軍朝鮮的理由。1894 年 6 月中旬，日本方面的大鳥公使和中國方面的袁世凱開始共同商討撤兵，但是日方沒有撤兵的打算。日本的閣議決定，向中國提出由中日兩軍鎮壓朝鮮內亂，鎮壓後由兩國共同進行朝鮮的內政改革。這是讓日軍駐兵朝鮮的新理由。同時日本追加決定：無論與中國的協議結果如何，絕不撤退目前派遣的部隊，如果中國不同意，日本將獨自推動朝鮮的改革。也就是說，日本無視中國的意圖，在朝鮮駐紮部隊，以朝鮮的改革為由挑起戰爭的緒端。

日本為了製造駐軍朝鮮的藉口，向中國公使提出了共同改革朝鮮內政的提議。他們事先預料到主張對朝鮮的宗主權的中國不會同意。結果，中國拒絕了日本的提議。內亂已經平息，兩國軍隊按照《天津會議專條》的規定應該撤軍。而且，日本還主張朝鮮的改革應由朝鮮自身來進行，中國和日本不應該干涉其內政。由於朝鮮政府、英國和俄國等各國公使要求中日同時撤軍，中國表明了撤軍的意向。然而，日本方面無視該情況，向中國通告在實現內政改革之前絕不撤軍（第一次絕交書）。

對此，英國與俄國開始介入。6 月下旬，俄國駐日公使提出質疑，如果清軍撤軍，日本是否也要撤軍，陸奧宗光外相回答說，朝鮮的內政改革為首要問題，如果得不到承認絕不撤兵。7 月初，英國也出面調停。但是，日本以責任在中國一方為由向中國提出了第二次絕交書。

7 月 16 日，促使日本發動戰爭的重要事件發生在遠處的倫敦。日本和英國之間開展條約修改交涉，為得到英國的支持日本做出了讓步，最終簽訂了《日英通商航海條約》。簽訂該條約，使日本得到了即使與中國開戰英國也不介入的保障。

當時，對中國的決策起重要作用的是北洋大臣李鴻章。李知道自己率領的

北洋海軍軍備不足，趕不上日本，想避免和日本的戰爭。因此，他利用外交手段動員列國，來抑制日本。掌握清王朝實權的西太后慈禧也支持李，試圖避免開戰。而與此相反，光緒帝和他的心腹們卻主張開戰。

佔領朝鮮王宮事件

日本駐朝鮮公使大鳥圭介為尋找開戰藉口，根據 1894 年 6 月的閣議決定，7 月初對朝鮮政府提議內政改革。朝鮮政府拒絕了改革的提議，大鳥判斷需要包圍王宮強迫朝鮮實現日本的要求。大鳥公使要求清軍撤退，廢除和中國簽訂的條約和規定，並設期限要挾朝鮮政府。

7 月 23 日，駐紮在漢城郊區龍山的日軍攻擊並控制了國王居住的景福宮，顛覆了政權。日本在與中國開戰前，先採取了對朝鮮的軍事行動。

日本方面抬出從中國遣返回國，處於蟄居狀態中的大院君取代高宗執掌國政。於是，日本依靠軍事力量驅逐了結交清朝的閔氏政權，建立起親日政權。而日本艦隊在 7 月 25 日，在無任何宣戰下於豐島海岸攻擊了中國的軍艦，開始了甲午戰爭。接着，日軍攻擊了駐屯朝鮮的清兵，7 月 29 日佔領成歡驛，30 日佔領了牙山。

中日甲午戰爭的展開

日本政府裡有人主張不僅與中國，也與朝鮮開戰，並製作了宣佈戰爭對象國為「中國及朝鮮」的宣戰詔書。但是，朝鮮最終被排除，1894 年 8 月 1 日，日本正式對中國宣戰，戰爭打響。日本對外宣稱的戰爭目的是與干涉朝鮮內政將其視作屬國的中國戰鬥，來保持朝鮮的獨立。福澤諭吉聲稱中日之戰是文明與野蠻之戰，為使中國文明進步，戰爭無法避免，中國人應該感謝作為「文明

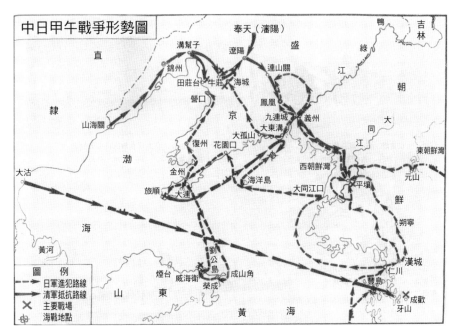

中日甲午戰爭形勢圖

誘導人」的日本人。日本的社會當中，甲午戰爭是正義之戰的呼聲也不斷擴大。

　　日本在開戰前的 1894 年 5 月末，政府與議會的對立尖銳，開戰後對政府的攻擊開始收斂。9 月在廣島設置了大本營，明治天皇在此起居，親任統帥全軍的大元帥。10 月在廣島召開了臨時議會，政黨為確保戰爭勝利，一致表示支持政府。政府提出的臨時軍事費也立即被通過。

　　清軍在平壤集結兵力來阻止日軍從朝鮮內陸北上進入中國東北。1894 年 9 月中旬，日軍開始攻擊，由於清軍的逃跑，日軍取得勝利。相對於很早就開始準備與中國作戰，推動戰爭，鞏固國內輿論的日本，中國在戰爭方針不統一的情況下就陷入了戰爭。清軍的編制和訓練水平低下，軍紀紊亂，指揮官腐敗，

加上軍隊內擴大的失敗主義等，大大影響了其表現。北洋大臣李鴻章的避戰主義和曖昧的政策等也是戰敗的原因。海戰方面，中國的北洋艦隊和日軍的聯合艦隊交火。這場黃海海戰也以日軍勝利告終，清軍元氣大傷。

平壤、黃海戰役中中國的敗北，給了列強很大的衝擊。英國國內，出現了擔心日本勝利引起中國混亂，進而威脅到英國的商業利益的意見。俄國出現了反對日本佔領朝鮮半島的主張。1894年10月，英國政府對德國、法國、意大利、俄國、美國五國提議，共同勸告中日講和。英國提出的講和條件為，列國保證朝鮮的獨立，中國賠償日本戰費這兩點。

英國駐日公使向日本政府做了講和的試探。日本政府由於沒有準備好講和條件，一面開始研究，一面對英國以尚不能出示講和條件為由，拒絕了他們的要求。而且，其他列強也沒有順應英國的提議。

11月，日軍展開了攻擊遼東半島的作戰，從大連灣向旅順口挺進。中日兩軍開始了激烈的戰鬥。由於清軍逃離，日軍佔領了旅順要塞。進入旅順市區的日軍，對殘留的士兵進行清除，當時，不僅殺害了俘虜和傷兵，也屠殺了包括女人、小孩和老人在內的一般老百姓。這場殘暴的大量屠殺事件在國際上也被大幅報道，加強了對日本的譴責。向現場派遣隨軍記者的日本報紙也報道，旅順街頭堆滿了屍體。日本政府辯解說，這是在混亂中發生的過激行為，被殺的多數人不是百姓，而是脫了軍服的清兵，企圖模糊事件的真相，但譴責聲浪一時難以平息。

平壤、黃海戰役後，中國內部追究戰敗責任，批評李鴻章的聲音高漲起來。中國政府將重點放在鴨綠江的防衛上，開始結集軍隊，該地區不斷發生戰鬥。而1894年12月中旬以後，日方攻擊了殘存的北洋艦隊。次年1月下旬，向威海衛進攻。2月，日軍發動總攻擊，清軍投降。

中國的陸海軍在士兵人數和軍艦的數量、噸位上雖然超過日本，但是動員能力和行動性能欠缺，而且素質低劣。因此，與裝備和戰鬥力領先的日軍遭遇

日本記者龜井茲明拍攝的旅順屠殺後的場景（龜井是日本舊藩主的兒子，甲午戰爭發生後，他自費帶領六人小組前往戰場從事攝影）

後便遭到了失敗。

　　1895 年 3 月 20 日在下關（馬關）開始了議和交涉（後述），日本方面在議和時已經預料到台灣的割讓，遂瞄準向台灣進攻，首先作為前提，策劃了對台灣島西面的澎湖的進攻。日軍在澎湖登陸，交戰後將其佔領。

朝鮮農民軍的抗日鬥爭與甲午改革

　　中日兩國開戰前的 7 月，朝鮮成立了以金弘集等開化勢力官僚為中心的新政權。8 月，日本與之簽訂了《日韓暫定合同條款》。日本強迫朝鮮方面接受

內政改革的建議，要求鋪設京（城）釜（山）線與京（城）仁（川）線鐵路。出兵後，日軍又使其追加承認了日軍單方面開工的京城、釜山之間，京城、仁川之間軍用電線的架設。而且還約定不將王宮佔領事件問題化。接着又簽訂了《大日本大朝鮮兩國盟約》，讓朝鮮政府承諾協助與中國的戰爭，並為準備糧食等提供方便。於是，日軍在 9 月中旬，如前所述，在平壤戰役、黃海戰役中勝利，以朝鮮為據點直逼清朝邊境。

中日戰爭的前半期，朝鮮半島是主要戰場。日軍在朝鮮各地強行徵集糧食、物資和人馬，支援戰爭。1894 年 10 月，全琫準等的農民軍為驅逐日本勢力，推倒與日本勾結的政權，再次起義。農民軍的主力部隊從官府奪取武器並進行武裝，計劃北上攻陷公州（忠清道的道都），進而進攻漢城。一萬農民軍逼近公州，11 月下旬至 12 月上旬，兩度攻擊了公州。朝鮮民眾也襲擊協助日軍的地方官府，切斷日軍用的通信線路等，在各地對日軍進行抵抗。慶尚道、江原道、京畿道、平安道、黃海道等各地的農民也紛紛起義。日軍的兵站基地和軍用通信線集中的漢城—釜山之間的道路、漢城—義州之間的道路沿線，也不斷出現游擊隊活動。

對此，朝鮮政府軍和日軍於 11 月下旬至 12 月初出動，與農民軍在各地展開了激戰。中日甲午戰爭的同時，日本也和朝鮮民眾進行了戰爭。面對日軍的近代化武器和巧妙的作戰策略，農民軍不斷敗退，12 月全琫準被捕。1895 年 1 月，抵抗結束，4 月全琫準被處極刑。日軍對農民軍採取了「斬盡殺絕」的方針，進行了徹底的鎮壓。根據當時的政府記錄和吳知泳的《東學史》，由於戰爭和討伐，被屠殺的死者推斷達三萬餘人，戰爭的受害者為 30 萬至 40 萬人，這是日軍施加在農民軍和周圍的普通農民身上的屠殺行為。

另一方面，金弘集內閣是日本軍介入的親日政權，為改革朝鮮國家的體制設置了軍國機務處獨自推進內政改革。之後，一直到 1896 年 2 月，金弘集內閣倒台前實施的改革被稱作「甲午改革」。至 1894 年 12 月廢除軍國機務處為

止的第一期改革中，主要對行政機構、財政和稅制等進行了改革，廢除了身份制，解散了特權商業，社會全面導入了近代化制度。反抗政府的農民們，也極大地歡迎政府的徵稅／身份改革措施。但是，日本政府在甲午戰爭的第一次戰役中獲勝，在 8 月的內閣會議上，討論了朝鮮政策，明確了名義上將其作為獨立國，事實上將其納入保護國的基本政策。10 月，井上馨作為日本公使赴朝，加強了對其內政干預，包括禁止興宣大院君和王妃參與國政，控制了宮廷和政府。井上讓因甲申政變而逃亡的朴孝泳、徐光範回國，同金弘集一起參與改革政權，大量任用日本人顧問。內政改革在日本的有力干預下推進，帶有濃厚的日本從屬性。井上傚仿英國對埃及的政策來推行朝鮮政策。但是，日本公使的內政干涉效果原本就有限度，不僅未能把握住朝鮮內部的政治勢力，而且還在於沒有計劃建立能夠實現類似後來（1905 年）日本設立的韓國統監府那樣的保護國化的權力機構。

清王朝對朝政策

關於 19 世紀 80 年代開始到中日甲午戰爭爆發這段時期，清朝對朝政策這一問題，中、日、韓三國有着不同的認識。

1879 年日本吞併琉球，清朝的宗主權由此受到了威脅，於是清朝先發制人，開始介入到了周邊朝貢國的事務中。1882 年 7 月，朝鮮發生「壬午軍亂」，清朝立即以保護「屬國」朝鮮、剿滅亂黨及其頭目興宣大院君為名，大規模派兵赴朝進行武裝鎮壓。

這一年 10 月，清朝同朝鮮簽署了《商民水陸貿易章程》。通過這一章程，朝鮮接受了清朝的治外法權、在漢城開設商舖、清朝商人的內地通商權、朝鮮近海區域漁業及航海權等內容。對此中日韓學者有着不同理解。韓國和日本主要圍繞這一章程的不平等條款和清朝的強迫行為展開研究。相反，中國學者主張，這一章程的內容之所以有利於清朝，是因為由清朝和朝鮮的固有傳統關係所決定的，這並非等同於與西方列強間簽署的不平等條約關係，簡言之，這一章程同時帶有傳統宗藩關係和近代條約的性質。

1884 年 12 月，駐朝清軍還鎮壓了金玉均等朝鮮開化派人士發動的甲申政變。為掌握對朝鮮國的宗主權，此後清朝政府向朝鮮派遣了外交、財政、軍事顧問。袁世凱在朝走馬上任，於 1885 年將「第二次朝俄密約」的消息密電給李鴻章，並建議廢黜高宗，另立新王，但是清朝沒有對此作出反應。1886 年，袁世凱視朝鮮不可能再受到西方列強和日本的保護，於是奏請朝廷：朝鮮需要受到清朝「屬邦（vassal state）」之保護，而不是「朝貢國（tributary state）」身份。1887 年，朝鮮向美國和歐洲五國派

遣全權公使，清朝政府以未提前請示為由，強迫暫停公使派遣或抵達目的地後要求朝鮮公使先同駐外中國外交官進行協商。清朝政府欲阻斷朝鮮政府向美、法、英、日等國商討借款事宜，讓中國成為提供借款的唯一放貸國，此外，還計劃合併朝鮮海關，通過幾年時間，建立並由清政府來運營縱貫南北的電信網。

綜上所述，韓國和日本的學者普遍主張，在 1894 年以前，清朝政府不顧朝鮮要求自主獨立的願望，通過內政干涉和駐軍、經濟手段，將朝鮮變為具有實質性意義的「屬國」。對此，中國學者主張，袁世凱對朝鮮的內政和外交進行了嚴重干預，但這是為了強化中國宗主權，並沒有脫離中朝關係中傳統的宗藩關係。

第三節　中日《馬關條約》與三國關係

中日《馬關條約》

　　1895 年 3 月，中國方面的全權代表李鴻章等到達日本，在馬關 ❶ 開始了停戰、議和條約的交涉。4 月初，日本正式提出了條約方案。之後，雙方數次進行了議和條件的交涉，李鴻章不斷請求緩和議和條件，但是日本方面沒有讓步。這期間，發生了日本浪人刺傷李鴻章事件。日本害怕受到國際社會的譴責被迫作出「讓步」，加快了交涉進程。4 月 17 日，共 11 條款的《馬關條約》（《中日議和條約》）簽訂，中日甲午戰爭結束。

　　在《馬關條約》中，中國承認朝鮮為完整的獨立國，完全廢除朝鮮對中國的朝貢（第一條），中國向日本割讓遼東半島、台灣和澎湖列島（第二條），中國賠償日本軍費兩億兩（三億日元），分為八次付清（第四條），中國以與西方各國締結的條約為基礎，與日本簽訂通商航海條約和關於陸路交通貿易的條約，除已經開放的城市和港口之外，新開放沙市、重慶、蘇州和杭州，擴大長江上游宜昌和重慶之間、上海和蘇州、杭州之間日本汽船的航線，承認日本國民在開放城市和港口可自由從事製造業，在國內諸稅上賦予特權（以上為第六條），批准後三個月之內日軍從中國撤退（第七條），作為中國誠實執行該條約的擔保，日軍佔領威海衛（第八條）等。其中，根據第六條的規定，西方各國已經到手的特權，日本也可以完全享受。

---

❶　即山口縣下關，當時的名稱為「赤間關」或「馬關」。

締結《馬關條約》

　　日本政府得到了天皇的許可，急於簽訂條約，是出於害怕西方各國的干涉。對議和條約的簽訂，中國國內的主戰論愈加活躍，不斷有奏摺上呈皇帝，主張如果承認該條約，列強的侵略會變本加厲。而且，也出現了要求刷新國內政治的呼聲和對洋務政策的批判等。

　　《馬關條約》的簽訂使東亞的國際秩序最終崩潰。以往的以中國為中心的華夷秩序／冊封朝貢體制瓦解，國際法秩序和不平等條約體制在東亞也得到了貫徹。同時，中日甲午戰爭與《馬關條約》使日本正式走上了通過大陸政策侵略亞洲的道路。

割讓遼東半島與三國干涉

　　4月初，俄國外相向列國建議，勸說日本停止對遼東半島的佔領。對此，德國想把俄國的注意力轉向東亞而弱化俄法同盟，再加上想從中國獲得海軍基地，同意了該建議。法國為維持俄法同盟，需要阻止台灣和澎湖列島的割讓，也同意了俄國的提議。但是，英國考慮到日本是防止俄國南下的堡壘，期待《馬關條約》第六條規定擴大開港地和通商能夠適用於其他列強，故沒有答應俄國

的提議。

《馬關條約》簽訂六天後，俄國、德國、法國三國公使勸說日本，把遼東半島返還中國，並要求其在十五天之內回答。理由為日本佔領遼東半島，危及中國的首都，使朝鮮的獨立有名無實，進而威脅遠東的和平。與此並行，三國在預定好的批准交換地點的芝罘，集結了十七艘俄國軍艦、兩艘德國軍艦、一艘法國軍艦，進行武力示威（三國干涉）。

為對付三國的共同干涉，日本向英國和美國等國求助，但是美國沒有迎合日本的意圖作出反應，英國也拒絕援助。英國不願意由於日本勢力的強大而引起東亞局勢的變化。於是，日本表示，如果中國支付相當的賠款，便放棄金州（包括南端的旅順）以外的遼東半島。但是，由於俄國、德國和法國三國要求其全面放棄遼東半島，最後決定全面放棄遼東半島。而日本同時回應三國，《馬關條約》將按照約定進行批准交換，並向中國要求返還遼東半島的賠款。

於是，日本用 3000 萬兩的賠款為交換條件，放棄了遼東半島。日本國內對三國干涉的憤怒高漲，增加了對俄國的敵意。「臥薪嚐膽」成為口號，在這股潮流中，政府逐漸實行軍備擴張。甲午戰爭後，日本國民對中國和朝鮮的優越意識和蔑視感有所加強。

被迫割讓台灣與日本侵台戰爭

日本要求割讓台灣的傳聞進入台灣，是在 1895 年 3 月前後。之後，日軍在澎湖島登陸並佔領該島，使傳聞成真。因此，一部分鄉紳通過署理台灣巡撫唐景崧向清廷抗議。但是，清廷隱瞞了事態的嚴重性，表示自去年以來一直重視台灣，並鼓勵唐景崧，命令其做好台灣的防衛。

得知《馬關條約》決定割讓「台灣全島及其附屬島嶼」一事，鄉紳對清廷放棄台灣表示憤怒，發起了反對割讓的運動。鄉紳們通過唐景崧向清廷提出反

對割讓，期待三國干涉和英國的援助，卻均告失敗。於是，試圖通過台灣獨立而尋找活路，推舉唐景崧展開了運動。清廷將唐罷免，1895 年 5 月，台灣宣佈獨立，成立了實行共和制的台灣民主國。推舉唐景崧為總統，劉永福為大將軍。

同年 5 月 8 日，《馬關條約》被批准，海軍大將樺山資紀被任命為台灣總督，率領日軍前往台灣。

中日甲午戰爭結束後，日本仍繼續對台灣展開了侵略戰爭。日軍 5 月開始登陸台灣，6 月初佔領基隆，之後又佔領了台北。唐景崧等民主國的官員陸續逃往大陸。漢族移民的一部分有權勢者也逃離台灣。1895 年 6 月中旬，日軍在台灣總督樺山資紀的帶領下舉行了開始執政的儀式。之後日軍開始南進，在各地都遭到了台灣民眾的激烈抵抗。台灣南部推舉台南一帶的防衛負責人劉永福將軍為首領與日軍對抗。各地展開了激烈的戰鬥，最後劉等人逃往大陸，台灣民主國徹底瓦解，日軍佔領了台南。

日軍從登陸以來的五個月內投入了 49835 人的兵力，軍伕 26214 人，近衞

日本軍隊進攻台灣基隆（想像畫，小國政畫）

師團團長北白川宮能久親王等 4642 人陣亡或病亡。而被日軍殺害的台灣軍民總數估算達到一萬數千人。但是，日軍佔領全島後，台灣民眾仍持續進行頑強的抵抗。據說在對游擊戰的鎮壓中，從 1898 年至 1902 年期間有 10950 名當地居民被處刑、殺害。台灣成為了日本的殖民地。

《中日通商航海條約》

中國和日本在 1871 年簽訂了互相承認領事裁判權和協定關稅等內容的《中日修好條規》。但是，該條約由於中日之間的開戰而失效，根據《馬關條約》的決議需簽訂新的條約。1896 年 7 月，《中日通商航海條約》在北京簽訂，10 月公佈。日本由此獲取了領事裁判權、協定關稅、最惠國待遇等西方國家從中國取得的不平等特權。日本在國際上，與西方各國處於同樣的立場來面向中國。

在中日交戰之前，日本成功地修改了和英國的條約，並從中國獲取了有利的國際地位。然後，日本與英國、法國、俄國、德國一道，1896 年在廈門，1898 年在漢口、天津開闢租界，同時加入了上海的公共租界；隨後，1897 年在蘇州、杭州，1898 年在沙市、1899 年在福州、1901 年在重慶，相繼獨自開設了租界。租界是指中國無行政權的外國人居住地，成為侵入中國的根據地。

中日甲午戰爭後，中國向日本支付的賠款由三部分組成。一、《馬關條約》第四條規定的戰費賠款，二、《馬關條約》第八條規定的威海衞守備費，三、返還遼東半島的賠款（由於三國干涉返還遼東半島的賠款）。當時價值為中國貨幣的 2 億 3150 萬兩，相當於當時中國三年的國庫收入。中國全部依靠外國貸款來償還賠款，引起西方列強的互相競爭。最後，中國決定從英國、德國、俄國和法國借款，之後中國每年必須償還 1600 萬兩。列強各國希望通過借款來獲得侵入中國的權益。

而日本從中國獲取的賠款，當時換算為日元相當於 3 億 6400 萬餘日元，超過了日本四年的國家財政收入。日本收取的是當時的國際貨幣英鎊。日本將大部分（84%）賠款用作軍備擴張和臨時軍費，並用於八幡煉鐵廠的創設和鐵路、電信電話事業等。

以甲午戰爭為契機，日本的資本主義經濟得到飛躍發展，產業革命以輕工業為中心得到發展。利用戰爭得到的對中國的特權，日本擴大了對中國的棉絲出口。同時，日本也試圖參與帝國主義各國瓜分中國的競賽，過大地進行軍備擴張，國家的支出達到戰前的三倍，為此國民的納稅負擔增大。

甲午戰爭對朝鮮的影響

《馬關條約》使中國正式承認了朝鮮的「獨立」，中國和朝鮮之間的宗屬關係被廢除。但條約中的「獨立自主」，並不意味着朝鮮真正的獨立自主，而是由日本取代中國來統治朝鮮。當時在朝鮮執政的是在日本公使井上馨支配下推行改革的第二屆金弘集內閣。

但是，由於三國干涉，作為強國的俄國直接向日本施加了壓力，試圖推進干涉朝鮮內政的井上馨的構想遭到了挫折。而三國干涉迫使日本將遼東半島歸還中國後，以閔妃為中心企圖遏制日本的親俄勢力得到加強。由此，在內閣中佔重要地位、領導改革的朴泳孝垮台後再度逃亡日本。之後由親俄大臣掌握了朝鮮的實權。

取代改革失敗的井上馨，三浦梧樓成為公使，他想通過排除閔妃（明成王后）來挽回日本的勢力，制定了殺害明成王后的計劃。10 月，日本公使館員、日本軍守衛隊、日本人顧問官、定居朝鮮的日本浪人們入侵景福宮，斬殺了明成王后，並運出屍體燒燬後遺棄（乙未事變）。由於美國軍事教練和俄國人技師親眼目睹，這一事件成為了國際問題。害怕被西方孤立的日本政

府，解除了三浦的公使一職並將其召回，也撤回了有關的日本人（事件關聯者無人受到處罰）。

殺害明成王后事件後，迫於三浦的壓力，第四屆金弘集內閣成立。親俄派／閔氏勢力下台，親日派／開化勢力抬頭。但是殺害明成王后的野蠻行徑，引起朝鮮民眾的反日情緒高漲，也加大了對追隨日本的金弘集內閣的批判。1896 年1 月，發生了反日反開化的武裝鬥爭義兵運動。金弘集政權為鎮壓義兵向各地派遣了大量軍隊。因此，漢城的防守被削弱，親俄勢力得到停泊在仁川的俄國軍艦水兵的幫助發動政變，將國王高宗遷至俄公使館（俄館播遷），成立了親俄勢力的政權。與殺害明成王后一事有牽連的金弘集等被殺害，俞吉濬等親日勢力亡命日本。

甲午戰爭在瓦解東亞傳統國際秩序的同時，也使東亞成為了國際問題的焦點。也就是說，這場戰爭在為列強分割中國開闢道路的同時，使朝鮮半島問題上的日俄對立尖銳化，極大地改變了東亞的勢力關係。之後，日本一面與列強競爭，一面正式走上了從朝鮮半島向中國大陸侵略、擴張的道路。

如何看日本的大陸政策

　　日本通過甲午戰爭把台灣變成了它的殖民地，通過日俄戰爭變成統治朝鮮與中國東北南部部分領土的大陸國家。那麼日本是何時走上大陸國家的道路呢？對於這個問題，中國和日本、韓國的觀點不同。

　　日本的近代化與對大陸的侵略不可分割，這種看法在日本也是歷史學界的主流。不過，對於何時開始把對大陸的擴張作為基本方針，就頗有分歧而各執一詞了。有人認為是明治初期以後，有人認為始自琉球分島交涉（1880~1881），還有人認為是 1882 年壬午兵變以後等。另外，即便認為近代化與大陸國家化不可分割，也有人認為對朝鮮的擴張政策是基本路線，而中國本身並不在擴張對象之列。近年日本的研究中，又出現了一種看法，認為甲午戰爭以前，日本除了成為帝國主義國家或殖民地以外，還有其他各種選項。日本的擴張主義、侵略主義未必是必然的結果，甲午戰爭才是其政策的轉折點。

　　與此相對，中國的研究認為，原本日本的大陸政策的目標就對準了朝鮮半島和中國東北部，該政策的形成經歷了一系列的過程。1868 年，明治政府以天皇的名義表明了向外國擴張勢力的意圖。1868 年底木戶孝允提出的「征韓論」、1870 年外務省制定的外交方針、1887 年參謀本部第二局長小川又次起草的《中國征討策案》等，都明確了大陸政策的實施對象。1890 年，內閣總理大臣山縣有朋在「施政方針」中提出了「利益線」論，同時又主張應該佔有朝鮮、中國東北和沙俄沿海各州。這些觀點得到了帝國議會和內閣的批准，形成了日本的大陸政策。甲午戰爭、

日俄戰爭、兼併韓國、九一八事變，直到中日全面戰爭的爆發，都是大陸政策實施、貫徹的結果。中國方面認為，近代日本的這一大陸政策，從明治維新初期就一直貫穿下來。

另外，韓國方面認為，研究日本的大陸政策要關注表現在明治維新後與朝鮮建交過程中的「征韓論」。1875 年雲陽號進攻江華島就是具體的實施，要結合 1876 年後日本對朝政策而把握日本對大陸的侵略政策。

第三章

列強爭奪東亞霸權與日俄戰爭

本章大事年表

1896 年	朝鮮獨立協會創設
1897 年	德軍佔領膠州灣　朝鮮改國號為大韓帝國
1898 年	德國租借膠州灣，俄國租借旅順、大連，英國租借新界和威海衞，法國租借廣州灣　戊戌變法　美（國）西（班牙）戰爭
1899 年	義和團起義　美國提出中國門戶開放主張
1900 年	八國聯軍侵佔北京
1901 年	清廷與列強 11 國簽署《辛丑條約》（《北京議定書》）
1902 年	第一次日英同盟成立
1904 年	《日韓議定書》簽署　日俄戰爭　第一次《日韓協約》締結
1905 年	桂太郎、塔夫脫簽署備忘錄　第二次日英同盟成立《朴次茅斯條約》簽署　第二次《日韓協約》締結　孫中山成立中國同盟會
1906 年	日本在韓國設立統監府　關東都督府與南滿洲鐵道株式會社（滿鐵）成立
1907 年	第三次《日韓協約》締結　第一次《日俄協定》締結　抗日義兵運動擴大到朝鮮半島
1908 年	清朝發佈《欽定憲法大綱》
1909 年	日本內閣決定「強制合併韓國方針」　日軍開始「南韓討伐」作戰　安重根刺殺伊藤博文
1910 年	強行簽署《日韓合併條約》　大逆事件
1911 年	辛亥革命爆發
1912 年	中華民國成立

19 世紀末 20 世紀初，日本通過學習西方先進制度與文化而在東亞崛起，開始逐步與西方列強為伍。隨着對外侵略擴張，日本參與爭奪東亞霸權。這既改變了東亞傳統國際關係的格局，也與侵略東亞的西方列強有着密切的利害關係。日本在東亞的國際舞台上，一面與俄國發生衝突，一面與英國等列強合作企圖對外侵略擴張。在這種局勢下，中國與韓國面臨着西方列強和日本瓜分的危機。日本如何與西方列強爭奪東亞霸權？中國與韓國如何應對日益緊迫的民族危機？東亞國際關係及其內部秩序又如何因此而發生變化？這些就是以下要講述的內容。

第一節　中日甲午戰爭後列強競爭格局變化

西方列強與日本對中國的瓜分

中日甲午戰爭後，由於日本的快速崛起，刺激了西方列強加緊瓜分中國的步伐，列強在東亞競爭的格局發生了變化。

以「三國干涉還遼」為契機，俄國在中國東北和朝鮮半島的勢力擴大。俄國勢力南下，便與企圖北上的英國發生衝突。其時，美國也想在亞洲太平洋地區擴張勢力，因而對俄國的勢力南下表示擔憂。由此圍繞東亞，便逐漸形成以英、美、日為一方，以俄、法、德為另一方的錯綜複雜的大國爭霸格局。

為了償付對日的巨額戰爭賠款，清政府被迫舉借外債。列強紛起爭奪對華借款權，企圖通過借款獲取更多的在華特權和利益。俄、法、英、德四國借款，本息合計高達六億多兩。這些借款，均以清政府的海關稅收和地方貨厘、鹽厘❶作擔保。通過這些借款，列強還控制了清政府的海關行政權和財政監督權。這些附加了苛刻的政治與經濟條件的借款，拉開了列強進一步瓜分中國的序幕。

1897 年 11 月，德國藉口兩名傳教士在山東被殺，派兵佔領膠州灣。次年3 月，德國迫使清政府訂立《膠澳租界條約》，強行「租借」膠州灣，並把山東全省變成德國的勢力範圍。以此為契機，列強競相在華強佔租借地和劃分勢力範圍。俄國強租旅順、大連，以東北乃至長城以北地區為其勢力範圍；英國強租威海衛和新界（包括北九龍半島及附近島嶼和大鵬灣、深圳灣），以長江

---

❶ 清朝政府在鎮壓太平天國起義期間，為了解決軍費不足而通過徵收商業稅進行的籌款方式，因值百抽一，故稱「厘金」。

列強瓜分中國（漫畫）

流域和雲南西部、廣東一部分為其勢力範圍；法國強租廣州灣（即雷州灣），以雲南、廣東的大部分和廣西全省為其勢力範圍。日本割佔台灣後，又進一步覬覦中國大陸，效法西方列強，迫使清政府承認福建為其勢力範圍。中國的領土主權遭到嚴重破壞。

與分割勢力範圍相關，列強紛起爭奪中國的鐵路建築權和礦山開採權。俄國獲得了鋪設從滿洲里起橫穿黑龍江省與吉林省抵達海參崴（符拉迪沃斯托克）的鐵路幹線，以及從哈爾濱到大連支線在內的中東鐵路的權利，奠定了其在中國東北的決定性地位的基礎，進而支持法比銀行團取得盧漢（盧溝橋—漢

口）鐵路 [1] 建築權，使俄國勢力打進了英國在長江流域的勢力範圍。英國匯豐銀行取得關（山海關）內外鐵路建築權，又使英國勢力開始向俄國勢力範圍滲透。英、德還分割了津鎮（天津—鎮江）鐵路南北段利權。美國也攫取了粵漢（廣州—漢口）鐵路修建權。中國的重要鐵路幹線均落入列強之手。與此同時，法國取得在雲南、廣東、廣西三省開礦的優先權；英國取得在山西、河南、直隸、四川等省的開礦特權；德國取得山東全省的開礦權；俄國取得東北、蒙古、新疆更廣大地區的開礦特權；日本染指大冶鐵礦。此外，列強還在通商口岸投資建工廠、設銀行，妄圖控制中國的經濟命脈，掠奪更多的經濟與政治利權。

在歐洲列強與日本爭奪在華租借地與勢力範圍時，美國為了搶佔向東亞地區擴張的跳板而覬覦西班牙屬地菲律賓，而與西班牙交戰。當美國打敗西班牙、佔領菲律賓後，在瓜分中國的競爭中已略晚一步。1899 年，為挽回在中國角逐戰中的損失，美國政府相繼對英、俄、德、法、意、比、日各國提出「門戶開放宣言」：以承認各國在華勢力範圍和既得權利為前提，要求各國在華租借地和勢力範圍向美國開放，使美國享有均等貿易的機會。美國企圖實現其在華「利益均沾」目的，只管徵求列強的意見，完全忽視了清朝政府與民眾。

日俄在朝鮮的對立與協商

經過明成皇后殺害事件與俄館播遷後，日本對朝鮮的影響力削弱，俄國在朝鮮的勢力卻進一步得到加強，朝鮮王室內部的親俄勢力逐步掌握了主導權。在這種局勢下，日本與俄國交涉，試圖確保日本在朝鮮的地位。

---

[1] 盧漢路即從北京盧溝橋到湖北漢口的鐵路。俄、法兩國在取得東三省和滇越鐵路的直接經營權益之後，又與比利時合股公司取得盧漢鐵路修築權。1906年4月1日全線竣工通車，全長1214公里，後改稱京漢鐵路。

身穿軍服的朝鮮高宗國王

　　1896 年，日本公使小村壽太郎與俄國公使韋伯在漢城（今首爾）交換了備忘錄（第一次《日俄協約》、《韋伯—小村備忘錄》），互相承認維持朝鮮政府的現狀與日俄雙方的軍隊駐屯權，承認日本在朝鮮享有特殊經濟利益，同時以保護居留民為名義在朝鮮保留日軍。

　　同年，山縣有朋訪問俄國，與外交大臣洛巴諾夫簽署協定（第二次《日俄協約》、《洛巴諾夫—山縣議定書》），共同援助朝鮮財政，規定由朝鮮政府負責軍隊的訓練，互相確認各自在朝鮮的電信線管理、架設上的權利，互相尊重對方在勢力範圍內鞏固和發展特殊利益，互不干涉，當雙方利益受到第三方

威脅時，採取共同行動。

1898 年 3 月，俄國從韓國撤回了軍事教官和財政顧問。與此同時，俄國租借了中國的旅順、大連，並以此為中心在中國東北地區擴大勢力。對此，日本方面在承認俄國對中國東北統治的同時，提出了要求俄國承認日本統治韓國的「滿韓交換論」。1898 年 4 月，日本外交大臣西德二郎與俄國駐日公使羅森之間簽署了協定（第三次《日俄協約》、《羅森—西德協定》），規定兩國不干涉韓國實現完全獨立，不干涉韓國內政，在任命財政顧問和軍事教官時事先協商，以及尊重日本在韓國的特殊經濟利益，日本默認俄國在旅順和大連的租借地位。

1896 年圍繞在朝利益問題上，日俄及西方列強間的角逐戰進一步升級。在朝鮮國內，各種要求擺脫列強控制的聲音愈發高漲。他們反對政府對外政策，呼喚建立獨立自主的國家。與此同時，要求朝鮮王室退出俄國公使館，獨立管理政事的「還宮」主張也比較強烈。但是，根據各方所處的位置關係，對建立自主獨立國家的方案卻有着不同理解。

迫於擺脫俄國影響力的國內外要求，高宗於 1897 年 2 月還宮，為改變自身和國家的形象，開始進行一系列改革。同年 10 月，高宗即位稱帝，正式使用大韓帝國國號。大韓帝國於 1899 年首次以平等身份同清朝訂立《清韓通商條約》。此外，大韓帝國政府還制定殖產興業政策，開始建設電燈、電車、電話和電信，設立民間機構大韓鐵道會社，鼓勵民間開辦工廠企業，力圖振興工商業。政府還致力辦學，引進近代教育觀念，發展近代技術教育，開辦小學、中學、師範在內的各類各等級學校及農業、工商、礦產、醫學等各類專業學校，培養人才。還用西洋技術測量土地，承認包括地主和農民在內的個人土地所有權，為了在全國範圍內頒發地產證，進行了一系列土地調查和改革運動。通過以上舉措，向國際社會表明大韓帝國是由皇帝統治的獨立自主的主權國家。

《獨立新聞》

　　但是，大韓帝國成立後，圍繞國體性質問題上，獨立協會[1]派與親俄守舊
派間的矛盾日益激化。獨立協會派主張應限制國王權限，呼籲改革社會，建立
不同於傳統社會的法制社會。獨立協會派設立「獨立門」，以象徵韓國從包括
清朝在內的外部勢力中獨立出來。他們還創辦了《獨立新聞》，宣傳文明開化
和自主獨立思想，啟蒙民眾。此外，獨立協會還組織了「萬民共同會」，動員
漢城市民開展大規模集會，向政府施加壓力：要求政府進行財政改革，並維護
人民的基本權利。獨立協會主張，將中樞院這一諮詢機構改造為議會，引進西
方先進文明，同時反對俄國過度的政治干涉與列強對朝鮮利益的爭奪。

　　獨立協會在其改革論中提到建立議會，制定法律，限制國王的權利，通過
開展民眾運動實行改革，這些主張都違背了強化皇權、實施自上而下改革的大

---

[1] 甲申政變後，以受到挫折的朝鮮流亡知識分子和開化派官員為中心，在1896年建立的團體，呼
籲建立獨立文明的立憲國家。

韓帝國政府的意願。政府沒有採納獨立協會的改革論，這便加深了政府同獨立協會間的矛盾。大韓帝國的保守派官僚誣陷獨立協會推行共和制，並試圖解散其組織，但是獨立協會通過召開萬民共同會予以抵抗。最終，1898 年 12 月大韓帝國強制解散了獨立協會和萬民共同會。

為遏制獨立協會等改革派展開反對國體的改革運動，鞏固大韓帝國政體，政府於 1899 年頒佈了帶有憲法性質的《大韓國國制》，明確規定君權無限，皇帝掌握立法、行政、司法全權，極力強化了專制皇權。大韓帝國政府雖然掌握了改革的主導權，但不論是政治方面還是經濟方面，都不具備使改革獲得成功的條件。大韓帝國的近代化，還因外部力量的介入，而遭到挫折。

義和團運動與八國聯軍侵華戰爭

甲午戰爭後，西方列強與日本掀起了瓜分中國的狂潮。在此背景下，以康有為與梁啟超為首的中國改革派人士認為甲午戰爭失敗的原因在於清政府內部，遂於 1898 年發動了學習西方與日本進行各項制度改革的戊戌變法運動，因遭到以慈禧太后為首的頑固派的阻撓與鎮壓而失敗。隨後，中國各地掀起了民眾性的反帝救亡運動。在這種形勢下出現的義和團運動，是長期以來民眾反洋教鬥爭的大爆發，其本質是對西方列強侵略的抵抗。

1898 年，義和團首先在魯西南地區興起，隨即便向山東、直隸交界地區發展，並與直隸境內義和團相呼應，聲勢益壯。1900 年，在清政府的默許下，義和團擴大到清朝政治中心的北京、天津地區。由於義和團打出「扶清滅洋」的旗號，起初，清政府企圖利用義和團的力量對抗列強，遂慫恿其焚燒教堂，圍攻外國使館。英、俄、法、美、日、意、德、奧等列強便藉口向北京派遣了使館衛隊，並迅速組織八國聯軍，進攻北京。6 月，聯軍攻佔大沽，清政府對列強宣戰。清軍與義和團奮起抗戰，但終於抵擋不住八國聯軍的洋槍洋炮。7 月、

《辛丑條約》簽訂儀式及條約簽字

8月，聯軍相繼攻佔天津、北京。慈禧太后攜光緒皇帝逃離京城，同時下令痛剿義和團。八國聯軍控制北京城，到處燒殺搶掠。在八國聯軍中，日本軍隊數量最多，約佔半數。與此同時，俄國還藉口保護中東鐵路，單獨出兵十餘萬人，乘機佔領了中國東北地區。

　　1901年9月，清政府被迫與英、俄、法、美、日、意、德、奧八國及荷蘭、比利時、西班牙三國簽訂《辛丑條約》，中國向列強賠款白銀4.5億兩（合息高達9.8億兩），在北京設立由列強派兵保護的使館區。清政府完全屈服於列強的統治，成了「洋人的朝廷」。《辛丑條約》的簽訂，使中國的國際地位降低到了歷史最低點。

國際政治與朝鮮中立化構想

在 19 世紀末 20 世紀初的東亞地區，朝鮮半島因其地緣政治學的特性而成為國際政治的焦點。如何在朝鮮半島實現勢力的均衡，在列國之間引起了激烈的辯論。正是出於這種考慮，出現了各種各樣的朝鮮中立化構想。

首先在壬午兵變的中日圍繞朝鮮的角逐期，日本政府內部有人提出了朝鮮永久中立化構想。1882 年 9 月，井上毅建議應該由日本、中國、美國、英國、德國五國實現朝鮮中立化。即五國協商視朝鮮為類似於比利時、瑞士那樣的中立國，不承認對朝鮮的侵略，進行共同保護。這一建議是出於日本不受列強干涉，通過自身的影響很難單獨維持朝鮮獨立的判斷，依靠列國力量來遏制俄國入侵，同時約束清朝對朝鮮內政的單獨性干涉。

1883 年，清朝方面有意向日本提議朝鮮的「局外中立」，而日本方面也試圖使朝鮮在中日兩國和美國之間實現中立化，但這些努力都未能實現。甲申政變後的 1885 年，常駐朝鮮的德國副領事赫曼·布德勒（H.Budler），提議朝鮮通過與俄、中、日本簽署條約而實現朝鮮的中立化。

1890 年，日本首相山縣有朋主張朝鮮永久中立化。日本認為，西伯利亞鐵路一旦完成，由於俄國勢力擴大，將威脅朝鮮獨立，也會對中日兩國構成直接威脅，他在強調確保朝鮮作為日本的利益線的同時，也強調要與中國協調，確保朝鮮具有如瑞士、比利時那樣國際公法上永遠中立的地位。但是這間接地也關係着英、德兩國的利益，因此變成了由英、德、日、中四國對朝鮮開展永久中立化的方案。山縣提案的核心就是：因為朝鮮有被其他國家佔領的危險，所以朝鮮必須中立化，利用四國的力量牽制俄國

的入侵，同時對抗強化干預朝鮮的中國，對朝鮮施加軍事壓力。

這些構想源於一種考慮，即如何利用有利害衝突關係的強國的力量遏制俄國對朝鮮的侵略，牽制清朝對朝鮮的獨霸狀態，卻把當事國朝鮮方面的意向置之度外。甲午戰爭時，日本則放棄了朝鮮中立化這一構想，而是直接推進了干預朝鮮內政的「保護國」化政策。

對此，朝鮮在 1884 年的甲申政變後的時期，金玉均、俞吉濬等激進開化派們提出了利用與清朝關係來實現朝鮮中立化的構想。並且，甲午戰爭後的大韓帝國時期，針對日俄兩國的侵略擴張，高宗等採取的外交政策是讓朝鮮四周的列強相互牽制，而讓朝鮮在這種體制中保持獨立。但 1900 年義和團運動後，高宗加強了對俄軍入侵中國東北地區的警戒，出於對日俄兩國瓜分朝鮮、出兵朝鮮的擔憂，從而向日本政府提出希望在列強各國共同保證下實現朝鮮中立化的建議。

1901 年初，俄國向日本提出朝鮮中立化方案，希望首先在對朝關係上擁有協定的日俄兩國之間進行調整。這一提案遭到日方的拒絕。日本希望能夠獨自統治朝鮮，所以認為該提議對日本不利。堅持日英同盟與朝鮮保護國路線的日本外務省採取了對中立化方案一貫反對的態度，令朝鮮中立化受挫。之後日俄之間關係日漸緊張，朝鮮中立化越發變得困難。

其間，作為保持獨立的最後努力，配合軍備擴充，韓國政府於 1903 年提出戰時中立化方案。但日俄兩國無視韓國政府的請求，開始了日俄戰爭。

朝鮮半島的中立化構想，完全是根據列強的利益而來，韓國的獨立主權則被置之度外。隨着各列強間的利益關係日趨尖銳，圍繞韓國問題，還是避免不了戰爭發生。

第二節　日俄戰爭的起因與結果

日英同盟

　　1900 年 7 月，俄國乘八國聯軍侵華之機，單獨出兵中國東北。但俄國武裝佔領中國東北後，卻向日本提出韓國「中立化」的建議。這將從根本上損害日本在韓國的地位。日本便拒絕在俄軍撤出中國東北之前討論韓國問題。

　　關於如何對抗俄國勢力，當時日本政府內部主要分為兩派：一派主張「日俄協商」，認為雖然俄國在東北亞與日本是直接的競爭對手，但在軍事實力上無法對抗的情況下，日本可以與俄國通過外交協商，解決雙方在韓國與「滿洲」即中國東北地區的利益問題，即主張將中國東北與朝鮮問題聯繫起來作為日俄交涉對象，這就是所謂的「滿韓交換論」；另一派主張日英同盟，認為俄國的南下政策直接威脅了英國在遠東的利益，日本與英國這個歐洲強國結盟，有利於自己在東北亞地區與俄國爭奪控制權。

　　1901 年底，日本前首相伊藤博文訪問了彼得堡，同俄國外交大臣拉姆斯道夫和財政大臣維特進行多次會談，企圖為「滿韓交換」做最後的努力，結果仍然未能如願。俄國稱軍隊方面反對放棄韓國，完全拒絕了日本所謂「滿韓交換」的要求。此後，日本放棄日俄協商，而謀求日英同盟。

　　俄國的南下政策和從 1891 年開始的西伯利亞鐵道的建設，動搖了英國通過海軍力量維持在列強中的主導權，也威脅到英國在阿富汗、印度、中國的權益。在此期間，英國為將南非變為殖民地而開戰，並派遣了大軍，不僅在圍繞瓜分非洲的問題上面臨着與法國的對立，而且還存在着為對抗德國等必須強化軍事力量的課題。有鑒於此，英國為與俄國對抗，需要日本軍事力量的支持。美國堅持「門戶開放」，亦與俄國獨霸東北的方針相矛盾。在此背景下，日本

慶祝日英同盟建立的宣傳畫

與英國相互接近，結成共同對付俄國的政治與軍事同盟，並得到美國的支持。

1902 年 1 月，日本駐英大使林董與英國外交大臣蘭斯敦分別代表本國政府在倫敦簽署《日英同盟條約》。通過這個條約，日英雙方相互承認各自在中國、韓國享有的特殊利益，並在中國與韓國問題上共同對付俄國及其盟友法國。在同盟條約簽訂後的第二天，美國向中國、俄國及其他列強發出一個備忘錄，強烈反對俄國對中國東北利權的獨佔。這等於配合日英同盟對俄國提出警告。日本有了英美的支持，為了解決與俄國爭奪韓國及中國東北的矛盾，最終不可避免地使用了戰爭手段。

中俄《交收東三省條約》與日俄戰爭的爆發

在 1901 年辛丑議和的過程中，俄國為了避開其他列強，試圖與清政府在俄京彼得堡單獨進行關於返還東三省問題的談判交涉，以便使其佔領東三省的

事實合法化，實現其獨佔東三省的陰謀。俄國的侵略意圖暴露於世以後，很快便引起了日、英、美等國的強烈反應，它們不甘心看到俄國獨佔東北，於是紛紛向清政府施加壓力，要求清政府不能與俄國單獨簽約。與此同時，在中國也掀起了拒簽俄約的運動，人民群眾紛紛集會抗議，反對簽約。迫於國內外輿論的壓力，清政府最終決定拒簽俄約。因此，俄國企圖迫使清政府單獨簽約而獨佔東三省的陰謀受到了挫敗。

《辛丑條約》簽訂以後，中國與俄國關於交收東三省問題的談判重新開始。1902 年 4 月，中俄簽訂《交收東三省條約》，規定俄國交還東三省給中國，並在一年半內分三期撤退全部駐軍。根據條約，俄國第一期撤軍的承諾基本上如期兌現，同時俄國還將所佔鐵路交還給中國，曾一度使國內外高昂的反俄輿論暫時趨向緩和。

但是，1903 年 4 月，俄國停止了第二階段的撤兵，因為以擔任了沙皇尼古拉二世顧問的別佐布拉佐夫為首的俄國內部一部分勢力認為，遠東軍事力量弱化會引起日本的進攻，應增加兵力威嚇日本，繼續把東三省甚至包括蒙古在內的整個中國北部地區獨佔為絲毫不容任何他國染指的勢力範圍。這股勢力在宮廷內逐漸發展壯大，要求加強旅順要塞，要求韓國接受俄國在鴨綠江擴張伐木範圍和強租龍岩浦。雖然外務大臣、陸軍大臣、財務大臣均認為，這樣會使日俄關係惡化，並花銷經費，因而強烈反對；沙皇也表示不希望與日本交戰，要努力平息中國東北的事態。但是，財務大臣維特被解除職務 ❶，形勢開始發生變化。

對此，日本軍部則認為，應搶在沙俄於中國東北增強兵力並構建要塞陣地之前盡快開戰，並通過戰爭來確保控制朝鮮半島，此種觀點日趨活躍。6 月，

---

❶ 維特被解除財政大臣職務後，被任命為沒有實際權力僅有名義的「御前大臣、大臣會議主席」。

日本政府判斷沙俄對中國東北的支配將威脅到日本統治韓國，便決定與沙俄直接交涉來保護其在韓國的權益。日本國內要求與沙俄開戰的強硬論日趨激烈。

8月，根據日方的提議，日俄開始交涉。日方考慮最大限度地擴大其在韓國的權限，並盡可能地縮小沙俄在中國東北的權限。12月，日俄交涉未見進展，日方便着手準備戰爭，並決定了對俄作戰以及對韓國的方針。對此，直到次年1月，沙俄皇帝和陸軍大臣都認為應避免戰爭。

1904年2月8日，日軍艦隊在韓國仁川港與俄國軍艦交戰，陸軍士兵開始從仁川登陸。當日深夜，日本艦隊對停泊在中國旅順口的俄國艦隊發起進攻。9日，日軍艦隊在仁川殲滅兩艘俄艦。當晚，俄國決定對日宣戰，次日正式宣戰。10日傍晚，日本也對俄宣戰。日俄終於進入了正式的戰爭狀態。

日俄戰爭爆發後，英、美、法、德等列強都宣佈中立，但同樣是「中立」的形式，卻各有不同的動機和目的。英國向日本提供了最新的艦船、兵器、炮

為日軍搬運醫療物資的韓國人

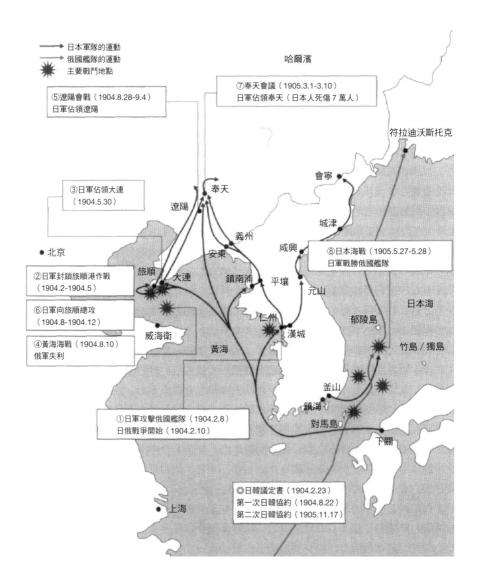

日俄戰爭形勢圖

日本軍隊慶祝日俄戰爭的勝利

彈及通過其遍佈在殖民地的電信網上獲得的情報。在戰爭期間，英美兩國金融資本家先後四次給日本提供戰爭借款 6.94 億日元（第四次有德國資本參與），約佔日本全部戰費 14.6 億日元的一半，是對日本的巨大支持 ❶。

　　法國希望利用盟友俄國的力量從東面牽制德國，而並不希望俄國在遠東與日本開戰，更不願意自己捲入戰爭。英國也不想與法國鬧翻，在英德談判失敗後，便轉而尋求緩和對法關係，以共同對付德國。

---

❶　日本在日俄戰爭中的戰費有18.2629億日元和19.8612億日元兩種統計。

　　法國與英國當時就非洲殖民地問題發生衝突，因此兩國通過簽訂協約，互相承認法國在摩洛哥、英國在埃及的統治權。法國在戰爭初期曾給俄國提供一筆八億法郎的戰爭借款，但僅此一筆，便不再理睬俄國的借款要求，而是想方設法促使日俄議和，希望遠東戰爭盡快結束。

　　德國則極力支持俄國在遠東冒險，企圖削弱甚至拆散俄法同盟。日俄戰爭中，德國利用中立地位，一面積極向俄國出售軍需品，並提供一筆戰爭借款，以拉攏俄國，企圖在歐洲列強爭奪中謀求利益；一面向日本示好，也給日本供應軍需品，並參與英美兩國給日本提供的第四次戰爭借款，企圖令自己在遠東與其他列強角逐中不至於孤立。

　　英、美、法、德等列強的所謂「中立」，雖然並不直接介入戰爭，但為了各自的利益，都以各種手段與方式深深地影響了戰爭。儘管戰爭表面上只是在日俄兩國之間展開，而實際上是一場具有廣泛國際性的帝國主義戰爭。

《日韓議定書》與《日韓協約》

　　日俄戰爭開戰前，韓國政府宣佈了戰時中立政策。日本不顧韓國政府已經對外宣佈局外中立，派遣軍隊從仁川登陸，妄圖把朝鮮半島變成日本對俄戰爭的軍事基地。事實上，日本已經佔領了朝鮮半島。在此局勢下，為了將韓國變成戰爭協助國利於開展戰爭，同時為侵略韓國打下基礎，日本要求韓國簽訂兩國協約。在日本逼迫下，韓國政府無奈地派李址鎔於 1904 年 2 月與日本駐韓公使林權助簽署了《日韓議定書》。議定書雖宣稱確保韓國的獨立和領土完整及其皇室的安全，但通過這個條約，日本攫取了干涉韓國內政，侵犯韓國軍事與外交等一系列權利，確保日本可以根據需要將韓國的任何一個地方發展為其軍事基地。

　　3 月，為了加強對韓國政府的控制，日本派元老重臣伊藤博文作為「韓國

皇室慰問」特使前往漢城，直接干預韓國內政外交。日本為了割斷韓國政府與俄國的聯繫，迫使韓國政府宣佈廢除以往與俄國簽訂的一切條約。5月，韓皇下令廢除這些條約。同月，日本政府又決議了《對韓設施綱領》，拋棄了自甲午戰爭以來標榜的維護韓國獨立的名分，確定了將韓國作為保護國的基本方針。8月，日本又迫使韓國政府簽訂《外國人傭聘協定》，即《日韓協約》，規定韓國政府聘用日本政府推薦的一名日本人為財政顧問、一名其他外國人為外交顧問，韓國的財政與外交事項務必依照外國顧問意見辦理。

　　日俄戰爭中，日本強迫韓國政府接受嚴重侵犯韓國主權的各種條約。這為日本對韓開展軍事佔領和內政干涉提供了「正當性」，也為以後日本繼續侵佔韓國提供了藉口。

日俄戰爭帶給三國民眾的災難

　　1904年2月爆發的日俄戰爭，至1905年8月議和會議開始，歷時約一年半。這是日本與俄國在朝鮮半島及中國東北爭奪霸權的帝國主義侵略戰爭。戰場既不在日本，也不在俄國，而是在朝鮮半島和中國東北。這場戰爭，不僅嚴重損害了韓國和中國的國家主權，而且對韓中兩國民眾造成了傷害。

　　日俄戰爭爆發後，日本軍隊迅速進駐韓國，並在全境實行軍事管制，很快把韓國變成其對俄國作戰的軍事基地。為了在中國東北地區作戰，日軍不僅強行徵用韓國的土地作為修築戰爭所需要的鐵路用地和其他軍事用地，還掠奪韓國的人力、牲畜和糧食，並控制和新設許多電信和電話網，直接為戰爭服務。為修建戰爭急需的京義鐵路（漢城—新義州），日本強徵數以萬計的韓國民工。還有更多的民眾被抓去為日軍搬運軍需物資，修築軍事陣地。同時，日軍強化軍事管制，對於破壞軍用電線和鐵道者，殘酷地處以極刑。日軍對韓國的軍事管制和武裝鎮壓，不僅嚴重損害了韓國國家主權，而且給韓國民眾的生命與財

IN A TIGHT PLACE.

日俄爭奪朝鮮（漫畫）

產造成了深重的災難。

　　另一方面，由於日本判斷清朝保持中立對日本有利，因而對其施加壓力，清朝政府在日俄開戰後被迫宣佈「局外中立」，並劃出黑龍江、吉林兩省和奉天省（今遼寧省）的大部分為「例外」地區，眼睜睜地看着本國領土淪為戰場。奉天地方當局甚至指定地界為日俄兩軍交戰區域。面對列強的侵略，清政府無力應對，只能任憑戰火在本國領土上燃燒。日、俄兩軍的戰場是東北人口最稠密的地區，中國大量無辜民眾在戰火中喪生。據《東方雜誌》記載：中國作為中立國，其國民死亡達數十萬之多，超過了日俄兩軍死亡之數。處於戰區的中國廣大民眾，先受俄軍盤踞之害，後遭日軍侵佔之苦，不堪忍受，流離失所。日俄兩軍還強徵民工為戰事服勞役。日俄兩國在中國土地上交戰，不僅使中國的領土主權遭到嚴重的破壞，而且給中國民眾的生命與財產安全直接帶來了深重的災難。

　　幾乎所有的日本民眾都認為要抵抗來自俄國的威脅而捲入主戰論中，開戰後則有意識地通過戰爭報道去支持與協助戰爭。日本在此次戰爭中動員了109萬人的兵力，是參加甲午戰爭日軍的四倍半，其中陣亡者的數量則是甲午戰爭的六倍，達到84000人。每個市、町、村被動員的人員平均達81人，而陣亡者有六人。民眾承受了戰前三倍多的稅金，生活困苦，遺族則更貧困。在主戰論的狂熱中，出現了少數基督教徒與社會主義者的反戰運動。

第三節　《朴茨茅斯條約》與東亞

西方列強與《朴茨茅斯條約》

在日俄戰爭中，無論是陸戰還是海戰，俄軍都接連被日軍打敗。1905 年 3 月的奉天會戰，日軍大敗俄軍，陸戰漸成定局。5 月，日本海軍在對馬海峽全殲俄國由原波羅的海艦隊組成的第二太平洋艦隊，海戰基本結束。7 月，為使議和向有利方向進展，日軍在俄國領土庫頁島登陸，並佔領全島。至此，俄軍已無力挽救頹勢。

俄國軍事失敗已成定局，加上國內革命使政局動盪不安，已無力再戰；與此同時，日本也是強弩之末，軍費、炮彈不足，軍官也難以為繼，再也無力繼續作戰。雙方都希望盡快地結束戰爭。這時，英美等列強也希望戰爭結束。它們雖然曾經為了反對俄國獨佔東北而支持日本對俄開戰，但它們同樣不願意看到日本徹底戰敗俄國而獨佔東北的局面，而是希望維持一個日俄對峙的均勢格局，以便於自己侵略勢力的滲透。

同時，歐洲國際關係的變化，也朝着促進俄日和談的方向發展。1905 年 3 月開始，德法關係因摩洛哥問題出現嚴重危機（第一次摩洛哥危機），法國迫切希望其盟友俄國早日擺脫在遠東的戰爭，重新返回歐洲。在這種形勢下，美國總統羅斯福應日本的要求出面調停，向俄國提出了講和的勸告。

羅斯福之所以出面調停，是因為他希望利用日本對抗俄國在東亞的進一步擴張；同時，他還希望以確立日本對韓國的支配地位為前提條件，換取日本承認美國在菲律賓的統治地位。1905 年 7 月，美國陸軍部長塔夫脫與日本首相桂太郎在東京秘密簽署協定，日本承認美國在菲律賓的特殊地位，美國同意日本在韓國的特殊利益（《塔夫脫—桂太郎密約》）。隨後，英國亦與日本簽署為

期十年的第二次《英日同盟條約》，日本承認英國在中國的利益和為保護其印度屬地而有權採取一切必要措施，英國承認日本在韓國享有政治、軍事及經濟上的特殊利益。日本在軍事勝利的同時，又及時取得了英美列強的外交支持。

　　1905 年 8 月，日本外務省大臣小村壽太郎和俄國御前大臣、大臣會議主席維特為全權代表，到美國的海軍軍港朴茨茅斯進行議和談判。朴茨茅斯和談實際上是日俄兩國根據軍事勝敗重新調整在遠東的相互地位的會議，其中調整各自在中國東北和韓國的侵略地位是最主要的內容。將近一個月的日俄談判，雙方根本沒有理睬清政府和韓國政府，就擅自決定了他們在中國東北和韓國的侵略利權的重新分割和轉移。9 月 5 日，雙方簽訂《朴茨茅斯條約》，主要內容有：一、俄國承認日本在韓國有指導、保護、監理等政治、軍事、經濟方面的權利；二、除遼東半島租借地外，日俄兩國軍隊佔領及管理的東北領土全部交還給中國；三、俄國將旅順口、大連灣並其附近領土領水，以及界內一切公共設施與財產，轉讓給日本；四、俄國將長春至旅順口之鐵路及一切支線，及其所附屬之財產、煤礦，無償轉讓給日本；五、俄國將北緯五十度以南的庫頁島南部及

日俄代表在朴茨茅斯談判及當時的明信片

其附近一切島嶼，永遠讓與日本；六、日俄兩國在東北的軍隊除遼東半島租借地外，限於十八個月內一律撤退，但可留置守備兵保護各自在東北的鐵路。

《朴茨茅斯條約》的簽訂，令日俄兩國重新調整了在東亞，尤其是在中國東北和韓國的侵略地位，奠定了東亞國際關係的新格局。由於戰爭的失敗，迫使俄國完全放棄了在韓國的權益，並把中國東北南部的權益轉讓給日本，使之成為日本的勢力範圍。從此，日俄在朝鮮半島的均勢格局，被日本獨佔的局面所取代；中國東三省由俄國獨佔變為日俄共管的局面。

《乙巳條約》與《丁未七款公約》

《朴茨茅斯條約》簽訂後，日本便開始謀求與韓國簽訂「保護條約」。1905 年 11 月，日本特使伊藤博文到漢城，遞交了日本天皇致高宗皇帝的親筆信，要求締結「保護條約」。伊藤博文和日本公使一同逼迫和買通大臣同意簽署該條約。高宗拒絕了這一要求。隨後，伊藤博文迫使高宗皇帝召集全體內閣成員進宮舉行御前會議。儘管日本動用軍隊進行軍事威脅，但是御前會議還是決定拒絕接受條約簽署提案。伊藤博文便帶着軍隊司令官和憲兵威脅、催促大臣簽署條約。於是在高宗缺席的情況下，御前會議再次召開，內府大臣李址鎔、軍部大臣李根澤、外部大臣朴齊純、學部大臣李完用、農商工部大臣權重顯等（被韓國國民批評為「乙巳五賊」）表示贊成簽約。在軍事強制和沒有得到皇帝認可的不合法情況下，伊藤博文竟以所謂「多數」通過閣議，宣佈「保護條約」生效。這就是《乙巳條約》（又稱《乙巳勒約》或《乙巳強制條約》）。條約規定日本政府在保證維持韓國皇室之安全與尊嚴的前提下，通過東京外務省監理指揮今後韓國對外關係事務，並在漢城設置一名作為其代表的統監，專門負責管理韓國外交事務。通過這個條約，日本完全控制了韓國的外交權，使之淪為日本的「保護國」。各國駐漢城的公使館被廢止，韓國駐各外國的公使

也被召回，韓國失去了獨立外交地位。

　　隨後，日本政府在漢城設置統監府，並任命伊藤博文為第一任駐韓日本統監。統監直屬天皇，並直接代表日本，掌管韓國全部內政外交大權。統監府本來是以監督韓國外交事務為藉口而設立的，但日本政府又在其內部設置了總務部、警務部、農商工部等部門，使統監實際上不僅監督韓國的對外政策，而且還為監督其內政開闢了新的途徑。

　　日本強迫韓國簽署《乙巳條約》後，韓國民眾開展了抗日運動。韓國各階層人民反對非法的「保護」條約，聲討「乙巳五賊」的賣國行徑。一些愛國官員和儒生上疏朝廷，要求取消《乙巳條約》，懲辦賣國賊以謝國民。侍從武官長、陸軍將官閔泳煥等多人憤而自殺，以身殉國。韓國皇帝高宗在《大韓每日申報》刊登公開聲明，譴責日本對韓國實施不平等「保護」，呼籲各西方列強

御前會議中的伊藤博文與李完用等人

為韓國實現獨立提供協助。

1907 年 6 月，高宗派密使李俊等三人前往荷蘭海牙，參加在那裡召開的萬國和平會議。他們此行的目的是，揭露《乙巳條約》的非法性，使國際社會承認該條約的無效性。但是，由於俄英等在內的歐美列強已經承認或默許了日本對韓國的「保護」權，致使李俊等人因日本阻礙未能出席和會，其尋求國際援助的努力完全失敗。事後，日本政府以海牙密使事件為藉口，強制高宗退位，並扶植皇太子繼承皇位，是為純宗。藉此機會，日本又迫使韓國簽訂《丁未七款公約》。根據這個協約，日本以韓國政府接受統監指導以改善施政為名，明目張膽地干涉韓國內政大權。由統監任命的日本人擔任次官，掌握並行使韓國各政府部門實權的「次官政治」始於這一時期。韓國的警察權和司法權也被日本人掌控。統監府還在日軍武裝協助下，迫使純宗皇帝下詔解散了韓國軍隊。從此，大韓帝國政府已名存實亡。

日本在中國東北掠奪權益

日俄《朴茨茅斯條約》事先未經中國政府同意，公然將俄國以前在中國東北所掠奪的權益，擅自轉讓給日本，這為日本進一步侵略中國東北利權埋下伏筆。隨後，日本派代表到中國展開談判。1905 年 12 月，日本迫使清政府簽訂中日《會議東三省事宜條約》。清政府承認日本在《朴茨茅斯條約》上取得的繼承俄國所轉讓的在中國東北南部的一切權益。這意味着日本正式取代俄國，把中國東北南部劃為自己的勢力範圍。

1906 年，為了推行殖民政策，日本在中國東北相繼設立關東都督府和南滿洲鐵路株式會社（簡稱滿鐵）。滿鐵經營中國東三省南部的所有鐵路，並控制鐵路沿線及車站周邊的附屬地，還管理電氣、煤氣和水的供應事宜，管理學校、醫院和旅館，經辦輪船航運事業，管理港口碼頭，開採撫順和煙台（今遼陽）

的煤礦。滿鐵名義上是民營企業，實際上是協助日本政府在華進行殖民侵略的官方組織。關東都督府是日本政府在中國東北正式的殖民機構，設有官房及民政部、陸軍部，分管轄區內所有軍事、警務、民政、司法、刑獄、財務、土木等事宜。日本政府任命陸軍大將大島義昌為關東都督，積極在中國東北南部地區推行殖民統治政策。

日俄戰爭後，由於美國對中國東北地區的動作開始活躍，日本與俄國開始相互勾結。1907 年 7 月，日本與俄國簽訂協定，具體劃分了中國東北地區的南北勢力範圍分界線，日本承認「北滿」和外蒙古為俄國的勢力範圍，俄國承認「南滿」和韓國為日本的勢力範圍。這個協定，進一步鞏固了日本在中國東北和韓國的地位，使日本可以更加放肆地掠奪利權。

日本對中國東北的侵略，重點是鐵路權和礦產權，同時還覬覦中韓邊境的領土。1909 年初，日本向清政府提出所謂「東三省六案」：新民屯—法庫門鐵路問題，大石橋—營口鐵路問題，京奉（北京—奉天）鐵路延伸至奉天城根問題，撫順、煙台煤礦問題，安奉（安東—奉天）鐵路沿線礦務問題，間島（延吉地區）問題。此六案的提出表明，日本企圖通過擴展路礦利權，增強其在東北的侵略勢力；同時，日本欲以重彈延吉地區的分界及歸屬未定等老調為手段，謀求對該地區侵略的合法化，並向清政府進行全面訛詐。9 月，日本迫使清政府簽訂《圖們江中韓界務條款》（《間島協約》）和《東三省交涉五案條款》，以解決東三省六案。通過這兩個條約，雖然日本「承認」了延吉地區為中國領土，但迫使清政府開放延吉地區，並給予其干預當地司法及其他路礦事務等更多的利權。日本千方百計以「間島問題」說事，迫使清政府就範，再次擴大了在中國東北的侵略權益。

第四節　東亞內部大變局

朝鮮的抗日義兵運動

朝鮮民眾的反日鬥爭，以 1895 年明成王后被殺的「乙未事變」爆發和削髮令❶為重要契機，一開始是在各地儒生的領導下發展起來的。為了忠義，高舉「討倭」旗幟，因此被稱為「義兵運動」（乙未義兵）。

義兵運動在 1896 年前後一度停息。由於 1905 年簽署的《乙巳條約》嚴重損害了韓國作為獨立國的主權，暫時停息下來的義兵運動再一次進入高潮（乙巳義兵）。1905 年 8 月，江原道原州的元容八率眾首舉義旗。11 月在簽署《乙巳條約》後，各地民眾紛起抗議，相繼率部舉義，義兵運動進而擴展到了忠清、江原、全羅、慶尚等地區。他們攻擊日軍，搗毀其軍事設備，懲處親日派官吏。忠清道洪州的前參判閔宗植自稱倡義大將，所部一度攻佔洪州城。全羅道泰仁武城書院的崔益鉉（義兵運動前的參政）在給日本政府的一封書信中，歷數日本「背信棄義十六罪」，提出為了維持正常的國際關係，日本應當採取的措施。他率部攻擊了泰仁、淳昌、谷城等地，被捕後被發配到對馬島。此外，平民家庭出身的義兵長申乭石在慶尚北道寧海起義，一度發展為三千多人的大部隊，狠狠地打擊了日軍。以閔宗植、崔益鉉為代表，高級官吏與著名儒生成為義兵運動的領袖，大大鼓舞了義兵反日鬥爭的士氣。

1907 年 8 月韓國軍隊被迫解散後，解散官兵也加入到了義兵運動中，至

---

❶ 1895年金弘集內閣宣佈的開化政策之一，即要求朝鮮所有成年男性剪去髮髻。但是受儒家思想影響的多數朝鮮人認為，「身體髮膚受之父母」而強烈反對，且認為那一命令是日本的要求，所以掀起了反日的義兵運動。

此在全國範圍內擴散的義兵運動更是聲勢浩大（丁未義兵）。最先反對解散軍隊、舉起反日義旗的是漢城侍衞隊軍人。接着，各地解散官兵也紛紛拿起武器，加入反日陣營。原州鎮衞隊配備有近代武器，在江原、京畿、忠北等地同日軍打了幾次勝戰。隨着義兵在武器和兵力方面得到加強，大大增強了義兵的戰鬥力，義兵運動迎來了新的高潮。

　　各地義兵風起雲湧，逐漸走向聯合。1907 年 11 月，在江原道原州一帶展開活動的義兵首領李麟榮向全國發出檄文，號召各地義兵團結一致，向楊州進軍，並向駐漢城的各國領事館發出通文，要求各國承認義兵部隊是國際法上的交戰團體並提供援助。各地義兵紛紛響應，約有近萬人集結在漢城近郊的楊州。他們組成十三道倡義軍，推舉李麟榮任總隊長，許蔿任軍師長，1908 年 1 月開始向漢城進軍，準備攻城。但是，許蔿率領的 300 義兵先遣隊前進到距漢城東大門外 30 里的地方，遭日軍突襲而兵敗。隨後，李麟榮部隊準備展開二次作戰，又因李回鄉奔父喪而功敗垂成。義軍聯合陣線瓦解，遂又重新分散於各地作戰。

韓國抗日義兵（由加拿大攝影師拍攝）

自 1907 年至 1910 年，義兵同日軍交戰達 2819 次，義兵人數達 14 萬人。1908 年是義兵運動的頂峰時期，共作戰 1451 次，參戰者為 69832 人（朝鮮駐劄軍司令部編《朝鮮暴徒討伐志》）。日軍眼看各地義兵運動紛起和蔓延，派出超過一個師團的步兵，多於一個聯隊的騎兵和六千多的憲兵，實行殘酷的大規模軍事「討伐」。其中最有代表性的事件是鎮壓全羅南道地方義兵的「南韓大討伐作戰」（1909）。所到之處，日軍放火焚燒村子和房屋，消除成為義兵根據地的後患。隨着日軍不斷鎮壓討伐，義兵及民眾死傷無數，損失慘重。據日軍統計，僅 1906 年到 1910 年間，義兵死亡人數已超過 17000 人。由於日軍不斷加強「討伐」，到 1909 年下半年，義兵運動漸入低潮。剩餘的少數義兵便轉到中國東北邊境，從義兵轉變為民族解放運動的戰士。

義兵運動是一場朝鮮全民族反抗日本侵略的鬥爭。日軍侵略越是猖獗，便越發激起大規模的反日鬥爭。構成義兵團體的主要階層，從原來的兩班、儒生，逐漸變為以民眾為主要力量。他們試圖維護近代國家大韓帝國的主權，為此展開了一場民族獨立運動。一位義兵將領說：「與其作為日本的奴隸而活着，不如以自由的身軀去死。」這充分表達了義兵們為了民族的獨立和自由而勇於獻身的悲壯心聲。

日本強制合併韓國

日俄戰爭後，日本在鞏固與英國同盟的基礎上，又開始重新調整與其他西方列強的關係。1907 年 6 月，日法締結協約，承認雙方在中國的特殊權益。7 月，日俄簽定協約，確定兩國在中國東北、蒙古地區及韓國的部分特殊權益。8 月，英俄簽訂協約，全面調整了雙方在波斯（伊朗）、阿富汗和中國西藏地區的侵略利益。這些雙邊協約的締結，既是各列強協調其在亞洲爭端的結果，也與歐洲國際關係有着深刻的內在聯繫。在歐洲，英、法、俄三個協約國有着共同的

敵人德國，它們為了維護各自在亞洲的利益而與日本達成協議，以共同對付德國，顯然日本成為英、法、俄的盟友有着實際的價值。與此同時，日本在亞洲的侵略活動也相應地獲得了英、法、俄等列強的支持，這是日本進一步推行其侵略韓國與中國東北地區的大陸政策的有利國際背景。

　　儘管不斷遭到韓國民眾的激烈抵抗，但日本仍在加緊推行韓國的殖民地化進程。1909 年 7 月，日本政府在內閣會議上，決定正式「合併」韓國，並得到了天皇的支持。10 月，韓國志士安重根在哈爾濱刺死阻礙韓國獨立和東方國家和平的首任韓國統監伊藤博文，局勢發生劇變。12 月，總理大臣李完用被義士李在明襲擊負傷。之後，日本更加快了「合併」步伐。統監府還唆使親日團體一進會積極展開合併請願運動，以造成「合併」出自韓國民意的假象。12 月 4 日，一進會正式向皇帝、總理大臣李完用，以及統監上奏「合併」宣言書和請願書。此舉遭到民眾的強烈抗議，各地展開了反對運動。與此同時，日本外相小村壽太郎向英、美、法、俄、德在內的各國外交使團發出照會，通報了日本

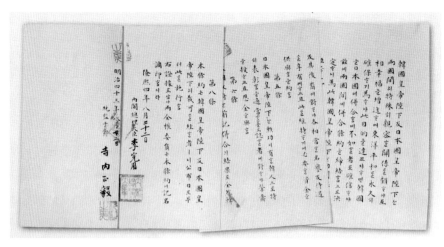

《日韓合併條約》

「合併」韓國的決定及其在韓的施政方針，相繼得到歐美列強的諒解。

1910 年 8 月 22 日，日本新任統監寺內正毅與韓國總理大臣李完用簽訂了《日韓合併條約》。當時，日本軍警在漢城嚴密警戒，甚至動用了大炮。所有的團體被解散，所有的報紙被禁止發行。條約規定「韓國皇帝陛下將韓國之一切統治權，完全永久地讓與日本皇帝陛下」（第一條），「日本皇帝陛下接受前條所舉之讓與，且允許將韓國全部合併於日本帝國」（第二條），至此大韓帝國的主權和領土以及全體國民，全部劃歸日本帝國。純宗皇帝直至最後也沒有批准該條約。8 月 29 日，此條約正式公佈，純宗皇帝宣佈退位，大韓帝國壽終正寢。日本所宣揚的日韓「合併」，實際上絕不是把日本和韓國平等地組合成一個國家，而是日本強制吞併韓國。從此，韓國完全淪為日本控制和掠奪的殖民地，直到 1945 年第二次世界大戰後才結束這一歷史命運。

日本吞併韓國，可謂蓄謀已久，並得到了歐美列強的默許和支持。在日本人彈冠相慶而朝鮮人舉國悲哀的同時，消息傳到中國，中國人民對韓國的滅亡深表同情，朝野各派政治勢力有鑒於韓亡的教訓，加速了憲政改革與反清革命的進程。

清朝的憲政改革與辛亥革命

20 世紀初，在庚子事變之後，清政府開始實行「新政」，採取了一系列新的政治、經濟、軍事、文化教育與社會生活方面的改革措施。這些舉措大都標榜向西方學習，其實主要是學習東鄰日本的經驗。因此，清政府派出大量留日學生和赴日考察官員，民間自費留日學生激增，一時形成留日熱潮。與此同時，清政府及其地方政府還聘請了各個領域裡的日本專家做顧問。新政通過日本這座橋樑，不僅在中國傳播了西方先進的思想與文化，而且培養了新興的社會政治力量。這是當時中國社會政治變革最根本的力量，無論是革命派、立憲派人

士，還是清政府內部的改革勢力，基本上都源於此。

日俄戰爭後，革命派與立憲派開始出現明顯的政治分野。立憲派認為日本在日俄戰爭中的勝利，是立憲對專制的勝利，因而主張在中國實行君主立憲制度。革命派則從日俄戰爭中進一步認識到清政府的無能，主張用武力推翻清政府的君主專制制度，在中國建立民主共和制國家。此後，革命與立憲運動分途發展，互爭雄長。

在立憲派的鼓吹與活動以及清政府內部憲政勢力的策動下，清廷於 1905 年派載澤、端方等五大臣到日本和歐美國家考察憲政。1906 年 9 月，清廷開始實行「預備立憲」，並以日本立憲模式為其仿傚的目標。1908 年 8 月，清廷制定了九年預備立憲的程序，並參照日本憲法頒佈《欽定憲法大綱》。隨後，又在各省成立諮議局，在中央設立資政院，為開國會做預備。1911 年 5 月，設立以慶親王奕劻為首的責任內閣。但是十三名內閣大臣中九人是滿族，其中七人是皇族，故被時人譏稱為「皇族內閣」。至此，立憲派對於清廷立憲的誠意深表懷疑，遂有與清廷決裂之勢。

1905 年 8 月，孫中山與黃興等革命黨人在日本東京組建中國同盟會，作為統一的革命組織機構。同盟會以「驅除韃虜，恢復中華，創立民國，平均地權」為宗旨，經孫中山闡發為民族、民權、民生的三民主義革命綱領。同盟會成立後，一方面以《民報》等革命報刊為陣地，與改良派就民主共和與君主立憲問題進行了大論戰，廣泛宣傳了民主革命思想；另一方面，又以中國南部邊境地區甚至中部省份為基地，連續發動了多次反清武裝起義，雖然均以失敗告終，但卻促成了全國革命高潮的到來。

1911 年 10 月 10 日，湖北新軍裡的革命黨人發動武昌起義成功。隨後，各省紛紛起來響應，湖南、江西、安徽等十四省先後宣告獨立，建立革命政權，致使清王朝土崩瓦解。其時，孫中山聞訊從海外回國，被各省代表會議選舉為中華民國臨時大總統。1912 年元旦，孫中山在南京宣誓就職，中華民國臨時政

孫中山主持南京臨時政府第一次內閣會議

孫中山就任臨時大總統誓詞

孫中山、黃興出席臨時參議院成立典禮

府成立。

孫中山等革命派與代表清廷的袁世凱交涉後，以清帝退位、採用共和制為條件，將大總統的位子讓給了袁世凱。2月12日，清帝溥儀宣佈退位後，3月10日袁世凱成為臨時大總統。革命派為抑制大總統權限而制定了具有共和國憲法性質的《中華民國臨時約法》，另外公佈了一系列法令、法規，採取各種政策而奠定革命政權的基礎。

中國共和制的建立，引起了東亞乃至整個國際社會的震動，促使亞洲和世

界殖民地國家民族解放與革命的萌動，如朝鮮、越南、印度、菲律賓等國革命志士深受鼓舞。

但是，當上大總統的袁世凱在立憲派的支持下，得到英國、美國的援助而強化其獨裁權力，鎮壓孫中山等領導的革命派組織——國民黨。於是，南方的革命派在 1913 年 7 月接受孫中山的指令後，開始了推翻袁世凱政權的第二次革命。這時的日本利用了中國南北對立的局面：陸軍擴大在華北的權益，海軍則援助南方的孫中山以擴大日本權益。但是第二次革命失敗後，孫中山被迫流亡，而當 10 月袁世凱成為正式大總統後，立即強行解散國民黨與國會，1915年 12 月還宣佈實行帝制而成為皇帝。不過，中國國內民眾的反帝制情緒高昂，孫中山號召打倒袁世凱，開始了反帝制的護法運動。袁世凱迫於壓力，不得不在 1916 年 3 月宣佈取消帝制，而他自己則在不久後死去。

辛亥革命推翻了中國兩千多年的君主專制制度，建立了東亞第一個民主共和國，這在中國和東亞歷史上，均具有劃時代的意義。但是，當時的日本政府卻否認這一意義，內閣決議不在正式文件中使用中華民國（簡稱中國）的國號，而稱「支那國」。儘管中國方面對此表示了抗議，但日本政府仍然使用含有蔑視意思的「支那」稱呼中國，用「支那人」稱呼中國人。無論如何，日本與歐美列強最終還是在國際法意義上承認了中華民國。

亞洲和親會

　　1907 年，流亡日本的中國革命黨人章太炎、張繼、劉師培、何震等人及日本的幸德秋水、堺利彥、山川均、大杉榮等人，在東京集會，宣佈成立亞洲和親會。隨後，越南、菲律賓、朝鮮、緬甸、馬來亞等國人士陸續參加進來，使該組織成為亞洲各國人士反對帝國主義侵略，爭取國家獨立與民族自由解放的革命聯盟。

　　據日本學者考證，朝鮮留日學生趙素昂積極從事民族獨立運動，並與中國革命黨人多有接觸，有可能參加了亞洲和親會的活動。

　　章太炎起草的《亞洲和親會約章》（*The Asiatic Humanitarian Brotherhood*），用中英文發表，宣稱以「反抗帝國主義，期使亞洲已失主權之民族，各得獨立」為宗旨。約章規定：凡亞洲人，除主張侵略主義者外，民族主義者、共和主義者、社會主義者、無政府主義者，皆得入會。約章還規定和親會總部設於東京，並在中國、印度、朝鮮、菲律賓、越南等地設立分會；會中不設會長、幹事職務，會員一律平等，定期每月聚會一次，聯絡感情，互通聲氣。章太炎還利用中國同盟會的機關報《民報》，積極宣傳亞洲和親會的宗旨。

　　由於受到日本政府打壓等原因，亞洲和親會成立不到一年就停止了活動，但其爭取獨立與自由的理念卻具有深遠意義。

第四章

第一次世界大戰與華盛頓體系

本章大事年表

1914 年	第一次世界大戰爆發　日本對德宣戰、侵略山東半島
1915 年	日本向中國提出「二十一條」要求
1916 年	第四次《日俄密約》締結
1917 年	美中參加第一次世界大戰　孫中山在廣東成立軍政府　俄國十月革命　列寧發佈《和平法令》　《石井—藍辛協定》締結
1918 年	美國威爾遜總統發表《十四條和平原則》　蘇維埃與德奧簽訂單獨議和條約　日本與北京政府簽署《山東問題換文》　日中參與干涉西伯利亞戰爭　第一次世界大戰結束
1919 年	巴黎和會召開　三一獨立運動　共產國際創設　五四運動　蘇維埃發表《加拉罕宣言》
1920 年	國聯成立　直皖戰爭　廟街事件　青山里戰鬥　日軍屠殺延吉地區朝鮮人
1921 年	中國共產黨成立　華盛頓會議召開
1922 年	第一次直奉戰爭　日本共產黨成立　蘇維埃社會主義共和國聯盟（蘇聯）成立　遠東民族大會召開
1923 年	《孫文—越飛宣言》
1924 年	第一次國共合作實現　「蒙古人民共和國」建立　孫中山發表《北上宣言》
1925 年	朝鮮共產黨建立　五卅運動
1926 年	國民革命軍開始北伐
1927 年	朝鮮建立新幹會　蔣介石在上海發動政變　南京國民政府成立　日本第一次出兵山東
1928 年	日本第二次出兵山東（濟南事件）　中美改訂《關稅協定》　張作霖在皇姑屯被炸死　《巴黎非戰公約》　張學良易幟
1930 年	中日簽署《關稅協定》

日俄戰爭結束後，日本因獨佔朝鮮半島而擴大了其在東亞地區的影響力，而第一次世界大戰的爆發更成為其進一步擴大影響力的契機。1915 年，由於日本迫使中國接受「二十一條」，東亞確立了以日本為中心的統治秩序根基。

　　另一方面，由於 1917 年俄國爆發社會主義革命，以及 1919 年在朝鮮和中國分別爆發「三一運動」和「五四運動」，列強感到有必要對已有的國際秩序重新做出調整。一戰結束後，帝國主義列強通過 1921 年的華盛頓會議對各國在東亞地區的利害關係進行了調整。

　　華盛頓體系作為東亞國際關係的協調機制，與之前相比較，儘管相對穩定，但因俄國十月革命的影響，東亞各國民眾開始展開新的運動，這一秩序也由此開始出現裂痕。中國的北伐運動正是在這一背景下展開的一次國民革命運動。以北伐運動為契機，朝鮮的民族運動力量一度準備發展成為反日獨立運動。但日本為了維護和擴大在中國的影響力，對中國的北伐加以阻止。

　　日本為穩固其在中國東北與蒙古地區的利益，企圖侵略中國東北地區。這一歷史事件使開始出現裂痕的華盛頓體系在 1931 年最終走向破裂。本章將主要通過第一次世界大戰、朝鮮的三一運動、中國的五四運動、俄國的十月革命、列強的西伯利亞干預戰、華盛頓會議和北伐戰爭等內容，闡述 1931 年日本侵略中國東北前的東亞國際關係和政治變動。

第一節　第一次世界大戰與中日「二十一條」交涉

日本參與第一次世界大戰

20 世紀初，歐洲形勢主要表現為三大協約國（英國、法國、俄國）和三大同盟國（德國、奧地利、意大利）之間的對立。號稱帝國主義的兩大勢力將世界大部分地區變成了其殖民地和從屬國。雙方最終在歐洲火藥庫巴爾幹半島發生正面衝突。1914 年 7 月 28 日，奧地利向塞爾維亞宣戰，拉開了第一次世界大戰的序幕。到 1918 年 11 月 11 日德國宣佈投降，這場歷時四年多的戰爭才最終宣告結束。

第一次世界大戰剛爆發，日本政界元老井上馨就表示歡迎，聲稱：「此次歐洲大亂，實為上蒼對日本國運發展的大正時代之護佑。」他認為，其他地區爆發的戰爭是提高日本國際地位的機會。開戰僅三天，英國就向日本發出邀請，要求日本保護英國商船免受德軍威脅。對於一直尋找藉口參與此次戰爭的日本而言，顯然沒有理由拒絕這一邀請。根據 1902 年簽訂的《英日同盟條約》，作為英國的同盟國，日本以與同盟國英國共命運為由，向德國宣戰。

日本向英國表達了強烈的參戰意願，但英國卻又撤回了原來的邀請，因為英國擔心日本參戰是覬覦中國和德國領屬的南洋群島。此外，荷蘭擔心日本參戰或殃及其殖民地，美國也警惕日本擴大其領土的意圖。因此，日本在向德國發出最後通牒的同一天，也向美國、法國、俄國、荷蘭、中國等國大使或公使明確表態，說明日本沒有擴張領土的絲毫野心，並表示接受英國提出的僅將戰鬥區域限制在中國沿海至新加坡方面的要求。美國的強烈牽制也是迫使日本表明這一立場的原因之一。

日本向德國發出最後通牒，要求德國的艦艇立即從日本及中國海域撤離，

在將膠州灣租借地返還中國前先移交給日本。德國無論如何也不能接受日本提出的要求，於是在 1914 年 8 月 23 日，即在歐洲的戰爭開戰一個月後，日本向德國宣戰，參與到了大戰中。

率領日本參戰的是以立憲同志會為執政黨的第二屆大隈重信內閣。但是原敬 ❶ 等在野黨立憲政友會成員則持反對態度，而執政黨內部的尾崎行雄等人也反對參戰。日俄戰爭中因高舉反戰旗幟在後來的「大逆事件」 ❷ 中被鎮壓的社會主義者保持了沉默，但是《東洋經濟新報》發表社論反對日本參戰和攻佔青島。

大部分日本國民對德國在甲午戰爭後的三國干涉以及試圖確保其在山東半島的利權感到不滿，因此支持日本參戰。此外，他們也期待通過發展軍需工業而拉動經濟發展。事實上，日俄戰爭後苦於經濟慢性蕭條的日本，在一戰爆發後，確實因歐洲各國與亞洲間的貿易中斷而迎來了前所未有的經濟大繁榮時期。1914 年之前，日本還是負債 11 億日元的債務國，但是到了 1920 年，卻搖身一變成為擁有 27 億多日元債權的債權國。

大戰初期，不同於日本，中國宣佈中立。當時中國是總統袁世凱主政，通常稱其為「北洋政府」。但日本無視北洋政府的立場，於 1914 年 9 月侵略山東龍口，隨即佔領青島，接管德國在山東省的一切權益。為紀念這一勝利，日本國民還舉行了盛大的慶祝活動。同年 10 月，日本海軍佔領了赤道以北原屬德國的諸多島嶼。對此，美國感覺威脅到了其在菲律賓的統治而開始警惕，英國領屬澳大利亞和新西蘭地區對日本南進的危機感也加深了。

---

❶ 原敬，日本政治家、第19任日本首相（1918年9月29日~1921年11月4日），為日本第一位平民出身的首相，組織日本第一屆的政黨內閣，但在任內被暗殺。

❷ 1910至1911年間，以幸德秋水為首的一批日本無政府主義者和社會主義者被指控有暗殺天皇的「大逆罪」而遭逮捕判刑的事件。

　　日本雖與德國作戰，但沒有將戰場擴大到東亞地區之外。協約國曾要求日本向歐洲戰場派兵，但卻沒有得到日本政府的響應。因為日本參戰的目的是接收原德國在亞洲地區的影響力，擴大其在中國東北和內蒙古地區的影響力，提高其在帝國主義列強中的地位。不久之後，日本的這一企圖通過「二十一條」要求而得到了實現。

侵略中國的橋頭堡──日本提出「二十一條」

　　1915 年 1 月，日本拒絕中國北京政府提出的日本軍隊從山東撤軍的要求。借助與德國交戰獲得的自信，日本加快了其侵略步伐。日本駐華公使日置益無視正常外交程序，直接向北京政府的袁世凱提出了由日本陸海軍、關東都督府、外務省共同協商和起草的包括「二十一條」內容的文件。日本打出的旗號是：為把德國的租借地還給中國，日本投入巨額軍費參加一戰，中國應給予日本相應的補償。

　　日本提出的「二十一條」要求分為五號，主要包括：第一，承認日本繼承德國原來在山東的一切權益；第二，承認日本人在南滿和內蒙古東部居住、往來、經營工商業及開礦等項特權；第三，漢冶萍公司改為中日合辦，附近礦山不準公司以外的人開採；第四，所有中國沿海港灣、島嶼概不租借或讓給他國；第五，中國政府聘用日本人為政治、軍事、財政等顧問；中日合辦警政和兵工廠；武昌至南昌、南昌至杭州、南昌至潮州之間各鐵路建築權讓與日本；日本在福建省有開礦、建築海港、建造船廠及築路的優先權，等等。

　　以上內容嚴重侵害中國主權，足以讓人們聯想起日本侵略大韓帝國並進行統治的過程。若完全接受日本提出的這些要求，中國有可能繼朝鮮之後，淪為日本的下一個殖民地。「二十一條」的消息在中國一經傳開，各地反日情緒高漲，民眾紛紛展開抵制日貨與愛國儲蓄運動。東京的中國留學生也立即投身於

反日運動中。隨着對日本的不滿和危機感的日益加深，反對「二十一條」的運動發展為跨地區和各階層民眾廣泛參與的一場民族主義國民運動。

「二十一條」中確保日本在內蒙古東部與東北南部地區優越地位的內容，不僅威脅到了中國東北地區的中國人，而且給由於受到自然災害等原因移民到那個地方的朝鮮人帶來了嚴重影響。事實上，「二十一條」消息傳開後，鑒於中國東北地區的朝鮮人有可能被日本人利用作為侵略工具，這些朝鮮人與當地中國人的關係變得日趨緊張。1916 年前後，移居中國東北地區的朝鮮人數量還曾出現過驟減。

對於日本的「二十一條」要求，列強採取否定的態度。美國、英國、俄國

1915 年 5 月 25 日，在基於「二十一條」要求的《關於山東省之條約》、《關於南滿洲及東部內蒙古之條約》、《關於漢冶萍公司之換文》、《關於膠州灣租借地之換文》、《關於福建省之換文》上簽字的中日兩國代表

袁世凱

等列強認為這是日本趁歐洲忙於戰爭無暇顧及東亞的機會擴大其在東亞的支配權的行為，從而表示了抵制的態度，尤其是對作為日本侵略與統治的前提條件的第五號內容表示了強烈的不信任與反對態度。但是，日本不斷向中國袁世凱政權施壓，並在刪除第五號內容後向中國發出最後通牒。1915 年 5 月 9 日，袁世凱的北京政府被迫屈服 ❶。

　中國人將 5 月 9 日這一天記為國恥日。1916 年發行的語文教科書中，首次收錄了「國恥」一詞，可見就連學校教育也表現出了民族情緒。中國人的反日

---

❶　「二十一條」是日本向中國方面提出的要求，但1915年5月9日中國完全接受第一號總綱及第一　款日本繼承德國在山東權利一條，其餘各款或由日本自行撤回，或改以換文方式約定。中日於　5月25日在北京簽署的是《關於山東省之條約》、《關於南滿洲及東部內蒙古之條約》及13件換　文，即「二十一條」中部分內容，史稱「民四條約」。中國雖於南滿、東蒙部分損失甚多，然　成功迫使日本將於中國主權損害最重之第五號條文除福建一款外全數撤回。

民族主義從這個時期開始高漲起來。

　　保障了日本諸多權益的袁世凱於 1915 年 12 月加冕登極，恢復帝制。但是，袁世凱的復辟遭到了各地此起彼伏的旨在維護「共和」價值的抗議和抵抗。不久，袁世凱因病去世，親日派軍閥段祺瑞掌握了北京政府的實權。此後中國國內的軍閥混戰一直持續到 1928 年。

西方列強在中國的角逐與中國南北政權的對立

　　一戰雖始於歐洲戰場，但在東亞，特別是在中國，形成了日本與英美對立的局面。日本提出的「二十一條」更激化了這一對立。

　　開戰初期，日本仍通過中立國瑞典和挪威不斷進口德國的商品，因此受到與日本建立同盟關係的英國的指責。於是，日本政府在 1915 年 9 月宣佈對德實施經濟戰。美國還將俄國、英國、法國也拉進來聯合反對日本的「二十一條」。因為美國提出了門戶開放的主張，要求與列強在中國獲得均等的通商機會，而且要求保障中國的領土與行政主權，其立場與日本大有區別。與其他列強不同，美國沒有向中國要求劃定借租地和勢力範圍，但是卻最先承認中華民國，並向中國提供借款，在中國設立了美系銀行。因此，中國對美國的態度變得友好起來，而對迫使中國簽訂「二十一條」的日本，則十分反感。

　　對日本的「二十一條」，俄國也有不滿，但是考慮到其跟日本的關係，並未表示反對。因為當時俄國從日本進口武器和軍需品，所以擔心日本有可能威脅到其在中國東北北部的權益。此外，為牽制英國、美國、德國等國在中國勢力的增強，俄國也要避免與日本關係的惡化。而為牽制正式介入中國市場的美國，日本也需要與俄國建立合作關係。基於以上種種相互的需要，日俄兩國於 1916 年正式簽署第四次《日俄密約》，秘密地進行合作。

　　東亞舞台上列強之間的角逐戰，在臨近一戰終結時愈演愈烈。為確保自身

利益，列強之間連橫合縱，關係錯綜複雜。日本最早向英國提議，將日本佔領的德國屬地以赤道為界，南北分別由英國和日本統治。英國則表示在巴黎和會上將支持日本。1917 年 2 月，日本政府對法國與俄國提出：可向地中海派出日本軍艦，條件是取得在講和會議上兩國對日本要求的支持。3 月，日本與法俄兩國政府達成了備忘錄。

1917 年 8 月，為得到協約國對其政權的支持和從美國的參戰中借力，段祺瑞的北京政府向德國和奧地利宣戰，正式參加第一次世界大戰。日本政府也認為這是加強對北京政府影響的好機會，所以積極援助段祺瑞政府參戰。

段祺瑞雖然與主張中立的黎元洪總統存在分歧，但是最終掌握了北京政府的實權，並從日本獲得 1.45 億日元借款。日本向中國提供借款是為了抵制美國對北京政府的影響力而採取的舉措。借款雖以鐵路修建等經濟之名提供，但實際上是作為控制段祺瑞政府手段的政治性的軍事資金。由於日本的這項借款是由寺內首相的私人秘書西原龜三直接交給段祺瑞的，因而被稱為「西原借款」。此時，反對段祺瑞的孫中山打起維護 1912 年制定的《臨時約法》的旗幟，開展「護法運動」，於 1917 年 8 月成立廣東政府。中國出現了南北對立的兩個政權。

1917 年 4 月，參與第一次世界大戰的美國為專心於歐洲戰場而希望與日本妥協。而日本為維護在中國的特權，也認為有必要與美國妥協。於是，美日兩國無視中國北京政府的意願，於 11 月簽訂了相互尊重的《藍辛—石井協定》❶：美國承認日本在中國的特殊權益，日本尊重中國的獨立與門戶開放、機會均等。

---

❶ 指1917年11月2日美國國務卿藍辛和日本全權代表石井菊次郎間的外交換文。美國承認日本在中國享有「特殊利益」，兩國政府重申在中國尊重「門戶開放」和「機會均等」的原則。至1923年被廢除。

　　通過上述與列強相互承認對方利益的舉措，日本成功地確保了其在中國的權益。日本的這一戰略之所以成功，原因很簡單，即日本向列強明確表示其權益範圍絕不會超出東亞，絕不會威脅既存的帝國主義秩序。一戰後，列強在東亞地區的對立和矛盾，主要以日本為主軸進行了調整，而所有協商都向強化日本國際地位的方向發展。在歐洲戰場，如果說一戰主要是針對侵略者展開的武力戰爭，那麼在東亞地區，一戰則是美國、中國、日本、英國、俄國等國間開展的一場激烈的外交戰。

俄國十月革命與帝國主義干涉

　　1917年3月（俄曆2月），正值第一次世界大戰進行之時，俄國爆發了「二月革命」，沙皇尼古拉二世被迫退位，俄國成立臨時政府。1917年11月（俄

列寧在十月革命爆發後發表演說
（油畫）

曆 10 月），列寧領導的布爾什維克呼籲停戰，實現和平，宣稱將「麵包、和平與土地」歸還民眾而發動武裝起義，最終推翻臨時政府並建立蘇維埃政權，史稱「十月革命」。

蘇維埃政權成立後的第二天（1917 年 11 月 8 日），蘇維埃代表大會根據列寧的提議，通過了著名的《和平法令》，宣佈帝國主義戰爭是「危害人類的滔天罪行」，提議立即停止帝國主義戰爭，各交戰國簽訂不割地、不賠款的正義和民主的和約。次年 3 月，蘇維埃與德國單獨簽署了《和平條約》。此外，在無條件沒收地主土地之後，蘇維埃政權按農民意願將土地分給農民耕種，宣佈俄國各民族完全擺脫民族壓迫，並規定了各民族之間相互關係的準則：平等自主，廢除任何民族的一切特權，允許各少數民族與民族集團自由發展，各民族人民有自決乃至分立並組織獨立國家的權利。

蘇維埃政權提出的放棄賠償、不割地，以及立即實現和平的主張，在參戰各國中引發了關於戰爭目的與結束戰爭方式的各種各樣的議論。1918 年 1 月，美國威爾遜總統明確提出為實現「基於世界能夠成為健全安定的場所，特別是對所有愛好和平國家以安全感」的戰爭目標的十四點原則，包括廢除秘密外交、限制軍備、建立國際聯盟等，這些主張與俄國十月革命密切相關。日本和沙皇俄國於 1916 年簽署的第四次《日俄密約》也因俄國十月革命而失效。

革命餘波影響到了西伯利亞地區，該地區建立了布爾什維克黨組織和地方蘇維埃政權。為解決中央政府糧食不足的問題，蘇維埃地方政府對剩餘生產品進行控制，並推行土地國有化措施。與俄國沙皇政府一樣，他們將中國東北北部地區劃為自己的勢力範圍。原在哈爾濱管理中東鐵路的反蘇維埃勢力引來北京政府軍隊拔除了紅軍的據點。1918 年，北京政府封鎖與俄國西伯利亞交界的國境線，不讓中國東北地區的農產品外流，而且還切斷了海參崴經中國東北通往鄂木斯克的鐵路，阻礙農作物的運輸。這使西伯利亞地區的蘇維埃地方政權糧食不足的問題更加嚴重。北京政府封鎖國境的措施在日軍和英軍為開展西伯

利亞干預戰而登陸後才解除。

密切關注西伯利亞與中國東北狀況變化的日本，於 1918 年 5 月與段祺瑞政權簽訂了《中日共同防敵軍事協定》，聲稱其主旨在於對抗紅軍進入西伯利亞，並共同保衛東北亞地區的和平與安全。這樣，日本軍隊在中國東北至貝加爾湖以東地區展開軍事行動時，能夠進入中國境內，甚至還可以指揮北京政府的軍隊。

以西伯利亞和中國東北為中心的局勢變得複雜多變時，西伯利亞各地支持布爾什維克革命的紅軍與反對革命的白軍展開了內戰。而反對革命的列強介入之後，西伯利亞內戰局面變得更加複雜。

列強的西伯利亞干預戰，以 1918 年 5 月捷克軍團反蘇維埃的軍事行動而正式開始。捷克軍團是指俄國革命之後，在德國的影響下由五萬多名捷克人和斯洛伐克人組成的駐紮在烏克蘭的部隊。這支部隊計劃從德國脫離出來，與歐洲西部戰線的法國軍隊匯合。他們計劃從海參崴乘船前往法國。捷克軍團在通過西伯利亞鐵路前往海參崴的途中與紅軍發生了戰鬥，幾乎摧毀了蘇維埃在西伯利亞一帶最大的據點海參崴。此時，農民階層對糧食的控制措施及蘇維埃政權以中央集權否定地方自治的不滿情緒也與日俱增。由於協約國重建東部戰線和穩定管理西伯利亞後方與捷克軍團的行動及農民階層的動向一致，於是捷克軍團成了「救援軍團」。

英法兩國最先站出來支持俄國白軍。美國和日本則提出：向帝俄東部戰線輸送的大量軍用物資囤積在海參崴等地，為保護這些物資不落到德國手中，也要出兵西伯利亞。

1918 年 1 月，以保護本國居留民為由，日本向海參崴派出兩艘軍艦。同年 4 月，海參崴發生日本人被殺事件，日本以此為由增派 500 名海軍陸戰隊登陸海參崴。

然而，日本以保護駐俄日本僑胞的名義還不能正式參與干預戰，因為美國

參加西伯利亞干預戰的日本軍隊，在海參崴市內行進

還遲遲沒有做出參戰決定。不過，由於發生了捷克軍團被紅軍包圍的事件，為救援捷克軍團，美國於 7 月做出參戰決定，日本遂於 8 月宣佈「向西伯利亞派兵」。到 10 月為止，日本陸續派出超過七萬人的大規模兵力。比起美國派出的 9000 人，英國派出的 6000 人，中國派出 2000 人的軍隊，日本向西伯利亞地區派出的軍隊數量遙遙領先。

蒙古獨立

成吉思汗建立的蒙古帝國退出歷史舞台後，蒙古國屢遭分裂，自1688年起，附屬清王朝並受其支配。19世紀後，清王朝衰敗加劇，為在蒙古地區建國提供了機會，辛亥革命的爆發成為其轉折點。

1911年11月，以外蒙地方勢力為核心的臨時政府成立，藏傳佛教八世傳人牟汝贊普（牟底贊普）被推舉為共戴皇帝。此後，蒙古國新政府致力於蒙古民族的統一運動，但是1915年6月簽署的《中俄蒙協約》，只承認外蒙古地區「自治」。

1917年俄國爆發十月革命，給蒙古國獨立帶來了新的變化。蒙古失去帝俄協助，中華民國於1919年11月廢除《中俄蒙協約》，收回了外蒙自治權。此後，成立於1920年6月的蒙古人民黨（1925年更名為蒙古人民革命黨）將蒙古國獨立作為主要任務。同年8月，蒙古人民黨派使節團到蘇俄 ❶，要求其支援蒙古獨立運動。

這一時期，白軍在俄國內戰中敗北逃亡，進入外蒙，並扶持共戴皇帝復辟政權。1921年3月，蒙古人民義勇軍擊敗並趕走中國軍隊，蒙古人民黨成立蒙古人民臨時政府，引發「1921年的革命」，並在蘇俄的協助下於7月收復烏蘭巴托。7月11日（現在的蒙古獨立紀念日）宣佈成立以共戴皇帝為君主的「立憲制」政府。1924年5月共戴皇帝死後，由人民選出的代表組成的「國家代表大會」成為國家最高權力機構，並於

---

❶ 十月革命後，到1922年正式稱為蘇聯之前的一段時間對原俄國的稱呼。

同年 11 月召開第一次全國代表大會，廢除君主立憲制，宣佈成立蒙古人民共和國，並制定了憲法。蒙古是繼蘇聯之後世界上出現的第二個社會主義「國家」。

　　對於蒙古人民共和國的建立，蔣介石的國民政府一直不予承認，直到 1945 年 8 月 14 日與蘇聯簽署《中蘇友好同盟條約》才正式接受了蒙古國的獨立。但蔣介石在退到台灣後，以蘇聯違背《中蘇友好同盟條約》為由，仍不承認外蒙古的獨立。

第二節　第一次世界大戰結束，東亞地區的民族運動與西伯利亞干涉的擴大

巴黎和會對戰勝國利益關係的調整

　　1919 年 1 月起召開的巴黎和會是第一次世界大戰結束後討論戰後處理問題的會議。儘管會議標榜以美國總統威爾遜提出的十四條為基本原則，但是在排除已經掌握政權的蘇維埃政府和戰敗國的情況下，通過了由以德國為首的戰敗國向戰勝國支付巨額戰爭賠償的決議。與此同時，根據把戰敗國的殖民地割讓給戰勝國的會議協商原則，德國的領土被縮小，在東歐建立了八個共和國。此外，巴黎和會還通過了建立全世界永久性國際和平組織——國際聯盟的決議。於是，在列強相互妥協的基礎上構建起了新的國際秩序，即「凡爾賽體系」。

　　通過巴黎和會，日本與美國、英國、法國、意大利等國一同成為國聯最高理事會成員，擁有參與所有會議的權利，被認為具有國際社會的最高地位。日本乘此機會開展積極的外交活動，意欲獲得赤道以北德國所屬地區的統治權，並依據 1918 年的《山東問題換文》❶ 取得德國在中國山東的權益。對此，中國提出，被迫簽署的「二十一條」，應屬無效，並主張將山東歸還中國。但是，此時日本已經通過與各西方列強秘密締結的一些協約確保了列強的支持。美國也認為促成國際聯盟建立需要日本的支持，所以支持日本的做法。

---

❶　1918年8月，日本預計中國將會在戰爭結束時提出山東問題，為達到永遠霸佔山東和進一步擴大在華勢力的目的，以借款為誘餌，向段祺瑞政府建議合辦鐵路，以獲取段祺瑞政府對山東問題合法承認的根據。1918年9月28日，中日雙方在北京簽訂了高徐、濟順兩鐵路借款預備合同，同時還舉行了關於山東問題的秘密換文儀式。在第一次世界大戰結束後的巴黎和會上，日本聲稱根據秘密換文日本合法享有德國在山東的各項權利，激起中國民眾的憤怒，成為五四運動的導火索。

巴黎和會上的「三巨頭」：美國總統威爾遜、英國首相勞合・喬治、法國總理克萊蒙梭

　　結果，巴黎和會的與會國儘管承認中國的主權，但同時也承認日本接收德國原來在山東的一切權益，並就此通過了關於中國問題的決議。然而。中國民眾不能接受根據列強利害關係進行調整的結果。日本的「二十一條」及巴黎和會通過的決議內容引起了廣大中國民眾的憤怒和譴責，引發了五四運動。

三一運動

　　雖然重建的東亞國際秩序有利於日本，但也引起了東亞內部聲勢浩大的反

對運動。先是日本殖民地朝鮮爆發了三一運動，繼而在中國爆發了五四運動。

隨着俄國十月革命的勝利和一戰的結束，在重建國際秩序的過程中，民族自決運動日益活躍起來。1917 年，列寧在《四月綱領》中提出，「在民族自決權的基礎上構築永久和平」。1918 年 1 月，美國總統威爾遜也發表了包括民族主義和永久和平思想的「十四條原則」。與列寧不同，儘管威爾遜的民族自決還附加了「只適用於戰敗國殖民地」這一條件，但是海內外朝鮮民族志士還是從這一「民族自決」的話語和民眾期待中得到了力量，掀起了獨立鬥爭的新高潮。

留日朝鮮學生成為運動的先驅。1919 年，他們在東京發表了《二八獨立宣言》。朝鮮天道教、基督教、佛教等宗教界人士和學生代表也發表了獨立宣言。1919 年 3 月 1 日，包括漢城在內的七座城市發佈了《獨立宣言書》，開始了抗日遊行。

從城市開始的抗日遊行逐漸蔓延到各地農村。農民、工人及工商界人士均參與到了遊行中，成為運動主體，其規模不斷擴大。僅 1919 年 3 月至 5 月，各地組織的集會就達 1500 次，參加者達兩百多萬人。散居中國、蘇俄、美國等海外各地的朝鮮人也加入到了抗日運動中。儘管沒有特定的領導組織，但是不論城市還是農村，不論男女老少，也不論海內外，凡有抗日意識的朝鮮民眾都參加進來。民眾的自發性正是三一運動能夠向朝鮮各地擴大並常態化的主要原因。

三一運動爆發前，朝鮮總督府沒有得到任何有關運動的消息，甚至未曾預料到會有此類事情發生。事發後，日本動員軍隊和憲兵警察實施殘酷的武裝鎮壓，致使大量無辜的朝鮮民眾為國捐軀。在水源郡，日軍將村民集中到教堂，封鎖出口，先射擊後縱火，製造了「堤岩里大屠殺」。這是那個時期的典型事件。雖然包括英國、美國在內的西方各國對日本的暴力鎮壓提出譴責，但並未否定日本對朝鮮的殖民統治。

獨立運動中，在漢城光化門前集合的市民們

　　日本媒體報道稱，「朝鮮三一運動是由部分宗教界人士煽動而引發的一場『暴動』」，媒體因此支持武裝鎮壓。有媒體把朝鮮人譴責為「暴徒」、「犯人」，誇大日本人的受害程度。但事實上，沒有一名日本民眾死於這場示威運動。

　　舉全民族之力進行的「三一」抗日鬥爭雖然沒有成功，但是此後朝鮮民眾開展了各種民族獨立運動，包括在上海成立大韓民國臨時政府。三一運動中民眾的示威經驗，成為民眾後來參與各種社會運動以維護自身權利和利益的重要參考。

　　日本也以三一運動為契機，開始改變對朝鮮的殖民統治方式，即縮小軍部

的影響力而強化內閣的責任。日本將以往憲兵與警察站在最前線的憲兵警察制改為普通警察制，改變「武力統治」方式。朝鮮總督府發佈命令，允許發行部分朝鮮文報紙，並在一定範圍內允許朝鮮群眾自由組織集會和遊行。總督府還實施了朝鮮人與日本人接受同樣教育的「共學制」。這一緩和的殖民統治方式被稱為「文化統治」。

五四運動

　　一戰以協約國的勝利宣告終結，作為戰勝國之一，中國也熱烈慶祝這一勝利。中國民眾普遍認為，這是恢復日本從德國手中奪取的山東主權的機會。然而，巴黎和會卻決定將德國在山東的權益移交給日本。這一結果使充滿期待的中國人大為失望，並很快轉化為巨大的憤怒。特別是在得知導致這一結果的原因是北京政府於 1918 年應允日本對山東的要求而締結中日山東問題換文的信

五四運動期間，在街頭演講的學生們

息後，許多中國人皆義憤填膺。

　　5月3日，來自北京市內各大學和各專科學校的學生代表召開會議，策劃組織大規模抗日遊行。5月4日，三千多名學生高喊「拒絕在巴黎和會上簽字」、「外爭主權，內懲國賊」、「收回山東權利」、「廢除二十一條」、「抵制日貨」等口號開始了遊行。當天發表的「北京學界全體宣言」，號召全國各地學生動員起來，並鼓勵工人和商人也參與到此次運動中來。

　　因為當天是星期天，學生們只向美國大使館提交了抗議書，之後火燒負責交涉「二十一條」和中日山東問題換文的交通總長曹汝霖的住宅。軍警逮捕 32 名學生的消息傳開後，要求釋放學生和內懲國賊的遊行示威活動迅速擴散至各地，而軍閥政府仍繼續大量逮捕學生和青年，實施殘酷鎮壓。政府的強硬措施更激怒了學生。北京學生首先罷課，很快擴大到了全國。北京政府又先後逮捕

《新青年》和《每週評論》

近千名學生。消息傳開後，6月3日，上海六七萬名工人和工商界人士開展了大規模的示威運動，並開始罷工、罷市。至此，學生運動演變為全國性的抗日運動。

歷時兩個月、波及22個省和兩百多個城市的五四運動影響了全國。結果，北京政府釋放了學生，6月10日罷免了曹汝霖等三名被稱為親日派的官僚。6月16日，全國學生聯合會在上海成立，開展了拒絕在《巴黎和約》上簽字的抗議運動。6月28日，出席巴黎和會的中國代表團拒絕在和約上簽字。

由學生發起、全民參與的五四運動要求政府拒絕在《巴黎和約》上簽字，並懲處賣國賊，這是中國人作為國家主人行使自己的權利而開展的運動。這是列強根本沒有想到的展示中國人積極態度的重大歷史事件。五四運動的經驗成為中國人形成國民意識的重要導火線。

席捲東亞的1919年反帝浪潮

三一運動與五四運動爆發之際，正是世界範圍內被壓迫民族爭取國家獨立和民族解放的運動蓬勃開展之時。印度有甘地的「非暴力不合作運動」，土耳其有凱末爾領導的民族解放鬥爭。東亞的三一運動和五四運動都是反對日本帝國主義的抗日鬥爭，但鬥爭目的有別。三一運動是旨在打破殖民統治的民族解放鬥爭，而五四運動是為爭取恢復國家主權的救國運動的一環。

三一運動與五四運動均以持續時間長、規模大、群眾廣泛參與的大眾運動的方式展開。各地學生、商人、工人、農民分別在各個領域自發組織、互相合作，除示威遊行外，還舉行罷工、抵制日貨等運動。經歷這次運動以後，兩國民眾逐漸成長為民族解放運動和救國運動的主力軍，為開展工人運動和農民運動積纍了有益的歷史經驗。

發生在日本殖民地的三一運動成為推動五四運動的中國學生和知識分子的

新的導火索。他們將中國面臨的問題與殖民地國家朝鮮的現狀聯繫起來加以思考，將自己的運動與三一運動結合起來思考。1919 年 5 月 4 日發表的《北京學界全體宣言》稱：「朝鮮之謀獨立也，曰：『不得之，毋寧死。』夫至於國家存亡，土地割裂，問題吃緊之時，而其民猶不能下一大決心，作最後之憤救者，則是二十世紀之賤種，無可語於人類者矣。」宣言高度讚揚了朝鮮人爭取獨立的意志。陳獨秀等人主辦的《每週評論》也對三一運動的消息進行了報道，並指出：「飽受日本壓迫的朝鮮人民所展開的民族獨立運動，是撼動中國人民的一次大事件。」此外，孫中山的廣東政府也對三一運動給予支持，強烈譴責日本的武裝暴力鎮壓。朝鮮民眾的鬥爭激勵了憂國憂民的中國人，因為他們決不願意看到中國遭到殖民地朝鮮那樣的亡國命運。

本着反對日本帝國主義的共同信念，中朝兩國民眾在三一運動和五四運動中也曾並肩作戰。三一運動期間，在朝鮮的中國工人高喊「萬歲」口號，參加了示威遊行。旅居中國東北地區的朝鮮人示威遊行時，當地的中國民眾也給予了支持。此外，流亡中國的朝鮮民族活動家和留學生中，也有人參加了五四運動。

但是日本人的態度卻迥然不同。當時真正認清三一運動和五四運動鬥爭性質的日本人幾乎沒有。自由主義者吉野作造 ❶ 發表了《朝鮮暴動善後策》、《朝鮮言論自由》、《不要辱罵北京學生團運動》等文章，主張在殖民地朝鮮緩和武力統治，同時與已從軍閥政府統治中獲取解放的中國國民進行聯合。但是他所說的這種聯合本身帶有很大的局限性，因為他並不主張結束殖民統治，只是提議選擇一種更合理的統治方式。

第一次世界大戰之後，日本的帝國主義列強地位牢固地建立了起來。但

---

❶ 日本大正年間活躍的政治學者、思想家、大正民主運動的發起人，主張民本主義，批評帝國主義侵略政策，提倡建立在言論自由和普選上的政黨政治。

三一運動和五四運動則使日本的國際形象大受影響，日本對東亞秩序的構想也受到挫折。在巴黎和會期間發生的三一運動和五四運動預示，日本帝國主義以鎮壓聲勢浩大的群眾抗日運動的手段來穩定對朝鮮的殖民統治和實現對中國的統治的狂妄野心，並不容易實現。

日本對西伯利亞繼續干涉及遇到的抵抗

三一運動和五四運動爆發之時，列強對西伯利亞的干涉還在繼續。不過，1919 年 6 月《凡爾賽和約》簽署後，國際環境出現新的變化。第一次世界大戰的戰勝國在戰爭結束後不再繼續干涉西伯利亞了，一是因為失去了干涉的名分，二是因為存在戰爭費用的負擔問題。1920 年 1 月，參與戰爭的 14 個國家，除日本以外，全部從西伯利亞撤回了軍隊。這樣，列強企圖利用布爾什維克與反布爾什維克勢力之間的內戰而獲得特權的西伯利亞干預戰（第一次世界大戰的延伸戰），也在事實上結束了。

然而，日本不願輕易地撤回本國軍隊，因為撤軍意味着日本將失去在西伯利亞一帶確保其影響力的絕好機會。日本的如意算盤是：佔據西伯利亞不僅利於確保其在中國東北地區的影響力，而且有助於鞏固其對朝鮮的殖民統治。但是，形勢並沒有向日本期望的方向發展，因為存在着兩個重大障礙。障礙之一是朝鮮獨立軍的抵抗運動。1919 年三一運動後，朝鮮獨立軍武裝運動在中國東北一帶蓬勃發展，以至於日本人也承認：曾為日本樂土的中國東北儼然成為從事抗日活動的「不逞鮮人之巢穴」，對日本在朝鮮殖民地穩步實施統治構成了嚴重威脅。

日本無論如何也不能眼睜睜地看着朝鮮獨立軍從撤退回國的捷克軍隊那裡獲取武器，藉干預戰混亂之機擴大其力量。自 1920 年 10 月起，日本把參加過西伯利亞干涉戰的日軍及駐紮於殖民地朝鮮和關東州地區的日軍集結在長白山

地區，欲將朝鮮獨立軍一舉殲滅。不料在「青山里戰鬥」中，日軍遭朝鮮獨立軍頑強抵抗而失利。日軍立即對居住在中國東北東部地區的朝鮮人實施無差別攻擊，慘殺無辜民眾五千多人，燒燬房屋三千五百餘棟，這就是歷史上的「間島慘案」。為避開日軍攻擊和保存自身力量，朝鮮獨立軍轉移至蘇聯紅軍所在的濱海邊區的斯沃博德尼市。

障礙之二是日本國內日益高漲的反戰輿論。在日本宣佈參戰前，《朝日新聞》和《東洋經濟新報》等媒體一直反對參加干涉戰爭。工人運動中也有反對戰爭的聲音。此外，隨着商人囤積日軍進行西伯利亞干涉戰所需的大米，導致大米價格暴漲，1918 年 7 月引發了要求穩定大米價格的「米騷動」❶，以至必須動用軍隊和警察。由於「米騷動」，原敬內閣取代了寺內正毅內閣。在甲午戰爭和日俄戰爭中，輿論界還沒有發生過像反對日本參與干涉戰這樣的社會現象。進入 1920 年後，由於只有日本軍隊沒有從西伯利亞地區撤兵，5 月發生了「廟街事件」❷，380 名日本居留民被抗日游擊隊殺害。於是，日本國內反對日本軍隊繼續駐留西伯利亞的呼聲愈發高漲。此外，對日本政府而言，戰爭所需的巨大經濟負擔也不容忽視。

駐紮在中國東北東部地區的日軍最終於 1921 年 4 月撤離。但日本軍隊撤離後，領事館的警察大量增加。轉移到斯沃博德尼市的朝鮮獨立軍幾乎都重新回到了中國東北地區。但他們卻不能像以往那樣在東北東部地區展開武裝活動了。這一時期，在東北東部地區以夜校與讀書會等形式開展啟蒙活動的朝鮮人

---

❶ 又稱「米穀暴動」，是日本國內因米價暴漲而發生的群眾暴動，1890年和1897年在日本北越地區曾有發生。而1918年的暴動發展到日本全國，導致三百多地出現暴動，參加人數達七十萬以上。

❷ 廟街，即位於黑龍江口的城鎮尼古拉耶夫斯克，該地曾屬中國管轄，明代在此建有永寧寺，故名「廟街」。1920年1月，該地日軍遭到當地游擊隊攻擊，許多人被俘。5月，日軍增援部隊在解救俘虜時，游擊隊殺死俘虜，燒燬城市後撤退。

社會主義運動組織不斷擴大其影響力。日本在西伯利亞一帶的駐軍，從 1922 年秋天開始撤回，到 1925 年，只有庫頁島北部地區還有少數日本駐軍。日本企圖在西伯利亞地區獨自確保其影響力的嘗試，由於會打破從 1921 年 11 月開始的列強在華盛頓會議達成的協調外交，所以遇到了重重困難。

朝鮮三一運動和日本改變對朝殖民統治方式

三一運動不僅影響了朝鮮民眾的民族獨立運動，而且對日本在朝鮮殖民統治方式的改變也產生了巨大影響，日本首相原敬則為推行其政策巧妙地利用了三一運動。

1918 年 3 月就任日本首相的原敬，一方面向藩閥勢力和元老政治進行妥協，一方面推動以政黨為基礎的內閣責任制的國政。作為這一措施的一環，他以內閣負責殖民地的管理和監督，取代當時對殖民地握有莫大權力的陸軍和海軍。

原敬首相先是針對關東都督府進行新的官制改革，1919 年 4 月將關東都督府分為關東廳和關東軍司令部，任命文官做關東廳長官，關東廳受首相管轄。他推測，在關東州遇到的陸軍勢力的抵制可能弱於朝鮮和台灣地區。

原敬首相本來也想在朝鮮和台灣實施這樣的改革，但也預計到可能會引來以陸軍為首的掌權勢力的強烈不滿。正在猶豫之際，朝鮮爆發了三一運動。三一運動爆發的第二天，原敬在其日記中記載：「固然有促成民族自決的煽動，但此外或許還有其他的原因。」11 日，他指示朝鮮總督「採取嚴厲措施，防止類似事件再次發生」。他所說的嚴厲措施之一就是向朝鮮大規模派遣陸軍和憲兵，鎮壓示威遊行運動。

與此同時，原敬首相開始策劃後來被人們稱為「文化統治」的制度改革，即實施以文官為本的官僚制度，實施與日本相同的教育制度，導入普通警察制。在武力鎮壓三一運動之後，原敬首相於 8 月改革了朝鮮總督府官制，任命預備役海軍大將齋藤實為總督。齋藤實一到朝鮮上任

1919 年竣工的台灣總督府和 1926 年竣工的朝鮮總督府

就廢除了憲兵警察制，只允許警察面向普通民眾，警察負責人不許再由憲兵隊司令兼任。同時將小學教育延長至六年，實施「日鮮共學制」，使朝鮮人也可以與日本人上同一所學校。此外，有條件地允許公開發行朝鮮文報紙和雜誌。這些措施的目的是消除朝鮮民眾的不滿情緒，但也含有分裂朝鮮社會的意圖。另一方面，齋藤實等認識到三一運動的蔓延是由於沒有親日勢力予以阻止，於是採取了有計劃地培養親日派的措施。

上述制度改革中，有部分制度也直接移用到了台灣。1919 年 10 月，田建治郎就任台灣總督一職，開啟了文官總督時代。1922 年，又修改台灣教育令，實施「日台共學制」❶。

但是，日本統治朝鮮的 35 年時間裡，從未任命過文官出身的朝鮮總督。包括憲兵在內的警察人數最多時有 1.2 萬人，廢除憲兵後，警察數量猛增至兩萬餘人。此外，雖然名義上實行了共學制，但日本不承認在朝鮮和台灣取得的學歷。日本不許朝鮮和台灣民眾自己創辦大學，並於 1924 年和 1928 年在朝鮮和台灣分別建立京城帝國大學和台北帝國大學。

---

❶ 即允許台灣學生與日本學生一起上課。而此前的政策不允許日台學生共學。

第三節　凡爾賽—華盛頓體系的形成和破裂

華盛頓會議暫時平息列強之間的利益角逐戰

參加巴黎和會的中國代表團在得知國內發生五四運動的消息並聽到民眾的憤怒呼聲後，最終拒絕在《凡爾賽和約》上簽字。主導和會的美國也因共和黨佔據優勢的參議院的否決而拒絕批准和約。結果，東亞有關問題暨中國問題在巴黎和會上未能得到圓滿解決。

《凡爾賽和約》簽署後，國際上一度出現了和平的局面，但是不久，列強就開始了新一輪競爭。美國、英國、日本三國為強化海軍以獲得軍事優勢地位，開始了建造軍艦的競爭。

為了將海軍主力集中轉移到太平洋地區，自 1919 年起，美國開始大規模建造艦艇。日本將美國海軍定位為假想敵，於 1920 年制定了「八八艦隊」海軍擴軍計劃，即計劃建造戰列艦八艘、巡洋艦八艘。英國當時的主要艦艇已經陳舊，對美國海軍力量迅速崛起並超過英國十分焦慮，也於 1921 年制定了建造四艘超大型軍艦的計劃。儘管人們擔心這樣的軍艦競爭可能引發新一輪戰爭，但競爭仍非常激烈。美國和歐洲的軍備競賽輿論十分高漲。

為商討中國問題，協商減少海軍軍費問題，美國、英國、法國、意大利、中國、比利時、荷蘭、葡萄牙、日本等國於 1921 年 11 月在華盛頓召開會議，會議持續到次年 2 月。在此次會議上，美國建議與會國從調整利益的角度，擱置一些問題而簽署相關協議。最後，與會國簽訂了《四國條約》（即《關於太平洋區域島嶼屬地和領地條約》）、《五國條約》（即《華盛頓海軍條約》）以及《九國公約》（即《九國關於中國事件適用各原則及政策之條約》）。

《四國條約》由美、英、日、法四國共同簽訂，規定締約各國互相尊重他

國在太平洋區域內島嶼屬地和領地的權利，並廢除《英日同盟條約》。《五國條約》由美、英、日、法、意五國簽訂，規定美、英、日主力艦總噸位的保有比例為 5：5：3。出席會議的九國代表還簽訂《九國公約》，規定尊重中國之主權與獨立及領土與行政之完整；不承認列強在中國的優越權與獨佔權，努力維持各國在中國全境之商務實業機會均等之原則。但是，北京政府代表團提出的廢除治外法權和恢復關稅自主權，以及收回租借地等要求均未被列強接受。最終，《九國公約》對列強在中國的利益關係沒有予以根本否定。《九國公約》雖是為阻止日本侵略中國而簽訂的協議，但並沒有否認日本在中國東北和內蒙古地區的權益。隨着《九國公約》的締結，美國與日本之間的《藍辛—石井協定》也被廢棄。

　　華盛頓會議後，列強圍繞亞洲、太平洋地區展開的利益爭奪暫時進入了穩

參加華盛頓會議的九國首席代表（美、英、日、法、意、葡、比、荷及中國）

定期，這就是所謂的「華盛頓體系」。美國開始設定的維持太平洋地區現狀，
尊重北京政府主權，減少海軍軍備等會議目標均得到實現。此外，列強在不動
用武力的前提下實現了對中國的共同統治。但換一個角度看，在列強間協調東
亞秩序的華盛頓體系中，中國只不過處於列強之從屬地位。

遠東民族大會對抗華盛頓會議

　　對抗華盛頓體系的一項國際性舉措，是共產國際（Communist International）
的建立。共產國際是 1919 年在列寧領導下創建的新的國際社會主義運動組織，
又稱第三國際。列寧和布爾什維克提出的不割地、不賠款、民族自決等原則，
通過共產國際組織傳達給了東亞各地區的社會主義人士。在 1920 年 7 月的第
二次代表大會上，共產國際通過了《民族和殖民地問題提綱》。這一提綱重申
布爾什維克承認民族獨立的原則，贏得了世界被壓迫民族對社會主義的好感。
1920 年 9 月，東方民族大會在阿塞拜疆的巴庫召開，來自土耳其、伊朗、印度、
中國等國家的 1200 名代表出席大會。會議討論了殖民地民族問題，並表示支
持土耳其的民族運動。同年 12 月，共產國際專門設立了負責東亞革命的「遠
東支部」。

　　1922 年 1 月，在莫斯科召開了共產國際發起的遠東民族大會，包括中國、
日本及殖民地朝鮮等東亞國家的約 145 名社會主義和民族主義代表出席了會
議。會議帶有明顯對抗華盛頓會議的性質。會議指出，日本的革命運動有望成
為解決東亞問題的關鍵。會議認為，儘管華盛頓會議暫時調整了以美國和日本
為首的列強之間的利益關係，但這種局面不可能維持長久，不久的將來日本和
美國勢必會在東亞地區展開一場對決戰。

　　遠東民族大會支持殖民地的民族革命運動，反對帝國主義，也符合廣大工
人階級的利益。會議認為在社會主義革命之前應進行民族主義革命，這樣才能

共產國際機關報《共產主義因特納雄納
爾》創刊號（德語版）

取得民族獨立運動的勝利。1922 年召開的中國共產黨第二次全國代表大會，決
定開展反對帝國主義和封建勢力的民族主義革命。此外，上海派高麗共產黨與
伊爾庫茨克派高麗共產黨也都改變了實行社會主義革命的立場，而強調以反日
獨立為目標的民族革命應先行於社會主義革命。

共產黨組織在中日韓三國誕生，東亞局勢發展的新變數

　　三一運動和五四運動的歷史經驗及其帶來的社會變化，為社會主義思想在
朝鮮和中國的廣泛傳播發揮了重要作用。社會主義是三一運動和五四運動爆發

後猶如洪水般湧入中國及朝鮮殖民地的眾多思想之一。近一個世紀以來稱得上先進的所有社會思想，當時都一股腦地被介紹到中國和殖民地朝鮮，其中包括俄國思想中最具代表性的無政府主義、工團主義，以及美國的實用主義和教育論，還有俄國革命、馬克思列寧主義等理論。其中馬克思列寧主義被朝鮮和中國的民眾當作救國救民的思想而予以接受。

在朝鮮殖民地，三一運動失敗後正在探索方向的人們接受了社會主義思想。當時正值朝鮮總督府實施文化政治這一緩和政策，儘管還有限制，但政治空間畢竟放寬了一些，年輕的知識分子可以在一定程度上得以公開談論社會主義思想。1920 年夏，直系軍閥在中國的軍閥混戰中獲勝，以自由化政策的實施為契機，中國境內的相關言論也活躍起來，白話文逐漸得到普及。這一時期，經歷五四運動的中國，民族意識和階級意識已經深入民心。

社會主義思想被接受及其影響擴大的標誌是各國成立了共產黨組織。中國和日本的共產黨組織的創建，都得到了在上海的共產國際組織的幫助。在朝鮮殖民地建立的朝鮮共產黨，也受到了海參崴共產國際海外機構的幫助，與之前的高麗共產黨沒有任何組織聯繫。上述三國的共產黨還有一個共同點，即都以知識分子為其核心力量。

以五四運動為契機，中國研究與宣傳社會主義思想的政治、文化空間不斷擴大。特別是 1920 年《新青年》雜誌編輯部從北京遷到上海後，《新青年》成為上海共產主義小組的機關刊物，對介紹俄國十月革命和俄國的社會主義經驗發揮了重要作用。1921 年 7 月，包括毛澤東在內的十三名代表，在上海正式創建了中國共產黨。

第一次世界大戰之前，日本就出現了社會主義運動，而以俄國革命及 1918 年的「米騷動」為契機，知識分子與工會領導人開始合作，共同構建政治運動的民眾基礎，社會主義運動由此在日本進入了新的歷史發展時期。在這一合作過程中，要求廢除天皇制的人們在 1922 年 7 月成立了日本共產黨。

有關朝鮮共產黨活動
的報道

　　三一運動後，不斷尋求擺脫日本殖民統治新出路的朝鮮知識分子接受了社會主義思想，在傳播社會主義思想的過程中於 1925 年 4 月建立了黨組織。與中國共產黨一樣，朝鮮共產黨也是在與民族主義運動勢力的合作與競爭過程中成長起來的組織。當時，非公開的社會主義運動勢力，在朝鮮有上海派、星期二派等多種政治力量，而朝鮮共產黨並不是整合這些政治力量而建立的組織。這一點與並不存在政治派別對立而建立的中國共產黨不同。

第一次國共合作

　　華盛頓會議後，在東亞建立的相對穩定的國際秩序中，動盪最大的是日本和中國。比起其他西方列強，日本離中國最近，具有地理優勢。為了確保其以武力為後盾的獨自的勢力範圍，日本一直在尋找廢除《九國公約》並擴大其在中國的影響力的機會。1924 年中國實現國共兩黨的第一次合作，1926 年開始了反對帝國主義、打倒軍閥、統一中國的北伐運動。當時，中國國內的軍閥勢力有段祺瑞的皖系、張作霖的奉系和吳佩孚的直系等派系，他們相互之間多次發生大規模混戰。而中國國民黨領導的北伐運動，就是與大眾的反帝國主義運動相結合的軍事行動。

　　中國國民黨在廣東的時候勢力還比較弱，通過第一次國共合作與北伐戰爭逐漸壯大起來。促成這一變化的外部因素則是蘇俄和共產國際。

　　俄國沒有派代表出席巴黎和會，之後的蘇聯也被排除在華盛頓會議之外。俄國重新在東亞的國際舞台上發聲，是在與各派系軍閥及政治勢力為對手廣泛地介入中國問題之後。1919 年 7 月，蘇俄通過《加拉罕宣言》，向中國人民和中國南北政府（北京—廣東）宣佈放棄帝俄時代在漢口和天津的租界以及治外法權，返還礦產開發權，無償返還中東鐵路，不再索取義和團事件後俄國從中國取得的賠償金。通過以上不索取賠償、不締結割地條約、尊重民族自決等原則，俄國逐漸接近了中國的政治勢力。從 1920 年起，蘇俄通過共產國際直接介入了中國共產黨的創建過程。1924 年，蘇聯還與北京政府簽署協定，兩國外交關係實現正常化。接着，蘇俄又與統治中國東北地區的奉系軍閥達成了共同管理中東鐵路的協議。

　　1923 年 1 月，蘇聯與孫中山廣東政府約定推進中國的統一與民族獨立，發表了《孫文—越飛宣言》。這意味着為實現中國的統一與完全獨立，國民黨公開宣佈接受蘇聯援助。孫中山的聯蘇政策開始正式實行。與北京政府不同，孫

中山的廣東政府因受到華盛頓會議的排斥，所以需要接近蘇俄。由於陳炯明的叛變，廣東政府失去了北伐所需的堅實的軍事基礎。為此，孫中山放棄了過去以恢復共和國的核心即議會職能並建立統一政府為主的設想，轉而探索在強有力的一黨體制下，通過武裝鬥爭完成國民革命，消滅軍閥而統一中國的方法。

　　1924 年 1 月，國民黨明確宣示了「容共」和「扶助農工」的政策，實現了國共第一次合作。在共產國際的強力勸說下，中國共產黨肯定了中國國民黨在國民革命中的領導地位，同時允許全體黨員以個人身份加入中國國民黨。這也是中國共產黨接受共產國際有關殖民地與半殖民地的民族運動是無產階級革命

北伐軍進入濟南

的一部分的理論的結果。中國國民黨也希望通過中共黨員鞏固脆弱的民眾運動基礎。同年 11 月，為把國民革命擴大到全國，孫中山發佈了「北上宣言」。

為完成國民革命，中國國民黨邀請蘇聯顧問提供幫助，並把黨組織向大眾黨的方向進行改組。與蘇聯共產黨一樣，國民黨以全國代表大會與中央執行委員會為最高機關，實行民主集中制原則。這樣，原來帶有孫中山私黨性質的國民黨成為了具有公黨性質的近代革命政黨。國民黨改變了依靠私人軍隊性質的軍閥的模式。為獨立組織軍隊，培養幹部，國民黨在共產國際的幫助下創建了黃埔軍官學校。軍隊的運營也如蘇聯紅軍一樣建立黨代表制，重視開展政治教育工作。

動搖華盛頓體系的北伐及日本對山東的侵略

孫中山逝世後，國民黨按照他的意願於 1925 年 7 月建立了廣東國民政府。1926 年 7 月，國民革命軍為統一中國開始了從廣州出發的北伐運動。在中國共產黨參與及工人運動與農民運動的支持下，國民革命軍節節勝利。在反帝國主義的高昂鬥志的鼓舞下，中國民眾要求英國歸還漢口和九江租界，英國政府即與武漢的國民政府簽署了歸還協定。至此，在收復中國主權的過程中，中國國民黨開始掌握主動權。

國民革命軍佔領南京後，由於發生了英、美、日領事館被襲擊的事件，停泊在下關江面的英美軍艦以此為藉口，炮轟南京城，造成了南京事件。南京事件成為蔣介石和列強聯合阻止共產黨與國民黨左派的藉口。北伐軍抵達上海前，中國共產黨領導的上海地區第三次工人武裝起義獲得成功，幫助北伐軍順利攻佔上海。上海是 1925 年明確反帝國主義的五卅運動的發源地，該運動是中國工人階級的革命意識成熟的標誌。

但是在北伐革命軍內部，主張推進國民革命的國民黨左派和共產黨與國民

黨右派之間的矛盾日益深化。在國民革命軍攻入上海前，這一矛盾已十分尖銳。對國民黨左派與共產黨勢力的擴大，蔣介石和國民黨右派早就抱有警惕之心，並於 4 月 12 日發動了「四一二政變」。政變勢力解散了支持和配合國民革命軍北伐的工人武裝，還逮捕、殺害了一批共產黨員和國民黨左派。隨後，國民黨在南京建立了一黨專政的南京國民政府，國共第一次合作就此正式破裂。蔣介石的對手毛澤東在同年秋季退到位於湖南省和江西省邊界、海拔 1500 米的井岡山地區，在那裡建立了革命根據地。

國民革命軍佔領上海後，日本為確保其在山東半島的權益，以保護日本僑民為藉口入侵山東，即「第一次出兵山東」。考慮到國民革命軍的北上任務更為迫切，南京政府回避與日本發生正面衝突，同時宣稱結束與中國共產黨的合作，並確立了與驅逐共產黨員且完全喪失革命性質的武漢政府合流的體制。

建立黨政軍反共體制的蔣介石，於 1928 年 4 月領導國民黨開始第二次「北伐」。這時，日本又以保護僑民為名「第二次出兵山東」，並與北伐軍發生武力衝突，導致了「濟南事件」的發生。日本還調來原駐朝鮮的部分日軍支援山東的侵略行動。日本積極進行軍事活動，除了企圖在山東地區確保其權利之外，還有保護張作霖的北京政府之意圖。由於擔心北伐運動有可能威脅其在中國東北和蒙古地區的權益，所以日本是為了本國利益而出兵，以壓制中國民眾的民族主義積極性的。通過「濟南事件」，中國民眾將反帝國主義運動的主攻方向從反英轉變為集中反日。

不過，此時的蔣介石並不希望擴大與日本的衝突，他認為佔領北京完成北伐比什麼都重要。日本同樣沒有擴大軍事行動，因為日本意識到，如果美國和英國對日本的侵略提出譴責，日本就難以防止蔣介石主導的北伐行動了。

1928 年 6 月，蔣介石率領的北伐軍將張作霖掌握的北京政府趕走，北伐運動宣告結束。

逃往奉天的張作霖在奉天附近的皇姑屯被日本關東軍炸死。其子張學良隨

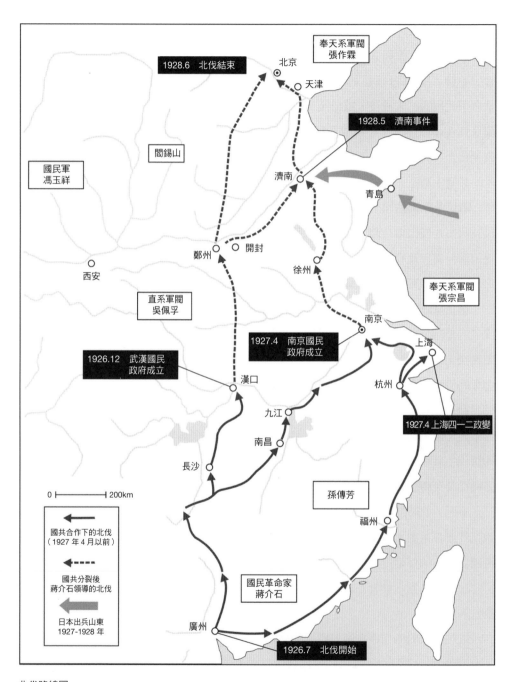

北伐路線圖

即接任父職，就任東三省保安總司令，掌握了奉軍實權，並於 1928 年宣佈「易幟」，歸順國民政府，同時明確了其反日立場。

隨着北伐的勝利和國民革命軍在內地掌握主導權，日本的對華戰略不能不發生重大變化。它不得不放棄依靠北京政府的協助從北向南擴大其影響力的計劃。此時，維持中國東北地區的「秩序」，確保「滿蒙權益」成為日本的頭等大事。

受第一次國共合作的影響，為實現民族統一，朝鮮民族運動組織也開始了超越政治立場而整合各派力量的努力。在上海和中國東北地區開展活動的民族活動家，都為推動建立具有秘密結社性質的民族唯一黨進行積極努力。1927年，朝鮮民族志士公開成立了聯合左右力量的新幹會。期待朝鮮的民族運動能夠實現統一的朝鮮人，希望藉國民革命軍進駐中國東北的機會，在國民革命軍的支援下，在中國東北地區發展抗日武裝鬥爭，從而實現國家獨立。特別值得提及的是，社會主義人士的主張還包括了具體的戰略。然而，隨着北伐戰爭的結束，在中國活動的朝鮮民族主義者與社會主義者再次出現內部分裂，那些願望和準備措施都落空了。

北伐以後，帝國主義對華外交關係再次進行了調整。面對要求修改不平等條約的中國國民黨，西方列強不能再像以往那樣以武力強迫中國與之維持條約關係了。國民政府雖然不能完全廢止不平等條約，但1928年7月與美國簽訂《中美關稅條約》改變原有條款，一直到 1930 年與日本締結《中日關稅協定》，國民政府修改了 1842 年簽署《南京條約》以來關於協定關稅的原則。這可被視為在某種程度上恢復了關稅自主權。

中日韓三國對華盛頓會議的不同理解

對華盛頓會議的召開及其結果，中日韓三國的立場有所不同。日本積極開展了對美國的協調外交。因擴大海軍軍備會加劇財政負擔，因此日本輿論普遍歡迎裁減海軍軍備條約的簽訂。大正民主時代的氛圍，也使得重視協調外交的日本政黨力量壓倒了軍隊力量。

部分朝鮮民族志士預計，在美國介入東亞變革進程的情況下，日本若不予以積極反應，可能會導致美日戰爭，所以他們開展請願活動，力求促成朝鮮的獨立。他們希望包括美國在內的列強能夠認識到朝鮮獨立是實現東亞和平的絕對條件，期待歐美向日本施加壓力。但是，絕大多數民族志士對巴黎和會與國際聯盟沒有信心。由於華盛頓會議根本沒有涉及與朝鮮相關的議題，所以朝鮮民族活動家對英美也失去了信心，而對主張民族自治與聯合支援各地區被壓迫民族開展解放運動的蘇聯則表現出了相當大的興趣。

就中國方面而言，儘管北京政府派代表出席了華盛頓會議，但孫中山的廣東政府卻被排除在外。在這一背景下，受中國共產黨的建立與共產國際的影響，中國國內出現了反對華盛頓會議的社會輿論，認為那不過是帝國主義體制的重新調整。孫中山接受蘇聯政府援助，實現了與中國共產黨的第一次合作，以「反帝（反華盛頓會議）、反軍閥（反北京政府）」為口號的國民革命開始了。

第五章

第二次世界大戰與東亞

本章大事年表

1929 年	世界經濟危機開始
1930 年	《倫敦縮減海軍軍備條約》簽署
1931 年	九一八事變（柳條湖事件）
1932 年	第一次上海事變　關東軍佔領中國東北，成立偽滿洲國
1933 年	日本退出國聯
1935 年	日本進行華北分離工作　中國共產黨發佈《八一宣言》
1936 年	日德締結防共協定　西安事變
1937 年	盧溝橋事變（中日全面戰爭開始）　第二次上海事變　《中蘇互不侵犯條約》締結　第二次國共合作實現　朝鮮總督府制定《皇國臣民誓詞》　日本軍隊製造南京大屠殺
1938 年	日本頒佈《國家總動員法》　朝鮮實施《皇國臣民化》政策　國民精神總動員朝鮮聯盟成立
1939 年	諾門坎事件　蘇德締結互不侵犯條約　第二次世界大戰爆發　日本根據國民徵用令強制徵用朝鮮人
1940 年	南京汪精衛偽政權成立　日本進駐法屬印度支那北部　《日德意三國同盟》締結　大韓民國臨時政府成立韓國光復軍
1941 年	《日蘇中立條約》締結　日本進駐法屬印度支那南部　蘇德戰爭爆發　日本海軍襲擊珍珠港（太平洋戰爭爆發）
1942 年	盟國發表《華盛頓共同宣言》　朝鮮獨立同盟在中國華北成立
1943 年	中、美、英首腦開羅會談
1944 年	日本在朝鮮實施徵兵制
1945 年	美、英、蘇首腦舉行雅爾塔會談　德國投降　廣島、長崎原子彈爆炸　蘇聯對日宣戰　日本投降　聯合國成立

20 世紀 30 至 40 年代，東亞地區發生了以日本侵略中國等亞洲國家與被侵略國家抵抗日本的侵略為中心的大規模戰爭，這一戰爭因太平洋戰爭的爆發而融入到世界反法西斯戰爭之中。這場戰爭不僅對中國、韓國發生了重大影響，也徹底打破了以前的國際秩序。

　　戰爭的結果與挑起戰爭的日本所設想的完全相反，如同德國和意大利等法西斯侵略國家一樣，日本法西斯政權最終崩潰，不僅沒有達到霸佔亞洲的目的，還受到戰後國際法庭的制裁。與此相反，中國作為世界反法西斯戰爭的重要成員國，堅持抗戰，取得了近代以來民族解放戰爭的首次勝利；殖民地朝鮮堅持獨立運動，最終徹底擺脫了日本的殖民統治，成為獨立主權國家。本章內容，主要敍述戰爭產生的原因、進程、結局及其對東亞與世界秩序的影響。

第一節　日本侵略中國東北與國際社會的反應

從《非戰公約》到九一八事變

　　第一次世界大戰結束後，通過 1919 年以處理戰敗國和重新劃分世界秩序為目的的凡爾賽會議，將西方各國利益重新分配。同年 4 月 28 日，各國在巴黎和會上通過了《國際聯盟盟約》，盟約的主旨是減少武器數目及平息國際糾紛。為了進一步平衡列強在東亞地區的利益，1921 年至 1922 年的華盛頓會議通過了關於中國問題的《九國公約》。中國方面曾提出收回關稅自主權，取消領事裁判權，撤退外國駐華軍隊和收回租界、租借地等，但均遭拒絕。在列強承認美國提出的「門戶開放，機會均等」的原則下，日本被迫放棄在中國山東的權益。同時，美、英、法、意、日五國簽署了《限制海軍軍備條約》（即《五國公約》）。1925 年，歐洲各國為了進一步加強集體性安全保障，經反覆協商簽署了《洛迦諾條約》。此外，為了防止戰爭的發生，確立和平解決國際爭端的原則，1928 年，美、英、法、德、比、意、日等 15 國的代表又在巴黎簽訂《關於廢棄以戰爭作為推行國家政策的工具的一般條約》，即《非戰公約》。公約規定：締約國之間的一切爭端或衝突，不論性質和起因如何，只能用和平方法加以解決；任何簽字國如用戰爭手段謀求利益，即不得享受公約給予的權益。截至 1933 年，加入《非戰公約》的有包括中國在內的 63 個國家。但是，《非戰公約》並未涉及如何解決中國與日本的矛盾以及日本與西方在東亞的利益衝突。在此背景下，中國的民族解放運動日趨高漲，淪為日本殖民地的朝鮮繼續頑強地開展獨立運動。這一切都成為動搖東亞國際秩序的重要因素。

　　1929 年，爆發了有史以來全球最嚴重的經濟危機，危機前後持續四年之久，與經濟危機前的最高年份相比，整個西方世界的工業生產下降了 40%，世

界貿易量下降了 65%。由於世界經濟危機，列強各國實施財政緊縮政策，導致裁軍成為重要的議題。以此為背景，英、日、美、法、意五國於 1930 年在倫敦召開海軍裁軍會議，並簽訂了《裁軍條約》，條約主要內容是對各國輔助艦數量及主力艦的替換艦齡作了限制。日本政府為了緩和與英美列強的對立，最終簽署了《裁軍條約》。

日本政府為解決資源匱乏等一系列問題，公開宣揚向外擴張，目標直指中國滿蒙地區，聲稱滿蒙與日本有特殊關係，是日本的生命線。1928 年 6 月，統治東北的張作霖被關東軍炸死，是年底，張作霖之子張學良宣佈東北易幟，接受國民政府的領導後，對日本採取不合作態度，並開始在日本控制的南滿鐵路附近建設新的鐵路設施，導致日本經營的南滿鐵路陷入困境。因此關東軍參謀石原莞爾、板垣征四郎等人決定發動戰爭來奪得在東北的權益。

1931 年 7 月，日本武力鎮壓「萬寶山事件」[1]中的中國農民，但捏造中國東北地區朝鮮移民遭中國人迫害，這一消息一經傳播，在朝鮮挑起排華浪潮，助長了中韓民間的對立。許多朝鮮華僑的房屋、商店被搗毀，華人慘遭殺害（死109 人，傷 160 人）。同年 8 月 20 日，關東軍司令官本莊繁履新不久，連續舉行一連串「出動演習」，並向關東軍訓示：「今後可能發生不祥事件」，「最後解決的時刻正在迫近」。

1931 年 9 月 18 日夜，日本關東軍炸燬了奉天（今瀋陽）北郊柳條湖的一段南滿鐵路，隨後反誣是中國軍隊破壞，以此為藉口，進攻東北軍駐地和奉天城，發動了侵略中國的九一八事變。

關東軍為了實施早已確定的佔領東北三省的計劃，向軍部提出增兵要求。

---

[1] 1931年6月，僑居在長春附近萬寶山的朝鮮人與當地農民因租地挖渠發生衝突，而駐紮在中國東北的日本軍警以保護朝鮮人為由，開槍打傷多名中國農民，又顛倒事實，宣傳朝鮮人受到華人排斥，在朝鮮煽動排華。

九一八事變後，日本軍隊佔領瀋陽

21 日，在沒有天皇命令的情況下，駐朝鮮日軍不顧日本內閣會議通過的「不擴大事態」的方針，越境抵達奉天支援關東軍，很快將戰火擴大到東北三省。12月，日本若槻禮次郎內閣總辭（若槻希望建立聯合政權控制軍方，受到其他閣僚反對，對立無法解決，故發生內閣總辭）。兩天后，犬養毅內閣成立。在新首相的支持下，日軍繼續擴大戰爭，於 1932 年 1 月佔領錦州。這時，昭和天皇向關東軍下達嘉獎「敕語」。受到鼓舞的關東軍，於 2 月 5 日攻陷哈爾濱。在九一八事變後的四個月裡，日軍侵佔了從山海關到黑龍江之間相當於日本國土面積三倍的一百一十萬餘平方公里的中國領土。

　　事變後，中國政府則採取不單獨對日交涉政策，希望通過國際聯盟和美國的干預，根據《九國公約》、《非戰公約》加以解決，向國聯提出指控日本的申訴。企圖在中國東北成立傀儡國家的日本為了轉移國際社會的視線，在上海策劃了誘使中國人襲擊日本僧人的事件，並以此為藉口在租界外派駐海軍陸戰

隊。1932 年 1 月 28 日，日軍以護僑為名與中國第十九路軍開戰（即第一次上海事變，亦稱一二八事變）。5 月 5 日，根據國聯的要求，中日兩國代表簽訂「停戰協定」，暫時結束了在上海地區的戰爭。但是，協定中關於限制中國軍隊在上海駐兵等一系列規定，嚴重損害了中國主權，也表現了中國政府在這次對日交涉中的妥協。

九一八事變標誌着日本正式將其「利益線」推移到中國東北，實現了田中義一內閣標榜的「滿蒙分離」方針。儘管日本的行動是對凡爾賽—華盛頓體系的挑戰，但英美等國因在東北地區並無重要利益，所以並未提出對日制裁的具體措施。蘇聯雖然指責日本，卻申明奉行和平方針與中立立場。

國際聯盟的應對與偽滿洲國的成立

九一八事變後，國聯理事會接受了國民政府的請求，決定派遣調查團，赴東北進行調查。團長為英國李頓勳爵，故該調查團又被稱為「李頓調查團」。

李頓調查團在中國東北和日本進行調查後，於 1932 年 10 月公佈了《國聯調查團報告書》。報告書既指出日本發動九一八事變的計劃性和佔領中國東北的非法性以及東北偽政權的傀儡性質，承認中國在東北的主權，但同時又承認日本在中國東北的「特殊」地位與權益；關於中國東北問題的解決，它既反對恢復到「九一八」以前的狀態，也否認維持偽滿洲國的現狀，進而提出「中國內部改造需要國際性的合作」的主張。此後，國聯大會決定成立專門處理中日爭端的「十九國委員會」。

1933 年 2 月 24 日，國聯大會以四十二票贊成、一票（日本）反對、一票（暹羅，即現在泰國）棄權，通過了基於李頓調查團報告的十九國委員會報告書。報告書堅持了中國在東北的主權和不承認偽滿洲國等重要立場。日本代表松岡洋右以抗議該報告書為由當場退席。3 月 27 日，天皇發表退出國聯的詔書。國

1932 年 4 月，李頓調查團前往柳條湖考察

聯解決中日問題的努力宣告失敗。

　　1932 年 3 月 1 日，在關東軍的操縱下，偽滿洲國宣佈成立，年號「大同」，首都設在長春（被改稱「新京」），以遜位的前清宣統皇帝溥儀為偽滿洲國「執政」。8 月 8 日，日本政府任命關東軍司令官武藤信義兼任「駐滿洲國特命全權大使」，9 月 15 日正式承認「滿洲國」。1934 年 3 月偽滿洲國宣佈實行帝制，溥儀出任偽滿皇帝，但關東軍特別委派日本軍人擔任皇帝身邊的「御用掛」❶，

---

❶　「御用掛」為日語，係指專門負責天皇事務的人。

1932 年 9 月 15 日，偽滿洲國總理鄭孝胥與日本關東軍司令官武藤信義簽署《日滿議定書》

規定「關東軍司令官乃天皇之代理人，為皇帝之師傅、監護人」。第二年，偽滿洲國政府中握有實權的總務廳長官及各部次官均由日本人擔任，這充分顯示出偽滿洲國政權的傀儡性。中國政府始終拒絕承認「滿洲國」，並希望在國聯體制下對日予以制裁。

　　日本對其操縱的偽滿政權的施政重點，明確定為經濟掠奪。關東軍迫使偽滿洲國與之訂立的《日滿議定書》確認日本在東北的特權，並制訂了「產業開發五年計劃」，此後還將之納入日本戰時體制而不斷擴大開發規模。期間，東北的煤炭、鋼鐵等重工業生產以及鐵路建設等，雖然在數量上有一定的增長，但這都是以掠奪中國資源為目的。

　　為了反抗日本帝國主義及其傀儡政權的殖民統治，東北人民開展了長達 14

年之久的抵抗。九一八事變後，部分東北軍官兵和各界民眾，首先自發組織起來，在黑龍江、吉林、遼寧揭開了東北抗日游擊戰爭的序幕。中國共產黨從1932年起創建了十餘支抗日游擊隊，逐步發展成為「東北抗日聯軍」，約三萬人。許多居住在東北的朝鮮族人民參加了抗日聯軍，為中國人民抗日戰爭和世界反法西斯戰爭的最後勝利，做出了重要貢獻。

1945年8月15日，隨着日本的投降，偽滿洲國宣告崩潰。

日本的華北分離工作與西安事變

1933年9月廣田弘毅擔任外相，他深感要改變日本退出國聯後在國際上陷入的孤立狀態，必須對英美等國實行「協和外交」；在對華政策方面，也在「協和外交」的基調下，以「滿洲國」的存在為前提，開始重新構築日中關係。而此時蔣介石為了鞏固南京政府的統治地位而採取攘外必先安內政策，繼續對中國共產黨領導的紅軍實行大規模的「圍剿」，並在國內強化對反日運動的取締。而中共則實行了抗日與反蔣並行的政策。在中國內戰不斷的情況下，廣田對華外交取得進展，1934年5月，中日兩國將公使館升級為大使館。

廣田外交的目的是想首先通過「滿洲國」的成立，作為中日間的既成事實，以穩定日本因九一八事變引起的國際秩序變更。在與列強的關係上，1934年底日本決定退出《華盛頓海軍裁軍條約》，1936年1月退出《倫敦海軍裁軍條約》，明確表明了脫離從屬英美地位的姿態。

對日本的新動向，美國始終保持抑制日本的立場，而英國開始出現對日妥協傾向，甚至希望依靠日本來壓制中國的民族主義。以財政大臣張伯倫為首的一些人還擔憂如過度壓制日本對中國的擴張，有可能導致日本將矛頭轉向英國在東南亞的殖民地。因此，英國在1934年曾希望與日本簽訂日英互不侵犯協定。英國的態度是寧願犧牲中國，也要優先保證其在遠東和東南亞的

《塘沽停戰協定》簽字

權益和安全。

　　偽滿洲國成立後，日本關東軍開始向毗鄰東北的熱河省和長城沿線擴張。1933 年 1 月 1 日，關東軍在山海關向中國駐軍挑釁，之後兵分三路入侵熱河和長城各口。中國政府採取了「一面抵抗、一面交涉」的方針，在長城沿線進行抵抗，史稱「長城抗戰」。但在「攘外必先安內」政策指導下，國民政府並無與日本開戰的決心。5 月 31 日，中日兩國代表熊斌和岡村寧次在天津塘沽進行談判，簽署了《塘沽停戰協定》，協定將冀東設定為非武裝地帶，強迫中國軍隊退出冀東。這是日本將其勢力推進到華北的第一步。

　　《塘沽停戰協定》簽訂後，日本的華北分離政策逐步形成。此後，日本關

東軍和駐華北的中國駐屯軍多次商討分離華北的計劃，不斷利用華北地方實力派與中央政府的矛盾，攫取在華北的利益。在「攘外必先安內」的政策下，國民政府把主要精力放在南方「剿共」戰爭，極力避免在華北與日本發生激烈衝突，故屈從日本。國民政府將中央軍和國民黨省市黨部全部撤離平津地區，並批准成立了由地方實力派控制的半自治性質的冀察政務委員會。

1935 年是日本推行以「分離華北」為重點的大陸政策最為積極的一年。日本關東軍和華北駐屯軍不斷逼迫華北地方官員簽訂「現地協定」，策動華北五省（河北、察哈爾、綏遠、山東、山西）脫離中央政府的自治運動，企圖實現「華北特殊化」。以此為背景，日本以《塘沽停戰協定》規定的非武裝地帶為行政範圍，成立了傀儡政權（冀東防共自治委員會，之後改為政府，由殷汝耕任委員長，所轄廳縣聘請日本人為顧問）。與此同時，以「廣田外交」為核心進行日本政府同國民政府的談判，配合日本軍方交替推進侵華政策，使中國面臨嚴重的民族危機。

從 1934 年底到 1936 年初，日本先後退出《華盛頓海軍條約》和《倫敦海軍條約》，開始逐步明確其與英美的敵對姿態。為了對抗英美，日本將德國和意大利確定為新的合作夥伴。德國於 1933 年建立納粹政權，1936 年宣佈重新擴充軍備並進駐非武裝地帶的萊茵河沿岸。意大利於 1935 年侵略埃塞俄比亞。德國和意大利都意圖打破第一次世界大戰後形成的國際秩序。

1936 年 11 月，日本和德國將蘇聯視為假想敵國，簽署了以「蘇聯侵略日德任何一國時，不採取不利於受攻國利益的行動」為內容的《防共協定秘密附屬協定》。次年年底，意大利承認「滿洲國」，日本承認意大利兼併埃塞俄比亞，日本和意大利愈走愈近。1937 年 11 月意大利加入《日德防共協定》，12 月宣佈退出國聯。在新的國際秩序下，日、德、意法西斯國家陣營形成。

利用蔣介石的「攘外必先安內」政策，日本不僅成立了傀儡國家「滿洲國」，並推動了華北分離路線。面對這一民族危機，中國共產黨於 1935 年 8

月 1 日發表了《八一宣言》，呼籲結成抗日民族統一戰線。在中國共產黨的領導下，北平學生為反對華北分離而於 12 月 9 日發起示威遊行，要求停止內戰、一致對外。「一二九運動」掀起的救亡熱潮迅速波及全中國。

伴隨着日本侵華步伐的加速，國民政府的對日態度也逐漸強硬起來。1935 年 11 月，蔣介石在國民黨五全大會上提出：「和平未到完全絕望時期，決不放棄和平；犧牲未到最後關頭，亦決不輕言犧牲。」以對抗日本為目的，蔣介石開始考慮以武力之外的方式，以國民黨為主體，促成中國政局由分裂走向統一。國共兩黨先後在蘇聯和國內進行秘密談判。同時，國民政府在英國的幫助下，實施法幣改革，以防備日本對華經濟侵略創造有利條件。為改善軍備，國民政府還積極尋求德國的支持。1936 年 4 月，中德簽署了貿易協定，德國向中國出口大量武器，直到 1936 年 11 月《日德防共協定》簽署時，希特勒還命令：「繼續秘密向中國出口武器。」

1936 年 12 月，張學良（時任「西北剿總副總司令」）、楊虎城（時任第十七路軍總指揮）在西安面諫蔣介石要求他停止「剿共」和「聯共抗日」遭到拒絕後，扣押了督促他們繼續「剿共」的蔣介石。西安事變發生後，中共提出和平解決的方針，以周恩來為首的中共代表團到達西安，與張學良、楊虎城懇切會談，並接見各方人士，主張和平解決這次事變。蔣夫人宋美齡與其兄宋子文飛抵西安與張學良、楊虎城及中共代表會談，達成了改組國民黨與國民政府、驅逐親日派、容納抗日分子、釋放上海愛國領袖、釋放一切政治犯、保障人民權利、聯共抗日等多項協議。蔣介石表示以人格擔保履行上述協議。於是，張學良護送蔣介石飛離西安，事變得到和平解決。西安事變推動了國共兩黨再次合作，實現了團結抗日。經談判，國共兩黨初步形成抗日民族統一戰線，中國由此實現了停止內戰、一致對外的轉變。

第二節　中日全面戰爭與東亞

盧溝橋事變與中日全面戰爭

1937 年 7 月 7 日，日本駐屯軍在北平盧溝橋以北永定河東岸宛平城附近演習。當晚日軍藉口一名士兵失蹤，向中國駐軍要求進城搜尋失蹤士兵（該士兵在中日交涉前已歸隊），遭到中方拒絕。8 日晨，日軍炮擊宛平城，盧溝橋事變爆發。事變後，中日兩國進行了短暫的交涉。11 日，現地軍隊之間達成了停戰協議。但是，近衞內閣決定向華北派兵。7 月 28 日，日軍向北平中國軍隊發動總攻，很快佔領了北平、天津。之後日軍沿平綏（北平至包頭）、平漢（北平至漢口）、津浦（天津至浦口）鐵路向華北各地擴大戰爭。

盧溝橋事變發生不久，中共發表通電，號召：「全中國同胞、政府與軍隊團結起來，築成民族統一戰線的堅固長城，抵抗日寇的侵掠」。7 月 17 日，蔣介石在盧山發表談話，提出「如果戰端一開，那就是地無分南北，年無分老幼，無論何人皆有守土抗戰之責任，皆應抱定犧牲一切之決心」。

這時，日軍將中日戰爭稱作「華北事變」，採取由陸軍負責對華北中國軍隊的進攻，海軍負責華中、華南戰事的方針。因此，陸軍在向華北進攻的同時，海軍也着手準備將戰爭擴大到自己的作戰區域。8 月 9 日，日本海軍上海特別陸戰隊西部派遣隊長大山勇夫中尉，前往偵查中國軍隊的飛機場，欲強行闖入機場而被中國保安隊擊斃（大山事件）。以此事件為由，8 月 13 日，已進入臨戰狀態的日本海軍與中國軍隊之間的戰鬥打響（第二次上海事變亦稱八一三事變、淞滬會戰）。

8 月 14 日，已做好出擊準備的日本海軍航空隊從台北基地出發，對杭州和廣德進行了轟炸。同日，中國政府發表《自衞抗戰聲明》，明確向國際社會表

示：中國決不放棄領土之任何部分，遇有侵略，惟有實行天賦之自衛權以應之。15 日，日本政府發表聲明，宣佈要「膺懲」南京政府。同日，日本海軍航空隊的遠距離轟炸機立即從台北和長崎出動轟炸中國首都南京。未發佈宣戰就突然轟炸中國首都的這一行為，違反了日本、中國都加入的《開戰條約》（1907 年在海牙簽署）。隨後，日本海軍空襲南京長達四個月之久，直到佔領南京。另外，日軍還對上海、漢口、杭州、廣州等華中與華南的六十餘處城市進行了無差別轟炸。

　　日本海軍飛機對無防備城市的轟炸遭到了國際社會的指責，9 月 28 日的國聯總會通過了《對日本轟炸城市的批評決議》。美國總統羅斯福也在 10 月 5 日發表演說，譴責日本「無正當理由對包括婦女兒童在內的普通市民，從空中投彈進行殺戮」。

　　淞滬會戰歷時三個月。中國投入兵力 70 萬人，日軍投入兵力 30 萬人。最後，雖然日軍佔領了上海，但由於中國軍隊的頑強抵抗，日本在戰爭初期「速戰速決」的設想並未實現。

　　中日戰爭爆發後不久，中國立即向國際社會呼籲制止日本的侵略。1937 年 9 月，中國代表顧維鈞向國聯指控日本侵略。日本侵華打破了《九國公約》體制，極大地影響了歐美列強在遠東的利益。10 月 6 日，第十八次國聯大會通過兩項報告書，一是認定日本違反了《九國公約》和《非戰公約》所承擔的義務，二是建議召開《九國公約》成員國會議，尋求解決中日衝突。

　　但是伴隨着納粹德國勢力的抬頭，歐洲局勢日趨緊迫，英法等國對日本的侵略採取了消極態度。11 月 3 日，《九國公約》會議在比利時布魯塞爾召開。但日本拒絕參加會議。15 日，大會雖然通過宣言，指出日本的行為違反《九國公約》和《非戰公約》，認定日本的行為已經「使整個世界感到不安和憂慮」。但是，會議沒有明確認定日本為侵略國，也沒有對日本實施制裁。

　　日本雖然取得淞滬戰役的勝利，但中國的頑強抵抗顯示日本無法在短期內

滅亡中國，因此日本希望由德國出面斡旋和平。1937 年 11 月，德國駐華大使
陶德曼在南京向蔣介石轉達了日本的議和條件，其要點是：內蒙自治；華北設
立非武裝區；上海擴大非武裝區；中國停止排日政策；共同反共；減低日貨進
口關稅等。南京失陷後，日本再次通過陶德曼提出更為苛刻的條件，其中包括
承認「滿洲國」、向日本賠款等項。蔣介石表示：如此亡華條件，決無接受餘
地。陶德曼調停宣告失敗。

　　日軍佔領上海後，繼續向西推進。12 月，日軍分三路圍攻南京，13 日佔
領南京。在此後的六周內，日軍在南京進行了大規模的屠殺、強姦、搶掠、焚
燒，是為震驚世界的南京大屠殺事件。據戰後在東京進行的遠東國際軍事法庭
的判決書認定：「被佔領後的第一個月中，南京城裡發生了將近兩萬起強姦

左 / 進入南京的日軍戰車隊
右 / 在南京大屠殺中中國遇難者屍體（侵略南京的日本軍人拍攝的照片）

案」，「在日本軍隊佔領後的最初六個星期內，南京城內和附近地區被屠殺的平民和俘虜的總數超過 20 萬人以上」。在中國南京的南京軍事法庭認定：被集體屠殺的遇難者人數達 19 萬人，零星屠殺，其屍體經慈善機關收埋者 15 萬具，被害總數共三十餘萬人以上。此外，據時在南京的西方人調查，南京城內 24% 的房屋毀於縱火，73% 的房屋遭到搶劫 ❶。從屠殺方式和屠殺人數來看，南京大屠殺事件是日軍有組織的行為。

第二次國共合作的形成與中日戰爭的持久化

1937 年 9 月，國民黨中央通訊社發表了《中國共產黨為公佈國共合作宣言》和蔣介石《對中國共產黨宣言的談話》。以第二次國共合作為標誌的中國抗日民族統一戰線正式確立。

此前一個月，中國國防會議在南京召開。共產黨代表周恩來、朱德、葉劍英等人應邀來到南京後提出：中國基本戰略方針應該是持久戰，作戰的基本原則是運動戰，並且開展廣泛的游擊戰。同時，蔣介石也提出要堅持持久戰與消耗戰，基本方針是「以時間換空間」、「積小勝為大勝」。在以後的戰爭進程中，中國基本貫徹了持久戰的方針。

按照國共兩黨合作協議，共產黨陸續將其指揮的陝北工農紅軍四萬餘人改編為國民革命軍第八路軍。隨後，國民政府軍事委員會按照全國統一戰鬥序列，將八路軍改稱第十八集團軍，並將共產黨指揮的南方八省紅軍改編為國民革命軍新編第四軍，下轄一萬餘人。國民黨軍隊主要擔負正面戰場作戰，共產黨軍隊主要擔負敵後戰場作戰，兩個戰場相互配合。

---

❶ 這一記載引自路易斯・S.C.史密斯《南京戰禍寫真》，「南京大屠殺」史料編輯委員會、南京圖書館編輯《侵華日軍南京大屠殺史料》，第286、287頁。

日軍佔領南京後，日本全國舉行了慶祝儀式，國民高舉燈籠遊行，沉浸在勝利的歡樂中。但是，一般日本國民全然不知南京大屠殺的真相。日本政府與軍部的強硬派認為，佔領中國首都南京，中國就會屈服。然而，國民政府在南京作戰失利時宣佈遷都重慶，並號召中國軍民團結一致，繼續抗日。欲降伏國民政府而遭到挫折的近衞文麿首相，於 1938 年 1 月 16 日發表《帝國政府今後不以國民政府為對手》的聲明（第一次近衞聲明），繼續擴大戰爭，令戰爭陷入了泥潭。

中國共產黨領導的八路軍進入山西作戰後，於 1937 年 9 月 25 日在平型關伏擊日軍第五師團運輸部隊，消滅日軍五百餘人，首戰告捷。1938 年 3 月，日軍第十師團瀨谷支隊孤軍向台兒莊發動進攻，遭到中國軍隊猛烈還擊。經半個月激戰，日軍傷亡逾萬，被迫撤退。台兒莊戰役是中國抗日戰爭開始後取得的重大勝利。

為了貫通南北兩個戰場，4 月，日軍發動徐州會戰。5 月中旬日軍佔領徐州，但中國軍隊成功地突圍至豫皖山區，日軍殲滅中國軍隊主力的計劃未能實現。

此後，由於遷都重慶的國民政府首先轉移首都職能到武漢，日本大本營又策劃了攻佔武漢的戰役，為此動員了華中派遣軍的十四個師團大約三十萬餘兵力。中國方面參加武漢保衞戰軍隊近一百萬人。從 6 月開始，至 10 月 24 日蔣介石下令放棄武漢為止，會戰進行了四個半月。此次會戰，中國採取了比較靈活的外圍運動戰，逐次消耗日軍兵力，日軍雖然最終佔領了武漢，但仍未達到殲滅中國軍隊主力的目的。日軍在作戰中使用毒氣 375 次，發射毒氣彈 4 萬發以上，嚴重違犯了關於禁止使用化學武器的國際法。武漢會戰期間，日軍還同時向廣東發動了進攻，於 10 月佔領廣州。

武漢、廣東會戰後，日軍雖然佔領了中國東南沿海的重要城市，但是已經到了軍事動員能力的極限。武漢會戰結束時的日本陸軍，在中國大陸配備了

華北抗日根據地的八路軍

二十四個師團，在東北和朝鮮配置了九個師團，留在本土的僅有一個近衛師團。國民政府遷移到重慶後繼續抗戰，共產黨的敵後游擊戰也迅速開展。此時，日本近衛內閣和軍部實施了統一「人力及物力資源」的《國家總動員法》，日本式的法西斯在法律上得以確立。日本國民在徹底實行的嚴厲治安維持法制下，無力去批評、阻止中日戰爭的擴大，令戰爭陷入了持久化的深淵。

中日戰爭的國際化

由於中國要求認定日本為侵略國並對其實施制裁，1938 年 9 月 30 日，在國聯理事會上，議長報告提出國聯成員可個別對日實施制裁。這是在歐洲形勢緊迫的情況下，英國為回避對日制裁的實施而從形式上應付中國。但這對於國

際社會實質上認定日本為侵略國具有重要意義。

隨着日本在中國佔領範圍的擴大，戰爭一步一步陷入了僵局。近衞內閣於 1938 年 11 月發表了關於日本的戰爭目的是建立「東亞新秩序」的聲明（第二次近衞聲明），使英美等國的對日情緒更加反感。而日本政界和輿論都認為中國不屈服是由於英、美、法等國在背後支持的緣故，如果不打倒背後的敵人，就不能解決中日戰爭的呼聲日漲，進而發展到認為有必要和德國結成軍事同盟對付英美。1938 年 2 月，德國承認「滿洲國」，4 月下令禁止向中國出口武器和軍需物資，7 月召回派往中國的軍事顧問團和駐華大使。於是，1938 年圍繞中日戰爭，日本與英、美、法、蘇的敵對關係加深，戰爭進一步向國際化發展。

蘇聯希望中國的抗日能延遲或阻止日本北進。因此在這一時期，蘇聯是對中國提供最具體援助的國家。1937 年 8 月 21 日，中蘇簽訂《互不侵犯條約》，1938 年 3 月和 7 月實施了對華貸款，開始向中國大批供給軍需物資。蘇聯還派遣了航空志願隊，直接援助中國抗戰。反對「東亞新秩序」聲明的美國，亦於 1938 年底決定對華貸款，開始着手援助中國。英國也在 1939 年 3 月開始對華貸款。到 1941 年 4 月為止，蘇聯的援華金額為 2.5 億美元，英國為 6850 萬英鎊，美國為 2.47 億美元。

日本在 1939 年 6 月封鎖天津英租界，要挾英國封鎖援華的滇緬公路。英國於 7 月表明不採取防礙日軍行為的方針。而擔心英國在中國問題上向日本屈服的美國，於 7 月 26 日通告日本廢除《日美通商航海條約》，表示出阻止日本的姿態。

這一時期，日本與蘇聯間也出現了軍事緊張局勢。1938 年 7 月在「滿」朝邊境北部張鼓峰，日軍與蘇聯軍隊爆發第一次衝突（張鼓峰戰爭）。第二次衝突則發生在 1939 年夏天，於偽滿洲國和外蒙交界的諾門坎地區（諾門坎戰爭）。日本在上述兩次戰役中投入了大量兵力，但均遭慘敗。與此同時，在歐洲戰場上，蘇聯和德國於 1939 年 8 月 23 日簽訂《德蘇互不侵犯條約》，欲緩

諾門坎戰爭

和德國向東擴大勢力的壓力。此後，德國於 1939 年 9 月 1 日向波蘭發動進攻，第二次世界大戰正式爆發。在諾門坎戰役戰敗的日本為避免擴大與蘇聯的戰爭規模，於同年 9 月 15 日簽署兩國停戰協議。

中日戰爭與朝鮮

20 世紀 30 年代，日本在朝鮮半島實施皇民化政策，企圖將整個朝鮮民族同化為日本國的臣民。1937 年開始強迫朝鮮人民背誦《皇國臣民誓詞》，發誓效忠皇國日本，並且強迫朝鮮人參拜設在各地的神社。學校教育及官方用語一

律禁止使用朝鮮語，改用日語。

　　中日戰爭爆發後，日本在朝鮮也推行了總動員體制。1938 年 7 月，朝鮮總督府以協助戰爭的教化運動為目的成立了國民精神總動員朝鮮聯盟，成員是親日派團體和個人。聯盟以協助煽動戰爭為宗旨，致力於督辦創氏改名、捐款和提供糧食、收集廢品、國防講習會、國語（日語）講習會等活動。1940 年 10 月，該機構改組為國民總力朝鮮聯盟，以十戶為一個「愛國班」組織了所有的居民。

　　中日戰爭爆發後，日本將朝鮮視為擴大侵略戰爭的後方軍事基地，掠奪物

1940 年在中國重慶建立的韓國光復軍，在中國國民政府的支援下，於 1941 年開展了抗日鬥爭

資，擴大徵稅，強迫交納戰爭慰問金、慰問品和國防建設款。戰爭後期為了提供戰爭物資和製造武器的原材料，又強制推行「金屬獻納」。

　　由於朝鮮的民族獨立與中國的抗日有密切關係，中國與朝鮮的合作抗日，早在九一八事變後就已經開始，不僅有以金日成為首的朝鮮人參加到抗日聯軍中去，以解放朝鮮為目的的朝鮮抗日戰線也得以建立。中日戰爭全面爆發後，中韓抗日合作更加密切。期間，在中國境內進行抗日活動的韓國抵抗組織主要有金若山領導的民族革命黨和金九等人領導的大韓民國臨時政府。朝鮮民族革命黨於 1938 年組織了朝鮮義勇隊，1940 年擴展為三個支隊，在抗日前線與中國軍隊並肩作戰。大韓民國臨時政府 1919 年在上海成立後，經過多次搬遷，1940 年遷到重慶後，成立了「韓國光復軍」，下設三個支隊，分赴山西、綏遠、山東等抗日戰場。直到戰爭結束，1945 年 11 月，大韓民國臨時政府才從中國回到朝鮮。

中日戰爭的「必然性與偶然性」

中日兩國學術界對中日戰爭的發生，有着許多不同的解釋。

中國學界普遍認為，自日本明治維新以來逐步形成的大陸政策，是導致日本近代在東亞地區不斷侵略擴張的基礎。1927年田中內閣上台後，從兩次出兵山東，阻撓中國北伐統一，繼而發動九一事變佔領中國東北，再策劃華北分離運動，直至七七盧溝橋事變後企圖全部佔領中國。日本的對華侵略戰爭，有其必然性和計劃性。

而日本學界則特別強調上述事變的偶發性，不認為日本政府有明確的計劃，更多的是由軍方，特別是當地駐軍擅自挑起事端，從而導致日本政府被動接受軍方不斷擴大的事態，最終引發中日全面開戰。

第三節　太平洋戰爭

從中日戰爭到太平洋戰爭

　　日本在亞洲的勢力範圍擴大的同時，納粹德國在歐洲開始通過武力改變國際秩序。德國於 1938 年 3 月兼併了奧地利；9 月在慕尼黑會議迫使英法妥協並承認割讓捷克的蘇台德地區；1939 年 3 月攻佔捷克。同年 9 月 1 日，德國以閃電戰襲擊波蘭。3 日，英法對德國宣戰，第二次世界大戰爆發。至 1940 年 4 月，德國迅速侵略北歐和德國西部各國，6 月法國淪陷。

　　1940 年春，日本政界大規模重組，親德勢力開始掌握政治主導權。受到德國進攻威脅的英國迫於日本的壓力，於 7 月開始封鎖滇緬援華路線長達三個月

日本慶賀《日德防共協定》成立

之久。此時成立的第二次近衞文麿內閣，提出建設「大東亞新秩序」，並拉攏汪精衞於 1940 年 3 月在南京成立偽政權，與重慶國民政府分庭抗禮。同時，日本加強與德國、意大利的關係，企圖利用第二次世界大戰來重新瓜分世界。

9 月，日本進駐法屬印度支那，簽署了《日德意三國同盟》。9 月底，美國宣佈全面禁止對日鐵製品出口，從 11 月到 12 月承諾對華貸款和提供軍事援助。英國也在 10 月重新開放滇緬公路，12 月發表對華貸款聲明。

這一時期中國的抗日戰爭，局勢十分嚴峻。1940 年夏天八路軍在華北展開百團大戰，破壞了河北、山西的日軍交通線。之後，日軍對敵後根據地採取了毀滅性的作戰。為根絕抗日力量抵抗，日軍大量屠殺中國普通民眾、燒燬八路軍出沒的村落，掠奪所有的物資。中國將日軍的這種行為稱為「燒光、殺光、搶光」的三光作戰。為降服遷至重慶的國民政府，日軍從 1939 年春天至 1941 年夏天，反覆對重慶進行了無差別轟炸，對中國的普通民眾造成了極大的傷害。然而日軍的這種做法，未能瓦解中國的抗日決心。

太平洋戰爭的爆發及其對中日戰爭的影響

1940 年 7 月 27 日，日本大本營、政府聯絡會議決定的《世界形勢推移的時局處理要綱》提出：「促進支那事變的解決，共同彌補良機解決對南方問題。」日本決定「南進」的戰略企圖主要是掠取本國所嚴重缺乏的戰略資源，如馬來半島的橡膠、錫和大米，荷屬東印度群島的石油，澳大利亞的鐵礦石、煤、小麥和羊毛等；通過在南方作戰攻佔緬甸等地，完全切斷滇緬路交通線，隔絕中國在南方的對外聯絡及外援通道；通過新的戰爭擺脫對華戰爭的僵局。

為了實現上述目標，日本期望拉攏蘇聯成立日、德、意、蘇四國聯盟，形成對美國的壓力使其不介入中日戰爭。但由於 1940 年底德國已經準備對蘇作戰，這個構想並未實現。但日本為實現南進，需要暫時回避與蘇聯的戰爭。

中國抗日根據地的兒童

在此背景下，1941 年春，日本外相松岡洋右訪問蘇聯，4 月簽訂了《日蘇中立條約》。

歐戰爆發後，美國的主要視線放在了歐洲，並於 1941 年 3 月通過了《武器租借法》，首先向英國提供武器。積極參與歐戰的美國，這時試圖與日本磋商回避美日戰爭，於 4 月開始了美日交涉。關於中日戰爭，美國向日本提出了尊重領土主權、不干涉內政、機會均等、維持現狀的四條原則，但日本不贊同美國的立場拒絕從中國撤兵。

1941 年 6 月德蘇戰爭爆發，優先考慮日、德、意三國防共同盟關係的松岡外相無視他親自簽署的《日蘇中立條約》，主張對蘇開戰。但 7 月 2 日召開的御前會議決定，「推動進入南方的步伐，根據局勢推移解決北方的問題」，為進入南方而「不惜對英美開戰」。而在北方為了對蘇開戰，以關東軍特別大演

習（關特演）的名義進行了大規模的動員。7 月底，日軍進駐南部法屬印度支
那，對此，美國採取了凍結日本在美資產，全面禁止向日本出口石油的措施。

　　日本與美國、蘇聯日趨緊張的關係，促成了美、英、中、蘇之間結盟。德
蘇戰爭爆發後，英國首相丘吉爾表明了援助同盟國蘇聯的方針。美國也在 8 月
初開始對蘇進行經濟援助。中國於 7 月底在重慶協商中、美、英在緬甸方面的
軍事協助等。8 月 14 日，美英首腦發表了共同宣言（《大西洋憲章》），宣佈
解放軸心國佔領下的人民和武裝解除軸心國的目標。隨後，蘇聯等 15 個國家
加入了宣言。反法西斯同盟國與法西斯軸心國的對立日趨明確。

　　面對美國的石油封鎖，日本海軍主張早日對美開戰，近衞內閣因無勝算未
能做出開戰決定。10 月，新成立的東條英機內閣重新制定作戰計劃。11 月的
御前會議決定，若在 12 月 1 日前同美英等國交涉仍不能成功，就對美、英、
荷開戰。12 月 1 日，昭和天皇批准向南方進攻的命令。

日本海軍航空兵襲擊夏威夷珍珠港的美國太平洋艦隊基地，「亞利桑那」戰艦上燃起大火

　　12 月 7 日晨（夏威夷當地時間，日本時間為 12 月 8 日），日本南方軍和聯合艦隊突襲美國在夏威夷珍珠港的海軍基地，造成了美軍重大損失。同日，日軍登陸英屬馬來半島。昭和天皇發佈宣戰詔書，宣佈對英美開戰。次日，美英兩國先後對日宣戰。其後對日本宣戰的還有戴高樂的「自由法國」、澳大利亞、新西蘭、加拿大、荷蘭等二十多個國家，太平洋戰爭由此爆發。中國於 9 日正式向日本宣戰。太平洋戰爭爆發後，日軍迅速對美屬菲律賓、英屬緬甸、荷屬印度尼西亞發動進攻，並很快佔領了這些地區。

　　1942 年 1 月 1 日，由美、英、蘇、中四國領銜，26 個國家簽署的《聯合國家宣言》正式發表，由於中國抵抗侵略最早，特準作為第一個簽字國。《聯合國家宣言》的發表，標誌着國際反法西斯統一戰線的正式形成，也標誌着中國的抗日戰爭全面融入世界反法西斯戰爭。1 月 3 日，同盟國正式宣佈成立以蔣介石為最高統帥的中國戰區，中、美、英三國開始聯合對日作戰。

　　為了聯合中國共同抗擊日軍，美英於 1942 年 10 月，分別通知中國政府，願意立即放棄在華治外法權及有關權益，並簽訂平等新約。經過與中國政府的談判，1943 年 1 月，三國分別在華盛頓簽署《中美新約》，在重慶簽署《中英新約》。此後，又有荷蘭、比利時等西方國家相繼宣佈放棄在華特權。中國由於堅持長期抗戰，國際地位明顯上升。

　　太平洋戰爭爆發後，韓國臨時政府也發表對日宣戰書，同時，中國國民政府表示支持韓國獨立運動。1938 年建立的朝鮮義勇隊的多數隊員轉移到華北，結成新的朝鮮獨立同盟與朝鮮義勇軍，和八路軍展開了共同作戰。活躍在朝鮮義勇隊的金元鳳帶領部分隊員併入臨時政府指揮的韓國光復軍。重慶的大韓民國臨時政府與臨時政府朝鮮獨立同盟試圖建立民族解放統一戰線。

「大東亞共榮圈」的出籠

　　太平洋戰爭爆發後的第三天，1941 年 12 月 10 日，日本大本營、政府聯席會議決定：「此次對美英之戰事及今後形勢發展而可能發生的戰爭，包括中國事變在內，統稱為大東亞戰爭。」日本強調：「大東亞戰爭」是把亞洲從歐美列強統治下解放出來，以「建設大東亞共榮圈」的「聖戰」。

　　太平洋戰爭初期，隨着日軍對東南亞各地的迅速佔領，最初各地的民族解放運動領袖和民眾中對西方殖民者不滿的一部分人對日本侵略持配合態度。然而，當日本成為新的統治者後，並沒有實現自己的諾言，而是於 1942 年 11 月成立「大東亞省」，將佔領區視為附屬國、殖民地。1943 年 5 月，日本在太平洋戰場轉入劣勢後，為獲取東南亞各國的協助，東條內閣通過的《大東亞戰略

出席「大東亞會議」的日本及各傀儡政權首腦合影

指導大綱》，表面上承認緬甸、菲律賓獨立，並同中國汪精衞政權簽訂同盟條約，但同時決定將馬來亞、蘇門答臘、爪哇、婆羅洲、蘇拉威西納入日本領土。11 月，東條英機召集偽滿洲國、汪偽政權、緬甸、菲律賓政府首腦，以及泰國首相代表、「自由印度」臨時政府主席在東京召開「大東亞會議」，發表《大東亞共同宣言》。日本通過宣言正式向國際社會宣揚「大東亞」政治一體化的「共榮圈」從此確立。

與此同時，英美等國為了對抗德、意、日軸心國，同中國、蘇聯等國建立起國際反法西斯同盟，並廢除在中國的不平等條約。這一切都表明中國和東南亞各國的民族解放運動與正在進行着的反侵略戰爭產生了密切聯繫。

成為日本兵站基地的朝鮮和台灣

隨着戰爭的不斷擴大，朝鮮和台灣成為日本的兵站基地，那裡所有的物質資源和人力資源，都為了配合日本的戰爭而被任意搶掠。朝鮮的皇民化組織更加強化，朝鮮人的戰爭動員得到推動。早在戰爭開始的時候，日本就根據《國家總動員法》，強制國民在軍需產業中從事勞動。1939 年日本制定了《國民徵用令》，也同樣適用於朝鮮。因此，大量的朝鮮人被強制動員到煤礦、金礦、土木和建築工地、兵工廠，受到奴役甚至死亡。另外，還有許多朝鮮強制徵用者被掠到日本本土和沖繩、中國東北等日本佔領地以及庫頁島南部，在煤礦、土木工程企業及軍隊中充當苦力，其人數達八十多萬。還有更多的朝鮮人被動員到朝鮮半島北部地區參加日本兵站基地建設。女性也被強制動員參與戰爭。她們中有被送到日本和朝鮮的兵工廠當苦力的，有被拉到戰場淪為日軍性奴隸的。隨着戰爭不斷擴大，被強行淪為日軍「慰安婦」的朝鮮女性還被送往東南亞和太平洋群島，置於水深火熱的戰爭硝煙中，葬送了性命。自 1944 年日本在朝鮮實行徵兵制起到日本戰敗，約四十萬朝鮮人被強制徵兵到各地戰場。

日本在中國進行的「建設東亞新秩序」的宣傳

　　台灣的情況和朝鮮一樣。日語的普及、強制參拜神社等皇民化運動得到推行，1941 年 4 月，成立了全島居民的動員組織皇民奉公會。很多台灣青年被編入台灣特設勞務奉仕團，送到馬來亞和菲律賓做軍役。日本還組織了高山族的「高砂義勇隊」，將其送到南方前線。1942 年至 1943 年，日本陸軍、海軍先後實行了特別志願兵制度，1945 年 1 月實行了徵兵制度。直到日本投降，約有 3.6 萬台灣青壯年被強徵入伍充當日軍的炮灰。

鄭律成

　　鄭律成原名鄭富恩，1914 年出生在韓國全羅南道光州楊林町，因酷愛音樂，改名律成。他的父親鄭海業是個愛國者，出身兩班，因不滿日本對祖國的殖民統治，辭去政府公職，回到故里務農。鄭律成的大哥、二哥參加過著名的三一運動，被日本統治者通緝，逃亡到中國，並參加了中國共產黨。鄭律成少年時目睹了日本殖民統治者對朝鮮同胞的欺壓，在父兄的影響下，從小就仇恨日本帝國主義，立志解放祖國。他 15 歲在全州私立新興中學讀書時，參加了由光州引發的學生運動，這次運動遭到日本殖民者鎮壓，鄭律成因年幼未遭抓捕，從此產生了去中國從事抗日活動的念頭。1933 年，鄭律成在三哥的帶領下，從韓國來到中國，進入金若山在南京創辦的「朝鮮革命軍事政治幹部學校」。1934 年鄭律成畢業後，被派往南京電話局，負責監聽日本人的電話。不久，金若山資助鄭律成到上海學習音樂，之後他往來於南京與上海，一面學習音樂，一面秘密從事抗日活動。

　　1937 年 7 月，中國全面抗日戰爭爆發。9 月，鄭律成來到戰火紛飛的上海，參加了戰地服務團，並譜寫抗日歌曲慰問抗日官兵。這時，他與中共上海組織取得聯繫，在上海八路軍辦事處的介紹下，於 10 月來到延安，進入陝北公學。畢業後又先後進入魯迅藝術學院和抗日軍政大學學習和工作。1939 年 1 月，鄭律成加入中國共產黨。

　　在延安期間，鄭律成創作了《延安頌》、《延水謠》、《保衛大武漢》、《生產謠》、《寄語阿郎》、《十月革命進行曲》、《八路軍大合唱》等許多歌曲。這些歌曲深受八路軍戰士的喜愛，在延安廣為傳播。其中，

鄭律成和妻子丁雪松

《八路軍大合唱》中的《八路軍進行曲》，在中華人民共和國成立後被確定為中國人民解放軍軍歌；《延安頌》曾經與《義勇軍進行曲》一同在第二次世界大戰期間被介紹到美國。1941年，鄭律成與中國人丁雪松（中華人民共和國成立後首任駐外女大使）在延安結為夫婦，次年赴山西任朝鮮革命軍政學校教育長。

　　1945年抗日戰爭勝利後，鄭律成攜妻子隨同朝鮮獨立同盟和義勇隊於12月回到朝鮮。在回國途中，他滿懷熱情地創作了《三一進行曲》和《朝鮮解放進行曲》。回到祖國後，鄭律成由中國共產黨黨員轉為朝鮮勞動黨黨員，先後任朝鮮勞動黨黃海道宣傳部長、朝鮮人民俱樂部部長。他創作的《朝鮮人民軍進行曲》被定為朝鮮人民軍軍歌。他是世界上唯一的創作兩個國家軍歌的音樂家。但由於鄭律成的妻子是中國人，他被告之不適合在人民軍工作，遂調任朝鮮國立音樂大學作曲部部長。1950年，周恩來致信金日成，要求將鄭律成調回中國，得到金日成的同意後，鄭律成攜妻女來到中國並加入中國國籍，定居北京。鄭律成先後在北京人民藝術劇院、中國音樂家協會、中央樂團工作，創作了大量優秀作品，到1976年12月7日病逝，他為人們留下了三百多首膾炙人口的歌曲。

第四節 太平洋戰爭的結束與東亞

盟軍的反攻與戰後構想

從 1943 年開始，世界反法西斯戰爭的形勢發生轉折，盟國開始了戰略反攻。1943 年 2 月，蘇軍在斯大林格勒會戰的勝利成為蘇德戰爭的轉折點（斯大林格勒即今俄羅斯的伏爾加格勒，戰役從 1942 年 7 月 17 日開始至 1943 年 2 月 2 日結束，雙方傷亡共 200 萬人）。5 月，美英聯軍勝利結束在北非的軍事行動，9 月在意大利登陸，迫使意大利投降。

隨着戰局向着有利於盟國的轉變，1943 年 10 月，美國總統羅斯福從全球戰略考慮，提出保障戰後世界安全計劃，並促成在莫斯科由美、英、蘇、中四國共同簽署了《普遍安全宣言》，又稱《四強宣言》。中國作為宣言的簽字國，大大提高了國際地位，並奠定了戰後中國在聯合國常任理事國的地位。

《普遍安全宣言》簽署後，已在太平洋戰場取得戰略主導權的美國積極醞釀四國首腦會議，以商討盡快結束戰爭和決定戰後世界的政治安排。由於當時蘇聯尚未對日宣戰，因而不便參加討論對日作戰的會議。最後決定美、英、中三國首腦先在開羅討論東方戰場問題，再由美、英、蘇三國首腦在德黑蘭會商歐洲戰事及其他問題。

11 月，美、英、中三國首腦羅斯福、邱吉爾、蔣介石在開羅舉行會議。會議討論了反法西斯戰爭東方戰場的進展和三國配合作戰等問題。對於戰後處置日本問題的討論，主要在羅斯福與蔣介石之間進行。雙方達成三點共識：一、日本用武力從中國奪去的東北各省、台灣和澎湖列島，戰後必須歸還中國；二、關於戰後日本天皇的地位，蔣介石表示，應該尊重日本國民的自由意志，選擇他們自己的政府形式；三、日本潰敗後，決定使朝鮮成為自由與獨立的國家。

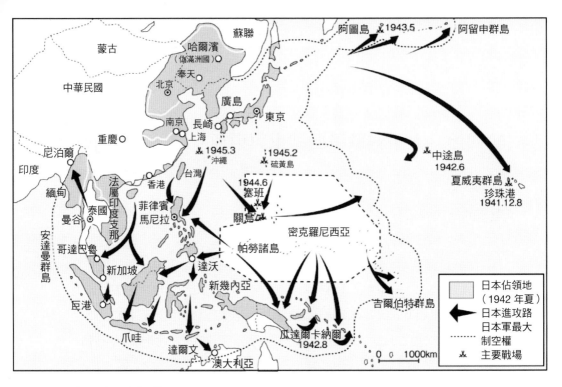

太平洋主要戰場形勢圖

地圖標籤：
蒙古　蘇聯　阿圖島 1943.5　阿留申群島
中華民國　哈爾濱（偽滿洲國）　奉天　北京　廣島　東京
南京　長崎　上海　重慶　中途島 1942.6
尼泊爾　印度　法屬印度支那　香港　台灣　沖繩 1945.3　硫黃島 1945.2　夏威夷群島　珍珠港 1941.12.8
緬甸　泰國　曼谷　菲律賓　馬尼拉　關島　塞班 1944.6　密克羅尼西亞
安達曼群島　哥達巴魯　新加坡　達沃　帕勞諸島
臣港　爪哇　新幾內亞　吉爾伯特群島
達爾文　瓜達爾卡納爾 1942.8
澳大利亞

圖例：
日本佔領地（1942年夏）
日本進攻路
日本軍最大制空權
主要戰場
0　1000km

　　事後，英國出於戰後對印度處置的考慮，反對朝鮮獨立案，建議修改為：
「日本潰敗後，吾人決定使朝鮮脫離日本統治」，並未明示朝鮮獨立。對此，
蔣介石表示堅決反對，並得到美國的支持。經過討論，12月1日，《開羅宣言》
正式發表。宣言表示：「三大盟國決心以不鬆弛之壓力，從海、陸、空諸方面
加諸敵人」，直至日本無條件投降。宣言不僅宣告戰後日本必須歸還近代以來
侵略中國佔領的全部領土，並明確表示：「我三大國稔知朝鮮人民所受之奴隸
待遇，決定在相當時期，使朝鮮自由與獨立。」這一聲明使中國人民收復失地
和朝鮮人民追求獨立的事業得到了國際保障。

　　1944年，蘇軍開始在東線反攻，同年6月英美盟軍在西線諾曼第登陸。在
太平洋戰場，1944年7月，美軍攻陷馬里亞納群島的塞班島；東南亞方面，日
軍企圖從緬甸進攻印度的英帕爾戰役慘敗，日本敗勢明顯。11月，美軍從馬里
亞納群島開始對日本本土進行轟炸。在中國戰場，中國軍隊與盟軍在滇西緬北

取得反攻勝利，敵後戰場也開展了大規模的反攻作戰。

1945 年 2 月，由於歐洲戰場勝利在望，羅斯福、邱吉爾、斯大林在蘇聯雅爾塔舉行會議，磋商蘇聯對日作戰和戰後世界秩序安排等問題。美英兩國為了確保蘇聯在歐戰結束後兩至三個月內參加對日作戰，在沒有徵求中國同意的情況下，以中國主權為交易籌碼，滿足了蘇聯向中國東北獲取利益的要求。另外，會議將日本千島群島割讓給蘇聯的決議，也造成了戰後爭端。

為了落實《雅爾塔協定》，從 6 月開始了中蘇兩國間的談判。在美國的干預下，中蘇雙方終於在 8 月 14 日達成了《中蘇友好同盟條約》。中國承認：允許外蒙古民族自決；中東鐵路、南滿鐵路由中蘇共管；旅順軍港供兩國使用；大連戰時劃入旅順軍事區，平時為自由港，行政權屬中國。蘇聯保證：蘇聯政府的道義支持和軍事援助「完全供給中國中央政府」；尊重中國對東三省之主權及領土與行政完整；蘇聯無意干涉中國新疆內部事務。這樣，就在中國經過多年浴血苦戰即將贏得抗日戰爭勝利前夕，蘇聯和美國聯合起來，把一個嚴重損害中國主權的不平等條約強加給了中國。

日本投降與新國際秩序的建立

1945 年 5 月 8 日，德國向盟國投降，日本完全陷入孤立狀態。同年 7 月在柏林郊區的波茨坦，美、英、蘇三國首腦舉行會議，發表了由美國起草、英國贊同並邀請中國參加的《波茨坦公告》，敦促日本「立即無條件投降」。7 月 27 日，日本最高戰爭指導會議討論《波茨坦公告》時，仍希望蘇聯能夠保持中立，並請蘇聯作有利於日本的斡旋以結束戰爭。7 月 28 日，鈴木首相在一次記者招待會上竟稱，《波茨坦公告》不過是《開羅宣言》的「舊調重彈」，日本予以「默殺」（即置之不理）。這實際上是向世界表示日本拒絕《波茨坦公告》。

在日本的失敗已經能夠預期的情況下，美國為了顯示威懾力量並盡快結束

在美國「密蘇里」號戰艦上舉
行的日本投降書簽署儀式

戰爭，決定在蘇聯出兵前向日本投放原子彈。8月6日，美國在日本廣島投放
了原子彈。

　　8月8日，蘇聯正式宣佈，從8月9日零時起，蘇聯將與日本進入戰爭狀態。
9日零時，蘇聯一百七十餘萬大軍分三路向在中國東北的日本關東軍發起進攻，
並同時進攻朝鮮半島北部、庫頁島南部及千島群島。

　　9日，日本再次召開最高戰爭指導會議。會議上，鈴木首相提議接受《波
茨坦公告》。與會者原則上同意，阿南惟幾陸相、梅津美治郎參謀總長等提出
四項附加條件：維護國體；自行懲處戰犯；自主解除武裝；盟軍對東京以外的
佔領應控制在最小範圍、極短時間和極少兵力。討論還在進行的時候，美國向
長崎投放了第二枚原子彈。10日凌晨，昭和天皇決定同意「以遵守維護國體的
唯一條件為前提」接受公告。10日晨，日本政府電請瑞典和瑞士政府將日本接

受《波茨坦公告》的意見轉達給中、美、英、蘇四國。14日，日本在判斷美國有可能允許戰後日本維持天皇制的意向後，昭和天皇召開特別御前會議，最終決定接受《波茨坦公告》。15日，天皇親自宣讀的《終戰詔書》錄音向日本全國播出。日本發動的侵略擴張戰爭以失敗而告結束。

　　9月2日，日本投降儀式在東京灣美國「密蘇里」號軍艦上舉行。日本外相重光葵、參謀總長梅津美治郎分別以「天皇和政府」與「大本營」的名義，在「投降文書」上簽字，第二次世界大戰以同盟國的勝利而告結束。侵華日軍投降儀式於9月9日在南京舉行，中國陸軍總司令何應欽正式接受日本的中國派遣軍總司令岡村寧次的投降。

1945年9月9日九時，在中國南京舉行日軍投降簽字儀式

1945 年 10 月 25 日，日本駐台「總督」兼第十方面軍司令官安藤利吉簽署投降書

　　日本的投降標誌着德、意、日軸心國武力改變國際秩序的時代結束。同時，從第一次世界大戰開始的西方殖民地時代在第二次世界大戰被中斷後，各殖民地要求獨立的呼聲在戰後高漲起來。為了建立新的國際秩序，聯合國家的作用開始受到普遍重視。1945 年 4 月至 6 月，即有 50 個國家加入聯合國制憲會議，制訂以維護和平為目的的《聯合國憲章》。1946 年 1 月，第一屆聯合國大會在倫敦召開，聯合國正式成立，其組織系統開始運行。

對原爆的不同解讀

日本廣島原子彈爆炸發生在 1945 年 8 月 6 日，由於聯合國軍司令部要求日本政府嚴禁媒體對此進行報道，一直到 20 世紀 50 年代初，很多日本人都無從了解這次原子彈爆炸所帶來的災難。但隨着《夏之花》（1947 年）、《原爆之子》（1951 年）等以此次原爆事件受害者的親身經歷為題材的小說相繼出版，事件真相逐步公開。

隨着在世界範圍內的冷戰深化，可能引起新的核戰爭，對此表示憂慮的日本人高喊「不再有廣島（No More Hiroshima）」口號，呼籲世界和平和廢除核武器。多數日本人在經歷美軍投下的原子彈災難後，普遍有堅決抵制戰爭、呼籲和平的感情。但是反對一切戰爭的和平意識，卻沒有建立在對日本人自己發動的戰爭進行深刻認識的基礎之上，同時也

遭受原子彈爆炸後的長崎

沒有向投下原子彈的美國追究責任。由於沒有追究戰爭加害國的責任，日本人的共同體意識定格在戰爭受害者中，一種「和平國家」國民的意識由此得以建立。

但是對投下原子彈的美國，以及遭受日本侵略的中國及韓國國民都普遍認為，投放原子彈是盡快結束戰爭而不得已採取的戰爭策略。韓國的歷史教科書這樣描寫道：「為盡快結束戰爭，美國向日本的廣島和長崎投下原子彈，1945 年 8 月 15 日日本帝國主義最終投降。奪去數千萬民眾性命的第二次世界大戰終於宣告結束，我國也擺脫了日本帝國主義殘酷的殖民地統治，實現了解放。」（《韓國近現代史》，大韓教科書，2002 年版，第 246 頁）

廣島若想成為東亞地區和全世界人民共同接受象徵和平的地方，那就需要日本民眾對戰爭深刻反省，除日本之外的世界其他國家同時也要認清投放原子彈所帶來的危害，並堅決維護和平。

第六章

冷戰體制的形成與東亞的裂變

本章大事年表

1945 年　　中國政府與蘇聯締結《中蘇友好同盟條約》　朝鮮半島解放，設立三八線
　　　　　　東京設立盟軍總司令部（GHQ），麥克阿瑟擔任盟軍最高司令官　發佈日本
　　　　　　民主化五大改革指令

1946 年　　日本國憲法公佈

1947 年　　美國杜魯門總統發表《杜魯門主義》　聯合國通過在南北朝鮮選舉成立政府
　　　　　　的決定

1948 年　　大韓民國成立　朝鮮民主主義人民共和國成立　遠東國際軍事法庭（東京審
　　　　　　判）判決

1949 年　　北大西洋公約組織（NATO）成立　中華人民共和國成立

1950 年　　《美韓相互防衛援助協定》締結　《中蘇友好同盟互助條約》締結　朝鮮戰
　　　　　　爭爆發

1951 年　　舊金山對日和會召開　締結《日美安保條約》

1952 年　　《舊金山和約》生效　日本恢復主權　《日台條約》締結

1953 年　　簽署《朝鮮戰爭停戰協定》　美韓締結《相互防衛條約》

1954 年　　周恩來、尼赫魯發表「和平共處五項原則」　東南亞條約組織（SEATO）成立

1955 年　　亞非會議採納「萬隆十原則」　華沙條約組織（WTO）成立　日本戰後「55
　　　　　　年體制」形成

1958 年　　中國開始大躍進運動

1959 年　　在日朝鮮人開始返回朝鮮

二戰結束不久，主導國際秩序的美蘇兩國雖然維持着合作關係，但很快走向了對立，世界被分為政治理念不同的兩大陣營。雙方以核武器相互威脅，利用這一緊張局勢維持各自的霸權地位。由此出現了以「敵對性共存」為本質的「冷戰」（Cold War）。

　　東亞地區也未能擺脫「冷戰」陰影。在日本戰敗後，東亞各國紛紛開展了克服戰爭創傷及重建國家與社會的運動。但是美國和蘇聯為擴大其影響力也在這些地區引發了新的衝突。美蘇兩國在東亞地區的矛盾與該地區的革命和反革命潮流結合後，衝突日益明顯。在「資本主義陣營」與「社會主義陣營」相互對峙的過程中，朝鮮戰爭爆發。儘管戰爭深化了兩大陣營間矛盾，但是東亞各國及地區民眾也開始發出渴望自主與和平的聲音。

　　下面我們將介紹在美蘇為主導的世界格局中，東亞地區冷戰格局的形成過程，以及中日韓三國如何構建新的社會。

第一節　戰後美蘇東亞政策及日本的變化

東亞與歐洲冷戰局面的差異

　　二戰接近尾聲的 1945 年 2 月，美、英、蘇三國領導人在雅爾塔構想的戰後世界國際秩序是：在同盟國各國協作的基礎上謀求國際秩序穩定與世界和平，即「雅爾塔體制」。但是政治體制和理念不同的美國與蘇聯這兩大強國在構建新國際秩序的過程中發生了深刻的分歧。1947 年後，美蘇兩國的對峙擴大到了世界範圍，直到 1991 年蘇聯解體的半個世紀被稱為「冷戰」時期。

　　冷戰在世界範圍內展開，最為激烈的地區是歐洲。除部分地區外，歐洲國

顧維鈞代表中國在聯合國憲章上第一個簽字

出席雅爾塔會議的英、美、蘇三巨頭：丘吉爾、羅斯福、斯大林

家被分為對立的東歐社會主義國家和西歐資本主義國家兩部分。歐洲的冷戰局面雖然尖銳，但在美國和蘇聯這兩大超級大國勢力均衡的背景下，還是維持了相對的穩定。美國通過北大西洋公約組織（NATO，1949年成立）管理西歐各國軍事力量，而蘇聯則通過華沙條約組織（WTO，1955年成立）控制東歐各國。兩大陣營通過核武器相競爭，在歐洲展開軍事對抗，這種情況下，稍有不慎即可能會帶來毀滅人類的可怕後果。經歷兩次世界大戰的歐洲的人們不希望戰爭再次爆發，為實現歐洲和平統一而不懈努力。

相比之下，東亞地區則處於冷戰隨時可能發展為熱戰（Hot war）的不穩定狀態。在這裡，以美蘇為中心的勢力均衡的強有力的集團安保體制尚未建立。冷戰初期，東亞地區能夠與蘇聯建立同盟關係的國家只有朝鮮民主主義共和國（朝鮮）和中國，還沒有形成多國參與的集團安保體制。1949年蘇聯與朝鮮簽

署了經濟、文化方面合作的相關協議，朝鮮戰爭爆發前的 1950 年 2 月與中國簽署《中蘇友好同盟互助條約》。而美國是在朝鮮戰爭爆發後才匆忙舉起反共旗幟，與日本、韓國及台灣等國家與地區建立同盟關係，但這並非集團安保體制，而是一國對一國的雙邊安保條約。1951 年，美國和日本正式簽署《美日安全保障條約》，與台灣簽定《美台共同防禦條約》。朝鮮戰爭結束後的 1953 年，美韓兩國也簽署了《韓美相互防禦條約》。因為韓國和台灣曾從一開始就拒絕與曾進行過殖民統治的日本建立集團安保體制，因此東北亞地區很難建立集團安保體制。

在東南亞地區，1954 年和 1967 年雖然分別建立了東南亞條約組織（SEATO）和東南亞國家聯盟（ASEAN），但是也仍沒有成為類似歐洲那樣強大的集團安保體制。東南亞條約組織是為抵禦社會主義在世界範圍內蔓延由美國和英國主導的組織，但印度尼西亞等主張不結盟而拒絕加入。東南亞國家聯盟致力於經濟合作，並非着眼安保。直到冷戰後，這一組織作為地域共同體才開始顯露出發展的可能性。

如上所述，東北亞地區不存在任何地域性合作組織，所以不斷爆發局部戰爭的熱戰，如朝鮮戰爭和越南戰爭等。特別是在朝鮮戰爭期間，美國還曾考慮使用核武器，存在着擴大為新一輪世界大戰的可能。總之，歐洲冷戰的局面安定是在美蘇霸權的基礎上，而美蘇在東亞控制能力有限，因此冷戰格局極其不穩定。理解導致這兩個地區存在差異的淵源與本質，才能把握戰後東亞國際關係的本質，從而探尋通往東亞未來和平及穩定發展的道路。

東亞冷戰秩序為何會如此不穩定？通過分析戰後東亞國家所面對的內外環境，我們就能夠找到相應的答案。戰後，東亞各國為擺脫帝國主義統治建立獨立國家，開始了激烈的實現土地革命等社會改革的民族運動與社會運動。這些運動與社會主義理念相結合後發展迅速。與此同時，遏制這一運動的反革命運動也不可忽視。上述東亞地區種種內部矛盾在美蘇兩國尚未介入時就已惡化

了。而美蘇兩國沒有讓東亞各國民眾自己解決其內部矛盾，而是介入到了這些國家內部事務中，將局面轉向有利於自身與國家利益的方向發展。為此，美蘇兩國紛紛尋找符合自身利益的政權組織並提供相應支援，由此進一步深化了東亞地區的分裂與對立。

在這一背景下，朝鮮半島出現了南北兩個獨立政權，中國大陸雖建立了人民政府，但沒有收復台灣，產生了兩岸問題。越南也被取代法國而介入的美國將其領土一分為二，出現了兩個獨立政權。在上述被一分為二的朝鮮半島及越南，最終爆發了統一戰爭。歐洲的德國為承擔戰爭責任，其領土被分割。但是東亞戰敗國日本卻躲過領土遭分裂之命運，反倒是在朝鮮半島、越南發生了領土被分割的歷史悲劇，最終發展成戰爭。

事情還遠不止這些。在歐洲，發動戰爭的納粹德國被美蘇共同佔領並解除武裝，對歷史問題進行清算，在這一基礎之上開展戰後歐洲民主化進程。但是在東亞，美國單獨佔領日本並將其建設為反共基地。日本在沒有深刻反省侵略鄰國歷史的前提下，受美國庇護重返國際舞台。因此，東亞地區內部也沒能構建國家間的信賴關係。

美蘇對東亞地區的不同構想

戰後初期，美國構想的是中國由國民黨政府統一，通過軍事佔領和民主化而改變日本，通過委託統治實現韓國的獨立。為實現這一藍圖，美國對國民黨政府抱有很高期望。他們期望國民黨政府統一全中國，並介入到朝鮮半島委託統治中；同時還期待中國在戰後對日實施佔領政策中發揮一定作用。實際上，中國雖然作為聯合國成員之一參與了東京審判，但因國內爆發了內戰而沒有實現上述設想，不過國民黨政府也曾計劃派 15000 名佔領軍前往日本。美國視英法兩國為其歐洲地區主要同盟國，而在東亞地區則將國民黨政府作為其主要的

協力國。

　　在戰後初期美國的東亞地區構想中，對蘇聯的考慮很有限。在雅爾塔會議上，美國提議，蘇聯可以參戰為條件收回帝俄時期在中國東北地區的權益，收回日本佔領的庫頁島南部及鄰近島嶼，同時接受日本在千島群島的權益。但美國並不期待蘇聯在佔領日本以及對朝進行委託統治過程中起主導作用，認為蘇聯在東亞的作用只能是輔助性的。而在1945年4月羅斯福（F. D. Roosevelt）總統去世後，繼任的杜魯門（H. S. Truman）總統否定與蘇聯合作的傾向更加強烈。同年7月，美國研製原子彈成功，立即開始掌握東亞地區控制權而縮小蘇聯的軍事影響。

　　美國在日本投放原子彈後，日本剛一投降，美國就拒絕蘇軍佔領日本北海道北部的要求，而貫徹美國單獨佔領的方針。在中國問題上，美國為確保由國民黨政府完成中國統一，敦促蘇聯與國民黨政府簽署《中蘇友好同盟條約》。朝鮮半島方面，為提防蘇聯全盤控制朝鮮半島，美國提議以北緯38度線為分界線對其進行分割佔領，得到了斯大林的同意。

　　以上情況表明，美國在東亞實施進攻性的軍事、外交政策，而蘇聯則處於守勢。與美國在日本及38度線以南的朝鮮半島駐軍不同，蘇聯軍隊駐軍區域僅限於日本關東軍曾駐守的中國東北地區及38度線以北的朝鮮半島，而在中國東北地區的管轄權也很快歸還了中國。處於劣勢的蘇聯在承認及協助美國在東亞的主導權的同時，也為確保自己的影響力而努力。為此，蘇聯為在周邊地區建立與自己友好的政權而採取向其政府提供援助的政策。

　　不過，也不能說蘇聯在東亞的影響力很小。比起美國，蘇聯的軍事與經濟力量固然弱，但卻擁有社會主義這一強大的思想武器。蘇聯期待希望改革和自主獨立的東亞民眾對社會主義蘇聯表示友好。對此，無論如何也都要阻止美國。這就是美蘇兩國力量儘管不均衡，但在東亞相互間的對立仍很激烈的重要原因。

美國單獨佔領日本與日本的戰後改革

美國在日本設立駐日盟軍總司令部（GHQ／SCAP）實行佔領統治。總司令部由數千名軍人和文職行政人員組成，下設民政局、民間情報教育局、經濟科學局等機構。制定佔領政策的最高機關是由參加太平洋戰爭的十一國代表組成的遠東委員會，由美、英、蘇、中四國代表組成的對日理事會監督政策執行情況，但事實上聯合國最高司令官麥克阿瑟（D. MacArthur）擁有全權。

此時的美國因不能對實施佔領日本政策提供龐大兵力和財力支援，採取了維持日本政府及官僚制度基本框架的間接統治方式。1945 年 9 月，盟軍總司令官麥克阿瑟和昭和天皇進行第一次會晤。此次會晤實際上是麥克阿瑟利用天皇的權威而相互確認佔領權力。天皇在發表《人間宣言》❶後作為統合日本社會的象徵，麥克阿瑟在戰犯審判中免除其戰爭責任而作為工具利用。

那麼，美國是如何改變日本呢？美國佔領日本初期的基本目標是防止日本軍國主義再次抬頭，建立民主政府。盟軍總司令部迅速頒佈了解散陸海軍、禁止生產軍需品、逮捕戰爭嫌疑犯、解散軍國主義組織等指令。此外，還頒佈了《民權自由指令》，提出五大改革指令（解放婦女、獎勵勞動合作組織、教育自由化、廢除專制制度、經濟民主化），同時頒佈制定自由憲法，使神道與政治分離，褫奪軍國主義者公職的指令。軍國主義者包括特高課警察（思想警察）、具有軍國主義傾向的教師、軍人、政治家等各類人士，美軍佔領期間被開除的人員共約 21 萬，其中包括軍人約 16.36 萬人、政界人士 3.49 萬人。

1946 年 11 月公佈了日本新憲法，並於次年 5 月正式實施。憲法以「主權

---

❶ 又稱《天皇非神宣言》，即日本天皇裕仁在1946年1月1日發表的否定天皇神格的詔書，宣告天皇是僅具有人性的普通人而不是產生於神話和傳統的現人神。這一宣言從某種意義上減弱了長久以來存在於日本國民腦中的忠君思想。

發表《人間宣言》後的日本天皇巡視地方

在民、放棄戰爭及維護和平、尊重人的基本權利」為三大基本原則，特別是在憲法第九條中明確規定放棄戰爭，表明了世界上尚無前例的和平主義理想。憲法視天皇制度為日本國家的象徵的中心。憲法對女性的參政權也給予法律保護，民法還否定了家長制的家族形態，女性的人權得以提高。另外，還實施了教育改革、解散財閥、鼓勵成立勞工組織等具體舉措。

　　日本的保守階層起初反對這種激進式改革，對此還曾表露出憤怒。但看到修改後的新憲法儘管是「象徵性」但還繼續保留了天皇制度，國體並未改變，在同敵對的社會主義者的鬥爭中事實上保全了國家體制後，便開始與美

國合作了。

　　同美國的改革政策合作的不僅是保守階層，就是進步勢力在改革初期也對美國的對日政策表示歡迎。日本共產黨為肅清日本天皇制度和軍國主義而採取與美國合作的方針。但是隨着美國佔領政策日趨保守，進步勢力與美軍之間的矛盾日益深化。

　　通過新憲法，日本成為民主主義國家。但並非全部居住在日本的人都作為新的民主國家的國民而擁有權利和義務。當初，在盟軍總司令部憲法草案中有「外國人在法律面前也一律平等」的內容，但這一條被日本政府刪去，並沿襲舊《帝國憲法》第 18 條之規定，在新憲法第十條中補充了「作為日本公民的條件由法律規定」這一有關國籍的內容。因此在新憲法開始執行的前一天，日本政府作為最後一道勅令頒佈了「外國人登記令」。根據這一勅令，朝鮮人與台灣人等原殖民地出身的人均被視為外國人。這等於宣佈，新憲法中規定的保障公民的基本權利不適用於在日朝鮮人等「外國人」。1947 年，在進行首次外國人登記時，要求在日朝鮮人的國籍必須標明為「朝鮮」。這樣一來，在帝國主義時期作為「皇國臣民」的一員而被同化的在日朝鮮人，在新憲法頒佈之後則成了被歧視和排斥的對象。

冷戰格局中美國對日佔領政策的變化

　　GHQ 在日本瓦解了軍國主義而制定了和平憲法，並推行了一系列民主改革。但對其佔領政策並非只有積極評價。相反，消極評價也有很多。特別是 GHQ 對日政策逐漸從民主化轉向反共後，其負面影響逐漸顯現。美國在世界範圍內冷戰日趨深化和中國共產黨有望獲取革命勝利的情況下，開始改變對日政策，欲將日本構建為堅固的反共堡壘。這一始於 1948 年的重大政策變化被稱為「逆轉」。

　　以吉田茂為首的日本保守階層利用美國對日政策變化逐漸鞏固其統治體制。吉田茂等人認為，軍國主義時代的日本脫離了正常歷史發展軌跡，日本正常的道路應正如明治時期與大英帝國建立同盟關係那樣，走與美國攜手合作之路。於是吉田茂與麥克阿瑟聯合，逐漸確立了戰後日本的方向。

　　由於這一背景，在保守與革新這兩種勢力的對抗中，保守勢力佔據了優勢。結果，解散財閥、消除經濟壟斷、賠償金徵收和承認勞動基本法等這些非軍事化及民主化政策，均被迫中斷和歪曲，取而代之的是振興經濟、停止賠償、強化警察力量、否認國家及地方公務員的集體交涉權、爭議權等政策。此外，開除與戰爭責任相關公職人員及驅逐財閥的政策則趨於緩和。由於以前的軍國主義者及其追隨者重新登台，使得戰後日本的政治、官僚、經濟領域延續了戰前的人際關係。與此同時，美日兩國賠償問題在雙方妥協之後得到解決，並建立了美日政治合作體制。隨着反共政策擴大，工會運動與社會主義運動受到壓制。

　　為將日本建成反共堡壘，美國在軍事方面也嘗試各種政策：第一是重新武裝日本，第二是將日本全域作為美軍軍事基地自由使用，第三是將沖繩從日本分離出來，作為東亞軍事戰略據點。上述政策制定於 1948 年至 1949 年間，並在 1950 年朝鮮戰爭爆發後開始具體實施。

　　美國對日佔領政策發生全面改變的過程中，土地改革相對沒有變化而一如既往地推進。因為美國認為農村地主階層不僅是軍國主義的重要基礎，必須使其解體，更認為一旦將佃農轉變為自耕農使其安定後，會打下反共的社會根基。經過兩輪的土地改革，於 1950 年大致結束，這一時期佃田面積只佔全部耕地面積的 10%。土地改革後，為促進農村發展還獎勵農村建立農業協同組合（農協）。

　　這樣，在美國對日開展的單獨佔領政策下，日本的戰爭責任在沒有得到認真追究的情況下，卻成為了美軍的反共基地。與東亞各國共同清算過去的

東京民眾反對美軍基地的示威遊行

侵略與戰爭而攜手走向和解的道路被阻斷了。戰後日本走的是無視亞洲各國而唯美國馬首是瞻的重建國家道路。直到今天，東亞地區合作發展的道路也沒有被打開。

第二節　中國革命和冷戰加劇

中國抗日戰爭勝利和國共內戰的開始

　　與日本進行了長期鬥爭最終取得勝利的中國終於可以考慮新的未來了。但不久，中國國內的內戰便全面展開。中國為甚麼會發生這場內戰，中國人民又是如何克服這場內戰最終建設國家的呢？

　　在日本軍國主義這一共同敵人被殲滅後，推進革命的共產黨與欲阻止革命的國民黨政府之間矛盾日益突出。為避免內戰爆發，全中國範圍內，以知識分子和中間派為主導的倡導和平協商的呼聲日益高漲。1945 年 8 月末，蔣介石邀請毛澤東在重慶會面進行和平談判。這一談判持續到 10 月，雙方領導人宣佈同意實現政治性的民主主義，認為有必要建立統一軍隊，承認所有政黨均有平等的法律地位等。但是雙方的這一協商結果很快出現裂痕。共產黨主張繼續維持解放區的合法地位，但是國民黨卻對此予以否定並展開攻擊，軍事衝突擴大了。

　　1946 年 1 月，在剛剛卸任的美國陸軍參謀長馬歇爾（G.Marshall）的調停下，由共產黨、國民黨、民主黨派參加的第一屆政治協商會議召開。會議就成立國民大會以制定憲法取得了成果，但不久該決議被國民黨否定而失敗。由於蔣介石拒絕妥協，堅持推行反共路線，內戰遂一觸即發。

　　國共兩黨的武裝衝突擴大，內戰全面爆發。內戰初期，在軍隊裝備及數量方面佔優勢的國民黨軍被認為有望取得戰爭勝利，但結果卻向相反方向發展。戰爭為何會出現這種歷史性逆轉呢？這是因為儘管國民黨政府向國內外炫耀其軍事優勢，但由於官僚腐敗嚴重、通貨膨脹蔓延，加上民眾生活貧困、知識分子不被重視、軍閥殘餘力量等種種原因，令國民黨政權已病入膏肓，失去民

蔣介石和毛澤東在重慶談判時的合影

心。此外，在日本侵略後，國民黨政府被迫遷至西部重慶，失去了對沿海地區
的控制權。與此相反，中國共產黨卻獲得了農民與工人的支持，在戰線後方即
革命根據地廣泛開展群眾運動，為獲取其他階層支持而不懈地實施統一戰線。
此外，抗戰期間，中國共產黨領導的八路軍和新四軍，在全國範圍內廣泛開展
抗日運動，與群眾的反日運動緊緊地結合在了一起。另外，在中國東北地區，
在蘇聯支援下，中國共產黨也迅速發展武裝力量。1946 年，雖然蘇聯紅軍撤離
了東北，但這一時期東北的中國共產黨勢力已經根深蒂固，並從蘇聯紅軍那裡
接收了大量日軍武器。

　　內戰初期，裝備與數量都佔絕對優勢的國民黨軍隊陸續控制了東北、華北地區的主要城市，並攻佔了延安。但隨着內戰的展開，國民黨統治區經濟惡化，軍費支出加大，導致財政入不敷出而通貨膨脹日益加劇。以學生與知識分子為主力開展了反內戰、反獨裁、反飢餓運動，民族資本家也對國民黨政府失去了信心。此外，美國也認為國民黨政府不可能解決腐敗、無能、低效率的問題，對深度介入中國內戰開始猶豫。

蘇聯的雙重態度與美國的兩難選擇

　　隨着中國內戰的擴大，戰況從國民黨佔優勢向共產黨佔優勢轉向，在戰爭形勢發生這一逆轉過程中，美蘇兩國又採取了哪些戰略措施呢？美蘇兩國支持哪一方，他們對中國內戰究竟持有何種態度？如果不了解這段歷史，那麼答案很可能是：美國支持國民黨，蘇聯支持共產黨。但歷史事實遠比這樣的答案複雜得多。

　　1945 年 8 月 14 日，蘇聯迅速與國民黨政府簽署《中蘇友好同盟條約》，從蔣介石那裡得到了確保原帝俄在中國東北權益的保證。蘇聯一方面承認國民黨政府為中國合法政府的地位並與之進行合作，一方面又支援中國共產黨，表現出了雙重態度。尤其在東北地區，中國共產黨得到了蘇聯的大力支援。在蘇聯軍隊進入中國東北後，「滿洲國」皇帝溥儀被迫退位，同時蘇軍又將日本投降後接收的大量武器和軍需用品留給了中國共產黨。

　　與蘇聯消極對待國民黨政府不同，美國政府對國民黨的支持態度十分明確。構思雅爾塔體制的羅斯福期望日本戰敗後由中國掌握東亞主導權，當然這個中國是指國民黨統治的中國。

　　但是戰後，中國共產黨的表現使美國備感驚慌。共產黨的勢力以驚人速度迅速發展，以至威脅到了國民黨政府，於是美國迅速向國民黨政府提供軍事支

援，包括供給武器和財政支持。但是美國的支援還是有限的，很難直接進行軍事介入。必須在歐洲、日本、韓國等地投入大量兵力的美國，再對地域遼闊的中國大陸進行軍事介入就沒有那麼容易了。於是，美國一方面支援國民黨政府，另一方面給國民黨施加壓力，促使國民黨與共產黨進行和平協商。但是因國民黨政府的腐敗無能，美國的支援最終還是未見效果。而蔣介石擴大武力衝突，美國不但被捲入，而且超出了外交的限度。

中國共產黨統一中國大陸

1947 年 7 月起，中國共產黨進入了全面反擊，到 1949 年已經解放了中國大部分地區。10 月 1 日，以毛澤東為主席、周恩來為總理的中華人民共和國政府正式成立，首都設在北京。毛澤東宣佈中華人民共和國是以工人階級為領導，以工農聯盟為基礎，團結國內各階層和各民族建設的新社會。正如毛澤東宣言的那樣，中華人民共和國不僅有工人和農民，而且還包括知識分子、民族資本家等在內的不同階層人士，民族成份也有多種。中國共產黨是新政權的核心力量，並廣泛分佈在政府機關、社會組織、軍隊和學校等組織機關中。

中國政府通過法律形式規定男女權利平等，頒佈《婚姻法》，禁止強制包辦婚姻，承認女性的財產繼承權和土地所有權，女性的參政權利也得到了法律保障。當時，擺在新中國面前的首要課題是恢復在內戰中遭受重創而疲軟、破敗不堪的國民經濟。為此，中國政府實行了以國有經濟為主，承認私營企業的政策，即步入新民主主義的道路。1950 年 6 月，中國政府頒佈《土地改革法》，1952 年完成全國土地改革，這也是打倒地主階級、農民真正當家作主的革命過程。

1949 年 12 月，毛澤東親自率領代表團訪問莫斯科。次年 2 月兩國簽署《中蘇友好同盟互助條約》。在蘇聯援助下，中國開始發展經濟。直至斯大林去世，

毛澤東會見蘇聯最高蘇維埃主席伏羅希洛夫

中國一直實行一邊倒的對蘇外交。

　　中國大陸的國共內戰對 1895 年甲午戰爭以來長達半個世紀飽受日本殖民統治的台灣也產生了影響。國民黨政府收復台灣主權後，物價暴漲、工農業萎縮、失業人口暴增、糧食不足等問題，導致台灣的社會、政治極不穩定。台灣民眾對行政長官陳儀的弊政極度不滿，充滿了憤慨。1947 年，台北市民眾呼籲「肅清貪官，進行本省（台灣省）政治改革」而發起了反腐敗和反獨裁的民眾起義（即「二二八事件」）。但國民黨政府派兵到台灣進行了武裝鎮壓。1949 年 12 月，在國共內戰失利後，國民黨政府率殘餘勢力轉移到台灣。1949 年 1 月辭職的蔣介石於 3 月在台北恢復了其「總統」職務，繼續實行國民黨的專制

統治。

中國革命以中國共產黨的勝利而告終，這對東亞地區共產主義運動產生了巨大影響。朝鮮民主主義人民共和國希望趁勢將中國革命的影響擴展到朝鮮半島。特別是參加抗日戰爭的朝鮮義勇軍回到國內，使朝鮮軍隊力量得到強化，朝鮮半島南北軍事對立進一步深化。革命風暴開始衝擊與中國為鄰的朝鮮半島。

日本被建成反共堡壘

中華人民共和國的成立，意味着美國必須修正戰後初期以國民黨政府統一中國並以此為前提建立東亞秩序的構想。其實早在 1948 年下半年，美國就已經預測中國共產黨會在國共內戰中取得最終勝利，從那時起就明確了以日本替代中國建設為反共堡壘的方針。

1946 年 5 月開庭審理的東京審判因受冷戰影響，循着不徹底追究日本戰爭責任的方向發展。同盟國十一國的檢察官以「破壞和平罪」為罪名審理甲級戰犯 25 名。1948 年 11 月判決太平洋戰爭開戰時的首相兼陸軍大臣東條英機、南京大屠殺時現地日軍最高負責人松井石根在內的七人死刑，判處前朝鮮總督、陸軍大臣南次郎等十八人無期或有期徒刑。但是對負有戰爭最高責任的昭和天皇，並沒有追究其責任，官僚財閥們的戰爭責任也沒有被追究，只追究了日本陸軍的有關戰爭責任。在中國東北實施細菌戰的 731 部隊的石井四郎等人，也因將研究資料移交給美國而免除了追究。在亞洲、太平洋等地進行的乙級和丙級戰犯審判，約一千人被判處死刑或其他刑罰。在判處的戰犯當中還包括了參加日本軍隊的朝鮮人和台灣人。此外，蘇聯通過簡單審判而判處了三千餘名戰犯。

1948 年 12 月，美國向吉田內閣施加壓力要求其推行「穩定經濟九大原則」，即大力推進超均衡預算及改革出口制度等。為此，杜魯門總統任命底特

律銀行理事長約瑟夫‧道奇（J. Dodge）為麥克阿瑟的經濟顧問，專程前往日本。

道奇強調，政府補助金和美國的物資援助是阻礙日本自立的兩個「拐杖」，並強調應切斷這「兩個拐杖」。所謂的「道奇路線」在抑制通貨膨脹的同時，也導致了財政緊縮和失業，引發了社會恐慌及工人反抗。1949 年 7 月，吉田內閣以大規模整頓和解僱公務員及國有企業職員為契機，對共產黨人進行驅逐。同年 9 月，又通過了驅逐「赤色」教員的決議案。這一切均以建設日本為反共堡壘作為目的。雖然上述運動的開展阻礙了民主化發展進程，但是卻推進了日本經濟獨立，並構建了以右翼保守政治勢力為中心的日本政治與社會。

自 1949 年秋，為了讓日本重返國際舞台，美國與日本商討「媾和」。得知這一消息後，日本國內出現了「單獨媾和還是全面媾和」的爭論，即是以美、英、法等西歐國家為對象進行單獨媾和，還是將蘇聯等社會主義國家也包括在內進行全面媾和的爭論。政府認為在冷戰局面下除單獨媾和外並無其他對策。但社會黨反對單獨媾和，並提出「全面媾和，堅持中立，反對軍事基地」的路線。進步學者、文化界人士組成的「和平問題談話會」也主張全面媾和。人們擔心的是：日本傾向哪一陣營，都有可能在陣營對立過程中再被捲入戰爭。

東京審判

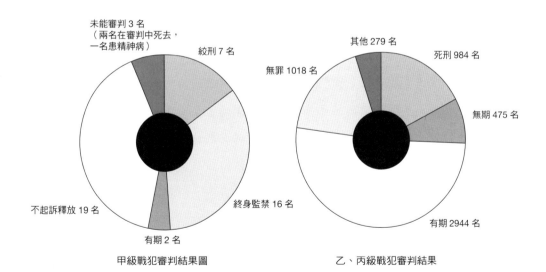

甲級戰犯審判結果圖

乙、丙級戰犯審判結果

沖繩美軍基地

在美國「核傘」保護下，戰後日本實現經濟發展，是人們公認的東亞地區冷戰最大受惠國。但是這樣的發展，卻以向如今「同屬日本」的沖繩地區施加軍事壓力作為條件才得以實現的。

沖繩嘉手納空軍基地有目前遠東地區最大的軍用機場，駐日美軍的75% 駐守在沖繩。這一狀態，並非是在 1945 年的沖繩戰後立即形成，而是隨着戰後美日關係的演變，經過不同時期的發展逐步構建的。特別是在朝鮮戰爭爆發後，沖繩成為當時重要的空軍基地，其戰略地位有了飛速發展，確立了連接韓國、日本本土和台灣、菲律賓等東亞國家和地區的反共軍事基地地位。

20 世紀中期，根據為日本恢復獨立提供依據的《舊金山和約》（即《對日和平條約》）內容，沖繩地區「所有權利（all and any powers）」都歸屬美國。基於以上內容，美國開始在沖繩建立新的軍事基地，並大規模佔用沖繩島嶼中南部及伊江島等地。美軍使用武力威脅，不僅用推土機破壞民宅和農田，而且在未徵得居民同意的情況下強制收購土地。對此，當地農民長期開展了非武裝反對運動，很快這一抵抗運動發展為包括沖繩全域範圍的「全島鬥爭（島ぐるみ闘爭）」。至此，強制收購土地雖然被阻止，但是被迫將土地以廉價出租給美軍的「地主（被譽為『軍用地主』）」為恢復權利展開的鬥爭目前（鬥爭矛頭現在不但僅指向美軍，而且也指向了日本政府）也仍在持續。

此外，到了 20 世紀中期，土地佔用擴大到了沖繩島北部森林地區。媾和後，用駐日美軍代替之前佔領軍名稱繼續留在日本的美軍陸軍兵力

（特別是海軍部隊）遷到該地區，這裡成了他們的訓練場地。這是因為這一時期美國政府避免日本各地反基地運動進一步擴大，所以將基地功能集中到了沖繩。此後，美軍在日本本土繼續整頓和縮小軍事基地。到了 20 世紀 60 年代後期，沖繩美軍基地超過了美軍在日本本土的基地總面積。與此同時，以性暴力為代表的人權侵害，在沖繩地區也開始蔓延。

　　祖祖輩輩留下來的土地被佔用後，當地人只能選擇遷到基地附近狹窄地區居住，或被迫淪為靠「軍隊作業」生計的臨時工，以及遷移到其他島嶼或移民南美。沖繩居民身處其地，卻過着透過鐵網思念故鄉，猶

沖繩美國軍事基地

如難民般的生活。與此同時，在基地附近，開始興起以美軍士兵及其家庭為對象的各類服務產業，加快了城市化進程。以享樂主義者為首，經濟方面緊緊依賴美軍的社會階層也得以形成，進而反基地運動也開始出現分裂。將地區社會分割開來的武裝現實及依賴基地的經濟結構，在日本收復沖繩後仍然殘留，從而引發延續至今的沖繩地區內部各種對立。可以說這正是自沖繩戰以來，為實現日美關係「穩定」發展，日本政府和日本社會將沖繩視為「棄石」❶的一個歷史寫照。

---

❶ 這裡是根據日語「捨て石」翻譯過來的概念，本意是被拋棄的石頭。而在日語中，「捨て石」有多層意思，如丟在路邊的石頭，如投到水中阻止水流的石頭，如礦山中被開採出來沒有價值的石頭等。而在圍棋中，被暫時放在一邊，以備將來再使用的棋子也被當作「捨て石」。

第三節　朝鮮半島的分裂與朝鮮戰爭

朝鮮半島解放與三八線

　　1945 年 8 月 15 日，朝鮮半島終於擺脫了日本帝國主義的殖民統治。這一天正午，日本天皇通過廣播宣佈接受盟國無條件投降的要求。由於天皇廣播有些費解，很多韓國人當時並不清楚他們已經被解放。但是日本在二戰中的戰

韓國解放時，從漢城西大門監獄中被釋放的政治犯受到市民的歡迎，人們高呼「解放萬歲」

敗，畢竟是與韓國人堅持不懈的抗日戰爭有密切關係的，所以長達 35 年的日本殖民統治結束的消息還是很快在朝鮮全域傳開了。人們高舉過去不敢製作和懸掛的太極旗，潮水般湧向街頭。

朝鮮總督府將保障日本人安全歸國而維持治安作為首要任務，為此與在朝鮮解放前就開展政治活動的呂運亨進行交涉，同意立即釋放政治犯、確保糧食供應和為維持治安提供協助，而由呂運亨聯合左、右派勢力組建朝鮮建國籌備委員會。全國各地沉浸在解放喜悅之中，期待新國家的建設。僅 8 月末，全國已經建立有 145 個國家籌備委員會支部。

但是，人們還沉浸在祖國被解放的喜悅之中時，傳說美國和蘇聯將分割佔領朝鮮半島的消息就變成了事實。8 月 9 日零時蘇聯向日本宣戰，8 月末就進駐了朝鮮半島北部。美軍用 B24 轟炸機散發要在朝鮮半島登陸的傳單，9 月初在朝鮮半島南部登陸。對於進駐的美蘇兩軍，朝鮮半島的民眾基本上表示出歡迎態度，視他們為「解放軍」，期望藉助這兩國力量建立獨立自主的統一國家。

二戰結束前，美蘇兩軍曾為消除日軍武裝達成了經由中國東北南下抵達朝鮮半島的協議。但美國的原則是不使朝鮮半島成為蘇聯的勢力範圍，設想進行委託統治。而蘇聯則想在那裡建立與其友好的政權。美蘇兩國均未理會最重要的朝鮮半島民眾的感受。根據美蘇協議，蘇聯宣佈對日作戰通告而控制朝鮮前，日本接受了同盟國提出的投降要求。為阻止蘇軍佔領朝鮮半島全域，同時對日進行完全佔領，美國提議以北緯 38 度為分界線（以下稱三八線）對朝鮮半島進行分割佔領。蘇聯也認為在佔領中國東北後，只要確保朝鮮半島的橋頭堡地位即可，接受了美軍提出的三八線的分割佔領提議。象徵朝鮮半島分割悲劇的三八線，就是這樣形成的。

朝鮮人並不知道分割佔領朝鮮半島竟然是美蘇之間達成的協議。當他們沉浸在 1945 年解放喜悅中的時候，根本想不到會有那樣的分界線把朝鮮半島一分為二，導致發生同族自相殘殺的戰爭。可見，不顧生活在朝鮮半島的民眾意

願，將朝鮮分割佔領的三八線使朝鮮成為美蘇兩大陣營協調與對立、冷戰與熱戰的場所，三八線也成為了東亞冷戰的「邊界線」。

建設民主統一國家運動受挫與南北政權的分立

到 1948 年和 1949 年，蘇聯和美國分別向朝鮮北部和南部增派駐軍施加影響。南北朝鮮的政治勢力在與美蘇兩國時而合作時而摩擦的狀態下進行活動。由於日本帝國主義長期的榨取和經濟掠奪，導致朝鮮社會極其混亂，糧食與生活用品供應不足，民眾不滿情緒高漲。而解放後，自主建設國家，自由行使政治權利，以主人公身份發展經濟的主體意識比任何時期都高漲。

1945 年 12 月，美、英、蘇三國外長會議在莫斯科召開，討論同盟國對朝鮮半島的處理，決定在朝鮮建立臨時政府，並設立協助臨時政府的美蘇共同委員會。此外，決定由蘇、美、中、英四國在與臨時政府協商後，提交對朝鮮半島實行託管統治的方案。莫斯科外長會議主要協商內容是建立朝鮮半島臨時政府，但向朝鮮傳達時只突出了「託管統治」，甚至還誤傳說美國主張朝鮮盡快獨立，而蘇聯主張託管。因此，朝鮮民眾對大國無視朝鮮人的自治能力而實行託管統治表示了強烈憤慨，還認為這一會議決定是蘇聯擴張主義行徑的暴露，逐漸形成了所謂「贊成託管即等於親共、親蘇」、「反對託管即等於反共、親美」為內容的左右翼政治理念的對立。而肅清親日派與日本殖民統治殘餘勢力問題在政治理念對立格局中卻被掩蓋了。右翼勢力開展猛烈攻勢，他們鼓吹反對託管是愛國者，支持託管是賣國賊。正如漠視朝鮮半島民眾建立民主統一國家的殷切期望而設立三八線分割朝鮮半島一樣，託管統治風波也是與美蘇兩國的協商對立的寫照。

根據莫斯科三國外長會議決議，為商討朝鮮半島託管統治與臨時政府建立有關事宜，1946 年 3 月和 1947 年 5 月分別召開兩輪美蘇聯合委員會，但

因美蘇兩國為確保各自在朝鮮半島的影響力而毫不相讓，所以兩輪會議都以失敗告終。為阻止社會主義蔓延，1947 年 3 月美國總統杜魯門發表了向受到社會主義威脅的國家提供軍事、經濟援助的主張，即「杜魯門主義（Truman Doctrine）」，至此，美蘇兩國在政治和軍事上公開對立。1947 年 9 月，美國將朝鮮半島問題移交聯合國（UN）處理，美蘇協商解決朝鮮問題的局面破裂。蘇聯提議美蘇兩國軍隊同時撤離朝鮮半島，並由朝鮮人自治，反對聯合國介入。但是聯合國大會最終採納了美國的提議，通過了不經託管統治而在聯合國監督下通過南北總統選舉實現朝鮮半島統一的方案。

美蘇合作關係破裂後，朝鮮半島南北政治組織提出了各種不同建議：僅在朝鮮半島南部單獨進行選舉並建立獨立政權；左右勢力聯合並通過南北協商建立統一政權；支持建立社會主義國家等。但這些主張都沒能阻擋朝鮮半島被分化。1948 年 2 月，聯合國大會通過了僅在朝鮮半島南部進行總統選舉的決議，並於 5 月 10 日在朝鮮半島南部舉行了總統選舉。最後，在朝鮮半島南部，李承晚當選為首任總統，並於 8 月 15 日宣佈成立大韓民國。朝鮮半島北部則任命金日成為人民委員會委員長，並於 9 月 9 日宣佈建立朝鮮民主主義人民共和國。圍繞朝鮮半島南北政權在聯合國的代表權，美蘇兩國再一次發生了衝突，但是 1948 年 12 月 12 日的聯合國大會最終承認在聯合國韓國臨時委員會的監控下通過自由選舉產生的大韓民國為合法政府。

朝鮮戰爭——冷戰中的熱戰

1950 年 6 月 25 日，由朝鮮發動攻擊開始了朝鮮戰爭。朝鮮方面預測美國參戰的可能性很小，即使介入，美軍援兵抵達前戰爭可能已經結束了。但這卻是錯誤的判斷。美國立即做出了參戰決定，那是考慮到若在東亞失去韓國，美國的政治影響力和號召力將會受到威脅。

聯合國軍在朝鮮戰爭中進行炮擊

　　戰爭開始後，聯合國安全理事會應美國要求立即開會，在 1950 年 6 月 25 日的會議上正式通過了將朝鮮定為侵略者和回到三八線以前狀態的決議。當時蘇聯對聯合國派兵決定沒有任何表示，其立場和態度至今令人費解。相反，美軍卻首先動用海軍、空軍然後是陸軍，同時組織由聯合國會員國組成的聯合國軍，第七艦隊被派往台灣海峽，宣稱要用武力阻止中國解放台灣。中國宣稱台灣是中國領土不可分割的一部分，強烈譴責美國的這一行徑，提出那是對中國內政的干涉。朝鮮戰爭的爆發已經造成了東亞地區的軍事緊張。

　　戰爭爆發後，受朝鮮軍隊猛烈攻擊，韓國軍隊被迫撤退到朝鮮半島南部地區，但是在開戰 80 天後的 9 月 15 日，韓國軍與聯合國軍在仁川港成功登陸，扭轉了原來的戰爭態勢，恢復了三八線的原狀。隨後聯合國軍隊乘勝越過三八線，戰爭形勢發生逆轉。10 月 25 日，中國接受朝鮮的支援請求，在「抗美援朝，保家衞國」的口號下參加了朝鮮戰爭。此後，中朝司令部指揮的共產黨軍隊展開猛烈攻擊，聯合國軍慘敗，只能選擇撤退。戰況反反覆覆，在開戰一年後的 1951 年 6 月，戰線膠着在三八線一帶。

朝鮮戰爭期間，美軍和朝鮮的傳單戰

　　由於中國參與朝鮮戰爭，使戰爭發展為資本主義陣營與社會主義陣營間的國際戰爭，同時兩大陣營間的熱戰有可能擴大為第三次世界大戰，美國開始尋求政治的解決方法。因為美國看到通過戰爭手段很難統一朝鮮半島，同時認為也有必要減少巨大軍事開支和避免傷亡。英國和法國擔心如果與中國展開全面戰爭或許會擴大為第三次世界大戰而受到牽連，於是主張休戰恢復到戰前狀態。為避免戰爭長期化，以集中力量恢復和發展國內經濟，中國對休戰也沒有

異議。蘇聯也認為此階段只能選擇休戰。根據以上情況，1951 年 7 月起，聯合國軍和朝鮮、中國間開始商討休戰問題，但是因為圍繞遣返俘虜回國等問題，雙方一直爭執不下，停戰談判遲遲沒有進展。兩年期間，三八線附近有交涉，也有戰鬥，損失慘重。1953 年 7 月 27 日，戰爭最終以無勝負，且以「停戰（armistice）」而非終戰的形式結束。

戰爭的結果

　　對韓國民眾而言，朝鮮戰爭是刻骨銘心的最大的歷史悲劇。戰爭帶來的最直接和最慘重的影響是眾多無辜民眾的遇難。圍繞死亡人數的統計，戰爭當事者間至今仍爭論不休，可以說這是一次難以進行正確統計的戰爭。據韓國方面的統計，韓國士兵在這場戰爭中，陣亡、失蹤、受傷、被俘人數約有 62 萬，聯合國軍有 15 萬。儘管朝鮮方面沒有正式發佈相關統計，但是據說朝鮮方面也大約有 62 萬人死傷、失蹤。據中方統計，約有 18 萬中國軍人在戰爭中陣亡。但是在這場戰爭中，朝鮮半島民眾所受的戰爭災難遠遠超過士兵。據韓國內務部 1955 年的統計稱，戰爭期間，包括陣亡、受傷、被俘、失蹤等在內的韓國民眾約 99 萬。1952 年 3 月當時的韓國總人口約兩千萬。加上朝鮮方面遇難民眾與數百萬戰爭難民的話，這一場朝鮮戰爭給民眾所帶來的災難是巨大的。戰爭在朝鮮半島南北反覆爭奪的過程中，民眾受到的迫害，是由懷疑、誣陷、報復等惡性循環所引發的。在戰場南北上下運動中，韓國和朝鮮分別懲戒了左翼與共產黨員，右派和反共人員，以及被懷疑與敵方協作的人。

　　朝鮮戰爭後，通過追究戰爭責任和肅清反對派，朝鮮金日成的一黨體制進一步得到鞏固，而韓國方面則加強了以反共為首要任務的反共體制。此外，朝鮮成為優先發展軍事的國家，韓國的軍隊也成為具有強大影響力的集團。為維持軍事力量，朝鮮半島南北政權均建立了強有力的官僚集團和權威主義政治。

但最大的變化是民族共同體意識遭到破壞，分裂意識嚴重地影響了民眾，南北分裂局面被固定化了。

朝鮮戰爭的影響並不局限於朝鮮半島。以朝鮮戰爭為契機，美國加快了對日講和步伐，兩國於1951年簽署了《對日和平條約》（《舊金山和約》）和《美日安全保障條約》，這意味着美日兩國結束敵對關係建立了同盟關係。此外，美國還實施了以軍事手段為核心的封鎖政策。美國認為即使出現一個社會主義國家，其在心理、政治、經濟方面都會給國際社會帶來重要影響，因此若不採取積極、有效的對抗措施，便會在世界範圍內產生多米諾骨牌效應，加快社會主義的蔓延。這就是所謂的「多米諾」理論。

朝鮮戰爭對日本重建起到了重要作用。在朝鮮戰爭持續的三年時間，日本先後通過生產供應各類戰爭軍需裝備、兵器修理等，享受到了戰爭特需的好處。日本財界稱其為「天佑神助」，即通過成為美國的後方軍事基地，日本經濟得以快速復甦。戰爭也成為日本加大反共力度的重要契機。朝鮮戰爭前後，麥克阿瑟向言論機構發佈指令要求「赤色肅清（red purge）」。1950年9月，日本內閣會議通過了肅清公務員中的「赤色分子」的決議，此後將範圍進一步擴大到了企業。另外，戰爭爆發後，迅速創立警察預備部隊和海上增援保安廳，成為日本重新武裝的出發點。戰爭使日本在美國的影響力下徹底走向反共和資本主義的道路。

中國由於參加朝鮮戰爭而在冷戰中位置凸顯。美國加強對台灣的經濟、軍事援助，使圍繞台灣海峽的軍事緊張日常化。雖然在抗美援朝期間，中國的人力物力損失慘重，但是政治效果卻不同凡響。在廣泛開展抗美援朝運動的基礎上，中國加快發展國民經濟。此外，為抵禦美國長期的軍事威脅以及強化國防建設，中國着力發展國家重工業。通過抗美援朝運動，中國在全社會範圍內大大提高了政治凝聚力，同時以挑戰世界軍事大國美國這一事實而大大提升了中國在亞洲地區的政治影響。

　　朝鮮戰爭這一「熱戰」是使冷戰在全世界範圍內不斷擴大和深化的重要契機。尤其通過戰爭這一正面對抗，兩大陣營更加清楚地認識到軍事部門的重要性，導致兩大陣營深化意識形態對決並強化軍備建設。此外，朝鮮戰爭建立了新的東亞地區秩序。1951年，美國與日本簽署《美日安全保障條約》，還於1953年和1954年先後與韓國、台灣簽署《共同防禦條約》。至此，美國與這些國家和地區建立了以美國為核心的雙邊反共同盟。相比之下，蘇聯因在朝鮮戰爭中沒有表現其戰爭意願和戰鬥力，主導權被減弱，而朝中兩國同盟關係得到了強化。

對朝鮮戰爭的不同解讀

　　20世紀發生的朝鮮戰爭無疑是一件影響朝鮮半島乃至世界的重大歷史事件。從很早起，在世界範圍內就有很多學者關注這一場戰爭，不斷圍繞着戰爭原因、過程及結果等多種主題開展研究。但是即便是這樣，這場戰爭仍有很多疑問。同時，對可能不利於本國以及內容可能引發糾紛的相關資料，戰爭有關國家的政府一直拒絕公開。飽受戰爭痛苦的朝鮮、韓國民眾，以及參戰國士兵們心中的創傷至今沒有治癒。朝鮮半島曾為戰爭現場，至今仍處於休戰狀態，南北軍事力量在對峙過程中沒能建立起和平體制。不論在學術方面，還是在民眾的心裡，包括在當今政治中，朝鮮戰爭仍是一場還沒有終結的戰爭。

　　冷戰期間，朝鮮戰爭的議題主要圍繞發動戰爭的責任展開。朝鮮進攻南部和韓國進攻北部的侵南、侵北主張一直處於對峙狀態。直至蘇聯解體，其外交文書公開於世，由朝鮮進攻南部的真相才得以公開。即金日成政府積極準備開戰，蘇聯也默許了朝鮮的這一舉措。但事實即便是這樣，也並不意味着有關戰爭責任問題的糾紛就此終結。至少這場戰爭是否由美國誘導朝鮮進攻南部的問題，目前仍存在分歧。此外，若斯大林默許這場戰爭，其目的何在？再則，中國政府當時對這一戰爭又抱有什麼樣的態度，這些問題都有待進一步研究。人們糾結在戰爭責任問題，卻沒有治癒戰爭遺留的創傷，相反，通過戰爭記憶深化了兩大陣營的相互對峙。

　　此後，人們研究這一戰爭爆發的起源問題，使得之前集中研究這一戰爭責任問題的研究氛圍發生重大轉變。強調戰爭起源的學者主張：由

誰在 1950 年 6 月 25 日引發戰爭，這個問題並不重要。因為戰前，朝鮮半島就已經處於內戰隨時可能發生的狀態，而追究朝鮮半島上的對立局面為什麼會那樣深刻，比起追究戰爭責任問題更為重要。他們主張，在日本的殖民地統治時期，朝鮮半島社會已在階級、意識形態等方面出現分裂；同時，朝鮮半島解放後，主導分割和佔領朝鮮半島的美國拒絕朝鮮半島進行社會改革的要求，使得左右翼勢力的對立形成，由此深化了矛盾，並最終建立相互敵對的兩個獨立政權。由於上述主張只涉及對朝鮮半島實施分割佔領的美蘇兩國中的美國的介入，所以也有人認為沒有涉及蘇聯的責任而有失公平。

繼戰爭起源論的研究外，研究較為集中的領域應屬戰爭影響論。以朝鮮戰爭為契機，南北兩個獨立政權都致力於鞏固發展自身體制。這一過程中，朝鮮方面基本上消除了反政府勢力，代表這種勢力的人或在戰爭中被鎮壓或越境。朝鮮政府利用反對美帝國主義動員和團結人民群眾，還在蘇聯及中國、東歐國家援助下，迅速推進其社會主義建設。此外，戰時動員體制經驗對朝鮮社會主義建設也起到了積極作用。戰後，韓國也消除了反對體制的抵抗勢力，以反共動員團結群眾，並在美國援助下，為發展資本主義體制奠定了基礎。朝鮮半島南北兩大政權片面強調反共和反美，抑制了民主主義和其他選擇。此外，戰爭前後時期，韓國進行了土地改革，加上戰爭又使得人口迅速流動，消除了社會階層等級差異，由此也完成了向近代社會經濟發展的革命性蛻變。

此外，在國際方面，值得關注的是：在朝鮮戰爭爆發前，東西兩大陣營間進行政治對決，各國加大軍事儲備力度，軍事同盟間對立強化的冷戰格局已經形成了，朝鮮戰爭爆發更是深化了冷戰格局，但是另一方

面卻在國際範圍內普遍達成了避免將地區戰爭擴大為世界大戰的一種共識，也由此在冷戰格局中意外收穫了維持長期穩定態勢和局面的結果。為抵制美蘇兩大國展開的爭奪霸權之戰，20世紀中期後，在世界範圍內的反戰和平運動不斷，其中第三世界崛起，也是這場戰爭所未能預料到的結果。朝鮮戰爭帶給東北亞的影響方面，具體包括：日本重新回到國際舞台和通過戰爭契機發展經濟，中美兩國關係全面對立及中國失去了統一台灣的機會等。

　　繼朝鮮戰爭爆發、起源、影響等宏觀方面的研究之後，目前有關朝鮮戰爭的研究，開始向研究普通民眾的戰爭經驗等微觀方面發展。戰爭的最大受害者並非政界人士和士兵，而是民眾。總結民眾戰爭經驗並治癒其傷痛，也是自下而上建立和平之基礎的過程。

第四節　冷戰深化及反戰不結盟之路

《舊金山和約》的簽署與日本「55 年體制」形成

　　1951 年 9 月，同盟國與戰敗國日本在美國舊金山簽署了《舊金山和約》，至此二戰宣告結束。條約內容受 1949 年中華人民共和國新政府成立及朝鮮戰爭爆發等東亞地區變革的影響很大。美國沒有嚴格追究日本的戰爭責任，反而為了將其作為反共夥伴而實施扶持日本政治、軍事、經濟的振興政策。在受邀出席舊金山和會的 55 個國家中，印度、南斯拉夫、緬甸等三國因批評對日本的賠償無具體要求和反對外國軍隊駐紮日本而沒有出席會議；蘇聯、波蘭、捷克斯洛伐克三個與會國反對美國主導的強化日本的做法而沒有在和約上署名。實際上最大的受害國中國、韓國／朝鮮卻沒有接到邀請。美國和英國協商決定既不邀請中華人民共和國，也不邀請在台灣的「中華民國」出席會議。美國從自身的威信及遠東的安定考慮主張邀請韓國，但因英國與日本反對而撤回了邀請。英國認為韓國既沒有對日宣戰，也不具備對日交戰國的同盟國資格。日本認為韓國不是交戰國，若在日朝鮮人獲取同盟國民的地位和權利，將引起社會混亂，於是極力反對韓國參與。結果，中國和韓國／朝鮮作為飽受日本帝國主義侵略的最大受害國，最終被會議排除在外，會議遺留了追究日本對亞洲國家的戰爭責任問題，因此《對日和平條約》與「和平條約」目標相差甚遠。而對日本來說，《舊金山和約》則是極其寬容的和平、和解條約。

　　1952 年 4 月，《舊金山和約》正式生效，日本由此重新獲得主權國家身份。在簽署媾和條約前，日本國內圍繞如何媾和及日本恢復主權後的防衛這兩個核心問題，展開了激烈討論。右派主張為了盡快使日本獨立，應單獨先與西方陣營簽署媾和條約；左派則主張日本作為非武裝和平國家，為保證日本安全，應

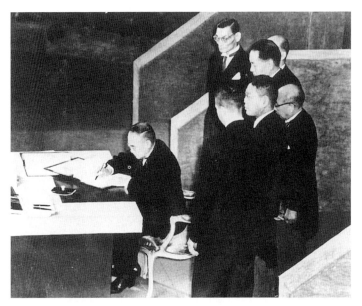

《舊金山和約》簽署儀式上，日本特命全權大使吉田在條約上署名

與包括蘇聯和中國在內的所有交戰國全面簽署和平條約。但《舊金山和約》最終以單獨媾和形式簽署。此外，關於日本防衛問題，針對左派主張的非武裝中立，右派則主張通過自主制定的憲法和重建武裝，或通過美日同盟確保安全。最終《美日安全保障條約》按右派的主張簽署。在有關媾和的爭論中爆發的朝鮮戰爭成為右派勢力最終獲勝的契機。

通過與美國建立同盟關係，日本安保問題獲得保障，但是其內部保守派和革新派間矛盾日益突出。保守政黨要求修改憲法第九條，組建軍隊，革新的社會黨則堅決反對重建武裝，此外有 25% 至 30% 的國民輿論也反對重建武裝。1955 年秋，社會黨計劃進行改革重組。社會黨的加快發展和合併計劃成為促使保守的民主黨與自由黨合併的重要契機。特別是計劃通過戰後重建實現經濟高

速發展目標的財界對社會黨的迅速發展和合併倍感危機，強烈要求保守政黨進行合併。1955 年 11 月，自由黨和民主黨最終合併，成立了自由民主黨（自民黨）。自民黨成立後，制定了自由修訂現行憲法，在集團安全保障制度下擴充自衛軍費，建立勞資協調體制等綱領。通過保守政黨的合併，構建了以保守政黨為主導的穩固的支配體制，自民黨制度化以及長期推進增長型經濟政策等均得以推進。同年 10 月，自民黨創建前夕，社會黨左右兩派召開重組會議，完成了社會黨統一。至此，日本國內建立了以自民黨和社會黨為基軸，分別代表保守與革新的「55 年體制」。

中國提倡的「和平共處」外交政策

朝鮮戰爭後，中國同很多亞非國家積極開展「和平共處」外交。這時，亞洲地區的冷戰格局已經形成，儘管一直存在危險因素，但同時也構建了維持現狀的基本格局。中國的「和平共處」外交路線為的是給國內建設提供和平的國際環境。根據 1954 年的《日內瓦協定》實現了印度支那地區的停戰，與印度協商「和平共處五項原則」，都是基於上述目標。1954 年，中國和印度協商，同意基於互相尊重領土完整和主權獨立、互不侵犯、互不干涉內政、平等互惠、和平共處的原則，協商解決兩國懸案，這就是「和平共處五項原則」。中印解決兩國懸案的原則，也是在主張不參與任何支持冷戰體制條約和同盟的「不結盟」思潮擴散的歷史背景下完成的。為促進與第三世界開展合作，中國主張需要超越第三世界國家間不同社會理念和體制而和平共存。

但此時圍繞中國的國際關係卻緊張起來。中國對赫魯曉夫提出的「和平共處」路線的主張持批判立場，認為蘇聯強調與美國和平共處是修正主義的傾向，所以發生了波蘭和匈牙利那樣的事件，導致社會主義力量削弱。中蘇關係因 1959 年蘇聯中止向中國提供核技術的協議而出現嚴重裂痕。此外，1958 年

中國大躍進運動宣傳畫

中國炮擊金門島和馬祖島，美國派第七艦隊進行威脅，局勢也一度十分緊張。

　　1958年5月，中國共產黨召開第八屆全國代表大會第二次會議，制定了「社會主義建設總路線」。中國開始建設社會主義，以「大躍進」運動為序幕。所謂「大躍進」是制定生產飛速發展的目標，通過集約型勞動方式即「大兵團作戰」，使工農業同時產生歷史性的飛躍發展。但是，在物質和制度等條件尚不具備的情況下展開「大躍進」運動，又遇上全國性的自然災害，並未取得「躍進」式的成果。

戰後重建與鞏固政權的韓國和朝鮮

　　朝鮮戰爭後，韓國和朝鮮迅速開展戰後重建。韓國在美國支援下開始重建經濟，但是圍繞經濟政策方向，韓美間發生意見分歧。美國欲通過提供生活消費品以穩定韓國經濟，而韓國主張將援助資金投入到基礎設施建設和生產資料產業中。特別是美國從日本購買援助物資提供給韓國的方式一直持續到朝鮮戰爭後，這種扶持日本恢復經濟，重建以日本為中心的戰後東亞秩序的意圖遭到韓國抵制。在韓日過去的歷史問題尚未清算的情況下，急需恢復和重建的韓國很難接受仍然輔助日本經濟的現實。於是，這一時期韓國的反日情緒是包含在樹立韓國在東亞的政治、經濟地位的問題之中。為建設自主的經濟結構，韓國制定了從 20 世紀中後期起實施經濟發展的計劃。而在計劃實施中的國際因素是：應提供大規模經濟援助的美國有經濟困難，蘇聯經濟復甦並通過援助第三世界擴大其國際影響。此外，朝鮮的經濟復蘇對韓國經濟發展也有刺激。美國改變經濟援助政策，用借款替代之前的經濟援助，認為支援韓國建設自主經濟就是確保同盟國政治經濟穩定的有效渠道。

　　這一時期韓國總統李承晚不斷強化其權力基礎並企圖通過修改憲法延長其任職期限，由此引發國內政治衝突與矛盾。他不顧韓國在野黨和美國的反對，通過了規定總統直選制度的憲法修改案，並於 1954 年再一次通過了廢除總統連任限制的修改憲法案，打開了李承晚長期執政之路。這一行為嚴重損害了政權的正當性，同時也背離了民心。

　　朝鮮也致力於戰後的重建和政權鞏固。為盡快恢復經濟和建立自主經濟基礎，朝鮮制定了優先發展重工業、同時發展輕工業和農業的經濟發展戰略。到了 1956 年，朝鮮經濟已經恢復到戰前水平。為了在東亞地區確保影響力，蘇聯對朝鮮提供了經濟援助，同時東歐社會主義國家也向朝鮮提供了原材料和援助設備，這些均是朝鮮經濟復甦的重要原動力。但是，儘管經濟實現了增長，

生活資料的分配和生活水平卻沒有大的改善。政治方面，受到蘇聯展開的反斯大林運動影響，1956 年 8 月，朝鮮在「反宗派鬥爭」中，徹底「清洗」了主張集體領導體制的勢力以金日成為中心實現了權力一元化。此外，朝鮮在對待中國和蘇聯問題上保持了中立。之所以能夠採取這一態度，是因為這一時期中蘇矛盾尚未尖銳，且中蘇兩國也沒有強求朝鮮做出明確表態。

提倡不結盟中立路線的「第三世界」登上國際舞台

二戰結束後，亞洲和非洲地區建立了一批新興國家。這些亞非國家因長期飽受殖民壓迫，所以民族主義情緒高漲，對實施殖民統治的帝國主義國家和資本主義列強抱有強烈不滿。在美蘇冷戰格局中，他們並沒有選擇「一邊倒」，而是開始探索新的發展道路。

1955 年 4 月 18 日，二十三個亞洲國家和六個非洲國家齊集印度尼西亞的萬隆，召開了亞非（AA）會議。會議旨在加強亞非各國間聯繫，強調冷戰格局中的中立和早日結束殖民時代。會議以召開地命名，稱為「萬隆」會議，它標誌着「第三世界」以新的組織力量在國際舞台上亮相。

出席萬隆會議的二十九個國家代表十四億世界人口，這一數字接近當時世界人口一半。但是作為亞非國家中的韓國和朝鮮、南非共和國和以色列以及台灣地區沒有受到邀請，這是因為上述國家和地區或倒向另一邊，或存在種族歧視的原因。

在萬隆會議上，各與會國試圖合作尋找保障國家獨立和克服經濟困難的方案。為此，會議最終通過了不倒向美國或蘇聯一邊，也不隸屬於任何一方的積極中立主義的決議案。會議還發表了「維護世界和平和加強國際合作」宣言，即《萬隆會議十項原則》，這一原則主要包括尊重基本人權和尊重《聯合國憲章》，尊重所有國家主權和領土完整，不干涉他國內政等內容。此外，會議還

萬隆會議

簽署了貿易、援助及文化合作的相關協議。與會國的這種中立主義，並非是逃避或無視冷戰現實，而是為了國家利益和維護世界和平，在必要時可採取積極「自律」的行動，即或可向一個陣營或兩個陣營施加壓力，或與之暫時協調。

　　萬隆會議是人類歷史上首次由亞非國家間自發聯合舉行的會議。基於中立的合作精神是萬隆會議最重要的精神，因此被後人高度評價。此前在國際政治事務中經常被忽視，不被看做國際社會主體的第三世界國家，現在開始參與國際政治而發出自己的聲音，甚至是不同的聲音，這說明以美蘇為兩極的國際秩

序開始出現新的變化。

東亞地區的和平反戰運動與維護人權活動

第三世界國家登上國際舞台，使冷戰體制有了改變的可能，提高了人們對亞洲反戰和平運動及和平共處、人權問題的關注。1956 年韓國進步黨正式創建，他們主張在民族自主基礎上實現和平統一，防止再度上演朝鮮戰爭式的同族相殘的悲劇。為迎合和平共處的世界發展趨勢，超越資本主義和社會主義的缺陷，進步黨提出走計劃經濟和市場經濟共存的社會民主主義的方案，即第三條道路。進步黨的和平統一論被後人認為是基於萬隆會議的不結盟運動的時代精神基礎，追求韓國和平建設的可能性。

而日本在經歷關於媾和的爭論後，民眾對和平運動的關注提高。1949 年，日本知識分子發表全面媾和、中立、非武裝等主張的和平聲明，在社會上引起了強烈反響，開和平運動之先河。1950 年 3 月，嚴禁使用核武器的《斯德哥爾摩宣言》（*Stockholm Appeal*）」發佈後，日本立即有 645 萬人署名支持這一宣言。當時全世界有五億人在宣言上署名。

日本維護和平及民主主義的民眾運動，通過「禁止原子彈氫彈運動」、反對美軍基地運動及反對核試驗基地運動等表現出來。1954 年 3 月 1 日，美國在太平洋馬歇爾群島的比基尼礁試驗氫彈，結果使在警戒線之外捕魚的日本船員受到大量輻射。以此為契機引發了禁止原子彈氫彈的大規模運動。這場運動超越了保守與進步的界限，有 3200 萬日本人署名支持。

20 世紀 50 年代，隨着冷戰深化，人們對和平共處認識的普遍提高還體現在對「人權」的關注和相關的運動。典型的如日本有反對法院判決及部落解放運動，在日朝鮮人要求回歸朝鮮等。

1949 年 8 月，日本發生了列車顛覆事件，涉嫌被捕的共產黨人在 1950 年

12 月的法院一審判決中被判全部有罪並處以死刑，但許多人認為在客觀物證不足的情況下法院判決是牽強的，從而對這一判決提出異議和批判，並發展成維護無辜被告者人權的運動。1963 年 9 月，最高法院改判涉案人員全部無罪釋放。

此外，日本在取消了賤民身份的制度後，部落民仍然存在社會性的差別。因此維護部落民人權的部落解放運動自 1951 年起重新展開，部落解放運動要求改善生活環境和反對引發社會歧視的行政措施。

1959 年 12 月至 1984 年，約有 93000 名在日朝鮮人回到朝鮮，這一數量相當於當時在日僑胞總數的六分之一。美國、蘇聯、韓國和朝鮮，日本政府和紅十字會，國際紅十字會也參與了此次活動。之所以有這樣的舉動，是因為戰後留在日本的朝鮮人在《舊金山和約》生效後被剝奪了日本國籍，處於無國籍的狀態。除了得到基本的生活保障之外，他們不能享有其他的政治和經濟權利。加上冷戰的擴大和朝鮮半島的分裂，更是沒有給在日朝僑任何選擇機會。而此時朝鮮為恢復戰後經濟和建設社會主義國家，以及強化體制，將在日朝鮮人作為「海外公民」，獎勵這些人回歸。日本政府和紅十字會則打出居住選擇自由的人道主義旗幟，宣傳和推進在日朝鮮人的歸還工作，其實是試圖將這些人「驅逐」出日本而逃避日本應承擔的歷史責任。國際紅十字會應日本之邀介入這一工作，雖然出於人道精神支持在日朝鮮人歸還朝鮮，但是回避了日本政府對在日朝鮮人的歧視政策及政治性意圖。韓國批評將在日朝鮮人送回朝鮮是強化社會主義陣營的行為，但韓國在解放後對在日朝鮮人的政策也幾乎是「放棄」。由於日本與朝鮮歷史上的問題，加上朝鮮半島分化為南北兩個政權及冷戰的深化，在日朝鮮人不得不過着忐忑不安的生活，所以才發生了那麼多的在日朝鮮人從資本主義陣營大規模轉移到社會主義陣營的事件。這件事表面上是在人道主義的旗幟下，但事實上是在日朝鮮人的「人權」被忽視了。

第七章

冷戰體制在東亞的演變

本章大事年表

1956 年	赫魯曉夫發表批判斯大林演說（蘇聯共產黨第二十次代表大會）
1960 年	韓國四月革命　《日美安保條約》修改與反對安保條約鬥爭　南越民族解放陣線成立
1961 年	朴正熙發動五一六軍事政變
1962 年	古巴導彈危機發生
1963 年	中蘇對立激化　美、英、蘇部分停止核試驗條約
1964 年	東京舉辦奧運會　中國原子彈爆炸試驗成功（1967 年氫彈試驗成功）
1965 年	美國開始轟炸北越　《日韓基本條約》締結
1966 年	中國「文化大革命」開始
1967 年	東南亞國家聯盟（ASEAN）成立
1968 年	朝鮮特殊部隊襲擊青瓦台（一二一事件）　朝鮮捕獲美國情報偵察船普韋布洛號
1969 年	尼克松總統發表「尼克松主義」（1970 年向世界公佈）
1971 年	沖繩歸還協定　恢復中華人民共和國在聯合國合法席位
1972 年	美國總統尼克松訪華　韓國、朝鮮發表《南北共同聲明》　中日邦交正常化　朴正熙宣佈十月維新憲法　朝鮮金日成主席宣佈社會主義憲法
1973 年	美國、南越、北越、南越臨時革命政府簽署《越南和平協定》　第一次石油危機
1976 年	《東南亞友好合作條約》（TAC）　越南社會主義共和國成立
1978 年	《中日和平友好條約》締結　中美建交　中國共產黨十一屆三中全會決定實現「四個現代化」的「改革開放」政策　第二次石油危機
1980 年	韓國光州民主化運動
1987 年	韓國 6 月民主抗爭
1988 年	漢城舉辦奧運會

東亞的冷戰結構與歐洲的表現不同。歐洲的冷戰主要表現為美國和蘇聯分別以其力量優勢，基於同盟國為基礎建立起來的霸權秩序，從而形成兩極對立的結構。美國主導的北大西洋公約組織（NATO）與蘇聯主導的華沙條約組織（WTO）被視作冷戰時期東西兩大軍事陣營對立結構的典型代表。隨着這一「安全保障圈」的確立，歐洲形勢相對穩定，在冷戰的 40 年間，歐洲沒有發生過大國之間的戰爭和衝突。

而在東亞地區，發生了因東西對立而引起的實際戰爭，即被稱作「熱戰」的朝鮮戰爭和越南戰爭。自朝鮮戰爭後，中美對立成為東亞冷戰結構的基軸。但是，隨着美蘇緊張關係趨於緩和，中蘇之間的對立逐步加強，甚至發展成為中蘇邊境紛爭，中國主張「蘇聯主敵論」，從而引起東亞冷戰結構的調整。美國為擺脫越南戰爭中的僵局，嘗試與中國接近，導致東亞的冷戰結構出現實際變化。

本章在關注這一時代活躍的東亞民眾運動的同時，分析比較東亞冷戰體制與歐洲的不同，以及它比歐洲發展變化更快的經過。

第一節　中蘇對立的激化與東亞冷戰的變化

中蘇從爭議到對立

蘇聯共產黨領袖斯大林去世後，赫魯曉夫就任蘇共第一書記。1956 年 2 月，他在蘇聯共產黨第二十次代表大會上發表演說，首次對斯大林進行批判 ❶。赫魯曉夫批判了斯大林在蘇共黨內進行大清洗和搞個人崇拜的錯誤，還提出了社會體制不同的國家之間有可能，也有必要和平共處的主張，修正了只要帝國主義存在，戰爭就不可避免這一世界革命理論。在從資本主義過渡到社會主義的問題上，他還強調可以不採取武裝鬥爭，而通過議會鬥爭使社會主義政黨成為多數派，從而實現和平過渡。

赫魯曉夫對斯大林的批判在國際共產主義運動及各國共產黨中引起了相當大的混亂、分裂以至對立。以毛澤東為首的中國共產黨反對赫魯曉夫發動的對斯大林的批判，認為「斯大林雖然出現過重大失誤，但他仍然是偉大的馬克思、列寧主義革命家」，並批評蘇共主張與資本主義國家和平共處，以及和平過渡到社會主義的理論是背離馬克思、列寧主義的修正主義理論。蘇共對中共的批判也展開了反擊，由此拉開了圍繞革命論的「中蘇兩黨論戰」的帷幕。

1962 年 10 月發生的古巴導彈危機 ❷，使中蘇兩國在政治層面上開始對立。古巴的卡斯特羅政權因擔心美國顛覆其革命政權而計劃引進蘇聯導彈，對此，

---

❶ 1956年蘇聯共產黨第二十次代表大會召開期間，赫魯曉夫作了《關於個人崇拜及其後果》的報告，因從未公開發表，故稱「秘密報告」。

❷ 又稱加勒比海導彈危機。1962年，蘇聯準備在古巴部署導彈，美國發現後對運送導彈的船隻進行攔截，蘇聯在最後關頭撤回導彈而避免衝突。這一場極其嚴重的政治、軍事危機，被看作是冷戰的頂峰和轉折點，人類從未如此近地站在一場核戰爭的邊緣。

美國總統肯尼迪命令裝備有核武器的陸海空軍進入備戰狀態，要求蘇聯撤去導彈，並警告如果蘇聯對美國使用導彈，美國將立即對蘇聯實行全面報復。如果蘇聯不予以回應，美蘇之間的核戰爭將有一觸即發之勢。

美蘇首腦為避免兩國核軍事衝突的危險，開始尋求和平共處而相互接近。此時，相當於投擲在廣島、長崎的原子彈近千倍破壞力的氫彈已發明，基於對一旦爆發核戰爭，美國和蘇聯將「共同毀滅」的擔心，美、英、蘇三國於 1963 年 8 月締結了《禁止在大氣層、外層空間和水下進行核武器試驗條約》（簡稱《部分禁止核試驗條約》）。但是中國和法國認為該條約旨在永久維持美、英、蘇的核武器壟斷而表示反對，並分別加速了核武器開發。

1964 年 10 月，中國在新疆成功引爆原子彈，1967 年 6 月氫彈試驗成功，從此進入核武器擁有國的行列。中國認為《部分禁止核試驗條約》旨在加強美、蘇、英三國的核壟斷而加以反對，聲明「中國進行必要而有限制的核試驗，發展核武器，完全是為了防禦，其最終目的就是為了消滅核武器」。「在任何時候，任何情況下，中國都不會首先使用核武器」。

中國與蘇聯從最初的意識形態領域的分歧演變為政治對立。隨後，國際共產主義運動中形成了支持蘇聯共產黨和平共處理論的蘇聯派，和支持毛澤東與中國共產黨的世界革命理論的中國（毛澤東）派之間深刻的對立與分裂。

圍繞對 1963 年美、英、蘇三國簽署的《部分禁止核試驗條約》的評價，日本反核和平運動內部也出現分歧。即肯定該條約是邁出削減核武器的第一步，還是否定這一條約是三國為防止發展中國家進行核試驗進而壟斷核武器。蘇聯是條約簽訂方之一，而中國反對該條約，因此對該條約的評價關係到必須面對在對立的中蘇兩國中選擇哪一方的問題。同年 8 月在廣島召開的「第9 屆禁止原子彈氫彈世界大會」上，以中蘇代表的對立為背景，支持締結條約的日本社會黨「總評」（日本工會總評議會）系和持批判態度的日本共產黨系產生對立，前者抵制大會並退出「禁止原子彈氫彈日本協議會」（原水

協 ❶），成立了「禁止原子彈氫彈日本國民會議」（原水禁）。這樣，日本的反核和平運動分裂了。

　　1955 年召開的第一屆亞非（AA）會議（即萬隆會議），向世界宣佈第三世界登上政治舞台。十年後的 1965 年，在阿爾及利亞召開了第二屆亞非會議。中國以蘇聯採取與美國和平共處路線為由，反對蘇聯參加會議，周恩來表示，如果不明確支持越南人民的反美鬥爭，便「沒有召開的意義」。中國外長陳毅也提出召開第二屆亞非會議的三個前提條件：一、公開批評美國；二、不要聯合國介入；三、抵制蘇聯參與亞非國家事，明確聲明：如果做不到上述三個前提條件，會議應延期舉行。但主辦國阿爾及利亞表示：即使有一部分國家反對也要召開。因此，中國拒絕出席。隨後，北越、朝鮮、柬埔寨、巴基斯坦等國紛紛支持中國立場，亞非國家首腦會議被迫決定無限期延期。此前 1962 年，中國和印度兩國因西藏問題發生邊境衝突，因此，被視為合作與團結的萬隆會議精神也隨之淡出歷史舞台。

中國的「文化大革命」

　　1958 年，毛澤東因錯誤判斷形勢，在中國強行實施「大躍進」和「人民公社」政策，再加上自 1959 年開始歷時三年的自然災害，全中國遭遇了嚴重的糧食危機，因饑荒出現了餓死人的現象。1959 年，毛澤東辭去國家主席，由劉少奇繼任。劉少奇和鄧小平等人開始着手調整社會主義經濟，承認個體生產與自由市場等，1965 年中國經濟開始復甦。但是，位居中國共產黨主席的毛澤東認為劉少奇等「當權派」是修正主義者，是「資產階級司令部」。

---

❶　日語中，氫元素被稱為「水素」，氫彈被稱為「水爆彈」。所以「禁止原子彈氫彈日本協會」被簡稱為「原水協」。

毛澤東批判蘇聯是背離馬克思列寧主義世界革命理論的「現代修正主義」，把蘇聯定位為「帝國主義」，宣佈「為防止中國變質成第二個蘇聯」而要打倒國內的「修正主義者」。國內的「修正主義者」，是指以當時國家主席劉少奇為首，包括鄧小平等當時領導中國政府和共產黨的幹部們，他們被稱為「當權派」。毛澤東認為，蘇聯是危害國家安全的外部因素，而更可怕的是與蘇聯勾結的內部敵人，即修正主義分子們對革命政權的顛覆。於是毛澤東決定，在與社會主義的敵人美國對決之前，先要排除國內外的修正主義分子。於1966 年在中國發動了「無產階級文化大革命」。

「文化大革命」期間，林彪集團和「四人幫」（毛澤東的夫人江青及張春橋、姚文元、王洪文）為實現個人野心，利用毛澤東的威信，激烈地批判當時

「文化大革命」時期天安門廣場的集會

「文化大革命」期間，毛澤東在天安門城樓上檢閱紅衛兵

共產黨各級組織和政府幹部為「走資本主義道路的反革命修正主義分子」，
煽動對革命無知的年輕一代組織紅衛兵運動，在全國開展「革命派」向「當權
派」、「走資派」（走資本主義道路的一派）「奪權」（爭奪權力）的鬥爭。
國家主席劉少奇在受到紅衛兵傳喚和集體批鬥等迫害後，於 1968 年 11 月召開
的中共八屆十二中全會上被冠以「叛徒、內奸、工賊」的罪名永遠開除黨籍和
一切職務。第二年，他在開封獄中含冤去世。

　　現在，中國將「文化大革命」概括為「十年動亂」，從 1966 年起的十年間，
全中國上演着無數混亂的悲劇。1981 年 6 月，中國共產黨第十一屆六中全會通
過了《關於建國以來黨的若干歷史問題的決議》，其中明確指出：「文化大革
命是一場由領導者錯誤發動，被反革命集團利用，給黨、國家和各族人民帶來

嚴重災難的內亂。」從而徹底否定了「文化大革命」。「文化大革命」打倒的走資派，是黨和國家的領導幹部，是社會主義事業的核心力量，毛澤東「對當時我國階級形勢以及黨和國家政治狀況的估計，是完全錯誤的」。斷定「文化大革命不是也不可能是任何意義上的革命或社會進步」。

「歷史決議」是在「文化大革命」結束不久，以鄧小平為首的改革派領導下，同僵化、堅持毛澤東時代政策的保守派鬥爭勝利的結果，是中國共產黨徹底否定「文革」，對發動「文革」的毛澤東作出的歷史性評價。它是中共為克服「文革」所造成的政治、思想混亂所取得的巨大成果。

「蘇聯主敵論」立場上的中國

由於赫魯曉夫在處理古巴危機問題上受到國內外的非議，再加上蘇聯內政的不景氣，被迫於 1964 年 10 月下台，由勃列日涅夫取代其成為蘇聯共產黨第一書記，總理為柯西金。1968 年，以捷克斯洛伐克共產黨第一書記杜布切克為首的改革派提出「具有人性面孔的社會主義」的口號，推動言論、出版、新聞自由等一系列「自由化」政策。這項改革運動與每年在首都舉行的音樂節一起被譽為「布拉格之春」。對此，蘇聯召集東歐四國的軍隊入侵捷克斯洛伐克，進行武力干涉，摧毀了「布拉格之春」。當時勃列日涅夫發表了著名的「勃列日涅夫學說」，即「社會主義大家庭的全體利益優先於各國的個別利益」，提出：如同盟國成員中有脫離蘇聯為中心的社會主義時，同盟國可行使武力干涉其內政。

此後，為防止蘇聯武力入侵中國，中國在中蘇邊境構築了地下工事以防備蘇聯的進攻。在北京、天津等樞紐城市，為防備蘇聯的核攻擊，各大學、工廠、公共建築物、車站等地紛紛挖掘了原子彈避難所和防空洞。中蘇邊境高度緊張，在數千公里長的邊境線上，蘇軍配置了 50 萬至 100 萬軍隊，中國配置

珍寶島上被中國擊毀的蘇軍坦克

了 200 萬軍隊。1968 年至 1969 年間，中蘇邊境還發生了數次武裝衝突。

毛澤東、周恩來等國家領導人的考慮是強化與蘇聯的敵對關係，在國際上孤立蘇聯，而陷入越南戰爭的僵局導致霸權地位下降的美國總統尼克松，則考慮利用中蘇之間的敵對狀態來打開新局面。這兩種考慮重合的結果，是 1972 年中美兩國的開始接近。這給以中美對決為基軸的東亞關係造成了巨大影響。

1973 年 8 月，中國共產黨召開第十屆全國代表大會，周恩來在政治報告中提出要「對帝國主義可能發動的侵略戰爭，特別對蘇修社會帝國主義對我國發動突然襲擊保持高度警惕，做好一切準備」。這時，毛澤東和周恩來等中國領導人已經站在「蘇聯主敵論」的立場上。

　　這樣一來，在東亞原本同為社會主義陣營的中蘇兩國，因關係惡化而相互敵對，從而造成中美兩國開始接近，導致東亞地區的冷戰結構發生變化。

朝鮮的獨立路線

　　不斷激化的中蘇對立，給朝鮮民主主義人民共和國帶來了深刻的影響。朝鮮既要與美韓直接對峙，也要抵抗來自日本的威脅，更離不開中蘇等社會主義陣營的援助。因此，朝鮮不斷強調社會主義陣營的團結，同時開始尋求不依靠中蘇任何一方的獨立自主的路線。

　　古巴危機後，蘇聯屈服於美國的壓力而拒絕了朝鮮的軍事援助要求，朝鮮只能獨自克服經濟困難加強國防建設，並批評蘇聯的和平共處路線是迎合帝國主義的修正主義，而為實現對韓國的革命，必須對修正主義予以批判。

　　為了鞏固與中國的關係，1963 年，中朝兩國代表團互訪，再次強調兩國牢不可破的友誼。然而 1964 年赫魯曉夫下台後，迫切需要蘇聯經濟援助的朝鮮又試圖與勃列日涅夫、柯西金等新領導層恢復關係。但中國對蘇聯的新領導層仍持批判態度，視其為「沒有赫魯曉夫的赫魯曉夫路線」，堅持與蘇聯對立，從而引起中朝兩國之間的矛盾。為了對外開展自主外交、對內建設自立、民族的社會主義經濟，朝鮮逐漸形成一套新的思想體系：主體思想。金日成主張朝鮮勞動黨必須堅持：「思想上的主體」、「政治上的自主」、「經濟上的自立」和「國防上的自衛」的立場。此後，朝鮮以這一主體思想為基礎，對外強調實行適用於朝鮮的獨立路線。朝鮮更加關注與中蘇兩國之外的第三世界國家之間的不結盟外交，試圖與亞洲、非洲、拉丁美洲等不結盟國家聯合，加強反美反帝國主義戰線。

　　另一方面，為了對抗韓國，避免在國際上的孤立，朝鮮從 1960 年代後半期起致力於同新的國家建立邦交和加入國際機構。到 1970 年，除同原有社會

主義國家建交外，還與二十五個亞洲、非洲的新生獨立國建立了總領事關係，與包括法國等六個資本主義國家在內的八十餘國建立了貿易和通商關係，加入了 106 個國際機構。

　　對此，韓國朴正熙政權從 1960 年代後半期起積極開展與不結盟國家的外交。1970 年代中期在聯合國等主要國際外交舞台上，韓國和朝鮮展開了激烈的外交戰。由於韓國經濟的成長，到 1970 年代後半期，韓國政府逐步佔據優勢地位。

中國「文化大革命」與東亞

【對日本的影響】

中國的「文化大革命」（以下簡稱「文革」），將毛澤東思想視為馬克思、列寧主義發展的最新階段，是現代最高思想，呼籲世界各地開展與「文革」同樣的鬥爭。對此，世界各地的華僑首先予以響應，隨後各國與毛澤東思想產生共鳴的集團紛紛成立了支持「文革」的組織，雖然規模不等，但同樣在各自國家內展開了與中國一樣的「奪權鬥爭」。

「文革」給日本帶來的衝擊影響巨大。中蘇論爭時，日本社會黨支持蘇聯，日本共產黨傾向於中國。但是對於「文革」，由於日本共產黨明確表示批評和反對的立場，中國的「文革」領導層則批評日本共產黨是與美帝國主義、蘇聯修正主義和日本反動派並列的第四個敵人，呼籲「奪權鬥爭」，並引發當時派駐中國的日本共產黨幹部和黨報《赤旗》記者受到衝擊的事件，於是，中國共產黨和日本共產黨的關係處於斷絕狀態。

由於「文革」恰好與日本學生運動的高漲期時間重合，所以部分學生運動參與者對毛澤東提出的「造反有理」產生共鳴，出現了手持《毛澤東語錄》，模仿紅衛兵的「武鬥」，他們手拿鐵棍和木棒襲擊對立的學生和反對派。這些走向暴力的學生運動，最終失去了國民的支持。

「文革」引起了日本和平運動、文化運動，以至工會組織、學生和青年運動的分裂與對立，對各個領域的運動均有深刻影響。由於「文革」的強烈影響，和平運動組織與團體、與中國關係深厚的日中友好團體和日中民間貿易組織，在圍繞支持還是反對「文革」的問題上都出現了激烈對立與分裂的局面。

【對韓國的影響】

韓國媒體在報道「文化大革命」時，無非是說這是由於毛澤東懼怕大躍進和人民公社的失敗而喪失權力，為扭轉形勢而發起的事件。《朝鮮日報》發表社論稱：「文革」是毛澤東將劉少奇作為權力鬥爭的對象，「由不諳世事的孩子們組織的紅衛兵領頭……造成腥風血雨的局勢」。還有評論指出「文革」是「急劇走入流血事態的權力鬥爭」，是「反文明、反人倫的紅衛兵運動」，是「現代版三國志」等批判性言論。還有韓國媒體預想，這是中國藉「文革」向全世界輸出進攻性的共產主義運動，由此更加提高了對中國的警惕。

韓國對「文革」的認識並非僅僅是否定性的負面認識。例如，評論家兼學者李泳禧就曾高度評價「文革」是克服西歐資本主義和蘇聯社會主義矛盾的第三次革命。他認為這場革命不是單純的制度革命，在「人類革命」這一點上是與馬克思、列寧、斯大林不同層次的根本性革命。1974 年，他出版了包含這種主張的《轉換時代的理論》一書，給韓國的知識分子和學生以很大的衝擊，成為韓國超越反共主義和冷戰思維，重新認識中國革命和社會主義革命的契機，特別是在 20 世紀 80 年代的民主運動時期，這本書被廣為閱讀。

【對朝鮮的影響】

1964 年秋，蘇聯赫魯曉夫垮台，勃列日涅夫取得政權，朝鮮立刻與蘇聯恢復了關係。但中國對朝鮮與蘇聯的接近不滿意。從 1966 年起，中國「文革」領導層與紅衛兵們開始譴責朝鮮的金日成是修正主義者，朝鮮則批評中國的「文革」領導層為教條主義者、宗派主義者。中國和朝

鮮甚至分別召回大使，關係一度惡化。紅衛兵們還對當時延邊朝鮮族自治州州長朱德海進行批鬥，認為他在劃分中朝邊境時，把長白山的天池面積多分給了朝鮮 4.5%（朝鮮實際控制面積為 54.5%），有利於朝鮮，並誣陷他藐視毛澤東，抬高金日成，最終將朱德海迫害致死。朝鮮與曾經是血盟關係的中國矛盾加劇，全社會為了對付「內外之敵」，強調以「領袖」為中心，團結一致。隨後朝鮮針對毛澤東思想，又進一步強調金日成的主體思想是朝鮮創造的自主思想。中國對毛澤東的個人崇拜越高漲，朝鮮也從正面對抗強化了對金日成的個人崇拜。朝鮮雖然對中國領導層發動的「文革」持批判態度，然而在強調獨立思想體系，加強個人崇拜這一點上，兩者反而有所相似。

第二節　《日美安保條約》的修改與《日韓基本條約》

1960 年《日美安保條約》的修改與日本的安保鬥爭

20 世紀 50 年代末，美國在亞洲採取的大規模報復和偏重於對同盟國的軍事援助、大規模強化軍備的戰略和方針開始發生變化。轉變的原因源於後來成為肯尼迪、約翰遜兩任總統特別顧問的經濟學家 W.W. 羅斯托等的建議。羅斯托的理論主張：中國和越南等雖然是社會主義國家，但經濟都是落後的，不可能援助亞洲其他國家。而如果美國向亞洲其他不發達國家投入資本使其向近代社會過渡的話，貧窮的亞洲民眾便不再支持共產主義，這樣一來游擊戰和革命鬥爭的理論就會失去社會基礎。日本被作為推行這一新路線的重要對象，於是在引進美國資金的基礎上設置了生產性本部 ❶，並引進世界銀行貸款等，為日本的高速經濟增長打下基礎。另一方面，美國警惕戰後已在日本國民中生根發芽的和平主義、非武裝中立主義意識轉變為反美意識，避開正面處理增加日本防衛能力和修改憲法等問題，試圖將《日美安保條約》內容改為可自由使用日本的基地。為了減輕軍事負擔，美國一方面將設在日本國內超過七百處的軍事基地縮減到原有的四分之一，同時試圖將美軍控制下的沖繩基地擴大兩倍。

1958 年 10 月，日美進行了第一次修改安保條約的交涉 ❷，交涉按照美方提

---

❶ 1955年設置在經濟產業省中的財團法人機構，其任務為對經濟政策、社會政策、福祉政策等各課題及有關生產效率等諸方面問題進行調查研究，搜集信息情報，以促進經濟發展及生產率的提高為目標。現這一機構為公益財團法人。

❷ 日本與美國在1951年簽訂的安保條約，規定日本有義務向美軍提供基地，十年後進行修訂。所以從1958年開始，日美開始就修訂問題進行討論，從而引發了日本歷史上聲勢浩大的反對修訂《日美安保條約》的群眾運動。但1960年1月19日，日美兩國在華盛頓修訂了《日美安保條約》，增加了美國有義務保衛日本的內容，條約迄今有效。

出的草案進行。1960 年 1 月，改定後的新安保條約由訪美的岸信介首相和艾森豪威爾總統簽署。簽署舊安保條約時，由於日本尚未重新武裝，日本作為美國軍事基地這一從屬性的義務很強。但是，新安保條約簽署時，日本已經擁有自衛隊，因此日本和美國成為相互有義務的一種軍事同盟國。新安保條約的正式名稱為《日本國與美利堅合眾國之間相互協作及安全保障條約》。新安保條約維繫了舊安保條約中日美行政協定規定的美軍在日本的配置以及特權的延續，日本自衛隊（日本軍隊）在美國的世界戰略、亞洲戰略中的軍事地位得到強化。

《日美安保條約》的修訂違反了標榜非武裝和放棄戰爭的日本憲法，日本國民擔心日本再次踏上軍國主義道路而表示反對，為維護和平與民主主義，日本國民展開了反對安保條約的鬥爭（簡稱「安保鬥爭」）。1960 年 2 月成立的所謂「安保國會」，圍繞新安保條約批准案展開了激烈的論戰。從那時起安保鬥爭擴大到全國，日趨激化。4 月下旬至 5 月的連續數日，在國會審議期間迎來安保鬥爭的高峰，發生多次向國會請願的遊行活動。5 月 14 日由安保改定阻止國民會議（社會黨、日本勞動組合總評議會、原水爆禁止日本協議會、憲法擁護國民聯合等百餘家團體集結，共產黨以幹事團體會議的觀察員身份參加）主辦，有十萬人的請願遊行隊伍包圍了國會。

5 月 19 日，自民黨政府在眾議院安保特別委員會上強行中止質疑程序，眾議院院長清瀨一郎下令出動 500 名警察排除了持反對意見的社會黨議員而召開議會，5 月 20 日凌晨，不經討論而由自民黨單方面批准了新安保條約方案。

這一強行通過議案的動作無疑是在反對運動的火上加油，此後國會呈空轉狀態，數萬人、數十萬人的遊行隊伍連續多日包圍國會。6 月 15 日，在阻止安保條約修改的第 18 次統一行動中，全國有 580 萬人參加。東京的右翼分子闖入新劇人等的遊行隊伍中進行毆打，60 人負傷。以全學聯（全日本學生自治會總聯合）為首的遊行隊伍衝入國會，與全副武裝的警視廳機動隊發生激烈衝突，發生了東大學生樺美智子慘死的流血事件。

　　6 月 19 日零時，雖然有 33 萬人包圍國會，但新條約已經正式確立（規定眾議院批准一個月後自然承認）。23 日，首相岸信介在與美國政府秘密交換批准文件後宣佈下台，7 月 15 日岸信介內閣總辭職，1960 年的安保鬥爭終於趨於平靜。

　　日本的安保鬥爭得到來自主張不結盟的第三世界勢力的支持。中國也認為新安保條約是日美軍事同盟，會導致日本軍國主義的復活，所以以北京為首，全國各地都舉行了集會，表明了中日兩國人民在安保鬥爭中的聯合一致的態度。

　　安保鬥爭成為第二次世界大戰後日本最大規模的國民運動，在 20 世紀 60 年代高漲的反戰和平運動中起到了先驅的作用。這一運動同禁止引爆原子彈和氫彈的反核運動、反對美軍基地運動、反對實施教員工作評定運動❶、要求擁護民主等各項權利運動等匯集在一起，形成了國民運動的洪流。工會組織也將工人罷工等運動轉向政治問題。安保鬥爭作為社會黨和共產黨的統一鬥爭具有重大意義。各地紛紛成立了由革新政黨與工會、農民組織、教職工組織建立的共同鬥爭組織，地方各團體組織參加的大眾鬥爭組織、當地居民運動等，都呈現出蓬勃發展的趨勢。安保鬥爭培育了被稱為「安保一代」的青年和學生，他們積極參與和平運動與社會變革運動。

　　繼岸信介內閣之後的池田勇人內閣實施「國民收入倍增計劃」，逐漸將國民注意力從政治上轉移到經濟上。即把高度經濟增長作為國家政策來推動，使國民生活富裕，從而減少國民對政治、社會的不滿，防止類似 1960 年安保鬥爭事件的再現。美國也在翌年 4 月派遣東京出生的日本研究專家、知日派的哈

---

❶　1958年，日本教職員工會發動的反對對教師進行勤務成績評定的鬥爭。因為當時所有教師必須向校長和教育委員會報告成績，但只有部分教師能夠得到晉升。工會認為這樣的制度破壞了教職員的生活，侵犯了他們的權利，破壞了民主教育，因此加以反對。

包圍日本國會的反對《日美安保條約》
的示威活動

佛大學教授賴肖爾 [1] 作為駐日大使，試圖修復日美關係。賴肖爾積極主動接近
工會幹部、知識分子，向他們宣傳資本主義快速經濟增長下實現現代化的優越
性。自民黨和財界也開始對媒體採取新對策，為了封鎖「進步文化人士」的言
論活動和影響力，創辦了右派雜誌《諸君！》（1969 年創刊）和《正論》（1973
年創刊），動員「體制派知識分子」展開對戰後民主主義的批判。

　　在政府、財界和美國的政治、經濟、文化的攻勢下，1969 年 12 月的總選
舉中，自民黨大獲全勝，社會黨失去 50 個議席慘敗，1970 年 6 月，自民黨佐

---

❶　埃德溫・賴肖爾（Edwin Oldfather Reischauer，又譯作賴世和，1910~1990年），出生於日本，美
　　國歷史學家、外交家，1961年至1966年任美國駐日本大使，是美國公認的日本問題專家。

藤榮作（岸信介的弟弟）再次組閣，《日美安保條約》自動延長，回避了「1960
年安保鬥爭」的捲土重來。

韓國四月革命

　　1960 年 3 月在韓國舉行的正副總統選舉中，自由黨政權宣佈李承晚和李起
鵬兩名執政黨候選人以超過 80% 的高得票率獲選。但是世人皆知，這是李承
晚政權動員官方權力的不正當選舉結果。3 月 15 日在馬山，被不正當選舉激怒
的學生和市民高喊不正當選舉無效，進行了街頭遊行。警察下令強制解散，遊
行隊伍則向警察扔石頭進行抵抗。警察開槍鎮壓，導致八人死亡，並逮捕和拘
禁了遊行者。4 月 11 日，在遊行中最後失蹤的 17 歲學生遺體被發現，馬山的
市民和學生決定再度進行遊行。總統李承晚發表講話，稱馬山遊行的背後懷疑
有共產黨的介入，從而使事態進一步惡化。馬山的遊行事件從抗議不正當選舉
開始，擴大為全國性的反對李承晚政權的運動。

　　馬山再三發生大規模遊行，讓高麗大學的學生也按捺不住了。4 月 18 日，
高麗大學學生三千餘人在國會議事堂前示威後返校途中，遭到屬執政自由黨系
統的政治團體的襲擊，導致五十餘人受傷。第二天，許多憤怒的漢城大學生們
紛紛上街，超過十萬名學生和市民擠滿了漢城的光化門廣場。警察向逼近總統
府的遊行隊伍開槍，導致被稱為「流血星期二」的血腥慘案。當天遊行運動波
及全國，漢城的死者超過 100 人，全國則達到 186 人。19 日，政府在漢城、釜山、
大邱、光州、大田等地發佈戒嚴令，出動戒嚴部隊控制事態進一步發展。與警
察相比，韓國軍隊對 3 月 15 日的不正當選舉並沒有進行有組織的武裝干預，4
月 19 日之後在沒有向國民開槍的情況下維持了秩序。

　　李承晚採取了取消副總統的當選、釋放學生等緩衝政策。25 日，全國 27 所
大學的教授在漢城召開大會，與學生同調進行遊行。遊行活動擴大到社會各個階

層。由於擔心遊行激化導致韓國局勢動盪，美國也勸告李承晚下台。26日，再次發生大規模的民眾遊行，次日李承晚宣佈下台，執政12年的獨裁政權終於落幕。在韓國歷史上，這是學生和市民首次成功地推翻政權，被稱作「四月革命」。

　　四月革命不僅帶來了個人獨裁政權的沒落，還促進了各領域的民主化運動、學生運動和工人運動的成長和組織建設，成為促成統一運動和進步的社會運動的契機。四月革命後，反獨裁、民族自主、反腐敗、民主主義成為時代的價值趨向，四月革命成為推動韓國民主化運動的原點。

韓國軍事政權上台

　　隨着李承晚政權的崩潰，執政的自由黨迅速瓦解。在1960年7月的選舉中，民主黨獲勝並實施責任內閣制，開始了第二共和國時期。為了對李承晚政權的遺產進行清算，張勉內閣追究不正當選舉的責任、處罰不正當斂財者。但由於政治團體的分裂與經濟界的壓力而未能取得成果。與此同時，張勉內閣強化了與美國的同盟，在穩定體制的同時實施「經濟第一主義」政策。遺憾的是，在取得成果之前遭遇了五一六軍事政變。1961年5月16日，以陸軍少將朴正熙為首的青年將校率領3500名軍人發動政變。

　　政變的領導者以張勉內閣無能及上任後社會混亂為理由挑起事端，其實他們一直具有強烈的參政傾向，同時對在軍隊內部很難出人頭地懷有很大不滿。他們在政變成功後，標榜「反共」為其核心價值，限制革新界的活動。政變勢力通過廣播以「軍事革命委員會」的名義發佈《革命公約》，並下達戒嚴令。《革命公約》中強調反共體制的重建，並主張與美國提攜，排除腐敗與社會罪惡，確立自立經濟等。

　　軍事革命委員會掌握了立法、行政、司法三權，發佈的第一號公告的主要內容為：禁止在室外集會、不允許海外旅行、對報刊言論進行事先檢查、延長

夜間禁止通行的時間（晚上七點至凌晨五點）等。該委員會隨後立即改稱為國家再建最高會議，成為國家的最高權力機構，不久就形成了軍事獨裁政權體制。它下令通過革命裁判所和革命檢察部清洗「容共分子」，在大範圍內檢舉革新勢力的同時，強行解散四月革命後登場的各個民主主義政黨和社會團體、言論機構、勞動組合等，強化了對民主勢力的鎮壓。

由於受到美國施加的政權非軍事化的壓力，朴正熙在 1963 年的總統選舉中直接出馬，戰勝另一候選人尹普善當選為總統。通過選舉獲得合法政權後，朴正熙試圖通過發展經濟來證明其執政的正當性。當時不僅是韓國，在東亞和東南亞經歷過冷戰體制下的「熱戰」的國家和地區，都出現了以經濟開發為最高目的的獨裁政權。台灣從 1945 年開始的國民黨一黨獨裁到 1960 年代後仍在繼續；1965 年新加坡從馬來西亞聯邦獨立後，在李光耀率領下成立了人民行動黨政權；印度尼西亞在 1965 年形成了蘇哈托體制。這些開發型獨裁政權為了對抗民族紛爭和國內共產主義者的挑戰，都以接受美國的援助實行經濟增長為第一原則。

《日韓基本條約》

朴正熙通過軍事政變獲得政權後，積極尋求同日本改善關係。這也使美國再次認識到亞洲反共陣營堡壘的價值，進而對韓國持續予以援助，解決韓國嚴重的經濟困難。朴正熙為將政變合法化，需要依靠引進外資來解決經濟問題。為確保日本的資本引進，就需要同日本締結正常化邦交的《日韓基本條約》。日本的政府、財界為確保支撐高度增長的出口市場，也尋求和韓國建交。

韓國國民普遍認為改善與日本關係的前提是日本政府必須對殖民統治進行真誠的反省。然而，朴正熙政權無視國民要求，僅根據反共安保理論和經濟發展為前提，強行簽署《日韓基本條約》，結果引起全國民眾的反對運動。

日本國內也認為《日韓基本條約》將南北朝鮮的分裂固定化，強化了日、美、韓、台的反共軍事體制，會導致日本的再軍備化，進而也展開了反對日韓條約運動。該運動與反對日美安保運動、反對修改憲法運動、反對美國侵略越南運動相結合，強烈反對美國的遠東政策，迫使東亞的冷戰結構產生變化。

《日韓基本條約》於 1965 年 6 月簽署，12 月獲得韓國政府的批准。在此期間，韓國學生展開了阻止批准的鬥爭，警察和軍隊鎮壓了學生的遊行。《日韓基本條約》中日本沒有對自己的殖民統治道歉，僅在第二條中規定，1910 年《日韓合併條約》前簽署的「條約與協定無效（already null and void）」。後來，日本與韓國之間圍繞這一條的解釋有差異。雖然韓國方面將這一規定解釋為《日韓合併條約》從最初就是違法而無效的，而日本方面的解釋是：《日韓合併條約》在韓國獨立後即無效，但是在條約簽署的當時是有效的。

韓國同意與日本會談的前提是檢討過去，而日本則絲毫沒有檢討過去的認識，所以兩國對《日韓基本條約》的解釋各不相同。而對條約規定的日本提供有償和無償援助的五億美元，兩國的認識也不同。特別是對無償的「三億美元」，韓國規定其為「賠償性質」的資金，而日本則解釋為「獨立賀金」與「經濟協助資金」。另外，竹島（日本稱之為獨島）是否作為未解決問題而納入「解決紛爭的交換公文」的對象也不明確，引起了此後的領土爭端。韓國政府認為竹島從來就不是紛爭對象，因此不屬於日韓談判中未解決的問題，自然不成其為交換公文的對象。而日本政府則主張獨島問題是日韓之間殘留的一個未處理問題，因此應是交換公文的對象。

美國一方面由於越南戰爭激化而增加軍費，一方面則不得不削減對外援助。同時，為了在冷戰中取勝，美國又必須強化其在亞洲的反共陣營，因此積極要求「改善日韓關係」。美國試圖讓軍事同盟國日本分擔對韓國的援助，來穩定韓國的政治和經濟。此後，日本的大企業逐步代替美國進行經濟援助，以支持韓國的軍事政權，同時通過經濟投資來追求利益。

第三節　越南戰爭與東亞

美國發動越南戰爭

　　1954 年的《日內瓦協定》將越南分割為南越和北越兩個政權。試圖以南越為自由世界的分界線維持親美政權的美國，與意在打倒南越的親美政權、實現越南統一的越南共產黨為主的北越革命勢力之間，爆發了越南戰爭。由於這場戰爭波及曾經和越南一併構成法國殖民地的印度支那鄰國老撾和柬埔寨，所以也稱為印度支那戰爭。

　　1960 年南越民族解放陣線成立，暴露了越南共和國（南越政府）的弱點，美國派遣大量軍事顧問團支援南越政府軍。1964 年 8 月，美國國務院發言稱：美軍驅逐艦在越南民主共和國（北越）的北部灣遭到北越魚雷艇襲擊，約翰遜總統下令航空母艦進行報復攻擊。1965 年 2 月，美軍開始對北越進行大規模轟炸（目前公認北部灣事件是美國製造的）。3 月，美海軍部隊在南越的德浪登陸，投入大量美軍戰鬥部隊參戰。作為冷戰時期最大的局部戰爭，越南戰爭正式打響。1966 年 6 月，北越首都河內與海防被轟炸，同年 12 月河內的住宅密集區也被轟炸。

　　越南的革命勢力從朝鮮戰爭中得出的「教訓」是，因朝鮮正規軍突破北緯 38 度線，從而導致美軍為主的聯合國軍介入朝鮮戰爭，朝鮮不僅付出了大量犧牲，並導致南北分裂成為定局。而北越正規軍堅持不越過北緯 17 度線，只是採取在南越人民中組織南越民族解放陣線以驅趕親美政權，並在此框架下觀察事態發展。

　　美國在朝鮮戰爭中因地面部隊突破三八線北上，儘管造成朝鮮政權的危機，但最終導致中國軍隊的介入，發展成為大規模的地面作戰，為此美軍付出

了巨大的犧牲。通過這一點「反省」，越南戰爭爆發後，美軍投入的地面軍隊作戰範圍僅限制在 17 度線以南的南越，對北越只採取空中轟炸，而沒有派地面部隊作戰。與此同時，中美雙方基於朝鮮戰爭的經驗教訓，形成了只要美軍不越過 17 度線，中國就不出兵的「默契」。

越南戰爭僅限於越南南北政權和周邊的印度支那，其他大國達成不直接在戰場上對峙的「默契」。因此，東亞的其他鄰國並不擔心戰爭殃及本國，但在處理越南戰爭的問題上又各自有不同的考慮。戰爭爆發的第二年，中國國內開始了「文化大革命」。

韓國出兵越南和朝鮮的對南攻勢

作為東南亞條約組織❶（SEATO）成員國的韓國在越南戰爭中向南越政府的派兵數量僅次於美國，遠遠超過包括澳大利亞和新西蘭在內的其他成員國，出兵總數大約是其他各國兵力總和的四倍。從 1965 年開始，到 1973 年撤回，韓國常年在南越駐軍五萬人，共出兵達 34 萬 6393 人，戰死者大約五千人。最初韓國出兵越南的態度比美國還積極。朴正熙發動政變奪取政權後，於 1961 年 11 月首次訪美，向肯尼迪總統提議派兵。此後韓國政府多次向美國官員明確表明派兵意願。1964 年 5 月，捲入越南戰爭泥潭的美國約翰遜總統向韓國在內的 25 國發出支援南越政府的信函。美國還特別向韓國承諾，作為派兵的交換條件，會為增強韓軍戰鬥力和經濟開發提供必要的貸款。

---

❶ 東南亞條約組織（Southeast Asia Treaty Organization），成立於1954年9月。美國是該組織的積極推動者，成員國有英國、法國、澳大利亞、新西蘭、韓國、泰國、菲律賓等。在印度支那戰爭後期，美國利用該組織動員成員國出兵參加越南、老撾和柬埔寨的戰爭。1975 年9月該組織宣佈解散。

美國飛機在越南播撒枯葉劑後的森林

　　朴正熙政權出兵越南的目的，是期望以此掃清國內政治勢力的不滿，對外提高國際威信，確保其軍事政權的強化與穩定。

　　韓國在出兵南越的同時，為韓國企業贏得大批向駐紮越南的美軍和韓軍提供軍需物資、服務、港灣和道路建設工程等訂單。同時派遣到越南的韓國工人向本國匯款，產生了大量特需。建築業的「現代」和海運業的「韓進」等知名企業，都是通過越南戰爭的特需而急速發展起來的代表性財閥。

　　1965 年至 1972 年，韓國從越南戰爭中獲得了包括貿易（輸出、軍費）及非貿易（建設費、軍人及後勤人員的薪金、死傷補償金、服務業等）外匯達10.36 億美元。越南戰爭所帶來的對美出口增長，為韓國在 1960 年代後半期帶來了經濟的高速增長，使韓國出口型工業步入軌道。

　　但是，由於韓國出兵南越而帶來的問題也不少。很多年輕士兵犧牲在海

外，直至今日，被派往南越的韓國軍人因使用枯葉劑 ❶ 所造成的後遺症等問題仍深刻影響着韓國社會；不斷揭露出來的韓國軍隊屠殺越南平民的事件，不僅造成越南人民的反感，也在韓國國內掀起追究韓國「戰爭責任」的呼聲。2001年 8 月，金大中總統對訪問韓國的越南國家主席說：「我們對參與不幸的戰爭，對越南國民造成的苦痛，表示由衷的歉意和慰問」，進行了正式謝罪。

1964 年，韓國向越南派遣醫療部隊和跆拳道教官團後，朝鮮就展開了支援北越的運動。1965 年，朝鮮宣佈只要南越民族解放陣線提出請求，朝鮮即向南越派遣支援部隊。同年，朝鮮與北越簽署提供經濟和技術援助的協定。

1965 年，韓國向南越派遣戰鬥部隊後，朝鮮認為美國在越南的苦戰將弱化其在韓國的基礎。同時，韓國軍隊出兵越南，國內力量分散，「南朝鮮革命」成功的可能性加大。於是朝鮮開始在韓國組織類似於南越民族解放陣線的革命武裝。朝鮮向韓國派遣武裝游擊隊，命令韓國革命黨實行地區革命的「南朝鮮革命」，力爭其與朝鮮的社會主義勢力結合，以此實現朝鮮半島的統一。

1968 年 1 月，由 31 人組成的朝鮮特種部隊，身着韓國軍服，跨越停戰界線成功地進入漢城，準備襲擊總統官邸、暗殺政府要人，但是在接受韓國警察詢問時被發覺，與韓國軍警發生激烈槍戰，幾乎全被擊斃。這一事件提高了韓國國民的軍事危機意識，成為創建鄉土預備軍和實施學生軍事訓練的契機。

這一時期，朝鮮在對美國關係方面也採取了強硬政策。1968 年 1 月，朝鮮扣押了美國的間諜船「普韋布洛」號；次年 4 月，朝鮮以侵犯領空的名義擊毀美國的偵察機。這些都是為了對抗在美國支持下於 1965 年簽訂的《日韓基本條約》和同年韓國出兵越南戰爭，以及日美軍事同盟體制強化政策的結果。20世紀 60 年代後期，走上軍事冒險主義的朝鮮，由於國防費用負擔過重，在與

---

❶ 美國軍隊在越南戰場使用的化學毒劑，導致許多平民及軍人受到傷害，後遺症影響深遠。

韓國的經濟競爭中逐漸落後。

日本對越南戰爭的支持

在日本，當時美軍支配下的沖繩，成為轟炸越南的 B52 戰略轟炸機的直接基地。B52 因其黑色和龐大的機體被視為「黑色殺手」，每天從嘉手納基地定期向越南出擊的航線更被稱為「越南定期航線」。而沖繩北部的山區森林地帶，也被美軍假想為越南的森林，成為訓練美軍對抗游擊戰的基地。1965 年 11 月，美軍太平洋部隊司令在接受記者採訪時曾說：「沒有沖繩就沒有越南戰爭。」充分體現了沖繩作為美軍軍事基地的作用。

美國海軍第七艦隊的基地位於橫須賀（神奈川縣）、佐世保（長崎縣）和那霸（沖繩），它擁有包括企業號在內的航空母艦 6 艘，艦艇 160 艘，艦載機

從美國在遠東最大的軍事基地（日本沖繩嘉手納軍事基地）起飛前去轟炸越南的美軍出動 B52 飛機。每月平均 350 架次，攜帶大量炸彈

700 架。飛機從海上攻擊越南的艦隊後，可以回到基地補充武器、彈藥、糧食、燃料，士兵們亦可在娛樂街解除疲勞，養精蓄銳後再度向戰場出發。此外，立川基地、橫田基地、厚木基地等日本的美軍基地，都成為轟炸越南的美國飛機補充、修理、訓練、通訊的據點。

與此同時，日本國內反對越南戰爭的市民運動、學生運動不斷高漲，參加的團體主要有日本總評和中立勞聯等工會組織和越南和平聯合會等市民運動團體，還有全學聯等學生運動團體等，他們強烈呼籲根據日本國憲法不承認日本自衛隊。1970 年，正值《日美安保條約》期滿（十年），欲延長該條約的自民黨政府和持反對態度的在野黨矛盾激化，要求廢棄該條約的工會、學生組織、市民團體更是蓬勃發展。在沖繩，與反對日美安保運動、反對越南戰爭運動相呼應的是，當地民眾掀起的沖繩縣光復祖國運動。正是基於上述反戰運動的高漲，日本政府為避免激化矛盾，在不顧美國政府的強烈要求下，沒有向越南派遣自衛隊。

另一方面，日本經濟由於越南戰爭的特需呈現出空前繁榮。美軍需要從日本購買物資，參加越南戰爭的美軍休養兵和駐日美軍個人消費等帶來的直接特需，隨着越南戰爭的擴大而日益增長，美國國防費和對外援助刺激需求帶來的出口增長等間接特需也不斷擴大。1965 年日本對美貿易變為出超；日韓條約的簽訂，使日本的對韓出口比上年增長將近 66%。同時，韓國為應對越戰特需，進口日本原材料也有較大增長。

1967 年 11 月，由於國民要求歸還沖繩運動的不斷高漲，日美兩國政府經反覆協商，佐藤首相與約翰遜總統正式確認早日歸還沖繩；1969 年 11 月，佐藤首相與尼克松總統發表共同聲明，確定 1972 年沖繩回歸日本。但是，絕對不影響沖繩美軍基地的功能，則是美國在返還沖繩時獲得的絕對條件。

越南戰爭與中蘇兩國

冷戰體制確立後，在東亞制約美國行動的是以蘇聯、中國為首的社會主義陣營。但是在越南戰爭激化的 20 世紀 60 年代，同為社會主義陣營的中蘇兩國之間的對立也日趨白熱化，無法取得統一行動。同時，中蘇兩國將與美軍直接對決的危機押注於越南，因此都選擇了在戰火不殃及自身的範圍內，對越南採取慎重的援助態度。

中國在 1965 年提出，如北越拒絕蘇聯援助就會進行全面支援。同年 6 月，中國向北越秘密派遣以防空、鐵道、工兵部隊為主的後方支援部隊，負責中越邊境地帶的運輸、國防設施的防衛和修補等。到了 1968 年，中國援越人員入越人數多達三十二萬人。在越南戰爭期間，中國援越人員犧牲的一千一百餘名，重傷的四千二百餘名。1965 年 4 月至 1974 年底，蘇聯以地對空導彈操作員為主，共派出 6359 名軍人入越，其中死亡十三人。

北越對中蘇對立採取中立立場，同時接受蘇聯援助。中國宣佈不與蘇聯共同行動支援越南以示不滿。1969 年越南共產黨主席胡志明去世後，中越關係開始變化。1970 年，中國開始撤回援越部隊，而在中蘇邊境地區，險些發生軍事衝突。為了抵制蘇聯，中國開始嘗試與美國接近。此時，美國總統尼克松為了擺脫陷入泥潭的越南戰爭，也不斷向中國發出緩和對華貿易限制等信號。中國接受美國的善意舉動，並促成 1971 年美國總統安全事務助理基辛格秘密訪問北京，確定第二年尼克松總統訪華，中美兩國開始走上建立邦交正常化的道路。

北越政權將中美接近視做「背叛越南革命和印度支那革命，背叛世界革命的露骨的轉折點」，表示對「將越南出賣給美國」的中國有強烈的不信任感。而中國為打消越南的不信任，則繼續向越南提供武器和糧食等援助。

越南戰爭結束

北越和南越民族解放陣線以付出大量的犧牲為代價，終於贏得 1968 年的順化攻防戰的勝利，英勇抵抗了美軍的進攻。順化攻防戰給美國造成沉重打擊。美國國民也開始懷疑政府之前對戰爭所持的樂觀論調，認為「打不贏」越戰，應該盡快放棄越戰的輿論逐漸佔了上風。反戰運動高漲，令美國國民對越南戰爭喪失了戰鬥意志。

1969 年 6 月，以南越解放陣線及和平力量聯合為中心成立了南越共和國臨時革命政府。從 1968 年開始的由戰爭當事者發起的巴黎和平會談，以及國際性的反對越南戰爭運動的高漲，加上美國國內要求美軍從越南撤退的和平反戰運動，導致 1973 年 1 月，美國、南越政府代表與北越、南越臨時革命政府代表之間簽署了《巴黎和平協定》（也稱為《越南和平協定》）。同年 3 月，尼克松總統再次宣佈終結美國對越南戰爭的干預，駐紮南越的美軍開始分批撤離。

1975 年春，不敵北越和南越民族解放陣線的聯合軍事攻勢，越南共和國崩潰了，4 月 30 日戰爭正式結束。南北越南實現了統一，1976 年成立了越南社會主義共和國。戰爭波及的老撾和柬埔寨也於 1975 年誕生了社會主義政權。

在越南戰爭中，美國前後共出兵達 300 萬之多。戰死者超過 5.8 萬人，生還士兵中的多數由於負傷或受枯葉劑等有毒物質散佈所造成的嚴重後遺症，長期經受着病痛折磨。但戰爭最大的犧牲者還是越南。據統計，戰鬥死亡人數，北越人民軍與南部解放陣線為 110 萬人，南越政府軍 22 萬人。加上民間的受害人數，犧牲者總數將近 300 萬之多。對越南戰爭的勝利者來說亦是一場極為慘烈的戰爭。

越南戰爭，是美國霸權主義以其威信作為賭注的一場戰爭。越戰期間，美國被迫大量發行美元，造成嚴重的美元危機，因其失敗而損害了美國的霸權地

位。隨着西歐和日本經濟實力的增長，美國的國際競爭力不斷下降。1971 年，美國為了保護美元宣佈停止黃金和美元的直接交換，在世界範圍內引起美元恐慌。1973 年，美國完成從國際貨幣基金組織（IMF）固定平價體制到浮動匯率制的轉換。

東亞反對越南戰爭運動

【日本】

　1964 年 8 月 4 日，美國以北部灣事件為藉口，對北越海軍基地進行報復性轟炸。8 月 10 日，日本的社會黨和共產黨、日本勞動組合總評議會等 137 個團體，召開反對日本政府支援美國軍事介入越南戰爭的集會。1965 年 4 月，在作家小田實、開高健、評論家鶴見俊輔等 38 人的呼籲下，結成了「越平聯」（「還越南和平！市民文化團體聯合」）。「越平聯」的成立在日本市民運動中具有劃時代的意義，為反越戰運動譜寫了新的篇章，是日本和平運動的重要組成部分。「越平聯」的運動是特別重視參加者自發性的和平運動。

　1966 年 6 月，以美國轟炸越南首都河內為契機，日本開始了正式的反對越南戰爭的運動。同年 7 月的總評定期大會上，通過了在 10 月中旬舉行包括罷工在內的「抗議轟炸河內、海防」鬥爭的決議。10 月的臨時大會決定在 21 日舉行罷工。參加這一統一行動的，包括總評、中立勞聯等 91 個單一產業工會系統的 210.6 萬人。這是日本的工人階級首次舉行的大規模罷工，也是記錄在世界工人運動史上的反戰罷工。總評進而呼籲進行國際性的共同行動，10 月 21 日發展為反對越南戰爭的國際統一行動，這一天成為後來的國際反戰日。

　負責安保鬥爭的革新政黨和工會、各團體，同具有新發展勢頭的市民運動組織一起開展的反越戰運動，主要是擔心日本因日美軍事同盟再次捲入戰爭。日本國民對戰爭的悲慘遭遇和犧牲記憶猶新，加大了反對美國發動越南戰爭的輿論。

【中國】

　　美國正式發動對越戰爭的 1965 年，日本青年學生團體的 500 名代表分別在 8 月和 11 月訪問了尚未同日本建立邦交的中國，參加中日青年友好交流會。9 月 12 日，第一批日本青年代表團的成員在上海和十萬名中國青年學生舉行了反對越戰的大規模示威遊行，喊出「中日兩國青年團結一致，反對美帝國主義侵略越南」的口號。第二批日本青年代表團訪華時，因日本政府阻撓發放旅行護照，經過了幾個月的鬥爭才終於實現訪華。1965 年 11 月，北京一萬餘名青年和日本的青年代表團成員在人民大會堂召開反對美國對越戰爭、反對日韓條約的集會。集會上，中國全國青年聯合會副主席胡啟立呼籲中國與日本、朝鮮以及亞洲的青年要團結一致，反對美國與日本的反動派為推動越南侵略戰爭而締結的日韓條約。

　　當時，中國政府領導人始終警惕越南戰爭會像朝鮮戰爭一樣發展為中美戰爭，在分析美國對越戰爭最終意圖的同時，加強了對美國的譴責和與美國對抗的宣傳姿態，一面向國內人民表示：「中國人民將盡最大努力支援越南人民的抗美救國鬥爭」，同時向國際社會呼籲「應該堅決支持越南人民和印支人民的反美武裝鬥爭」。

【韓國】

　　從 1964 年開始，韓國圍繞出兵越南問題，政界和輿論界就展開過眾多的議論。儘管輿論界認為，出兵越南會給韓國遺留嚴重問題，多持批判態度，但沒有一家報社敢於亮出反對出兵的觀點，只是在海外來信一欄中，偶有刊登外國知識分子反對美國對越戰爭的議論而已。在反共主

義瀰漫的韓國，視越南戰爭為美國對抗共產勢力、守衛自由的戰爭而予以接受。而韓國出兵越南，更被國民視為這是韓國將朝鮮戰爭時獲得的貸款返還給自由世界的行為，出兵越南的韓國軍隊還被暗示為「自由的十字軍」。

朝鮮與韓國相反，1964 年開始強烈反對美國對越戰爭。同年 6 月，朝鮮外交部發表聲明，批判美國的對越戰爭是帝國主義侵略。1965 年 3 月，朝鮮召開了 15 萬工人參加的平壤市群眾大會，反對美國對越戰爭，支持越南人民的鬥爭。在 1967 年一年間，朝鮮召開的此類反美群眾大會就多達六十餘次。

如上所述，南北朝鮮政府及其國民對越南戰爭採取了完全相反的態度。這是朝鮮戰爭後，韓國的反共產主義和朝鮮的反美主義落地生根的結果。韓國開始對越南戰爭持批判態度是在 20 世紀 80 年代以後。1992 年，韓國與越南建立邦交後，韓國軍隊在越南屠殺平民等問題才正式曝光。

第四節　緊張局面緩和與中日韓關係的變化

美蘇關係緩和與中美和解

　　1969 年 1 月，尼克松就任美國總統，他在就職演說中強調要與蘇聯開始「交涉的時代」。當時，美國因陷入越南戰爭，加上對外援助開支巨大，導致財政負擔過重，面臨着美元危機。尼克松任命哈佛大學教授基辛格擔任處理國家安全保障問題的總統特別助理，着手重新考慮陷入僵局的美國外交。最優先的外交課題是從越南實現「保全名譽的撤退」，並考慮如何修正對蘇、對華政策，試圖利用中蘇對立來構築新的美、中、蘇關係。

　　此時，蘇聯由於中蘇矛盾激化和自身經濟惡化等原因，也開始積極調整對美關係。1969 年 11 月，美蘇開始就限制戰略武器談判（SALT）舉行預備會議。同月，兩國批准《防止核擴散條約》。1972 年 5 月，尼克松總統訪問莫斯科，同勃列日涅夫總書記會談並簽訂了《限制戰略武器協定》。這是美蘇之間首次簽訂的軍備限制條約，象徵着緊張局面的緩和。

　　同時，尼克松根據 1969 年 7 月發表的《關島宣言》（其主旨為強化亞洲各國自主防衞能力，削減美國駐軍亞洲的兵力以減輕負擔），開始分階段從南越撤軍，並積極改善與中國的關係。尼克松命令以基辛格為主研究新的對華政策，並在極其保密的情況下開始接近中國。1971 年 7 月，基辛格途經巴基斯坦時秘密訪華，決定翌年尼克松訪華。10 月，基辛格再次訪華，與中方談論了台灣問題、聯合國代表權問題以及越南戰爭結束的問題，並將美國衞星拍攝到的有關蘇軍在中蘇邊境配置狀況的照片提供給中國，以顯示出與中國的合作姿態。

　　美國同中國的接近，與其在東亞傳統冷戰體制中「封鎖中國」的政策相比，

是 180 度的大轉變。此前,以美國為中心的資本主義國家不承認中華人民共和國,實行「封鎖中國」的政策,拒絕把在聯合國的合法權益交還給新中國。1955 年,聯合國通過了不受理中國加入聯合國的「擱置案」。1960 年代後期,這一「擱置案」難以繼續。根據《聯合國憲章》第 18 條規定,在新中國代表權問題上,需要有三分之二以上的成員國同意即可恢復新中國在聯合國的合法地位。日本始終同美國一道,反對中華人民共和國成為聯合國常任理事國。

進入 20 世紀 70 年代後,中國在國際社會的影響力越來越大,在聯合國也湧起承認其加入的潮流。美國也開始放棄孤立中國的政策,1971 年 10 月,就在基辛格訪華期間,聯合國第 26 次全體會議通過了阿爾巴尼亞的「邀請中國,驅逐台灣(中華民國)」的方案。從此,中華人民共和國恢復了聯合國的席位,成為聯合國安理會的常任理事國,台灣政府被否認作為中國的合法政府,被迫退出聯合國。

1972 年 2 月,經過基辛格的訪華準備,美國總統尼克松正式訪華,與毛澤

毛澤東與尼克松會談

東主席、周恩來總理等中國領導人就中美關係正常化問題舉行會談，實現了中美和解。同時，為牽制蘇聯勢力的進一步擴張，在兩國共同發表的聲明中（《上海聲明》）特別規定了「反霸權」條款。中美和解，在東亞率先改變了資本主義國家與社會主義國家敵對的冷戰結構。

中日恢復邦交

1972 年的中美和解，給以中美對立為前提的東亞各國關係產生了極大的影響，被稱作「尼克松衝擊」。原本追隨美國支持台灣而敵視中國的佐藤榮作內閣，在對華政策方面與中國的鴻溝不斷加深，一時無法適應美國對華政策的轉變，顯得彷徨不知所措。日本財界考慮到中國的龐大市場，也對敵視中國的佐藤內閣表示不滿。1970 年 12 月，超黨派成立的促進恢復中日邦交議員聯盟（會長藤山愛一郎，加入議員共 379 人）開始加大對佐藤政權對華政策的批判。1972 年 5 月因沖繩回歸問題而志得意滿的佐藤內閣總辭職。

1972 年 7 月上台的田中角榮內閣，將與中國建立邦交視作最大的課題。對中國而言，改善與日本的關係，也能促進中國早日實現參與國際社會的目標，因此積極回應中日邦交的恢復。同年 9 月，田中角榮首相訪華，雙方簽署《中日聯合聲明》，至此結束中日間的戰爭狀態，實現了中日邦交正常化。日本與台灣中止外交關係，1952 年的《日台和約》失效。

《中日聯合聲明》前言

中日兩國是一衣帶水的鄰邦，有着悠久的傳統友好的歷史。兩國人民切望結束迄今存在於兩國間的不正常狀態。戰爭狀態的結束，中日邦交的正常化，兩國人民這種願望的實現，將揭開兩國關係史上新的一頁。

日本方面痛感日本國過去由於戰爭給中國人民造成的重大損害的責任，

1972 年 9 月 29 日，中國總理周恩來與日本首相田中角榮簽署《中日聯合聲明》

表示深刻的反省。日本方面重申站在充分理解中華人民共和國政府提出的「復交三原則」的立場上，謀求實現日中邦交正常化這一見解。中國方面對此表示歡迎。

　　中日兩國儘管社會制度不同，應該而且可以建立和平友好關係。兩國邦交正常化，發展兩國的睦鄰友好關係，是符合兩國人民利益的，也是對緩和亞洲緊張局勢和維護世界和平的貢獻。

　　日本在《中日聯合聲明》中表明：「日本方面痛感日本國過去由於戰爭給中國人民造成的重大損害的責任，表示深刻的反省。」在此前提下，中國政府放棄作為國家的對日索賠權。為此，周恩來特向國民做出解釋為：一、台灣的

蔣介石政府已經放棄了賠償要求，共產黨的度量不能小於蔣介石；二、如果要求日本賠償，其負擔最終會落到廣大日本人民身上，這不符合中央提出的與日本人民友好的願望。

1978 年 8 月，兩國正式簽署《中日和平友好條約》，在此基礎上，1998年 11 月兩國政府發表《中日聯合宣言》。在《中日聯合聲明》、《中日和平友好條約》和《中日聯合宣言》這三個公報建立的基本原則上，構成了中日兩國友好關係的基礎。中日邦交正常化也對亞洲、太平洋地區的繁榮和世界和平做出了巨大貢獻。中日恢復邦交後，兩國經濟、文化交流更加緊密，民間交流也日趨活躍。中日關係進入發展期，雙方都基本承認「援助國與被援助國」的關係，日本經濟也一直得以支撐這種關係。

從 1979 年開始，日本政府對中國提供政府開發援助（Official Development Assistance，簡稱 ODA），通過提供低息日元貸款、無償資金援助、技術等，支援中國的能源開發、基礎設施的整頓和環保等項目，促進了中國的改革開放和經濟建設。同時，日本企業通過向中國直接投資來開拓、擴大中國市場，日本的對華貿易額增加，加強了中日兩國之間經濟上的相互依賴關係。

中日兩國恢復邦交後，日本國民對中國的感情良好，1978 年內閣府進行的輿論調查顯示，「對中國感到親切」的佔 62.1%，「對中國不感到親切」的佔25.6%，1980 年的調查顯示前者上升到 78.6%，後者僅佔 14.7%。中國政府放棄對日本的戰爭索賠權，中國政府認為《日美安保條約》能夠對抗蘇聯的「霸權主義」，並壓制日本的軍事力量，對此採取肯定立場，這一態度使日本政府、財界乃至國民廣泛抱有好感。

20 世紀 90 年代後，在放棄對日索賠權問題上，中國國民批評其並未得到國民的同意而致不滿增大，中國政府對此解釋為，中國放棄的是國家的對日索賠權，而不是民間戰爭受害者的索賠權。

朝鮮半島的南北關係與韓國維新體制

尼克松總統於 1970 年 2 月向國會提交了外交諮文《和平新戰略》（尼克松主義），更加明確了《關島宣言》的內容，開始考慮從越南撤兵。美國政策的改變緩和了東亞冷戰體制下的緊張局勢。同時，美國為了削減駐韓美軍，認為有必要緩和朝鮮半島的緊張關係，遂敦促朴正熙政權改善南北關係。

1972 年 7 月 4 日，漢城與平壤同時發表了「消除南北朝鮮糾葛，自主、和平統一祖國」的《南北共同聲明》。這是在朝鮮半島分裂後，關於南北統一問題上最早共同發表的文件。通過該聲明，「自主、和平、民族大團結」這三項原則被定為朝鮮半島的統一原則。11 月，為推動《南北共同聲明》的一致事項，協商南北關係與統一問題，設置了南北調節委員會。《南北共同聲明》是 1972 年 5 月，韓國中央情報部部長李厚洛與朝鮮第二副總理朴成哲互相秘密訪問時決定的。

《南北共同聲明》是南北朝鮮兩個政權為緩和半島緊張局勢，應對各自國內、國際環境變化的產物。韓國因駐韓美軍撤退引起的國際形勢的變化，需要緩解與朝鮮的緊張氣氛。朝鮮因東亞冷戰體制趨於緩和的氣氛，受到中美關係改善、中日恢復邦交、中蘇紛爭引起的國際共產主義運動的分裂等國際局勢的影響，也需要在反對朴正熙政權的鬥爭中，調整繼承體制中的內部糾葛。因此，南北朝鮮在應對國際局勢的同時，南北當權者都利用權力基礎強化自身統治，採取了秘密對話和交涉。由於有各自的政治意圖，他們對統一問題只是形式上的處理，是有一定局限的。

1972 年 10 月 17 日，朴正熙總統宣佈緊急戒嚴，發表特別宣言，解散國會，禁止政治活動，停止憲法效力。其理由是「為積極開展南北對話和處理周邊局勢的劇變，必須堅決實行最符合我們實情的適當的體制改革」，並提出需要「通向新體制的一大維新改革」，並命名為「維新體制」。朴正熙反過來利用美國

在板門店執勤的韓國與朝鮮軍人

催促他緩和南北緊張關係的壓力，認為要促進和平統一的民族主體勢力，就需要建設「維新體制」。

維新體制實質上是剝奪國民的政治選擇權，為確保朴正熙終身執政而不惜破壞憲政秩序。其具體表現為與國民投票、三權分立、議會民主主義等原則相違背的新憲法上。新憲法規定，總統不經過國民直接選舉而是通過統一主體國民會議間接選出，任期從四年延長到六年，連任的限制條件也被撤銷，並擁有解散國會的權力。

維新體制推行期間，在緊急措施下不允許出現批評意見，言論自由也被徹底壓制，各地的反抗運動幾乎得不到報道。但是，學生、知識分子、在野黨政治家和宗教人士的反體制政治鬥爭，與工業化進程中派生的工人要求生存權的鬥爭相結合的反維新運動，逐步開展壯大。20世紀70年代，反維新體制運動成為韓國民主化運動的源泉動力，為1980年的光州民主化運動和1987年6月的民主抗爭奠定了基礎。

韓國的民主化鬥爭

　　反抗 1972 年成立的韓國維新體制的導火線，是 1973 年 8 月在日本東京發生的朴正熙總統有力對手、反政府領導人金大中被綁架事件。事件發生後發生了大學生的示威遊行運動，他們要求保障學校自由和言論自由，發動了 100 萬人的修改憲法請願運動。在對維新憲法提出質疑都屬於非法的情況下，改憲請願運動在全國範圍引起了極大的反響，得到了國民的支持。朴正熙政權本來想從根本上封鎖民主化運動，但其政權不僅在國內遇到挑戰，而且與美國的關係也面臨危機，內外交困。1979 年，美國總統卡特解救人質的時候 ● 強調撤退駐韓美軍及人權問題，反對朴正熙政權壓制人權的行為。

　　在韓國民主化運動中，日本、韓國的政治活動家和知識分子們聯合起來，在批判軍部對韓國統治和「日韓勾結」問題上發揮了重要的作用。例如，日本岩波書店發行的雜誌《世界》從 1973 年 5 月開始每月連載「來自韓國的通信」，披露朴正熙政權獨裁鎮壓的實態，報道為爭取民主化而不惜犧牲生命進行鬥爭的知識分子以及學生和市民的形象，同時還揭露了從經濟上援助朴正熙政權，與之相互依存的日本政府的對韓政策。這樣，以知識分子為中心，對朴正熙政權的暴力鎮壓及與日本政府的勾結的批判日益強烈。1972 年到 1993 年間，擔任東京女子大學客座教授的韓國學者池明觀以 T・K 生為筆名，出版了三冊《來自韓國的通信》，還發行了英文版，在國際社會引起強烈反響。

　　韓國民主化運動，引起日本知識分子的強烈共鳴和支援，他們從日本殖民統治的歷史反省中，希望韓國民主化成功、朝鮮半島能夠和平統一。宗教

● 卡特在任內取得一系列內政與外交成就，但因貿然下令特種部隊發起「鷹爪行動」拯救在伊朗的美國人質遭到慘敗，令他在選民中的聲望一落千丈。但他未放棄拯救人質的努力，在離開白宮那一天仍爭取伊朗釋放了所有人質。

界人士如日本基督教會的領導人，也從殖民統治朝鮮時期，反思日本牧師暴力強迫朝鮮的基督教徒崇拜天皇等事件，抱着贖罪思想，公開支援韓國的民主化運動。

知識分子在反維新鬥爭的過程中，針對國民生活的困苦和低廉的工資提出批評，同工人、農民、城市貧民的生存權鬥爭開始結合起來。而朴正熙政權的瓦解，則源於 1979 年 8 月的「YH 事件」❶。當時，YH 貿易公司的女工們訪問在野黨新民黨黨部，並在那裡靜坐，抗議被公司解僱，但遭到警察的暴力鎮壓，一名女工慘死，靜坐被迫解散，而多名新民黨國會議員和記者負傷。此後，朴正熙政權以非常手段褫奪積極支持女工鬥爭的新民黨總裁金泳三的國會議員資格。政府的行為引起金泳三的政治故鄉釜山和馬山國民的示威抗議，而政府則強硬地頒佈衞戍令，宣佈緊急戒嚴，但仍未能阻止當地的示威行動。10 月 26 日，朴正熙總統在當晚舉辦的一個晚宴上遭到中央情報部長官的暗殺，至此維新體制瓦解。

20 世紀 80 年代，經過分裂和戰爭，韓國曾建立起十分牢固的權威主義體制。這一體制經過民主抗爭而向民主主義體制轉化。具有決定性意義的契機是 1980 年 5 月 18 日爆發的光州民主化運動和 1987 年 6 月的民主抗爭。這樣的運動之所以沒有發生在首都漢城，而發生在地方城市光州，其原因是民主化要求受到了以全斗煥為首的新軍部無情的鎮壓。殘酷的鎮壓過程中，光州市民及附近地區居民自發地成立了抵抗勢力，直到準備開展武裝鬥爭。那是為了生存的抵抗，新軍部在美國的協助下進行了血腥的鎮壓。

---

❶ YH指韓國的假髮生產。1979年4月30日，「YH貿易公司」宣佈破產，該公司的兩百多名女工開始了反對解僱、要求保障生存權利的鬥爭。即「YH事件」。當時的女工鬥爭得到了宗教界、文化界、在野黨以及一切反朴勢力的聲援。在野黨黨首金泳三讓女工們搬到新民黨總部大廈舉行無限期的靜坐示威。

　　但是，暴力鎮壓光州民主化運動後掌權的全斗煥政權，通過以總統間接選舉為主要內容的憲法修改草案等手段，延續了此前的權威主義體制。全斗煥政權強行解散了「民主統一民眾運動連合」（簡稱「民統連」），繼續以暴力手段壓制國民的民主鬥爭。1987 年 1 月，發生了朴鐘哲遭嚴刑拷打致死的事件 ❶，導致全國國民的憤怒到了極點。

　　1987 年 4 月 13 日，全斗煥發表特別講話，宣佈「為實現和平的政權轉移，以及使漢城奧運會這一國家大事舉辦成功，應暫時中止只會浪費和消耗國力的改憲議論」，明確表示要根據現行憲法，在年內舉行總統選舉人團選舉（間接選舉），而在 1988 年 2 月把政權轉移給新總統，改憲討論則在奧運會後進行。全斗煥的上述講話被稱作「四・一三護憲措施」，它徹底否定了將總統直接選舉列入憲法修正案的民主化運動。於是，反對全斗煥政權「四・一三護憲措施」的呼聲高漲，要求「打倒獨裁、撤銷護憲」的民主化運動遍及全國。1987 年 6 月爆發的民主抗爭，就是其中最主要的一次抗爭，並最終逼迫執政黨總統候選人盧泰愚在 29 日公開宣言，被迫全面接受總統直接選舉制。這次民主抗爭沒有釀成流血衝突，主要原因有兩點，一是美國政府思考了光州民主化運動的經驗而向韓國政府施壓；二是 1988 年漢城奧運會即將到來，全斗煥政權不得不考慮國內外輿論的影響。雖然由於韓國民主勢力內部的分裂而未能直接推翻獨裁政權建立民主新政權，但 1987 年 6 月的民主抗爭阻止了執政者的長期執政計劃，使民主主義秩序出現了最小限度的進步。

---

❶ 首爾大學學生朴鐘哲因參加爭取民主的反政府示威被警察逮捕，在審訊中慘死在警察的拷打之下。1987年1月，該事實被披露後，激起韓國民眾的憤怒。全斗煥為平息人民的強烈抗議，將內政部長撤職，但仍成為誘發同年6月爆發的大規模民主抗爭的導火索。在抗爭高潮的6月9日，在大學內遊行的延世大學學生李韓烈又被警方水平射出的催淚彈擊中頭部身亡。民主抗爭進一步高揚。

東亞四小龍

改變東亞冷戰結構的另一個要因，是 20 世紀 70 年代到 80 年代，被世界銀行譽為「東亞奇跡」的韓國、台灣、香港、新加坡的出口型工業化的成功。將這四個國家和地區快速發展的經濟勢頭比喻為「升龍」，也稱做東亞「四小龍」。國際上稱之為「亞洲新興工業國」（Newly Industrializing Countries），但因國際社會普遍承認台灣和香港是中國的一部分，現在稱為亞洲新興工業經濟群（Newly Industrializing Economics）。

上述國家和地區的工業產品出口增加，製造業佔國內生產總值的比重上升，實現了人均國民收入的持續性增長。東亞「四小龍」現代化成功經驗的共同點在於：一、美國為防止社會主義勢力的擴大，向處於東亞冷戰最前線的上述國家和地區提供了大量的開發援助；二、上述地區為了不被周邊大國吞併，意識到必須迅速發展經濟實現現代化，這也從一個側面影響了東亞冷戰結構體制。

東亞四小龍的工業發展給世界帶來了巨大的影響，特別是給實行社會主義經濟制度的中國和越南造成衝擊，其結果刺激中國加快實行改革開放政策，推動越南開始實施以開放為目標的新政策。

東亞的冷戰結構與歐洲不同，出現過中蘇對立那樣的社會主義陣營的分裂，並逐步升級為敵對關係，又與美國相互試圖修復關係。因此東亞的冷戰結構變化要早於歐洲。隨着東亞冷戰體制的變化，強權性的國家體制也在東亞逐漸瓦解，各國的市民運動開始興起，東亞三國各自發生的反對《日韓基本條約》運動、反對越南戰爭運動，間接地起到了連帶作用。

第八章
冷戰體制瓦解後的東亞

本章大事年表

1989 年	「東歐劇變」　鄧小平、戈爾巴喬夫在北京會談，結束中蘇對立　北京政治風波　柏林牆倒塌
1990 年	韓國、蘇聯建立邦交　東西德國統一
1991 年	海灣戰爭爆發　華沙條約組織解體　朝鮮、韓國同時加入聯合國　蘇聯解體
1992 年	鄧小平發表「南巡講話」　中韓建交
1993 年	歐洲聯盟（EU）成立
1994 年	北美自由貿易協定（NAFTA）　東盟 ASEAN 區域論壇（ARF）成立
1995 年	世界貿易組織（WTO）建立
1997 年	日美確定防衛合作新指針
1998 年	金大中總統推行「陽光政策」　朝鮮發射「大浦洞 1 號」導彈　《日韓共同宣言》　《中日聯合宣言》　東盟與中日韓三國 ASEAN ＋ 3 首腦會談
2000 年	金大中、金正日舉行南北首腦會談，發表共同宣言
2001 年	九一一事件　中國加入 WTO
2002 年	日韓共同舉辦世界盃足球比賽
2003 年	圍繞朝鮮核問題的六方會談開始
2005 年	東亞峰會（EAS）設立
2008 年	北京舉辦奧運會

隨着 1989 年至 1991 年東歐和蘇聯社會主義陣營的瓦解，世界冷戰體制解體。冷戰結束後，美國依靠其強大的政治、經濟、軍事實力，獨掌世界霸權而形成單極世界。另一方面，伴隨着東西對立的解除和全球化的快速發展，在更廣泛的空間內出現了超越國家界限的歐洲聯盟（簡稱歐盟，EU）這一廣泛區域共同體。在冷戰體制已經發生很大變化的東亞，冷戰局面的結束並沒有出現歐洲那樣的社會主義國家瓦解的態勢。雖然迎來了全球化的時代，但美國的影響力依然很強。東亞各國間的經濟關係日益密切，東亞經濟圈事實上已經形成。但東亞與歐盟不同，因為朝鮮半島的南北分裂並未消除，中國大陸與台灣關係尚未實現正常化。此外，中、日、韓三國的關係也遠沒有形成歐盟成員國英、德、法三國那樣密切合作的關係。這其中一個重要因素就是，日本未能認真「清算過去」的侵略戰爭和殖民統治，難以同中韓兩國建立起相互信賴的關係。

　　在這一章中，我們主要討論的是，東亞各國在克服了 20 世紀「戰爭時代」和「冷戰時代」的歷史後，為構築 21 世紀的東亞和平，建設和平的東亞共同體，我們需要思考哪些問題。

第一節　冷戰體制的崩潰和東亞

蘇聯、東歐社會主義陣營瓦解引起的冷戰體制的崩潰

　　1989 年，「東歐革命」的浪潮席捲了東歐各國。冷戰時代蘇聯控制下形成的東歐社會主義國家共產黨的一黨專政體制、中央集權的計劃經濟、軍事為中心的國家體制接連瓦解。這其中的原因是此前在蘇聯式社會主義國家體制下，由於強調軍備競爭而形成龐大的軍事經濟，輕視消費生產而失去民眾支持，不適應與信息化發展並行的世界經濟的結構性變化，不能滿足市民生活的多元化要求。二戰後誕生的多數社會主義國家，在冷戰體制下，繼承了在反法西斯戰爭時期共產黨和軍隊為動員民眾進行鬥爭而採用的高度集權的戰時共產主義體制，這也與東歐社會主義陣營瓦解有關。

　　歐洲冷戰體制瓦解的象徵性事件就是柏林圍牆的倒塌。1961 年 8 月，東德政府為阻止國民逃向西方，在東西柏林邊境建築了圍牆並設立了檢查站。隨着東德民主化運動的高漲，檢查站被迫開放，東德民眾像雪崩一樣湧入西德。東西德兩國青年攀登上勃蘭登堡門前厚厚的牆壁，握手擁抱，高呼萬歲。1990 年 10 月，東西德統一，象徵冷戰的柏林圍牆被全部拆除。

　　東歐革命引起的東歐社會主義體制的崩潰，也波及蘇聯。1990 年 2 月，蘇聯共產黨中央委員會擴大會議將「共產黨的領導作用」從憲法中刪除，採用「總統制」，結束了蘇共一黨治國的政治結構，而由總統作為國家代表行使最高權力。戈爾巴喬夫就任首屆總統。戈爾巴喬夫自 1985 年就任蘇聯共產黨總書記以來，試圖以「自上而下的改革」來打破蘇聯社會主義體制的僵局。他將自己的政策稱為「Перестройка（重建）」，通過民主化政策，弱化國家安全委員會（克格勃）的權力，開放輿論，允許自由批評，公開信息，改革

左／柏林圍牆下昔日的檢查站　右／柏林圍牆倒塌

過去蘇共對信息的獨佔和統制。同時，對蘇聯和共產黨的歷史錯誤進行「重新評價」，並推行複數候選制度和秘密投票 ❶ 等一系列政治改革。

　　但是，蘇聯社會要求改革的浪潮超越了戈爾巴喬夫的意圖而逐步擴大。1991 年 12 月，構成蘇維埃社會主義共和國聯盟的 15 個共和國陸續宣告獨立，同月，俄羅斯聯邦誕生，蘇聯解體。

　　早在 1991 年 6 月，由蘇聯和東歐各國構成的經濟互助會（COMECON，1949 年建立）在成立 42 年後解散；7 月，與北大西洋公約組織（簡稱北約，NATO）相對抗的華沙條約組織（簡稱華約，是蘇聯和東歐國家相互安全保障機構，WTO）解體。蘇聯與東歐的社會主義體制最終解體，標誌着東西方的

---

❶ 1990年3月，第三次蘇聯（非常）人民代表大會通過的設立總統的法律規定「蘇聯總統由蘇聯公民根據普遍、平等和首任選舉的權利，以秘密投票方式選舉產生」。

對立以東方的失敗而宣告冷戰時代的結束。

美國的新世界戰略與日本

　　冷戰體制的崩潰標誌着新時代的開端。蘇聯瓦解後，美國成為唯一的超級大國，遂謀求單極主義的世界戰略。冷戰時期，為對抗蘇聯的共產主義威脅，美國一直鼓吹民主自由，以維持其所謂的「自由世界」霸權，並為此在世界各地建立美軍基地網。隨着蘇聯的解體，勝利者美國迎來了一元化的霸權時代。此後，美國認為能夠對其霸權地位構成威脅的就是歐盟和日益強大的中國，將其視為「潛在的威脅」。

　　如果沒有「敵人」，軍事戰略和軍事構想將不成立。蘇聯的威脅不復存在後，美國設想的主要威脅是地域紛爭，也就是被其視為「無賴國家」對近鄰國家的侵略那樣的威脅。被美國指定的所謂「無賴國家」有伊拉克、伊朗、利比亞、敍利亞、朝鮮等國。美國要為抑制這些國家的非法行為充當「國際警察」。為此，它主張需要配備強大的軍事力量，以維持其在國際範圍內的行動。

　　1991 年爆發的海灣戰爭，成為美軍對外宣傳其作為「國際警察」角色的必要性與重要性的機會。1990 年 8 月，伊拉克總統薩達姆・侯賽因入侵吞併科威特。次年 1 月，在美國主導下的多國部隊開始對伊拉克進行轟炸，海灣戰爭爆發。2 月，被派出的多國部隊已超過 50 萬人，伊拉克軍隊被迫撤出科威特，戰爭結束。海灣戰爭中，英法分別出動了軍事力量，日本、德國和阿拉伯聯合酋長國負擔了戰費。對日本而言，負擔戰費這一行為，為強化日美軍事同盟邁出了新的一步。得到同盟國提供的充分支持和軍費後，美軍才能夠展現其強大的軍事打擊能力。

　　成為超級軍事大國的美國，由於財政和貿易赤字的纍積，不得不削減軍事費用。受此影響，美國無法單獨採取大規模、長期的軍事行動。為此，作為冷

戰後的新戰略，美國的構想是着手培養其同盟國的軍事能力，以分擔其任務，彌補它在全球範圍內的戰力不足。蘇聯對歐洲的威脅消除後，美國縮減了三分之二的駐歐軍隊。但是，美軍在亞太地區的軍事力量沒有變化。二戰後爆發的大規模區域戰爭，如朝鮮戰爭、越南戰爭、海灣戰爭等都在亞洲地區。對於美國來說，亞洲具有重要的軍事價值。

1991 年，菲律賓議會上院否決了含有保留美軍基地等內容的《美菲友好安全保障條約》，一年後，美軍從菲律賓全部撤退。此後，美國太平洋司令部總司令所管轄的美軍主要集中在日本和韓國。其中駐日美軍有美國第七艦隊、海軍第三遠征軍、第五航空軍，都是以廣域戰略機動為目的的部隊，意味着日美安保體制被確定了美國在亞太地區霸權戰略的軸心位置。

1992 年，美國總統（老）布什和日本首相宮澤喜一舉行首腦會談，將日美關係定為全球性戰略夥伴關係。雙方發表《東京宣言》，聲明：「作為亞太地區利益攸關的國家，日本和美國認識到，兩國的防衛關係在維持這片廣大而富有多樣性地區的和平和穩定中的重要性」。亞太地區被定位為具有「利益攸關」的地域，日美在這裡的軍事合作得到確認。所以，我們有必要重新審視此前以日本防衛為原則的日美軍事合作關係。

1993 年 9 月，美國總統克林頓在聯合國發表演說稱：「在新時代，我們最優先發展的目標，是擴大、強化以市場為基礎的民主主義各國的世界共同體」，着重強調美國在蘇聯瓦解後的「擴張戰略」的轉換。此後，美國為實現其主動進攻方針的「擴張戰略」，謀求在全球範圍內的爆發紛爭和內戰的地區，根據自己的判斷而進行單方面軍事介入。因此，日美安保體制轉變為全新的軍事同盟，適用範圍從以往的遠東地區，擴大到整個亞太地區，並可採取先發制人的進攻戰略。

1996 年 4 月，在東京召開的日美首腦會談上，克林頓總統和橋本龍太郎首相發表了名為「面向 21 世紀的同盟」的《日美安全保障共同宣言》，確認「對

日美安全保障關係起支撐意義的美國對亞太地區的參與」，對於該地區的安全保障局勢乃至和平穩定是必要的。日美兩國政府以日美安保體制為基軸，分別與中國、韓國、朝鮮、俄羅斯調整關係。該宣言標榜「日美在涉及全球性問題上的合作」，日本承諾在中東問題和前南斯拉夫問題上配合美國的全球戰略。

　　由於《日美安保條約》超越了日本防衛框架，擴大為支持美國單極主義的世界戰略，從而需要修改 1978 年簽訂的《日美防衛合作指針》。1997 年 9 月，日美兩國簽訂了《日美防衛合作新指針》。新指針增加了「在日本遭受武力攻擊的情況下」的內容，以及應對「日本周圍地區的事態」（周邊事態）的內容。由於指針稱「周邊事態的概念不是指地理上的，而是針對事態的性質」，所以日本積極地支持全球規模，即世界規模內的美國戰略。日本政府為了支援美國的戰爭，為了能夠將國內的自治體和民眾總動員起來，1999 年 5 月在國會強行通過了《日美防衛合作方針》的有關法律文件。

日美同盟的強化與日本的右傾化

　　根據新的《日美防衛合作方針》，日美安保關係被重新定義，日本被劃入美國在全球範圍內實行先發制人進攻戰略的網絡之中。但是，由於戰後日本憲法不承認國家交戰權、宣佈放棄戰爭，對日本有種種限制，因此日本政府與執政黨加快策劃修改憲法的活動。1997 年 5 月，主張修憲的政治團體「保護日本國民會議」和右派宗教團體「保衛日本之會」，聯合成立以修改憲法為基本行動方針的日本最大的右翼集團「日本會議」，與之相關聯，支持其主張的國會議員還結成了「日本會議國會議員懇談會」（超黨派，簡稱「日本會議議聯」），執政的自民黨議員中半數以上成為該會成員。為了進一步推動憲法修改，還成立了超黨派的「憲法調查委員會設置推進議員聯盟」（簡稱「改憲議聯」）。

　　與民間右翼團體相呼應的是，日本政界充斥着「美麗的國家日本」、「自豪的日本」、「日本文化的優秀性」等傳統的日本主義的主張。為了改變歷史教育，而且更要改變國民對戰爭的歷史認識，美化和肯定侵略戰爭，在日本成立了「新歷史教科書編撰會」（1997 年 1 月），自民黨國會議員還組成「思考日本的前途和歷史教育的年輕議員會」（1997 年 2 月）。此後，為了將日軍「慰安婦」的記述從日本的歷史教科書中抹去，並使南京大屠殺的記述倒退，開始了對戰後日本教科書的第三次攻訐。2001 年 4 月就任首相的小泉純一郎多次參拜靖國神社，也起到了為改憲推波助瀾的作用。

　　日本以強大的經濟實力為背景，試圖依靠日美同盟加強在亞太地區擴張的舉動，引起了中國和韓國的警惕，在歷史認識問題上，日本歷史修正主義勢力的抬頭，遭到中韓兩國的強烈批判。

　　2001 年 9 月 11 日，象徵美國經濟和軍事力量的世界貿易中心和五角大樓遭到「自殺」式攻擊後，布什總統宣佈：將同恐怖主義的鬥爭作為美國的國家目標，採用「先發制人」戰略，以軍事手段顛覆幫助恐怖組織的國家。這被國際社會認為是超越了自衛戰爭的範圍。布殊總統將九一一事件視作對美國的「戰爭」，為此發動了對阿富汗的報復性戰爭，繼而進攻伊拉克，正式打響了「反恐戰爭」。美軍在日本的軍事基地成為美國「機動展開部隊」發動進攻時，連接戰場和本土的後方基地。日本也為了派出自衛隊以配合美國的報復性攻擊而制定了《反恐特別措施法》（2001 年 10 月），同時為了向他國軍隊提供軍事性支援，戰後首次將自衛隊派到了印度洋。此後，為了支持美國的伊拉克戰爭而制定《支援伊拉克復興特別措施法》（2003 年 7 月），把自衛隊派到了伊拉克戰場，為美軍提供後勤支援。

　　此後，美國在全球範圍內重組海外駐軍，將美軍在西太平洋至印度洋、波斯灣的駐軍司令部職能集中於駐日美軍基地。同時，美軍還積極推動和自衛隊司令部的整合，強化日本的「前進基地化」作用，進一步加強「日美軍事一

體化」。美國政府中認為日本「憲法九條是日美同盟的障礙」，「日本憲法對集團自衛權的否定是日美同盟的束縛」的人越來越多，成為迫使日本改憲的壓力。日美同盟的強化，是加速日本社會政治右傾化的主要原因。

　　對此，中國一面保持與日美同盟體制對抗的姿態，同時謀求與伊朗、阿拉伯伊斯蘭世界、俄羅斯等聯合建立新的國際安全保障體制。

韓美同盟的變化

　　1990 年 4 月，美國國防部在一份報告書中提示將逐漸撤回駐亞太地區的美軍。至 1992 年 12 月，美國共撤退駐韓美軍 6987 人。但由於朝鮮核開發問題的出現，美國再次認識到在東亞前沿配置軍事力量關係到自身的國家安全利益。為此，美國暫緩撤回第二批駐韓美軍。此後，克林頓政府為在東亞地區的安全保障和區域平衡方面發揮美國的核心作用，在該地區配置了大約十萬美軍，50% 駐日本，40% 駐韓國。

　　1987 年，在韓國民主化過渡期成為總統候選人的盧泰愚，為順應社會上的反美輿論，決定將美軍設在漢城龍山的軍事基地遷移他處。美國為了確保駐韓美軍的穩定，維持韓美軍事同盟，接受了他的要求並同意協商。

　　1998 年開始的金大中政權對朝鮮實行「陽光政策」，使朝鮮半島的冷戰局勢有所緩和。朝鮮核問題以及 1998 年朝鮮發射導彈引起的緊張局勢，在 2000 年 6 月召開的具有歷史意義的南北首腦會談中得到緩和。6 月 15 日公佈的《南北共同宣言》，體現了南北雙方最高領袖在統一政策上相互探索共同點，以及可望達成共識的姿態，具有劃時代的意義。這一南北和解的方針意味着今後雙方都很難再倒退到以前，從而打開了通過南北交流發展而實現和解、合作時代的序幕。

　　然而，隱藏在韓美同盟背後的一系列問題不斷曝光。例如如何修改涉及對

駐韓美軍基地周圍的民眾抗議美軍的犯罪行為

駐韓美軍犯罪審判權問題的《駐韓美軍地位協定》（SOFT）問題、梅香里射擊場居民問題、老斤里屠殺事件的公開問題、在韓美軍的環境污染問題等。

　　特別是布殊總統在九一一事件後，將朝鮮與伊朗、伊拉克一道指名為「邪惡軸心國」，對朝鮮採取更加強硬的政策，令其採取孤注一擲的戰術，惡化了與美國的關係。與布殊政府對朝鮮推行的非此即彼的強硬政策不同，金大中政府謀求和解、合作，盧武鉉政府也繼承這一方針對朝鮮提供大規模支援，設想以實現朝鮮半島的和平、繁榮為基礎，使其成為東亞經濟的中心。韓國上述對朝鮮的緩和政策同美國的強硬政策發生了衝突。

　　與此同時，盧武鉉總統還考慮擺脫對美國的單方面依賴，實現與美國對等

的同盟關係，進而在東亞發揮不偏不倚的均衡作用。盧武鉉對東亞的構想，可以歸納為在和平繁榮的東亞共同體形成過程中發揮韓國的核心或均衡的作用。他認為韓國在地理上位於東亞中心，連接大陸和海洋，應該在東亞的協作與統合過程中成為核心或均衡者。因此，他一方面試想實現自主國防，同時又要維持韓美同盟以追求東亞的集團安全體制。

　　為此，盧武鉉政府嘗試將分散在各地的美軍基地進行合併，形成大型核心基地。美國也在考慮削減海外駐軍，將美軍轉移到遠離具有遠程打擊能力的假想敵國射程範圍外的後方，因此雙方很容易達成共識。但是，韓國國內輿論批評政府操之過急，負擔了美國過重的遷移費。此外，韓國政府決定出兵支持美國攻打伊拉克的政策，也遭到國內輿論的激烈批判，這種批判主要集中在兩點：一是美國的對伊戰爭目的和手段是否正當，尚受到國內外的質疑；二是韓國出兵沒有得到相應的補償。

　　2006 年，盧武鉉政府不顧保守勢力的激烈反對，收回了朝鮮戰爭時予以美國的戰時作戰指揮權。20 世紀 90 年代以後的韓美關係，開始掙脫「同盟」重要性大於公平和正當性的傳統關係框架。這一點，在韓國國民對美認識的轉變上也起到了作用。韓國國民開始敢於批評原反共同盟體制下駐韓美軍的犯罪和美軍基地的環境污染等問題；在改善南北關係方面，他們也逐漸認識到，只有當事者韓國和朝鮮掌握主導權，才能構築朝鮮半島的和平，進而實現真正的韓美同盟。

第二節　東亞的區域全球化和政治變動

韓蘇、中韓建立邦交及中蘇對立的解除

隨着冷戰體制的瓦解，一方面社會主義經濟圈消亡，一方面資本主義市場經濟的全球化（世界化）趨勢加速。隨着信息、通訊和交通技術的飛躍進步，資本、勞動力和貨幣越過國境而迅速移動，全方位地促進了市場的全球化。與經濟跨越國境相聯繫，貿易、投資、金融等各領域的全球化體系建立起來，任何一個國家要取得經濟的增長和效率的提高，都得加入到全球化的行列中。

冷戰體制的崩潰與全球化的發展，在東亞也引起了韓國與蘇聯、中國的國家對立結構的變化。考慮到本國經濟的發展，蘇聯（解體後的俄羅斯）與中國希望與韓國一起加入到世界資本主義市場經濟中。因為經濟發展基於市場經濟的原理，經濟的開放和自由化政策的積極推進必須要向周邊各國擴大經濟領域。所以，中國、韓國、蘇聯（解體後的俄羅斯）沒有外交關係是很大的障礙。

接受冷戰體制崩潰的現實而奉行積極的外交政策的是韓國。1988 年 2 月，盧泰愚政府打出所謂「北方政策」，希望通過改善包括同朝鮮在內的北方社會主義國家的關係，使韓國與西側國家的貿易結構多元化，進而確保朝鮮半島的和平與安全。在與朝鮮直接會談未能達成和解的狀況下，韓國同東歐國家及蘇聯、中國陸續建立邦交，以此對同一民族的朝鮮施加壓力。1989 年，柏林圍牆的倒塌和隨後的東西德統一，觸動了許多韓國人。他們期待在歐洲結束冷戰，實現和解後，在不久的將來，在東亞和朝鮮半島也能實現和解和統一。

1989 年 2 月、11 月，韓國分別與匈牙利、波蘭建立外交關係；12 月，同蘇聯就設立領事館達成共識。自 1961 年《蘇朝友好合作互助條約》簽訂後，蘇聯同朝鮮建立同盟關係，視其為朝鮮半島唯一的合法政府。而戈爾巴喬夫基

於「新思維」外交的考慮，開始慎重對待改善同韓國的關係。他認為改善兩國關係有利於蘇聯利益，有利於重建陷入危機的蘇聯經濟。當時還有一個背景促進了蘇聯與韓國接近，這就是日本因北方領土問題而沒有承諾給予蘇聯大規模的經濟援助，所以蘇聯就要以韓國取而代之。美國認為韓蘇實現邦交正常化，有助於將世界資本主義體系擴大到遠東地區，並促進其穩定，因此也助了一臂之力。

1990 年 6 月，為回避朝鮮的極力反對，盧泰愚總統與戈爾巴喬夫總統在美國舊金山閃電般地舉行了史無前例的韓蘇首腦會談。接着在 9 月 30 日，在紐約的聯合國總部，韓蘇兩國外長簽署了建立邦交的外交文件。

韓蘇建交後，中國判斷同韓國建交將會使朝鮮更加孤立，可能造成東亞局勢不穩，暫時採取了慎重的態度，但是，同經濟迅速發展，實施出口導向型經濟政策的「東亞四小龍」之一的韓國進行經濟合作和發展貿易，對於中國的經濟發展也是很重要的。於是，1992 年 8 月，中國與韓國解除了敵對關係而實現了邦交正常化。中國外交部發言人強調將繼續與朝鮮保持友好關係，兩國間締結的條約與協定不變。

中韓建交後，兩國經濟關係呈現前所未有的發展態勢，兩國首腦互訪也很活躍。同年 12 月，韓國與越南建交，推動經濟合作。當時，越南引進市場經濟原理，為加快國內經濟發展而實行對外開放政策。

在冷戰體制隨着蘇聯與東歐社會主義陣營的解體而結束的形勢下，中蘇兩國都在脫離傳統社會主義的意識形態方面有所進展，不同程度地接受了世界資本主義的市場經濟機制。曾圍繞社會主義陣營的領導權而展開的中蘇對立的政治、思想的局面已經消解。另外，與世界經濟結合而實施對外經濟開放的中蘇兩國，繼續對立與斷絕關係則成為兩國發展的障礙。1989 年 5 月，蘇共總書記戈爾巴喬夫實現了 30 年來蘇聯首腦的首次訪華，在北京同中共中央軍委主席鄧小平舉行會談。兩國首腦握手言歡，達成歷史性和解，給多年來的中蘇對立

打上了休止符，實現了中蘇關係正常化。

1990 年 4 月，中蘇兩國簽訂《關於在邊境地區相互裁減軍事力量和加強軍事領域信任的指導原則的協議》；1991 年 5 月，雙方簽訂《中蘇國界東段協定》，邊界地區的對立才基本得到緩解；1992 年 12 月，葉利欽總統訪問北京，確認了蘇聯解體後俄羅斯和中國的友好國家關係；1994 年 9 月，江澤民主席訪問莫斯科，同葉利欽發表共同聲明，倡導中俄之間建立「建設性夥伴關係」。隨着蘇聯的解體和中國改革開放的發展，中俄邊境由對立時代因武裝衝突而令人望而卻步的地區，成為兩國商人和民間人士的交易市場，呈現前所未有的繁榮景象。

從紛爭到交易——中俄邊境的島嶼

中蘇對立的激化，一度擴大到圍繞中蘇邊境領土問題的紛爭。20世紀60年代後期，在4380公里長的中蘇邊境兩側，大約有66萬蘇聯軍隊同80萬中國人民解放軍對峙。隨着緊張局勢的激化，中蘇邊境地帶頻繁發生武裝衝突事件。1969年3月，中蘇兩軍在珍寶島（蘇聯稱達曼斯基島）爆發了大規模的軍事衝突。

珍寶島是位於蘇聯哈巴羅夫斯克和符拉迪沃斯托克的中間、中俄東部邊境烏蘇里江的一個小島。1969年3月2日，蘇聯邊防軍同中國人民解放軍發生衝突，造成雙方數十人傷亡。4日，《人民日報》發表社論《打倒新沙皇》，批評「蘇修叛徒集團不斷武裝侵犯我國領土」。15日，蘇聯軍隊突擊珍寶島，雙方再次發生武裝衝突，造成了更大的傷亡。1989年中蘇兩國關係正常化後，兩國開始進行全面的國界勘定；1991年5月，在蘇聯解體前夕雙方簽署了《中蘇國界東段協定》，明確珍寶島歸屬中華人民共和國。

黑瞎子島（俄語稱大烏蘇里島），位於黑龍江（俄語稱阿穆爾河）與烏蘇里江交匯處，加上旁邊的銀龍島，總面積為335平方公里。中蘇邊境衝突激化時，蘇聯為守衛東側對岸的哈巴羅夫斯克，在黑瞎子島部署部隊，在該島的西側對岸設置陣地與中國軍隊對峙。冷戰後，中俄國界勘定工作對該島的歸屬問題始終存在爭議，最後按照五五均分原則達成最終解決的協議。2008年，中俄以均分形式確定了該島歸屬。

在黑瞎子島的中心，以南北方向劃分中俄國界。中國政府在歸屬中方的該島西部設置「經濟貿易開發區」。俄羅斯在對岸的哈巴羅夫斯克

也準備建設商業中心。當年位於中蘇邊境紛爭最前線的黑瞎子島，現在正變身為中俄兩國人民經濟交流與商業活動的場所。

中俄兩國圍繞曾發生過武裝衝突的領土，通過外交協商和平解決，重新勘定國界這一事實，對東亞各國處理尚未解決的領土問題，具有啟示性的意義。

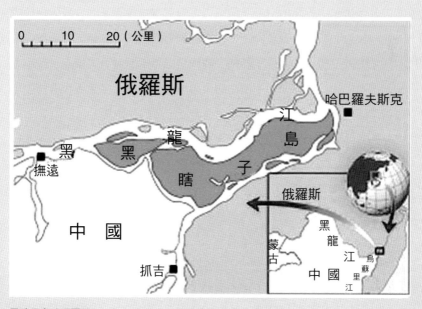

黑瞎子島地理圖示

中國的改革開放與全球化

「文化大革命」後的中國，推進了基於鄧小平理論的改革開放政策。鄧小平提出即使不實行計劃經濟也可使社會主義發展，為構築中國社會主義市場經濟理論而修正了過去的理論，以優先開放經濟和提高生產力，以國民經濟的發展和國民生活的提高為目標。中國共產黨第十一屆三中全會（1978 年末）確定了改革開放政策後，中國開始引進此前被否定的資本主義國家的外資，積極吸收西方先進的技術與設備，吸收資金，引進經濟管理模式。為此，中國重視發展與所有國家的友好與合作關係。於是，經濟全球化迅速發展，資本、勞動力與技術的跨越國境的移動頻繁，不僅在商業領域，而且在生產領域也與國際化的世界經濟和國際性的相互依存關係飛躍性發展的時代相適應。

1987 年秋，中共第十三次全國代表大會提出了政治改革的構想：一、實行黨政分開；二、進一步下放權力；三、改革政府工作機構；四、改革幹部人事制度，建立國家公務員制度；五、建立社會協商對話制度；六、完善社會主義民主政治，逐步實現全國人民代表大會代表的年輕化等若干制度；七、加強社會主義法制建設，特別強化經濟領域的立法。改革的核心是實行黨政分開，政企分開，職能明確。此後，在深化改革開放政策的過程中，不僅是對經濟體制，而且對政治體制的改革和要求民主化的運動，也在學生與知識分子中擴大了影響。由於對民主的要求而產生的對立逐漸激化，1989 年 4 月至 6 月，中國出現政治風波，各方面都受到影響。

對此，西方各國對中國採取了制裁措施，但日本的態度與歐美不同。日本在尋求平息事態的同時，通過經濟合作來全面配合中國改革開放，確保改革的方針不變。雖然該事件一度導致中國經濟發展放緩，但是鄧小平在 1992 年春節前視察中國南方各省市時，發表了繼續推動經濟改革和對外開放的《南巡講話》。以此為契機，全球化趨勢影響中國，中國成了巨大的商品與資本市場，

在中國經濟發展中領先的深圳特區

海外新的信息、技術湧入，中國也進入世界經濟體系，中國經濟轉向高度增長。

　　蘇聯和東歐的社會主義政權「和平」地但是震撼性地解體，也給中國帶來了巨大影響。對此，中國領導人在致力於加速經濟增長，提高人民生活水平和文化發展的同時，通過實行愛國主義教育以加強民族凝聚力。1994 年 9 月，中共中央宣傳部發表《愛國主義教育實施綱要》，提出：「開展愛國主義教育的目的，是要振興民族精神，加強民族凝聚力，樹立民族自尊心和自豪感，鞏固和發展最廣泛的愛國統一戰線」，以實現國家的統一和現代化。

　　鄧小平南巡講話後，中國經濟繼續保持快速增長，並通過與周邊國家的友好協商外交，逐漸增強了中國的國際影響力。1994 年至 1995 年，世界銀行對中國經濟實力的評價是：從購買力平價考察，中國僅次於美國，居世界第二位。1999 年，中國為加入世界貿易組織（WTO）而實行國務院機構改革，進

一步加強經濟方面的制度、法制改革，還簽署了政治全球化性質的《國際人權公約》。2001 年 12 月，中國成功加入世界貿易組織。

1997 年，由於泰國政府使泰國貨幣銖實質性貶值而引起東南亞各國通貨貶值，進而向東亞、俄羅斯擴散而引起了金融風暴，而這一風暴成為中國重視亞洲地域外交與東亞區域經濟的轉機 ❶。2002 年，中國對加入國際合作機構更加積極，10 月，江澤民主席出席了在墨西哥舉行的亞洲太平洋經濟合作會議（APEC）非正式首腦會議，簽署了使貿易投資自由化的 APEC 首腦聲明。11 月，朱鎔基總理出席在柬埔寨舉行的東盟（ASEAN）首腦會議，在包括中國與東盟間自由貿易協定（FTA）的經濟框架協定以及防止圍繞南沙群島的紛爭的《南中國海行動宣言》上簽字。以此為契機，中國積極支持東盟的一體化，與之開展多樣性的經濟貿易合作。同年 11 月，在中共召開的十六大上，決定分別與發達國家、周邊國家及發展中國家在不同層面積極開展國際合作，將東亞地區作為周邊近鄰外交的對象而加以重視。

另一方面，隨着高速經濟增長，中國出現了富裕與貧困、城市與農村、沿海地區與內陸地區的社會差別，對此，2003 年，中國共產黨提出「科學發展觀」和「建設和諧社會」的口號，宣佈要構建和諧的社會。2006 年，中國的國家經濟規模和貿易規模排名世界第五位，又經過短短四年，到 2010 年成為世界第二大經濟體。作為聯合國安理會常任理事國，中國派遣了大批維和部隊參與全球維和行動；在朝鮮核開發問題上擔任六方會談 ❷ 的東道主，為解決國際紛爭承擔義務，逐漸擴大了國際影響力。

---

❶ 在亞洲金融風暴中，中國堅持人民幣不貶值，承受了巨大的壓力。由於中國實行比較謹慎的金融政策和前幾年採取的一系列防範金融風險的措施，在危機中未受到直接衝擊，金融和經濟繼續保持穩定。為緩解亞洲金融危機，中國政府採取了一系列的積極政策。

❷ 六方會談，是指由中國、朝鮮、美國、韓國、俄羅斯和日本六國，共同參與的旨在解決朝鮮核問題的一系列不定期談判。首次六方會談於2003年8月在北京舉行。

　　台灣的國民黨政權自 1949 年 5 月實施戒嚴令以來，長期在台灣限制人民的言論、出版、集會、結社等自由。蔣經國繼任「總統」後，於 1987 年 7 月宣佈解除戒嚴令，並開放黨禁、報禁。1988 年蔣經國病逝後，李登輝繼任「總統」，推行「總統」、「副總統」的國民直接選舉、修改「憲法」等一系列民主化政策。1996 年，李登輝當選台灣首屆民選「總統」。生於台灣、長於台灣的李登輝針對國民黨長期堅持和主張的「一個中國」論，提出大陸與台灣是國與國關係的「兩國論」觀點。2000 年，民主進步黨（民進黨）候選人陳水扁贏得「總統」大選，「台獨」勢力不斷擴大。2008 年的「總統」選舉中，國民黨再次成為執政黨。

　　關於兩岸關係，台灣於 1991 年通過《國家統一綱領》，表示希望通過交流互惠、信任合作達到和平統一。中國共產黨也提倡通過「一國兩制」，實現兩岸的和平統一，優先發展經濟關係，令大陸和台灣的交流有所進展。中國政府還在「一國兩制」原則下，於 1997 年實現了香港從英國的回歸，1999 年實現了澳門從葡萄牙的回歸。

韓國的政治民主化與全球化

　　1987 年 6 月，韓國爆發民主抗爭後，追求民主成為大勢所趨。由於盧泰愚政權接受對第五共和國舉行聽證會的要求，開始着手調查五一八光州民主化運動和言論統制等的真相。韓國民眾對美國的認識也開始有所變化。由於美國擁有韓國軍事指揮權，所以在五一八光州民主化運動的軍事鎮壓上負有一定責任，由此產生了「反美」意識，社會上掀起了糾正被歪曲的韓美關係的社會運動。

　　學生運動確立了自主、民主、統一的基本方向。全國各地自發的工人運動和農民運動逐步結成有組織的運動。1992 年 12 月，金泳三在總統選舉中獲勝，

第二年開始文人政府執政。在金泳三政權下，韓國在形式上實現了一定程度的民主。憲法所保障的國民自由和權利有了一定的實質性發展，工人、婦女以及社會弱勢群體的束縛被打破。隨着民主化運動的多元化，市民運動團體相繼成立。此外，還出現了殖民地統治及戰爭被害人向日本政府要求賠償的運動（訴訟）。

在韓國的民主化運動過程中，還有一點是值得注意的，即統一運動的活躍開展。這一期間，在反共思想和國家保安法的禁錮下，有關半島統一問題是社會禁區，完全為政權所壟斷。隨着民主化運動的深入，很多人認識到：民主主義社會遲早要在朝鮮半島實現。為此，需要克服外國勢力的干涉，致力於民族統一。在這一點上，韓國國民逐步達成了共識。1989 年 3 月和 6 月，文益煥牧師和學生代表林秀卿分別訪問朝鮮，成為統一運動的新轉機，給韓國國民和全世界留下深刻印象。1991 年 11 月，在漢城召開了「亞洲和平與婦女作用」大會，最高人民會議副議長呂燕九（呂運亨之女）率領朝鮮代表 15 人參加了會議。這是朝鮮半島分裂後南北婦女代表的首次交流。來自日本的代表，討論了東亞男女不平等的起源和解決之策。次年 9 月，在平壤召開的同一主題的會議上，就解決日軍「慰安婦問題」進行聯合活動一事雙方達成了共識。韓國國內對南北關係和統一問題關注的加強及認識的提高，也為金大中政府成立後改善南北關係提供了良好的條件。

1995 年，韓國的國民所得突破一萬美元大關，1996 年，韓國加入經濟合作與發展組織（簡稱經合組織，OECD）❶。韓國的「世界化」戰略奏效，躋

---

❶ 經濟合作與發展組織（Organization for Economic Co-operation and Development），簡稱經合組織（OECD），是由34個市場經濟國家組成的政府間國際經濟組織，旨在共同應對全球化帶來的經濟、社會和政府治理等方面的挑戰，並把握全球化帶來的機遇。成立於1961年，總部設在巴黎。

身於世界先進國家的行列。但在 1997 年,韓國經濟因一些企業破產和金融機構不良債權的增大而陷入危機。這是因為與韓國經濟同樣持續快速增長的泰國經濟,由於泡沫爆破而引起泰銖暴跌,爆發了亞洲金融危機,直接打擊了韓國經濟。

在經濟危機期間舉行的 1997 年總統大選中,金大中獲得勝利。金大中政權接受國際貨幣基金組織(IMF)的巨額援助,並採取一系列克服危機的緊急措施,斷然實行四大結構改革(金融、企業、行政、勞動結構的改革),同時撤銷外國投資限制,面向世界資本市場推進自由化政策。同時,國民上下齊心

實現了南北首腦會談的金大中與金正日

協力，開展「募金運動」，使韓國經濟危機得到平息。自 1999 年起，韓國經濟重獲生機，貿易收支也轉為黑字。

1998 年 2 月，金大中在總統就職演說中明確提出對朝鮮政策的三大原則：第一，不允許在朝鮮半島的一切武力挑釁；第二，不以吞併朝鮮的方式實現統一；第三，推進南北間的協力合作。2000 年 6 月，韓國主動尋求與朝鮮進行合作。此後，推進了這一被稱為「陽光政策」的南北和解政策。

2000 年 6 月，金大中訪問平壤，與朝鮮國家元首金正日舉行南北首腦會談。這是南北分裂以後，首次舉行的首腦會談，並發表了《南北共同宣言》。雙方認為：南方提出的實現統一的邦聯制和北方提出的初級階段聯邦制具有共同性，雙方決定今後將朝着這一方向推進統一進程。雙方還在南北離散家族互訪、南北間多元交流、舉行南北部長級會談等方面達成共識。

《南北共同宣言》的發表，是為克服朝鮮戰爭以來的分裂體制，雙方共同努力作出妥協的結果。金大中勇於克服 50 年來南北分裂所造成的敵對狀態，通過訪問朝鮮而緩解了南北緊張關係，在當年獲得諾貝爾和平獎。

美國一直強調以朝鮮核開發問題為主的朝鮮半島危機，甚至設想發動第二次朝鮮戰爭，以 1996 年的「日美安全保障再定義」和 1997 年重新調整的《日美防衞合作新指針》來強化日美安保體制，同時也要求韓國軍隊、駐韓美軍、駐日美軍軍事一體化。而「陽光政策」的實施，促使美國重新考慮其戰略構想。

在同日本的關係方面，1998 年 10 月，金大中總統訪問日本，邁出了歷史性和解的第一步。在雙方發表的《日韓共同宣言》中，將「面向 21 世紀的新的夥伴關係」作為基本方針，對於歷史問題，日本政府表示：「回顧本世紀的日韓關係，我國在過去的一段時期裡對韓國民眾的殖民統治造成了巨大的損失和痛苦，我們誠懇地接受這一歷史事實，並對此表示沉痛的反省和由衷的道歉」。對此，韓國政府真誠接受日本對殖民地統治的歷史認識，表示「共同宣言的發表開闢了新時代的友好關係」。隨後，韓國解除了對日本流行文化的封鎖。

在國際貨幣基金組織的幫助下，韓國經濟渡過金融危機，出口產業的增長和房地產市場的活躍再次呈現良好勢頭。到 2008 年，韓國的製造業在全球的排名中，造船業及半導體生產佔第一位，移動電話生產佔第二位，汽車生產佔第五位，鋼鐵生產佔第六位，都達到世界水平，GDP 總值在世界排名第十三位。但是，這種經濟增長帶來了結構失衡，以出口拉動經濟增長的大企業，基本被少數大股東和外國資本控制，由於非正式工人的擴大等原因，國內各階層間的收入差距進一步拉大。

2009 年，在韓國的外國人超過 100 萬人。由於外國工人及同農村獨身男性結婚的外國婦女的增加，如今的韓國已經進入了「多元文化社會」。

朝鮮緊張關係的持續

對朝鮮而言，蘇聯與東歐社會主義國家的瓦解，意味着同上述「友好」國家的經濟貿易關係出現斷裂，成為朝鮮經濟衰退的直接誘因。特別是蘇聯解體後，來自俄羅斯的原油供給被中斷，造成了嚴重的石油能源供給不足。而且，韓國繼蘇聯之後，於 1992 年同中國建交，實際意味着中俄兩國與朝鮮的同盟關係開始褪色。這使朝鮮喪失了原先支持自己的社會主義同盟各國，而需要直接面對資本主義陣營的「壓迫和威脅」。

另一方面，1991 年 9 月韓國與朝鮮同時加入聯合國。本來，朝鮮是反對「兩個朝鮮」的，但謀求同時加入聯合國的韓國政府以單獨加入聯合國而逼迫朝鮮，結果朝鮮不得不改變態度。在韓國與朝鮮緊張關係緩和後，同年 12 月，南北雙方締結了和解與互不侵犯及合作交流的意向書，共同宣佈朝鮮半島的無核化。

1994 年，金日成主席病故。此後三年，朝鮮遭受了嚴重的自然災害，農業生產受到巨大打擊，出現了嚴重的糧食危機。朝鮮把 1995 年至 1998 年這段嚴

重的經濟困難時期稱為「苦難行軍」。在此期間，向中國延邊地區逃難的朝鮮人急劇增加。

這三年間，金日成之子金正日宣佈服喪而沒有在公共場合露面，而1997年10月，金正日就任朝鮮勞動黨總書記。1998年，朝鮮修改憲法，廢除了國家主席和中央人民委員會，將國防委員會作為國家領導機構，建立了以國防委員會委員長金正日為最高領袖的個人崇拜體制。這種體制被稱作「先軍政治」。金正日目睹了從20世紀80年代末到90年代初短短幾年內蘇聯與東歐社會主義國家的瓦解，因此選擇了「先軍政治」，他堅信如果不將軍隊掌握在手裡，就無力控制反革命和「帝國主義者與反動分子的反社會主義破壞」。

1998年8月，朝鮮向日本上空發射了三級火箭，被認為是大浦洞遠程導彈，而朝鮮則對外公佈發射的是人造衛星。為此，日本政府對朝鮮採取了制裁措施，美國政府也加強了警戒。11月，朝鮮在金倉里的地下設施被證實為核開發設施，美國要求對朝鮮進行核實調查。美國將所有朝鮮的核武器開發視為威脅，意圖在國際社會上全面孤立朝鮮，並且宣佈為防止在日美軍基地及日本遭到導彈襲擊而將其納入美國彈道導彈防禦系統。

九一一事件後，美國布殊政府將朝鮮與伊拉克、伊朗並列為「邪惡軸心國」，視其為支援恐怖活動的國家而採取強硬姿態，並呼籲進行世界範圍內的「反恐戰爭」。而日本首相小泉純一郎則在美國政策充分調整前的2002年9月訪問了平壤，簽署了《日朝平壤宣言》，承諾要盡早建立日朝邦交關係。宣言對日本在朝鮮的殖民地統治表示「痛切的反省和由衷的道歉」。朝鮮方面則承認「存在有與日本國民生命與安全相關的問題」，表示要防止今後再度發生。而這就是指日本人所說的綁架日本平民的問題。被綁架的五名日本人回到了日本。金正日委員長表明撤銷對日本殖民統治的賠償要求，以此換取日本的經濟援助。

但是，美國政府對日朝首腦會談感到擔心，以朝鮮的核武器開發問題來牽

制日本。日本國內也有人因朝鮮綁架人質問題而煽動民族情緒，強化了對朝鮮的制裁論，日朝交涉陷入破裂。對此，韓國政府及其國民強烈要求用和平手段來解決朝鮮的核問題。

伊拉克戰爭給朝鮮造成了巨大的衝擊。伊拉克戰爭初期，美國將薩達姆總統定為攻擊對象並要摧毀其體制。這表明，一旦戰爭打響，美國為摧毀金正日體制而採取軍事行動的可能性很大。特別是伊拉克儘管接受了國際社會對其生產大規模殺傷性武器的核查，仍遭到了美國的攻擊。

朝鮮為迫使美國放棄敵視政策，要求與其直接交涉並簽訂互不侵犯條約，以是否放棄核武器為條件，推行有關生死存亡的外交。然而在美國布什政府看來，為了美國的「正義」，應打倒「邪惡軸心國」，美朝直接交涉不會產生穩定關係。朝鮮作為最後的「選擇手段」，亮出「核王牌」，對抗美國的強硬政策，試圖用它來抵擋美國的威脅，並將其作為政策轉換的手段。對此，中國通過能源援助來促進朝鮮經濟改革，一面擔任六方會談的東道主，一面促使朝鮮放棄核武器開發政策，並同時為促進美國將朝鮮從恐怖活動國家中除名而持續地努力着。而美國在朝鮮問題的戰術及政策方面，也需要中國的合作，所以中美關係表面上是良好的。

第三節　東亞的經濟合作與民間交流

東亞自由貿易區的創設

進入 21 世紀後，以歐盟（EU）、北美自由貿易協定（NAFTA）為代表的區域性合作不斷擴大成為歷史潮流。在以朝鮮為中心持續緊張的軍事關係下，東亞地區的合作趨勢也開始活躍起來。20 世紀 80 年代後，東亞經濟在區域內的合作進一步發展，貿易額的一半是區域內的貿易，大量日本資金投入這一區域，進行生產。從 1990 年代開始，東亞各國政府間以自由貿易協定（FTA）為中心，開始進行經濟合作協定（EPA）交涉。自由貿易協定是指，兩國間或者地域間廢除關稅和進出口限制等貿易壁壘和外資限制，其目的在於實現貿易和投資等的自由化。在全球化時代，近鄰國家互相合作，處理邊境問題時，由於聯合國體制下對全球化的治理還不是十分完善，因此形成地域間的聯合是更有效的方法。即使通商規則提高了世界貿易組織的權威，但是要促進個別國家間的貿易，特定區域的自由貿易協定也是最佳選擇。

20 世紀 90 年代後，中、日、韓三國和東盟各國的經濟關係日益緊密，東北亞和東南亞共同構築的東亞空間概念逐步為國際社會所接受。

建立東亞自由貿易協定的契機，源於 1997 年在泰國爆發的東亞金融風暴。1998 年 10 月，在金融風暴最嚴峻的時刻，金大中總統正式訪問日本，提議就日韓自由貿易協定展開共同研究。11 月，日韓兩國同意共同研究兩國的自由貿易協定。此後，日本的通商政策開始轉變為形成容納兩國及至多國的自由貿易協定。同年 12 月，東盟邀請中、日、韓三國首腦舉行會談，確立了 10 ＋ 3（APT：ASEAN Plus Three）的會議模式，它對形成包括東北亞和東南亞廣大區域的東亞經濟圈，具有劃時代的意義。

　　1998 年，東盟再次邀請中、日、韓三國舉行 10 ＋ 3 首腦會議，並決定將首腦會議定期化。在這次會議上，韓國總統金大中提議設立探索未來東亞合作可能性和方向性的東亞合作展望小組（EAVG）；1999 年的首腦會議，各國領袖首次共同發表了《東亞合作共同聲明》。

　　中國的積極參與，對形成整個東亞規模的自由貿易協定（FTA）起了決定性作用。2000 年 11 月召開的 10+3 首腦會議上，中國提出同東盟建立自由貿易協定。第二年，中國成功加入世界貿易組織後，趕在日本之前，在 2001 年 11 月與東盟簽訂了《經濟合作框架協定》，並同意在 10 年內締結自由貿易協定。中國提議在 2003 年實現特定農產品的自由貿易，到 2006 年 1 月廢除特定農產品關稅，並提出讓步的方案，同時向日韓首腦提出建立自由貿易協定的建議。

東亞區域合作框架

在 2000 年舉行的第四屆 10 ＋ 3 首腦會議上，各國共同決定成立東亞研究小組（EASG）。該小組於 2002 年 11 月完成了提供給未來的東亞首腦會議的建立東亞自由貿易協定提案的最終報告書，並提交給首腦會議。根據報告書的提議，2003 年 9 月在北京成立了 10 ＋ 3 智囊集團「東亞‧智囊‧網絡（NEAT）」，並着手籌劃實現東亞共同體的構想。

韓國也在 2003 年 11 月的東盟首腦會議上，提議與原加盟國發表共同聲明：到 2009 年，韓國和東盟至少將 80% 的產品免稅。2005 年 12 月，除中、日、韓和東盟十國（10 ＋ 3）外，澳大利亞、新西蘭、印度也參加了東亞首腦會議（EAS），並簽署了自由貿易協定框架協議，決心為創設東亞共同體而努力。

對此，美國提出由亞太經濟合作組織（Asia-Pacific Economic Cooperation，簡稱 APEC）成員國組成自由貿易協定（FTA）的構想，但東亞國家並沒有響應。1989 年創設的亞太經合組織，是為了實現以美國為中心的亞太各國的經濟利益持續增長和發展，世界經濟的增長與發展做出貢獻，按照《關貿總協定》（GATT）的各項原則鼓勵商品、服務、資本、技術的轉移，目的在於推進和強化已經形成的多元化貿易體制。美國是多數東亞國家最大的出口國，對於自己被排除在東亞自由貿易協定構想之外表示不快，並加強了警戒心。為了強化與東亞國家間的區域合作，美國從 2010 年起開始參加東亞首腦會議。日本也基於日美同盟基礎上的軍事和外交政策，而沒有真正地捲入構建東亞共同體的潮流。此外，為實現東亞自由貿易協定，東亞各國政府在相互信賴的基礎上做出政治決斷是不可或缺的。但日本政府對反省過去的侵略戰爭和殖民地統治並沒有做出真誠的努力，成為它跟東亞各國交往的很大障礙。

民間交流與大眾文化交流的促進

進入 21 世紀，東亞的經濟關係變得更加活躍、密切。隨着這些活躍的投

資和企業活動，很多企業人員也隨之遷移和交流。

2007 年，約有 398 萬日本人前往中國，約有 114 萬中國人來日本。在日本求學的中國留學生達到約 10 萬人以上。在日本生活的華人、華僑（取得日本國籍的為華人，保留中國國籍的為華僑）達 606889 人，佔外國人登記總數的 28.2%。同年，日韓兩國人民互訪達 484 萬人次，這一年訪日的韓國人數超過訪韓的日本人數。居住在韓國的日本人達 23217 人，在日本的韓國人、朝鮮人達 598129 人（據 2006 年外國人登記人數統計），長期居住在日本的外國人，

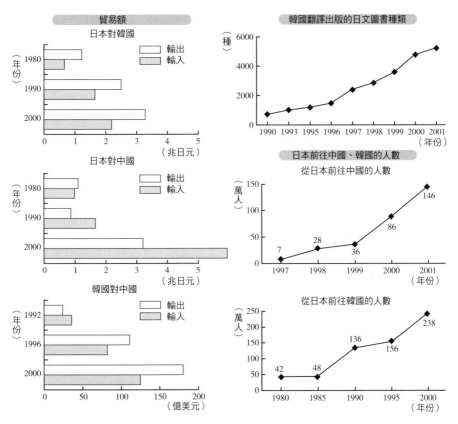

日益增長的中日韓貿易與民間交流

半數以上為華僑和在日韓國人、朝鮮人。伴隨中國、韓國訪日人數的猛增，日本很多城市的車站和道路標識、指示板上都增加了中文和韓文。

在韓國和朝鮮召開南北首腦會談的 2000 年，往返南北的人數為 7986 人，五年後的 2005 年為 88341 人，增長了 11 倍之多。2005 年 6 月，遊覽金剛山的遊客突破了 100 萬人，板門店西北的開城工業區內有 15 家韓國企業進駐並從事生產活動。

進入 21 世紀後，以年輕人為中心，日本、韓國、中國之間大眾文化（流行文化）的互相滲透加速了。2000 年，韓國最賣座的電影《生死諜變》在日本的電視台放映，韓國電影開始被日本人所認識。2002 年，日韓兩國共同舉辦世界盃足球賽，以此為契機，日本年輕人開始關心鄰國韓國。第二年，韓國電視連續劇《冬日戀曲》在日本走紅，其 DVD 和小說非常暢銷，男主角裴勇俊大受歡迎，甚至掀起了「裴氏熱潮」。2004 年，裴勇俊訪日時，羽田機場擠滿了 5000 多個影迷。該劇在韓國的拍攝地點也迎來了日本女觀光客遊覽的熱潮。此後，以《大長今》為代表的韓國電視劇陸續在日本上映並受到好評，由此鞏固了韓國影視文化在日本的地位，被稱作「韓流」。在音樂領域，KPOP（Korean pop）一詞也在日本年輕人中流行，韓國流行歌手到日本積極學習日語，受到日本年輕人的歡迎。

在韓國，日本的漫畫和卡通小說成為「日流」，在年輕人中廣受喜愛，以日本喜劇為原本改編的韓國電影也很受歡迎，受喜愛的網上遊戲還被日韓共同卡通化。「韓流」電視劇在日中兩國走紅，中國的搖滾樂隊在日本公演時受到歡迎，日本的搖滾團「GLAY」在中國舉行公演更使歌迷們狂熱，中、日、韓三國之間的流行文化正在相互滲透。

事實上，中國的「韓流」熱潮超過了日本，韓國的音樂也比日本音樂更受中國人歡迎。這其中一個重要原因是，中國年輕人不滿日本在歷史認識問題上的態度。

東京·漢城·北京奧運會的時代

【東京奧運會】

1964 年 10 月 10 日至 24 日，在日本東京舉行了第 18 屆奧運會，共 15 天，來自 94 個國家和地區的 5558 名選手參加，創造了奧運會歷史紀錄。東京奧運會是日本戰敗後近 20 年，通過《舊金山和約》實現從屬於歐美的「脫亞入歐」形式重新回歸國際社會的象徵，是日本藉助美國的援助實現經濟復甦後，政府和財界為擴大國際宣傳和宣揚民族主義、通過公共投資充實社會資本、吸引外國遊客、增加外匯收入而召開。它既有讓日本成為「發達國家」一員的國家目的，也有市民生活步入國際化時代的契機。

1960 年 1 月，由於日本民眾反對《日美安保條約》運動的升級，岸信介內閣下台，取而代之的是自民黨池田勇人內閣。新內閣高舉「國民收入倍增計劃」，正式將高度經濟增長政策作為國家政策而推動。根據擔任美國肯尼迪、約翰遜兩任總統特別助理的羅斯托（Walt Rostow）的理論，美國政府應對日本經濟快速成長提供援助，以防止亞洲共產主義的擴張。日本政府更將舉辦奧運會作為國家事業，使其成為促進經濟快速成長的契機。為此，東京進行了新幹線、首都高速公路、地鐵擴建等翻天覆地的城市建設工程。同時，由於東京沒有相對集中的體育設施中心，美國還將建在原日本陸軍代代木練兵廠遺址的美軍基地上的「華盛

頓住宅區」歸還日本，用來建設舉辦奧運會的中心場館❶。

【漢城奧運會】

1988 年 9 月 17 日至 10 月 2 日，在韓國首都漢城舉行了第 24 屆奧運會，共 16 天，來自 159 個國家和地區的 8465 名選手參加，再次創造奧運會歷史紀錄。1980 年的莫斯科奧運會和 1984 年的洛杉磯奧運會，由於冷戰年代東西兩大陣營相互抵制，成為只有半個地球村參加的奧運會。漢城奧運會舉辦之時，國際社會開始逐漸擺脫冷戰體制。蘇聯戈爾巴喬夫政府標榜「新思維外交」，努力緩解對美、對華關係以及改善對日外交，造成東北亞地區和解與合作的新氛圍。在變化了的國際形勢下，盧泰愚政府也開始追求朝鮮半島南北和解與合作，並於 1988 年奧運會舉行前發表了與蘇聯、中國等社會主義國家改善關係的《七七宣言》（即《民族自尊與統一繁榮的特別宣言》）。由於東亞開始醞釀擺脫冷戰的氣氛，幾乎所有東西方國家都參加了漢城奧運會這一全球體育盛典。

漢城奧運會一時將國民對盧泰愚政府的批判眼光轉向了體育賽事，也使世界看到了韓國的經濟發展，促進了經濟增長點的開拓。奧運會前後，娛樂文化產業、體育、飲食、酒店、觀光以及旅遊設備產業等休閒產業高速發展。韓國政府在舉辦奧運會的名義下，在漢城進行了強制性

---

❶ 1945 年美國軍隊佔領日本後，曾在以東京代代木為中心的地區作為軍人宿舍區，建設有住宅、學校、商店等，並根據《日美安保條約》長期無償使用。日本民眾曾掀起過反對運動，但沒有成功。1961 年，在日本承諾承擔一切搬遷費用後，美軍同意將該住宅區遷移到東京都調布市的美軍空軍基地附近，重新建設關東村住宅區，而將這一地區交由東京都作為奧運村用地進行建設。

的城市開發。華麗的漢城奧運會背後，也存在着剝奪民眾生存權利與國民血汗的負面影響。

【北京奧運會】

2008 年 8 月 8 日至 24 日，在中國首都北京舉行了第 29 屆奧運會，共 17 天，來自 204 個國家和地區的 11000 名選手參加，是奧運會歷史上規模最大的一次。經濟持續高速增長的中國，通過北京奧運會向世界展示了改革開放 30 年的成果。城市得到大規模的改造，以新機場、高速公路和地鐵擴建、城市綠化、環境改善工程等為重點的多項城市基礎建設得到極大推動，北京市民的生活也發生了變化。北京奧運會期間，市民的志願意識高漲，參加志願者的市民人數達到數百萬。

據統計，奧運會為中國提供了累計 210 萬人的就業機會。為迎接奧運會，北京和天津之間開通了中國最高時速 350 公里的京津城際高速鐵路。這是中國第一條高速專用客運鐵路。它不僅促進了中國的自主技術發展，還將首都北京和海港天津兩座城市緊密連接，產生了巨大的經濟效應。與此同時，北京奧運會也遺留下諸如環保問題、經濟上的持續性發展、奧運會後體育設施的有效利用等課題。

東京、漢城、北京三地的奧運會，大約是以 20 年為間隔，在東亞舉辦的奧運會。各國都將它視為促進經濟高速增長的國家盛典，達到了對外成功實現國際化，對內充分提高國民國家意識的效果。在這一點上，三國是相同的。

第四節　構築東亞和平的課題

東亞遺留的冷戰結構

　　全球冷戰體制瓦解後，出現了歐盟這種以和平的國際關係為基礎的更廣大的區域共同體，東盟也在 2008 年首腦會議上簽署的憲章中呼籲，要創設和平的區域共同體。2010 年 2 月，南美加勒比海 33 國全體參加了在墨西哥舉行的中南美加勒比海各國統一首腦會議，宣佈成立該地區的和平共同體。隨着全球化的快速進展，東亞地區實質上也已形成經濟上的經濟圈，在經濟、教育、文化、藝術等各個領域的民間交流日益活躍。

　　目前，中、日、韓三國政府及其國民都在開展各類對話來展望「東亞共同體」或「東北亞共同之家」的形成，但仍存在現實困難，難以實現。其中一個重要原因是，儘管世界範圍內的冷戰體制已經瓦解，然而朝鮮半島仍存在社會主義國家朝鮮同資本主義國家韓國這一冷戰對立結構，南北對立的格局仍遺留下來。雖然雙方在克服南北對立和分裂上進行了外交努力，但兩國仍處於類似戰爭狀態的極端對峙關係。在東亞冷戰時代，社會主義陣營的中國和朝鮮是美國主導下的資本主義陣營，包括日本、韓國封鎖的目標。而中美和解後冷戰體制發生變化，及中韓邦交正常化以後，朝鮮被國際社會孤立。直到現在，朝鮮還被資本主義各國從政治、軍事、經濟上封鎖。歐洲因社會主義國家解體而引起冷戰結構的瓦解，與東亞存在明顯的不同。

　　日本、韓國和美國都未和朝鮮建立正常邦交，也未簽署和平協議。因此，日本對朝鮮的殖民統治並未從歷史和法理上宣告結束。韓國也未完全結束朝鮮戰爭帶來的戰爭狀態。美國在冷戰時期，為了封殺蘇聯、中國和朝鮮，與日本、韓國締結軍事同盟，構建了包括台灣、菲律賓、泰國等國家和地區的東亞美國

軍事基地網絡。隨着世界冷戰的結束，美國對世界範圍內的美軍基地進行削減和重組，一方面撤退了在泰國和菲律賓的美軍基地，但同時又將朝鮮定為「邪惡軸心國」，以反恐為藉口加強東亞情報機構和警察機構的聯繫，並強化日韓兩國的美軍基地，形成以美軍為中心的軍事同盟網絡。美軍在軍事上佔據絕對優勢，其封鎖朝鮮，與冷戰時期的結構並無二致。

　　歐洲的冷戰體制是以核武器為中心的軍事力的均衡即「冷戰」來避免歐洲爆發戰爭，而日本、韓國和美國也通過日美同盟、韓美同盟，與西方勢力一起從軍事、經濟方面封鎖朝鮮，這樣的冷戰結構維持了東亞國際關係的暫時穩定。而中國則與其最大的軍事威脅國美國一起，在反恐、朝鮮問題上實行協調路線，推動六國會談，形成外交協作的夥伴關係。

　　儘管美國把日本拉入其新戰略構想之中，以強化《日美安保條約》，但中國並不認為那是直接針對中國，加上現在的中美關係穩定，所以中國期待美國通過《日美安保條約》制約日本的獨自行動。日本則期待與美國一起對抗視為

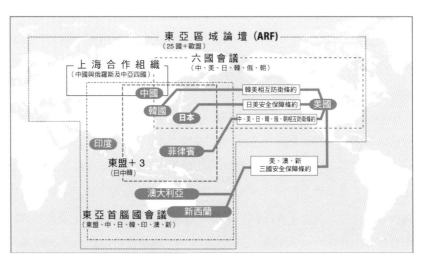

亞洲的軍事同盟與安全保衛的框架結構

潛在威脅的中國。

這樣，在包括美國、日本、中國等周邊各國看來，維持朝鮮半島現狀可能更符合實際，因為缺少能夠超越這一狀況而在新的安全保障體制中掌握主導權的國家。伴隨着以美國為中心的東亞「冷戰結構」的軍事緊張至今仍未消除。在美國主導下，通過軍事力量和同盟關係強化應對共同威脅的現行安全保障方式，仍是停留在冷戰時期的舊的安全保障概念。對於朝鮮的核問題這一共通的問題，雖然美國與中國、韓國、日本、俄國這些東北亞的國家在協力化解危機，但問題是，美國、俄國是核武器持有大國，中國也持有核武器，如果他們以核武器相互攻擊也是危險的。另外，在六國會談中，朝鮮如何出牌是無法估計的，而美國的政權交替及其遠東政策的變化也會影響安保合作關係的變化，東亞還沒有形成能夠保障和平秩序的體制。

構築東亞的和平

擺脫冷戰思維模式所開始的區域秩序新探索，以及歐洲聯盟（EU）、北美自由貿易協定（NAFTA）等區域化的傾向，也影響到東亞秩序。1990 年代開始的東亞共同體的討論，在亞洲金融危機後開始了政策層面的正式探索。東亞國家間以經濟為中心的合作制度進一步發展，1989 年成立的亞太經合組織（APEC）、1993 年的東盟區域論壇（ARF）、1997 年的東盟與中、日、韓三國首腦會議（10+3）和 2005 年的東亞峰會（EAS）等，都是其發展標誌。

構築東亞安全保障體制設想的最初成果，是 1976 年在東盟五國首腦會談中簽訂的《東南亞友好合作條約》（TAC）。該條約規定締約國要尊重各國主權與領土完整、互不干涉內政、用和平方式解決分歧與爭端、促進經濟社會文化合作等。1998 年，締約國規定東盟以外的國家也可以加入。2003 年，中國加入《東南亞友好合作條約》。考慮到與美國的關係而對該條約有所保留的日

本，為牽制中國強化同東盟的關係而於2004年加入該條約。隨後，韓國、朝鮮、美國分別於2004年、2008年、2009年陸續加入，《東南亞友好合作條約》由東盟成員國擴大到世界54個國家參加，約佔世界人口的70%。最初，美國由於該條約中有不干涉他國內政的內容而有所保留，但鑒於中國加速強化與東盟國家的關係，為牽制中國而最終加入了該條約。

「東亞共同體」的構想，最早源於1991年馬來西亞總理馬哈蒂爾提出的「東亞經濟集團（EAEG）」的設想。對此，美國以其分隔亞太為由強烈反對，日本也積極表示同一立場。韓國雖未公開表明立場，卻以在亞太經合組織（APEC）範圍內討論經濟合作問題為基本方針而未積極參與。此後，被印度尼西亞提議更名為鬆散的聯盟「東亞經濟核心論壇（EAEC）」所取代。由於該「論壇」被縮小在亞太經合組織範圍內不定期召開，「東亞共同體」的構想，還沒來得及實施便消失得無影無蹤。以後，隨着東盟內部合作的進展，在政治、安全保障領域的地區合作也得到推進，1994年創建了「東盟區域論壇」（ARF）。該論壇以東盟國家為主軸，加上日本、中國、韓國、朝鮮外，美國、俄國斯、歐盟也陸續加入，成為冷戰後亞洲太平洋地區就安全保障問題進行首腦對話的場所，以和平方式商議多邊安全保障等問題，倍受各方矚目。它改變了過去以軍事為中心的舊安全保障體制，開創了擺脫軍事、注意合作的新安全保障方式。

《東南亞友好合作條約》和東盟區域論壇的成立，其實也蘊涵了建立東亞地區的安全保障體制，即形成非戰共同體，構築東亞和平的這一潛在的意義，並帶有削弱美國干預東亞地區安全保障的性質。但是，日本的安全保障政策立足於「核抑制論」之上，與世界上持有核武器最多的美國結為軍事同盟，以此為基軸，試圖依靠美國在軍事上的超級霸權和領導能力來維持東亞區域秩序。

中國從20世紀90年代末開始，認為依靠同盟和軍事力量的抑制是舊安全保障理論，而主張以相互的安全保障、放棄侵略和武力行為等為核心所創立的

新的安全保障理論，所以加強了與東盟的合作關係。對此，日本則重視日美同盟，對中國的新安全保障主張採取消極立場。2003 年，中國、日本、韓國、朝鮮、美國、俄羅斯六國組成六方會談。六方會談最初主要是為解決朝鮮核問題，逐漸演變成討論地區安全保障問題的平台。

　　東亞經濟共同體、安保共同體的構想，都帶有強烈的義務性質，其實現的難度非常高。中國和日本分別以各自的共同體戰略設想進入了對東亞地區主導

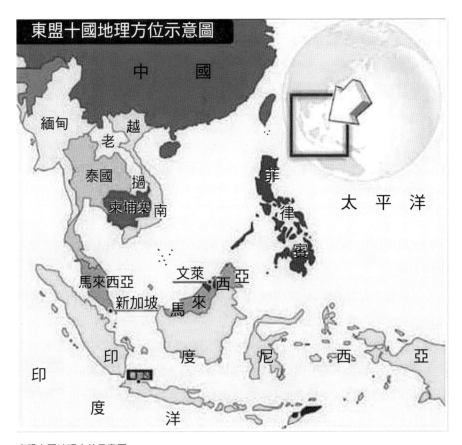

東盟十國地理方位示意圖

2011 年 11 月，在印度尼西亞的巴里島召開的東亞首腦會議

權的競爭。中國以地理概念為基礎來認識東亞，警惕美國和俄羅斯等國希望擴大東亞的地盤，設想建立只有東亞國家，即東北亞和東南亞的共同體目標，以確保對周邊國家有利的環境和市場，牽制美國的霸權，以實現東亞地區內部勢力均衡的戰略考慮。而日本設想的東亞，不僅包括東北亞和東南亞，還進一步擴大到大洋洲在內的廣大範圍。日本的判斷是擴大的東亞範圍，有利於牽制中國而達到地區勢力均衡。因此，中國和日本為了實現未來東亞共同體的主導權而發生了競爭。而韓國在東亞共同體構成上，尚未取得政治上的統一意見。韓國政府自認為是調停東亞有關國家利害關係的均衡者，對東亞共同體的成立持積極態度，但同時因重視與美國的同盟以保證自身安全這一傳統理念，對東亞共同體的建立呈現不確定性因素。

　　在政治體制、國家實力、歷史認識和外交基本方向上存在較大差異的中、日、韓三國，要想在成立東亞共同體問題上達成共識，實非易事。如今的東亞，已不再接受過去承認某國霸權下的秩序，但也不能像歐洲和東盟一樣在差異較小的國家之間追求相互對等、均衡的共同體。在全球化浪潮中，東亞各國間的相互關係日益深化，在此基礎上，承認互相差異，追求互相尊重和互惠的多元化、靈活性的東亞共同體的道路已經展開。

東盟共同體的建立與發展

東南亞國家聯盟（簡稱東盟，Association of Southeast Asian Nations；ASEAN），於 1967 年成立，成立宣言明確以「促進形成東南亞國家富裕和平的共同體」為目的。目前東盟共有十個成員國。

第二次世界大戰前的東南亞，除泰國外，所有國家都受到歐美列強的殖民統治，太平洋戰爭爆發後又都受到日本的侵略和軍事佔領。第二次世界大戰後，東南亞國家展開了反對殖民地宗主國的民族獨立運動。此後，東南亞還爆發過反美的越南戰爭，以及東南亞國家間圍繞國家領土的紛爭和國內的內戰等，經歷了種種慘烈的戰禍。此外，美國為防止東南亞共產主義勢力擴大，由其主導於 1954 年在菲律賓馬尼拉成立了以軍事防衛合作為目的的《東南亞條約》（*South East Asia Treaty Organization*，簡稱 SEATO），該組織因 1975 年結束的越南戰爭階段性解體，至 1977 年解散。

東盟成立的目的是為了超越東南亞的歷史及軍事背景，通過區域經濟合作體制而成立「東盟自由貿易區」（AFTA），謀求經濟發展，同時形成避免戰爭的國家俱樂部。東盟成立之初，經歷了內部的對立和衝突，甚至數次出現成員國之間的領土主權紛爭等，如設有美國軍事基地的泰國和菲律賓曾在越南戰爭期間派兵、1978 年越南出兵柬埔寨等。此後，數度召開成員國外長會議，反覆協商，以期努力構築成員國間的信賴關係。

1976 年，東盟召開首次首腦會議，簽訂了《東南亞友好合作條約》（TAC）；1994 年開始舉辦東盟地區論壇（ARF）；1995 年簽署了《東

南亞無核區條約》。擁有核武器的美國一直阻撓該條約的實現，但是，隨着配備核武器的菲律賓美軍基地的撤銷，簽署該條約的氛圍驟然升溫。儘管擁有核武器的五國未在該條約上簽字，但東盟成員國在聯合國為徹底銷毀核武器問題上發揮了積極作用。

2007年11月，東盟首腦會議簽署了《東盟憲章》。第二年11月，全體成員國批准生效。東盟的目標定為2015年成立以安全保障共同體、經濟共同體、社會文化共同體為三大支柱的東盟共同體，《東盟憲章》的生效，標誌着東盟一體化的基礎已經形成。

後記

　　在編寫這部「新書」之前，來自中日韓三國的編者們已經有過四年共同工作的經歷，但我們仍然意識到編寫這本「新書」的過程不會一帆風順。果然，在本書即將出版的時候，回頭來看第二輪長達五年的編寫進程，回顧十數次的會議和難以計數的電子郵件，使我們深刻體會到：在具有不同社會環境、歷史研究以及教育背景的三國之間，共同編寫歷史教科書是多麼難的一件事情，在第一本《東亞三國的近現代史》的基礎上實現突破，真可謂克服了重重難關。

　　在決定了「新書」由上下兩卷構成後，我們首先就上卷圍繞國際關係的東亞三國結構變動內容的時期劃分展開了討論。由於是在第一本《東亞三國的近現代史》的基礎上共同工作，圍繞這一問題的意見比較接近，均認為戰爭與革命、國際秩序的急劇變化是從結構上改變東亞三國關係的重要歷史因素。但是，就具體事件的分析和評價，三國學者間仍存在相當大的分歧，如對中日甲午戰爭在東亞近現代史的發展中具有什麼樣的重要性，就是見仁見智的。儘管對許多問題未達成一致意見，但是通過多次會議與討論，各方的認識均有調整。

　　對於下卷九章所涉及的專題，中日韓三國學者先是單獨提出方案，通過比較進行調整，明確以民眾生活和文化為重點，一方面反映國家理念和政策的影響，同時也能夠反映當時的社會面貌，決定了八個專題內容。而第九章則對三國的未來發展提出期望。

　　本書的結構確定之後，接着決定內容編寫的執筆原則。即以「章」為單位確定執筆者，編寫出初稿後，由三國學者共同討論定稿。這樣做是為了強化「共同編寫」這一宗旨，避免出現平行敍述三國歷史的問題。在落實了初稿的執筆

者後，進入正式編寫階段。從 2009 年 3 月的首爾會議開始，對上卷稿件進行討論，而 8 月的北京會議，則開始討論下卷內容。

從那以來，每次會議都對各章的內容進行討論和修改，部分章節甚至進行了較大的調整，使初稿在共同研究的基礎上逐步完善。最初的書稿當然包含了執筆者個人的認識與研究結果，但經過反覆的討論與修改，書稿則在各國研究成果的基礎上發生了新的變化。從這一意義上說，「新書」的內容已經超出了各章執筆者的思維框架，而是參與編寫的三國學者的共同的研究成果。

除了內容方面的問題外，「新書」編寫中的事務方面的具體工作也存在很多困難。例如，由於語言的差異所帶來的篇幅不一的問題，稿件的傳送、接收及翻譯等問題，都十分繁瑣與繁重。承擔這些工作的三國的事務局的成員們，還要為籌備各次會議和準備會議資料花費大量時間和精力。原稿均由執筆者用本國語言寫成，每次討論前均需翻譯成另外兩國的文字，而會議則要使用三國語言進行討論。因此，擔任翻譯和口譯的助手們，在這本書的出版上起到了決定作用。在「新書」編寫的六年多的時間裡，若沒有他們的默默付出，我們的工作實在是難以順利推進的。在此，我們要向他（她）們表示最衷心的感謝。

此外我們還要向負責本書出版的三國的出版社表示深深的謝意。三國出版社的編輯其實從一開始就參與設計、編寫與討論的過程，從編輯的角度審視內容，提供了許多建設性的意見。他們的工作遠遠超出了單純的編輯業務。

我們希望三國的讀者們能夠通過閱讀本書，在瞭解東亞近現代史的基礎上，積極地、活躍地進行觀點的交流，並期待諸位將想法傳達給我們。這部書如果能在消除東亞歷史認識的糾葛與誤解、創造和平氣氛、促進東亞和平共同體的建設上起到積極的作用，將是我們最大的喜悅。

中日韓三國共同歷史編纂委員會

2012 年 5 月

責任編輯　俞　笛

書籍設計　鍾文君

書　　名　**超越國境的東亞近現代史（上卷）**

著　　者　中日韓三國共同歷史編纂委員會

出　　版　三聯書店（香港）有限公司
　　　　　香港北角英皇道 499 號北角工業大廈 20 樓

　　　　　香港浸會大學當代中國研究所
　　　　　香港九龍塘浸會大學道 15 號
　　　　　教學及行政大樓 13 樓 AAB1301 室

香港發行　香港聯合書刊物流有限公司
　　　　　香港新界大埔汀麗路 36 號 3 字樓

印　　刷　中華商務彩色印刷有限公司
　　　　　香港新界大埔汀麗路 36 號 14 字樓

版　　次　2013 年 9 月香港第一版第一次印刷

規　　格　16 開（168 × 230 mm）上卷 352 面

國際書號　ISBN 978-962-04-3409-9（套裝）

© 2013 Joint Publishing (H.K.) Co., Ltd.

Published in Hong Kong

本書由社會科學文獻出版社授權本公司在港台海外地區出版發行

超越國境的東亞近現代史

制度・人・社會

下卷

中日韓三國共同歷史編纂委員會 著

前言

　　懷着對和解與和平的期待，我們告別了曾經被侵略與戰爭所困擾的 20 世紀，迎來了新的 21 世紀。但是，新世紀剛一開始，圍繞歷史認識與歷史教科書的爭議就在東亞突出地表現出來。為了在反省過去歷史的基礎上加深相互理解，形成歷史認識的共有，開拓東亞未來的道路，中日韓三國的學者、教師與市民團體的代表們開始了編寫共同的歷史教材的努力，嘗試突破以往以本國為中心描述歷史的框架。

　　2005 年 5 月，我們編寫的《東亞三國的近現代史》讀本在出版後，出乎意料地產生了極大反響，在中日韓三國的發行總量超過了 30 萬冊。各國都有一些學校，包括初中、高中甚至大學將其用作輔助的教材。這本書也引起了美國、歐洲及世界其他許多國家學術界和從事歷史教育的相關人士的注意，人們對東亞三國學者以「共有的歷史認識」為平台，開創「和平、人權、民主主義的未來」所做出的努力給予熱切的響應。

　　但是，《東亞三國的近現代史》一書也存在局限性和問題。例如，有人認為那本書側重於對日本發動侵略戰爭的批判，相對削弱了對和平的展望，也未能充分體現「共有的歷史認識」；也有人指出：那本書雖然旨在從「東亞史」的角度回顧歷史，但事實上仍停留在對三個國家近現代史的平行敘述上。這些意見都切中了《東亞三國的近現代史》一書的核心問題。

　　幾乎在《東亞三國的近現代史》讀本出版的同時，東亞出現了消除歷史認識紛爭的種種努力：在韓國和日本，出版了好幾種共同編寫的歷史著作，提高了對鄰國歷史的關心；為消除歷史糾葛、實現歷史認識的共有，東亞地區召開了多次以東亞史為主題的研討會和論壇；韓國編寫的高中「東亞史」教科書已

經刊行，從 2012 年起在學校正式使用。

　　社會的關注，學術界的交流，對實現歷史認識共有的期待，是對我們的莫大鼓勵。因此，我們決定本着編寫《東亞三國的近現代史》讀本的宗旨，在那一本書的基礎上繼續編寫新版共同歷史讀本。

　　2006 年 11 月，在日本京都召開的國際會議上，我們就共同編寫反映中日韓三國共同歷史認識的系統性的東亞近現代通史的基本原則達成了共識，即：新版共同歷史讀本（以下簡稱為「新書」）定位為加深理解東亞近現代史，促進實現歷史認識的共有；延續《東亞三國的近現代史》讀本的工作方式，將內容作進一步的延伸。

　　2005 年出版的《東亞三國的近現代史》，着眼於促進中日韓三國學生和民眾正確理解近現代史的歷史事實，糾正錯誤的歷史認識，因此內容構成以三國之間存在爭議的話題和內容為主。而「新書」的目標是將東亞近現代史放在世界史的發展中予以系統解釋，因此改變了執筆者只承擔本國歷史寫作的方式，而是按每章安排寫作任務，並圍繞東亞近現代史結構變化展開敘述。「新書」注重從東亞地區國際關係中分析中日韓三國的國家結構和相互關係的變動，而且要結合東亞地區與歐美國家之間的關係變動來進行敘述。

　　考慮到單純從東亞國際關係變動的角度敘述會忽略對民眾具體生活形態的描述，進而無法看到民眾活動和交流同近現代史之間的聯繫，所以我們決定將反映三國民眾生活與交流的內容也放在「新書」中。這樣，「新書」的上卷是按時間順序從國際關係的演變角度敘述東亞三國近現代史的結構變動，下卷則按專題，分門別類地反映東亞民眾的生活和交流。

　　為了編寫「新書」，三國學者間舉行了十四次國際會議，其中東京三次，北京六次，首爾四次，濟州島一次，另外，還召開了五次討論有關編輯事務方面的會議。

　　我們之所以耗費大量時間和精力從事共同研究，其目的不僅僅是學者之間

對具體研究成果進行交流與深化，也不僅僅是單純地匯集個別的研究成果，而是為了打造共同的「作品」，着眼於將共同努力的成果轉化為社會的公共財富。而作為自 2002 年以來推動我們不斷前行的動力的是「建設東亞和平共同體」的共同問題意識。

　　與本世紀初我們開始共同編寫歷史讀本時的情況不同，如今，東亞三國間圍繞「東亞共同體」建設的討論已經開展得十分活躍了。我們期待這本書能夠有助於消除三國糾紛、建設和平。只有這樣才是東亞民眾溝通、共享文化、交流思想的未來發展之路。

　　我們真誠期待這本「新書」被大家廣泛閱讀，並展開討論。期盼這本「新書」能夠起到正確認識東亞歷史，用開放的視野對待本國之外的其他國家的歷史，以及建立面向未來的歷史認識的作用。帶着這樣一種期盼，我們在中日韓三國一起出版由兩冊構成的「新書」，願以此為契機，掀起新一輪有關東亞歷史認識的對話和交流的熱潮。

中日韓三國共同歷史編纂委員會

2012 年 5 月

目　錄

第一章

憲法——國家的構造與民眾

本章大事年表

1880 年	此前後，日本自由民權運動高漲，要求設立國會並制定憲法
1881 年	日本政府承諾於 1890 年成立國會
1889 年	頒佈《大日本帝國憲法》
1895 年	康有為、梁啟超等發起改革運動
1896 年	朝鮮發起獨立協會運動
1897 年	朝鮮將國號改為大韓帝國，高宗皇帝繼位
1898 年	光緒皇帝採納改革主張（戊戌變法），由於政變改革受挫　韓國召開萬民共同會，制定了國政改革方案
1899 年	韓國政府強化皇帝地位與權限，即規定《大韓帝國國制》
1905 年	清朝派五大臣前往歐美及日本考察政治狀況
1908 年	清朝宣佈欽定憲法大綱，憲法制定的準備期限為九年
1910 年	韓國被吞併，大韓帝國滅亡
1911 年	辛亥革命推翻清朝
1912 年	日本美濃部達吉出版《憲法講話》，提出「天皇機關說」　中華民國成立南京臨時政府，頒佈《中華民國臨時約法》
1919 年	三一運動爆發，上海的大韓民國臨時政府制定大韓民國臨時憲法　五四運動爆發
1931 年	中國國民政府（南京）頒佈中華民國訓政時期約法　全國工農兵代表大會通過了中華蘇維埃共和國憲法大綱
1935 年	日本美濃部達吉的著作被禁止發行
1936 年	通過中華民國憲法草案
1937 年	盧溝橋事件爆發　中國國民大會無限期延期，導致憲法未制定與頒佈
1941 年	大韓民國臨時政府公佈《建國綱領》
1945 年	日本戰敗　韓國擺脫殖民地統治　中國國民黨與中國共產黨對峙
1946 年	日本頒佈憲法　中國國共內戰正式開始，國民黨通過《中華民國憲法》

1948 年	韓國制憲國會制定憲法，大韓民國成立　北部成立朝鮮民主主義人民共和國，通過了憲法
1949 年	中國國民黨退往台灣　中華人民共和國成立，制定共同綱領
1952 年	《舊金山和平條約》生效，佔領終結　憲法修訂活動開展　韓國李承晚向國會議員施加壓力改憲（第一次改憲）
1954 年	中華人民共和國憲法公佈（1954 年憲法）　日本自衛隊成立重新配置軍備
1960 年	日本反對《日美安保條約》改定鬥爭高漲（此後，通過對條約的解釋及實施，使修改憲法的活動逐漸強化起來）　韓國李承晚政權被革命推翻，重新改憲（通過了議院內閣制）
1962 年	韓國朴正熙改憲（大總統直選制）
1972 年	韓國宣佈 10 月維新，通過維新憲法（第七次改憲，大總統間選制）　朝鮮公佈社會主義憲法
1975 年	中國制定 1975 年憲法
1978 年	中國制定 1978 年憲法　1954 年憲法的一部分原則及制度得以恢復
1980 年	韓國鎮壓民主化運動（五一八光州民主化運動），改憲（大總統間選制）
1982 年	中國制定 1982 年憲法，實行四個現代化及改革開放路線
1987 年	韓國通過六一〇民主化運動實現總統直選制
1998 年	朝鮮修改憲法開始實行金正日國防委員長體制
2003 年	日本自衛隊向伊拉克戰爭派遣部隊　全國範圍內開展反對修改憲法第九條的「九條會」運動

　　憲法是規定國家統治制度基礎的基本法。憲法在西方是為了抵抗君主的專權，對其加以制約而出現的。近代憲法誕生於 17、18 世紀西方的市民革命時期，在規定了國民主權、基本人權等國家與國民關係的同時，也規定了權力分立制、議會制等權力的構成方法。雖然對君主權力制約的程度、基本人權的範圍有所差異，但是否擁有憲法，成為現代國家成立的基本條件，憲法通過近代化的歷程波及到世界各地。

　　那麼，憲法是如何在東亞出現的呢？它和國家、民眾又產生了什麼樣的關係？

　　第二次世界大戰後，東亞發生了很大的變化，憲法也隨之變化。日本在盟軍最高司令官司令部（GHQ）的非軍事化、民主化政策之下，誕生了以國民主權、和平主義、尊重基本人權為基本原則的新憲法。南北分裂的朝鮮半島，則誕生了兩個國家、兩部憲法。中國在內戰後，成立了中華人民共和國，誕生了社會主義憲法。這些憲法的誕生各自經歷了什麼樣的過程？直到今天，中、日、韓三國的憲法又經歷了什麼樣的歷程？現在三國的憲法又變成什麼樣？不瞭解規定國家基本的憲法，就不能互相理解。讓我們來觀察各國憲法的特點，思考一下憲法的意義。

第一節　國家的近代化與憲法的誕生

立憲運動的展開與君主制憲法

　　向近代國家轉換時，制定憲法是最重要的步驟。西方表現為君主制的廢除或弱化，或是市民權利的明文化，但在中日韓三國經歷了與其不同的過程，君主制的限制、變化與國民地位的確立成為了課題。

　　在東亞，最早着手近代國家建設的是經過明治維新推翻舊體制的日本。早在幕府倒台的 19 世紀 60 年代，西洋的憲法理論和政治制度就已經被介紹到國內。

　　新政府成立後，政府嘗試着參照西方來制定憲法。1875 年，明確要漸進地建立立憲制的目標，成立了元老院作為立法機構 ❶。元老院於第二年 9 月開始起草憲法，分別於同年 10 月、1878 年 7 月、1880 年 7 月三次擬定了草案。但是，政府首腦部以該憲法草案只是抄襲西方的憲法，不符合日本實情為由拒絕採納。

　　1874 年開始的自由民權運動 ❷，於 1880 年前後擴大到全國，要求政府召開國會、制定憲法等。各地興起了研究和起草憲法的熱潮，誕生了各種各樣的憲法私案。例如，植木枝盛起草的《日本國國憲案》共 220 條，規定了無條件地保障思想、信仰、言論、集會、結社、學問、教育、營業等廣泛的國民權利。而且，當政府使用權力施暴時，日本人民可以持有武器進行抵抗，政府違反憲法侵害人民的自由權利時，可以推翻它成立新政府。1968 年發現的現在被稱為

---

❶　日本國會成立前的立法諮詢機關，於1875年成立，而於1890年帝國議會成立後被廢除。

❷　1870~1880年間，日本全國開展的反對藩閥政府的專權政治，要求成立國會，制定憲法等民主改革的政治運動。

《五日市憲法》的憲法草案，是當地青年通過學習而誕生的鄉土憲法草案❶。這些民權派的憲法草案都以天皇的存在為前提，不能說他們具有共和制的目標，但是具有限制天皇權限、保護國民權利的特點。

針對民權派的這種動向，1881年，政府產生了主張以議會為中心的英國式國家的大隈重信❷和主張君主強權的德國式憲法的岩倉具視、伊藤博文等之間的對立。10月，伊藤等人取得天皇的勅諭確定九年後召開國會，大隈被驅逐出政府。詔書明確規定由政府下令立案國會的組織、權限，天皇自行決定，不接受民間的意見。

1882年，伊藤博文進一步調查君主強權的德國和奧地利憲法，第二年回國開始準備制定憲法。1886年秘密起草憲法，1889年，以天皇名義頒佈了《大日本帝國憲法》。其基本核心是，天皇為唯一主權者，所有國家機構都在天皇之下。「萬世一系」、「神聖不可侵犯」的天皇乃國家「元首」，統治權的「總攬」者。東亞最早的憲法確立了天皇的強權，僅承認了被限制的人權。日本用它來穩固國內體制，並正式開始對亞洲的擴張。就這樣，日本經過與民間的自由民權運動的競爭，確立了作為君主立憲制的近代天皇制。

長期以來，朝鮮是受清朝冊封的君主國。在中日甲午戰爭後的1897年10月，朝鮮將國號改為大韓帝國，高宗稱帝，其目的是加強君主地位，使之與清朝皇帝同等。

1895年，甲申政變後逃亡美國的徐載弼回國，開始了擴大西洋市民思想的啟蒙運動。他在1896年4月創立了《獨立新聞》，介紹和宣傳西洋的自由、民主、平等思想及日本的新文明。7月，以開化派的官僚和進步知識份子為中

❶　日本學者千葉卓三郎在1881年起草的憲法草案，當時千葉為五日市學藝講談會成員。
❷　大隈重信（1838~1922），日本政治家，參與明治維新，任職於新政府，曾擔任外務大臣、組建政黨及組閣。是早稻田大學的創始人，也是對華「二十一條」的主要提出者。

《大日本帝國憲法》發佈儀式（繪圖作者：伊藤芳俠）

日本憲法的公佈與日本國民——修定的經過

　　政府在公佈大日本帝國憲法時，採取了：一、發佈前對國民絕對保密；二、不允許批評憲法；三、召開盛大的慶典活動的方法。在這種形勢下，日本國民慶祝了憲法的公佈。然而，當時居住日本的德國醫生別魯茲在日記中寫道：「可笑的是，誰都不知道憲法的內容」。他還寫道：「原本賦予國民的自由，只是微乎其微」，天皇獨攬了極大的權力。據說自由民權運動家中江兆民 ❶，在通讀憲法後只有苦笑。兆民提出將從上（由天皇）而下的民權，修改為自下（通過運動）取勝的民權提議。但是，此後的日本再也沒有發生要求修改憲法本身的運動。反之，以憲法為由，20 世紀10 年代後的日本，興起了要求建立民眾本位的政治體制的運動（後述）。

---

❶　中江兆民（1847~1901），日本政治家、評論家，在日本最早提倡部落解放，為第一屆眾議會議員。

心成立了獨立協會。1898 年 10 月，同政府（改革派）共同舉辦了萬民共同會，決定國政改革方案。該方案的目的在於將中樞院（政府的諮詢機構）改變成議會，強化其權限，從而限制皇帝的權利。對此，高宗和守舊派藉口重新召開的中樞院越權隨意推薦政府大臣，鎮壓中樞院，解散了萬民共同會和獨立協會。

1899 年 8 月，政府制定了《大韓帝國國制》共九條，規定「大韓帝國為獨立自主之帝國，其政治為萬世不變之專制政治。皇帝具有無限之權限。皇帝擁有陸海軍統帥權、立法權、行政權和外交權」，強化了皇帝的地位和權限。《大韓帝國國制》是一種規定大韓帝國基本國家體制的憲法，卻沒有關於基本人權和權力分立的規定，即強調皇帝的權限，從而使外界看到大韓帝國的獨立性。此後，大韓帝國於 1905 年制定了刑法，但是未能制定包含人民基本權利的民法。

1905 年，在日俄戰爭中取得勝利的日本將韓國納入保護國，並在 1910 年吞併韓國，大韓帝國消失。日本將朝鮮作為殖民地實行部分日本法律，但是沒有實行日本的憲法。

1895 年，中日甲午戰爭失敗後，中國出現傚仿日本的明治維新，要求對政治進行根本改革，以求實現富國強兵。這一時期，日本的自由民權思想也得到傳播。康有為、梁啟超等領導的改革運動雖被皇帝一時採納（戊戌變法），卻由於慈禧太后的政變而受挫。之後，梁啟超流亡日本，和留學生們一起積極討論立憲制。梁啟超創立了《清議報》和《新民叢報》，傳播以君主立憲制為主旨的言論，傳播立憲思想。針對在清朝皇帝統治下實現立憲的這種觀點，以孫中山為首的革命派主張推翻清朝皇權，建立共和制。

日本在日俄戰爭中的勝利，被看作是立憲制戰勝了皇權專制，促進了清朝內部要求實施立憲的動向。1905 年，清朝派出 5 位大臣前往歐美和日本，考察政治實情。他們認為，採用共和制的美國、法國，以及議會強權、君主地位只限於形式的英國不能成為傚仿的對象，而應該參照君主強權的日本和德國。民

1898 年 10 月,大韓帝國官吏與市民在漢城鐘路舉行萬民共同會,目的在於牽制政府政策,建議制度改革

間的有識人士之間也主張應該傚仿日本。1908 年,清朝頒佈《欽定憲法大綱》,參照日本的方式,確定制定憲法的準備時間為九年。《大綱》由正文「君主大權」和附錄「臣民的權利義務」兩部分構成,據說「君主大權」參考了日本的《大日本帝國憲法》。統治大清帝國的大清皇帝為萬世一系,神聖不可侵犯,皇帝總攬公佈法律、召集、解散議會、任免官吏、統帥軍隊、司法等大權。以憲法的名義來維持皇帝的權力。

對此,革命派為實現共和制繼續開展武裝起義。立憲派則展開請願運動,要求召開國會、制定憲法、取消皇族特權等。1911 年 10 月,武昌起義爆發,各省紛紛響應,宣佈獨立,清朝統治面臨着崩潰。11 月,清廷迫於各方壓力,公佈《憲法重大信條十九條》,雖然規定了大清帝國的皇統乃萬世一系,皇帝神聖不可侵犯,但是君主權受到很大的限制。同時,規定不得任用皇族作為內閣總理大臣和國務大臣,相應擴大國會的立法權和對君主權的抑制權。清朝試圖通過讓步來應對這場立憲運動,從而挽救王朝的統治。然而,《信條十九條》頒佈僅三個月,1912 年 2 月,宣統皇帝宣佈退位,清朝滅亡。

如前所述,東亞在 19 世紀後半期到 20 世紀初,在君主制體制與自由民權的潮流之間對抗、競爭的互動之中,引進了君主制之下的立憲制,並嘗試維持

君主制。學習德國並將其具體化的日本憲法，成為大韓帝國和清朝的改革範本。《大日本帝國憲法》關於「大日本帝國由萬世一系的天皇統治」，「天皇神聖不可侵犯」的規定，被大韓帝國的《大韓帝國國制》原封不動地借用，規定「大韓帝國之政治為萬世不變之專制政治，大皇帝擁有無限之君權」，明確了君主專制的權力。清朝的《欽定憲法大綱》也規定「統治大清帝國之大清皇帝乃萬世一系，神聖不可侵犯」。但是，中、日、韓三國的政治體制在 1910 至 1911 年前後都發生了重大的轉變。大韓帝國的君主制被消滅了，清朝君主制由於辛亥革命而崩潰，只有日本的君主制還保留着。

政治變革與共和制憲法的出現

　　1912 年 1 月，發動辛亥革命的革命派在南京建立臨時政府，宣佈中華民國成立。同年 3 月，中華民國南京臨時政府公佈了具有憲法作用的《中華民國臨時約法》，規定「中華民國主權屬於全體國民」，明確主權在民；還規定了法律下的平等，言論、集會、結社的自由等基本人權和三權分立。其思想源於學習歐美，建立共和制，建設新中國。成為革命原動力的孫中山的三民主義，即爭取中華民族獨立的民族主義，共和制下實現民主的民權主義，土地權利平等的民生主義，體現了這一思想。中國兩千多年王朝的興衰、君主制和帝制持續統治的歷史出現大轉折，建立了否定君主制的共和國。這是亞洲最早誕生的共和制國家。

　　中華民國成立後，臨時大總統孫中山將總統讓給清朝內閣總理大臣袁世凱。雖然「臨時約法」規定召開國會，制定憲法，此後選舉出總統。1912 年 3 月，袁世凱就任臨時大總統後無視《臨時約法》，鎮壓革命派，1913 年 10 月正式當選大總統。國會基於《臨時約法》的規定，提出旨在限制大總統權限和權力分立的《中華民國憲法草案》（天壇憲草），但由於國會在 1914 年被袁

中華民國南京臨時政府內閣會議

世凱解散而未能公佈。袁世凱則提出《臨時約法修改大綱》，引進總統制，並將外交大權、國務員、官吏的任用權、緊急詔令、處分權集於總統一身。1914年，在它的基礎上制定了《中華民國約法》。1915 年 12 月，袁世凱復辟帝制，自稱皇帝。1916 年 6 月，袁世凱死去後，中國開始軍閥混戰的時代。

　　1910 年代，不僅中國在辛亥革命後出現共和制，隨後的俄國革命使俄國帝制瓦解，第一次世界大戰的失敗使德意志帝國崩潰，形成世界性的君主制危機。在日本，1912 年繼承明治天皇的大正天皇因缺乏政治、軍事能力，加之自身健康狀況惡化而喪失統治能力，導致天皇制遭遇危機。同一時期，日本民眾運動高漲，打破官僚政治，重視議會政治、政黨政治的趨勢有所加強（大正民主）。雖然，《大日本帝國憲法》本身沒有變化，然而政黨的勢力、議會的權限加強，以天皇為中心的專制勢力的權限受到限制。

　　從憲法理論上體現大正民主主義思潮的是，東京帝國大學教授美濃部達吉

提出的「天皇機關說」。美濃部在 1912 年發行的《憲法講話》和 1923 年的《憲法摘要》等文章中，提出統治權屬於作為法人的國家，天皇則是國家的最高機構的憲法解釋。美濃部以大日本帝國憲法為前提，雖站在天皇中心的立場上，但否認天皇的絕對權力和無限權力，從立憲主義的角度盡可能地重新解釋以議會為中心的大日本帝國憲法。立憲政治是指擁有統治權的君主經國民同意而實施的「民眾政治」，即代表國民的議會對統治權有修正責任的「民眾的政治」。在 20 世紀 10 至 20 年代的時代局勢下，「天皇機關說」成為日本支配性的憲法學說。

殖民地統治時期的朝鮮法律

　　1910 年 6 月，日本政府在吞併朝鮮時召開的內閣議會上決定，朝鮮暫時還不能像台灣那樣實行憲法，朝鮮由天皇統治，總督統轄朝鮮所有的政務，總督具有頒佈法律、命令權等。雖然日本兼併了朝鮮，但是朝鮮有別於日本，規定為不適用日本憲法的地區。

　　實質上掌握朝鮮立法權的是由天皇任命的朝鮮總督。被天皇委以全權責任的總督發佈的命令即為朝鮮單獨的法律。但是，正如朝鮮民事令（1912 年）、朝鮮刑事令（1912 年）等，除少數內容外，多援用日本的法律（《民法》、《刑法》）。像《特許法》、《會計法》、《治安維持法》等，有的直接搬用日本的法律。另外，對於《新聞紙條例》、《保安法》、《出版法》等，朝鮮總督府繼續沿用兼併前的鎮壓方法，並僅適用於朝鮮人民。

　　1910 年朝鮮成為日本的殖民地後，一些分散於海外各地的朝鮮民族政治活動家，宣導朝鮮國家獨立，並將朝鮮建設成為主權在「民」的共和政體。1919年，朝鮮爆發旨在脫離日本殖民統治的三一獨立運動。朝鮮本土和海外的民族政治活動家們，在各地成立臨時政府。4月，在上海成立的臨時政府，宣佈《大韓民國臨時憲章》共十條。該臨時憲章明確規定獨立後建立的國家是民主共和國，人民不分男女貴賤貧富皆為平等。人民擁有宗教、言論、著作、出版、結社、集會、遷居、身體和財產的自由，宣佈全面廢除死刑、肉刑及公娼制度。憲章還表示為對人類文化與和平做出貢獻而加入國際聯盟。最後，臨時政府明確表示國家獨立後一年內召開國會。

　　1919 年 9 月，在上海成立的臨時政府與在漢城、符拉迪沃斯托克成立的臨時政府統一成立了大韓民國臨時政府，重新公佈《大韓民國臨時憲法》（第一次改憲）。它不僅接受了 1910 年代的共和政體思想，並參考《中華民國臨時約法》。此後，臨時憲法先後修改了四次，國民主權和權力分立、人民的權利與義務等規定一直得到保持。據此，大韓民國臨時政府的目標為建立由國家元首為最高責任者、臨時議政院（立法）、國務院（行政）、法院（司法）構成的三權分立的共和制政府。由於 1932 年尹奉吉在上海遭遇虹口公園事件❶，臨時政府六年間被迫在中國各地轉移，憲法只是部分地被適用，但確立了獨立後的國家建設基本方向和運營方法。

　　1910 至 1920 年代，中國在否定君主制的同時，不斷摸索制定共和國憲法；而作為國家被否定的朝鮮，在國外成立的臨時政府確定了臨時憲法。本身就是君主制的日本，則出現了試圖通過憲法的解釋來限制君主權力的動向。

---

❶　虹口公園事件，是指1932年4月29日，韓國臨時政府策劃實施暗殺一二八事變中進攻上海的日本軍隊要員的行動，日軍侵華軍總司令白川義則被炸死，日本駐華公使重光葵被炸斷一條腿。此次行動由時任大韓民國臨時政府警務部長的金九具體策劃，由朝鮮青年尹奉吉執行。

大韓民國臨時政府慶賀新年

戰爭與圍繞憲法的對立

　　1923 年，中國的軍閥政權公佈了《中華民國憲法》，由於該政權是通過花錢收買議員而建立的，該憲法在政權瓦解後一年便消失得無影無蹤。孫中山等創立的中國國民黨，在1924年制定了分三階段建設軍政、訓政、憲政國家的《建國綱領》，1925 年建立了廣東國民政府，開展軍事行動（北伐）以推翻北京政府、統一全國。北伐結束的 1928 年，南京國民政府統一了全國，宣佈軍政結束。1931 年 6 月頒佈了正式憲法制定前的《中華民國訓政時期約法》。所謂「訓政」，是指中國人民還不具備管理國家大事的能力，由國民黨來教導人民行使權力的政治體制。《約法》由 8 章 89 條構成，規定了中國國民黨全國代表大

軍政、訓政、憲政
——孫中山提出的政治路線的「三階段」

孫中山認為對人民進行民主教育尤為重要，於是提出中國的政治發展路線要通過「軍政、訓政、憲政」三個階段。「軍政」是指國民政府用軍事力量佔領並管制各個地區，「訓政」指政府派員前往各地訓練、協助當地人民理解民主政治，建立縣級自治政權。在省內所有縣通過「訓政」實現自治後，選舉產生省長從而進入憲政階段；全國一半的省實現憲政後，即進入全國的憲政階段，此時可以頒佈憲法，選舉產生新的中央政府。

孫中山的支持者們認為，中國民主化的道路必須通過三個階段。但是，圍繞軍政、訓政、憲政的進展存在許多爭議。如國民黨元老胡漢民認為中國國民政治知識與經驗幼稚，相當於初生之嬰兒，所以需要國民黨作為「訓政保姆」。但胡適等知識份子則認為「訓政」是對中國人民參政能力的低估，主張立即實現「憲政」，使人民在親身參政中得到訓練。

會行使中央統治權，國民政府行使行政、立法、司法、考試、監察五權，將國民黨的一黨獨裁合法化。

1931 年 9 月九一八事件後，中國的抗日民主運動高漲，國民黨判斷需要提早結束訓政實行憲政。1932 年國民黨決定召開國民會議，決議制訂憲法。1933 年，立法院成立了憲法起草委員會，開始起草憲法。1934 年，立法院通過了《中華民國憲法草案》，1936 年 5 月 5 日頒佈了《五五憲章》。草案由 8 章 147 條構成，規定了國民黨的獨裁、總統的大權等。它打着「讓政治回歸國民」的口

號，將國民的自由和權利停留在最低限度。國民黨意圖公佈憲法，從「訓政」轉為「憲政」，繼續實行一黨獨裁。1937 年 7 月，盧溝橋事件爆發，國民大會的召集無限延期，最終未能制定頒佈憲法。

而中國共產黨反對國民黨的路線，在農村建立革命根據地，成立了人民政權。1931 年，召開第一屆全國工農兵代表大會，宣佈成立中華蘇維埃共和國臨時中央政府，採用《中華蘇維埃共和國憲法大綱》。大綱由序文和 17 條構成，規定中國革命政權的性質為工農民主專政，採用民主集中制的工農兵代表大會為基本政治制度，其任務是消滅帝國主義和封建主義，大會閉會期間全國蘇維埃臨時中央執行委員會為最高權力機構。這是亞洲最早的具有社會主義憲法性質的文書。1934 年，中華蘇維埃共和國臨時中央政府由於遭到國民黨軍隊的包圍而瓦解。

此後，在抗日戰爭時期，中國共產黨領導的根據地中，宣佈人民參與政治，邊區施政綱領為其基本法規。其中具有代表性的是 1941 年制定的《陝甘寧邊區施政綱領》，將抗日戰爭列為第一目標，保障了抗日人民的人權、政權、財權和言論、出版、集會、結社、信仰、居住的自由。

如上所述，20 世紀 30 年代後，中國在國民黨和共產黨的對抗中，出現了各自的憲法構想。但是，隨着中日戰爭的全面爆發，憲法未能得到正式公佈和實施。

然而，如前所述，在 20 世紀 20 年代，日本憲法學說的主流是，憲法學家美濃部達吉提倡的統治權屬於作為法人的國家，天皇為其最高機構的天皇機關說論。但是，隨着戰爭體制的建立和法西斯趨向的加劇，1935 年 1 月，民間右翼勢力對美濃部達吉開始進行猛烈的攻擊。在 2 月的帝國議會上，天皇機關說被攻擊為「反國體性質」，愈演愈烈。結果，美濃部的著作《逐條憲法精義》、《憲法撮要》、《日本憲法的基本主義》被禁止出版。8 月，政府發表「國體明鑒」聲明，指責天皇機關說混淆了「國體的本義」，決定排除該學說。於是，

法西斯傾向加深，天皇機關說被認為是反「國體」的學說而被驅逐，以議會為中心的憲法論遭到排斥。在大日本帝國憲法之下天皇被神化，昭和天皇作為「現人神」，成為推動戰爭的依據。

1938 年制定的將一切動員運用於戰爭的國家總動員法，無視認為這部法侵害了憲法認可的國民權利、財產保護及議會權限的反對意見，沒有經過修改就頒佈了。1940 年，所有的政黨解散，合併為大政翼贊會 ❶，作為立憲制度核心的議會已經完全名存實亡。

另一方面，戰時體制下的朝鮮半島被作為日本侵略中國的後方基地，隨着上海的大韓民國臨時政府在 1940 年新設主席制，修改《臨時憲法》，強化了對日抵抗的體制。1941 年 11 月，中日戰爭進一步激烈而東亞也眼看被捲入第二次世界大戰的時候，臨時政府發表了《建國綱領》，明確提出經濟、教育、政治權利的平等為國家建設的基本理念，表明了民主性原則和制度上的手續。該建國綱領的精神在 1944 年的第五次改憲時被法制化，1948 年大韓民國政府成立時，成為制憲憲法的基礎。

隨着中日戰爭的全面展開，中國雖然未能正式公佈憲法，但國民黨與共產黨分別構思了不同的憲法，二者的不同與戰後的對立也有關係。朝鮮的建國構想在國外的大韓民國臨時政府領導下得到推進，為戰後的體制做好了準備。對此，日本的憲法將天皇的神話推動到極限，經歷戰敗後宣告破產。

---

❶ 第二次世界大戰期間，日本首相近衛文麿推行所謂新體制，即宣佈解散所有原來的政黨，建立以首相為總裁，全國各道、府、縣由知事為支部長的官辦組織，以統制國民生活。

第二節　現代國家的建設與憲法

國家重建與憲法的制定

　　1945 年戰爭結束後，東亞的近代憲法體系被全面修改。

　　在美國的對日政策下，日本制定了象徵天皇制和以國民主權、基本人權、放棄戰爭為內容的和平憲法。1945 年 8 月，日本戰敗，接受了《波茨坦宣言》。佔領日本的盟軍總司令部（GHQ）最高司令官麥克亞瑟為推進日本的非軍事化和民主化，要求日本政府修改憲法。政府開始着手修改，各黨派也分別提出修改方案。但是，無論是政府方案還是政黨方案，基本上都是僅僅修改舊憲法，沒有實現國民主權和基本人權。在民間起草的憲法當中，例如鈴木安藏等人的憲法研究會方案明確記載了國民主權，規定天皇「行使國家的禮儀」。鈴木參考了自由民權運動時期的憲法草案。

　　盟軍總部最初採取由日本政府負責憲法修改的方針。1946 年 2 月，盟軍總部從新聞報道中得知政府方案極為保守，不符合《波茨坦宣言》，便決定親自制定草案。盟軍總部民政局在麥克亞瑟提示的原則上制定草案，作為指南交付日本政府。盟軍總部的方案將天皇作為「象徵」，規定放棄戰爭，不持有任何兵力。起草時也參照了憲法研究會的方案。當時，盟國內部對天皇制的殘存將導致軍國主義復活的警戒感很強，為保證避免軍國主義復活而加上了放棄戰爭的規定。日本政府判斷如果拒絕將無法維持天皇制，同意接受盟軍總部草案，在此基礎上制成新的政府方案，經過議會的審議和修改，於 1946 年 11 月作為日本國憲法頒佈，翌年 5 月實施。這部憲法以國民主權、尊重基本人權、和平主義為基本原理，期待戰敗國的日本有新的起點。

　　朝鮮半島由於南北分裂而產生了南北兩部不同的憲法。1945 年 8 月，隨着

日本的戰敗，朝鮮半島從殖民地統治下解放。但是，以北緯 38 度線為界，蘇聯軍隊佔據北側，美國軍隊佔據南側。9 月，盟軍司令官麥克亞瑟將 38 度線以南地域的行政權置於美軍的控制下。美國軍政廳基本維持了日本統治時代的法律體系，修改並廢除了其中代表性的鎮壓法，發佈了新的法令和公告。1947 年，聯合國決定在聯合國的監督下，按人口比例在南北朝鮮實施總選舉。然而，北側拒絕聯合國朝鮮臨時委員團入境，1948 年 2 月，聯合國決定在允許範圍內實施選舉。5 月，在聯合國的監視下，實行了 38 度以南美軍統治地區的總選舉。結果，選舉出 198 人的制憲委員，成立了任期兩年的國會（制憲國會）。國會加緊制定憲法，6 月設置了憲法起草委員會，以愈真午專員的原案為中心反復審議，向國會提出憲法草案。對此出現了各種修改方案，討論活躍。由於需要在 8 月 15 日之前向世界宣佈韓國政府的成立，國會加緊審議，於 7 月通過並公佈憲法案。其主要內容是國民主權、基本權的保障、三權分立、單院制、總統中心制等。李承晚當選為首屆總統，8 月，大韓民國宣佈成立。

《大韓民國憲法》（制憲憲法）在經濟條款中，雖以財產私有制為基礎，但仍承認工人平等享有利益的權利，並對重要產業的國有化和農地改革的實施作了明文規定，繼承「臨時綱領」的精神而重視經濟上的平等。然而，建設均等的社會經濟這一建國憲法的精神，在經歷朝鮮戰爭後有所減弱。1954 年修改後的憲法，嚴格限制國有化，更加重視市場經濟。朝鮮戰爭後南北對立的局勢給憲法造成了影響。

1948 年 8 月，北側地區進行了最高人民會議的選舉。9 月 8 日，作為最高立法機關的最高人民會議公佈了憲法；9 日，宣告成立朝鮮民主主義人民共和國。《朝鮮民主主義人民共和國憲法》是以從日本的殖民地統治下解放的「反帝反封建民主主義革命」為課題，向社會主義過渡為目標的憲法，並且提出要促進統一朝鮮民主國家，將漢城定為首都。1972 年，朝鮮的憲法作為社會主義憲法而進行全面修改，到現在經過了數次修改。1972 年的憲法宣佈首都定為平

壞。1998 年修訂後廢除國家主席制度，並於 2009 年修訂憲法，明確規定國防委員會為負責全部國政的機關。

　　大韓民國和朝鮮民主主義人民共和國都主張其為朝鮮半島的唯一合法政權。統一問題是朝鮮半島遺留的重大課題。

　　1945 年 8 月，中國在抗日戰爭勝利後，國民黨和共產黨的對立狀態仍然持續。但是，1946 年 1 月，國共兩黨簽訂停戰協定，召開了政治協商會議。該會由蔣介石擔任議長，由國民黨八名、共產黨七名、民主同盟九名、中國青年黨五名、無黨派九名成員組成，政協會議討論了和平建國、軍事問題、國民政府的改造、國民大會、憲法草案的修改等議題。但是，由於國共內戰開始白熱化。1946 年 11 月，在沒有共產黨代表參加的情況下，國民黨在南京召開制憲國民

韓國國會制憲會議開幕式

參加政治協商會議的中共代表

大會，制定憲法，12 月通過了《中華民國憲法》，於 1947 年 1 月公佈，12 月開始實施。

　　而共產黨也在其控制的解放區內頒佈施政綱領，其中以 1946 年 4 月的《陝甘寧邊區憲法原則》廣為人知。該憲法原則規定，各級人民代表會議是人民管理政權的機構，各級代表由普選產生，各級人民代表大會選出政府。

　　國共內戰高峰期的 1948 年 3 月，為實施 1946 年制定的《中華民國憲法》，國民黨在南京召開行憲國民大會。其目的是排除共產黨和其他黨派，建立以中國國民黨為中心的體制。在行憲國民大會上，蔣介石當選為總統，5 月開始實行憲法規定的體制。

　　1949 年 1 月，處於戰局不利狀態的國民黨政府向共產黨提出和平談判。毛澤東提出以廢除國民黨憲法等作為和平談判的條件，但國民黨政府頑固地維護憲法，於是談判破裂。此後，國民黨內戰敗北退往台灣，「中華民國憲法」成為在台灣實行的「憲法」。

　　1949 年 10 月，中華人民共和國成立。此前 9 月，召開了中國人民政治協商會議第一次全體會議，制定了具備臨時憲法性質的《共同綱領》。據此，組成了中央及地方的國家機構，開始了政治、法律、經濟、文化的建設。《共同綱領》將中國定位為以工人階級為領導、以工農聯盟為基礎的「新民主主義」，

即「人民民主主義」國家，反對帝國主義、封建主義、官僚資本主義，宣佈為中國的獨立、民主、和平、統一、富強而奮鬥。而且，還規定人民享有思想、言論、出版、集會、結社、通信、人身、居住、搬遷、宗教信仰及示威遊行的自由，婦女在政治、經濟、文化教育、社會生活的各個方面享有和男性同等的權利。

中國大陸實現統一後，經過政治、經濟改革，國家基礎得到鞏固，要求制定正式的憲法。1953 年 1 月，成立了毛澤東、周恩來等為委員的憲法起草委員會，開始審議憲法草案。同時，進行全國人民代表大會代表的選舉。1954 年 9 月，召開了第一屆全國人民代表大會第一次會議。會議通過了經廣泛吸收全國人民意見而修改完成的《中華人民共和國憲法》（1954 年憲法）。這是中華人民共和國建立後首次將社會主義原則寫入憲法。

《中華民國憲法》的「過去」與「現在」

1936 年，南京國民黨政府公佈了憲法草案，強化總統權力。然而，由於中日戰爭全面展開，未能通過實施憲法。戰後 1946 年 12 月，制定了核心是限制總統權力的《中華民國憲法》，自 1947 年 12 月 25 日開始實施。但是，由於中國共產黨和民主同盟沒有參加國民大會，該憲法未能獲得大多數國民的承認。國共內戰激化時期的 1948 年 4 月，國民大會在實施憲政的同時通過了《動員戡亂時期臨時條款》，賦予總統獨裁的權力。1949 年 12 月，國民黨政權撤退台灣後，台灣地區繼續沿用《中華民國憲法》和《臨時條款》。《臨時條款》於 1991 年 4 月廢除，而《中華民國憲法》經過數次修改後，至今台灣地區仍在使用。

圍繞憲法的對抗和推移

　　韓國的憲法自 1948 年制定以來，到現行憲法共經歷了九次修改。這些憲法的修改，與 20 世紀 50 年代的李承晚總統的獨裁，作為其繼任的 60 至 70 年代朴正熙總統的軍事獨裁，1979 年 10 月暗殺朴總統引起的獨裁政權的瓦解，其後針對全斗煥總統獨裁抵抗的民主化運動等政治過程，都有緊密的聯繫。韓國憲法的歷史，正是劇烈動盪的韓國政治的歷史。

韓國修改憲法的歷史

改憲次數	年度	特徵	主要事件	共和國	總統
制憲憲法	1948	總統間接選舉制	·	第一	李承晚
第一次	1952	總統副總統直選制、兩院制	釜山政治波動		
第二次	1954	限制首屆大總統的連任，廢除再任限制			
第三次	1960	議院內閣制、兩院制、司法權民主化、警察中立化、地方自治民主化	四一九革命	第二	尹潽善
第四次	1960	為處罰不正當選舉者修改憲法			
第五次	1962	總統直選制、單院制	五一六政變	第三	朴正熙
第六次	1969	修改憲法使總統能夠三選			
第七次	1972	維新憲法（總統間接選舉制）	十月維新	第四	
第八次	1980	大總統間選制 7 年單任制	朴正熙被殺	第五	全斗煥
第九次	1987	大總統直選制 5 年單任制	六月抗爭	第六	盧泰愚

　　韓國第一任總統李承晚執政的第一共和國時期，總統權力和國會權利發生衝突，兩次修改了憲法。制憲國會制定憲法採納了總統中心制，實際上國會擁有確定當選總統權限的權力。國會中缺乏支持的李承晚，利用 1951 年的戰時緊急戒嚴提出修改憲法，確定總統直選制和國會兩院制。但是，國會將其否決。

第二年，李承晚再次壓迫國會議員，在國會上通過了政府方案和在野黨方案適當組合的改憲方案。兩年後的 1954 年，廢除了限制首屆總統的重任制度，修改憲法，使副總統可以繼承總統的職位（四捨五入改憲）❶。由此打開了長期執政和權力沿襲的道路。

1960 年四一九革命後，李承晚的長期執政告終，國會為了防止總統的獨裁，而採用議院內閣制，規定司法權的民主化、警察的中立化、地方自治的民主化等，為實現民主主義進行了改憲，並確立了以尹潽善為總統、張勉為總理的第二共和國。

然而，1961 年 5 月，朴正熙發動軍事政變奪取政權，1962 年修改憲法將內閣責任制重新恢復為總統責任制（第三共和國）。重蹈李承晚長期獨裁覆徹的朴正熙總統，1969 年再次修改憲法，規定總統可以連任三屆。1972 年宣佈「十月維新」後，政府發佈戒嚴令解散國會，採用維新憲法。該憲法賦予總統緊急措施權和國會解散權，成立統一主體國民會議選出總統等，以此弱化國會，並規定了壓制國民參與政治的內容（第四共和國）。

1979 年，朴正熙的獨裁權力由於遭到心腹的暗殺而落下帷幕。掌權的新軍部在 1980 年 5 月發佈戒嚴令，鎮壓了光州的民主化運動，10 月公佈了第五共和國憲法，規定總統由總統選舉人團間接選出，任期一屆七年。

20 世紀 80 年代後，隨着民主化運動的高漲，韓國要求總統直選的輿論大增。瀕臨危機的執政黨最後只好接受直選要求並發表了憲法修改案。1987 年 10 月，公佈了第六共和國憲法。憲法為防止總統的長期執政，修改了大總統選

---

❶ 1954年韓國國會選舉，自由黨的李承晚為取得對第一任總統可無限次連任的憲法修正案而要求國會投票，在203人中獲贊成票135張，不到憲法規定的三分之二以上議員贊成的136票。但自由黨領導層認為203票的三分之二是135.33，而經四捨五入可得136，所以國會重新宣佈憲法修正案獲得通過。這就是韓國憲政史上臭名昭著的「四捨五入改憲」。

韓國的憲法法院

　　1987 年修改的韓國憲法顯著特徵之一是：成立了憲法法院這一機構。憲法法院是監督國家機關是否正當行使權限的機構，負責：一、判斷法律是否違反憲法的法律審判；二、對總統等高級公務員的彈劾審判；三、解散政黨審判；四、調整國家機構和地方自治體之間權限紛爭的權限爭議審判；五、判斷國家權力是否侵害國民基本權的憲法訴願審判等等。

舉條項，規定為五年單任直選制，明確規定恢復國會的國政調查權，廢除賦予總統的緊急處置權和國會解散權。這就是韓國的現行憲法。

　　從 1949 年中華人民共和國建立以來，中國共制定了四次憲法，分別是最早明確社會主義原則的「1954 年憲法」、「文化大革命」時期的「1975 年憲法」、毛澤東逝世後反映繼任者華國鋒路線的「1978 年憲法」和現行的體現鄧小平四個現代化和改革開放路線的「1982 年憲法」，這四次憲法反映了中國經歷革命到建設社會主義的歷程。

　　1954 年的憲法以蘇聯憲法為原型，繼承和發展了具有臨時憲法性質的《共同綱領》。它確定了從新中國成立到建設社會主義的過渡時期的任務，進行社會主義工業化，農業、手工業、資本主義工商業的社會主義改造。

　　繼承了《共同綱領》的原則，憲法規定中國是工人階級領導，以工農聯盟為基礎的人民民主主義國家。憲法規定最大任務即社會主義改造在 1956 年完成。

　　1966 年春開始，由於「文化大革命」的原因，開始了憲法不起作用的時代。到「文化大革命」的第五年的 1970 年，曾經一度嘗試修改憲法。由於毛澤東不同意林彪設立國家主席的主張而中止。1973 年再次提出修改憲法，並於 1975 年 1 月第四屆全國人民代表大會上通過了新憲法。這部憲法的核心以肯定「文化大革命」為基礎，僅有 30 條，極為簡單。憲法的指導理念被簡化為「階級鬥爭」和「在無產階級專政下繼續革命」的政治口號。1976 年，隨着毛澤東的逝世和「四人幫」的垮台，「文化大革命」結束，務實派重掌政權，開始努力嘗試制定新憲法，並在 1978 年公佈。

　　「1978 年憲法」摒棄了「1975 年憲法」中許多極左傾向，重新採用了「1954 年憲法」的一部分原則和制度。然而，由於華國鋒主席很快離任，其原則再次予以修正。1979 年，廢除了「文化大革命」時期設立的各級革命委員會，為了重新組織地方政府有必要修改憲法。1980 年開始，為消除「文化大革命」的影響而修改憲法，轉到以鄧小平為中心的提倡實行改革開放的道路上來。

　　但是，對「1978 年憲法」的兩次修改，仍然不能對應國家發生的基本政策的變化，即推行改革開放的道路。於是再次着手制定新憲法。1982 年 12 月，第五屆全國人大五次會議通過了新憲法（「1982 年憲法」）。該憲法基於共產主義思想，重視政治、法律、經濟改革的協調，在鄧小平領導體制下以工業、農業、國防和科學技術四個現代化為目標推動內政、外交。這次修改，首次具體確定了憲法是國家的最高法律，體現了更加重視公民權利的方針。此後，這部憲法經過四次修改至今。1988 年進行的最初的改動，是制定法律承認土地使用權的轉讓，而且新設了有關私營經濟的條款。1993 年，在序文添加了「改革開放」。1999 年，在序文上增加了「鄧小平理論」等。2004 年，補充了關於保障私有財產權的規定，追加了「國家尊重和保障人權」等文字。

　　20 世紀 50 年代前後，要求修改日本憲法的力量，有來自外面的美國的壓力，也有來自政府與執政黨的推動力，但這樣反而引起了國民要求穩定憲法的

中國少數民族選民投票選舉人大代表

運動。從那之後的半個世紀以來，改憲與護憲兩大力量始終對立，憲法則至今未有任何改變。

1946 年，日本國憲法雖然已經制定，但在 1952 年舊金山和平條約生效前，日本處於被盟軍總部的佔領狀態，主權受限。初期盟軍總部的佔領政策基本遵照要求非軍事化和民主化的波茨坦宣言。然而隨着冷戰的激化，朝鮮半島和中國開始走向社會主義，美國的佔領政策發生了轉變，將日本作為遠東地區反共的堤壩。對工人運動和政治活動實行限制和壓制的政策，與憲法所表現的自由相矛盾。1950 年朝鮮戰爭爆發後，盟軍總部在日本設置了警察預備隊，與憲法規定的不持有兵力產生矛盾。

1952 年，隨着《舊金山條約》的生效，盟軍總部佔領日本的時代結束。但佔領軍一撤出，保守的統治層就開始公然主張修改憲法和恢復戰前體制。在謀求擴大天皇作為國家元首權限的同時，還試圖通過修改憲法第九條來擁有軍

隊。另外，1951 年締結的《日美安保條約》和在它基礎上的法律體系，引起了
與憲法下的法律體制之間的矛盾。1950 年創設的警察預備隊在 1952 年被改編
為保安隊，1954 年又改名為自衛隊，重新進行了軍備，造成了與憲法第九條的
明顯矛盾。日本政府最初解釋為，憲法所禁止的「戰力」是指進行近代戰爭的
能力，「保安隊」的「戰力」不在這個範圍內。但是，1954 年的憲法承認自衛
權，解釋為不禁止自衛所需的持有必要的實際兵力，自衛隊符合憲法。

　　針對這種重新軍備的傾向，20 世紀 50 年代，日本民眾在各地美軍基地周
圍展開了反對徵用土地的鬥爭。美國海上氫彈試驗使日本漁船受損事件成為導

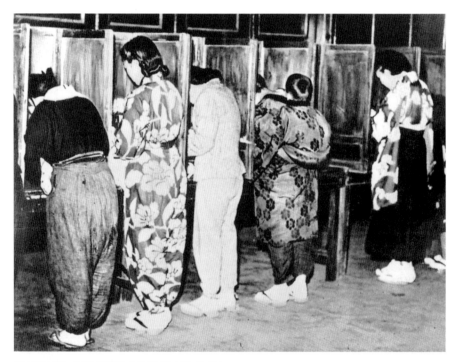

日本婦女第一次參加選舉（1946 年 4 月 10 日）

火索，禁止使用原子彈和氫彈的運動高漲。日本國民還展開了反對強化警察權限加強教育統制政策等運動。通過這一運動，日本國民認識到憲法的價值，積蓄了保衛憲法的力量。

1960 年，日本民眾反對修改安保條約的鬥爭，達到空前規模。反對改定條約的運動愈演愈烈，使自民黨政府被迫轉變修改憲法的政策。此後，政府改變了消極對待憲法的態度，而將重點放在憲法的解釋和運用上，企圖從實際上改變憲法。對此，國民中間出現了防止憲法空洞化，使其實際化的活動。如進行了反對建立自衛隊的訴訟，反越戰運動、要求歸還沖繩美軍基地運動、反對公害運動等。各地還誕生了打着「將憲法活用於生活」口號的革新自治團體。追求憲法實質化的運動也同人權運動有關聯。

美國在越南的失敗削弱了其在東亞的力量，所以在 20 世紀 80 年代，美國要求日本加強其防衛能力。冷戰結束後的 90 年代，日本強調國際貢獻等論調高漲，政界、財界、輿論界等都公然主張修改憲法。2005 年自民黨發表改憲案，2007 年制定了修改憲法手續法。此外，自衛隊以各種名目被派往國外，2003 至 2004 年自衛隊被派往伊拉克戰爭的戰場。但是，針對這種情況，在日本全國建立了「九條會」，保衛和平憲法第九條的運動也不斷高漲。

第三節　今日的憲法——統治結構與人權規定

憲法序文講述的各國歷史經驗

今天，中、日、韓三國的民眾，各自在不同憲法之下生活。政治、經濟、社會和每個人的存在，都與憲法的規定相關聯。三國的憲法分別經過了怎樣的歷史，又是以什麼樣的歷史經驗為前提呢？在此從憲法所講述的理念中進行探討。

1947 年實行的日本國憲法，首先「宣言」主權「存在於國民」，接着指出：「日本國民，通過正當選舉出的國會代表來實行（其權力）」，明確了以議會制民主主義為基礎。因此，「國政」與「國民」的關係，可以做出如下解釋：「國政」來自於「國民嚴肅的委託」。「國政」的「權威」來自國民。「國政」的「權力」由國民的代表來行使。國民享受「國政」的「福利」。這種政治才是「人類普遍的原理」，日本國憲法以此原理為基礎。當然，實際上要使這個原理行得通，能夠正當反映國民意志的「選舉」不可缺少，需要能夠回報國民「委託」的「代表」。

另外，日本國憲法，將對過去戰爭的反省作為基礎。國民主權的宣言，與杜絕「由於政府的行為再次發生戰爭的慘禍」永不出現的「決心」相聯繫。戰前，國民未能制止戰爭。從這種反省展現了國民監督政府的決心。反過來說，國民主權正說明國民對「政府行為」的責任重大。

「日本國民」的「願望」是「永久和平」。因此，必須「自覺」抱有「支配人類相互關係的崇高理想」。其根據是「熱愛和平的諸國民的公正和信義」。「日本國民」決心「信任」它，來「保持自己的安全與生存」。國際社會要「維護和平，致力於從地球上永遠去除專制和奴役、壓迫和狹隘」。在這種國際社

會中佔有「名譽的地位」是「日本國民」的願望。全世界的人民都擁有「避免恐怖、貧窮及在和平中生存的權利」。日本國憲法以此展開國際協調和反對戰爭的和平主張，並不僅僅是沒有戰爭就是和平。

憲法序文的最後寫道，「任何國家都不能只考慮本國而忽略他國」，要求超越本國中心的民族主義，立足於國際視點。最後以國家的名譽宣誓，要全力達成崇高的理想和目標。

日本國憲法以反對戰爭為其大前提，與此相對，韓國憲法的根本在於繼承「運動」的精神。1987年制定的現行韓國憲法，繼承了「三一運動基礎上建立的大韓民國臨時政府的法統，和反對非正義的四一九民主理念」，宣佈其使命為實現「祖國的民主改革和和平統一」。通過繼承過去的運動，即1919年的三一獨立運動和1960年四一九運動的革命精神，來推動民主化和祖國統一。為鞏固「民族的團結」，需要「正義、人道和同胞愛」；為鞏固「自由民主的基本秩序」，需要「打破所有的社會陋習和不義」。

韓國憲法規定，「在政治、經濟、社會、文化的一切領域人人的機會均等」，否定貧富不均和社會差別，提倡平等，建立能「最高限度發揮」個人能力的社會。「國民生活的平均提高」，是國內的主要課題。

韓國的國際課題是「為永久的世界和平和人類共同繁榮作出貢獻」。韓國憲法承接序文第五條第一項，寫道「大韓民國應努力維持國際和平，否認侵略戰爭」，明確了國際和平主義的立場。

日本以反省戰爭為本，韓國則為繼承「運動」的精神，中國憲法的根本在於延續革命的傳統。1982年制定的現行中國憲法寫道「中國各族人民共同創造了光輝燦爛的文化，具有光榮的革命傳統」，在謳歌過去的文化創造和革命傳統後回顧了近代歷史。首先是1840年鴉片戰爭之後，「封建的中國逐漸變成半殖民地、半封建國家」。「中國人民為國家獨立、民族解放和民主自由進行了前赴後繼的英勇鬥爭。」

其次為 1911 年，「孫中山先生領導的辛亥革命，廢除了封建帝制，創立了中華民國。但是，中國人民反對帝國主義和封建主義的歷史任務還沒有完成。」

然後是 1949 年，「以毛澤東主席為領袖的中國共產黨領導中國各族人民，在經歷長期的艱難曲折的武裝鬥爭和其他形式的鬥爭，終於推翻了帝國主義、封建主義和官僚資本主義的統治，取得了新民主主義革命的偉大勝利，建立了中華人民共和國。從此，中國人民掌握了國家權力，成為國家的主人。」

在敘述了中國革命以來的歷程後，接着將中華人民共和國成立後的歷史總結為，「逐步地實現了由新民主主義到社會主義的過渡」。其內容為對生產資料私有制的社會主義改造、廢除人剝削人的制度，確立了「工人階級領導的、以工農聯盟為基礎的人民民主專政」，中國人民和中國人民解放軍維護了國家的安全和獨立、加強了國防建設，經濟建設取得重大成就，社會主義工業體系基本形成，農業生產力顯著提高。教育、科學、文化等事業有了很大的發展，社會主義思想教育取得了顯著的成效。

然後，將這些成果都歸功為中國共產黨的領導和馬克思列寧主義、毛澤東思想的指導，並展望今後中國的各族人民，在中國共產黨的領導下，在馬克思列寧主義、毛澤東思想的指導下，發展社會主義民主，逐步實現工業、農業、國防和科學技術的現代化，建設民主、文明的社會主義國家。

在國際方面，堅持獨立自主的對外政策，堅持相互尊重主權和領土完整、互不侵犯、互不干涉內政、平等互利、和平共處的五項原則，發展同各國的外交關係和經濟、文化的交流，為維護世界和平和人類進步事業而努力。

憲法規定的政治結構

同樣是憲法，但所規定的政治結構，在韓國、日本、中國截然不同。

目前，韓國採用總統制和一院制國會。今天的韓國憲法規定：「大韓民國的主權在於國民，所有權力都來源於國民」，明確表明了國民主權的立場。總統和國會議員由國民直接選舉產生。

韓國除了第二共和制時期（1960 年 8 月 ~1961 年 5 月），一直採用總統制。總統是國家元首、行政長官，統帥國家軍隊。與第五共和國憲法相比，總統雖然被取消了國會解散權和緊急措施權，卻仍然保留着強大的權力。儘管採取立法、行政、司法的三權分立，權力仍集中於頂點的總統。總統掌握政治主導權，任期五年，不能連任。

1952 年第一次憲法修改時，國會雖然採用了兩院制，但僅在 1960 年 7 月至 1961 年 5 月的數月構成兩院，此外都採用單院制。議員任期四年。

國會的權限和地位大幅低於總統，總統具有否認法律方案的權力。國會雖有國政調查權和預算案審議權，卻設有限度。例如，預算案的編寫和提出者為政府，國會不經政府同意，不能增加政府提出的預算各項金額，不得設置新的名目。

司法權屬於法官組成的法院。法院由最高法院的大法院和各級法院（高等法院、地方法院、家庭法院）組成。軍事法院為特別法院。大法院長經國會同意由總統任命，大法院的大法官由大法院長推薦總統任命。

違憲法律審查制度是採用德國式的憲法委員會制度，還是採用將違憲法律審查權委託給法院的美國式的司法審查制度，隨着憲法的修改而發生了變化。現行的憲法採用了憲法裁判所制度，審判法律違憲的九名法官中，有三名從國會選出，三名由大法院長任命。

韓國採用總統制，而日本則採用內閣向國會負責的議院內閣制，國會由兩院制構成。

戰前，日本天皇是元首和唯一的主權者，在日本國憲法中是「國民統合的象徵」。 盟軍總部出於佔領目的利用天皇，與日本統治勢力試圖維護天皇制

的想法一致，天皇制成為世界君主制史無前例的「象徵」形式而存留下來。天皇不具有干涉國政的權力，僅是在內閣的建議和許可下行使憲法規定的國事行為等禮儀性的存在。

國民代替天皇成為主權者。因此國民選舉產生的代表組成的國會，是「國權的最高機構」、「唯一的立法機關」。舊憲法下帝國議會的結構是，國民選舉產生的眾議院，被華族 ❶ 等特權勢力代表組成的貴族院所壓制。日本國憲法中的國會採取眾議院和參議院兩院制，都由公選的議員組成，只是眾議院的地位優勢更大。

舊憲法中，天皇持有行政權，國務大臣只是個別地輔佐天皇。憲法對內閣沒做任何規定。而日本國憲法採用行政權屬於內閣，國會任命內閣核心的內閣總理大臣（首相）的制度。這就是日本的議院內閣制。由於眾議院的意志居上，事實上，眾議院中佔多數政黨的首領被指名為內閣總理大臣，因此，也就意味着以政黨為中心的政治制度化。

舊憲法下的司法權以天皇名義行使，法院的管轄範圍為民事事件和刑事事件，日本國憲法中法院負責包括行政事件在內的所有審判。法院以美國式的違憲審查制為基礎，具有法令審查權（違憲立法審查權）。

相對於採用總統制的韓國和議院內閣制的日本，中國的政治實行以全國人民代表大會為中心運作的結構。

中國的國家統治不採用權力分立制，以民主集中制的政治結構為基礎。作為主權者的人民，通過人民代表大會這一國家權力機關行使主權。全國人民代表大會的代表由人民選舉產生。

所有的國家權力，都由最高國家權力機關全國人民代表大會集中行使。行

---

❶ 日本明治維新後至第二次世界大戰結束時存在的貴族制度，根據出身不同而分為公家華族、大名華族、勳功華族、皇親華族。

1954 年 9 月，毛澤東主席和全國人大代表一起合影

政、審判、法律監督等國家職能，由人民代表大會選出的承擔責任的國務院（政府）、人民法院、人民檢察院（檢察機關）分擔。但是，這與三權分立的原理不同，所有權限都集中於全國人民代表大會。

1975 年憲法和 1978 年憲法，廢除了國家主席制，1982 年憲法中又重新恢復。主席、副主席由全國人民代表大會選出，根據全國人民代表大會及其常設機關常務委員會的決定，頒佈法律，任免國務院總理，授予勳章和榮譽等，還代表國家進行外交。

國家權力的執行機關是中央人民政府國務院，由總理、副總理若干名、國務委員若干名、各部長等組成。全國的武裝力量在中央軍事委員會的領導下，委員會由主席、副主席若干名，委員若干名組成。審判機關是人民法院，有最高人民法院、地方各級人民法院、軍事法院等特別人民法院。

中國憲法規定由全國人民代表大會及其常設機構常務委員會進行憲法的監督，沒有進行違憲審查的制度。

中日韓三國憲法規定的政治構造

韓國憲法	總統制	一院制國會
日本國憲法	議院內閣制	兩院制國會
中國憲法	國家主席	全國人民代表大會

憲法是如何規定人權的

以下就三國憲法如何規定基本人權方面來做一下比較。

現行中國憲法的人權保障部分，在第二章的「公民的基本權利和義務」。這部分在以前的中國憲法中放於國家機構後的第三章，在 1982 年憲法的順序發生變更。這反映了比以往更加尊重「公民」的權利。

「任何公民享有憲法和法律規定的權利，同時必須履行憲法和法律規定的義務。」（第 33 條）

只有成為中華人民共和國的公民，才能擁有基本權利。公民在法律面前一律平等，年滿 18 周歲的公民，不分民族、種族、性別、職業、家庭出身、宗教信仰、教育程度、財產狀況、居住期限，都有選舉權和被選舉權。

公民擁有言論、出版、集會、結社、遊行、示威的自由。公民擁有宗教信仰自由、人身自由、人格尊嚴、住宅不受侵犯、通信自由、通信秘密、勞動權等社會經濟權利、受教育的權利、進行文化活動等自由。特別有意思的是，規定了勞動者有休息的權利，規定國家有義務發展勞動者休息和休養的設施，規定職工的工作時間和休假制度。

男女享有平等的權利。國家有義務保護其權益，實行男女同工同酬，培養和選拔婦女幹部。婚姻、家庭、母親和兒童受國家保護，規定「夫婦共同承擔計劃生育的義務」。

另外，公民有維護國家統一和各民族團結的義務；必須遵守憲法和法律，

保守國家秘密，愛護公共財產，遵守勞動紀律，尊守公共秩序，尊重社會公德的義務；有維護祖國安全、榮譽和利益的義務；有依法服兵役的義務；有依法納稅的義務。

相對於以公民權利為基本的中國，韓國的現行憲法規定，國民的權利首先是人的尊嚴和追求幸福的權利。

「所有的國民，擁有作為人的尊嚴和價值和追求幸福的權利。」（第 10 條）

然後，強調國家的義務是保障基本人權。其中反映了韓國圍繞獲取人權展開的爭取政治權力的運動和實現民主化的歷史。因此，在法律面前人人平等之後，規定首先應保護的人權是身體的自由和禁止拷問，由於拷問、暴行、脅迫、拘束而被迫自首不能成為證據等。這些規定非常詳細。

其後，規定了居住與搬遷的自由、選擇職業的自由、私生活的秘密和自由、通信秘密、信仰的自由、宗教的自由、言論、出版、集會、結社的自由、學問與藝術的自由、財產權的保障等市民的自由和權利。而且還就選舉權、請願權、接受審判權等作了規定，規定有受教育的權利和義務、勞動的權利、勞動者的團結權、生存權、環境權等社會權利。

在家庭生活中個人的尊嚴和兩性平等規定如下：

「婚姻和家庭生活，是以個人的尊嚴和兩性的平等為基礎成立並維持，國家對其進行保護。」（第 36 條）

最早的 1948 年憲法中規定，「婚姻以男女同權為基本，婚姻的純潔與家族的健康受國家特別的保護」。但是，1962 年的憲法中刪除了婚姻的同權規定。1980 年憲法中刪除了「婚姻的純潔」，採納婦女的意見，規定了婚姻和家庭生活中個人的尊嚴和兩性的平等。其背景為改革家長制度，保障婚姻自由、離婚自由。現行憲法沿用了這一規定。

日本國憲法規定基本人權為永久權利。人權並不是一開始就存在，而是人類經過漫長歷史的鬥爭，經過歷史的考驗而賦予人們的權利。因此，需要各自

不斷努力，給未來的人們作為永久的權利傳播下去。日本憲法從這個觀點進行敘述。

「這部憲法所賦予的保障日本國民的基本人權，是人類多年來獲得自由努力的結果，這些權利承受了過去多次的考驗，對現在和將來的日本國民，都是不可侵犯的永久權利。」（第 97 條）

「這部憲法保障日本國民的自由和權利，必須經過國民不斷的努力來保持。」（第 12 條）

那麼，「不可侵犯的永久權利」，其內容是什麼？首先，是對個人的尊重和對生命、自由、追求幸福的權利的尊重。在此之上，保障不受奴隸拘束和苦役的自由、思想與良心的自由、信仰的自由和政教分離、集會、結社、言論、出版等自由、禁止檢查、通信秘密、居住、搬遷、選擇職業的自由、移居國外與脫離國籍的自由、學問的自由、婚姻的自由等各種自由權。

而且，「所有國民在法律面前一律平等，不分人種、信條、性別、社會身份和門第、不因政治、經濟或社會關係而差別對待」，規定了法律面前的平等。還明確了家庭生活中的個人尊嚴和兩性平等。保障「經營最低限度的健康和文化的權利」、受教育的權利、勞動的權利、勞動者的團結權、團體交涉權等社會權。

但是，憲法規定的人權在實際生活中並不一定得到保障。對照憲法的原則觀察人權的現狀，其實存在許多需要落實的地方。例如，朝日茂就其在國立療養院中的生活保護問題提出了訴訟。而編寫日本歷史教科書的家永三郎❶教授，則對文部省加強對教科書的審查提出了訴訟，要求保障學問的自由。另外，日

---

❶ 家永三郎（1913~2002），日本歷史學家、教育大學名譽教授。其編寫的《日本史》明確譴責了日本發動的侵略戰爭而未被日本文部省審查通過。1965年，他以日本文部省和日本政府為對象提出了三次訴訟，認為日本政府違背了憲法賦予的公民的言論與表現的自由。

朝日茂的生存權訴訟

　　日本國憲法第 25 條規定：「所有國民均擁有維持最低限度的健康文化生活的權力」。對此，1957 年，在國立療養所療養中的朝日茂，以當時的生活保護制度不符合憲法第 25 條規定為由，對厚生大臣提起生活保護法違反憲法的訴訟。由此引起了大規模的支援運動，東京地方法院第一審判決現行生活保護水準過低，無視國民的生存權，朝日茂勝訴。國家提出上訴，二審判定水準雖低但並不違反憲法，朝日茂敗訴。1964 年朝日茂死去，1967 年審判本身最終敗訴。該審判提出生存權的權利這一意義重大，被稱作「人間審判」，朝日茂之後成為社會保障運動的先驅。

本社會還有要求保障表現自由的運動，有要求給公務員以從事政治活動權力的運動，有勞動者保護自己的權利的運動，有對公害引起的環境問題提出權利受侵害的訴訟，有要求隱私權、知情權等各項權利保障的各種努力和運動，這些都是使憲法保障的人權得以實質化的努力。

　　憲法是規定了國民與政治的關係、權力的構成以及人們的權利保障等的國家的根本法，無論人們意識與否，它與政治、法律、經濟、社會等都有着密切的關係。今天，中日韓三個國家的民眾，雖然分別處於不同的憲法之下，但是民眾都成為了政治的主人，面臨着實現人類的尊嚴和真正的和平這一共同的課題。在互相確認依託於憲法的「自由」、「平等」與「和平」的各自的歷史的同時，三國人民需要加深協作，開拓未來。

第二章

東亞的城市化
——上海、橫濱、釜山

本章大事年表

1843 年	根據《南京條約》的規定，上海設立英國領事館
1845 年	在上海設立英租界（1848 年美租界設立，1849 年法租界設立）
1859 年	根據《日美友好通商條約》，神奈川（橫濱）開港　英國 P&O 公司將新加坡—上海航線延長到長崎至橫濱
1860 年	外國正式承認橫濱居住地
1863 年	上海的英美兩國租界合併成為公共租界
1867 年	美國太平洋郵船公司開設舊金山—橫濱—上海航線
1871 年	《中日修好條規》承認橫濱居留地內中國人的借地權
1875 年	三菱公司開設橫濱—上海航線　為防衛橫濱居留地而駐紮的英法軍撤退
1876 年	根據《江華島條約》釜山開港　三菱公司開設長崎—對馬—釜山間定期航線（1880 年航線延長至神戶）
1877 年	將草梁倭館改為日本在釜山的專管居留地，並設立日本領事館
1883 年	中國招商局開設上海—長崎—仁川—釜山之間的定期航線
1884 年	仁川、釜山設立中國人專管居留地
1890 年	大阪商船公司開設大阪—釜山定期航線
1894 年	日本在甲午戰爭期間設立釜山兵站司令部
1899 年	由於治外法權被撤消，居留地制度在日本被廢止
1904 年	京釜鐵路完工　釜山成為日俄戰爭中的日軍兵站
1905 年	連結下關—釜山的關釜線開通，朝鮮與日本的鐵路網連接
1910 年	韓國被強行合併後廢止居留地制度
1913 年	日本人、中國人的專管居留地被編入釜山府
1917 年	日資朝鮮紡織廠在釜山成立
1919 年	五四運動期間，上海工人罷工
1920 年	日本政府在朝鮮開始大米增產計劃
1921 年	釜山碼頭朝鮮工人罷工，運輸系統的工人參與　橫濱造船工人的勞動爭議頻發

1922 年	朝鮮紡織工人接連罷工
1923 年	日本關東大震災後成立自警團,發生屠殺朝鮮人、中國人事件
1925 年	上海公共租界工人罷工　五卅運動爆發
1927 年	蔣介石在上海發動政變,南京國民政府成立
1937 年	第二次上海事變爆發　日軍佔領上海市租界以外地區
1941 年	亞洲太平洋戰爭爆發,日軍進駐上海租界
1943 年	締結中美、中英新約,取消治外法權與上海租界
1944 年	日本戰爭局勢惡化,建築物及居民的疏散政策開始　是年底開始,美軍反復空襲日本
1945 年	日本人因戰敗歸國,釜山府在美軍政體制下任用韓國人官吏
1949 年	人民解放軍佔領上海,成立上海市人民政府(5月)
1950 年	釜山市成為朝鮮戰爭時期臨時首都
1953 年	東京急行株式會社公佈川崎—橫濱內陸區土地區劃整理業務計劃
1963 年	社會黨飛鳥田一雄當選橫濱市長
1964 年	根據「三線建設」計劃,上海工廠向內陸地區搬遷
1965 年	日韓基本條約簽訂後,釜山市與日本的貿易增加
1970 年	漢城釜山間高速公路通車
1979 年	釜山、馬山民主化運動
1983 年	橫濱都心區二次開發項目「未來港 21」工程開工
1990 年	上海浦東新區開發項目啟動,上海證券交易所重開
1996 年	第一屆釜山國際電影節開幕
2003 年	釜山近代歷史館開館(利用東洋拓殖會社建築物舊址)

　　近代是城市化的時代。東亞的近代也不例外。從巨大城市的形成來看，東亞在世界上是很顯著的地區。東亞三國的首都（北京‧首爾‧東京）在近代以前就是城市發達的地域，並在近代逐漸增加諸多功能而成長為近代化的城市。朝鮮民主主義人民共和國的首都平壤也具有相同的性質。與此形成對照的是，有一部分近代之前的農、漁村地區，近代以來迅速演變發展為城市。

　　本章將上海、橫濱、釜山這三座城市作為後者的代表性事例進行描述。這三座城市成為近代城市的直接契機，在於伴隨開港的國際貿易和金融的擴大。三座城市都成長為代表東亞的港口城市。並且，隨後的工業化成為城市膨脹的主要原因也是三座城市的共同點。但是，這三座城市因所處的政治、經濟條件的不同，而分別烙上了各自的特點。

　　港口城市的發展與內陸農村地區面貌的變化也有密切的關係。鐵道等新型運輸方式的發達，從經濟上為港口城市和農村創造了新的連接。傳統的農村地區變身為國際農作物商品的產地。本章第三節着眼於東亞代表性國際農作物商品之一的繭—生絲，來關注三國各自的主要產地與三座港口城市的經濟關聯的特點。

第一節 開港與城市的成長

　　上海、橫濱、釜山開港的時間不同，開港的對象國和開港的條件也各有差異。這些造成了它們在城市形成過程中的差異。

　　上海開港源於鴉片戰爭的失敗，受到了英國的強壓。因此，上海租界的城市化是在英國為首的歐美列強的主導下進行的。橫濱開港是日本與美國交涉的結果，其交涉背景雖有美國的軍事壓力，但橫濱居留地的開發，基本是日本政府自主進行的。釜山開港是日本追隨歐美列強，以武力強迫朝鮮接受的結果，租界（居留地）開發由日本主導。釜山是日本向朝鮮半島、中國東北部侵略的基地。

上海開港及租界的形成

　　上海在開港之前是位於長江河口的支流黃浦江左岸的縣城，也是長江下游的貿易據點，縣城雖為方圓六公里左右的小規模城牆式城市，但是 19 世紀初的上海縣人口已經達到了 50 萬人。在開港之前已經形成城市這點上看，上海和橫濱、釜山有所不同。但是，開港前，長江下游的中心城市是蘇州。開港後的 1849 年，英國的 Peninsular and Oriental Steam Navigation Company（P&O 公司）在新加坡、香港和上海之間開設了定期航線，之後上海成為連接歐洲與亞洲的重要港口城市。

　　鴉片戰爭後，根據 1842 年締結的《南京條約》，上海成為開放港。1843 年英國在上海設立領事館。1845 年英國領事與上海道台締結了《第一次土地章程》，設置了英租界。之後，1848 年和 1849 年又分別設置了美租界與法租界。

　　《第一次土地章程》規定「華洋分居」，隨後因太平天國戰亂大批難民湧

入租界，「華洋雜居」不斷擴大。1854 年上海英法美租界地章程（《第二次土地章程》），實際默認了華洋雜居。租界設置了外國人的審議機構（納稅人會議）、工部局（英美租界）、公董局（法租界）等行政執行機構。這些機構僅由租界內擁有財產的外國人納稅者構成。1920 年代之前，中國人被排除在這些機構之外 ❶。

1863 年，英美租界合併為公共租界，設統一的行政機構，1899 年其租界領域大幅擴張。法租界在 1861 年和 1900 年的小規模區域擴張後，1914 年進行了大幅擴張。

上海在開港之前，是水運交通發達的「水鄉」。開港後，租界內開始了由工部局和公董局推動的被稱為「馬路」的道路建設。1908 年公共租界內開通了市區電車。水路被切斷，以往的「水鄉」也由此衰退。同時，連接蘇州河兩岸的橋樑開始建設，特別是 1899 年被編入公共租界後，城市化的浪潮一直波及到了蘇州河以北。租界的周邊地區形成了中國人的居住區（華界）。

位於公共租界中心的舊英租界，雲集了外國商社和金融機構。特別是黃浦江的鄰接地帶，被稱為「外灘」，現代化辦公樓林立的風景至今仍存，成為上海旅遊的標誌性景點。另外，還設置了基督教堂和賽馬場、俱樂部，成為外國人社交的場所。洋務運動後，上海的官營、官督商辦的工廠建設得到了發展。1895 年馬關條約簽訂後，英國等外國資本也開始涉足製造行業。以棉紡織和制絲業等輕工業為中心，工廠集中於公共租界（東區、北區）和西部地區（滬西），隨後逐漸擴展到蘇州河以北（閘北、江灣）和縣城南部（南市）的華界。

隨着工商業的發展，中國工商業資本家也開始成長。他們組織同鄉團體和行業團體，從事茶、絲綢、棉布等生產貿易的行業團體尤為活躍，主持善堂等

---

❶　1921年，公共租界開始有中國人擔任顧問；1927年，法租界有中國人被任命為公董局臨時委員會委員。

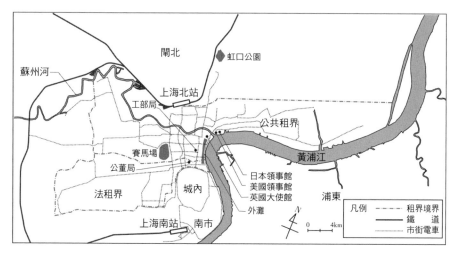

1937 年的上海市區街道圖

慈善團體，開展救濟貧民等活動。他們還對抗外國人掌握的租界行政，力爭實現中國人的「自治」。1905 年，華界創立了由紳商主導的自治機構。但是，辛亥革命後，袁世凱執政，1914 年停止了地方自治。

橫濱開港與居留地貿易

繼 1854 年的日美和親條約後，江戶幕府 ❶ 於 1858 年簽訂了日美友好通商條約。隨後又分別和英、俄、法、荷簽訂了條約。1859 年，神奈川（橫濱）與長崎等四處港口同時開港。同年，英國 P&O 公司將新加坡—上海航路延伸至長崎—橫濱。1867 年，美國的太平洋郵船公司開闢了洛杉磯—橫濱—上海航路。

---

❶　江戶即現在日本東京，1603年，德川家康在江戶建立幕府，至日本明治維新前的1867年，江戶　　幕府共經歷15代將軍，延續265年。

1875 年，三菱公司（之後的日本郵船）開設了日本第一條海外定期航路橫濱—上海航路。三菱公司經過激烈的競爭，成功地使 P&O 公司和太平洋郵船退出上海—橫濱航路。

橫濱原是一個遠離江戶—京都大道（東海道）中心的偏僻村莊。當德川幕府決定在橫濱設置外國人居留地時，英美兩國公使認為日本有意孤立開港地而提出抗議，但是德川幕府堅持了在橫濱設置居留地的方針。幕府將該地區的填海承包給國內商人，整頓用地並進行區域劃分，分別作為外國人和日本人的居住區域。1860 年，橫濱居留地正式被外國承認。

明治新政府在居留地推動了公園和道路的建設、區劃整理等。保衛居留地的英美駐軍於 1875 年撤軍。與列強主導下形成的上海租界不同，橫濱居留地是在日本政府（幕府和明治政府）主導下進行城市開發的。

根據1871年的《中日修好條規》，中國人在橫濱居留地的租地權得到承認。之後，除中日甲午戰爭期間例外，直到 20 世紀初，橫濱的中國人口一直在持續增加。中國人集中居住區形成，被稱作「南京街」，即今天的中華街。南京街成為中國商人和手工藝人的街道。1908 年時，橫濱的中國人達到了 6000 人。

開港以後，橫濱的外國貿易急速擴大。生絲成為最大的出口商品，出口到歐洲和美國。由於日本政府不承認外國人的內地通行權，從日本國內購買生絲轉賣給外國商館的日本人生絲買賣商甚為活躍。1879 年橫濱正金銀行成立，給生絲買賣商提供貸款。之後作為專門從事貿易金融的特殊銀行從金融上支持了日本資本主義的對外擴張。

然而，橫濱港的地理位置，偏離由東京向西的交通幹道。1889 年連接東京和神戶的鐵路（東海道線）開通時，設置了採用 Y 字形線路方式的橫濱站。中日甲午戰爭時，在橫濱站的側道鋪設軍用線，戰後該路線作為東海道線被使用，內陸方向建設了新的橫濱站。

19 世紀 90 年代後，日本進入產業革命期，由於對中國、朝鮮的出口擴大，

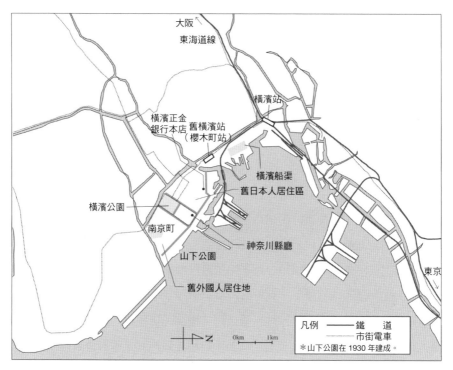

大阪
東海道線
橫濱站
橫濱正金
銀行本店
舊橫濱站
（櫻木町站）
橫濱船渠
舊日本人居住區
橫濱公園
南京町
神奈川縣廳
山下公園
舊外國人居住地
東京

凡例　——　鐵　　道
　　　　……　市街電車
＊山下公園在 1930 年建成。

N　0km　1km

1910 年代橫濱市區街道圖

棉紡工業迅速發展，大阪、神戶兩港的貿易量急劇增長，橫濱港的地位相對降低。橫濱由於其主要出口產品生絲的製造地在偏遠的農村，不像大阪、神戶那樣積累了產業資金。1899 年，隨着治外法權的廢除，取消了居留地制度，東京取代橫濱加快了外國企業的建設。

　　針對橫濱港地位相對下降的問題，進入 20 世紀後採取了幾項措施。加快了港灣的整頓，而且，為補償上述的東海道線變更的問題，鋪設了連接舊橫濱站的私鐵。1904 年市區電車開通。而且，開始在海岸填海造田，整頓工廠用地。特別是第一次世界大戰時期，形成了玻璃、造船、製鐵等重化工業。不久，就

與東京沿岸的東京和川崎工業地帶合為一體，逐漸形成京濱工業地帶。

釜山開港和日本人城市的形成

1876 年《江華島條約》規定釜山開港，同年三菱公司就開闢了長崎—對馬—釜山之間的定期航路，1880 年航路延伸至神戶。1890 年大阪商船開闢了大阪—釜山之間的定期航路。1882 年《朝清商民水陸貿易章程》簽署，第二年，中國招商局開設了上海—長崎—仁川—釜山之間的定期航路。1880 年代末朝鮮政府又獨自採用了海運業的獎勵政策。以中日甲午戰爭為契機，連接中國—朝鮮—日本的定期航路被日本的船運公司獨佔。

開港之前，釜山的草梁里設置了作為與日本交涉視窗的倭館，居住有少量的日本人（對馬藩的官員）。朝鮮政府故意選擇了離該地區中心城市東萊府和釜山鎮較遠、交通不便的草梁地區建倭館。根據《江華島條約》的第三和第四條，1877 年朝鮮和日本之間簽訂了《釜山口租界條約》，草梁倭館被改編為日本的釜山專管居留地。居留地內設置有日本領事館。

1884 年，朝鮮和中國簽署了《仁川口華商地界章程》，仁川和釜山設置了中國人的專管租界地。但是，釜山的中國居留者們，在甲午戰爭時幾乎全部回國，1910 年只剩下 356 人。而與此相反的是，日本居留者人數在設置居留地後迅速增長。1910 年，在釜山的日本人口為 2.2 萬人，甚至超過了朝鮮人口（2.1 萬人）。

1894 年中日甲午戰爭時，日本在釜山設置了兵站司令部，和仁川同時成為日軍兵站的據點。1904 年京釜鐵路完工。日俄戰爭時釜山成為日軍的兵站據點。1905 年連接下關和釜山的關釜聯絡線開通，發揮了連接朝鮮和日本的鐵道網的作用。京釜鐵路之後發揮了朝鮮半島物流幹線的作用。釜山港的總貿易額中，對日貿易額佔了八成。大米等糧食從釜山港運送至日本，滿足日本的低收

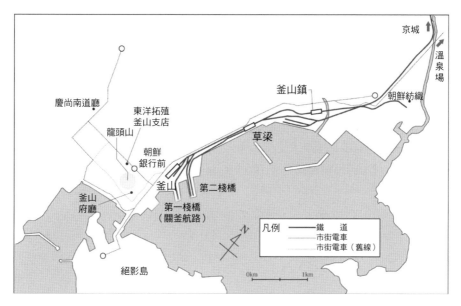

1945 年的釜山市區街道圖

入勞工的糧食需求。與此相對，棉紡織品等主要工業產品從日本運進釜山港。

開港後，被稱作「客主」的朝鮮商人們，作為中間買賣商嘗試與日本商人交易，卻由於資金不足而背負日本商人的債務。客主們嘗試聯合對抗日本商人，在 1889 年成立釜山客主商法會社，又在 1908 年成立了東萊商業會議所，但是未能有效地對抗受到日本政府支持的日本商人。1916 年，東萊商業會議所被日本人商業會議所合併。

釜山的海岸沿線為山區，為確保用地，日本人出錢不斷地進行填海造田工程。1902 年，日本公司開始了第一批填海造田工程。之後，建設了鐵路、車站、棧橋、倉庫、海關等設施。1912 年，可以停泊船隻的鐵路棧橋完工。之前中國

與朝鮮的國境剛剛完成了鴨綠江橋樑工程和安奉線寬軌改修工程，釜山被定位為面向日本帝國全境內的物流網據點。

另外，1910 年日本公司在釜山街區建設了市區電車，連接了日本人居留地和釜山鎮。日本吞併朝鮮後，廢除了居留地（租界）制度，1913 年時，日本人、中國人的專管居留地（租界）被編入釜山府。1914 年時，草梁和釜山鎮被編入釜山府。這一年釜山府的人口為 5.5 萬人，其中日本人過半，達 2.8 萬人。之後，該地域的行政中心從東萊移至釜山府。在釜山的日本人經營下，東萊逐漸變為溫泉遊覽地。

第二節　三座城市的產業化與工人

　　19 世紀末以後，東亞迎來了產業化的時代。產業化促進了大城市的形成。甲午戰爭後，日本在輕工業部門興起了產業革命，日俄戰爭後成立了重化學工業部門。橫濱在日俄戰爭後也建立了重化學工業。第一次世界大戰後，中國民族資本的輕工業得到發展。同時，歐洲和日本等外國資本也進入到中國紡織工業，上海成為這些輕工業建設的中心地區。第一次世界大戰後，朝鮮的工廠建設雖然得到發展，但大多是日本的資本。在釜山，食品、紡織等日本資本的輕工業的建設也得到發展。

　　三座城市在產業化的同時，各種行業的工人也形成為階級。跨越國境的勞動力轉移也開始形成了規模。工人們為了爭取作為勞動者的利益而致力於工人運動。上海、釜山的工人，在民族解放的旗幟下展開了鬥爭。

上海：工業化的進展與中國工人的鬥爭

　　上海華界的人口在 1852 年開港時為 54 萬人，1910 年增至 67 萬人。在此期間，租界的人口從 500 人迅猛增長到 62 萬人。到 1927 年，華界與租界人口分別增長至 150 萬和 114 萬人。可以看出第一次世界大戰前後，華界的人口增長超過了租界。總之，經過第一次世界大戰後，上海成長為人口眾多的城市，華界、租界總人口遠遠超過 200 萬人。

　　1910 至 1920 年代上海人口激增的背景之一，是工業化的進展。紡織業、製絲業、製粉業等輕工業部門主導了這一時期的工業化。隨着這些產業的發達，工人數量激增。除了機械製造業外，上海的各種手工業也很發達，聚集了眾多的工人。

上海、橫濱、釜山人口變化示意圖

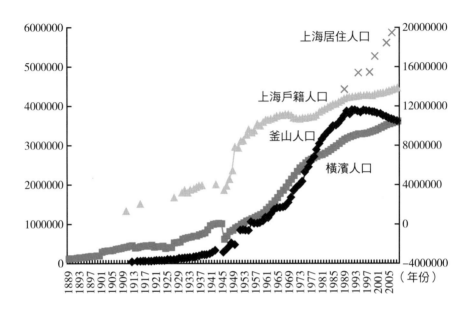

資料來源：鄒依仁《舊上海人口變遷的研究》上海人民出版社；上海市統計局《上海統計年鑒》上海人民出版社，各年版；《橫濱市人口的變遷 2000》《橫濱市統計書》；釜山市／釜山直轄市／釜山廣域市《釜山統計年報》各年版；朝鮮總督府《朝鮮統計年報》各年版；嚴善平〈流動的社會，割斷的城市勞動市場〉，《桃山學院大學綜合研究所紀要》第 31 卷第 2 號。

　　人口激增的另一個主要原因，是城市雜業人員的增加。苦力和人力車伕是其代表。隨着上海港貿易量的增加，增加了對碼頭運貨勞力的需求。苦力主要從事此類苦工。另外，市內雖然開通了公共汽車和電車，但是隨着交通需求的增加，人力車十分活躍，人力車伕也成為當時上海重要的雜業人員。

　　工廠工人、雜業人員多數收入低微，和零散手工業者、小商人等一道構成了城市貧民階層。他（她）們住在被稱作「棚戶」的簡陋的小屋裡。貧民街被稱為「棚戶區」。租界當局為維持街道的美觀、殖民者的衛生和舒適，對租界內的棚戶建築進行了限制。因此，華界的棚戶區建在租界的外圍。

虹口公園

虹口公園是 1896 年由公共租界工部局建造的西洋式庭園。1932 年，日本人在該公園舉行天長節（天皇生日）慶賀會時，朝鮮獨立運動家尹奉吉投放炸彈，有日本政要傷亡。

抗日戰爭爆發後，虹口公園一度被日本軍隊接收。抗戰勝利後南京國民政府將其改名為中正公園。1950 年改回舊稱。

魯迅在上海時曾在此公園散步。1956 年魯迅的棺木改葬於此。1988 年改名為魯迅公園。園內建有魯迅紀念館。

中日甲午戰爭後，日本人開始進入上海，第一次世界大戰期間人數激增。被稱作「在華紡」的日本資本紡織工廠在上海得到規模化發展。1927 年時，上海外國人總人口約 54000 人，其中日本人佔 47%，約 26000 人。日本人集中居住在美舊租界的虹口地區，設置了學校、醫院和象徵日本人統一的神社，形成了實際性的日本人街。

工廠工人及城市雜業人員等貧民，加入了反日民族運動的行列。1919 年的五四運動具有跨時代的意義。「在華紡」等工廠工人、交通部門的工人以及人力車伕、碼頭苦力參加了罷工。手工藝人提倡排斥日貨。商店的店員們開展「罷市」運動來表達反日情緒。

1925 年，公共租界的工人為反對日本「在華紡」工廠的暴力性勞務管理和經營「合理化」方針，2 月份發動了罷工，由此引發 5 月 30 日學生們的抗議遊行，英國警察開槍射擊，數十名人員傷亡（五卅事件）。之後，上海開展了規

上海虹口公園

模空前的民族運動。五卅運動和五四運動一樣，展開了學生罷課、資本家、商
人罷市、工人罷工的「三罷鬥爭」。在日本「在華紡」從事長時間低收入工作
的女工們站在了罷工的前列。

　　1926 年 6 月，隨着蔣介石在廣州宣佈北伐，次年 3 月擊敗了統治上海的軍
閥孫傳芳。以此為契機，要求上海成立特別市的自治運動再度被點燃。和 20
世紀初紳商們組織的運動不同的是，學生和工人成為運動的主角。在這一過程
中，試圖武力收復租界的學生、工人們的激進民族運動，和資產階級的穩妥路
線的對立逐漸明確。1927 年 4 月 12 日，蔣介石在上海對中國共產黨及其領導
下的工人發動政變，隨後成立了南京國民政府，得到上海的中國資本家們的支

持。同年 7 月，上海特別市政府成立。

1937 年八一三事變，中日戰爭的戰火延及上海，11 月，除租界外，上海市被日軍佔領。大量逃避戰火的難民湧入租界。上海的資本家們也將企業轉移到租界以尋求保護。租界因此呈現出戰爭時期畸形的繁華。然而，1941 年 12月，隨着太平洋戰爭的爆發，日軍進駐租界後，由於物資的缺乏和通貨膨脹，大多數的上海市民陷入窮困。1943 年 1 月，重慶國民政府與美國、英國之間簽署了廢除領事裁判權和歸還租界等內容的新條約。為進行對抗，日本搶先與汪精衛偽政府簽署了包含廢除領事裁判權和歸還租界等內容的協定。同年 7 月，法國的維希政府也在日本的壓力下歸還了租界。由此，上海的租界從法律上被撤除。抗戰勝利後，國共內戰繼起，由於難民等的湧入，上海人口從 1945 年的 337 萬人激增至 1948 年的 541 萬人。1949 年上海得到解放。

橫濱：城市的膨脹和地震、戰禍

橫濱開港後人口迅速增長。1909 年至 1926 年人口停滯在 40 萬左右。1927年由於市區的大幅擴張，人口突破了 50 萬。對橫濱而言，這段時期是從商業城市到工業城市的過渡期，而從城市發展的角度則可以說是停滯期。

日本因第一次世界大戰所導致的經濟好景不長，1920 年代初出現了戰後經濟危機。再加上華盛頓會議縮減軍備的影響，尤其是造船業陷入了蕭條的狀況。1921 年、1922 年不斷發生船廠工人的勞動糾紛。特別是橫濱船渠的船廠工人們，為反抗公司的解僱，展開了激烈的鬥爭。橫濱船渠於 1889 年設立於開港場的鄰接地帶，是橫濱製造業的代表之一。這場鬥爭以工人的失敗告終。

1923 年，受關東大地震的衝擊，橫濱人口減少。地震後，和其他的受災區一樣，橫濱也立刻在警察署的指揮下成立了自警團，發生了屠殺朝鮮人的事件。據估計，包括橫濱在內的神奈川縣共約有兩千朝鮮人被殺害。地震時在神

奈川境內居住的朝鮮人約有三千人左右。第一次世界大戰時期，神奈川縣的朝鮮人口開始增長，當時，縣內居住的朝鮮人，從事碼頭運貨、土木建築及工廠雜工等重體力勞動。鄰接橫濱的軍港橫須賀的朝鮮工人也很多。朝鮮人的勞動條件苛刻，工資低廉，失業人員也很多。

地震後的 1925 年至 1930 年，致力於橫濱復興事業的市長有吉忠一，曾經在 1922 年至 1924 年擔任朝鮮總督府政務總監。有吉任市長時期，開始在橫濱海岸填海建設臨海工業地帶。朝鮮工人們從事土木建築。因此，關東大地震後，雖然屠殺記憶猶新，在神奈川（包括橫濱市在內）居住的朝鮮人口卻再次增加。根據 1930 年的國勢調查，居住在橫濱市的朝鮮人達 6099 人。

1929 年的世界性經濟危機，對於生絲的對美出口港橫濱是個沉重的打擊。市內的工業生產值也急劇下降。到處都在解僱和降薪，勞動糾紛迅速增加。之

山下公園

關東大地震後，橫濱市實施了城市復甦計劃。其中，包括了設置兼備防災功能的公園的計劃。按照計劃建立了四處新公園，其中之一就是面向橫濱港的山下公園。這個公園是在地震後的瓦礫上重建的。1930 年完工。

日本戰敗後，公園被美軍接收，1954 年後逐漸回歸，1961 年進行了重新整頓。附近至今仍保留着舊海關等地震後的復興計劃中重建的建築物，由於靠近中華街，現在也作為代表橫濱的臨海公園，受到市民和遊客的喜愛。

後，20 世紀 30 年代臨海填埋地帶的工廠建設加速，橫濱的經濟得到迅速恢復。特別是隨着戰時經濟的發展，重工業和化學工業（造船、汽車、電機、化學）加快了建設。人口也隨之迅速增長，1942 年超過了 100 萬人。然而戰時的勞動力不足的情況愈發嚴重。1939 年後，根據朝鮮人勞動動員政策，朝鮮半島的大量朝鮮人被帶到橫濱，被迫在土木工地和軍工廠從事條件苛刻的勞動。據 1943 年的調查，橫濱地方法院管轄內的朝鮮人男性就達 33179 人。勞動現場還有中國人以及中國俘虜。

但是，關東大地震後的一段時期，居住在橫濱的中國人有所減少，20 年代末恢復到四千人左右。中日戰爭開始後，中國人陸續回國，人口減到兩千人。中國國民黨橫濱分部被強行解散。中華街的人們也在憲兵隊的監視下生活。

隨着 1944 年日本在太平洋戰局惡化，開始了建築物和人員的隔離政策。1944 年底反復遭到美軍的空襲，市民的居住狀況極度惡化。隨着難民的流失，1945 年戰敗時，橫濱市人口減少到 62 萬人。

1945 年 9 月 2 日，日本投降文件在橫濱外海上的美國軍艦密蘇里號上簽署。港灣設施固然躲過了戰火，但是被佔領軍看中作為運送武器的重要基地而計劃接收，市區也成為接收對象。之後，由於朝鮮戰爭的爆發，佔領軍暫時擱置了對港灣設施的接收。而在舊金山會議後，美國軍隊根據《日美安保條約》仍然收管了港灣。鄰近橫濱的橫須賀與座間，則從戰敗後至今作為美軍的基地。

釜山：殖民地就業結構的深化與朝鮮工人的鬥爭

釜山人口 1912 年不足六萬人，1925 年增至十萬，1933 年超過了十五萬人。這期間，釜山的朝鮮人口的增長尤為顯著。1910 年代後半期釜山的朝鮮人超過日本人，1925 年日本人不足四萬，而朝鮮人超過六萬，1933 年日本人五萬餘，朝鮮人十萬餘。1925 年，慶尚南道廳從晉州遷移到釜山。第一次世界大

戰前後產業結構的變化及朝鮮人口的流入，是釜山作為城市擴大的背景之一。

第一次世界大戰時期受經濟景氣的影響，日本工人的收入提高，國內的糧食市場急速擴大。1918 年，米騷動擴大到日本全國。1920 年，日本政府為解決國內的糧食問題開始在朝鮮實行《產米增值計劃》。釜山作為對日本的貿易基地，糧食出口量增加，同時流通和運輸產業部門也得到擴充。

1910 年代末以後，工廠數量迅速增加。這是因為日本國內向朝鮮的投資額迅速增加的緣故。食品工業、釀造業、精米業等勞動集約型的小規模輕工業成為主要行業。

從 1930 年不同職業家庭成員人數的構成比來看，日本人從事自營商人和公務員、熟練工人居多，相比之下，朝鮮人從事包括碼頭搬運勞動和工廠不熟練勞動在內的城市雜業人員居多。 根據釜山府社會課 1937 年的調查，釜山的貧民人數為三萬七千餘人，相當於當地朝鮮人口的 24%。釜山日本人以舊日本專管居留地為中心安居，朝鮮人則聚集在其外圍。朝鮮貧民們在傾斜度大的地帶建立簡易小屋（土幕）和木板房（板子小屋）生活，其居住環境狹小過密，條件惡劣，供水和下水處理極為困難。

被迫從事不穩定工作的朝鮮勞工們，為保衛自己的生活和日本的資本家們展開了鬥爭。在此舉兩個例子。一是碼頭工人的鬥爭。開港後，釜山港的駁船和搬運等部門被日本人資本壟斷，眾多的朝鮮人在碼頭從事搬運工作。他（她）們的工資低廉，處於不熟練、半失業的狀態。1921 年，由於戰爭恐慌，商人們計劃降薪，對此，朝鮮的碼頭勞工五千餘人，發起了要求上調工資的罷工。而且，釜山全市的運輸部門的工人參加了罷工，朝鮮中南部的物資運輸暫時中斷。碼頭工人們，在不景氣的狀況下也獲得了上調工資的成功。

還有一個例子是紡織、橡膠製品工廠的女工們的鬥爭。1917 年由日本投資建設的朝鮮紡織廠，是釜山規模最大的工廠。1922 至 1923 年，為上調工資和縮短勞動時間，糾正日本監督人員的毆打行為等，男女工人舉行了罷工。1930

年，為了支援男職工的罷工鬥爭，寄宿的七百餘名女工進行了絕食鬥爭。日本人投資的橡膠製品（特別是橡膠鞋）工廠女工在 1928 至 1935 年期間，幾乎每年都要求上調工資而進行罷工鬥爭，參加者共有 600 至 700 名的女工，甚至堅持罷工達一個月之久。

戰爭期間，釜山的製造業有了一定程度的發展。1940 年，棉織品取代精米成為最大的工業產品。1937 年，釜山近代造船業的鼻祖、大韓造船會社的前身朝鮮重工業株式會社成立。該公司在代表日本的造船公司三菱重工業的主導下，東洋拓殖公司等國策公司作為大股東負責經營。戰爭期間，雖然製造業有所發展，但是，朝鮮獨立後，由於原材料、資金的不足，工業生產出現萎縮。

日本戰敗後，約有六萬駐釜山的日本人撤退回國，釜山人口呈現暫時減少的現象。但是，從日本國內和中國回歸的人員以及分裂後從朝鮮北部流入的人口開始增加。隨着朝鮮戰爭的爆發，湧入了大量的難民。人口從 1941 年的 28 萬人迅速增加到 1955 年的 105 萬人，增長了將近四倍。1941 年的人口規模，僅為漢城 97 萬人的 29%。1955 年的人口，上升到漢城 157 萬人口的 67%，充分體現出這一時期釜山激烈的人口集中現象。

第三節　伴隨着城市化的農村社會經濟的變化

產業化同時擴大了城市的勞動力市場，而東亞的農業部門中，並沒有出現資本—勞資關係的分解。近代東亞的農業部門中，小農家族經營始終佔據着支配地位。

然而，小農經營也受到了商品經濟的衝擊。東亞小農生產的農作物，不僅在國內市場，也面向國際市場開始商品化。其中生絲是東亞的小農面向國際市場的代表性商品作物。

成為國際商品的養蠶、製絲業，受到與貿易港之間交通、通訊很大的影響。而且，養蠶農家和農村的製絲者們，對在貿易港設立據點的商人資本的信息和金融的依賴性不斷加強。養蠶農民組織協同組合也嘗試與商人資本進行對抗。

太湖沿岸水鄉地帶的養蠶農村

1989 年，根據對 1949 年前居住在上海的 438 名上海市民的面談調查，出生地中僅江蘇省（44.3％）和浙江省（33.6％）就佔將近八成。其次是上海市內，佔 13.1％。遷入上海的有職人員 243 名中，農民佔 62.1％、「非熟練工」（原資料為「非技術性工人」）佔 23.1％。遷入的原因，男性以就業為目的（68.6％），女性以隨夫（42.1％）為最多。躲避自然災害和戰亂者佔 9.8％。

我們可以發現上海的人口增長，主要依靠江蘇、浙江兩省農民的遷入。正如上一節中指出，上海就業人員多數從事非熟練勞動等所謂城市雜業。為尋找就業機會從周邊農村遷入上海的多數農民，被迫從事不穩定的職業。而且，農村人口持續湧入的原因，是來自農村強大的推動力。

推動因素之一，是為了躲避戰爭（日本的侵略戰爭及內戰）和自然災害。

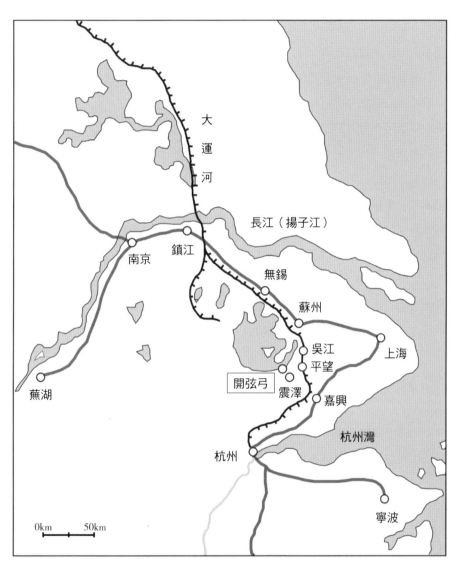

大運河

長江（揚子江）

鎮江

南京

無錫

蘇州

吳江

平望

上海

開弦弓

震澤

嘉興

杭州灣

杭州

蕪湖

寧波

0km　　50km

1930 年代的上海近郊地圖

還有一個原因，是國際性的社會分工重組的浪潮，波及到了中國農村。下面通過事例介紹來論證後者。

著名社會學家費孝通，1936 年對位於上海以西大約 130 公里、太湖東岸的水鄉地帶的開弦弓村進行了調查訪問。該村人口不足 1500 名，水上交通發達，乘船兩個半小時可到達最近的鎮上。與太湖周邊其他的農村一樣，水稻是最主要的農作物，其次是養蠶。村裡生產的生絲一部分供應給鎮上的絲綢織戶，大部分用作出口。第一次世界大戰後，生絲的收入減少使養蠶農家陷入貧困。由於未能防止蠶蟲瘟疫生產停滯，而且生絲僅是養蠶農家的副業，不能為出口的歐美國家的絲綢業的技術發展提供高質量的產品，第一次世界大戰後的經濟衰退造成生絲的國際價格下跌，都是其原因。

20 世紀 20 年代，蘇州附近的某女子養蠶學校的教員和學生，為了擺脫這種困境而開始對養蠶農家進行技術指導。1927 年南京國民政府成立後，省政府開始進行援助。經過蠶種的消毒和引進稚蠶的共同飼養等技術後，蠶蟲的疾病減少，蠶繭生產量增加。1929 年，以省立農民銀行的長期貸款為本金，設立了裝配有蒸汽機的製絲工廠。1935 年該廠生產的生絲經出口局分類，列為最高級商品。

另外，由於工廠的啟動，之前以製絲為家庭副業的農家女性無奈失去了就業的機會。結果，為維持家庭副業，農家和合作社製絲工廠之間為確保原料產生了競爭關係，而且，與當時的初衷相反，由於失去了家庭副業的機會，造成了農家女性轉向城鎮的副作用。

1938 年，日本軍隊破壞了這家製絲工廠。1949 年解放後，農民們致力於糧食生產，人民公社時期，通過桑園的集體化，養蠶業得以持續下來。1968年，重新建立了製絲工廠。改革開放後，一部分工地改為工廠（紡織工廠等）用地，也有一些水田變為養殖塘（大閘蟹等），土地利用和就業結構出現了很大的變化。

橫濱近郊的養蠶農村

　　橫濱開港後，從事商品貿易而迅速積累財富的日本貿易商中，生絲銷售商的資本積累尤為突出。強大的生絲銷售商們，確保了對歐美進口商的價格交涉能力，主導橫濱生絲出口價格成為可能，也和日本促進生絲出口、獲取外匯相關。另外，由於生絲銷售商作為巨大的買方，對製絲業商人發揮了壟斷的作用，也造成了妨礙製絲業商積累資本的副作用。為製絲商提供原料的零散養蠶農家的價格交涉能力更加削弱。19 世紀末，日本資本主義迎來了產業革命的時代，

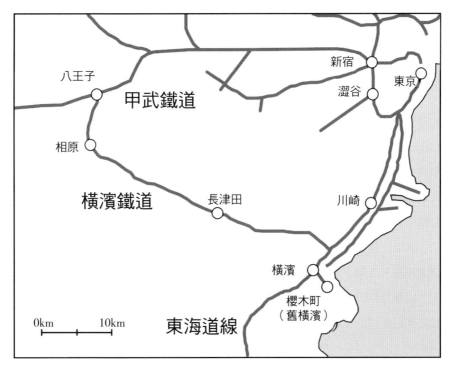

1910 年代的橫濱近郊地圖

橫濱的貿易商作為貿易商的成功反而妨礙他們向產業資本家的轉化，但是，也有橫濱貿易商涉足鐵道經營的事例。

東京內陸區的中心商業城市八王子，作為養蠶地帶的腹地，從開港時代就和橫濱關係緊密。1886 年，規劃了八王子至橫濱的鐵道，最初計劃和八王子至東京的鐵道競爭。但是，由於政府採取了優先鋪設首都東京為起點的鐵道建設的方針，1889 年首先鋪設了八王子—東京（甲武鐵道）鐵道。其後，以橫濱貿易商為核心提出了建設八王子至橫濱鐵道的請求。1904 年，私鐵橫濱鐵道成立，1908 年開通了連接兩座城市的鐵道。

該鐵道計劃，也是神奈川縣高座郡的宿願。被評價為「陸上孤島」的沿線地域的高座郡也是養蠶地帶。1886 年，為使農家副業生產的生絲質量均衡化而在高座郡及其周邊設置了工廠，並成立了共同銷售生絲的漸進社。該地區的農民，為提高生絲產品的質量費盡了心血。鐵道的開設，在提高生絲運送效率這一點上，給農民帶來了巨大的利益。

高座郡相原村一位擔任村裡要職的耕作地主，於橫濱鐵道開通次年在日記中寫道：「火車開通的第一年，有利於從遠方運桑，求之者甚多，結果三元左右即可育蠶，繭收成減少，且購桑款流出。」他指出，鐵道開通使購入桑葉養蠶的農家增加，造成繭生產的不景氣，一部分農家遭受了損失。鐵道開通進一步促進了農家經濟的商品化，但對農家來說也增加了不景氣和價格變動的風險。

該地主還在 1924 年的日記中這樣寫道：「時局變化使農村衰退嚴重……金融停滯，商業不景氣，而無資產的工人們則收入頗豐，如京濱方向的鐵道工人，報酬為每日 5~6 元……而農家僱工每日供餐，一日一元五十錢以上，以至佃農們把租種的土地退給地主（而去打工），地主們則度日艱難。」他從地主的角度，描述了第一次世界大戰後，隨着農作物（生絲）價格的低迷和交通網絡的發達，農業以外的勞動市場擴大，農業與其他產業相比陷入了更為不利的

局面。

　　20 世紀 30 年代伴隨世界經濟危機，作為奢侈品的生絲價格暴跌。因此，地區經濟陷入了不振的局面。同時，陸軍開始在該地區建設相關設施，以此為契機，開始實施以建設軍事性中心城市為目的的土地行政區劃整理事業。該事業隨着戰敗而中斷。進入 20 世紀 60 年代後，該地區改為向東京、橫濱住宅圈方向整頓。戰前的養蠶地帶，在高度經濟增長期變身成為郊外的住宅區。

朝鮮內陸／尚州的養蠶農村

　　洛東江經朝鮮半島東南部南流，在釜山的西部入海，是條大河，河口的三角洲地帶發達。釜山開港後，常住在釜山的日本人收購釜山周邊的農地而成為大地主。還有人成立水利組合，在三角洲開墾農地並整頓為農場。在日本地主的主導下，釜山周邊的農村被重組為對日本出口的糧食生產基地。

　　農村重組的浪潮並不限於釜山的周邊。從釜山逆流而上大約 250 公里處的尚州郡也受到了影響。尚州屬內陸的平原地帶，從朝鮮時代以來，水稻、棉花、養蠶業就很發達。而且，尚州還是交通樞紐。在陸路上，漢城和東萊（釜山）大路途經它，水路貨船可直抵尚州東部的洛東。

　　根據釜山浦商法會議所的日本書記官在 1888 年的調查紀錄，日本產和金海（釜山的鄰郡）產的鹽，從洛東江逆流而上運輸到與尚州連接的咸昌。而將明太魚乾運進洛東的是來自釜山的船。反之，尚州生產的棉布和糧食也經由釜山港運出。可見洛東江船運使尚州地區和釜山緊密連接。

　　1905 年京（城）釜（山）鐵路開通，但不在其沿線上。1913 年，從京釜線上距尚州最近（40 公里）的金泉改建到尚州的道路，牛馬車承擔了兩地間的運輸，導致兩地關係密切。尚州雖然是大米的主要產地，卻以「金泉米」的名稱流通。

1940 年代的釜山—尚州地圖

　　1922 年，以金泉站為起點，經尚州前往安東的私營鐵路慶北線開工。1924 年開始了金泉至尚州的運輸業。金泉──尚州的鐵路計劃，由兩地的日本企業家主導。1929 年尚州站的發送貨品中，大米和乾繭的運輸量居多。這些產品多經過釜山運往日本國內。貨物多為肥料、粟米、鹽和魚乾。從大米的運出和肥料、粟米的運入，可以看出產米增值計劃帶來的農業生產結構的變化以及農民的貧困化（所謂飢餓出口）。

　　尚州從朝鮮時代就是養蠶業發達的地區。紡線織綢成為農家副業。殖民地時期，朝鮮養蠶業是日本國內製絲業的供給源。因此，日本蠶種取代朝鮮原來的蠶種得到大力推廣。另外，製絲商為提高購買原料繭的效率，引入了以地域為單位由養蠶農戶共同銷售蠶繭制度。尚州在 1914 年開始了共同銷售制度。

　　之後，日本的製絲業開始進入朝鮮，20 世紀 20 年代後半期，特約銷售制（特銷制）取代了共同銷售制。養蠶農家必須以道裡規定的價格賣給指定的製絲企業。尚州 1927 年開始實行特銷制。對此，3000 人署名向當局提交了要求繼續投標競爭的陳情書。這次的陳情，新幹會 ❶ 的幹部和地主、實業家等尚州的朝鮮有識人士發揮了主導的作用。

　　陳情雖然未能取得成果，但是，組織獨自的繭絲流通加工管道的代替方案卻進行了嘗試。1927 年，咸昌產業組合成立，用聯合工廠的織機生產撚線綢，而且共同銷售，使原來作為農家副業的生產面貌發生了改變。為了提高撚線綢的質量，1930 年代開發出「京染」，銷售給京都的西陣 ❷。另外，有些經營米穀的商人們出身於尚州的絲綢商人家庭，由於也反抗特銷制，所以獨自對養蠶農家發放蠶種，進行資金貸款和技術指導，並以此購入的蠶繭為原料，經營機器製絲工廠。這種由小生產者或是產業資本家們獨自進行的嘗試，經過昭和經

---

❶　1927年建立的朝鮮抗日團體，《朝鮮日報》社社長李承在為會長，1931年解散。

❷　西陣，日本京都附近的地名，歷史上以生產著名的絲綢──「西陣織」聞名。

濟危機帶來的生絲價格慘跌的考驗，最終被戰時體制下的經濟統制所封殺。

　　獨立後，養蠶業作為韓國重要的出口農產品而得到增產，20 世紀 70 年代中葉迎來了生產的最高峰。這一時期，尚州成為韓國最大的養蠶地。之後，桑園迅速減少，取而代之的是果樹栽培的熱潮。現在，尚州作為代表韓國的大米和柿子的產地而遠近聞名。

第四節 戰後城市的變化

冷戰對立中，日本和韓國以日韓美三國之間的國際分工為基礎迅速實現了工業化。橫濱和釜山，作為支撐國際分工核心的港灣和工業城市得到了迅速的發展。而中國旨在「自力更生」，處於軍事戰略的考慮重點開發內陸地區的城市，上海的地位相對降低。

隨着向改革開放路線的轉變，中國加入到國際分工體系中，取得了高度的經濟發展。加深了東亞內部的分工關係。

上海作為象徵改革開放路線的城市，20 世紀 90 年代後得到了迅猛的發展。而橫濱和釜山，為應對經濟全球化，面臨着後工業城市的轉型問題。

上海：從社會主義建設到改革開放

由於內戰時期難民的流入等原因，上海的人口急劇增加，從 1945 年的 337 萬增長到 1948 年的 541 萬人。1949 年，又增長到 773 萬人，其增長原因是因為加上了郊外（郊縣）人口的緣故。之後，50 年代末期突破了 900 萬人，解放後人口也陸續遷入上海。1960 至 1970 年代，上海人口的增長突然停滯。是由於戶口制度限制了遷入城市的緣故。60 年代末到 70 年代初，一度出現了人口減少。可以說是工廠向內陸轉移及「文化大革命」時期下放政策的影響。之後，20 世紀 80 年代以後，上海的戶籍人口呈緩慢增長，2007 年的戶籍人口將近 1400 萬人。1990 年代隨着改革開放政策的實行，未在當地落戶的暫住人口迅速增加。2007 年，暫住人口將近 600 萬人。2007 年的上海，兩者的人口總計約有 1900 萬人，成為世界最大規模的城市之一。之後人口也保持快速增長。

上海解放時，工業生產值佔全國的 25%，是中國最大的工商業城市，也是

私營企業最集中的地區。對於新政府來說，控制從日軍佔領時期一直持續的通貨膨脹，穩定上海經濟是最重大的課題。政府一面活用私營企業，一面採取了將農產品供給集中到上海的政策。由此來打擊投機商，改造原有的海外依賴型的經濟結構，加強了與國內市場的有機結合。1950 年，通貨膨脹得到控制，同時，上海的經濟和行政，也置於中央政府的管理之下。

　　1953 年開始的第一次五年計劃，中國大陸考慮到和美國、台灣軍事關係的緊張而採取了重視內陸工業化的政策。雖然工業化政策適用於上海，但是明顯側重於發展國防基礎的重工業部門。上海工業的中心，從紡織工業大幅地轉換為鋼鐵和機械等重工業。1964 年，用於備戰的「三線建設」開始，之後十年一直實行包括上海在內的沿海工廠內遷政策。1952 年約佔全國工業生產總額 20％的上海，1978 年降低至 13％。

　　城市建設方面，優先工廠用地的調整和擴大，除一部分棚戶區得到整頓外，上海市民的居住環境和交通手段的整頓相對落後。上海工人的工資水平與勞動生產率不成比例。控制工資確保企業利潤，國家吸收並投資於重化工部門，可以說是社會主義下的資本積累結構在起作用。

　　之後，和美國、日本實現邦交正常化的中國，1978 年採取了改革開放路線。在沿海設立經濟特區，引進外資，採用鼓勵出口工業化的路線。當初，上海由於國營企業比重大，重化工為中心的產業構造，向改革開放路線的轉變遲緩。1991 年佔全國工業生產值的比例降低到 7％。但是，1990 年，隨着浦東新區的開發作為國家級項目開始實施，之後的上海經濟迅速得到發展。如下表所示，上海的港口功能，從 20 世紀 90 年代後迅速擴大，如今的貨物吞吐量在世界上已經位居前列。而且，國內外主要金融機構也陸續進入，上海股票市場的交易量迅速增加，上海在短時間內成長為世界上屈指可數的金融城市。

世界主要港口的集裝箱吞吐量

（單位：1 萬 TEU）

1980 年	1989 年	1999 年	2007 年
1 紐約 195	1 香港 446	1 香港 1621	1 新加坡 2710
2 鹿特丹 190	2 新加坡 436	2 新加坡 1594	2 上海 2615
3 香港 147	3 鹿特丹 360	3 高雄 699	3 香港 2288
4 神戶 146	4 高雄 338	4 釜山 644	4 深圳 2110
5 高雄 98	5 神戶 246	5 鹿特丹 634	5 釜山 1326
…	6 釜山 216	…	…
12 橫濱 72	…	7 上海 422	…
…	12 橫濱 151	…	…
16 釜山 63		…	…
		17 橫濱 220	…
			26 橫濱 318

出處：Containerisation International Yearbook, various years.

　　1990 年代後，上海的勞動力市場迅速擴大，吸引了內地農村的年輕人。當初，當局將大規模的打工人員移動稱為「盲流」而將之作為取締的對象。90 年代後期，轉換成引導勞動力轉移的方針，打工者被改稱為「民工」。2000 年代民工開始定居。但是，由於上海保持着原有的戶籍制度，民工與擁有城市戶口的工人之間存在工資和社會保障上的差異，逐漸成為社會問題。

橫濱：工業化、住宅城市化及去工業化

　　戰時的戰禍和美佔領軍的長期接管，大大地改變了橫濱的面貌。多數原先在橫濱建廠的企業將本部轉移到東京。接收橫濱正金銀行資產的東京銀行也將橫濱正金銀行原東京分行改做總行。橫濱經濟受東京影響的色彩越來越濃厚。

　　還可以舉出壽町的事例來說明其變化。東京和大阪形成了名為「寄場」的

地區，集中了尋求土木建築和運貨等勞務的日僱工人。橫濱的壽町也是其中之一。其他城市的寄場多在戰前就已經出現，壽町的特點在於它是在戰後才形成的。曾經是商業地帶的壽町，受戰時的空襲破壞，戰後被佔領軍接收。舊地主被命令退出。1952 年至 1958 年接收令解除，搬走的舊地主把名下的土地出售。戰前就居住在附近河川沿岸貧民街的在日朝鮮人，購入這些土地，以日僱短工為對象陸續地建造了宿舍。寄場和宿舍形成了壽町的規模。壽町的人口在最高峰的 1970 年，超過了一萬人。

　　從戰後復興期至高度增長期，橫濱的重化工業的建設迅速發展。隨着橫濱沿海的填海造田的進展，鋼鐵、石油化工、造船、汽車、電氣機器等重化工部門的工廠陸續建立。隨後與東京、川崎的工業地帶合為一體，形成了京濱工業地帶的一角。日本資本主義喪失了中國這個曾經的最大貿易夥伴，20 世紀 50 年代以後加深了與美國和東南亞的關係。於是，由於物流的便利性，工業建設的中心從九州北部、阪神（大阪、神戶）地區移到京濱地帶。

　　而橫濱在高度增長期後，開始呈現了住宅城市的面貌。1953 年，連接東京市中心和橫濱的私營鐵路公司（東京急行）的社長，發表了川崎、橫濱內陸地區開發住宅用地的土地劃分整理計劃。該地區被命名為多摩田園都市，1966年，通過東京急行、田園都市線與東京市中心連接，形成了白領階層居住的新興住宅區。但是，由於內陸地區的企業用地建設沒有進展，職住接近型的「田園都市」未能實現，成為在東京就職的上班族及其家庭的住宅城市。而且，居住人口超出了預想，上班族由此體會到了「上下班高峰地獄」。

　　以橫濱為代表的全國城市中，重化工業的建設帶來了公害問題。而且巨大的住宅城市的形成，也帶來了建設公園、幼稚園等社會資本的整頓問題。對這些問題，中央政府的保守政權未能採取充分的對策。20 世紀 60 年代到 70 年代，各地陸續誕生了所謂革新領袖。橫濱的革新領袖出現在 1963 年。1964 年，以與民間企業個別簽訂的「公害對策橫濱方式」，開始實施公害防止協定，着手

解決公害問題。是先於 1967 年的《公害對策基本法》的嘗試。

　　20 世紀 80 年代後期，受日元升值的影響，橫濱的重化工業失去了國際競爭力，很多的大型工廠都撤出。其結果前表所示，橫濱港的國際地位迅速持續下降。

　　1889 年成立的代表橫濱的造船企業、橫濱船塢為了順應船舶的大型化，計劃將創業以來的船塢搬遷到市內其他的地區。對此，1983 年，橫濱市開始了該船渠的用地和周邊的城市再開發事業。現在，飯店、寫字樓、購物中心林立。這些象徵了 20 世紀 80 年代以後，橫濱的產業結構開始向以第三產業為中心轉變。

釜山：工業化、民主化和全球化

　　解放後，釜山的製造業由於日本的經營者、技術人員的撤出及南北分裂造成的電力、資源的不足，立刻呈現出大幅度的萎縮。朝鮮戰爭時期，釜山作為臨時政府所在地，之後在製造業領域也一直保持着在韓國的中心地位。面向國內市場加工美國援助物資的所謂進口替代工業得到發展。加上當時被稱為三白企業的紡織、製粉、製糖業，殖民地時期以來的橡膠製品工業和造船業成為其主要製造業領域。造船業以外，所有的領域都是中小企業佔主要比重。

　　但是，從解放當初到朝鮮戰爭時期失業者和半失業者的滯留問題，並沒有因為工業化而消除。因此，住宅環境惡化，木板房集中的木屋村擴大，20 世紀 70 年代初沒有得到控制。特別是，海外回歸者和從北部南下的難民們，無親無故，缺乏資金，不得不自力更生。這些人中，有人在殖民地時期常設市場的場地上開露天商店，尤為出名的是主要經營海產品的批發市場，從經營救援物資、救護用品、軍用品開始擴大到服裝、鞋包等多種商品的國際市場。兩者後來都變為常設店舖，今天已經成為釜山的有名觀光地。

20 世紀 60 年代，以低工資水準為武器，紡織品、橡膠鞋、船舶等製造業產品的出口迅速增長。特別是 1965 年日韓條約簽訂後，日本對韓直接投資的規模化與對日貿易的增加，促進了與日本鄰近的釜山經濟。經過 60 年代的發展，釜山的製造業在附加價值上持續佔韓國整體的 17%。釜山港作為工業產品的出口港地位也得到提升。

20 世紀 70 年代重化工業化時期，釜山的製造業領域造船和鋼鐵的比重也加大。但是，中小企業比重高、生產力水平低這一釜山製造業的結構性難題未能消除。70 年代中葉以後，釜山製造業在全國的地位逐漸開始下降，80 年代初，附加價值在全國佔的比重跌破 10%。

1978 年第二次石油危機造成的經濟蕭條時期，中小企業比重較高的釜山經濟局勢尤為嚴峻。城市下層民眾的不滿誘發了 1979 年 10 月的釜馬民主化運動，韓國民眾在釜山及附近的馬山高喊打倒朴正熙獨裁政權的口號，舉行了街頭遊行示威。這場大規模遊行，也是 1960 年 4 月革命時發生的 10 萬釜山市民抗議遊行的再現。而且，在 1987 年 6 月的民主化運動中，釜山從 6 月 10 日到 27 日的全部抗爭時期裡每天都舉行了街頭示威。因此，釜山在韓國的民主化運動中，也總是起到了先驅的作用。

20 世紀 80 年代中期至 80 年代末，韓國經濟繁榮，被稱為「三低」（低韓元、低利息、低油價）景氣。如前表所示，釜山港在這段時期提高了其國際地位至今。90 年代初，韓國和蘇聯（俄國）、中國的邦交正常化以後，與兩國的貿易迅速增加，也成為其要因之一。但是，由於釜山經濟缺乏領導三低景氣的汽車、電機等組裝製造業，在韓國製造業中所佔的比重愈發低下。加上人口從市中心向郊區的搬遷，1955 年以後，釜山的人口開始減少。

現在，釜山正在嘗試釜山港汽車產業的建設和東亞物流據點的設立等新的產業政策。在吸引國際會議和國際電影節的召開等方面，致力於培養着眼於國際化的文化產業。海雲台地區也作為度假、住宅區域正在重新開發。可以說，

是為了對應伴隨全球化進展而引起的產業結構的轉變，正在摸索建設新的城市面貌。

龍頭山公園

釜山的市區中心有一座被稱為龍頭山的山丘，建有可俯瞰釜山港的公園。朝鮮時代在此設置倭館，釜山開港後成為日本人的居留地。在殖民地時期的龍頭山神社舊址上，建設了現在的釜山塔。

龍頭山腳下有釜山近代歷史館。這座建築物原是東洋拓殖會社的釜山分社，解放後一直作為釜山美國文化院使用。1982 年，為了彈劾韓美關係的不平等和美國對 5‧18 民主化運動的責任，學生們將其佔領並焚燒。之後，釜山市民進行的回歸運動，使其在 1999 年回歸韓國政府，目前用作為歷史館。

1996 年開始，以龍頭山公園山麓的南浦洞為主會場，召開了第一屆釜山國際電影節。之後每年召開，成為代表亞洲的國際電影節。培養文化產業，也被定位為激活釜山市的基本戰略之一。

第三章

鐵路——現代化、殖民地統治、民眾生活

本章大事年表

1872 年　東京—橫濱鐵路開通

1876 年　怡和洋行在上海修建吳淞鐵路　清朝購買後將其破壞

1881 年　日本鐵路公司成立

1886 年　日本出現第一次鐵路建設高潮

1889 年　清朝批准建設盧（溝橋）漢（口）鐵路

1894 年　日本獲得朝鮮京仁及京釜鐵路的鋪設權

1898 年　計劃漢城—木浦之間的鐵路建設　朴淇淙計劃修建釜山港—下端浦之間的鐵
　　　　路（由於資金不足未能實施）

1899 年　韓國仁川—永登浦之間的鐵路開通　台灣開始建設縱貫南北鐵路線

1900 年　韓國京城—仁川之間的京仁鐵路開通

1901 年　韓國開始修建京釜鐵路

1903 年　加速建設京釜鐵路敕令　清朝向民間及地方開放鐵路鋪設權，民間掀起鐵路
　　　　建設高潮　中東鐵路全線開通

1905 年　韓國京釜鐵路全線開通　日本從俄羅斯手中獲得了中東鐵路南滿支線（長春—
　　　　旅順、大連）及附屬權利

1906 年　南滿洲鐵道株式會社（滿鐵）成立　日本制定《鐵路國有法》，17 家公司國
　　　　有化　中國盧（溝橋）漢（口）路全線開通

1908 年　台灣基隆—高雄南北縱貫鐵路建成

1911 年　鴨綠江鐵橋竣工，鐵路連結中國安東與朝鮮新義州　清政府收回國有鐵路權，
　　　　中國國內開展保路運動　（天）津浦（口）路全線開通

1915 年　日本根據對中「二十一條」要求將安奉鐵路及滿鐵的經營權期限延長到 99 年

1917 年　朝鮮總督府管轄的國有鐵路委託給滿鐵經營

1925 年　解除滿鐵對朝鮮鐵路的委託經營　朝鮮鐵路直接由朝鮮總督府直營

1926 年　圖們江鐵橋完工，朝鮮半島與中國東北鐵路連接　台灣花蓮—台東間的台東
　　　　線開通

1932 年	偽滿洲國成立，1935 年底全面接收東北鐵路
1933 年	朝鮮北部鐵路委託給滿鐵經營
1969 年	日本名古屋—神戶的高速公路以及名古屋—東京的高速公路（東名道）全線開通
1970 年	韓國京釜高速公路開通
1988 年	中國開始建設高速鐵路

　　人類從原始的肩挑手提、以腳代步，演變為現代化的交通運輸，其間經歷了漫長的歷史過程。工業革命以來，隨着物質文明的進步，人類生活方式發生了巨大的變化。衣、食、住、行之中，交通工具的變化尤其顯著。輪船、火車、汽車、飛機取代帆船、獸力車、人力車、轎子，人與物的流動速度與流動方式大為改觀，民眾的生活空間大大延伸。

　　鐵路是工業文明的產物，反過來又推動了近代工業文明進一步發展。以鐵路為代表的新式交通運輸業，是近代經濟發展的前提條件，也是重要的組成要素。鐵路由西方導入東亞，時間不過一百多年。其間，鐵路既是推進東亞市場、貿易、技術發展、人口遷移和城市建設的重要槓桿，也是帝國主義侵略、統治東亞殖民地和半殖民地的重要手段和工具。

　　本章擬以鐵路為中心來思考東亞各國的交通格局發生的變化，以及交通變化帶給民眾生活的影響。

第一節　鐵路導入東亞

對鐵路的抗拒

1825 年，世界上首條鐵路在英國建成。大約半個世紀以後，鐵路相繼在東亞各國出現。日本、中國、朝鮮最早建成通車的時間分別為 1872、1876、1899 年。

鐵路導入東亞，最初遭到了相當的抗拒。西方列強用堅船利炮強行打開中國的大門以後，接着要求修建鐵路作為開拓中國市場的重要手段。當時的清政府對列強的侵略性非常敏感，最初一概予以拒絕。拒絕的理由首先是出於國防的考慮，擔心鐵路一開，山川天險全失，一旦交戰，列強可立刻藉助鐵路長驅直入。其次，鐵路修建後，外國勢力將深入中國內地，洋人可在中國各地任意往來和進行貿易，影響中國百姓的生計，而且華洋雜處，易生衝突，中國百姓還可能受到洋風洋俗的不良影響，窮鄉僻壤的良民也會浸染外國邪教而變為不易統治的「刁民」、「奸民」，「壞天下風氣」。

在 19 世紀 60 至 80 年代，清朝官紳中反對建築鐵路的意見一直不斷。他們不僅反對列強建築鐵路，也反對本國自行修建鐵路。其理由是修路勢必要佔用大量農田，拆遷民居，遷徙墳墓，尤其是遷徙墳墓，會破壞「風水」，而「風水」意識是當時中國民眾十分重視並普遍信仰的觀念。另外，鐵路建成後，原來以挑負、舟車為生的挑伕、車伕、船伕、縴伕等將面臨失業，聚為流民，「失天下人心」。

日本朝野最初對鐵路也有過反對和批評的聲音。反對者的理由主要有這樣幾個方面：一是認為國防優先，有限的財力應該用於製造急需的軍艦，充實兵力，而不是修築「不急」的鐵路，認為修鐵路只會消耗國家財力，而外國人鼓

19 世紀末，修建盧（溝橋）漢（口）路時，因在九龍山施工時發現大蛇，反對建設鐵路的勢力便製造了「修路破壞了龍穴」的謠言

勵日本修建鐵路是居心險惡。二是修築鐵路佔用良田土地，影響沿線農民和傳統旅館業、運輸業者的生計，會激起農民的抵抗。三是擔心鐵路會便利外國人進入東京，加劇舶來品的輸入，破壞日本的傳統產業，導致農民、商人及手工業者失業。四是鐵路修建會隔斷農道，也會破壞日本固有的良風美俗，引發種種衝突，甚至有人提出「鐵路亡國」論。

英商杜蘭德在北京宣武門外修建了一條約 0.5 公里的展覽性鐵路，「見者詫駭，謠諑紛起」，後被清政府勒令拆除

走向鐵路建設

中日兩國「鐵路反對論」者所持的理由雖然相似，而結果則有所不同。關鍵是兩國政府的最高決策者，面對反對鐵路的聲音，做出了不同的回應。中國興築鐵路之建議，始於 1863 年，但當時反對修建鐵路幾乎成為朝野一致的聲音。1876 年，英商怡和洋行不顧中國主權，擅自在上海修建吳淞鐵路，清政府在抗議和交涉後，將鐵路買回，為了警示外人而故伎重演，地方官員竟將鐵路拆毀。其後，清政府內部對修建鐵路逐漸分成贊成和反對兩派，兩派之間展開了長達十數年的反復論辯。而慈禧太后所掌控的朝廷在兩種意見之間左右搖擺，反復無常。直到 1889 年，贊成派漸佔上風，清廷才最終將修建鐵路確定為基本國策。

日本修建鐵路的直接契機是美國人從幕府取得江戶至橫濱的鐵路修建權。

横濱海岸鐵道蒸氣機車圖

取代了幕府的明治政府，不承認美國人的修路權，自己開始建設東京至橫濱區間的鐵路，但不是出自運輸物資增加對鐵路建設的需求，而是從打破封建割據、加強中央集權、實現富國強兵等政治目的考慮，推動了鐵路建設。日本領導階層的多數人引進以鐵路為首的西方文明的態度非常堅決。同時，幕府末期派遣到歐美的很多使節和留學生都有乘坐鐵路的經歷，加強了推動鐵路建設的意見，壓過了西鄉隆盛、前原一誠 ❶ 等人「鐵路無用論」的聲音。1869 年，政府決定修建東京至京都、東京至橫濱、京都至神戶、琵琶湖至敦賀之間的鐵路。1872 年，京濱鐵路竣工通車。作為日本第一條鐵路，年輕的明治天皇也參加了

❶ 西鄉隆盛，日本江戶末期出身薩摩藩的武士、明治維新時期政治家，但因堅持征韓論而遭反對，回家鄉後於1877年發動反政府的武裝叛亂（西南戰爭），兵敗而死。前原一誠出身長州藩，曾任職於明治政府，但對政府的士族政策不滿而於1876年發動叛亂（荻之亂），兵敗後被判刑。

通車儀式，往返乘坐了新橋至橫濱間的特別列車。報紙雜誌對此競相報道，給朝野官民留下了深刻印象。日本國民在親身體驗了火車的便捷性後，迅速接受了鐵路這一新生事物。政府內部不再公開出現「鐵道不要論」或「鐵道不急論」了。從此，日本鐵路事業的發展呈不可逆轉之勢。19世紀80年代伴隨大幅增稅的財政緊縮政策（即松方財政），造成了許多農民的沒落，促進了一部分地主的土地積累。與此同時，地方上的有些地主為鐵路建設所吸引，進而提供鐵路用地，或投資鐵路建設。

　　鐵路縮短了運輸時間，降低了運輸成本。大量運輸與港灣的連接使出口繁盛，還促進了產業的機械化和大規模化。農民的沒落、轉業和移動，形成了城市的勞動力市場。日本的鐵路建設成為喚起產業革命並促進其發展的要因。

日本鐵路的自立

　　東京至橫濱之間的鐵路建設，雖然歸日本民部省管轄，設計和施工卻在英國技術人員的指導下進行。建設資金主要來自英國籌集的公債，鐵軌、機車等資材從英國進口，很多英國技術人員和工人從事測量、建設，機車駕駛員也僱傭英國機車員。但是，英國沒有參與經營，而是勸說明治政府自行管理，盡快培養日本的技術人員和工人。日本人通過實地的鐵路建設和駕駛，掌握了相關技術，管理人員得到培養，貨車、客車的生產也成為可能。1880年竣工的京都—大津區間的鐵路除一部分橋樑設計外，包括隧道工程在內都由日本人修建。然而鐵軌和機車長期依賴從英、德、美等國進口。機車製造技術的自立在20世紀初得以實現。隨着鐵路技術的消化、自立，日本比較快地實現了鐵路的本國管理。

　　日本鐵路的自立，有一重要的國際背景。本來，英國在中國和印度所採取的是以炮艦外交為主的帝國主義政策，遭到中國的太平天國運動、印度民族大

井上勝（1843~1910），留學倫敦大學，引領了
日本鐵路的自立過程，曾作為修建京都—大津間鐵
路鋪設工程的技師長，而在擔任鐵道廳長官時，井
上勝致力於培養技術人員和迅速建立全國幹線鐵路
網，被稱作「日本鐵路之父」

起義❶等的抵抗後，意識到採取殖民統治和軍事佔領的方式要花費很大的代價，
所以改為盡量使用和平而且廉價的手段達到目的的所謂「自由貿易的帝國主
義」政策，而在達不到目的的時候則仍用武力進行強制性的貿易。英國此時對
日本即採取了作為貿易對象國培養的方針。所以，日本鐵道的自立是建立在亞
洲民眾的鬥爭基礎上的。

　　日本鐵路經營形態分為國營鐵路和私營鐵路兩大類。國營鐵路以外的鐵路
統稱為私營鐵路。明治初期，政府認為鐵路與軍事有關，奉行「官設官營原
則」，不允許民間投資。但由於資金不足，政府最初通過一位精通東亞事務的
英國人李泰國❷籌集外資，但由於發行公債出現差錯，不得不放棄利用外資的

❶　發生在1857~1859年間的印度反抗英國殖民統治的民族起義。
❷　英國人Haratia Nelson Lay（1833~ 1898），10歲時隨父親來中國，成為「中國通」，曾任英國駐
　　廣州、香港、上海領事機構翻譯秘書、代理副領事等，擔任中國海關第一任總稅務司。

想法，轉而考慮利用民間資本。私營鐵路應運而生。1881 年，政府將分配給過去大名與公家的公債作為資本建立了「日本鐵道會社」。由於受到政府的積極支援與保護，鐵道贏利，引得許多投資家青睞。1886~1890 年間，出現了第一次鐵道建設熱。有十餘家鐵道公司獲准開業。鐵路公司的股票成為人們競相追逐的投機對象。私營鐵路發展的速度迅速超過了國營鐵路，成為明治時期鐵路事業發展的一個突出特點。

1890 年的經濟危機（因金融緊張，紡織業不景氣而導致的開工率低下）使得多數民營鐵路修建計劃終止。政府從依賴民間資金修建鐵路的方針，轉化為不受經濟形勢變化左右而由政府負責修建的方針。但是，實業界的態度搖擺不定：在經濟形勢好、收益增加時，反對私營鐵路國有化；經濟形勢不好時就主張國有化。政府獎勵鐵路公司的合併，私營鐵路的集中和壟斷有所進展。

在 1877 年的西南戰爭和 1884 年的秩父事件 ❶ 中，鐵路都在運輸士兵與武器方面起了一定的作用（西南戰爭時開通了東京—橫濱間及京都—神戶間鐵路；秩父事件時則使用了上野—高崎間的鐵路）。中日甲午戰爭中，則利用開戰前剛剛延伸到廣島的鐵路承擔了國內軍事運輸。

甲午戰爭以後，為了戰時可以統一調用鐵路，軍部主張國有化。而民營鐵路則以不能排除外國人股東，有可能洩漏軍事運輸情報為由反對國有化。財閥資本試圖通過統一經營，提高運輸能力，降低運費以提高商品的競爭力，獲取高額收購資金投資重工業而支持國有化。

1906 年，《鐵道國有法》在議會獲得通過，並將國內 17 家規模較大的鐵路公司收歸國有。佔據鐵路總長度 91% 的國鐵就此誕生。私營鐵路只能經營短距離的地方鐵路和輕便鐵路。議會還通過了《京釜鐵道收購法》，連接漢城

---

❶ 1884年，日本埼玉縣秩父郡農民因遭受嚴重剝削而起義。

和釜山的京釜線也成為國營。同年，根據敕令，成立了半官半民的南滿洲鐵路株式會社，連接日本下關與釜山的關釜聯絡線船也在 1906 年國營化。日本內地、朝鮮、滿洲間運輸體系一體化得到進一步推動。

中國鐵路的起步

中國鐵路事業在洋務運動中艱難起步。鐵路建設初期，清政府試圖利用外國技術，自主修路。為防止路權外溢，不借外債，鼓勵商辦。後因招商集股困難，只得以官辦為主，允許民間和地方當局適當引進外資修路。中日甲午戰爭以後，清政府進一步認識到鐵路對增強國力的重要性，對自主修路一直持積極態度。但因向日本支付了巨額賠款，國庫空虛，為了修建鐵路，不得不舉借外債，因此被列強奪去了許多鐵路權益，如參與經營權與鐵路沿線的礦山開採權等，加速了中國對列強的從屬地位。特別是在 1901 年簽訂《辛丑合約》後，中國幾乎所有的鐵路都被外國掌控。

1903 年，清政府向民間、地方開放鐵路修築權。與此同時，中國商民萌發了與列強爭利權的意識，民間修路熱情頓形高漲。在 1903 至 1910 年間，全國新成立鐵路公司 19 家。各商辦鐵路公司都主張不借外債。但當時中國商民財力有限，自願購股者不多。一些鐵路公司乃藉助官方力量強制商民購股，即使如此，商辦鐵路公司仍難以籌集到足夠的資金，加之技術、管理等方面的原因，商辦鐵路的成績不能令人滿意。在這種情況下，清政府為了統一規劃全國鐵路佈局，加快幹路建設，乃於 1911 年 5 月提出「幹路國有政策」，將各省集股商辦的幹路，由國家收回，仍借外債修築。而鐵路支線仍準商民量力而辦。

清政府「幹路國有政策」宣佈後，湖南、湖北、廣東、四川等省商民紛紛反對，掀起一場聲勢浩大的反對鐵路國有化的「保路運動」。革命黨人乘勢發動武昌起義，全國各省群起回應。保路運動是促成清王朝滅亡的一個重要因素。

詹天佑（1861~1919）

從 1881 年至 1911 年的 30 年期間，中國修建了總長度達 9100 公里的鐵路。其中，國有佔 52%（其中，向外國貸款修建的為 83%），外國所有、經營的佔 40%，民營的佔 7%。中國鐵路史的黎明期，有兩位人物值得特別紀念。一位是李鴻章，另一位是詹天佑。甲午戰爭前，兼任直隸總督和北洋通商大臣的李鴻章積極宣導修建鐵路，極力促成清廷將修築鐵路定為國策。他成立了培養鐵路人才的學校，派很多少年前往美國留學，對奠定中國鐵路事業做出了重要的貢獻，因此被稱為中國「路界之元勳」。留學生當中就有在耶魯大學留學的詹天佑。他作為總工程師修建了第一條包括測量、設計等全部由中國人實施的鐵路——京張鐵路（北京—張家口）。在燕山山脈打通了四條隧道，採用搭建橋樑等高難度技術，於 1909 年完工。他致力於掌握鐵路技術、培養工人，因此被稱為「中國鐵路之父」。

朝鮮的鐵路

自 19 世紀 80 年代，圍繞鐵路修建問題，朝鮮朝野開始展開討論。被迫讓

出京義線和京釜線的開發權給外國後，朝鮮政府也認識到鐵路的產業價值，於是嘗試依靠自身力量修建鐵路（以獨立協會為中心的漢城的民眾運動也以反對向外國轉讓鐵路權利為背景，參照上卷第三章第一節）。1898 年曾具體規劃漢城到木浦間鐵道修建事宜，還成立鐵道司（後更名為韓國鐵道院），具體負責鐵道相關事務。

最早嘗試修建鐵道的是名為朴淇淙的商人。1898 年，朴淇淙成立了朝鮮鐵路史上最早的釜下鐵道公司，計劃修建從釜山港碼頭到通往下端浦間的鐵路，但由於資金不足，未能實現。次年他又創建大韓鐵道公司，獲得修建京義線鋪設權並進行建設。但由於日本的阻礙而將鋪設權交還宮內府。1902 年，韓國政府計劃自主鋪設漢城至新義州的鐵路，開始了漢城至開城間的工程，但因資金不足而未能進行下去。日本私下準許大韓鐵路公司建設漢城與平壤間的鐵道，進而又通過第一銀行向大韓鐵路公司借款的方法，奪取了鋪設權。

日本與西方列強早已在朝鮮展開了激烈的鐵路鋪設權爭奪戰。即把朝鮮鐵路當作「進出」東亞大陸的橋樑，志在必得。1894 年中日甲午戰爭前夕，已佔領朝鮮王宮的日本強迫朝鮮政府簽署日韓暫定合同條款，使其承認京（城）仁（仁川）、京（城）釜（釜山）鐵路的鋪設權。甲午戰爭期間，陸軍大將山縣有朋 ❶ 向天皇上奏「關於朝鮮改革意見書」，提議為使日本稱霸東亞，將朝鮮縱貫鐵道作為通向印度的大道。

1899 年，仁川至鷺梁津之間的 32 公里鐵路開通。次年，京城至仁川的京仁鐵路開通。這是朝鮮的第一條鐵路。

1901 年，京釜鐵路分別從南北兩端動工興建。1903 年秋，日俄關係急劇惡化。為了強化軍事運輸，日本軍方要求在日俄開戰前完成京釜鐵路的建設，

---

❶　山縣有朋（1838~1922），日本軍人、政治家，曾任日本陸軍參謀本部長、內務大臣、內閣總理大臣，軍銜為陸軍大將、元帥，提出日本的「主權線」與「利益線」的擴張主張。

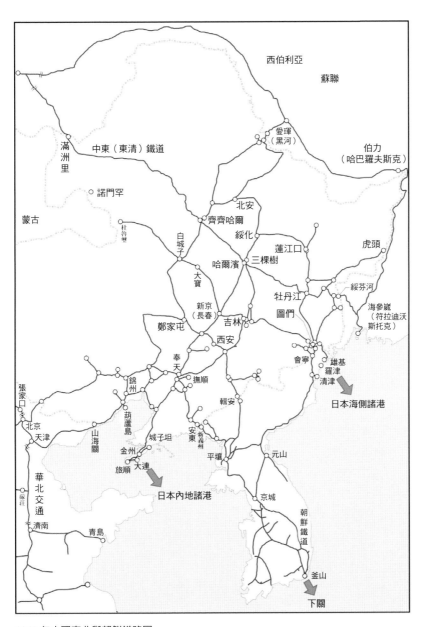

1945 年中國東北與朝鮮鐵路圖

下達了迅速建成京釜鐵路的緊急敕令。1904 年 2 月，日俄戰爭爆發，此時京釜鐵路僅完成三分之一。為了加快鐵路建設速度，日本政府調派軍隊築路。1905 年 1 月，京釜鐵路全線開通運營。

正值日俄戰爭方興未艾之際，作為軍用鐵路名義，日本推進了京義、京元鐵路建設。受到日俄戰爭的影響，京義線迅速進行，1901 年京釜線開工五年後，完成了從釜山到新義州的縱貫線。在建設這一鐵路的過程中，日本藉助軍事力量，對韓國民眾進行勞動力和物資的動員。日俄戰爭的結局，造成了俄國在朝勢力的退出和日本對朝控制的強化。日本獨佔朝鮮鐵路幹線的過程，與韓國政府喪失自主性的過程互為表裡。1905 年《乙巳保護條約》簽訂，1906 年日本設置韓國統監府，韓國的殖民地化越來越明顯了。朝鮮方面一直保留到最後的湖南鐵路修建權，也在 1909 年被統監府取消。鐵路、煤礦與整個朝鮮半島一道未能逃避殖民化的命運。

第二節　殖民地統治與東亞的鐵路

台灣鐵路

　　19 世紀中葉至 20 世紀上半期，鐵路是列強各國最重要的殖民手段。在東亞地區，列強對鐵路利權的爭奪十分激烈，而最終日本勝出。經甲午戰爭、日俄戰爭和九一八事變，日本相繼將台灣、朝鮮和中國東北地區置於其殖民統治之下。日本高度重視殖民地的鐵路鋪設與運營，並將其作為經濟掠奪、政治控制與軍事擴張的重要支柱。此外，日本通過在殖民地鋪設鐵路網，將水運時代交通不暢的東亞地區，十分緊密地連接為一體。

　　台灣的第一條鐵路是基隆至新竹的鐵路，它是由台灣巡撫劉銘傳於 1887 年奏準建造，1893 年修成通車的。《馬關條約》簽訂後，1895 年進佔台灣的日軍正式接收了台灣鐵路。

　　日本統治台灣之初，佔領當局在修復、完善原有線路的同時，即着手新的鐵路修築計劃。1897 年，台灣初任總督樺山資紀向日本政府建議在改良原有鐵路的基礎上，修建一條經台北、台中、台南至打狗（1920 年改稱高雄，下文統稱高雄）的南北縱貫鐵路。

　　最初日本政府有意採取民間資本進行建設的方針，然而由於金融窘迫以及對台灣頻繁發生的抗日運動的恐懼，進而轉換了建設方針。對於鐵路路線，軍方從防衛鐵路和鎮壓抗日勢力考慮，主張內陸路線；鐵道官僚則從技術、經濟考慮，主張沿海岸產業線。1899 年，台灣總督府設置鐵道部。鐵路管理和建設的主體由陸軍省鐵道隊轉變為總督府。軍事第一主義得到修正，台灣鐵路具有軍事戰略和產業路線並存的性質。

　　1899 年，南北縱貫線開工興建。1908 年，基隆至高雄全長 404 公里的南北

鐵路全線完工。縱貫鐵路位於台灣西部。台灣東部人口密度低，開發也較遲，為了開發台灣東部、改變東部交通落後的狀況，殖民當局於 1909 年以花蓮港為起點開工興建，計劃在七年時間內鋪設東海岸線，但修建進度相當緩慢。直到 1926 年，花蓮至台東之間 170 公里的鐵路才全線開通（稱為「台東線」）。

台灣是日本奪佔的最早的海外殖民地。日本十分重視在台灣鋪設鐵路。鐵路投資佔了總督府投資的絕大部分。同時台灣鐵路的運輸收入也成為總督府收入的重要來源。

殖民當局為解除竹筏和牛車等台灣民眾傳統的運輸路徑，降低鐵路運費，通過警察舉行利用鐵路的演講會。傳統的運輸商也降低運費等頑強抵抗，當局通過整頓鐵路網、道路網，以及包括武力在內等手段，到了 20 世紀初，傳統的運輸路徑也被編入當局的運輸結構。與日本鐵路和朝鮮鐵路不同，台灣鐵路以貨運為主。1908 年以後，貨運的運營收入超過客運。煤炭、砂糖、米、木材是台灣重要的農礦產品，也是殖民地時期台灣鐵路的主要貨運物資。台灣鐵路將台灣的農礦產品通過鐵路運到高雄、基隆等港口，再用船運往日本，同時將日本的工業製品和肥料等運往台灣。與日本本土至台灣之間的船運直接連通的台灣的鐵路，發揮着典型的殖民地鐵路功能。如果將縱斷線比喻成動脈，那麼建設的糖業鐵路就好比毛細血管。以台灣製糖為主的日本人經營的工廠紛紛修建鐵路，到 1930 年，七家公司修建了 20 條線路，達 500 公里，與縱斷線連接將砂糖運往基隆、高尾，再運往日本。以鐵路為媒介，台灣經濟全面納入日本資本主義產業循環的體系中。

在淪為日本殖民地以前，台灣島內沒有形成統一的市場，台北、台中和台南形成各自獨立的市場圈，分別與中國大陸福建進行貿易交流。南北縱貫鐵路通車後，台灣全島很快形成為一個統一市場。鐵路連接了北部的基隆和南部的高雄，迅速發展成為台灣最重要的港口。外運物資大量向兩大港口集中，而原來與中國大陸、東南亞甚至歐美等地開展貿易的西部其他港口如淡水、鹿港等迅速衰退。

台灣的貿易結構由傳統的以對中國大陸輸出為主，改變為以對日本輸出為主。

　　在台灣鐵路的從業人員中，日本人與台灣人各佔一半，台灣人集中在現場職務，管理部門被日本人獨佔。但是，司機、土木工程等日本人人手不足的技術工種，需要用台灣工人彌補，其技術受到了日本人技師的高度評價。台灣的鐵路是不與其他鐵路競爭的壟斷鐵路，複綫化也得到順利進行。日據時期，整個台灣的交通運輸能力大大提升。日本對台灣的殖民統治也比從前大為強固。鐵路沿線的市鎮，人口密度增大，人口流動增加。在中日戰爭和亞洲太平洋戰爭時期，台灣作為島嶼，雖然並不是戰場，鐵路沒有直接捲入軍事行動，但因煤炭不足和有空襲的危險，列車運行困難。

日本統治下的「滿洲」鐵路

　　日本將侵略觸角伸向中國東北「滿洲」，也是在甲午戰爭以後。1895 年簽訂的《馬關條約》將遼東半島和台灣一起割讓給日本。但因俄、德、法三國的干涉，遼東半島的割讓未成現實。

　　1896 年，俄國迫使清朝政府同意將西伯利亞鐵路從中國東北北部直接連接到海參崴，並且從該幹線南下建設通往東北地區南部的港口旅順的鐵路。1903 年，滿洲里─哈爾濱─綏芬河區間鐵路全線開通，被稱作東清鐵路或中東鐵路。同一時期，哈爾濱─寬城子（今長春，以下統稱長春）─旅順的中東鐵路支線也被開通。

　　俄國妄圖獨佔中國東北，與英、日兩國，尤其是日本發生尖銳矛盾。1904 年，日俄戰爭爆發。日本戰勝後，從俄國手中攫取了中東（東清）鐵路南滿支線（長春─旅順大連）及其附屬權利，形成與俄國分據中國東北地區的南部、北部的態勢。日本未能獲得中東鐵路支線全線，哈爾濱─長春路段仍被沙俄控制，此後一直夢想取得這一路段。

　　日本以整備中東鐵路支線為先着，將勢力逐漸擴張到中國東北地區全域。日俄交戰之際，日本不顧清政府的抗議，強行在安東（今丹東）、奉天（今瀋陽）之間修建鐵路。安奉鐵路修建後，南與朝鮮的京義線相連，北與中東鐵路南滿支線相連，這就意味着日本從此可以穿過朝鮮半島，從陸路直通中國東北的中心地帶。

　　就這樣，日本利用鐵路加快實施其大陸侵略政策。

　　這期間美國鐵道大王哈里曼為完成環繞世界一圈的鐵路網來到日本，提議由日美共同經營南滿支線。日本政府內部考慮到戰後嚴峻的財政情況，出現了捨棄南滿支線的強烈主張。日本首相桂太郎則考慮與美國共同遏制沙俄南下，簽署了《桂太郎—哈里曼預備協定備忘錄》，從議和會議回國的小村壽太郎外相得知該備忘錄後，則反對將付出了很大代價獲得的在中國東北的權益給予美國而主張單獨經營，所以毀棄了備忘錄。之後美國也提出「滿洲鐵路中立化方案」等要求門戶開放。

　　1906年，天皇頒佈敕令宣佈成立「南滿洲鐵道株式會社」（簡稱「滿鐵」）。「滿鐵」總裁、副總裁經天皇敕裁由政府任命，政府監督公司的業務，業務內容接受通信、大藏、外務三大臣的命令，故「滿鐵」既是股份公司，又是政府機構。除鐵路外，「滿鐵」還擁有鐵路兩側的附屬地，在有車站等設施的城市，車站周邊的市區街道也被編入附屬地，並負責其附屬地內各城市的市政管理。「滿鐵」還經營水運、航空、礦業、電力、農林、商業、土地、建築物、通信、新聞、文化、教育、旅館等業務。正如《滿洲經營政策梗概》中所述，「滿洲經營的唯一要訣是，表面戴着經營鐵路的面具，暗地實施各種計謀（策略）」❶，「滿鐵」以公司的名義實行殖民經略，成為日本經營「滿洲」的核

---

❶　兒玉源太郎（日俄戰爭中曾任滿洲軍總參謀長）與後藤新平（首任滿鐵總裁）在統治台灣期間分別任總督和民政長，兩人所著《滿洲經營策略概要》中，就談到這樣的「策略」。

心機構。

然而，日本的「滿洲」政策，由於陸軍、外務省、關東都督府（1919 年後的關東廳）、關東軍（即原來的守備隊，關東廳成立後獨立為關東軍）、政黨等各機構與政治勢力權力分散，圍繞人事與經營方針反復爭鬥，受其影響，「滿鐵」的經營方針也時有動搖。作為公司追求營利，和作為政府機構實行國策之間左右搖擺，飄忽不定。政黨內閣時期，受到政治鬥爭的影響，總裁突然被解職，或是政權變化後首腦部也隨之變化。

「滿鐵」成立後其鐵道利權並不穩固。日俄兩國協定「滿洲」北部為沙俄、南部為日本的勢力範圍，防止美國介入，但是，1909 年美國通過錦州—璦琿鐵路借款條約首次在「滿洲」取得權益，對「滿鐵」形成挑戰。第一次世界大戰爆發後，日本乘西方列強在歐洲忙於廝殺之機，於 1915 年強迫中國政府接受「二十一條」要求，其中將安奉鐵路和中東鐵路支線的經營權由原定的 15 年、36 年，均延長至 99 年。

1917 年俄國十月革命發生後，以日、美、英、法為中心的協約國出兵西伯利亞干涉革命，然而美國對西伯利亞鐵路、中東鐵路表示出強烈的關注，日本為與之對抗主張由協約國共同管理。1919 年，協約國共同委員會成立，管理西伯利亞／中東鐵路，然而，列強不斷撤兵，一直留到最後的日軍也在華盛頓會議上遭到國際指責後撤兵，共同委員會自行消失。1924 年中國與蘇聯達成共同經營管理中東鐵路的協議，實質上由蘇聯管理，「滿鐵」面臨與蘇聯的中東鐵路的競爭。

1920 至 1931 年間，中國在東北地區獨自建設了長達 1157 公里的鐵路，並收回中東鐵路附屬地的行政權、司法權等。張學良在葫蘆島建設港口取代大連成為中國東北的入口，以此為起點計劃在 15 年內建設 35 條鐵路。1931 年，日本發動九一八事變，次年在中國東北建立「滿洲國」，全面實行殖民統治。九一八事變前，整個東北的鐵路共約六千多公里，分屬中國、蘇聯、英國和日

日本在「滿洲」的裝甲列車由 12 節車廂組成，裝有口徑 15 厘米的榴彈炮和 10 厘米的平射炮，用於鎮壓中國東北人民的抗日鬥爭

本四個系統。「滿洲國」成立後，東北所有鐵路都被收歸「滿洲國」國有，只有蘇聯控制的中東鐵路由「滿洲國」出資收買，實際上由日本控制，委託「滿鐵」統一經營管理。這一時期「滿鐵」緊密配合關東軍的軍事行動，積極擔當軍事運輸，為對抗反滿抗日勢力，按照陸軍的指示進行裝甲列車的裝備等，被稱為「軍鐵一體」。

　　日本軍部出於與蘇聯開戰的考慮，對開設以最短距離向「滿洲」輸送軍隊的日本海路線尤為關心。但是，對「滿鐵」而言，由於北滿地區物資不經由大連而是朝鮮北部的港口運往日本，因此對連接吉林和朝鮮北部會寧的吉會線的修建持消極態度。但是，九一八事變發生後，與關東軍一體化的「滿鐵」建設了吉會線，獲得了羅津等朝鮮北部港口和鐵路的經營權。控制了「滿洲國」內的所有鐵路的經營權，外加日本海路線，「滿鐵」迎來了事業的頂峰。

由於日本在「滿洲國」擁有的治外法權，「滿鐵」在鐵路附屬地區的行政權，以及包括朝鮮人在內的「日本國民」不納稅等特權，都是對自稱獨立國家的「滿洲國」的諷刺。於是，1936 年後這些特殊權益均被廢除，「滿鐵」附屬地區也被歸還。此外，考慮到為了消除沒有「滿鐵」株式會社「滿洲國」無法延續的狀態，在關東軍的主導下，「滿鐵」的機構被重新調整，集中於鐵路的經營管理，不再無所不包。在整個「滿洲國」時期，「滿鐵」新修鐵路三十多條，全長約 5300 公里，其中很多是軍事線、非經濟線，多興建於「滿洲」東部、北部的邊境地帶，一是擴充與朝鮮的聯絡，二是防範蘇聯進攻。如果沒有「滿洲」鐵路的運輸，就不會有 1939 年的諾門檻事件❶和 1941 年的關東軍特別大演習❷的大規模動員。隨着軍事運輸威脅「滿鐵」經營，作為「滿鐵」主力「亞細亞號」旅客列車也面臨停運的命運❸。

「滿鐵」具有「國策公司」與營利企業的雙重性格，所以總是被日本政府、官僚與軍隊的矛盾的政策所折磨。如後來所介紹的，關於朝鮮鐵路的權利，委託給滿鐵，一度解除，然後又委託給滿鐵，就是典型的說明。而傀儡國家「滿洲國」成立後，「滿鐵」回復了原來的鐵道公司的面目。就像初期「滿鐵」作為模型的英屬東印度公司，在印度被完全編入大英帝國後，由於該公司實行殖民地統治而使矛盾表面化，結果被解散了。

「滿鐵」同時經營多項業務，但鐵路一直都是最大的收入來源。1920 年代後半期，「滿鐵」的運費收入中，貨運佔了九成，而貨運中又有六七成是大豆

---

❶ 1939 年，在中蒙邊境地區發生的日軍與蘇聯、蒙古軍的大規模衝突。日軍受到死傷兩萬人的沉重打擊。

❷ 日本在侵華戰爭期間，為準備對蘇作戰而以演習為名擴大在中國東北關東軍的規模，集結了 70 萬人的兵力。

❸ 1934 年，「滿鐵」將「亞細亞號」投入大連—哈爾濱的運行，號稱是亞洲速度最快、技術最先進的列車。1943 年因戰事緊張而停運。

和煤炭。該龐大的國策公司的經營背後，支撐它的是北滿的大豆和以撫順為中心的煤炭。

在「滿鐵」成立初期，資本金為兩億日元，員工一萬人，社員基本都是日本人，現場的僱工日本人也佔到了一半。到了 1944 年，總資產增至 14 億日元，員工超過 30 萬人，其規模之大在戰前日本殖民地都是空前的，即使在日本本土，也是最大的株式會社。「滿鐵」長達 40 年的歷史，其應急措施和不穩定，是日本侵略中國東北歷史的一個縮影。

朝鮮鐵路

1910 年朝鮮已經淪為日本的殖民地，這一年日本在朝鮮設立朝鮮總督府作為殖民統治中樞。總督府下設鐵道局，管理朝鮮境內的鐵路運營。1911 年 11 月，鴨綠江鐵路橋竣工。朝鮮新義州與中國的安東（今丹東）鐵路相連。京義線橫跨鴨綠江，與「滿鐵」下屬的安奉線（安東—奉天）相對接。1912 年，日本鐵道院開始實施新的列車時刻表，由日本新橋始發，渡過關釜（下關至釜山）航路，沿朝鮮的京釜線、京義線，通過鴨綠江大橋，轉入「滿鐵」控制下的安奉線、南滿線至瀋陽和長春的列車正式開通。以前從日本經由朝鮮前往「滿洲」大約需要一個月時間，但這時卻縮短到三天半。至此，日本政府構築了一條連接日本本土、朝鮮和中國東北的鐵路運輸體系。朝鮮半島的鐵路，不僅為日本支配和開發（掠奪物資）朝鮮服務，中國大陸一旦有事，可以迅速調兵遣將。與台灣鐵路相比，朝鮮鐵路從一開始即帶有更為濃烈的軍事色彩。

1917 年，前朝鮮總督寺內正毅高唱「滿鮮一體化」，敕令朝鮮總督府將其所管轄的所有國有鐵路，委託給「滿鐵」來經營管理。這意味着日本政府有意將朝鮮與中國東北的交通運輸體系一元化。然而圍繞中國東北鐵路與朝鮮鐵路的關係，「滿鐵」與以陸軍為後台的總督府之間出現了競爭和對立。「滿鐵」

採取通過鐵路將貨物集中到大連港，再船運至日本的「大連中心主義」；總督府則採取經由奉天—安東—朝鮮和新義州—京城—釜山—日本本土這一朝鮮通道來推動物流交流。

總督府對「滿鐵」就朝鮮鐵路整頓問題採取漠不關心的態度感到不滿。1925年，「滿鐵」的朝鮮鐵路委託經營關係被解除。朝鮮鐵路重新返回朝鮮總督府鐵道局並由其直營。總督府在抗日運動活躍的朝鮮北部推進開發，整頓了羅津、清津、雄基三個港口，1928年咸鏡線開通，並與從京城經由元山至會寧的路段相連接。1926年完工的圖們江鐵橋連接了朝鮮北部的鐵路與「滿鐵」，九‧一八事變後新開通從「滿洲國」首都新京（長春）至圖們的京圖線。1933年，朝鮮北部鐵路又再次委託給了「滿鐵」經營。如前所述，與關東軍結為一體的「滿鐵」受委託經營羅津下屬港口，掌握了從「滿洲」經由朝鮮北部連接新潟等日本海沿岸的各個港口這一新路線。這條日本海新路線與關釜航路、大連路線並列為三大路線，為連接日本海方面和「滿洲」的最短路線，也成為日本向「滿洲」移民的主要路線。

1920年代至1930年代前半期，朝鮮鐵路主要用於日本掠奪朝鮮資源。這期間，每年僅輸往日本的米就多達100萬至140萬噸，約佔朝鮮年大米總產量的40%至50%。由於米大量輸往日本，朝鮮農民只好食用從中國東北進口的粟和高粱。1930年代中期至1945年間，朝鮮鐵路主要用於日本與中國大陸間的軍事運輸。

與日本其他殖民地鐵路相比，朝鮮鐵路客運佔優勢。20世紀20年代初之前，朝鮮鐵路的旅客屬日本人最多，甚至超過朝鮮人，特別是像京釜、京義線上的優等列車和長途列車旅客情況更是這樣。其後隨着鐵路網不斷擴張，朝鮮旅客逐漸增多。但九‧一八事變以後，來往於中國大陸的日本旅客又開始大增，七七事變後士兵運輸也更為頻繁。由於幹線鐵路以長途列車為主，列車運行時間也以長途轉運利便為條件設定。相比之下，區域性短途普通列車相對較

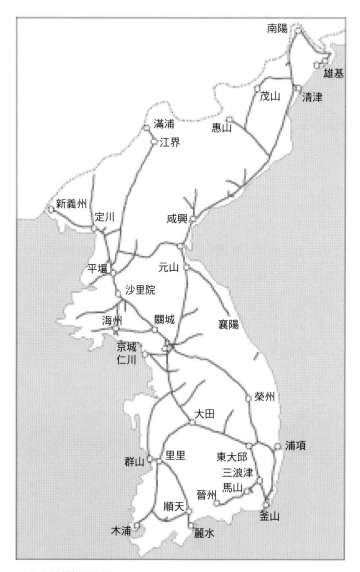

1945 年的朝鮮鐵路圖

少，朝鮮民眾國內旅行反而不便。這也是殖民地鐵路的一個特點。

　　1910 年，朝鮮鐵路全長約 1000 公里。到日本戰敗時，朝鮮半島有約總長 5000 公里國有鐵路和 1400 公里如京春線（京城—春川）這類受朝鮮總督府保護並由民間修建的私營鐵路 ❶。

　　在日本殖民統治下，朝鮮民眾對鐵路抱有強烈的抵抗意識。1904 年，一萬多朝鮮民眾聚集於鐵路建設工地，抗議日本為修建鐵路強制徵工、徵地，遭到鎮壓。憤怒的工人組織暴動，殺死管理人員，破壞官府衙門，並試圖炸燬鐵路。當時日本以修建鐵路為名，以極其低廉的價格強行徵購土地，被徵地的民眾生活陷入困境，徵地得來的錢，甚至不夠搬家和遷葬的費用。不僅如此，日本軍強制鐵路沿線的朝鮮民眾無償擔任監護義務，對妨害、破壞鐵路和軍用電線者處以死刑，並要沿線民眾承擔連帶責任，知情不報者同樣處以死刑。由於漢城與平壤兩地被佔用土地最為嚴重，漢城民眾向朝野各方發表憂國的「悲文」，譴責日本軍隊佔用土地，並到官府衙門抗議，與日本憲兵和士兵發生衝突。平壤民眾的抵抗運動尤為激烈。

---

❶　股東幾乎都是居住在日本本土的日本人，朝鮮人佔極少數。

鐵路的軌距

　　鐵路的軌距，歐洲國家基本上採用鐵路發源國英國的規格，鐵軌的間距（軌距）為四英尺八英寸半（1435 mm），被稱為國際標準軌。但有些國家為了防備戰爭時周邊國家利用鐵路侵入，或出於地理、經濟等方面的考慮，將鐵軌軌距加寬或縮小。軌距不同，機車和車輛也無法通用。如果軌距大，車輛也大，速度快且穩定，運輸量也有所增加，但同時鐵軌的彎度受到限制，建設費用也會隨之增加。

　　以建設費高和彎道較多等理由，日本鐵路均採用了間距為三英尺六英寸（1067 mm）的窄軌。日本在殖民地建設的鐵路，台灣方面採用了窄軌，但在朝鮮為了與大陸的鐵路接軌採用了國際標準軌。中日甲午戰爭後，沙俄在朝鮮影響增強的時期，圍繞在朝鮮鐵路的軌距採用寬軌還是標準軌問題，日俄發生對立，最終日本強行採用了標準軌。

　　歐美列強在中國各地建設的鐵路基本上是標準軌。在中國東北，俄國所修的東清鐵路是五英尺（1524 mm）寬軌。日俄戰爭中，日軍為了便於國內的機車和列車使用，所以從旅順開始逐漸改建為窄軌。日俄議和條約中，日本從俄國獲得了長春以南的東清鐵路南滿支線，此後將長春一旅順路段改建為標準軌。

　　1911 年鴨綠江鐵橋竣工，朝鮮鐵路與中國東北鐵路以標準軌得以連接。1935 年蘇聯將東支（中東）鐵路出售給「滿洲國」。「滿鐵」立刻着手進行標準軌的改建，「滿洲國」鐵路全部統一為標準軌。「滿鐵」的裝甲列車考慮到蘇聯進攻，還安裝了在五個小時內將標準軌改變為五英尺寬軌的車輪和車軸。當時的軌道間距，也是各國勢力範圍的體現。

第三節　鐵路與民眾生活

鐵路與物流、人口移動

　　近代以前，在自然力交通時代，水運比陸運更為便利，故古代城市多依江傍水。江、河的流向往往制約了人、物的流向；幹流與支流的水系結構，影響城市的地理佈局，也影響到人員流動和商業貿易的空間範圍。

　　相對於傳統的水運和畜力、人力運輸，鐵路運輸安全、迅速，並具有運量大，運價低，受地理、季節、氣候影響小等特點，故鐵路對傳統運輸動力、運輸路線、運輸速度都產生了巨大衝擊。

　　便捷的鐵路大大縮短了人們的旅途時間。從漢口到北京，走驛道要 27 天，京漢鐵路建成以後，乘火車只需兩天半。從塞外到北京，過去只能用駱駝代步，單程需要一兩個月，京張（北京—張家口）鐵路通車後，火車只需八九個小時。日本江戶時代，從江戶到京都，徒步需要 15 至 16 天。而鐵路開通後，只需要約 20 小時即可到達。而東京到橫濱，火車一個小時就可以到，實現了當天往返。朝鮮王朝時期從漢城到釜山走路需要 14 天，1905 年京釜線開通後，只需約 10 個小時。

　　鐵路不僅縮短了旅途時間和空間距離，而且改變了以往交通線路沿水而建的自然走向，克服了大山大河等自然條件的限制，也突破了水運的季節性限制。水路交通與陸路交通的地位逐漸發生逆轉。中國的江河大多是東西向，東西向的水運比較便利，而南北交通則十分困難。因此修築鐵路時，主要着眼於南北之間的交通，突破了古老的自然流域貿易局面。在日本，在鐵路發達以後，傳統內陸水運逐漸衰退，但政府實施保護政策，沿岸海運引入了西式汽船，將港口與鐵路連接起來，與外國航線相連接而得到發展。而連接鐵路與鐵路的聯

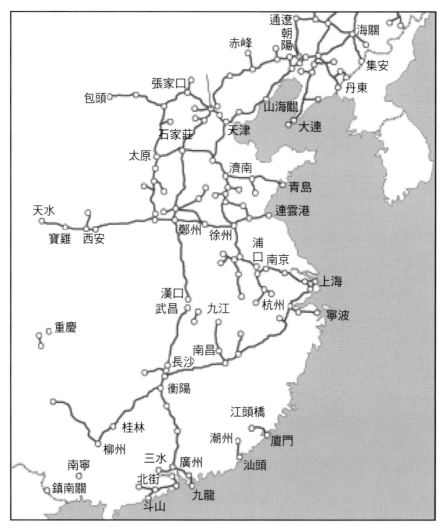

1945 年左右中國關內的鐵道圖

絡船也開始運行。在朝鮮，冬季結冰的漢江航運，在鐵路的競爭下也急劇衰退。仁川與龍山間的水運，在鐵路通車後，運輸量下降一半以上。

日本全國範圍內，開往東京的列車為「上」線，地方上縣政所在地等開往大城市的為「上」線，與此相反的是「下」線。人們乘坐「上」線集中前往城市，糧食和原料也經由「上」線供給城市，城市加工的產品則經由「下」線供給地方和農村。

殖民地鐵路，駛向日本方向的為「上」線。例如，台灣總督府所在地台北開往基隆的為「上」線，朝鮮開往釜山方向的為「上」線，而不是京城方向，「滿洲國」成立後，「滿鐵」從首都新京開往大連的為「上」線。「上」線主要把砂糖、大米、大豆、煤炭等運往日本，戰爭時期也大量運送。「下」線主要往殖民地運輸日本的工業產品、日本人移民以及日本軍隊和軍需物資。

從關內（長城以南）的北京、天津經山海關進入「滿洲」的交通要道錦州地區鐵路發達，為人口的大規模流動和長距離遷移提供了條件。近代中國規模最大的人口遷移，是 20 世紀二三十年代，關內人口向關外即東北地區的流動（俗稱「闖關東」）。東北地區土地肥沃，礦藏豐富，但清朝政府長期禁止人民往其滿族「聖地」移民，導致東北人口一直比較稀疏。直到 1900 年後，才開始鼓勵移民出關。民國時期，內地移民進入東北分水陸兩路。陸路絕大部分是通過鐵路，約佔移民總數的 30%。移民進入東北後，一半定居東北，另一半則春往冬返，形成了巨大的旅客運輸需求。

隨着鐵路的發展，進入東北的移民總數迅速增加。一直到 20 世紀 30 年代，每年都有 40 萬到 50 萬人從山東、河北、河南各地遷移到東北地區。

鐵路與城市興衰

鐵路的強大運輸功能，影響了貨物基本流向，並改變了傳統的運輸通道，

從而使原有城市體系受到衝擊。城市佈局及功能發生變化：一批城鎮因傳統運路的衰落而衰落；一批城鎮因鐵路的修建而崛起。

過去的中國城市，多為各級行政機構所在地或屯兵駐所，其功能大都是政治或軍事中心。隨着鐵路的興建，一批城市迅速形成並發展壯大。其中有的是因帝國主義列強鋪設和開發的鐵路而得以興建。

哈爾濱原是松花江右岸的自然村。俄國人開築中東鐵路後，以此地為鐵路的總匯之所，使其急劇興起。1900 年哈爾濱聚居約兩萬人口，五年後，增至十萬，與南部的瀋陽一起成為中國東北地區的中心城市和交通樞紐。

大連、旅順，土名「青泥窪」，本是一片海灘。南滿鐵路支路開工建設後，俄國人看中其地理條件，於 1899 年開始築港設埠。1905 年後，大連、旅順被日本繼續經營，迅速取代營口成為中國東北的貿易中心。

青島原是膠州灣東岸的荒僻漁村，因為德國修築膠濟鐵路而成為東邊的終點站和出海港。青島得以迅速發展起來，1902 年的人口不過 1.6 萬，1904 年膠濟鐵路通車後急劇增加，1910 年為 16.5 萬人，1937 年增至 50 萬人。

鐵路的發達也造成了少數城市的衰落。鎮江是長江、運河交匯處，是歷史上南北商業交流的華東著名港口。而相鄰的南京只是一個政治城市，商貿並不發達。但自津浦鐵路和滬寧鐵路修通後，南京成為南北鐵路交通樞紐，經濟迅速崛起。而鎮江則隨大運河水運的衰落而衰落。

鐵路使被山川隔離的地區連接，傳統運輸路線形成的地域社會和經濟圈遭到破壞。農村經濟與城市市場直接連接，農村勞動力湧入城市，加快了中心城市的繁榮和農村的衰退。日本幹線通道集中在東海道沿線大城市，鐵路建設落後的日本海沿岸被稱為「裡日本」。1882 年人口位居第一的新潟縣，15 年後降到第五位。這一地區居民，害怕在近代化中落後並產生了危機感，於是開始尋找出路，展開了建設鐵路的招商運動。20 世紀 20 年代，以農村為地盤的立憲政友會，採用了惡名遠揚的「我田引鐵」的政策，將鐵路建設作為爭取選票

1930 年代滬寧線上快車車廂

的工具。

　　在 20 世紀 20 至 30 年代，東京、大阪等大城市人口迅速增加。1920 年東京府的人口為 370 萬人，大阪府人口為 259 萬人，到了 1930 年，東京府人口增加到 541 萬人，大阪府人口增加到 354 萬人。其背景是隨着城市功能的增加，私營鐵路企業在開發住宅區的同時，也着手建設城市近郊的鐵路。

　　在朝鮮，大田的崛起與鐵路的修建有着直接聯繫。在修建鐵路以前，大田是個距離漢城約 166 公里的幽靜農村。隨着京釜鐵路的修建，大田成為重要的經由地。隨着大田火車站的修建，其周邊形成了日本人的居住地，以火車站為中心的周邊地區開始有了生機。隨後湖南線修築，大田成為京釜線與湖南線兩大鐵路幹線的交匯處，並借鐵路之勢迅速發展起來，最後升級為郡。相反，距離仁川 20 公里的梧柳洞，過去曾是各地前往漢城的必經之地，商旅往來相當繁華，但是京仁鐵路開通以後，卻迅速衰微。

鐵路與民眾生活

　　鐵路也在很大程度上改變了民眾的生活方式，擴大了人們的活動空間。

　　新式交通的便捷，空間距離的感知亦發生改變，表現在文學作品中，「別離」這一古老主題也獲得了全新的意境：「古亦有山川，古亦有車舟。車舟載離別，行止猶自由。今日舟與車，並力生離愁。明知須臾景，不許稍綢繆。鐘聲一及時，頃刻不少留；……送者未及返，君在天盡頭。」（黃遵憲《今別離》）火車車廂雖分有不同等級，但對乘客並無身份限制，無論平民百姓還是達官貴人，只要購票均可選擇乘坐。火車的群體共乘方式，破除了騎馬、坐轎時代的封建身份意識和「男女授受不親」的陳腐觀念，由此產生了一種新型的人際關係和社會關係。

　　在日本幾乎所有地區，鐵路是唯一的運輸工具，車站是該地區的門戶。從地方的車站前往大城市，或是懷着成功的夢想踏上旅途，或是依依不捨地外出工作。車站前的廣場歡迎知名人士，也送別出征士兵。戰亡者骨灰的回歸之處也是車站。

　　鐵路的運作，改變了人們對時間的感知。「趕火車」強化了人們對時間的緊迫感，社會生活的節奏在無形中也隨之加快。「時間就是金錢」等近代觀念也逐漸形成。朝鮮有一則笑話：從前有一個有權勢的兩班❶準備乘火車出行，下人提醒他火車快要開車了。他吩咐說：「讓火車稍等片刻好了。」火車當然沒有恭候遲到的他。從那以後，即使是兩班，也明白必須遵守火車的乘車時間。

　　傳統社會，人們「日出而作，日入而息」，往往通過日月星辰來制定生活

---

❶　古代朝鮮根據制度將人分為兩班、中人和常（平）民。所謂兩班，即官僚階層，又分文班和武班。中人是指在中央或地方衙門中的下級官吏和軍人，包括翻譯、醫官、藥官等。從事農、工、商勞動，繳納賦稅的大多數人則為常（平）民。

作息起居。傳統的農業生產不要求精確時間，故時間概念模糊籠統。古代皇宮中雖有日晷、滴漏等計時工具，而民間則只能通過太陽昇落，月亮的偏向，以及雞鳴、燃香等方式模糊推斷時間。

就計時單位而言，中國過去習慣於將一天分為 12 個時辰。日本一直使用分別把白天時間和夜晚時間六等分的不定時間法。白天的一刻和晚上的一刻長短不同，白天的一刻根據季節也有所不同。這種計時法，不適用於新式交通的運行。日本於 1873 年 1 月 1 日開始採用陽曆。而在前一年，鐵路率先採用了 24 小時制。列車時刻表以分來計算運行時間，勢必改變民眾的時間觀念，進而影響人們的日常生活節奏。時刻表中寫道：「最晚不遲於十分前到達車站，買票……五分前關閉車站入口」。也教育孩子們，「火車一到時間就發車。一分鐘也不多等」（《尋常小學讀本》七，1904 年）。在時刻表的指引下，互不相識的人共同走到了一起，進入「鐵路社會」。時間的細化和時間的精確性，強化了人們的時間觀念，也意味着一種全新的工作和作息方式的登場。

在日本全國尚未普及收音機的時候，全國的鐵路區間的駕駛員和乘務員等負責人會定期在東京集合，校準放置於駕駛座旁懷錶的時間。日本鐵路列車發車的準確性世界聞名，日本人守時的習慣，可以說受到了「鐵路列車社會」的影響。

鐵路作為社會現代化的象徵符號延伸到偏僻的鄉村，被鄉村民眾賦予多重意義。由於鐵路執行時間的準確性和規律性，鐵路沿線的村民往往將過往火車的時點作為計時工具之一。隨着鐵路按國家的標準時間運行，鐵路沿線的民眾受其影響也開始有了國家標準時間的概念。

第四節　戰後東亞的鐵路

火車與汽車、飛機的競爭

20 世紀 20 年代，美國迎來了汽車普及的時代。戰後 50 年代，這股浪潮波及到了西歐，隨後又湧入到了日本和韓國。汽車普及，使得鐵道佔有的主導地位被汽車代替，人們的生活方式也發生了巨大變化。

在日本，1960 年代汽車運輸迅速發展，1970 年，汽車客運量超過了鐵路。可以說，汽車運輸支撐了日本的高速經濟增長。此後，鐵道運輸相對停滯，汽車運輸卻持續增加。1969 年連接名古屋和神戶的名神道高速公路和連接名古屋和東京的東名道高速公路全面開通，揭開了高速公路時代的序幕。

1966 年，韓國的公路客運量就已經超過了鐵路，之後隨着經濟增長，兩者的差距迅速擴大。由於殖民地朝鮮建設的鐵路網，重點放在被稱作 X 型的南北縱斷線上，而地方城市間的地區連接並不充分。此外，朝鮮獨立後南北分裂，X 型的鐵道網不能充分發揮作用。可以說，獨立後的韓國，和同時期的日本相比，鐵路在社會經濟上發揮的作用並不大。

韓國的朴正熙政府將鐵路主要用於工業運輸，而旅客運輸則主要依靠公路交通。1970 年，漢城—釜山間高速公路開通，韓國也迎來了高速公路發展的歷史時期。在東西冷戰對立激化的格局下，部分高速公路被用於軍事需求（飛機臨時跑道等）。

中國的汽車普及，可以說是改革開放後出現的新現象。中國自 1988 年起修建高速公路，到了 2009 年，高速公路總長約 6.5 萬公里，居世界第二。20 世紀 90 年代後，中國飛速進入汽車普及時代。

公路運輸與鐵路運輸激烈競爭的結果，一方面，迫使鐵路在技術、管理與

服務等方面不斷創新，更加注重客貨運輸的方便與快捷；另一方面，鐵路注重與公路配合，發展鐵路與公路聯運，使各自優勢得到發揮。

第二次世界大戰後，噴氣式飛機得到廣泛應用，飛行速度和經濟效率大大提高，世界航空運輸也得到了飛速發展。航空運輸具有明顯的速度優勢，在長途旅客運輸市場和高附加值快捷貨物運輸領域，與鐵路展開激烈競爭。航空運輸的發展，推動鐵路不斷提高速度，帶來了高速鐵路的發展。

但是，公路、航空業的迅速發展在資源和環境方面也帶來了一些負面影響。進入 20 世紀 80 年代以後，世界能源資源緊缺和環境惡化，使越來越多的人們認識到必須建設可持續發展的綠色環保運輸體系。鐵路具有能耗低、污染小等相對優勢，符合可持續發展需求，從而在世界範圍內，許多人重新認識發展鐵路的重要性，鐵路在綜合交通體系中的地位和作用被重新評價。鐵路的發展又迎來新的契機。鐵路在 21 世紀該以何種姿態復活，如何支撐人類和平富裕的生活，將成為世界各國共同的課題。

泛亞鐵路網的前景

鐵路既是溝通國與國之間的橋樑，也被很多國家視為重要的國防戰略工具，對地區和平、國際關係發揮着不可忽視的影響。東亞國際關係的緊張與緩和，鐵路常常首當其衝。二戰結束時，朝鮮半島、蘇聯遠東地區和中國東北地區已形成了相互溝通的鐵路網。由於朝鮮半島分裂，全長五百多公里的南北交通大動脈京義線被切斷。直至 2000 年 6 月，韓朝首腦在平壤舉行歷史性的會晤並發表《南北共同宣言》，其後雙方商議重新連接京義線。朝韓鐵路才於 2007 年恢復試運行。鐵路便成為長期對峙的韓、朝着手和解與合作的象徵。

從地圖上看，胡志明市—河內—昆明—成都—北京—長春—平壤—首爾—釜山之間由鐵路連接。如果釜山和下關之間用輪渡連接可以通到東京。東亞已

經由鐵路網連接。目前，中國有連雲港—西伯利亞鐵路—莫斯科、北京—張家口—烏蘭巴托—伊爾庫茨克等和歐洲連接的國際列車運行。從鐵路來看，東亞地域共同體的基礎已經構築。

通過現代化歷程可以看出，經濟全球化勢不可擋，國際間的物資交流和人員往來日益密切。國際間的鐵路作為重要的陸地連接通道，在區域經濟發展中扮演着重要角色。1960 年，聯合國亞洲及太平洋經濟和社會委員會首次提出建設「泛亞鐵路網」的設想，當時的規劃是形成從新加坡到土耳其的鐵路通道，途徑孟加拉、印度、巴基斯坦和伊朗等，全長 1.4 萬公里。

到了 20 世紀 90 年代中期，《亞洲陸上交通基礎設施發展計劃》的通過讓泛亞鐵路計劃再度受到人們關注。

2006 年 11 月，18 個亞太經社委員會代表們在韓國釜山草簽了《泛亞鐵路網政府間協議》。根據這一協定，亞洲將建設和連通四條泛亞鐵路動脈，包括連接朝鮮半島、俄羅斯、中國、蒙古、哈薩克斯坦等國的北通道；連接中國南部、緬甸、印度、伊朗、土耳其的南通道；連接俄羅斯、中亞、波斯灣的北南通道；以及連接中國、東盟的中國—東盟通道。

2009 年 6 月 11 日，聯合國亞太經社委員會在曼谷舉行儀式，慶祝《泛亞鐵路網政府間協議》生效。泛亞鐵路網在各國現有鐵路網的基礎上，促進路網間的貫通與連接，全長 11.4 萬公里，覆蓋 28 個國家和地區，被譽為「鋼鐵絲綢之路」。醞釀了近半個世紀的泛亞鐵路網之夢，終於朝着現實邁出了關鍵性的一步。泛亞鐵路網的建成，為促進亞洲地區的經濟發展和共同繁榮以及亞洲與歐洲之間的文化交流和國際貿易將發揮重要作用。

第四章

移民和留學
——人口流動和人員交流

本章大事年表

1845 年	上海設立英租界
1862 年	日本幕府向荷蘭首次派遣留學生
1868 年	神戶設立居留地，日本人最早的海外移民（夏威夷、關島）
1871 年	日本向美國首次派遣女留學生
1882 年	清朝軍隊鎮壓朝鮮「壬午軍亂」後中國商人移民增加
1883 年	仁川開港同時成為日本人居留地（次年設立中國人租界地）
1902 年	朝鮮人最早的海外移民（夏威夷）
1905 年	大韓帝國政府發表《禁止移民令》
1906 年	「南滿洲鐵道株式會社」成立後，旅順及大連日本人移民增加
1909 年	日軍制定「南韓大討伐作戰」計劃，鎮壓「湖南義兵」，之後移民增加
1910 年	日韓合併後朝鮮人向中國東北的移民增加
1911 年	朝鮮人以就業為目的向日本移民
1919 年	東京的朝鮮人留學生發表《二八獨立宣言》
1933 年	朝鮮總督府在中國東北東部開始設立集團部落
1936 年	日本制定《滿洲農業移民百萬戶移住計劃》
1937 年	日本實施《滿洲國北邊振興計劃》，中國華北地區勞工大批移民
1941 年	日本制定《第二期國策移民五年計劃》
1944 年	日本實施朝鮮人徵兵制
1945 年	日本停止朝鮮人的海外強制動員（4 月）　日本秋田發生「花岡事件」　在日本朝鮮人聯盟成立
1946 年	在日本朝鮮居留民團成立
1948 年	阪神教育鬥爭
1955 年	在日本朝鮮人總聯合會（總聯）成立
1991 年	賦予在日韓國人特別永住資格
1993 年	廢除特別永住者外國指紋登記制度

人們選擇移民，選擇遷居不同的環境，多為開拓美好人生，通常會放棄社會既得權或已在生活中積累的社會文化意識。而特定歷史時期出現大規模的人選擇移民，表明遷出地和遷入地分別具有推動移民者離開的結構因素與吸引遷入者的誘因。因此不同歷史時期，遷移原因及其表現形式都會有所不同。

自開港時期至 1945 年，東亞內部移民，主要與侵略和殖民半殖民統治，以及戰爭聯繫在一起。雖然出現基於經濟目的開展的自由移民形式，但是由政策誘因引發的大規模遷移還是佔絕大比重，也因此很難通過文化交流，各國文化共存或形成新的異文化。直到 20 世紀 80 年代，東亞內部才開始出現個人自由選擇移民以及各國間頻繁的文化交流活動。但是值得注意的是，不能將這樣的遷移現象和文化現象看作是由東亞歷史變化所引起的。

比起移民，不論在什麼時候，留學更多是為學習外國先進知識和先進技術以及先進文化而選擇的暫住型遷移活動。開港後，為學習歐洲先進文明和制度，日本獎勵留學，而朝鮮和中國的留學生則聚集到了已經實施近代化的日本。留學後，他們回到國內，結合本民族和自身國家情況因地制宜，通過運用在留學日本時學到的知識對社會發展起到了重大影響。

在這一章，我們將分開港、日俄戰爭、戰時動員時期等不同歷史時期，對開港至 1945 年間的韓中日三國遷移活動加以敘述。特別是重點介紹朝鮮和中國近代化過程和留學之間的聯繫，同時結合現在的定居情況介紹太平洋戰爭後各國移民回歸過程，以及遷移者在韓中日三國的生活。

第一節　人口流動史

開港改變移民流向

　　歷史上，東亞各國基本上都實施過嚴禁本國民眾移居海外的海禁政策。這是基於頻繁的交流和人員流動可能會影響傳統統治秩序的考慮。除為栽培咖啡和天然橡膠等熱帶植物，自 19 世紀 30 年代起西方列強大量引進中國工人的例子外，大規模人員流動還局限在外交使節往來以及在特定地區內的局部交易。

　　但是隨着開港和門戶開放，在開港口岸設立外國人居住的特殊居住形式租界地或居留地後，情況發生了顯著變化。

　　在中國，最早的租界是 1845 年英國在上海設立的。起初，上海人將這一租界稱為「夷場」，意指這地區由夷人居留。所謂「夷場」，是指：「古龍居四夷之中，威彌四海，四夷盡俯首，今四海皆互通，由此及彼」（《申報》1878 年 1 月 28 日）。30 年後，「夷場」改稱為「洋場」。這是以中國為世界中心的傳統世界觀發生改變的結果。

　　開港也促進了中國地區內的人口流動。特別是出現了十分活躍的向中國東北北部和西伯利亞地區的人員流動。19 世紀 60 年代，開放天津、營口、煙台港後，來自山東、河北地區的人們主要乘坐輪船，而非徒步行走，來到中國東北北部和西伯利亞地區。因為山東和河北距東北較近，加上人口密度高，勞動力剩餘，土地佔有不均現象十分嚴重。同時，毗鄰北京和天津兩座城市，頗受政治影響，社會混亂也是造成移民的一個原因。

　　因中國東北地區是清王朝的發祥地，所以長期以來政府嚴禁出入，於是很多地方都未開墾，遍地是荒地。自 19 世紀中期，為擴大財政收入和牽制俄國欲向黑龍江一帶擴大勢力範圍，清政府沒再採取措施阻止人們移民此地開墾。

此外，還有一個重要原因是，甲午戰爭後清政府面臨戰後修復和戰爭賠償所需的財政壓力。加上，1897 年起俄國建設橫跨西伯利亞的鐵路，並計劃將這一俄國鐵路通至大連，開始召集大量中國工人，於是加大了中國人的移民活動。這一時期流入中國東北地區的中國移民以從事體力勞動的苦力為主，超出了農業移民。

日本最大的移民聚集區是蝦夷地即北海道。為提防俄國侵襲和開拓北海道，明治政府通過身份改革召集大量失業武士大規模地移民至該地區。失業武士的社會身份是受統治階級支配的，因此，將其身份從武士轉為無勞作經驗的農民，並選擇移民，確實需要很大的決心。隨着明治政府繼續擴大這一開發政策，各地士族和農民移民更多地到北海道地區參與開墾。北海道原住民阿伊努人也由此逐漸失去其生活空間。

開港口岸是外國人抵達日本後最先選擇滯留的地方。為與外國進行貿易開放，主要以橫濱、長崎、神戶、東京等港口為中心，出現了類似中國租界的居留地。1868 年，設立神戶居留地。神戶主要出口茶葉，並進口英國的棉紡織品和面紗。直到 1899 年通過修改條約神戶歸還日本，包括英國人在內的十多個國家兩千多外國人曾在這裡居住。

當時，赴日中國移民也不少。在神戶居留地建立後的第二年即 1869 年，那裡的中國人數量就已經超過五百人。居留地的外國人一般僱傭中國人當下人或傭人。這些中國人一般居住在居留地西部地區，並與日本人雜居，人們將中國人聚集的這一地區稱為「南京町」。他們以來自福建省、廣東省和揚子江中下游地區的男性為主，並在各地按出生地建立公所形成關係網。隨後，這些中國人還接家人過來定居。1895 年甲午戰爭結束後，中國人向日本移民也沒有中斷，到了 1900 年，其數量達到六千八百多人。為開展新的商業活動和學習西方文化，移民者中的台灣籍人、留學生、福建省籍商人離開神戶，遷至東京和京都。在神戶的部分中國商人曾增設過朝鮮分店。1883 年，在神戶經營「公興

號」的中國商人在釜山設立相當於分店的「德興號」雜貨商店，1890 年，總店設在山東省煙台的「協記號」在仁川也開設了分店。

　　1882 年為鎮壓「壬午軍亂」[❶]，清軍出兵朝鮮，清朝商人也隨軍來到朝鮮開展商業活動。他們作為特權集團，受到了推進「屬邦化政策」的清政府的有力支援。清朝在強化對朝內政干預的同時，為支援本國商人，在多處設立商務公署。此外，為向中國商人提供方便清朝政府還建立中華會館，縱容以暴力強制收購朝鮮官僚土地等越權行為在內的違法活動。因上述原因，仁川、釜山、元山等地，朝鮮對華、對日兩國貿易比例出現逆轉。1885 年開港之初，朝鮮對日和對華進出口貿易的比例為 82：18，但是七年後的 1892 年，其比例變為 55：45，幾乎持平。 特別需要指出的是，在上述三個城市中，對華貿易以毗鄰中國的朝鮮仁川港為中心展開。清朝商人進口的主要商品以英國產棉紗為代表。

　　對清政府和商人的作為，朝鮮統治階級和商人視為非常敏感的問題。他們切實認識到擺脫清朝干涉的必要性。清王朝在甲午戰爭中戰敗，失去特權地位的那些清朝商人大部分回到了中國，而那些留下來的清朝商人商舖便不斷遭到朝鮮人的攻擊。此外，1897 年朝鮮政府宣佈大韓帝國成立，並建立獨立門和獨立館代替之前為迎接中國使者而設立的迎恩門和慕華門，還在招待使者的原宴會場所南別宮設立圓丘壇，由此構建獨立自主國的新氣象。1896 年，「俄館播遷」[❷] 後，在甲午戰敗後撤除的中國人又逐漸增加。

　　與清朝商人在清朝政府的庇護下在朝享有特權地位並積極開展商業活動不同，遷移朝鮮的日本人卻遠沒有這麼幸運。在 1884 年「甲申政變」[❸] 中，得到

---

❶ 發生在漢城的士兵與民眾的反政府與反日的動亂，參見上卷第二章。
❷ 閔妃被害後，朝鮮國王被親俄勢力轉移到俄國公使館的事件，參見上卷第三章。
❸ 朝鮮激進派實施的政變，參見上卷第二章。

開放口岸仁川的外國人居留地

日本支援的開化派最終失利，由此日本人公開參與政治活動受到很大限制。但是這一時期，以商業和漁業為主要目的，航渡來到朝鮮的日本人致力於擴大經濟基礎。在朝日本移民還設立居留民團和商業會所開展活動。為改善活動受限的情況，以商業相關人士為主導的居留民團還承擔信息收集的工作，並在各地擴大其勢力範圍，還代政府承擔了本應由政府履行的部分公共職能。甲午戰爭爆發後，在朝日本人將自己的住所提供給日軍當宿舍使用，募集資金，參與物資運送，為日本侵略朝鮮充當了幫兇。

移民擴大到東亞之外的地區

　　開港後，隨着輪船的頻繁使用，人員流動的範圍擴大到了海外。隨
着大量中國工人參與美國的淘金熱（gold rush）和修建 19 世紀橫跨大陸
的鐵路，正式拉開了中國人移民海外的序幕。遷移到美國本土的中國人
基本上都是貧窮的廣東人，他們中的大部分人又來自與外國貿易頻繁的
廣州、澳門、香港地區。而這一時期，中國國內政治動盪也促使這些人
移民海外，如廣東省香山縣一些人遷移到了夏威夷甘蔗農場。但是到了
1882 年，美國發佈移民禁令，中國人的遷移活動被中斷。

　　因中國移民活動中斷，不久美國的勞動力市場出現不足，後由日本
人填補了這一空白。日本最早的移民是 1868 年遷移到夏威夷和關島甘蔗
農場的日本人。這批海外移民是在明治初期遷過去的，因此被譽為「元

19 世紀的中國移民在前往美國的輪船甲
板上（油畫）

年者」。這些移民遷移後，遭到奴隸般的殘酷待遇而經常面臨死亡威脅，於是自 19 世紀 80 年代中期，明治政府禁止日本人的海外遷移。

自 19 世紀 80 年代後期，美國本土和夏威夷以及加拿大，是日本遷移者選擇最多的移民目的地。 因為上述兩個國家禁止中國移民同時接受日本人代替中國勞動力。隨着日本人劇增，到了 20 世紀，上述地區開展了排斥日本人移民的運動。1904 年日俄戰爭爆發，以此為契機，白人對日本人的警戒心也隨之提高。隨着加拿大和美國大幅限制日本移民規模，於是包括巴西、秘魯等在內的南美地區逐漸成為日本人新的遷移目的地。

夏威夷甘蔗農場召集朝鮮勞動力代替日本人，正發生在這一時期。為確保廉價勞動力，原來僱傭中國工人和日本工人的外國農場主，逐漸將目光轉向朝鮮。為專門徵集務工者，日本移民公司在漢城設立大陸殖民會社。大韓帝國也於 1902 年設立專門行政部門，以推進移民事業。1902 年至 1905 年間，在為阻止勞動力流失海外政府頒佈移民禁令之前，已經有七千多朝鮮人橫渡太平洋遷移到了海外。

日俄戰爭改變移民流向

20 世紀初，日本人最大的移民對象國是朝鮮，這是因為在 1905 年日俄戰爭後日本可以獨立支配朝鮮。事實上，日本移民數量從 1905 年的四萬兩千多人猛增到 1910 年吞併韓國時的 17 萬人，在朝日本人在海外日本人中佔有最大規模。因此在日本合併朝鮮後，去朝鮮的日本人規模遠遠大於到日朝鮮人。

日本西部地區，特別是在九州地區為中心的日本移民中，大部分並非商人

出身，而是管理、傭人出身，因此以開港場為中心在都市居住。居住在那些沒有居留地的都市中的日本人，建立了「日本本土外的日本」，構建了他們獨自的世界，今首爾明洞即現在的忠武路一帶就是其中一例。早期日本人社會中，從事雜業的日本苦力因經常光膀或裸腳做工，受到了日本人和朝鮮人的歧視。

在20世紀初之前，日本人深入朝鮮內地開設商店或經營農業生產並非易事。因為這些經營均受到了義兵運動的抵抗。鑒於全羅南北道地區義兵活動不斷，1909年9月1日至10月30日，日軍實施為期兩個月的「南韓大討伐作戰」，殘酷武裝鎮壓義兵運動。在鎮壓義兵運動後的第二年，日本將原補充到統監府的日本人官僚和四分之一的農業移民遷移至該地區。可以說這是日式殖民方式，即通過軍隊對特定地區展開侵略鎮壓抵抗勢力以強化移民的代表性一例。

除日本獨佔朝鮮並實施殖民統治外，移民朝鮮的日本人增多還有其他原因。這與明治政府獎勵開發、國防以及為不激化美國排日情緒因而比起美國更鼓勵移民朝鮮等有着密切聯繫。日俄戰爭中，日本的元老會議和內閣，以「對韓方針及對韓施設綱領」❶中的農業殖民政策開展為由，旨在「為國內過剩人口提供耕作土地，補充國內不足糧食」。此外，日本認為沒有必要刺激包括美國在內的盎格魯撒克遜國家的排日情緒，同時認為有必要在東亞地區強化日本的力量。東洋拓殖株式會社在朝鮮推行農業移民，正是日本為強化其實力的典型。

不同於日本人的上述在朝處境，因日俄戰爭和日本統治政策，在朝華僑發展的基礎進一步被削弱了，中國移民在朝鮮很難實現經濟成功。朝鮮淪為日本殖民地後，其轉口國際貿易大部分掌控在了日本人手中。在經濟上很難確立商業地位的在朝華僑，改行主要從事餐飲行業。正是在這一時期，朝鮮正式出現

---

❶ 1904年5月30日在日本元老會議上確定、31日由內閣批准的文件。規定為對朝鮮實施政治、軍事上的保護而應掌握朝鮮的財政、交通通信以及農業、林業及礦業、漁業各方面的開發的權利。

「清料理店」。中國移民通過刀工即剪刀（裁縫）、菜刀（廚師）、剃刀（理髮）打下了發展基礎，故被譽為「三把刀技術」。

　　朝鮮淪為日本殖民地後，中國移民主要是小商販或苦力勞動者。1925 年，46000 人在朝華僑中，苦力達到 21000 人。這與 20 世紀 20 年代中期，中國國民黨開展北伐，中國社會內部動盪，以及朝鮮總督府開展的大規模土木工程不無聯繫。苦力的勞動效率高、工資又低，大部分人開春時隻身來朝，結冰時回國，所以定居朝鮮組成家庭的中國人極為罕見，男女比例甚至在七比一到八比一之間。在朝華僑與定居日本的華僑有着明顯不同。在日本，華僑以家庭為單位居住，同時留日學生也是華僑社會一員。

　　此外，大量移民朝鮮的中國苦力引發報酬減少和僱傭不穩定等問題，由此成為惡化朝鮮人勞動環境的因素。1929 年，發生「元山總罷工事件」時，為鎮壓勞動糾紛，日本曾動員五百多名苦力。可見苦力問題還是 20 世紀 20 年代勞動運動中的一個懸案。朝鮮人對在朝華僑的感情，以 1931 年 7 月日本在中國東北挑起的朝鮮人和中國人間的衝突即「萬寶山事件」❶為契機，一時發展為反華僑暴動。

　　正如個別移入朝鮮的華僑移民數不斷增加那樣，個別移民日本的朝鮮人也不在少數。1910 年前的移民，以少數留學遷移為主，但是自 1911 年起，以就業為目的的朝鮮人日本移民開始上升。1922 年，其規模接近六萬人，到了 1925 年，增至 13 萬人。朝鮮人的日本移民陡增，是因為 20 世紀初朝鮮總督府推進土地調查工作而失去土地的朝鮮人增多，也是滿足日本資本主義發展之需。但是比起前者，後者起到了決定性作用。因日本經濟在一戰期間快速發展，同時為重建戰後不景氣的經濟，為補充這一過程中出現的勞動力不足，所以出

---

❶　參見上卷第五章。

現了廉價朝鮮勞動力之需。對此，明治政府於 1922 年頒佈自由渡港制度，為朝鮮人遷移日本提供方便。自 20 世紀 20 年代後期，隨着日本軍需產業的比重迅速擴大，主要居住在大都市的在日朝鮮人，逐漸遷移到了九州和北海道等新興工業區。

不論民族還是社會地位，在日朝鮮人都是弱者，為消除在異國他鄉的寂寞以及維護自身權益，他們逐漸以村落為單位聚集生活。因為他們沒有能力支付房租，所以他們選擇日本人不居住的工地、河川用地或所有權不明確的國有地等居住下來並形成村莊。雖然房屋簡陋，但是對在日朝鮮人而言，那些村落卻是雖處日本但又區別於日本的心靈中的 「韓國」 世界。

與移民日本一樣，在 1910 年日韓合併後，朝鮮人向中國東北移民的數量也陡增。不僅土地調查迫使朝鮮農民失去了土地，而且朝鮮淪落為日本殖民地這一不穩定政治因素也促成了朝鮮人的遷移活動。據不完全統計，截止到 1919 年，遷移到中國東北地區的朝鮮人數量已超過 60 萬，且多數居住在農村。移民日本的朝鮮人中，多數為南部地方出身，同時主要採取了個人移民形式。移民去中國東北地區和西伯利亞的朝鮮人，則以北方出身為主，同時多為家族移民。與移民日本的朝鮮人不同，他們之所以選擇中國東北地區，並非對中國東北那一片未開荒的廣闊土地抱有期望，而是因為在朝鮮的艱苦生活實在難熬，才迫使他們選擇了遷移。與日本的資本主義相比，中國東北地區的經濟遠欠發達，因此他們適應起來也比較容易。

在早期，朝鮮人在中國東北的移民，主要集中在朝中邊境地區，特別是集中在幾乎與如今延邊朝鮮族自治州完全對應的東滿地區，當時這一地區朝鮮人和中國人的人口比例甚至都達到七比三。自這一時期至今，這一地區作為中國朝鮮族社會的教育及文化中心發揮着重要作用。

自 20 世紀初，很多朝鮮人移民開始植根發展到中國東北。在中國東北地區，即便在 5 月也下霜，但是刨冰種稻的技術得到開發，為日後朝鮮人移民中

移民中國東北的朝鮮人

國東北地區提供了基礎。特別是水稻生產能夠確保農業利潤，所以比起不具有種水稻技術的中國北方人，中國地主更願意將耕地租給朝鮮佃農。以農業移民形式定居中國東北地區的朝鮮人家族移民，為日後中國東北地區朝鮮人開展民族運動奠定了重要基礎。

中國內地的人口大規模向東北遷移始於 20 世紀初。中國東北地區人口從 1911 年的 2160 萬增至 1931 年的 2900 萬，陡增 740 萬，以至於人們用「激流」來形容當時的這一移民熱。當時移民到東北地區的中國人大部分是山東籍和河北籍單身男性。因極度窮困，他們中大部分人為擺脫生活困難才選擇向東北移民並在異鄉做苦力。其中有一半左右的人，最後留在了東北。

日本人的中國東北移民，與中國人和朝鮮人又有區別。在日俄戰爭中獲勝

後，日本佔領原俄國租界以及建設中的旅順大連港，並設立關東都督府，後於
1919 年改編為關東廳。 1906 年，日本成立「南滿洲鐵道株式會社」，主要從
事鐵路經營，同時還管理鐵路沿線附屬地帶。在中國東北地區，有了日本管轄
的土地後，原在政府機構和在「滿鐵」工作的人員以及從事建築業、運輸業的
日本人開始移民中國東北地區。包括三井物產在內的大企業加入到中國東北地
區的大豆生產產業。隨着金融機構的設立，原在大企業工作的日本人也移民到
了中國東北地區。隨着日本人不斷增多，也出現了以日本人為對象的雜貨商和
餐飲業。到了 1920 年，約有 16 萬日本人居住在中國東北。

　　他們中的很多人，在日本侵略中國大陸時，起到了幫兇作用。因此與為生
計移民中國東北地區的朝鮮人與中國人相比，日本人的處境截然不同。為處理
家務，部分日本人在中國東北僱傭中國人，在接觸俄國人後嘗試過新的生活，
包括吃西餐、舉行聖誕晚宴等。

戰爭和移民——國策移民和徵用

　　20 世紀 20 年代後期，因受經濟大恐慌影響，中國東北地區失業人數陡增，
農業也出現大恐慌。1931 年 9 月，日本侵略中國東北，給受失業和農業恐慌折
磨的日本人帶來了新的希望。很多日本人參與了「滿洲國」這一統治機構運營
和軍隊的建立。1930 年，在中國東北的日本人約 26 萬，時隔五年後，這一數
字增加到 49.1 萬，每年平均增加六萬。此後，日本在偽滿洲國擴張勢力與擴大
國策企業建設的過程中，有很多日本人自發移民到中國東北地區，欲在中國東
北地區實現新的個人夢。

　　此外，這些中國東北日本人移民中，也有由關東軍主導、日本政府援助的
國策移民。作為其初次試點運營，1932 年至 1935 年間，約有 1800 名農業武裝
移民遷移到了該地區，後來有 400 人左右退出。這一移民政策帶有很強的試驗

1933、1934 年左右被派往中國東北的日本武裝農業移民

性質，與 1933 年移民巴西的 23000 日本移民數量相比，顯然微不足道。這批
移民，主要以在鄉軍人會的退伍軍人和單身男性為主，很多人在中國東北地區
頻頻實施暴行和搶奪財物。為了「安慰」這些群體，減少社會問題發生和永久
定居，自 1934 年起，日本還曾召募過充當移民配偶的「大陸新娘」。

　　農業武裝移民政策也是作為應對蘇聯和防衛抗日武裝運動而開展的工作一
環。這一政策是與旨在中國東北地區培育朝鮮人耕農以解決朝鮮過剩人口問題
的朝鮮總督府朝鮮人移民政策相對抗的移民政策。值得提出的是，1934 年，
偽三江省土龍山中國農民發動武裝起義，對抗日本強制徵用大量土地給武裝移
民團的政策。土龍山農民起義表明日本將移民培育為地主和富農的政策最終失

敗。同時給與關東軍對立的朝鮮總督府帶去了希望。關東軍被迫重新檢討武裝農業移民政策。

　　1936 年 2 月 26 日，日本發生「二二六事件」❶，統制派 ❷ 軍人提出消滅政黨政治，擴大了軍隊對中央政府的影響。至此，事實上已經無需推進立足經濟合理性的政策。在政府支援下，為正式開展國策移民，關東軍於 1936 年制定了「滿洲農業移民百萬戶移住計劃」，作為政府的七大國策之一。至此，日本人的中國東北移民性質發生大的轉變，即從以中小城市為中心的個人移民轉變為農村集團移民形式。

　　根據新的移民計劃，通過移民活動，日本計劃在此後 20 年時間裡將中國東北地區的人口擴大到 5000 萬，其中日本人佔 10%。這一國策移民政策旨在鞏固在偽滿洲國建立由其領導「五族協和」的長期目標。在此之前，移民只是由部分政府機構來推行的工作，但是新國策移民計劃動員所有政府部門共同參與進來，計劃要求在未來 20 年內遷移 100 萬戶日本人，還專門建立滿洲拓殖會社等予以推進。此外，新移民政策的目的在消除日本國內農村地區人口過剩問題的同時，也想作為對抗中國和朝鮮民眾在當地的反滿抗日武裝鬥爭的對策。

　　此外，日本還將部分移民遷移到了日蘇邊境地區，負責對蘇防衛工作。這些人被稱為「開拓民」。他們遷入的地區大部分是廉價收購的中國農民耕地。當地中國人淪為日本開拓民的佃農和苦力，經常受到充滿優越感的日本人的歧視。

---

❶ 1936年，日本少壯派軍人發動的要求實行「國家改造」的軍事政變，是法西斯主義運動在日本活躍的標誌。

❷ 20世紀30年代，日本軍隊中形成的一個派系，是「二二六事件」的直接發動者。他們主張放棄用武力改造國家的計劃，而企圖以合法手段建立軍部霸權。其對立的派系為皇道派，主張「天皇親政」和「國體明徵」，以直接行動實現國家改造。

為成功實施國策移民，日本將部分原日本村落中的村民遷移中國東北地區並構成村落的「分村移民」的方式。這是因為隨着日本國內經濟的恢復，對勞動力的需求增加，為了不使移民影響恢復，所以採取集團移民方式。

但是 1937 年中日戰爭爆發後，日本進入戰時體制，農村勞動力開始出現短缺，很快這一問題表現在了糧食減產上。於是根據計劃經濟下實施的企業整頓，日本政府將那些失業的小商人和工廠職工，以及工人等轉業移民納入到開拓團中。即便這樣，日本也只遷移了 27 萬開拓團員前往中國東北地區，並未實現一開始制定的目標。

自 1938 年起，日本政府招募十四五歲的青少年組建「滿蒙開拓青少年義勇軍（隊）」前往中國東北，共招募八萬六千多人。勸誘青少年的是他們的教師，所以在教育界起到了很大影響。此外，還動員了朝鮮青少年參與這一「義勇軍」。「義勇軍」隊員不僅補充了開拓民的勞動力，而且還在後方支援了關東軍。在這一過程中，也有許多人失去了生命。

直到日本戰敗，這一時期在中國東北地區約有 150 萬日本人居住。他們不與同一地區的中國人和朝鮮人往來，而是單獨居住，因此根本不用掌握其他語言，只會說日語。日本所提出的「滿洲國」、「五族協和」其實只是一種口號而已。

為呼應關東軍的國策移民計劃，朝鮮總督府也於 1936 年出台新的移民計劃，還建立了鮮滿拓殖株式會社和滿鮮拓殖株式會社。根據這一計劃，今後 15 年間每年遷移一萬戶朝鮮人移民中國東北地區和東北東部鐵路通道（俗稱「東邊道」）地區。至此，嚴禁朝鮮人向中國東北移民的關東軍政策改為有組織地向東北移民，朝鮮人向中國東北移民的性質從移民轉變為「殖民」。

朝鮮總督府欲通過有計劃的國策移民降低朝鮮南部的人口密度，並解決為生計偷渡到日本的朝鮮工人問題。遷入地區土地荒廢，加上天氣寒冷等惡劣生活條件，使得招募工作未能順利開展。直到 1940 年，才遷移一萬五千戶朝鮮

移民。

即便這樣，1931 年九一八事變後，朝鮮人的中國東北移民仍不斷擴大。在九一八事變前，這一移民數年平均只有一萬六千人左右，但是 1937 年之後卻增至年均七萬移民規模。因為在這樣的「滿洲移民熱」中，為在由日本支配的中國東北地區尋找新的機會和目標，很多朝鮮人選擇了中國東北移民。與此同時，朝鮮人比較自由地遷移中國東北，也對移民起到了重要影響。

日本政府見「國策移民」計劃推進遲緩，於 1941 年制定第二個五年計劃，再次計劃將 22 萬戶開拓團派往中國東北地區。朝鮮總督府也予以呼應，制定了自 1942 年起每年派一萬戶朝鮮人移民中國東北地區的計劃。為順利推行這一計劃，試圖「計劃送出」，朝鮮總督府在朝鮮中南部地區的八個道中，「指定耕地不足、不利於耕作的邑和面❶，從那些地方中選出合適的農家，每家至少要有一名從事農業的勞動力」，「按分村計劃以邑、面為單位」送出。1934年至 1945 年的 11 年間，朝鮮總督府送出的集團移民中，來自朝鮮八道的人佔94.5%。其中，全羅道和慶尚道人佔 65%。朝鮮總督府的新計劃送出方式為按比例召集，是強制動員方式之一，其強制性是這一時期朝鮮人移民的一個重要特點。

此次日本政府計劃讓這些開拓民主要完成糧食增產任務，與以往完成軍事任務有所區別。於是朝鮮總督府將這些朝鮮移民開拓團包裝成「農業戰士」。但是日本發動太平洋戰爭後，為補充國內勞動力不足，日本將大量朝鮮人徵用到日本本土，因此這一計劃的實施也隨之成為泡影。到了 1944 年，在中國東北的朝鮮人開拓團只剩下三千戶，甚至有不少朝鮮人從分配好的開拓地中逃脫的事情發生。至此，朝鮮開拓團移民政策變得有名無實。

---

❶ 面是朝鮮行政單位，相當於中國的鎮。

　　20 世紀 30 年代的中國東北地區，我們需要關注中國人的大規模移民流向，以及在中國東北內部朝鮮人和中國人的流動。

　　1937 年，關東軍積極開展「滿洲產業開發五年計劃」，自 1939 年起又開始實施《北邊振興計劃》，按照這些計劃，華北地區外出勞務者大量遷移到中國東北地區。到 1943 年，六年時間中國人的移民數量最多時甚至突破了一千萬。此次，關東軍實施不同於之前農業移民為主的朝鮮人國策移民政策。除關東軍積極展開招募工作外，中日戰爭長期持續使山東地區的生活愈發貧窮，導致中國移民數量猛增。

　　中日戰爭前後時期，通過建立集團部落，中國東北地區的人口流動也變得十分活躍。集團部落於 1933 年由朝鮮總督府開始建立，建立之初是作為孤立東滿洲地區抗日游擊隊的一種對策。因為這一地區的朝鮮人超過中國人人口數量，而且這裡的抗日游擊隊中有 90% 左右是朝鮮人。此外，也是出於對游擊隊抗日武裝鬥爭可能波及並對鄰近殖民地朝鮮社會帶來治安上的擔憂。作為治安措施，關東軍也關注集團部落發揮的效果，並自 1934 年起通過「滿洲國」積極推進集團部落建設。結果，到 1939 年，共建約一萬三千集團部落。

　　集團部落是指，將本散落居住的朝鮮人和中國農民強制集中到一個地方建立村落。通常一個部落有一百到一百五十戶農戶居住，1939 年至少有 670 萬人被集團部落吸收。集團部落的農民耕種也好，包括進出村落的時間，也都有明確規定，而且每次外出都要提出申請。如同制定上下班時間並加以控制一樣，這些集團部落與散落在各地區的收容所無本質區別。

　　在長達十五年的戰爭中，日本根據國家需要大規模遷移移民的政策不止這些。在發動 1937 年盧溝橋事變後，為補充軍隊和生產所需的人力，日本政府從朝鮮、台灣、中國大陸強制動員了大量民眾。以朝鮮人為例，約有 70 萬朝鮮人強制動員到了日本。若將強制動員到中國東北地區和庫頁島、南洋群島和東南亞地區、中國關內等日軍實施侵略的所有地區都加起來，其規模達 150 萬

左右。

　　為動員朝鮮人到海外，日本政府使用了「招募、官吏推薦、全民徵用」等方法。以上三種方法是基於國家動員政策，均通過法令制定或行政令制定，並由從日本中央政府到朝鮮總督府、再到各道（省級）和各郡（市級）以及各面（鎮）等行政系統相關部門負責實施。其中，在僱傭人提出僱傭朝鮮人的申請後，朝鮮總督府會按地區進行分配予以動員，比起其他動員政策，這一形式在1938年至1945年間開展時間最長。1942年起開始實施的政府推薦形式，不同於分配勞務者比例進行招募，政府更強有力地介入到了遷移人員召集過程中。全民徵用依據的是徵用令，因此自1944年起通過這一形式，日本政府直接參與動員。與企業主和勞務者間的個人僱傭協議、政府推薦不同，全民徵用通過國家權力來承擔這一職能。同時配套有拒絕全民徵用動員時的相應行政處罰手段，因此不同於召集、官吏推薦，更具有強制性。

　　但是1945年起，日本已不能再繼續開展全民徵用。因為在這之前已經強制動員了太多朝鮮人，所以開始變得很難再確保健壯良好的勞動力。加上因船舶難以往返朝鮮和日本，而且在預測美軍會登陸濟州島在內的朝鮮半島之後，也就不能再轉移朝鮮半島人力到海外地區。1945年4月，日本政府最終被迫決定，放棄將朝鮮人強制動員到海外。

第二節　留學與文化交流

開港掀起一股留學熱

　　中日韓三國中，站在留學之前列的國家是日本。在幕府派公費留學生之前，薩摩藩和長洲藩早已派留學生到歐洲學習。在英國實施侵略後，這些藩雖曾展開過抗爭，但是最終戰敗，隨後也認識到有必要向西方學習，於是不顧幕府鎖關閉國政策，偷偷派留學生前赴歐洲學習。開港後，幕府也向海外派遣以官員為中心的考察團。 1860 年，還組織八十多人規模的考察團前往美國，1862 年再次派出 38 人的考察團到歐洲各國學習考察。

　　與日本主要去西方國家留學不同，中國和朝鮮主要選擇了去日本留學。在

1872 年赴美留學的五名日本少女。右二為六歲的津田梅子

甲午戰爭中戰敗後，中國朝野便把日本作為學習對象欲推進改革。基於大國被小國打敗的事實，他們欲通過「變法自強」謀求全面改革。為拯救危在旦夕的清王朝，在清朝官僚和知識份子中，有必要向日本學習的認識逐漸擴散開來。為弄清鄰國日本取勝的原因，很多人前往日本留學。自這一時期，清王朝的公費留學也替代之前的美國留學而集中到了日本，到 1906 年公費與私費留日規模達到了 8000 人。

1937 年抗日戰爭爆發之前，留日中國學生已超過 10 萬。1931 年九一八事變爆發後，儘管一時出現驟減，但是抗日戰爭爆發前的 1935 年末，其人數接近 8000，而且他們中的大部分人並非是政府派遣的公費留學生，而是自費留學生。他們選擇日本留學，有多種原因：第一，與歐美留學相比，日本留學費用相對少；第二，鄰國路近，方便往返；第三，中日兩國有着相似的文化，都使用漢字。

與歐美留學相比，留日中國學生學歷層次相對較低，歸國後地位與待遇也不及從歐美留學回來的學生。以至中國當時流傳「西洋一等，東洋二等，國內三等」這樣的話。日本留學生被視為「二等」，還有一個原因即日本只是充當「傳達」西方文化的角色，認為從日本很難學到正統的西方文化。從西方國家留學歸國的人主要在教育界和學術界從事工作，相比而言，從日本留學歸國的留學生則更多集中在政界和軍界。

作為開化政策的一環，朝鮮也曾向日本派去留學生。以明治維新為榜樣欲推進開化政策的開化勢力，在留學方面表現得尤為積極。日本在清日、日俄戰爭中節節勝利後，留學日本熱繼續升溫。當時朝鮮的教育條件先不說高等教育，就連開展中學教育也十分艱難，因此留日學生的增加正是朝鮮這一教育情況的真實寫照。

呈現持續增長態勢的朝鮮留學生規模，在 1910 年朝鮮喪失主權後的幾年時間裡增長緩慢。這與 1911 年制定的「朝鮮總督府留學生規定」有着密切聯繫。

此規定明確自費留學，需將履歷表先交到地方長官再轉交朝鮮總督府審核。而地方長官需仔細調查核實留學申請者的品格，甚至家庭財產情況，最後將這一結果報告給總督府。朝鮮總督府這一嚴格遏制渡日留學的政策，事實上源於日本的「愚民化政策」。

隨着以提高實力為目標的運動在 1919 年「三一運動」後積極開展，朝鮮的海外留學也呈現出不同特點。因總督府實施新的海外留學開放政策，加上傳教士推介等原因，去美國留學的學生規模逐漸擴大。與此同時，因為到中國留學可以用低廉的費用學到包括社會主義思想在內的最新思潮，所以赴華留學人數不斷增加。1923 年發生關東大地震後，赴華留學的朝鮮留學生數一度突破 3000 人。但是，由於科學技術領域等新學問方面，中國落後於日本，因此赴華留學學生人數與留日學生數相比，還是明顯地少很多。隨着殖民統治長期化，赴日留學生人數劇增，到 1942 年，已增至三萬多人。

儘管在東亞地區日本是公認的先進國家，但是也不乏日本人赴華留學。為培養人才，以及鞏固日中交流基礎、加強經濟合作，日本於 1901 年在上海成立了「東亞同文書院」高等學府，主要招收日本學生，也一度招收少數中國學生。該校學生畢業前夕，被安排前往中國各地旅行調查，並撰寫調查報告。這批報告得到了日本軍國主義者很高的評價，但也因此，該校學生遭指有為日本軍方搜集情報的間諜之嫌。

對赴陌生國家留學的學生來說，留學本身就是一個不簡單的經歷。留學是體驗和接受異域文化的一個視窗。新文明和知識、思考方式和價值觀並沒有只停留在個人經驗層面，通過留學還對本國的開化及發展起到了積極作用。對中國人和朝鮮人而言，留學也是拯救和重建受帝國主義列強侵略、統治的祖國而開展民主運動的萌芽之地，同時也是解放受壓迫女性的始發點。

留學——文化交流的視窗

「明治初期日本士族沉醉在西方文化中，在衣食住等諸方面毫無保留地照搬歐洲模式。對此，也有部分人士擔心，這樣的盲目崇拜思想會造成社會上崇洋媚外的風氣產生。但是結果正好相反，可以說日本維新統治 30 年歷史發展正是得益於此。即它是一個在改革之初所要必經的一個過程……」

這是 20 世紀初，在日留學的中國留學生發表在雜誌上的部分文章內容。被留學生譽為「亞洲倫敦」的東京，所到之處都有書店和閱覽報紙雜誌的場所，還時常舉行講演會，是多渠道獲取新知識的形式十分完善的一個地方。對曾在東京留過學的朝鮮詩人崔南善而言，在積極、進步的日本社會中，日本的出版及印刷文化給他帶來了巨大的文化衝擊。此外，包括日本近代式教育設施和快速列車等，也給他帶來了強烈的文化衝擊。

給留日學生帶來文化衝擊的不僅僅局限在上述文明體驗過程，同時也是以本國文化與近代文化相比較後覺悟的過程。這是所有留學生所定要經歷的生活體驗之一。

中國留日學生創辦的雜誌中，還刊登有「中國若要真正實現變法自強，應從剪髮換裝開始」的觀點。在日清朝留學生剪辮，並非只是出於避免遭日本人嘲笑的考慮，同時也是通過在日生活經歷所謂「開化」之後的結果。選擇剪辮，不僅僅發生在清朝留學生身上。在幕府末期，在薩摩所派學生赴歐洲的留學途中，也因為「外國人都不紮辮，於是在船上剪掉辮子」。對於留日朝鮮留學生而言，剪辮象徵着「開化」。對於中國留學生來言，對「纏足」的態度被視為區分文明人和野蠻人的一個新標準。擁護「纏足」是野蠻人，批判「纏足」是文明人，這使得他們有時還與祖國的長輩們發生爭論。

在中國近現代史上，留日中國學生發揮了以下兩個不同凡響的影響。首先，組織同盟會等團體，在反封建和辛亥革命中起到了先鋒作用。大部分辛亥革命

「革命黨」成員有留日背景。其次，在發展近代化的初期過程中，中國視日本為學習對象。特別是 1895 年至 1915 年間，在法律、軍事、經貿、文化、教育、思想、出版等方面，日本對中國產生了巨大影響。在這一過程中，留日中國學生充當了重要的橋樑作用。當時的中國，主要是通過留日學生引進了西方文化。日本東京一度是中國新思想運動的中心。這些留學生還將很多日本書籍翻譯成中文。20 世紀初，中國新式學校的大部分教科書都是從日本引進翻譯的。在翻譯過程中引進很多日本詞彙，繼而直接融入到中國詞彙系統中。因此在現代中國外來詞中，源自日語的詞彙最多。中國白話文體也受到了日語影響。

留學生站在了民族運動前沿

日俄戰爭爆發前夕，對許多來自包括中國、朝鮮等在內的東亞國家學生而言，日本不僅是能夠學習近代文明的國家，而且還是一個具備可以與西歐帝國主義展開對抗的國家。但是隨後日本暴露出試圖侵略亞洲的真面目後，為守護本國，越來越多的在日本留學生，率先參與到了民族運動中。

當時，出生於韓國平安道的 21 歲在日留學生崔錫夏，剛開始也認為日本是一個站在對抗西方帝國主義前鋒的國家。日俄戰爭爆發後，他高度評價日本抵抗俄國侵略的英勇作戰，於是主動向日本政府提交自薦書要求上戰場，之後他以日本軍參謀部翻譯身份隨軍前赴戰場。日俄戰爭結束後，崔錫夏才看清了日本侵略企圖，並指出，國家存亡之關鍵就在於國民的愛國之心，同時主張，要自覺恢復朝鮮之魂，喚醒人們的愛國之心。

一戰爆發後，日本在東亞各國的帝國主義體制得到了加強。中國和朝鮮的留學生在看清日本侵略意圖後，在日本開始積極展開民族運動。東京的朝鮮留學生為了民族獨立而組成了委員會，並於 1919 年 2 月 8 日那一天，向日本政府、各國大使和公使、日本貴族院和眾議院、朝鮮總督府、日本媒體等機構，傳遞

《獨立宣言》書和請願召集民族大會的決議書。當天下午，約有四百多名民眾聚集在基督教青年會館（YMCA 會館）前宣讀《獨立宣言》。他們的《獨立宣言》運動，傳到朝鮮國內之後，成為開展朝鮮「三一運動」的導火線。

中國留學生也站到了反日運動隊伍的前列。當時日本政府極度警戒中國人的行動，因此他們很難在公共場所召集集會。1919 年 5 月 6 日，在五四運動爆發兩天后，在日留學生代表聚集到東京神田的一家餐館。會議剛開始不久，數

朝鮮人的留學向叛逆及炫耀個人之手段發生質變

早期，朝鮮半島赴日留學回國的人，都有一種使命感，即為實現殖民地或半殖民地祖國的獨立與社會啟蒙以及經濟發展努力。隨着交流增多和留學擴大，留學目的逐漸轉為逃避現實、謀求個人出路、成就好的婚姻的手段。

在韓日合併前，李光洙回到了國內，並在烏山學校致力於培養人才的工作，在「三一運動」爆發時，還在上海臨時政府工作過。但是隨着殖民統治長期化，他便走上了親日道路。太平洋戰爭期間，他率先將姓名改為日式，並投入到動員青年前赴戰場的工作中。解放後，他被指認為代表性的親日派人物。

20 世紀 30 年代，朝鮮女留學生也逐漸增多。只要是家庭經濟條件允許，在無特定目標的情況下，就把留學看作理所當然的事。此外，也出現了女性為嫁給好的結婚對象而留學的現象，也有不少人為解除日本學生所帶來的自卑感而赴日留學。

十名警察簇擁而來實施暴力，並將他們押送到了警察署。對此類日本實施的鎮壓行為，越來越多的學生表現出反感，甚至用自殺形式提出抗議。最終，留學日本成為中國留學生回國後開展抵抗日本的民族運動的重要契機。

留學期間，留學生着眼祖國現實不斷思考其變革出路。他們中的多數人均認識到，當務之急就是通過教育培育新一代，這是一項最為迫切的現實問題。留學回國後，很多人或建立學校或在新式學校任教等從事培養下一代的工作。雖然並非發生在同一歷史時期，日本也走過這條道路，最早去美國留學的許多人回國後大多從事了教育工作。自 1914 年之後的 20 年間，回國的朝鮮留學生也大部分從事教育工作或當官吏。

留學與女性解放運動

在留日中國學生和朝鮮學生中，也有女性。 在當時，歧視女性的惡習根深蒂固，所以沒有完全擺脫封建思想的年輕未婚女性為了求學遠離家鄉赴海外留學，本身就是一個極富革命性的行為。通過留學，她們取得教師和醫生等資格證後回國，之後從事社會活動，隨之，社會變化和女性思想變化也開始浮出水面。

1881 年，一位名叫金雅妹的中國 17 歲女生，在美國傳教士資助下前往美國留學。她在美國學醫回國後，開始在醫院工作了一段時間，此後她在天津設立醫科學校，並終身投入到培養護士等醫學事業中。隨着這些女性向大眾展現精湛醫術，社會看待她們的眼光與過去大有不同。女留學生對女性教育及對女性的觀念改變發揮了重要作用。

日本最早派出的女留學生中有一位叫做津田梅子的人。她從美國留學回國之後，設立了女子英學堂，站到了女性教育的前沿。與她一起留學回國的永井繁子，回國後也獻身到了教育事業中。

在日本留學的秋瑾

韓國第一個女博士金活蘭是基督新教徒。金活蘭致力於傳教和教育工作，從美國留學回到朝鮮後，仍繼續這些活動，同時她也是以實現民族統一為目標的槿友會代表人物，廣泛進行了各種活動。但是隨着日本統治支配長期化，她也躋身到了各種親日團體活動中。

女留學生不僅僅只對女性開展社會活動發揮巨大作用。為敦促女性覺悟，平塚雷鳥發行《青踏》雜誌並創建日本女性團體「青踏社」。她們認為，「結婚是一生服從權力的一種關係」，並將易卜生的作品《玩偶之家》中的娜拉刻畫為「新女性」。1916 年在《夫人公論》中，有識之士開始正式談及女性問題。對包括「母愛保護有關爭論」等在內的女性問題，開始展開多種探討。日本社會開展的上述活動，不僅對日本國內女性，而且對在日留學的其他國家女性留學生也產生了很大影響。

20 世紀初，中國的女革命家秋瑾從日本留學歸國後，投身到了反帝反封建革命活動中，同時還致力於近代女性教育事業。中國同盟會在東京成立時，她

最早加入，還被選為浙江省代表。回國後，她在上海出版《中國女報》並開展女性自立啟蒙活動。此外，她還在故鄉紹興「大通學堂」執教。在她看來，掌握學問和技術，才是女性解放之必經之路。

朝鮮女留學生中，羅惠錫充當了女性解放運動的先鋒。就讀東京女子美術學校西洋畫系時，她主張：沒有「賢父良夫」式教育，只有賢妻良母式教育，不過是教育家的一個商業策略；獎勵「婦德」，也不過是欲把女性當作奴隸的一種藉口。羅惠錫回國後，在開展繪畫活動的同時，還推行廢除貞操觀念等女性解放運動。為預防離婚，她主張可以實施「實驗結婚」。

女留學生回國後，其所在的國家正經歷近代化發展，於是強調女性社會作用的立場和重視女性在家庭作用的立場出現碰撞。新女性和舊女性糅合在一起，同時女知識份子內部也存在很大差異，即囊括了民族主義右派到社會主義左派等不同政治立場的女性。在這種情況之下，已經親歷近代文明的女留學生所提出的各種主張，成了摸索新女性形象的開端。

1920 年，在日本參加朝鮮留學生組織的三一運動一週年紀念演講會而被拘留的朝鮮女留學生

第三節　太平洋戰爭結束與人員歸國，以及「少數人」的移民活動

戰爭結束後人員的去留問題

　　1945 年 8 月 15 日，這場持續長時間的戰爭終於落下帷幕。日本在殖民地和佔領地當時約有 650 萬人，其中民眾 300 萬，軍人 350 萬。而留在中國東北的有 155 萬人。此外，日本本土也有超過 200 萬朝鮮人等的外國人。美軍統一指揮監督這些人歸國，並將工作重點定位在解散日軍武裝和維持治安。若除去蘇聯軍逮捕朝鮮半島北緯 38 度線以北地區和中國東北地區日軍俘虜將其拉到西伯利亞當苦力的人，到 1946 年，可以說歸國工作基本順利完成。

　　獨立後，許多在日朝鮮人上船回國，從表面看很像是自發行為，實際是被「驅逐」。日本政府決定，在 9 月 1 日即美軍開展正式佔領政策之前，優先將戰時被強行動員的朝鮮勞務者從日本本土遣還朝鮮。不久於 12 月，又宣佈停止朝鮮人和台灣人的參政權，斷然實施政治驅逐政策。

　　在日朝鮮人的遣還工作與在朝日本人的遣返工作同期開展。從朝鮮出發的送還船，抵達日本港送還日本人後，再搭載朝鮮人回朝鮮半島，就這樣反復往返。中國大陸和台灣也一樣，直到 1946 年 5 月，一直重複上述航線。到 1946 年 3 月，200 萬在日朝鮮人中有 70% 回到了朝鮮半島。GHQ 佔領當局計劃調查剩下的 64 萬中希望歸國的人後，再將 80% 的人送還。在他們看來，13 萬在日朝鮮人是最為合適的規模。但是因朝鮮半島的不穩定局勢及經濟原因等，在日朝鮮人回國人數明顯下降。相反，從朝鮮半島偷渡來日的人卻不斷增加。結果，約有 60 萬人在日本安家落戶，並以在日朝鮮人（這一概念是韓國國籍和朝鮮國籍的統稱）的身份在日生活。

橫濱中華街

　　中國籍移民的生活又是一種什麼樣的情況？目前，在日本，橫濱、神戶、長崎等中國人居住的地方被稱之為「三大中華街」。到訪上述三地的遊客中，有 95% 以上的人都會指出，這些人並非中國人，可以說，這裡是成功實現本土化發展的地區之一。

　　從中國人遷移史來看，理論上目前居住日本的中國人應該是中國移民的第四或第五代後裔，但事實上卻處在第一至第二代過渡的時期。居住日本中華街的中國人，大部分是在日本戰敗後來到日本的，即相當於 20 世紀 70 年代至 80 年代，這一時期正值日本經濟高速發展時期，而口味國際化了的日本人開始光

顧中華街，隨着中華街的繁榮，同時世代交替也同步開展。以 1972 年中日建交為契機，掀起了以「熊貓」為象徵物的中國熱。

1992 年中韓建立外交關係，也由此加快了中日韓三國間人員的流動和交流。近期在韓中日三國定居、旅遊以及留學的人數都大大增加，可以說這是地區經濟發展帶來的重要變化。

在韓華僑與中國的朝鮮族

2008 年，生活在朝鮮半島南部的外籍定居者中，中國華僑佔最大比重。根據中華人民共和國的規定，根據是否在所在國取得國籍為準，區分為「華人」和「華僑」，取得所在國國籍的稱「華人」，沒有取得的稱為「華僑」。但是，韓國和日本對這樣的區分，認知度非常低，因此中國籍居民通常被稱為「華僑」。他們在不同時期定居在不同國家，但是約 80% 至 90% 的華僑還是集中在亞洲地區。

目前生活在韓國的華僑數量，據估算約有 24000 人左右。大部分是從 1945 年到 1950 年間，從山東省遷移到韓國的。國共內戰時，以難民或流亡形式遷移到韓國的中國人，大部分是國民黨系或有親台傾向的人。當時，韓國和中華民國是盟國關係，加上冷戰這一國際背景，因此允許他們在韓國居住。

在韓中國人儘管被允許在韓國居住，但是定居卻無比艱難。在 1980 年前，入韓國國籍是件非常艱難的事情。雖擁有永久居住權，卻不能在韓國當公務員也不能參軍。此外，經濟生活也同樣受限。因 1961 年出台限制外國人土地所有權的法律，所以大部分華僑連忙出售土地和建築物，或被迫將其過戶給韓國配偶或熟人進行所有權變更。此外，華僑進大企業工作也難上加難，於是大部分華僑在韓國從事對台灣貿易。但是在 2002 年修訂出入境管理法規定後，長期居住在韓國的外國人，滿五年以上且在韓國合法居住的當事人及未成年子

女，可以取得永久居住權。於是目前，房地產交易、金融交易、教育等方面的區別對待基本上得到了消除。但近期隨着互聯網的發展，沒有居民註冊證的外國人無法輸入其號碼，因此通過網路進行金融交易、加入微博等還受限制。居民註冊證是韓國政府只頒發給韓國國民的身份證號碼，是韓國在線網路核實網民身份的一個必要證明。

此外，在與朝鮮半島相連的圖們江和鴨綠江周邊即中國的東北地區，自朝鮮後期就有移民開始遷移該地區，由此構成「朝鮮人」聚居區。在吞併朝鮮以及對其實施殖民統治後，日本開始表露出欲公開進一步向中國大陸延伸侵略之意。中國人曾將這些朝鮮族視為「小日本」，視其為攻擊對象。但是，很多朝鮮族人自日本侵略中國初期起，就與中國抗日武裝進行聯合，參與了抗日戰爭和反日鬥爭。此外，在日本戰敗後，還參與了後來的中國內戰和抗美援朝戰爭。國共內戰期間，隸屬中國人民解放軍的朝鮮族軍人推算有十萬人。他們對中國統一做出了重要貢獻。朝鮮戰爭爆發後，以朝鮮族組成的三個師整編到了朝鮮人民軍。他們參與了朝鮮戰爭，當中國人民解放軍正式介入戰爭後，擔任了翻譯等工作。

1952 年朝鮮戰爭正打得如火如荼，在吉林省延邊地區，發生了決定朝鮮族未來命運的歷史性事件。8 月 29 日，代表延邊地區五個縣一個市的 85 萬人（其中朝鮮族 53 萬）的 300 名地區代表聚會，共同制定了建立延邊朝鮮族自治區的法律草案，內容主要包括組織地方人民代表大會和地方政府條例。1955 年延邊自治州成立，將原來的「自治地區」升格為「自治州」這一行政單位，由此朝鮮族開始了在這一地區的新生活。

目前，吉林省約有 200 萬朝鮮族人，除吉林省外，還有很多朝鮮族人分佈在黑龍江省、遼寧省、內蒙古自治區等地區。中韓外交關係建立後，來華韓國遊客逐漸增加，到韓國就業的朝鮮族人也明顯增加。

分化為三大類的在日朝鮮人之過去與現況

在日本生活的朝僑，法律上規定的身份大體可分為三類，即持「朝鮮」或「韓國」國籍的外國籍身份與已入日本國籍「歸化」了的人等。

在「韓國」和「朝鮮」外籍身份中，「朝鮮」指區域，並非國名。戰敗後，日本將朝鮮籍外國人都編入到了「朝鮮」籍。1965年《韓日基本條約》簽訂後，持「朝鮮」籍的韓國人開始恢復了「韓國」籍。沒有取得韓國國籍的人仍維持「朝鮮」國籍。目前，有三分之二的在日朝鮮人持有「韓國」國籍。

目前在日朝鮮人社會包括「民團」和「總聯」民族組織。 1945 年 10 月，以社會主義者為中心成立「在日本朝鮮人聯盟（朝聯）」，同一時期，中立派和右派也於 1946 年 10 月成立「在日本朝鮮居留民團（民團）」。在朝鮮戰爭中，支持朝鮮的人於 1955 年 5 月正式成立「在日本朝鮮人總聯合會（總聯）」，並延續至今。根據支持南北朝鮮半島政權哪一方之不同立場，在日韓國人社會也一分為二。

「歸化」主要是為避免社會歧視而做出的選擇。從殖民地統治時期到現在，可以說日本人的歧視從上學起伴隨到就業、老年，貫穿整個社會生活和一生。選擇「歸化」後，大部分在日朝鮮人一輩子也不敢說出自己是朝鮮半島出身，可見對外國人的歧視多麼普遍。在日本社會制度和日本人的意識中，歧視已經十分日常化。

另一方面，在日本廢除對外國人歧視的種種努力從未間斷過。通過與周圍日本人進行合作，或通過由日本人自主地在原有政黨或勞資等組織基礎上構建新的組織形式，第二、三代在日朝鮮人在不斷擴大其影響範圍。「朴鐘碩事件」是這一廢除歧視運動的導火線。

1970 年在日朝鮮年輕人朴鐘碩，向法院起訴以國籍為由解僱他的日本大企業日立公司，法院最終判朴鐘碩勝訴。但是這件事情遠沒有就此結束。因這一

崔善愛受審

審判，日本國內朝鮮人的就業歧視問題得以突顯。此外，以這次審判為契機，戰後勞動組織和市民團體還展開各類運動要求改善因國籍帶來的就業歧視現狀。

　　到了 20 世紀 80 年代，廢除歧視運動還發展為拒絕和廢除手印日的運動。當時 21 歲的在日韓國人崔善愛，在更新外國人註冊時拒絕按手印而受到刑事判決。她在法庭上最後陳述時說：「我並非是一個用來印指紋、接受管理的機器人。我和大家一樣，也是一個有喜怒哀樂感情的人。」在法院判處她罰金後，崔善愛再次起訴。1989 年昭和天皇去世，最高檢察廳宣佈撤銷法院一審駁回起訴的決定。因此對所有「拒絕手印裁判」案作出了大赦免，由於這一法院決定，該案變成「無罪」赦免，審判也最終「沒能繼續」。

　　但是參與手印一案審判的 23 人都拒絕這種「赦免」，這一廢除歧視的運動很快擴散成為整個在日韓國人的反對運動。1993 年日本政府在修改外國人註

冊法時，最終廢除特別常住及常住者手印制度。直到 2000 年，時隔 14 年後，崔善愛才恢復了特別永駐權。

　　住在大阪的在日朝鮮人在接受採訪時，曾表示：「我們生活在日本，希望日本社會變得更加健康、公正。我們也在為之努力。但是若想讓這些努力得到發揮，就需要廢除歧視。這對於日本社會也是必要的」。很多在日朝鮮人深具社會歸屬感，在生活中與日本社會發生緊密聯繫。正因為這樣，長期飽受歧視與苦難的第一代移民和現在的在日朝鮮人有着不同特徵。隨着世代交替、跨國結婚增加及其第二代出生（所謂「DOUBLE」），新老兩代人共存，韓流擴大以及對韓國的看法發生改變，在日朝鮮人的社會歸屬感和生活，正朝着多元化發展。這些變化反過來也影響着第一代移民，如今第一代移民也正在努力克服已經習慣了的差別。但是日常生活中，對在日朝鮮人的歧視仍然根深蒂固。如何克服這種歧視，應該說日本社會看待歷史的認識與相關實踐努力顯得十分迫切。

第五章

家庭與兩性 ① :
男女關係與親子關係

① 這裡的兩性，是社會學的概念，指男女社會性差異，即「gender」。

本章大事年表

1871 年	日本制定戶籍法
1880 年	日本制定刑法,只對婦女設有通姦罪
1888 年	朝鮮朴泳孝在《開化上疏》中要求提高女性社會地位
1896 年	朝鮮《獨立新聞》創刊,批評早婚制、納妾制等,主張女子教育
1897 年	梁啟超主張女子教育　變法派成立經世女學堂
1898 年	日本制定、實施民法親族篇與繼承篇(家族法),設立戶主制度　中國成立最早的女學堂
1899 年	日本制定高等女學校法令,提倡良妻賢母主義
1907 年	清朝制定《女子師範學堂章程》、《女子小學章程》,旨在賢妻良母教育
1911 年	日本平塚雷鳥創刊文藝雜誌《青踏》
1912 年	中國制定民律法案、部分承認妻子對丈夫的財產繼承權　朝鮮實施民事令
1915 年	中國《新青年》創刊,批判家族道德
1916 年	雜誌《婦人公論》在日本創刊
1919 年	大韓民國臨時政府提出的大韓民國臨時憲章提出男女平等、廢除公娼制度等
1920 年	朝鮮金元周創刊《新女子》,主張實現自由戀愛、結婚,否定貞操道德
1930 年	中國國民政府制定、頒佈《民法》親屬篇、繼承篇,廢除同姓不通婚規定等
1931 年	中華蘇維埃共和國制定、頒佈婚姻條例,規定男女的婚姻及離婚自由等
1934 年	中國國民政府制定、頒佈刑法,通姦罪男女均適用
1939 年	朝鮮民事令第四次修改。實施創氏改名制
1946 年	朝鮮根據美軍軍政法令的朝鮮姓氏恢復令廢除創氏改名制度　日本實現婦女參政權
1947 年	日本修改民法,廢除舊家族制度;修改刑法,廢除通姦罪
1948 年	韓國實現婦女參政權
1949 年	北京市人民代表會議決議關閉市內妓院
1950 年	制訂、公佈中華人民共和國婚姻法,規定婚姻自由,一夫一妻制

1954 年	日本自由黨在憲法修改的同時意圖恢復舊家族制度（後因反對撤回）
1956 年	日本通過防止賣春法
1958 年	韓國公佈新民法（第 4 編「戶主與家族」的規定與殖民地時期的民法基本一致）
1961 年	韓國制定淪落行為等防止法
1987 年	韓國制定男女僱傭平等法
1989 年	韓國大幅修改民法、家族法
1992 年	中國制定《婦女兒童權益保護法》
1994 年	韓國制定《性暴力特別法》
1996 年	中國制定《老年人權益保障法》　日本法制審議會通過可選擇夫婦別姓等的修改案
1997 年	韓國制定《家庭暴力懲治專項法案》
1999 年	日本制定《兒童賣淫、兒童色情處罰法》　韓國制定禁止男女歧視和有關救濟的法律
2000 年	韓國引進公薦比例制，即在議員選舉中保證推薦的女性候選人佔有一定比例
2001 年	中國修改婚姻法　日本制定防止配偶間暴力及保護受害者的相關法律　韓國成立婦女部
2004 年	韓國制定防止賣淫嫖娼及保護受害者等相關法律
2005 年	韓國民法家族法修改成立，廢除戶主制度及同姓同本不婚制度　中國修改《婦女權益保障法》

　　家庭是人們出生、成長、勞動、衰老和終結生命的場所，很自然地具有私密的性質，這一點似乎一直也沒有改變。但是，構成家庭的人與人之間的關係和家庭的結構，受各個時代的政治和經濟制度以及強有力的思想影響而不斷發生變化，從而形成了家庭的歷史。近代國民國家形成以後，家庭在作為社會基本單位的同時，也被看作是培養士兵、工人等未來國民的場所，所以受到重視。因此，如何組織家庭，如何用法律規定夫妻、長幼、親屬等家庭中的人際關係，是國家的重要課題，也左右着近代社會的質量。

　　中、日、韓過去同屬儒教文明圈。儒教重視的家長權威與家庭規範，直到現代仍對三國的人們具有深刻的影響。近代以來，中日韓三國在各自的國家體制下，如何根據儒教的家庭規範對家庭政策予以重構或廢改，這是一個很大的課題。三國經歷了不同的近代化歷程，因此三國的近代家庭史具有各自不同的形態。三國現代的家庭受到不同的政治形態和社會結構的影響，更深刻地受到經濟政策的影響。

　　對於近代家庭規範的調整，20 世紀的 10 至 20 年代，女性和男性各有不同的見解，這一現象在中日韓三國都存在。當代又出現了少子化、家庭規模縮小、離婚增加等共同的現象，反對性暴力的婦女運動的開展也是當代的特點。下面就東亞三國家庭的歷史進行詳細考察。

第一節　近代化與家庭

傳統社會的家庭、男女關係、親子關係

　　在以儒教文明為基礎的東亞傳統社會，其男女規範大致為：男性與女性、丈夫與妻子的作用和居住場所有明確的區別，所謂男主外，女主內，即從事家務、撫育子女的「男女有別」或「內外法」。女子因無知，只要順從即可，所謂「女子無才便是德」。女子必須遵守「三從」，即「未嫁從父、既嫁從夫、夫死從子」。而男子則允許「七出」，即在七種情況下可以「休妻」，如不順從公婆、婚後無子等。妻子死後，丈夫可以再娶，而丈夫死後妻子不能輕易再嫁，強調「貞女不事二夫」等。這些關於男尊女卑的詞語，一直流傳至今。男女有別和男尊女卑是近代之前三國共同的傳統觀念，它是何時以及在何種歷史背景下產生的呢？

　　中國早在紀元前就產生了父系大家庭。為保持父系的血統，家系由男性傳承，光耀門庭、侍奉父母、祭祀祖先等都是男子的責任。土地也由男子繼承。為傳承男性的血統，妻子的貞操至關重要。以男系傳承的血緣集團被稱為宗族。春秋戰國時期發展起來的儒學提倡長幼有序和夫婦有別，因而成為父權家長制的象徵。「男尊女卑」、「男女有別」、「三從」、「七出」、「貞烈節義」等都是儒教的家庭規範。12世紀出現的朱子學，將這種男女主從關係作為自然和社會通用的原理而系統化，成為支撐身份制社會的意識形態並得到普及。這種支撐社會體制的學問在高麗末期傳入朝鮮半島，江戶時期傳入日本。

　　在中日韓三國的傳統社會中，男女的不平等從一出生就開始了。中國最古老的詩集《詩經》中說：「乃生男子，載寢之床，載衣之裳，載弄之璋。」「乃生女子，載寢之地；載衣之裼，載弄之瓦。」意思是，生下男嬰，則睡高床，

纏足的中國女性

穿華美衣服，可玩弄美玉；生下女嬰，則睡地鋪，穿粗布衣服，只能玩瓦器。在古代中國，女子從小纏足，使之不發育，說是小腳才能嫁得好。貧困的家庭將女童賣給將來的夫家，成為童養媳。在富裕的家庭裡，男子六七歲左右便開始入塾學習，以學名為正式名字。女子能上學的極少，結婚也非本人意願而是遵守父母之命媒妁之言。一般女子只有出生時取的乳名，結婚後在娘家姓氏前加上夫姓來稱呼，如「張王氏」等。子隨父姓，但是，婚姻決定權等在父親死後也可以由母親行使，這樣的母親可以被尊為家庭最高的尊長（母權）。

　　在朝鮮，14世紀末期，其統治階層「兩班」重視先祖和始祖的發祥地──

本貫，以世代相襲的父系血緣集團使用同一個姓。祭祀祖先由子女共同舉行（18 世紀後僅由男子進行）。為維護父系的男權血緣家庭，儒教的家庭規範受到重視。「男女有別」被嚴格遵守。男子到了七歲便從女眷住處搬到男子住處，結婚聽從父親的命令和媒妁之言，在女子家舉行婚禮，男子則在女方家生活直到兒子長大成人，這種風俗從古延續至今。夫妻分別擁有不同的「本貫」和姓氏，女子結婚後仍採用自己父親的姓氏（姓不變）。女子只有乳名，登記戶口時僅在父姓後加上「女」字。原則上禁止收養異姓男子（異姓不養）。同姓不婚、姓不變、異姓不養是朝鮮家庭制度的基本原則。隨着「兩班」人口的增多，儒教規範擴大到身份、長幼、性別等各方面。父親死後的母權雖然沒有中國大，但是生有男丁的母親受到尊重。孝順父母和禁止女子改嫁也被嚴格遵守。但是，從父母雙方追溯血緣關係的雙系制、妻子對財產的獨自所有權和訴訟權、男女均分繼承財產和祭祀世襲等高麗時期的社會制度，並沒有完全廢除。在女方家結婚、丈夫一定時期居住於妻家、男女雙方均具有財產繼承權和訴訟權以及祖先祭祀權等得到延續。這些高麗風俗與嚴格的父系男權家庭制度並存，是朝鮮社會的特色。

　　在日本，德川幕府的統治單位是由武士、農民、手工業者、商人等各種身份形成的家庭。家庭是指以繼承祖先祭祀和屋號（無姓氏的農村家庭和城市商家具有的個別家庭的通稱）等的長男為家長的家庭。武士的俸祿支付給家庭。對農民、市民徵稅的單位也是家庭。日本沒有形成父系血緣集團的宗族。為繼承家業允許收養異姓的兒子。妾的兒子也可以繼承家業。婚姻需要父親的準許和媒人。女子婚後入居男方家中，可以繼續從前的父姓，也可以隨夫改姓。與中國和朝鮮不同，未婚或已婚女子均可自由外出。農民的妻子和丈夫一道耕作。儒教的規範中被重視的是「三從七出」，所以，如果與母親相比較，更重視妻子的附屬性。妻子與丈夫以外的男人通姦會受到處罰，而丈夫納妾卻得到公認。從強調妻子貞操和允許丈夫納妾、嫖娼中表現出來的男女在兩性問題上

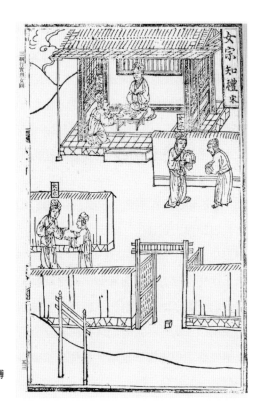

中國女性受到綱常禮教的束縛

對立的規範和不同的處罰，在中日韓三國是共通的。

　　東亞三國家庭人際關係的主軸，是以孝道為代表的長幼、父子關係和以妻子貞節為代表的夫妻關係。但是，無論在哪個國家，儒教規範和法制都與實際生活情形有很多的不同。如中國宋代女子擁有財產權和訴訟權；朝鮮時期的女子也擁有財產繼承權和訴訟權；日本的女性成為家長、擁有土地、離婚後改嫁等現象也很多見。綜上所述，中國、朝鮮、日本的傳統社會雖都將儒教作為統治制度的意識形態，然而由於國家和社會構造的不同，對儒教規範的接受程度也各不相同。

近代化與家庭

那麼，19 世紀後半期到 20 世紀前半期，中日韓國民國家的曲折形成過程是如何反映到家庭中的呢？傳統社會的長幼和性別規範發生了什麼樣的變化呢？

相對西歐各國而言，作為後進國的日本走向文明化的路徑之一，是仿照歐美各國法律制定日本的法律。作為規定市民社會人際關係的《民法》之「親屬・繼承」編，家庭法雖然被制定出來，但其確立過程卻是阻力重重。反對意見認為，將家庭的人際關係規定為權利和義務的關係，是破壞傳統家庭道德的孝道和貞節。明治初期開始着手制定的家庭法，直到 1898 年才正式確立並實施，比憲法實施晚了 10 年。

這部家庭法的最大特點是，廢除了家祿制 ❶ 和以家庭為單位的納稅制，但仍保留了江戶時代的繼承人制度，繼承家業者為戶主，擁有家庭住所的指定權和婚姻準許權等權利。戶主有撫養家庭的義務。為實施徵兵制和義務教育，與戶籍制度（1871 年實施，寫在戶口本第一頁的是男性家長）一道設立了戶主制度。規定無男性繼承人（包括庶子）時，則由女子繼承家業。父親擁有的權利和義務，在父親死後由母親行使，但是繼承等經濟行為需要親屬會的建議。妻子不能管理自己的財產。結婚與離婚有義務向行政部門申報（法律婚）。妻子進入夫家改稱夫姓。夫妻同姓的規定開始於 1898 年的《民法》。

在判決離婚包括妻子提出離婚的時候，第一位的條件是，或者妻子通姦已是事實，或者丈夫因淫亂受到處罰，但是，刑法上的通姦罪僅適用於妻子一方。戶主或丈夫與妻子以外的女子所生之子可以不得到妻子或對方女子的允許而入

---

❶ 江戶時期的制度，主君不給家臣個人而是給家臣的家庭發放作為報酬的大米。

籍，因此，雖然法律禁止重婚，納妾制度被廢止，但是卻給丈夫以性行為的自由。皇室典範排除女性天皇，為確保男系的萬世一系天皇制，皇位繼承者可包括庶子。這意味着對男性的性開放的認可包括天皇在內。有人指出，以戶主的父權或夫權為中心的家庭（家父長制家庭）得以擴大的原因，就在於日本是以男性天皇為主權者的國家。

修身教科書中，否定男尊女卑的儒教規範。對女子作為妻子和母親成為家政的運營者給予一定的位置，但另一方面要求其順從丈夫，並對公婆盡孝。19世紀末，隨着日本市場經濟的發展，由工薪族的丈夫、妻子和五個左右的子女構成的核心家庭出現。1920 年統計，父母和子女兩代構成的核心家庭（包括農民和自營業者）超過了 50%。離婚數也由於婚姻申報制而急劇減少。不過，1925 年內務省社會局的調查表明，工人家庭沒有申報的事實婚姻佔 20%，比例較高。

隨着城市核心家庭的逐漸增加，婦女們開始對父權、夫權提出異議，如一些女性在相親時問男方是否認可納妾，有的女性基督教徒主張男性也適用通姦罪，還有女性拒絕婚姻等，婦女團體也要求全盤否定戶主制度。為了回應這些異議，維持家庭制度，1919 年成立了臨時法制審議會，1926 年、1928 年提出了戶主權的限制和妻子承諾下的庶子認知等意見 ❶，回應修改家庭法的主張。不過，在太平洋戰爭結束以前，家庭法基本沒有得到修改。

在朝鮮的近代化歷程中，最早要求提高女性社會地位的是 1888 年朴泳孝的《開化上疏》。在上疏書中，朴泳孝主張尊重婦女的人格，禁止虐待、蔑視婦女，允許寡婦再婚，禁止納妾和早婚，禁止內外法 ❷，有必要實行婦女教育

---

❶ 日本的舊民法對庶出的孩子，有被父親認知或不被認知的兩種情況。

❷ 朝鮮王朝前期以來，嚴格規定男女有別的原則，如禁止婦女上寺廟，禁止在外賞花和觀看街頭行事等，外出時要蒙臉等，以教化風俗的名義規定婦女的日常生活，使之法律化。

等。另外，東學農民軍也通過了年輕寡婦可以再婚的改革方案。1894 年甲午改革後，朝鮮政府推進了寡婦再婚自由、禁止早婚、廢除奴婢制、禁止人口買賣以及實施近代學校制度等改革。

1896 年，《獨立新聞》創刊，獨立協會成立，女子教育論開始成為朝鮮的社會輿論。《獨立新聞》立足於人類平等思想，批判內外法、早婚制、納妾制，指出女性開化遲滯的原因在於男性，為實現國家的文明開化，女性自身應該提高學問和知識，並參與國事。與此相呼應，1898 年「兩班」官僚的妻子們呼籲，為實現男女平等，應設立女子學校，報紙發表了《女權通文》。她們集會，互相討論，表明意見，這是劃時代的舉動。1905 年《乙巳條約》締結後，啟蒙運動家們認為，只有男女成為平等國民才能恢復國權，為此要致力於女性教育，所以成立了 170 餘所民間女子學校。韓國最初的女性義兵運動家尹熙順在乙未事變後創作了《妻子義兵歌》等，鼓吹婦女們的抗日獨立精神，1907 年組織了三十人左右的女子義兵軍。

1919 年 4 月，大韓民國臨時政府制定的《大韓民國臨時憲章》規定，無論男女、貴賤、貧富，人民一律平等，並廢除了日本統治過程中引進的公娼制度。20 世紀 20 年代，出現了《女子時論》、《新女性》等主張男女平等、自由戀愛、家庭改革等思想的女性啟蒙雜誌。《新家庭》雜誌和新聞報道批判舊式的大家庭，呼籲自由婚姻，建立基於愛的新家庭。由於日本的殖民地政策，韓國家庭關係的近代化經歷了一條艱辛的道路。

1908 年在大韓帝國政府中成立的法典調查局，主持開展了朝鮮民事慣例調查。日本對朝鮮實行殖民化之後，以此次調查為基礎制訂的朝鮮民事令於 1912 年 4 月實施。民事令由日本制定民法的中心人物梅謙次郎負責起草。民事令第 11 條規定，親屬及繼承法按照朝鮮的習慣實施。此後民事令被修改了三次，親權、監督、無能力規定、結婚年齡、結婚和離婚登記、裁判離婚、認知、繼承、財產分割等，都沿用了日本法。法律婚姻得到實施，僅存的婦女財產繼承和訴

訟權被取消（未婚婦女的訴訟權得以延續），又加入了妻子的無能力規定。

　　1939 年修改的民事令，規定了由戶主決定的姓、氏制度，新設定了異姓男子的養子制度和女婿養子制度，又將戶籍的「姓名」欄改為「氏名」欄。朝鮮人的法律名字，由姓＋名，變為氏＋名，氏名可以改成日式。戶籍欄裡保留姓及籍貫的記載，姓名仍然存在，然而將作為朝鮮家庭制度基礎的姓制度，轉換為日本式的氏制度，即「創氏改名」制度，所有人都必須稱氏。妻子、母親的姓，也改為丈夫、子女的氏。引入日本式的養子制度，使「姓不變」、「他姓不養」的原則崩解了。從父姓改為丈夫姓氏的妻子說道：「作為我自己個性的一個表現沒有了，隨丈夫姓好像丟掉了什麼東西，很失落」。對於「創氏改名」制度，最初男人們堅決反抗，甚至有人自殺。有人指出，「創氏改名」制度的引進，是為了在 1944 年實施的徵兵制中防止日本帝國軍隊中混入朝鮮姓士兵。但是，在「創氏改名」過程中也有把朝鮮的姓作為氏而保留的，所以其真正的目的是，將父系血緣集團基礎上的家庭制度，轉換成日本的姓氏制度。殖民地權力破壞了很多朝鮮的傳統習慣，只有同姓同本不婚制 ❶ 得到延續。

　　1937 年以後，日本政府積極推進「內鮮結婚」（日本人與朝鮮人結婚）。1936 年，朝鮮男性和日本女性婚姻為 1193 對，而 1944 年初，日本男性和朝鮮女性的婚姻超過一萬對。

　　中國在政治變革的過程中，家庭制度也得到改革。經過辛亥革命和五四新文化運動，知識份子的新思想和反映婦女運動要求的家庭制度變革，是此後國共兩黨及其政府不可缺少的政治資本。中國家庭制度的變革，經歷了和日本、

---

❶　姓即姓氏，本即本貫，指父系以上的親緣關係。朝鮮原來規定的是同姓同本貫不能結婚，同姓不同本貫才可以結婚。但由於李、金、朴、崔、鄭等五大姓佔朝鮮半島總人口一半以上，其中同姓又同本貫的人口數也很龐大，所以嚴格實施這一制度限制了通婚的範圍。其實，多數的所謂同本雖然源出於同一個父系祖先，但已經非常遙遠，可以忽略不計，所以，同姓同本貫的人因彼此相愛而「犯禁」結婚的現象一直是很大的社會問題。

韓國不同的歷史。

清朝末年，維新派康有為、梁啟超、譚嗣同等，都主張改革男女關係，特別是廢除纏足和推進女子教育。20世紀前期，中上層的女子教育中，留學外國快速發展，以北京大學為先導的男女同學和男女平等的學校教育迅速推進。

辛亥革命後，《中華民國臨時約法》中提出了人民的平等和自由權，但沒有涉及兩性平等的規定。民國初年的民律草案，規定婚姻的決定權在於父母，只是部分承認了結婚時妻子帶來的財產和對丈夫的財產繼承權。袁世凱政府時期，實施褒揚條例，表彰孝子和貞節烈女。五四運動中，知識份子和婦女團體主張戀愛和結婚自由，批判儒教的家庭規範和性道德，提倡「科學」與「民主」的新文化。這個時期出現的兩性關係變革、家庭變革和婦女解放的呼聲，成為中國社會革新的重要課題。

1926年1月，中國國民黨第二次全國代表大會通過決議，決定制定實施男女平等的法律，規定女性的財產繼承權，禁止人口買賣，制定男女完全自由基礎上的婚姻法，教育和職業的男女平等，同工同酬和保護女性等。當時正值國共合作時期，代表了國共兩黨的共同主張。之後分裂的國共兩黨分別將這些決議法制化。1930年國民政府公佈的《民法》親屬編、繼承編中，刪除了祖先祭祀規定，廢除了同姓不婚，而且賦予男女財產繼承權，規定結婚應由當事人意志決定，禁止父母包辦婚姻和買賣婚姻，結婚需要儀式和兩位證人，並承認一定條件下妻子的離婚請求。由於婦女運動要求廢除僅以妻子為對象的通姦罪，1934年制定的《刑法》規定夫妻同罰，納妾也視為通姦。雖然有承認刑法實施前的納妾等緩和措施，但是傳統的家庭制度從法制上被顛覆，實現了「沒有流血的社會革命」（胡適語）。然而蔣介石的新生活運動使對忠孝貞節的崇尚再度復活。

1931年在中國共產黨領導下成立的中華蘇維埃共和國，在憲法大綱中為徹底實施婦女解放，承認婚姻自由，婦女不受家庭約束而參加社會活動，制定了

比國民政府更為徹底的男女平等的原則。同年公佈的婚姻條例，規定了登記結婚（法律婚姻），廢除童養媳，如有一方強烈要求離婚便可成立，離婚後子女的養育費、妻子再婚前的生活費由丈夫負責等。由於該婚姻條例具有強烈的反父權制性質，在蘇區各地引起了部分人的激烈反對。由此 1934 年又有所調整，規定紅軍戰士妻子的離婚要取得丈夫的同意。抗日戰爭時期，中共有關婚姻法

上／上海女學生的遊行（1926 年）
中／參加韓國三一獨立運動的婦女（1919 年）
下／參加國際勞動節的日本婦女（1928 年）

的規定進一步緩和，特別是在離婚原因等方面，緩和了否定父權制的 1931 年婚姻法。由於兩千多年的傳統根深蒂固，全面否認父權家長制的婚姻法改革，無論農村還是城市，遲遲未能徹底貫徹下去。

　　家庭制度近代化的過程，在中日韓三國有所不同。傳統家庭的男權、父權與夫權（父權家長制）在法律上受到了一定的限制。三國都在法律上採取一夫一妻制，但是納妾制度仍然存在，對男女的性規範也完全不同。這是與歐美的近代家庭大不相同的地方。

禮儀：孩子的誕生

　　人的一生，從出生、成人到衰老，中日韓三國都有相關禮儀。韓國直到 20 世紀 70 年代末，男嬰誕生時要在繩上繫上乾辣椒，女嬰誕生時則在門口掛上炭。臍帶放入罐子裡埋起來。出生一百天時在家慶祝，一歲生日時放上米、筆、錢等物品，從孩子抓取的物品來猜測孩子未來成長的志向。在孩子百日和一周歲的時候，要把點心分送給鄰居吃，以祈求孩子的健康與長壽。

　　在中國，生了孩子要通知親戚和鄰居，特別是男嬰誕生時，首先要向妻子的娘家「報喜」。孩子「滿月」和一歲生日時要設宴款待親戚朋友。在日本，妊娠第五個月時，孕婦要在腹部圍上腰帶作為慶祝，孩子出生三天時有「三日慶」，出生一周時起名字，出生第 30 天時到神社去禮拜，一周歲的生日前後舉行初食儀式，開始走路時舉行背上揹石頭或年糕的儀式。女孩子有 3 月的女兒節，男孩子有 5 月的端午節。三歲、五歲、七歲到神社參拜，稱為慶祝七五三。

第二節　現代的家庭制度

中國社會主義與經濟改革下的家庭

第二次世界大戰結束後，中國建立了以社會主義為基本路線的中華人民共和國；韓國終止了日本的殖民地統治，開始摸索新的國家建設路徑；經歷了朝鮮戰爭，日本與美國建立同盟關係，同時標榜放棄戰爭、主權在民、尊重基本人權。中日韓三國走上了各自不同的道路。在近代化過程中被重構的父權家長制，在戰後是如何變革的，提出了什麼樣的新的家庭方案，經濟發展給家庭帶來了什麼樣的影響，要求男女平權主義的運動給家庭改革帶來了什麼樣的影響呢？

1949 年 9 月，決定新國家建設大綱的中國人民政治協商會議宣佈：婦女在政治、經濟、文化教育、家庭、社會生活的各方面擁有和男子平等的權利，實行男女婚姻自由。這一原則被寫入 1950 年公佈執行的中華人民共和國婚姻法及 1954 年憲法。婚姻法以保護婚姻自由、一夫一妻制、男女平等、保護婦女和兒童權利為原則，反對包辦婚姻，允許寡婦再婚，允許本人意志下的離婚，禁止買賣婚姻和重婚，保護離婚時的婦女和兒童的利益，並且承認夫妻有互相繼承遺產的權利。刑法對納妾的男性進行處罰。該婚姻法實施後，大量女性提出離婚請求，甚至出現提出離婚要求的妻子被丈夫和夫家殺害的悲劇。1953 年進行了貫徹婚姻法的運動。這樣，家庭改革在政府的主導下大規模開展起來。

1953 年是中國實施第一個五年計劃的第一年，此後，在社會主義改造的進程中，農村的高級合作社（土地等的集體所有及按勞分配的單位）和城市的工商業公私合營得到發展，共同承擔家務和撫養子女成為新的家庭取向。「文化大革命」時期，在毛澤東「男人能做的，女人也能做」的思想支配下，加快了

婦女走向社會的步伐。消除性別分工，男女同工同酬，男女共同分擔家務，成為這一時期的時尚。1980 年修改婚姻法，明確感情不合可以離婚，城市和鄉村的離婚數都增加了。再加上此時的人口達到 9.7 億，是建國初期的兩倍，故政府提倡計劃生育政策，重男輕女的現象有所回潮。1978 年開始實施改革開放政策，中國經濟取得了飛躍發展，民眾生活也發生了巨大的變化。隨着計劃經濟體制向市場經濟體制轉軌，部分女工被解僱下崗，婦女辭職回歸家庭的現象增加，1949 年以後一度絕跡的賣淫嫖娼現象再度潛滋暗長。

自 20 世紀 50 年代因集體化經營而喪失地盤的父權，到 80 年代以後因家庭經濟經營的自由化而再度有所抬頭。為保護婦女的權益，1992 年制定了《婦女兒童權益保護法》。1996 年制定了《老年人權益保障法》，規定了老年人再婚的自由和財產權、子女的贍養義務等。

《中華人民共和國婚姻法》在 2001 年進行了修訂，事先廣泛徵集意見並最終反映到法律的修訂中。該項法律規定夫妻應互相尊重，應尊老愛幼，維持平等和睦的家庭關係。將已婚者和他人同居視作重婚而禁止，並且禁止家庭暴力與救濟受害人，離婚時過錯方承擔賠償責任和保障與子女的會面權，有負擔能力的子女有贍養父母的義務，尊重老年人的再婚等。2001 年，《人口與計劃生育法》作為獨立法出台，意味着計劃生育納入法制化軌道。不過由於喜好男孩的習慣，導致出生男性的數量增加，男性結婚困難也成為社會問題。

韓國戶主權和同姓同本不婚制的廢除

根據美軍的軍政法令，1946 年 10 月朝鮮公佈了姓氏復舊令，廢除了創氏改名制。1948 年 8 月大韓民國政府成立，同年公佈的憲法主張「婚姻以男女同權為本，婚姻的純潔和家庭的健康受國家的特別保護」（1980 年刪除了「婚姻的純潔」，現行憲法規定基於個人尊嚴和兩性平等的結婚及家庭生活受國家保

障）。1957 年公佈的民法第四編規定了親屬權，第五編規定了繼承權。第四編「戶主和家庭」的條文規定了戶主等制度，與日本的舊民法結構相同，父母對子女婚姻的同意權和家庭的居所指定權等戶主權、父親優先的親權、男性優先的繼承制、對丈夫認知的非婚生子女的入籍等殖民地時期引進的明治民法中的父權制規定仍然存在，同姓同本不婚制度依然持續。

此後，韓國圍繞以戶主制和同姓同本不婚制為中心的家庭制度改革，出現了激烈對立。為推動這一問題的解決，1973 年成立了一般女性家庭法改正促進會，1983 年成立了修改家庭法的婦女聯盟，1977 年、1989 年、2005 年持續推動了家庭法的修改和民主化。1962 年修改的家庭法，承認結婚引起的分家，1977 年經過再修改，於 1979 年實施。以女性議員為首的廣泛的女性團體提出了推動十項法案改正的運動，但由於主張廢除戶主制和同姓同本不婚制的女性議員提出的修改方案受到強烈反對，因此修改方案最終被通過時，戶主制和同姓同本不婚制仍然被保留，不過成年子女的婚姻無需父母同意，父母共同行使親權，女兒與妻子繼承比例的擴大等得以實現，縱向的家庭關係向以夫妻為軸的橫向的家庭關係邁進了一步。

社會民主化取得一定的成果後，1989 年，對家庭法進行了大規模修改。首先廢除了戶主持有的對家庭的居所指定權和監督權，對家庭成員的撫養義務等，戶主地位的繼承可以放棄，形式上雖保留了戶主制，但實質上已經消失了。另外，離婚時的子女養育由父親一方承擔變為由父母協商。對於親屬的範圍，夫妻雙方都為八親等（寸內）❶ 的內容也做了修改。1974 年，韓國婦女會以教員、研究人員、司法人員、公司職員為對象進行過一次問卷調查，對於不明財產的夫妻共有制等有 70% 以上表示贊成；對於廢除戶主制，贊成的有 50%，

---

❶ 法律上衡量親屬親疏遠近的尺度。親屬關係除有血親、姻親和尊親屬、卑親屬等區別外，還有親疏遠近之分。親等越多，關係越遠。

反對的有 26%，覺得有必要再討論的為 24%；對於廢除同姓同本不婚制，贊成的有 43%，反對的有 40%，認為有必要研究的有 17%。1989 年對於家庭法的大修改，使前此受到激烈反對的戶主制名存實亡。

由於韓國實行了世界上絕無僅有的同姓同本不婚制的禁婚制度，限制的範圍極廣，從而造成了許多不合規定的事實婚姻。1977 年開辦了民辦韓國家庭法律諮詢所，其中設置了同姓同本婚姻問題申告中心，以後又要求漢城家庭法院撤回 1995 年對同姓同本婚姻登記未被受理的處分，同時向憲法法院提出訴訟，認為上述處分違反了憲法規定的追求幸福權，違反了法律下的平等。而憲法法院多數意見認為，不婚制不符合憲法。之後國會多次召開公聽會，但仍未能得出結論，成為 2002 年總統大選的爭議問題之一。在此次大選中，「開放的我們的黨」獲得大躍進，所以在 2005 年 3 月通過民法修正案，決定廢除戶主制度、同姓同本不婚制度（八等親內的近親不可通婚），再婚時可變更子女的姓氏，即廢除姓不變的原則。此民法修正案於 2008 年開始實施，朝鮮時代確立的保障父權血統家庭的同姓同本不婚制所阻礙的婚姻自由這一基本人權，終於得以實現。

對婦女的性暴力，過去被視作婦女個人的私事，受害者反遭受譴責，進入 20 世紀 80 年代後成為社會問題而受到矚目。1983 年韓國婦女熱線成立，旨在解決性暴力事件，救濟受害者。1991 年韓國性暴力諮詢所成立。這些團體與個人的運動，促使韓國政府於 1994 年制定了性暴力特別法，1997 年制定了防止家庭暴力法，2004 年制定了防止性買賣、保護受害人、懲治性買賣中介等行為的有關法律。

日本經濟高速增長之下的家庭形式

戰後日本家庭受到了法律的規範和經濟發展的影響。日本國憲法將尊重基

本人權首次上升到法制的高度，第 24 條規定了兩性同意基礎上的婚姻與夫妻同等權利，而且規定婚姻、配偶、財產權、繼承、住所等法律必須在個人尊嚴和兩性本質平等的基礎上制定。包括女性議員的戰後首屆國會在審議 24 條時，圍繞這些規定與天皇制、家庭制度、戶主制度的關係展開了激烈的論戰。司法委員會進行民法案審議時，也出現了保留家庭制度的意見，和實現 24 條主旨的以男女平等為中心的意見產生了摩擦。修改後的民法，廢除了戶主制度、戶主權和繼承人繼承制、妻子的無能力規定、裁判離婚中的夫妻不平等規定和庶子制度，規定男子 18 歲女子 16 歲以上的婚姻年齡，承認婚姻自由，親權由父母共同行使。男女青年，特別是女性，通過廢除長期以來折磨妻子和媳婦的舊家族制度而得到了解放。但是至今仍然保留了戶籍，對於婚姻年齡上的男女差別等，修改也並不徹底。雖然規定了可以選擇夫妻姓氏其一的夫妻同姓，然而選擇夫姓的夫婦現在仍佔 98%。

1954 年，自由黨的憲法調查會會長、首相岸信介，試圖在修改憲法的同時，再次使舊的家庭制度復活，但由於廣大民眾的反對而無奈撤回。之後民法又經過了數次修改。1996 年的法制審議會上，提出在夫妻姓氏上希望不同姓氏的夫妻可以選擇不同姓氏，婚姻年齡男女都為 18 歲等的修改方案。可選擇的夫妻別姓方案的背景，來自於希望使用不同姓氏的女性們，事實也存在着採取不同姓氏的夫婦。但是保守政治家認為，不同姓氏將破壞家庭的團結，反對意見也很強大，雖然輿論上的贊成派在增加，但目前仍無法將之立法。其原因為保守黨派考慮修改憲法時，將繼承「傳統」的家庭置於支柱地位。

下面再看一下與市場經濟的關係。1955 年開始的日本高度經濟增長政策中，從事企業活動的男性職員及在家庭中支撐男性的妻子的存在都十分必要，因此，為最合理的運營家庭，妻子只能成為家庭主婦，所以政府考慮提高妻子的地位和使其穩定化。其方法之一是稅制上新設的配偶者扣除制度（1961 年、1987 年配偶者特別扣除制），另一個是工薪族妻子的退休金制度（1985 年）。

前者為將妻子的勞動限制在小時工範圍，免除年收入在 103 萬日元以下員工的妻子的納稅及交納社會保險，並在丈夫的工資上加入配偶補貼；後者則是以國民整體養老制為口號，妻子的基本退休金從丈夫加入的厚生或公共退休金中支出，妻子不用上退休金保險就可以領取基本退休金。加上兒童補貼等其他的社會保障制度，有子女的主婦在社會保障方面最受優待。這是將妻子限制於主婦的地位，並作為低工資的小時工的僱傭戰略。近代的家庭制度支撐了國體，戰後現代的家庭制度直接支撐了經濟發展。

　　1990 年與性暴力鬥爭的婦女網路成立以後，經過十餘年婦女運動的結果，2001 年公佈並實施了《防止配偶間家庭暴力及保護受害者》的法律，並且制定了《兒童賣淫（性買賣）、兒童色情處罰法》（1999 年）、《跟蹤者管理法》等，在這些原本男性佔優勢的性領域裡，出現了限制性的處罰法規。

左／中國新娘結婚時乘坐的花轎
右／韓國新郎騎的馬、新娘乘坐的花轎

禮儀：結婚

　　中日韓三國傳統的結婚儀式是如何進行的呢？中國是由男方派媒人前往女方家，要來女方的「生辰八字」，請算命先生看是否與男方的「生辰八字」相配以及未來吉凶。如果相配的話，即向女方家轉達結婚的意思，得到女方家的確認後，向女方家贈送禮物，訂立婚約，之後與女方家確認婚禮日期。舉行婚禮時，男方前往女方家迎娶，新娘乘坐花轎前往男方家。新郎、新娘都着紅裝。

　　在韓國，男方通過媒人轉達結婚的意願，女方承諾後，男方告知出生年月日和時長，女方家算卦決定婚禮的日期。之後男方向女方家贈送戒指、絹等禮物，前往女方家舉行婚禮。19世紀以後，結婚第三天，新郎和新娘一同前往新郎家（新行）。

　　日本雖然由媒人在男女兩家充當中介，但是沒有詢問新郎或新娘生辰八字的儀式，而是通過「結納」的方式訂立婚約。婚禮在男方家或神社等地舉行。婚後，有的地方將女方的婚禮用品向近鄰展示，或是隱藏女方的鞋子等。

　　現在三國的結婚禮儀大體趨同。婚禮、婚宴一般都選擇同一會場進行，會場大多包辦一切儀式，新娘的傳統服裝為婚紗，新郎為燕尾服等。

第三節　賢妻良母的女性形象和新女人、男人

賢妻良母形象的樹立，支撐文明的妻子和母親

　　任何時代，家庭都是社會的基礎單位。國民國家更注重家庭，因為家庭是培養國家所需的國民和人才的場所，因此，孕育未來人才的母親的培養最為重要，其次是家庭中能「支撐」丈夫的妻子的存在。國民國家理想的母親和妻子形象，無論何處，都被稱作「賢妻良母」。中日韓三國的賢妻良母形象是在什麼背景下形成的？或是賢妻良母的家庭形象是否被否定過呢？

　　東亞三國在國家存亡的危機時期誕生了期待的女性形象，比如日本是在明治維新時期，中國是在維新變法時期，韓國是在 1884 年甲申政變到日本殖民意圖不斷加強的 19 世紀 90 年代期間。日本幕府末期，吉田松陰等主張母親對兒子教育的重要性，維新後幾個藩為建立治國之本，創辦了為女子提供教育的學校。「其子才不才，因其母賢不賢」，「今日為人女，日後為人母」，女性被定位為文明立國的國民之母。1872 年日本實施了包括男女在內的初等教育階段的義務教育制度（就學率為女子 15%，男子 40%）。

　　19 世紀 70 年代，森有禮主張確立性別分工的夫妻平等的一夫一妻制，女子學習學問，擔當家務，母親要身體健康（《妻妾論》）。中村正直則主張樹立用愛心撫育孩子的慈母形象，以及和男子同樣愛好學術和技能、輔助丈夫的妻子形象（《創造善良母親論》）。這表明，相互平等的一夫一妻觀念，教育子女的母親形象，擔當家務的妻子形象，被認為是文明國家所需的女性形象。森有禮擔任首屆文部大臣的 1887 年前後，從建設軍事國家的觀點描繪了培養士兵的母親形象，指出了培養教育未來母親的女教師的必要性。同一時期，女性教育者也主張要培養能夠養育保衛國家的軍人的母親。福澤諭吉拒絕儒教，

主張「男女皆為人」的人人平等主張，強調一夫一妻的對等夫妻和家庭的團圓，描繪了工業社會的家庭形象。嚴本善治也提倡以對等的夫妻分工為基礎的家庭，將家庭的妻子和母親稱為「良妻賢母」。這個時期，在報紙的投稿欄中，普通讀者包括極少的女性在內，也圍繞一夫一妻制和夫妻分工合作同權等問題，展開了爭論。

這種母親和妻子的形象，在 1899 年設立女子中等教育制和女子高等學校制（《高等女學校令》）後，進一步被文部大臣樺山資紀和菊池大麓等稱為良妻賢母，認為良妻賢母必備的性格，應包括溫順、貞順、和順等傳統的婦德，反映了當時日本人期待妻子和母親順從的家庭制度。對 20 歲以上男性實行的義務徵兵制，使男女生理特徵的差別更加明確。進入 20 世紀後，表現男女生理特徵的雙六 ❶ 附在少年、少女雜誌的附錄上流行一時。男子的最高志向是成為大將或大臣，女子則是做家庭主婦。然而當時良妻賢母的婦女們可活動的家庭，在城市的工薪家庭中極少（1920 年第一次國勢調查為 8.5%）。絕大多數婦女生活在農村，因而在農村提議傚仿良妻賢母的「作妻健母」制（勞作的妻子、健康的母親）。

支撐民族自強的妻子和母親

在韓國，開化思想家俞吉濬通過對歐美的見聞和瞭解，認為撫養兒童是國家的根本，故而要提高女性的地位，重視母親的學識，並描繪了慈母的形象。1896 年創刊的《獨立新聞》，主張廢除束縛婦女的舊體制，不分性別、老幼的國民教育是國家的基礎，為了國家的文明開化，婦女應該學習參與國事，而且

---

❶ 一種兩人玩耍的遊戲，紙牌上的繪畫反映了男女兒童不同的取向。

認為妻子和丈夫同樣有知識學問的話，家庭也會圓滿，也有利於孩子的教育。1898 年創辦的《帝國新聞》，以女性的啟蒙教育為目的，認為當務之急是發展韓國的女子教育，來培養「賢母良妻」。1903 年 4 月 16 日，《帝國新聞》的「女子教育」欄目刊登的新聞，是一位賢母培養的孩子能熟記三綱五倫、忠君愛國等，強調婦女在建設富強國家中的作用。1905 年《乙巳條約》簽訂後，該報頻繁主張，一個國家想要穩定，必須建立文明社會的基礎，兄弟和睦，家族親密；為了民族自強，需要賢母良妻。賢慧的母親培養出遵守「三綱」的孩子，好的妻子能保持丈夫兄弟和睦和宗族關係的親密。這些都被作為婦德，用來要求婦女遵守。

在同一時期，韓國出現了大量的女子學校，其教育理念又是什麼呢？女子學校之一的養閨義塾，是仿照日本的華族女學校成立的，以培養溫良淑貞的女德為目的，主張女學校就是培養傳統女德的場所。1895 年韓國政府頒發的小學校令，規定 8 至 12 歲的男女兒童就學。然而父母和社會並不希望女子學習和外出，例如 1886 年美國傳教士設立的梨花學堂，開學初期，沒有「兩班」階層的女子入學。

在中國，1902 年的《欽定學堂章程》，規定了從小學堂到大學堂的學校體系，卻絲毫沒有提及女子教育。維新派梁啟超在 1897 年出版的《變法通義‧論女學》和《倡設女學堂啟》中，主張興辦女子教育，培養教育孩子的母親和輔佐丈夫的妻子，實現民族的富強，否定儒教的女性觀。同年，在維新派幫助下創建的經世女學堂，其辦學目標中寫到，通過知識教育、德性涵養、身體鍛煉，培養未來的賢母和賢婦。進入 20 世紀後，「賢妻」和「良母」的語句頻繁出現，雖有各種含義，但都是以強化民族和建設富強國家為最終目標。1907 年出台的《女子師範學堂章程》、《女子小學堂章程》，是中國最早的女子教育法規，均以培養賢妻良母作為女子教育的宗旨。教育內容雖是女德，而其目標是修身齊家，為國家盡忠，培養愛國精神。

　　由此可見，中日韓三國均從建設國民國家的立場，一面繼承舊的婦德傳統，一面建構新的女性形象：良妻賢母（日本），賢母良妻（韓國），賢妻良母（中國）。然而，日本的國家建設是為了侵略韓國、中國的軍事國家建設，韓國、中國是為了抵抗帝國主義列強的民族自強、獨立的國家建設。只有日本提及了新的夫妻關係論。

賢妻良母的否定、新女人和男人

　　後來這些新的女性形象又是如何演變的呢？變化最劇烈的是中國。儘管辛亥革命時期婦女參與了革命運動，民國建立後，精英婦女要求參加國會，但是《臨時約法》未寫入男女平等的內容，也拒絕婦女參加國會。從這種意義說，辛亥革命只是男權革命。但是到了《新青年》時代（1915~1923），情況發生了變化。自主的而非奴隸的，進步的而非保守的，開放的而非鎖國的，打出這些綱領的《新青年》認為，宗法制下的家庭主義塑造了忠孝的道德，妨礙了人的自主性，因而批判了儒教的家庭道德。在《新青年》雜誌上，男性知識份子主張，女性擁有獨立的人格，應像《玩偶之家》的娜拉一樣，從家長包辦婚姻的傳統大家庭出走，與男人戀愛結合，組成近代家庭。這也是困擾受父母之命結婚而無法追求愛情的男性的問題。魯迅也順從母命，經歷了舊式的婚姻，因而他主張覺醒的父母不僅要將兒子也要將女兒從父權中解放。20世紀初的賢妻良母論未能觸及父權大家庭制，而五四時期的自由戀愛和自主婚姻的觀點否定了封建家長制，提出了新的家庭觀念和男女關係。魯迅的弟弟周作人翻譯了日本的男女平權論和謝野晶子的貞操論，主張男女、夫妻雙方都應該恪守貞操。周作人還接受了優生學的思想，認為自由戀愛和自主結婚所生的子女將支撐民族的發展。

　　1920年代，女性知識精英們將五四時期男性知識份子所追求的近代家庭理

魯迅、許廣平夫婦及孩子

想進一步發展，提出在現代小家庭裡，擁有知識、管理家庭的新的賢妻良母形象。1930年代又提出了夫妻相愛、保持貞操、撫養子女、共同勞動的賢夫良父、賢妻良母的雙職工家庭形象。

但是，在現實生活中，仍有因父母之命被迫結婚而在迎親花轎中自盡者，也有追隨死去的戀人而自盡者，或在雙親死後被掌有父權的兄長斷絕學費而含憤病死的女性們。現實生活中的女性們仍飽受舊式家庭制度的蹂躪。

日本的家庭制度和賢妻良母教育，給包括職業婦女在內的女性們套上了相親—結婚—懷孕—生子—養育這一環環緊扣的枷鎖。進入20世紀後，隨着市場經濟的發展，出現了學歷主義、名利主義和個人主義，誕生了多所女子大學。專門職業的擴大，女性雜誌的創刊等，擴大了女性的生活空間。在這種社會變化中，1910年出現了被稱為「新女性」的脫離傳統女性規範的小群體，她們或是回避結婚離家出走的未婚女性，或是與代表家庭權力的父親對抗的女性，或是與有婦之夫戀愛的女性等。

站在這些「新女性」最前列的，是女性解放的思想家和運動家平塚雷鳥和

平塚雷鳥與丈夫奧村博史、孩子

　　她的女子大學同學們編輯創辦的文藝雜誌《青踏》（1911.9~1916.2）。對於社會上對《青踏》的批判，平塚雷鳥回應道：「新女性要破壞為方便男人所造的舊道德、舊法律」；「新女性的天職是創造新王國，新王國是什麼？新宗教是什麼？新道德是什麼？新法律是什麼？新女性尚不知道」。《青踏》雜誌刊登避孕、墮胎、性交易等內容，將只束縛女性性生活的枷鎖一一卸下，摸索以女性為主體的自律性規範。到了 20 世紀 30 年代初，高群逸枝等又再次提出否定家庭等所有的社會規範等主張。

　　在現實生活中，平塚雷鳥與比她年輕五歲的奧村博史同居，兩人在自由的家庭氣氛中撫育了兩個孩子。奧村博史被她形容為「五分孩子、三分女性、二分男性」。之後她又提出要實現女性政治活動的自由和進行自律的家庭運營，組織了消費組合運動。這個時期還出現了社會主義者山川菊榮和山川均等夫

妻，組成了自由對等的家庭。

被平塚雷鳥批判為反對新女性的普通民眾當中，1910 年代也出現了在戀愛和結婚問題上處在父母意志和家庭夾板中苦惱的男女情侶，他們希望通過自由戀愛結婚，建設有愛的圓滿家庭。而且也存在男性因經濟的原因、女性不希望順從丈夫生活的原因等而否定婚姻的男女。還有的男性主張，在談論女性貞操之前，要先討論將女性視作玩物的男性意識。一些男性知識份子倡導建立新的父子關係和靈肉一致的戀愛觀。1920 年代又進一步出現了尋求與賢妻良母對等的良夫賢父觀。圍繞職業和家庭兩立的問題，1910 年代後半期進行了爭論，但並不是要求改革男性形象，而是要求建立保護母性的新的社會制度。

在韓國，1918 年，文學家李光洙主張將舊的貞操觀念看作一種宗教迷信而摒棄，主張結婚是一種契約，婚姻關係隨着離婚和死亡而消滅，因此烈女和守節不成立，否定賢妻良母的貞操觀。數年後李光洙又提出，女性對社會和國家的義務是成為母親，因此女子教育應以母性為中心，為解決民族改造這一緊迫課題而需要母親。與中國的周作人一樣，李光洙提出優生思想，是為了民族的強化。

1919 年三一運動以後，韓國開始出現「新女子」、「新女性」等詞語。20 世紀 10 年代受過初等、中等教育的婦女逐漸增加（雖然僅佔婦女人口的 0.5%）。自由談吐、邁步行走的她們被稱作「新女子」，也有自稱「新女子」的女性。金元周在家門口貼上「新女子社」的牌子，並於 1920 年創辦《新女子》雜誌，召開首屆女子演講會。她主張打破所有的因襲道德，建立合理的新道德，無論男女，都可以在自由、平等、權利、義務、勞作、享樂中發展自己，實現自由戀愛和自由結婚、離婚；擁護當時很多未婚女子與有婦之夫戀愛的現象，反對舊道德將貞操作為工具，認為貞操是與愛情結合的本能的感情，愛情消失的同時貞操觀念也隨之消失，拒絕將貞操作為家庭道德的中心。羅惠錫、朴仁德和金活蘭等人也參加了金元周的新女子社，她們都曾在日本留學，金元周也

羅惠錫及其兄妹和丈夫

在日本住過，回國後傚仿《青踏》成立了青塔會。

　　畫家羅惠錫曾在日本的女子美術專門學校留學，因參加三一運動而入獄。當金雨英向她求婚時，她要求婚後保證其繪畫的時間，並和婆婆、前妻分開居住。夫妻告別三個孩子前往歐美遊歷期間，羅惠錫和舊友、天道教領袖崔麟發生緋聞，丈夫提出離婚，她不願意。丈夫強行離婚後又再婚，舊友也斷絕了對她留學巴黎的資金援助，她便以貞操侵害為由起訴崔麟，要求損害賠償。羅惠錫在留學時代就認為，只有在受壓抑的社會和家庭中保全自己，才能實現女性的解放、自由和平等，並期待封閉的美術界的改革，將性作為女性保全自己的根據，主張貞操由本人的意志決定。然而羅惠錫的行動和性思想，被兩個出生於殖民地國家、對社會和女性具有雙重權力的男性所埋葬，並受到持有舊貞操觀念的輿論所譴責。

　　此外，在 1920 年代，《新女性》、《女子新論》、《新家庭》等雜誌和《東亞日報》等報紙的男女作者們，主張逃離早婚和納妾的父權大家庭，建立在相

中國理想家庭的宣傳畫

愛與平等基礎上的、以子女為中心的合理經營的新家庭。

　　如上所述，日本於 20 世紀 10 年代，中國、韓國於 20 年代，先進女性就女性被壓抑的性問題，進行了思考和行動。因為性是男女權利關係的主軸，而三國的先進男性們也要求婚姻和戀愛自由、建立夫妻對等的家庭。

禮儀：葬禮

現在中國的城市中，幾乎都是火葬，農村則仍流行土葬。葬禮禮儀在各地差異很大。在城市，一般舉行遺體告別儀式和追悼會。在農村，一般在生前就備好棺材。為表示孝道，即使借錢也要隆重舉辦葬禮。農村和小城鎮還保留有傳統的葬禮儀式，如漢族習俗，人死後，每隔七天祭祀一次，稱為「做七」。「七七」為最後一個「七」，稱「斷七」。死後一百日做百日祭祀，死後一週年做週年祭祀，後每隔一週年祭祀一次，三年為止。每十年做陰壽祭祀，到百歲為滿。

韓國 1990 年代前實行土葬，現在幾乎都實行了火葬。葬儀在確認死亡後的三天或五天後舉行。朝鮮時代的「兩班」在死後滿兩年才舉行喪禮。20 世紀 60 年代以後，一般是死亡十天後舉行喪禮。家庭舉行的葬儀，全都委託由葬儀代行業者的互助會。最近，環境好的葬儀方式——壽木葬很受歡迎。

日本實行火葬。安置好洗淨的遺體後通宵守靈，第二天舉行葬禮，遺體在公營的火葬場火化。最初的七日有法事，給死者起戒名，隨後是「七七忌」（死後第 49 天）、一週年祭祀、三週年祭祀等。

各國的葬禮一般都有很多人參加。在日本，僅有親屬參加的密葬和生前葬也有所增加；墓碑的寫法，一般寫某某家墓碑，有的改為刻寫故人喜愛的詞句的個人墓碑；墓地過去多為家族式墓地，現在改為將無血緣關係人的遺骨埋葬在一起的集體墓地；埋葬方式，除火葬外，也有海葬和將遺骨埋於花壇等方式。這些處理死亡方式的變化，也體現了以父權、男權為中心的家庭制度的崩解。

第四節　今日的家庭和性

今日的家庭形態

　　如今，在市場經濟發展中的中國，新自由主義經濟下的韓國、日本，夫妻關係、家長與子女的關係，以及家庭的形態又是什麼樣的呢？

　　首先看家庭結構和規模，三國都是核心家庭居多。中國雖有城市和農村的區別，但是平均超過了 70%（1999 年），韓國為 82%（2000 年）、日本為 60%（2000 年）。直系三代家庭，韓國在 1970 年為 18.8%，2000 年為 8.0%，可見韓國直系三代家庭日趨減少，核心家庭日漸增多。單身家庭，日本為 25.6%（2000 年）、韓國為 15%（2000 年）、中國為 9%（1999 年）。有人指出，日本的老齡人和青年的單身增加，單身家庭不久將會超過核心家庭，家庭的個人化正在進展。三代同堂的大家庭，中國所佔比例最高，為 23%（1999 年）。

　　家庭平均人口，中國為 3.58 人（1999 年），韓國為 3.1 人（2000 年），日本為 2.7 人（2000 年）。三國均受到了正在發展中的少子化的影響。一名婦女一生中生育的子女數，韓國為 1.16（2004 年），日本為 1.36（2005 年），中國為 1.8（1998 年）。韓國的出生率在世界上也是最低值。由於經濟（日本）和教育（韓國）等因素引起的少子化，在 20 世紀 80 年代有所增長。在此之前，三國都實行了家庭計劃生育，日本在 20 世紀 50 年代，韓國在朴政權的 60 年代，中國從 70 年代末開始嚴厲的限制，直至今天仍在持續。韓國和中國的「獨生子女」增加，但由於人們偏向於喜歡男童，性別比以男童居多。

　　分娩方式也出現了變化，不過在哪一國也基本都是到醫院去生產。從 20 世紀 90 年代開始，日本的丈夫陪伴妻子分娩和自然分娩的比例有所增加。在中國，城市白領階層也有丈夫陪產的例子。在韓國，剖腹產的情況較多，而丈

夫陪伴的情況也在增加。

　　三國的離婚率，與歐美相比較低，但呈現出逐漸增長的趨勢，否定離婚的
觀念也開始改變。

由誰來帶孩子？

　　婦女的工作方式和公共保育設施，影響到育兒的方式。三國中，婦女勞動
力（經濟活動參加率）佔比最高的是中國。女工從「大躍進」時期（1958~1960
年）開始增加，從 20 歲到 40 來歲，婦女勞動力在每個年齡段都超過了 80%。
但是改革開放以後，特別是進入 20 世紀 90 年代以後，隨着國營企業的改制等，
女工短期下崗和服務業的非正規僱傭增加，城市婦女勞動力的比例降至 60%
左右（2000 年），被解僱而成為家庭主婦的比例不少。全日制保育制度，直到
「文革」時期都很充實的公共育兒設施，在改革開放中幾乎沒有增加，利用者
反而有所減少，由男方的父母或其他親屬代替保育所的育兒比例在增加。民營
幼稚園和精英層家庭僱傭農村婦女從事家務、育兒的現象都在增加。比起日本
和韓國，中國男性較多分擔家務和育兒，但婦女仍然肩負着家庭和工作的雙重
負擔。

　　韓國與日本相同，婦女勞動力佔比在分娩、育兒期間最低，育兒後再就職，
呈 M 形狀上升。在 20 世紀 80 年代後，韓國 20~30 歲之間的女性勞動力佔比
上升，育兒由丈夫、親屬、近鄰或被稱作「契」的傳統互助團體分擔。產前和
產後的休假，在制度上規定為 90 天，2001 年制定的離職育兒制度規定，凡有
六歲以下學齡前兒童的父母，可以申請一年以內的離職育兒時間，而利用者幾
乎都是女性。2008 年，符合這一條件而離職育兒的男性只佔 2%。

　　20 世紀 50 年代後，日本勞動婦女一直堅持開展要求設置公立保育設施的
運動，所以學童保育所的設立與父母們的運動有很大關係。私營的保育所也

很多。由於公立保育設施不能滿足需要，至今仍有許多兒童不能進入幼稚園。
日本育兒的特點是，在城市一般得不到夫妻雙方的父母、親屬、近鄰的幫助，
妻子在不安和孤立中養育子女。1992 年實施的《育兒（護理）休假法》，幾
經修改，鼓勵丈夫休假育兒，然而符合條件者中，只有 1% 多的人實際這樣做
了（2006 年）。雖然有不少父親希望取得育兒休假，但是因工作單位的條件
而受限。如果保育所等條件完善，很多日本婦女都希望恢復工作。這樣的話，
各年齡段的婦女勞動力佔比，有可能和結婚、分娩後繼續工作的中國婦女是
一樣的。

　　在韓國，婦女因育兒而退職的比例較高，育兒後首次就職的很多。她們抱
有很高的子女教育意識，出現了為子女學習英語而由母親陪伴孩子前往英語國
家學習的現象。在日本，媽媽為子女準備升學考試而奔走。父母重視子女教育
而不惜花費金錢和時間，是中日韓三國共同的現象。

中國、韓國、日本不同年齡的婦女勞動力佔比情況表（2000 年）

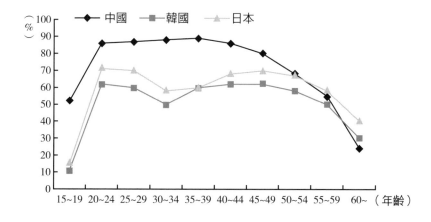

資料來源：中國國家統計局 2000 年統計，韓國統計廳《經濟活動年報》2000 年，日本總務廳統計局《勞
動力調查》2000 年。

由誰來看護老人？

日本 65 歲以上的老齡人口佔總人口的比例，在 2008 年超過了 20%，居世界首位。韓國在 2005 年為 9.1%，預計 2018 年將達到 14%。中國 60 歲以上的老年人口比例，在 2000 年為 7.1%，預計到 2030 年將達到 14%。讓我們大概觀察一下中日韓三國的老年看護情況。

最早迎來老齡社會的日本，2000 年開始實行看護保險制度。該制度規定，40 歲以上的國民每月繳納看護保險費，根據身心的情況，接受社會福利法人和營利法人提供的看護服務。該制度使以前由家屬看護的情況多少有些緩和。據 2004 年的統計，由家屬看護的老人約佔總數的 64%，由專業護理公司護理的僅為 13.6%。老人看護仍以妻子和媳婦為主。利用《育兒（護理）休假法》看護老人的男性，超過了總數的 20%，可見企業對看護老人的休假比育兒休假要寬容。看護保險制使認為看護完全是家庭責任這一觀念開始轉變。

20 世紀 70 年代的韓國，人老了以後的護理仍主要靠兒子特別是長子承擔，或是自己照顧自己。但是從 90 年代開始，主張由具有撫養能力的子女們與政府和社會共同承擔的意見也多了起來。不過實際上的看護者，仍以長子夫婦為最多，其次是老伴，或者是女兒夫婦、長子以外的兒子兒媳（2002 年）。2008 年，韓國實行了《老人長期療養保險法》（老人看護保險法）。

中國還沒有這種社會保障保險制度，一般是老人互相照顧，在城市與農村都是一樣。而在農村，兒子照顧老人的情況則更多，其他的家庭養老的情況則是女兒兒媳照顧，或者請職業看護，還有退休人員的志願者等。日本和韓國幾乎看不到退休志願者的看護，而是由作為地方自治體基礎的基層社區負責老人的福利事業。

由妻子、媳婦看護老人，在中日韓三國是共通的。韓國、中國的直系大家庭觀念，日本近代家庭制度中的媳婦職能，在看護方面，對彌補老人福利制度

的不完善，至今仍然發揮着相當的作用。

　　合理地教育管理孩子，同時贍養老人，是現代賢妻良母和賢夫良父的姿態。

性交易、性

　　在 20 世紀上半期，中日韓三國的性買賣特色是，在傳統賣淫和普通娼妓之外，還存在一些特殊的形態，如日本在入侵朝鮮和中國東北過程中形成的紅燈區，在殖民地台灣和朝鮮實施的公娼制度，1932 年開始在中國設置「慰安所」，其後隨着日本侵略的擴大，在日軍所到之處普遍設立「慰安所」等，形成了性交易的人（皮條客、妓女）、物（性買賣設施）、地（賣淫場所、慰安所）構成的網絡。那麼當代的情形如何呢？

　　1949 年以後，中國關閉了妓院，妓女們在被收容、教育和訓練後，被介紹就業和結婚，妓院經營者則被判刑，接受教育改造。賣淫業一度在中國絕跡。但是，改革開放後，隨着市場經濟的發展，賣淫（性買賣）重新復活並迅速蔓延。1991 年全國人民代表大會作出「關於嚴禁賣淫的決定」。與 20 世紀 80 年代的情形有所不同，90 年代一批從農村進入城市的女性以及城市下崗婦女，也加入到賣淫隊伍中。

　　韓國、日本在戰後對婦女的性暴力和性交易，與美軍基地的存在有着密切的關係。戰前的公娼制度，韓國通過美國在韓軍政當局，日本通過盟軍總部（GHQ）的指示將之廢除（1946 年），但是在美軍基地周邊，形成了以美國士兵為對象的賣淫（性買賣）業和相關娛樂設施。韓國將這種地域稱作基地村。基地村的婦女們被迫接受士兵性暴力的同時，還必須接受美軍防止士兵染上性病的檢查。同一時期，日本政府為迎接盟軍登陸而準備了慰安設施（RAA，1945 年 8 月 ~1946 年 3 月），並對相關婦女們強行進行性病檢查。

另外，在基地周邊還不斷發生美國士兵強姦和傷害婦女的事件，至今仍然在持續。朝鮮戰爭中，根據日軍「慰安所」的經驗，為韓國軍和聯合國軍士兵也設立了慰安設施。

在公娼制度廢除後，日本政府立刻重劃了舊的集娼地區，準許賣淫（性買賣）。包括被拐賣的婦女們在內，賣淫（性買賣）的範圍進一步擴大。由於婦女和婦女議員開展反對賣淫（性買賣）的運動，1956 年，日本政府出台《賣淫（性買賣）防止法》，處罰對象為賣淫女性，但僅禁止雙方直接的買賣性行為，而單人包間澡堂業等各種性風俗產業卻延續至今。20 世紀 70 年代，投資韓國、中國台灣和東南亞的日本企業職員的買春和招妓旅行團等流行一時。

1961 年，韓國制定了與日本的《賣淫（性買賣）防止法》相類似的《淪落行為等防止法》，但同時鼓勵觀光產業，接待了日本的買春團（後來受到國際性批判而被禁止）。之後，泰國、菲律賓、韓國等國的婦女，通過中介商來到日本，從事性行業。日本成為國際性的接受人口性買賣的國家，日本性行業中有東歐各國的婦女們在工作，而韓國基地村也可以看到很多的俄羅斯婦女。

1990 年後，日本、韓國的少女賣淫（性買賣）都有所擴大。韓國在 2004 年制定了《關於處罰性交易幹旋等犯罪法》及《防止性交易、保護被害者法》，但性工作者表示，這是剝奪其生活權而表示反對。不使用「賣淫」而使用「性交易」一詞，在探討不是婦女而是男女雙方的性的存在方式，提出受害者的生活保障，以及廢除性買賣等方面前進了一步。

前面曾討論將丈夫對妻子的性暴力視作犯罪的法律的成立問題。其實，不僅是妻子，對於所有婦女的性暴力、性交易，其根源都是男人對婦女的性支配。到了 20 世紀末，性的情況變得複雜，性的觀念也在改變。同性戀等行為可能被看作是人類豐富的性的方式之一，並有望摸索形成多樣化的家庭人際關係。

禮儀：賀壽

中國民間有慶生祝壽的傳統習俗。特別是整數的年齡，從 20 歲開始，到 30、40 、50、60 歲，70 歲的祝壽則更隆重，而且分不同地區，有不同方式。如湖南，慶賀從生日前一天就開始。農村在慶賀後，還在院子裡搭台，專門請劇團演戲，招待左鄰右舍，有的還放焰火。

韓國是到 60 歲的時候舉行「還曆」慶賀，親戚們齊來慶祝。而在 69 週歲或 79 週歲的時候，要祝賀 70 或 80 壽辰。

在日本，把紅色的短披肩（羽織）贈送給 60 歲「還曆」的人，還會為其舉行祝賀宴會。77 歲為喜壽，88 歲為米壽。

第六章
學校教育塑造國民素質

本章大事年表

1862 年	清朝設立京師同文館，新式教育制度開始引進中國
1872 年	日本頒佈學制
1879 年	日本廢除學制，公佈自由主義的《教育令》
1880 年	日本修改教育令實行義務教育。強化街村開辦公立小學義務，政府發佈禁止用作教科書的著作名單
1881 年	日本制定小學教學大綱並編制教學科目，重視修身科目
1886 年	日本公佈學校令，規定近代教育制度　實行教科書檢定制度
1890 年	日本頒佈教育敕語
1894 年	朝鮮甲午改革後整頓近代教育體制
1895 年	朝鮮傚仿日本教育敕語公佈教育詔書，公佈中小學校令，完善教育制度（之後陸續公佈師範學校令、外國語學校令、醫學教令）
1897 年	清朝南洋公學發行最早的近代教育教科書《蒙學課本》
1898 年	清朝創立京師大學堂
1902 年	清朝制定壬寅學制，構想通過實施教科書的國定制度和審定制度　日本以對教科書選擇有疑慮為契機將小學教科書國定化
1903 年	清朝頒佈壬寅學制，標誌着近代教育制度建立，同時規定教科書的國定制度和審定制度
1904 年	清朝民營出版機構商務印書館陸續出版「最新教科書」
1905 年	清朝廢除科舉制度，設立學部　《乙巳條約》後，日本開始干預韓國教育制度（該時期全國範圍內成立許多私立學校）
1906 年	日本根據學校令統制韓國教育
1908 年	日本以私立學校令壓制韓國的民族教育
1909 年	韓國公佈教科圖書相關規定，引進檢定制
1910 年	隨着日本殖民地化，朝鮮教科書改為國定　日本小學入學率接近百分之百
1912 年	中國南京臨時政府整頓初等教育制度，實行教科書審定制度

1917 年	日本澤柳政太郎創建成城小學（此時期正在開展自由教育運動）
1919 年	三一運動以後，朝鮮教育熱潮高漲，要求朝鮮總督府增設普通學校　杜威在中國各地演講（西歐近代教育理念得到推廣並發起兒童中心教育運動）
1920 年	中國中央政府教育部訓令小學低年級國文改為語體文　朝鮮方定煥創造「兒童」（ORINI）一詞，開展「兒童運動」
1922 年	中國制定壬戌學制，模仿美國的 6-3-3 學制為範本改編
1928 年	中國國民黨實現基本統一，中國教育逐漸以國民黨的三民主義教育為宗旨
1937 年	中日戰爭爆發，日本教育體制改編為戰爭總動員教育體制　朝鮮總督府制訂《皇國臣民誓詞》並強制背誦齊唱
1938 年	修改朝鮮教育令，制定了國體明徵、內鮮一體、忍苦鍛煉三大綱領
1941 年	日本、朝鮮、台灣同時頒佈國民學校令
1944 年	日本為準備空襲和本土戰爭，面向國民學校兒童實施集體疏散政策
1947 年	日本制定教育基本法　日本文部省發行《新憲法解說》及《民主主義》
1948 年	日本制定教科用圖書檢定規則　日本實施教科書發行相關臨時措施
1949 年	中華人民共和國成立，全國教科書的編審、印刷和發行由中央人民政府教育部和出版總署編審局統一主管
1950 年	中國成立人民教育出版社，負責全國中小學教材的編寫、審定、出版和發行　韓國初等學校六年義務教育開始
1986 年	中國國家教育委員會頒佈《全國中小學教材審定委員會工作章程》，實現教科書制度從「國定制」向「審定制」的轉變，中小學教材開始走向多樣化

　　如果説近代前的教育對象主要是社會上層的話，那麼近代教育則以大眾為受教育的主要對象。近代國家把教育作為培育符合社會需求而有助於國家發展的「國民」的手段，認為教育的重要職能是統合國民和維持社會體制。大眾則希望通過接受教育而提高自身生活質量，進而提升社會地位。所以國家與民眾對教育都有很大的期待和需求。

　　近代教育一方面促進了社會成員在近代社會階層中地位的轉化，同時也起到了穩定社會階層並對社會結構內部進行調節的作用。接受教育的國民既是行使社會權利的一員，也是國家建立社會體制的組成要素。正因為如此，與古代教育傳授儒家經典和歷史知識不同，近代教育還注重教授與現實生活相關的各種實用知識，這反映了近代教育的兩面性。

　　典型反映近代教育這一特徵的是初等教育。作為公共教育基礎階段的初等教育，是國民教育的基礎階段，擴大初等教育是確保近代國民國家所需人才的重要措施。在本章中，我們將介紹中日韓三國初等教育的發展過程及其特徵。

第一節　近代教育的發端

前近代教育擴大到庶民階層

　　中日韓三國前近代教育主要針對社會的上層。由於處於社會上層的人們可能成為官吏而統治國家，同時還要匡正社會風氣，所以需要學習。他們學習過去聖賢的經典，學習歷史。為了提高自身品位而吟詩作畫，這樣的教育與每天以繁重勞作為主的庶民的生活相去甚遠，所以平民也不可能得到教育。儘管在中國和韓國，制度上對窮苦人家子弟接受教育並無限制，其參加科舉考試合格後可以做官，但事實上得到教育而改變身份者卻寥若星辰。

清代中國對兒童進行啟蒙教育的私塾，塾師往往對頑皮兒童施以體罰

日本的寺子屋通常由庶民、武士、僧侶等擔任教師，進行一對一指導。江戶
時代後期，數量有所增加

　　前近代教育後來逐漸發生了變化。這是因為隨着社會經濟的發展，除身份
之外，經濟開始成為維持社會地位的有力手段，教育的對象也逐漸擴展，特別
是面向平民的初等教育得到了迅速發展。

　　中國的書院盛行於宋元時期，在明代曾一度衰落，到清朝時期又再度興
盛。書院是設立在社會基層的私立教育機構，具有半民半官性質，傳授朱子學
並祭拜儒家聖賢。能夠進入書院接受教育的主要是地方鄉紳階層的子弟，但也
有部分庶民子弟進入書院學習。書院可以說是針對科舉考試實施應試教育的中
等教育機構，而作為初等教育機構的則是設在鄉村中的社學和義學，均以農民
子弟為教育對象，在農閒時進行基礎性的教育。除此以外，在各地鄉村還建立
了包括私塾在內的各種民間教育機構，主要承擔基礎性的初等教育，補充公立
教育機構的不足。

　　日本的江戶幕府時期與韓國的朝鮮後期，初等教育機構也明顯增加。朝鮮

的書堂和日本的寺子屋 ❶ 都充當了這一功能。這些教育機構雖以文字和儒學經典教育為主，但教育內容也逐漸涉及人物、自然和社會現象等拓展學生見聞和有助於實際生活的方面。朝鮮後期，書堂辦到了各個地區。除社會上層的兩班子弟外，中人和常（平）民人家的子弟也可在書堂接受教育。兒童在書堂識字寫作，學習簡單的經書和歷史。日本的寺子屋是私人運營的啟蒙教育機構，主要傳授讀、寫、算等日常必備的基礎知識。寺子屋通常有幾十名學生，規模不大，但是也有擁有幾百在讀學生的。到了江戶幕府末期，僅江戶地區的寺子屋就有 1000 座以上，全國範圍內則估計達三萬至四萬多家。這類教育機構的普及和教育對象的擴大，成為引進西方教育的基礎條件。

初級階段的傳統教育機構的書堂，在朝鮮後期數量劇增。兩班到常民的子女都可在學堂接受教育。在那裡主要是認字和學習初步的儒學經典。

引進西方教育體制

到了 16 世紀，隨着歐洲人進入亞洲地區，中日韓三國和西方間的接觸日益頻繁，對西方文化的關注也隨之提高。江戶幕府時期，日本從荷蘭人那裡翻譯引進介紹西方文化和制度的書籍，開始發展「蘭學」❷。通過蘭學，日本人首次接觸到了西方的知識和醫學。在中國，明末清初時期，通過耶穌會傳教士，已開始編譯介紹西方地理和文化的各類書籍。19 世紀後，中國編譯了更多的西學書籍。此類書籍稱為「漢譯西學」，顧名思義是「翻譯成漢語的西學書」。漢譯西學書還被傳到了朝鮮和日本，為朝鮮開化派知識份子和日本初期維新派瞭解西方起到了重要作用。

---

❶ 日本江戶時期教授一般平民子弟的教育機構，多開設在寺院中，故名「寺子屋」。
❷ 日本江戶時期把研究從荷蘭傳來的知識的學問稱為「蘭學」。

朝鮮 19 世紀中葉後的書堂

　　19 世紀中葉，中日韓三國在同西方列強的戰爭中失敗，在被迫打開國門之後，接收西方文化和學習新知識的意識日益強烈，隨之出現了教授西方文明和學問的學校。1862 年，清政府在北京設立外國語學校——京師同文館，就是典型例子。但是，長期傳承下來的傳統思想和傳統教育卻很難在短期內被「西化」，於是「以中國之倫常名教為原本，輔以諸國富強之術」的中體西用和「以舊為根本，增加新內容」的舊本新參構想成為主流。隨着洋務運動的推行，中國各地設立了新式學堂。朝鮮的開化派官吏和地方有識之士也為教授西洋文化設立了元山學舍，此外，為給兩班子弟教授英語和西洋知識，朝鮮政府設立了育英公院。這些機構也帶有「中體西用」和「舊本新參」的性質。相比之下，

在接受西方知識方面，日本比中國和朝鮮表現得更為積極。19世紀60年代後，幕府和主要的藩均向歐洲派遣留學生。明治時期引進了歐洲的教育制度，並主導了明治政府的教育政策。

中日韓三國的開明知識份子認為：接受西方的新教育體制培養人才是維持自主獨立、實現富國強民之路。他們在強調教育重要性的同時，還身體力行地參與到了教育活動中。對那一時期日本社會起到了重大影響的思想家福澤諭吉強調教育重要，主張摒棄讀經書、作詩賦等傳統的教育內容，學習實際有用的知識，即「實學」教育。如學習日本文字假名，以及寫信和會計記賬、珠算、稱量等方法。福澤在1858年建立了蘭學塾（1868年改稱慶應義塾），並投身慶應義塾的教育活動，編纂了《西洋事情》（1866年）、《世界國盡》（1869年）等著作，曾被用作教材。他主張要實行「日本國內男女少年，只要到一定年齡，國家均應對其實施強制性教育」的義務教育制度，認為國家有效地利用這一制度能走向富強。明治政府第一任文部大臣森有禮認為：女性是國家的一部分，人的賢明和愚鈍是由母親的教育決定的，因此強調女子教育的重要性。他強調的賢妻良母女子教育觀，也建立在教育為國家利益服務的理念之上。

1890年代後期，梁啟超和康有為等人在中國發起維新變法運動的時候認為：為了國家的富強，有必要進行如日本明治維新那樣的制度改革。他們意識到西方國家走向富強的根源在於教育，於是主張實行教育改革。梁啟超提出：「變法之本，在育人才；人才之興，在開學校；學校之立，在變科舉。」他主張以西方政治學為根本，同時要學習自然科學技術。康有為也強調教育振興，稱：「欲任天下之事，開中國之新世界，莫亟於教育。」維新變法派在發動變法運動前就身體力行地通過辦學積極投入到教育活動中。1891年，康有為在廣州開設萬木草堂。1897年，在長沙建立的時務學堂，由熊希齡任提調（校長），梁啟超任中文總教習，開展近代教育。雖然因保守勢力的反對，變法運動最終受挫，但是他們的活動卻為新式教育制度的建立奠定了基礎，同時促進了應用

接受近代教育的中國學生

教育和白話文運動的開展。隨着對教育的日益關注，20 世紀後知識階層試圖通過教育改革社會，因此設立了許多學堂，其數量甚至超過了公立學堂。學堂也逐漸代替了私塾等民間傳統辦學機構。

在朝鮮，開化派思想家接受了西洋的教育，認為通過教育提升實力才能維持國家主權，因此學習英語或日語，出國留學，以及辦報紙和建學校等，致力於普及近代文化知識。朝鮮首位留學西洋的學生俞吉浚，編寫了通過記述西方旅行見聞而思考朝鮮社會發展出路的《西遊見聞》（1895 年）一書。他在書中提出：國民對教育的渴求度是區分富國與窮國差異的標誌，國家的貧富、強弱、存亡均決定於國民的教育水準。俞吉浚還指出：國家應致力於發展教育，因教育之目的在於喚醒國民，改變其愚昧與貧困。只有通過教育消除大眾之愚

在中日韓三國中，日本最早進行了近代學制改革。因為 19 世紀後半期，日本小學校授課的情景（出處：《百年前的日本》，小學館，第 155 頁。塞勒姆皮博地博物館藏）

1900 年義和團運動後開設近代的公立義塾。由於學校設施不足，所以要利用寺廟當作教室

昧，國家政策的推行才能順暢，國家才能獲得發展。大部分啟蒙思想家對俞吉濬從民眾立場的觀察感同身受，於是廣泛建立私立學校，積極促進大眾教育的普及。

近代學校制度建立——培育國民的基礎

　　日本明治政府將服兵役、納稅和接受教育規定為國民的三大義務，1872 年頒佈了由小學和中學構成的近代學制。1877 年設立了高等教育機構——東京大學（後變更為「東京帝國大學」），1871 年設立負責教育的政府機關——文部省，負責統管教育業務及全民的初等教育。根據近代學制，寺子屋和私塾被統合到小學體系中。近代學制的基本原則是：只有接受教育才能有出息；國民皆學；學以致用。學制頒佈後，開始以政府為主導建設小學。

　　受到西方自由主義思想的影響，日本社會出現了自由民權運動，批評以政府為主導的中央集權教育體制。於是，日本政府於 1879 年廢除學制，公佈了帶有濃郁自由主義色彩和地方分權制性質的《教育令》。這樣，設立學校的限制被放寬，建立私立學校的阻力減少，教育內容也涉及了國民現實生活的有關內容。

　　為應對自由主義教育傾向，明治政府則通過文部省強化對教育的干預和控制，並恢復傳統的儒家經典教育，其目的是要建立以天皇為核心的中央集權的國家體制，用家族關係規範國民行為，將天皇與國民的關係解釋為父母和子女間的關係。日本政府還頒佈了各種法令法規，強調仁義忠孝道德教育。1880 年修改教育令後，幼兒就學義務化，以町村為單位建立公立小學也成為義務教育的內容。1881 年頒佈的《小學校教則綱領》相當於今天的學習指導綱要，對此前相對自由的學校課程做出限制。《小學校教則綱領》強調國民精神教育，並將修身和國史視為最重要的學校課程。1890 年頒佈的天皇「教育敕語」，更充

分體現了貫徹那一教育政策的教育理念。

「教育敕語」提出:「朕惟我皇祖皇宗肇國宏遠,樹德深厚,我臣民克忠克孝,億兆一心,世濟其美,此我國體之精華,而教育之淵源,亦實存乎此。……重國憲,遵國法,一旦緩急則義勇奉公,以扶翼天壤無窮之皇運。」

「教育勅語」從國家主義的立場規定了教育的基本原理和實踐原則,涵蓋了忠誠、孝道、服從的儒教價值觀,通過封建的倫理培養對國家的忠誠和天皇神聖觀,要求國民在一旦有戰爭的情況下,要為天皇獻出生命。所以教育的目的是維護天皇制,強化以天皇為中心的國家體制。這種以傳統的倫理為基礎,強化統治者的權力的傾向,在中日韓三國近代教育的建立過程中,儘管程度不同,但都存在。

1886 年,明治政府頒佈各級學校令,建立了近代學校制度。根據《小學校令》,小學分為四年制尋常小學(初小)和四年制高等小學(高小)兩級。尋常小學屬義務教育,但因為仍然要收授課費,所以對於支付不出授課費的兒童,則實施簡易化的課程,即小學簡易科。

中國在甲午戰爭失敗後,改革教育制度問題被提上日程,日本的近代學制成為仿傚樣板。首先,1898 年,將前近代的最高教育機關國子監改為國立大學京師大學堂。1902 年,將在洋務運動中建立的京師同文館併入京師大學堂。同時,各省、府、州、縣的書院及其他傳統教育機構被改變為高、中、小學堂。1898 年,作為戊戌變法內容一環的教育改革措施雖因保守派的政變而被中斷,但是在義和團運動後的光緒新政時期,書院被改編為學堂,建立近代學制的工作得以重新開展,直到 1902 年的壬寅學制和 1903 年的癸卯學制正式頒佈,初步實現了近代教育制度的改革。根據壬寅學制和癸卯學制,建立了由蒙學院(幼稚園)—小學堂、高等小學堂(初等教育)—中學堂(中等教育)—高等學堂和大學堂(高等教育)的整套體系,這是近代意義的教育體制。此外,學校行政與教育行政分離,廢除了科舉制度。由此奠定了清代近代教育的基礎。

當然，從教育理念上，仍以中體西用為原則。初等教育的目的在於讓學生掌握日常生活所需的文字和知識，同時培養必要的倫理道德及愛國心，以此為基礎，加上實施強健體魄的體育教育，這就是「國民」教育的目標。

1894 年甲午改革後，朝鮮開始致力於近代教育體制的建立。1895 年，高宗仿傚日本天皇的「教育敕語」頒佈《教育詔書》，同樣將國民視為臣民，強調「忠君愛國」精神，遵循的是君主專制統治的理念。而「教育詔書」也強調了國王的教育改革意志，相比傳統以知識為中心的教育，高宗更強調德智體兼備的教育。

朝鮮政府也公佈了《小學令》和《中學令》，建立小學—中學學制。根據 1895 年頒佈的小學校令，初步構建初等教育體系，即：小學教育以「國民教育基礎以及講授其生活所需一般知識技能」為目的，尋常科為三年，高級科為二至三年，大約需要五至六年時間修完。此後，又頒佈了關於師範學校、外國語學校、醫學校的校令，近代教育步入穩定發展期。另外，在儒學教育的最高學府成均館內設立經學科，除教授儒學經典外，也教授歷史和地理、算術等課程。到 20 世紀初，朝鮮已建立了各類學校。

共同學習與愛國心的培養

在引進西方教育前，中日韓三國的傳統教育均以識字、背誦儒學經典為主，教師講課並無規定內容，而是按照慣例或根據經驗。即使坐在同一課堂上，學生學習內容也並不相同，因人而易。教師的作用與其說是傳授知識，不如說是確認學生的學習內容，這可以說是個性化的學習。

近代學校與前近代教育機構截然不同。不僅是課程內容，包括學生服裝、日常生活及在學校內外的各種教育活動均被制度化。學生們需要在早上規定的時間上學；以書包代替之前的包書布，書包裡裝上教科書、筆記本及學習用品；

每日課程開始和結束時行早禮和晚禮，教師利用這個時間確認學生出席情況，傳達各種事宜；上課下課時間用鐘聲提示，上下課時教師和學生互相敬禮；一天的課程結束後，學生們要輪流打掃班級和擔當區域衛生。這樣的學校生活使學生養成遵守紀律的習慣，培養了責任感。但是，規範化的授課形式和學校生活，讓規定和紀律控制了教師和學生，後來也成為國家主義教育政策的一環。

近代的教育制度與傳統教育不同，要求將學生們按班級分類，以班級為單位學習。每個班級指定班主任具體指導學生。教師要根據教學大綱，以全年級學生為對象就規定的內容進行授課，同一班級的學生接受相同內容的教育。這是前近代不曾有過的教育狀態。教師根據規定的教育課程教學生，學生必須學習那些內容。教師不能自行制定教學大綱，而需要依據國家規定。所以教師不僅監督和確認學生的學習情況，更重要的職責是講授相關課程。

近代學校教育不僅在課堂內，而且也通過課堂外的活動進行，與以前不同，還開展如郊遊、運動會、展覽會等多種教育活動。這樣的教育活動目的在於培養學生們的團結協作精神及創造性。當然有時也被政府利用作為統治國民的手段。

在明治時期，「遠足」被列入日本學生的野外活動，開始被稱為「遠足運動」。如「運動」這一概念所表明的，那是學生們一起進行的遠距離的步行。通過這一活動訓練學生們的體力，培養團隊意識。這一活動，是按當時任日本文部省大臣森有禮要求，在學校進行軍事體操的影響。「遠足」一般在特定的節日或紀念日舉行。例如 1888 年 5 月，日本愛知縣的一所小學，就在學生畢業的時候，舉行了「遠足」以表示紀念。當時的日誌記載：

今天，將帶領本校的 19 名畢業生進行「遠足」，目標是八橋村。上午 10 點，學生們從校門口出發。全體學生都肩扛木槍、身揹行囊，邊走邊高唱軍歌，引來了沿途的許多人駐足觀看，不斷發出羨慕的感歎。

　　從學校到八橋村是 10 公里，學生們往返行進 20 公里，到了八橋村後，還參拜了神社。這是一種到有歷史意義的場所的行軍，參拜後再返回學校。

　　韓國的學校也曾開展過那樣的郊外活動。在大韓帝國時期，很多學校為鍛煉學生的精神而開展「遠足」，離開學校到有山有水等風景秀麗的地方遊玩一天，來回的路上都列隊行走。學生們在目的地要舉行活動，一般是進行演說、唱歌，當然以愛國教育為基本內容，與日本明治時期的「遠足」其實並無本質區別。日本吞併朝鮮後，朝鮮的學校更舉行與日本一樣的「遠足」活動。例如，1911 年 6 月 27 日，漢城儆新學校組織的遠足，目的地是幸州山城，往返距離20 公里。學生們揹着書包，裡面裝着飯團，在教師的指揮下往返於幸州山城。這種行進與其說是「遠足」，不如說是行軍。

　　在野外活動的同時，學校也舉行運動會。運動會一般在學校操場舉行，但也有在去郊外「遠足」時候舉行的。一年一度的運動會時，除學生和老師參加外，有時還邀請附近居民參加，作為共同的活動。

　　中國的近代教育也提倡尚武精神，在課程中加入軍事科目。特別是在 1900年義和團事件後，作為軍國民教育的一環，軍事教育規模在學校中也擴大了。小學生及中學（包括高中）生同士兵一樣被編成小隊、中隊、大隊進行訓練。為鍛煉學生身體及培養精神面貌，體育課作為重要的學習活動與軍事教育結合起來，體操、體育和運動會是各學校中的重要的學習活動。小學校為培養兒童的勇氣和養成遵守紀律的習慣而教軍事知識。運動會和野外活動作為訓練學生們的體力的手段。學校之間也進行聯合運動會等。此外，讓學生揹着槍在積雪的山上行軍。還有，辦報紙、演戲劇、從事文學、美術等文化活動等，都是薰陶國民精神的手段。

學校培養學生的尚武精神

教師在近代教育中的角色

在近代教育中，教師的能力相當重要。以年級為單位對學生分門別類地指導，教師必須要熟悉授課內容，同時要有效地傳達給學生。教師的責任不僅是在教室中授課，還有指導學生生活及行政方面的任務。除在課堂或操場上指導學生活動外，還要對學生的行為規範、禮儀、假期生活予以指導。另外，還要規定學生禁止事項，給予獎勵和懲罰。校內各教室的管理、安全警備、外來賓客的招待、學堂建築的維護等，都是教師的責任。

不過，在近代教育開始的時候，幾乎沒有具備這種能力的教師。所以，引進近代教育制度的初期，中日韓三國教育面臨的重大課題是教師的培養。其中小學教師的培養尤為迫切。

第二節　以國家為中心的教育政策的強化

對教育的渴求和初等教育的普及

　　明治時期日本學制的目標是：「村中沒有不接受教育的家庭，家庭中沒有不接受教育的人」，這表明政府要全民接受教育的意圖。在這一政策下，入學率大大提高。1878 年，全國的小學有 12500 所，兒童入學率達到 41.26%。但以國家為主導的擴大初等教育的政策並沒有得到大眾積極回應。這是因為教育內容仍脫離實際，另外就是教育費用相對較高，導致對接受教育表現出猶豫態度。自 1886 年起，尋常小學納入義務教育，接受初等教育的數量大有提高。此外，近代教育提高了人們對接受義務教育必要性的認識，也導致了入學率的提高。進入 20 世紀後，男子的小學入學率超過了 90%，而到了 1910 年代，大部分地方都實現了男女學生同樣入學接受教育。

　　甲午改革後，朝鮮政府也引進近代教育制度，並最先發展初等教育。先是在漢城建小學，此後在全國主要區域設立了十餘所公立尋常小學。到了 1896 年，又有二十多所小學建立，初等教育得到擴大。與日本不同的是，朝鮮沒有實施義務教育，公立學校的入學率也不高。但是大韓帝國末期，官公立學校學生數量開始逐漸增多。1905 年的時候還只有 22 所學校，學生 1900 名；到了 1909 年，即被日本強制合併前，學校數量增加到 101 所，學生增加到 17000 名。

　　比起公立學校教育，私立學校教育發展得更快些。1905 年《乙巳條約》簽訂前後，在朝鮮從事啟蒙的人士認為教育是提升國家實力的根本道路，在全國各地設立學校。到了 1908 年，私立學校規模增至數千家，多數相當於初等教育程度。《乙巳條約》簽署後，如其他領域一樣，韓國的教育也受到日本干涉。

日本向各級學校派遣視學官參與學校管理，並分別於 1906 年和 1909 年兩次頒佈學校令，完全控制了教育體制和內容。這一時期，小學被稱為「普通學校」，取消歷史課。1908 年，統監府頒佈私立學校令，對韓國人的民族教育加以制約。

20 世紀初，在日本的殖民統治下，初等教育還沒有能夠普及到全體朝鮮兒童。許多朝鮮人對殖民教育也不抱幻想。加上朝鮮國內相當多的傳統知識份子仍熱衷於書堂的傳統教育方式，而一般人對近代教育的必要性也沒有認識。三一運動的發生則促使這一情況發生了改變。

三一運動後，社會對教育必要性的認識明顯提高，出現了「教育熱」，人們要求朝鮮總督府增設普通學校。於是，朝鮮總督府承諾每三個面設立一所普通學校，但是這與朝鮮人要求的「一面一校」的標準還相差甚遠。

在中國近代教育開始階段，初等教育也是主要關注點。經壬寅學制和癸卯學制，中國的近代教育得以惠及窮苦人家的子弟，還正式將女性教育納入到學制中。辛亥革命後的 1912 年，南京臨時政府對清末學校制度進行改革，強化初等教育，頒佈了《普通教育暫行辦法》和《普通教育暫行課程標準》。對初等教育進行的整頓，主要是廢止教授原來進行儒學教育的經學，代之以修身課。此外，注重歷史、地理和理科等應用科目和音樂、手工、圖畫等培養藝術技能的科目，在初等學校實施男女共學。強化初等教育的結果是大大增加了入學率。1912 年的初等學生數量不到 300 萬，但到了 1915 年就突破了 400 萬，1919 年則增至 570 萬。1922 年，仿照美國實施了 6-3-3 學制，即小學六年、初中三年、高中三年。大學則從四年起到六年。

開展以兒童為中心的教育活動

中日韓三國在引進西方學制和課程的同時，也自然接受了西方的教育理念。中國與韓國都是通過日本接受西方的教育理念的。首先是受普魯士教育理

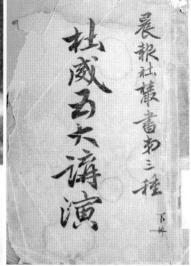

訪問中國的杜威及其在中國的講演記錄

念的影響,將陶冶堅定的道德品質作為教育目標,教育方法上則是以管理和授課、指導等教育方法,從幼兒起就開始訓練,國家制定了詳細的教育內容及教育大綱,在實際授課中重視講義。此後,又開始重視注重進步主義和實用主義的歐美教育思想,並被確定為學校教育的發展方向。20世紀後,各國引入多樣化的歐美教育理念,成為新教育運動的原動力。特別是隨着初等教育的擴展,對兒童教育的關注普遍有了提高。各國都出現了開展尊重兒童個性和自發性,將兒童視為教育主體而取代之前只將兒童作為被動接受教育對象的運動。那是由於美國教育學家杜威(John Dewey)的教育理論帶來的深刻影響。

　　杜威的教育思想基於現實生活,注重兒童的興趣愛好。受其影響,日本曾提倡開展「自由教育」、「自學教育」、「自動教育」等以兒童為中心的教育。

大正民主主義時期，還曾出現被稱為「大正自由教育」的教育改革運動。澤柳政太郎是將這一運動正式付諸實踐的人。他在 1917 年設立成城小學，並根據自由主義教育方法教育兒童。成城小學提出尊重個性教育、親近自然的教育、心理教育和以科學研究為基礎的教育等原則，以小班級為單位開展教育。自由教育運動多在部分私立學校和師範學校的附屬小學中展開。

　　中國在 1910 年代發表的《教育宗旨》將道德教育作為教育的根本，確定了法國革命中提出的自由、平等、博愛的教育理念。袁世凱上台後強調以封建倫理為基礎的道德教育，但其死後不久爆發的五四運動，仍然使西方的近代教育理念得到推廣。自 1919 年 5 月，杜威在中國停留兩年零兩個月時間，到 11個省進行了演講。受他的影響，實用主義教育理念得到推廣，職業教育得到強化，開始了以兒童為中心的教育活動。杜威的教育思想對中國近代教育理念產生了深遠影響。

　　陶行知接受了杜威的理論，努力將其理論實踐於中國社會。根據中國當時很多人不能上學的實際情況，他把杜威「教育是生活，學校是社會」的口號改為「生活是教育，社會是學校」，提倡通過學校外的社會進行教育，通過生活進行教育，從而擴大了教育的範圍，拓展了教育的方法與工具。陶行知還主張拓寬兒童和大眾的生活範圍，致力於民間辦學活動。抗日戰爭時期，陶行知的教育理論在各地被運用，突出了教育的重要性，也成為中國的主要教育理論一直延續下來。

　　20 世紀 20 年代後，殖民地朝鮮也引進包括杜威在內眾多教育思想家們的教育理念。如方定煥開展了「兒童運動」，認為兒童與大人都是統一的人格體，他使用「兒童」這樣的用語，並呼籲大人和社會對兒童給予尊重和關心。方定煥還創辦了韓國最初的兒童雜誌《兒童》，組織兒童文化團體「七彩會」，致力於兒童文學普及和藝術振興。為提高社會對兒童的關注，他曾提議以每年的5 月 1 日為兒童節。此後，韓國的兒童節改為每年 5 月 5 日，一直延續至今。

教科書發行制度的變遷：從認證到審定，再到國定

　　教科書是引進西方知識和文化的重要渠道，所以介紹西方文化的內容被新式學校教材吸收，有時還將西方教科書翻譯後作為教材使用。儘管對教科書十分重視，但在近代初期，中日韓三國都沒有對教科書進行特別的規定，這當然與當時教育制度尚不完善有關，而更重要的是，當時還沒有意識到國家應當介入教科書的發行與使用。

　　在日本，隨着政府教育制度的規範，開始實施教科書審定制度。1880 年，明治政府規定教科書不得有「擾亂國體法令及擾亂社會風俗」的內容，以此為由，公佈了禁止作為教科書使用的圖書清單。禁止書目中，比重最大的是介紹近代民主主義精神的書籍，為的是禁止有悖國家理念和政策的書作為教科書。雖然這種對教科書的消極干涉還不是政府對教科書發行的正式介入，但已逐漸轉為對教育的積極控制，最終導致了教科書審定制度的出台。從 1881 年起開始醞釀，經 1883 年文部省認可，1886 年起日本開始實施教科書審定制，這樣的教育政策與小學的「國定教科書」制度是密切相關的。1902 年，由於圍繞採用什麼樣的教科書發生了分歧，明治政府決定推行小學教科書國定制。到 1904 年，日本所有的小學用教科書，包括修身、國語、日本歷史、地理等全部使用了「國定教科書」。

　　隨着帝國主義干涉和殖民統治，日本的教科書制度也傳入朝鮮。1895 年，高宗頒佈「教育詔書」後朝鮮開始發行教科書。當時的概念可視為「國定圖書」，因對教科書的發行和選擇還沒有做出特別規定。民間也同時發行多種教學用書，所以可以說尚未嚴格執行教科書的國定制。而私立學校還通過自己編寫的教科書宣傳民族意識。

　　1905 年的《乙巳條約》後，日本開始正式實施對朝鮮教育的干涉，從而使教科書發行和使用都受到了控制。統監府命令用日語代替之前英語的地位，甚

至試圖用日語編寫發行所有教科書。雖然因遭到韓國人的強烈抵制而最終被取消，但對教科書的監管卻日益強化。1909 年頒佈了「教學用書規定」，引進審定制，規定只有通過審定的教科書才可在學校使用。與此同時，政府還通過出版法嚴禁販賣有批評日本內容的教科書。1910 年，日本開始實施對朝鮮的殖民統治，殖民地朝鮮的普通學校和日本一樣都使用國定教科書，大部分普通學校教科書由朝鮮總督府發行。日本發行的中等學校教科書，經朝鮮總督府審核後，也在朝鮮直接使用。這樣的教科書制度一直延續到朝鮮解放。

中國人自己編纂最早的近代教科書，是 1897 年由南洋公學外院發行的《蒙學課本》。《蒙學課本》介紹了動植物、四季、自然現象等幼兒應備基本知識。但是，《蒙學課本》因單詞過多，內容過於繁雜，對兒童而言難度很大。於是 1910 年出版了修訂版《蒙學課本》。

初期，中國引進了日本的教科書制度，並改編和編譯日本教材。1902 年，壬寅學制提出了教科書的國定制和審定制構想。教科書主要由既是高等教育機構又擔當教育行政業務的京師大學堂編譯為準。各學校如有自己編製的教科書，可通過京師大學堂的審定後使用。如果將前者視為國定制，那後者就相當於審定制。1902 年文明書局開始發行各種蒙學教科書，1903 年發行的教科書有修身、歷史、地理、化學、植物、體操等 23 種。

壬寅學制規定了教科書的國定制和審定制原則，教科書發行和審定的主體是學務大臣。小學堂使用由國家機構的編書局編寫，經學務大臣審定的教科書，並規定根據學堂所在地情況進行選擇使用。

辛亥革命後，南京臨時政府於 1912 年公佈《審定教科圖書暫行章程》，對小學教師和學生用的教科書和中學學生用教科書實施審定制。這樣，不僅教科書內容，還對印刷用紙、書的規格、價格等有關教科書發行所有事項均由教育部調查。此後，教科書審定制成為中國教科書發行基本制度。南京政府在 1929 年 1 月公佈的《教科圖書審查規定》第一條中規定，「未經國民政府行政

鐵路和日本教科書普及

　　日本近代教育普及與鐵路有着密切聯繫。在進入汽車時代前，鐵路在運輸教育用各類設施器材及國定教科書方面起到了主要作用。隨着入學率的提高，對教科書的需求量也大大增加。從明治後期開始到大正初期的數十年間，東京地區國定教科書總銷售量，1907 年（明治四十年）為 19888600 冊，而 1914 年（大正三年）為 40284948 冊，增加了一倍。由於統一內容的國定教科書基本在東京發行，所以鐵路在新學期開始前將教科書運輸到各地的過程中發揮了重要作用。政府通過減免國定教科書運輸費的政策對教科書提供政策優惠。

院教育部審定，或審定失效的學校教科圖書，一律不得使用」，只有經過審定的書籍才能作為教科書使用。

教科書內容反映出來的國家主義

　　由於教科書實行了國定制，日本教科書強化了宣傳政府統治理念和政策的內容。下面是實行國定制後第一次發行的小學四年級用《修身》教科書的部分內容，從中可以看出其國家主義教育的傾向。

　　神武天皇登基後至今已有兩千五百多年歷史。在這期間，歷代天皇都像愛自己子女一樣愛護臣民，臣民也祈願皇室繁榮。我們也要成為優秀的日本人，

尊敬皇室，守護我們的大日本帝國。

（《尋常小學修身書》四年級用，文部省，1904）

在日本的國定教科書中，到處可以看到像這樣讚美天皇的內容和成為大日本帝國與天皇忠誠臣民的誓言。有的教科書則把「為國捐軀」的人作為英雄，如在日俄戰爭中戰死的「軍神」廣瀨武夫。

朝鮮學府發行的教科書同樣強調了皇室傳統。下面是在被日本強制合併前發行的韓國普通學校修身教科書中的部分內容：

我皇室自太祖高皇帝以來，聖子神孫繼承五百年迄今為我大韓帝國。雖盛衰更替、治亂無常，然歷代聖賢均宵旰惟憂，以敦化民俗、宣揚國威。

（《普通學校修身書》卷四，學府，1910）

日本吞併朝鮮後，在朝鮮總督府發行的教科書中，將大韓帝國皇室改為日本皇室，改編為與日本《修身》相同的內容。

與日本和大韓帝國一樣，中國的教科書中也有頌揚皇帝權威，要求效忠國家的內容。清政府學部曾認為中國人最缺乏的是尚攻、尚武、尚賢精神，於是指示應參考自開國以來歷代先祖業績，以及近期事變中聖君之憂患和勞苦，包括外患原因、內政緊急事件、需要廢除的禁忌等，有選擇性地編入教科書中，認為只有這樣才會使學生忠君。事實上，教科書的這一傾向在此之前就已經表現出來了。如1902年發行的中國的兒童用教科書就介紹了國民讚美皇帝的「愛君歌」，歌詞是：

大清皇帝治天下，保我國民萬萬歲，國民愛國呼皇帝，萬歲萬歲聲若雷。

（《蒙學讀本全書》，1902）

第三節　戰時體制下的初等教育

戰爭與國家主義教育的強化

20 世紀 30 年代後起，由於日本發動的侵略戰爭，中日韓三國的教科書中國家的理念都得到了強化。1931 年九一八事變後，日本全社會國家主義教育的軍國主義色彩十分明顯，包括馬克思主義在內的自由主義和民主主義思想和學問均遭到鎮壓，同時還開展了全面消除西方思想的「國體明徵」❶ 運動，並成為文教領域的口號。文部省編纂了《國體之本意》作為教育方針，強調日本國家是以天皇（皇室）為核心的大家庭，臣民要絕對服從天皇。

1937 年中日戰爭爆發，日本通過戰爭總動員將國民從肉體和精神上都推向戰爭，小學生也成為國民精神總動員的對象，教育也被納入戰爭體制。文部省在《國民精神總動員與小學教育》（1938 年 1 月）、《時局與初等教育者的使命》（1938 年 10 月）等宣傳冊上針對小學的總動員指示了具體方案，要求動員兒童參拜和打掃神社，慰問軍人遺屬，歡送出征士兵，給軍人寫慰問信和發放慰問品等各類服務活動。

這一教育政策也反映在殖民地朝鮮的教育中。朝鮮總督府 1937 年制定「皇國臣民誓詞」，要求學生大聲背誦。兒童必須每天齊唱如下內容：

我們是大日本帝國之臣民。

我們要齊心協力效忠天皇陛下。

---

❶ 日本政府為宣揚天皇神聖不可侵犯的口號，要求日本國民必須維護日本的「國體」，兩次發表所謂「國體明徵」聲明。

背頌「皇國臣民誓詞」的韓國學生

我們要刻苦鍛煉，成為優秀堅強的國民。

1938 年修訂的朝鮮教育令將「國體明徵、內鮮一體、刻苦鍛煉」定為朝鮮教育三大綱領；將原來兩國的學校名稱統一為小學、中學、高等女學校，以標榜朝鮮與日本一致，徹底消除了朝鮮人和日本人的教育差異。而這一殖民地教育政策的本質是為了培養適合戰爭需要的日本皇國臣民，以備必要時可以進行戰爭動員。據此，更加強調「培養忠誠的皇國臣民」，並更加強力實施皇民化同化教育。

朝鮮殖民地國語（日語）常用卡片

殖民地朝鮮在 1938 年停止朝鮮語課後，學校的日常生活中也禁止使用朝鮮語。教師給學生分發「國語（日語）常用卡片」，如果看到使用朝鮮語的學生，就將卡片傳遞給他。因為得到卡片多者將要受罰，所以學生們想方設法將卡片傳遞給別人。日本將琉球編入日本改為沖繩縣之後，也用這種日語常用卡片方式作為擴大日語使用範圍的措施。

在中國，20 世紀初期開始，教育思潮中的民族主義傾向雖然有所抬頭，但相對來說，到 20 年代的前半期，與民主主義教育思想相比，民族主義的思潮還較弱。不過，進入 20 年代中後期，民族主義教育開始加強。1926 年，中華教育改進社 ❶ 將培養愛國國民作為中國的教育理念，並提出如下核心方案：

1. 致力於中國文化，發揚民族精神。

2. 開展軍事教育，增強體魄。

3. 適當實施國恥教育，培養愛國情操。

4. 促進科學教育，增強基本智慧。

這一時期，除課堂教學外，在課外教育活動和生活中也強調愛國和民族精

---

❶ 1921年在北京成立的教育運動團體，以教育狀況調查、研究和改善為目的，開展鄉村教育運動，由陶行知為總監察，邀美國教育家杜威等任名譽理事，成員達五百餘人，是當時最大的教育團體。

神。在校內日常生活中特別重視紀律和秩序，學生集體開展訪問和清掃慈善機構等服務活動。

戰時體制下日本及其朝鮮殖民地的軍國主義教育

隨着戰爭範圍擴大，日本和朝鮮殖民地的學校改為戰時體制。1941 年，日本向包括美國在內的同盟國宣戰後，全面進入亞洲太平洋戰爭時期，正式開始戰爭總動員，進一步強化軍國主義教育。學校作為教育機構的性質被完全改變，就像氣氛緊張的兵營。這一時期，日本與朝鮮的教育目的是培養效忠天皇和國家的臣民，並將戰爭合理化。這樣的教育一直持續到 1945 年第二次世界大戰結束。

根據戰時體制的要求，學校教育編制和內容都發生了改變。1941 年，日本及其殖民地朝鮮、台灣同時頒發了《國民學校令》，將小學名稱改為國民學校，規定在學校實施「皇國國民基礎訓練」，明確學校是為培養效忠於天皇的臣民即「國民」而打基礎的教育機構。學校的科目以修身為中心，包括國語（日語）、歷史、地理等都被稱為「國民課」，是培養皇國臣民的核心課程。在教育內容上，強調對男學生的軍事教育，對女學生的實際應用教育。

除在教室授課外，學校裡的各種活動也充滿戰時教育色彩。國民學校三年級以上兒童加入少年團，以集體形式歡送出征前往戰場的軍人，慰問軍隊。1944 年 8 月後，為應對美軍飛機的空襲和本土決戰，還針對兒童進行集團疏散的訓練。

學校的社團活動也多為軍事訓練或軍事體育等內容，有的社團甚至直接使用武器進行訓練。日本妹尾河童所著的《少年 H》中曾談到 1943 年神戶第二中學的社團活動多為軍事體育訓練類，有橄欖球、棒球、相撲、柔道、擊劍、滑翔、刺刀、訓練射擊、騎馬等，大部分都以增強體魄、強調凝聚力為目標。

　　當時的教科書強調皇國臣民應具備符合戰爭需要的精神面貌，日本和朝鮮殖民地的《修身》教科書中，都充斥了把日本喻為神之國，把天皇奉為神的內容。在初等學生用的《修身》教科書上，記載說日本是由繼承天照大神血脈的天皇治理的神的國家，同時強調君與臣的名分是自建國起就已明確了的，這是日本的最高貴之處。

　　當時的日本歷史教科載有「御歷代表」❶的世代天皇的系譜，國語和修身教科書中則收有描寫為戰爭捐軀的英雄的故事。在日俄戰爭和太平洋戰爭中陣亡的日本軍人的事跡被編入教科書中，讓學生們學習模仿。1943 年發行的《初等小學修身》五年級用書中，就有一個單元「軍神榜樣」，介紹在日俄戰爭中陣亡的橘周太中佐和 1942 年與英國空軍在緬甸戰鬥中陣亡的飛行員加藤建夫少將，將兩人稱為「軍神」。教科書對橘周太的陣亡場面做了如下深情描述：

　　「高地已插上我們的國旗，大家一步也不能退縮，就算全軍覆沒也不能把陣地讓給敵人。」中佐高喊着，左手已中第兩顆槍彈，接着，第三顆子彈擊中了他的腹部。在大家英勇奮戰之時，橘大隊長最終倒了下來。……

　　「今天是皇太子殿下的生日，在這喜慶的日子，能為天皇陛下和為國效忠，作為一個軍人死而無憾」，橘大隊長掙扎着說出上面的話後就靜靜地閉上了眼睛，手腳開始慢慢變涼。落日映紅了西面的天空。

　　（日本文部省發行《初等小學修身》五年級用第九課，1943；朝鮮總督府發行《初等小學修身》五年級用第九課，1943）

　　教科書也及時地介紹當時開戰的情況，凡是日本打贏的戰爭，很快就被收

---

❶　當時，日本的「國史」和「修身」教科書的第一頁是從神武天皇開始到第124代昭和的歷代天皇的天皇名，要求學生們必須記下來。

隨着戰局的擴大，日本的各類學校活動也染上了濃厚的戰爭色彩。孩子們在遊戲時模仿軍人行軍。圖為孩子們持木槍玩耍（出處：川上今朝太郎 《後方的街——戰時的長野 1937~1945》，大月書店，1986）

錄在教科書中，包括太平洋戰爭初期的新加坡淪陷，日本在東南亞地區收穫的戰果被詳細記載在國民學校用教科書中。

中國在抗戰時期革命根據地的初等教育

在社會主義思想影響中國的時代，馬克思主義的理論也影響了教育。當時的社會主義思想家認為：教育受制於政治經濟，同時又反作用於政治和經濟。陳獨秀猛烈批評教育和政治分離的主張，李大釗則重視教育對人的身心發展所產生的作用，主張用教育進行精神改造。楊賢江基於馬克思理論編寫了教育史

和教育理論書，他的著作還曾被中國共產黨革命根據地學校作為教材使用。

抗日戰爭時期，革命根據地也很注意初等教育。中國共產黨在邊區建立小學，主要用來教育農民子女。邊區政府依據「一村一小學」原則，在邊區建立有七千多所小學，就讀學生約 3.6 萬人。以山東革命根據地為例，就有三分之一的學齡兒童上了小學。在部分地區，入學的兒童比例甚至達到 85%。

1939 年 8 月，邊區政府頒佈《陝甘寧邊區小學法》，其中將小學校定為初級小學三年、高級小學兩年，共五年。小學教育方針定位在革命戰爭時期，樹立民族覺悟和階級意識，培養民主精神，以增進兒童知識，提高身體素質。課

中國抗日戰爭時期的課本

程內容分為政治教育和基礎知識教育兩大類。政治教育重點樹立學生在抗日戰爭中的抗戰意識，並幫助掌握政治局勢。基礎知識課程則主要設有語文、算術、自然、歷史和地理、政治、思想品德、勞動、體育、音樂、美術等課目。邊區教育的首要目的是政治教育以培養學生的抗戰精神為主，然後是向學生傳授知識，科學知識方面的教學內容也不斷增加。

　　由於條件有限，革命根據地開展的教育未能開發統一教科書，各地區根據自身特點編選內容作為教材。教師一開始採用了傳統的灌輸式教育方法，後來逐漸以實物教學、現場教學等新教學方法開發兒童智力。

抗日根據地教育情景——延安保育院

第四節　戰後的教育發展及其課題

戰後教育改革和初等教育

　　中日韓三國在第二次世界大戰中的體驗不同，所以戰後三國在教育領域所面臨的課題也不相同。日本的課題是需要終止在戰前和戰時實施的「皇國臣民教育」，開始新的「民主主義教育」。而韓國作為日本的殖民地，戰爭中同樣進行了「皇國教育」，所以也面臨着相同的課題。但對於韓國來說，還需要培養「獨立國家所具備的民族精神」，需要奠定培養國家建設人才的教育基礎。與日韓兩國不同，新中國面臨的教育課題是廢除封建教育和近代以來推進的資本主義教育，建立新的社會主義教育制度。

　　戰後日本為廢除軍國主義教育而推進了一系列教育改革。當然，在盟軍總司令部（GHQ）的主導下，日本的教育改革的方向是以美國式的民主主義教育替代軍國主義教育。1947 年，教育基本法和憲法同時出台，規定了教育改革的基本原則。教育基本法要求廢除軍國主義教育，賦予全體國民以平等的教育權與受教育權，明確男女平等，實行男女共學。另外也明確了六（小學）—三（初中）—三（高中）—四（大學）的學制，以「小學」名稱取代「國民學校」，義務教育從小學起到初中，共九年。過去典型的作為皇國臣民化教育代表的「國民科」被「社會科」所替代。1948 年，中央教育權從一般行政中獨立出來，實現地方分權，不過這並不意味中央政府對教育的影響力有實質性的減弱。另外，日本政府仍否認在日朝鮮人的民族教育權，還對 1948 年的「阪神

教育鬥爭」❶等民族教育運動實施了鎮壓，可見教育基本法還沒有完全超出「國民」教育的窠臼。

韓國在脫離日本殖民統治後，同樣受到美國式民主主義教育的影響，因此教育改革的方向與日本類似：「國民」課程被「社會」課程所替代；受到杜威教育論影響，開展了重視兒童和生活經驗的新教育運動。但不同於日本的是，「國民學校」的名稱被保留了下來。

由於遭受了日本長達 35 年的殖民統治，韓國國內強調民族精神，要求開展民族教育的呼聲十分高漲，人們普遍關注民族起源問題，特別關注民族始祖檀君的歷史。以堅持民族主義立場的學者為中心，還展開了改革國史教育的討論。當時就國家的最高教育理念進行討論時，經常使用諸如「讓人類普遍獲益」、「弘益人間」之類的語言，反映了當時的社會氛圍。不過，民族主義教育論卻與試圖引進美國式民主主義教育的動向存在衝突。這一問題後來被李承晚政府實施意識形態統治所利用。

與日本、韓國不同，1949 年以後的中國的教育改革主要是「清理封建糟粕」和「全面廢止資本主義教育成分」兩大課題。根據毛澤東的新民主主義理論，中國將建立民族性、科學性、大眾化的教育作為教育發展方向。新中國試圖引進蘇聯教育模式解決這一歷史課題。於是以蘇聯教育學者凱洛夫的《教育學》為主的蘇聯教育理論被介紹到了中國，並聘請蘇聯教育專家來華。同時也建立了以蘇聯的大學為模型的大學，派往蘇聯的留學生大幅增多，企業也向蘇聯派遣大批實習生。蘇聯的教育經驗被改造成適合中國社會的教育模式後在中國穩步發展。但 20 世紀中葉，隨着中蘇關係疏遠，對蘇聯的教育理論也進行了批

---

❶ 日本戰敗後，留在日本的朝鮮人要求恢復在殖民地時代被剝奪了的朝鮮的語言和文化歷史教育，與日本政府計劃關閉在日朝鮮人民族學校的政策發生的衝突。雖然幾乎所有的民族學校被關閉，但保衛民族教育的鬥爭始終在持續，多數民族學校自主再建。

判和質疑。如認為蘇聯的教育階級性不強；蘇聯的教育理論以知識、課堂、教師為中心，文學和藝術帶有修正主義傾向等。但是這些批判只作為理論探討，教育制度和授課方式實際上還未改變。

課程和教科書變化

戰後初期，日本停止使用神化天皇和美化帝國主義侵略戰爭或宣揚戰爭合理性內容的教科書。但由於來不及改革教科書制度並開發新教科書，於是出現了將個別有嚴重問題的詞句用墨加以塗蓋而使用的「墨塗教科書」。在改革教科書制度前，仍一度使用僅刪除部分軍國主義內容的臨時國定教科書。文部省於 1946 年發行小學用《國家的歷史（くにのあゆみ）》和初中用《日本歷史》均屬這一類。

1947 年 8 月，文部省發行社會科教科書之一《新憲法故事》和《民主主義》（上下冊）。初中用《新憲法故事》闡述了民主主義的重要性，特別強調憲法中「放棄戰爭」的內容。高中用《民主主義》（上下冊）闡述了包括政黨組織

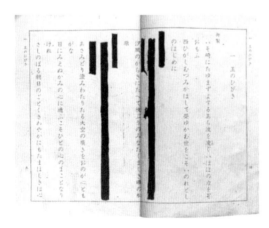

日本戰後初期的墨塗教科書

在內的民主政治原理。

1948 年，日本文部省頒佈了《教科用途書審定規則》，將「是否妨礙和平精神」、「是否有歪曲真理的內容」等作為教科書的審定基準。1948 年 7 月，又發佈了「與教科書發行相關的臨時措施法」。而從 1949 年起，審定教科書開始被採用，國定教科書漸漸退出歷史舞台。教科書審定制度開始的時候主要目的還不是對教育和教科書的控制，但隨着日本社會的右傾化，從 20 世紀 50 年代中期開始，文部省強化教科書審定制度，逐漸將審定制度作為控制教科書內容的手段。

韓國在脫離日本殖民統治初期，也沒有適合新社會和民主教育所使用的教科書。意識形態方面比較弱的理科課程則直接使用日本教材，翻譯成韓文進行授課。但像「國語」和記載日本歷史的「國史」那樣的曾反映軍國主義理念的課程，不可能直接使用日本的教材，從事韓國語研究和歷史研究的團體曾受美國軍政府委託編寫小學和初中用國語、國史、社會等課程的臨時教材。

隨着教育體制的改革，美國軍政府頒佈了國民學校和中學的「教學綱要」，對課程、課時、內容加以規範，要求據此開發教科書，經審定後用於教學。但不同於日本，解放後韓國政府仍編寫「國定教科書」，使「國定」與「審定」教科書混用的狀態持續了很長時間。20 世紀 70 年代實行第三次課程改革，政府又將教科書政策根基改為國定制。於是，不僅是小學，連初、高中也大部分使用了「國定教科書」。20 世紀 80 年代後，初、高中教科書漸漸向審定教科書的方向轉變，但小學用教科書仍維持國定制。

中華人民共和國成立後，教科書實行國定制，代替了之前的審定制，由教育部和人民出版社主導，並由人民出版社壟斷教科書的製作和供應。當時的教科書承擔了普及和推廣共產主義理念的作用。隨着改革開放的推進，教育方面也開始重視實用性和多樣性，從 20 世紀 80 年代中期後，教科書的編寫、發行制度也轉變為審定制，因此，目前有多種教科書被學校使用。

義務教育的普及和教育面對的問題

戰後，中日韓三國教育發生了巨大變化，受教育者數量有了飛速發展，質量也有明顯提升。三國均將教育作為培養國家發展所需人才的重要手段，並致力於教育的普及。

以「提高人民文化水平，培養建設國家需要的人才」及「肅清封建、買辦、法西斯思想，發展為人民服務的思想」為教育目標，中華人民共和國自成立之初就致力於擴大學校教育。1951 年，政府頒佈「學制改編有關規定」即新學制，將現存學校編入正規的教育體系，改革教育編制。新學制致力於保障農民及工人的子女接受初等教育。始於 1953 年的第一個五年計劃經濟時期，中國向蘇聯大批派遣留學生和實習生，五年時間招收了 54.3 萬名大學新生，從量和質兩方面實現了高等教育的巨大變化。而初、中等教育的發展則更重在質的方面。

初、中等教育實現量的發展是在 20 世紀中期末的大躍進時期。當時在「教育大革命」的口號下，學校教育涉及面大幅擴大。這一時期中國也開始了義務教育制，幼兒教育和小學教育不斷發展，同時發展女性教育。「文化大革命」時期，學校教育規模有所縮小，更強調精神教育。「文化大革命」結束後，中國再次認識到了全民教育的必要性。1982 年，中國政府決定普及小學義務教育，1986 年 7 月起，義務教育擴展到初中，即在全國範圍內實行九年義務教育。

韓國獨立後，初等教育快速發展，20 世紀中期開始對中等教育的需求也有了提高。雖然從 1950 年 6 月起韓國就實施了小學六年義務教育。直到 1994 年，開始在軍隊推行初中義務教育，2004 年起開始在全國範圍內普及初中在內的九年義務教育。但事實上，早在 1993 年，韓國的中學升學率就達到 99％，可以說幾乎所有的學生都已經接受了中學教育。

相比韓國和中國，日本普及義務初等教育的程度更高，戰後則將重點放在中、高等教育的普及上，並致力於教育機會均等化。為此而統一了五個獨立的

學校制度，並將義務教育從六年延長到九年。與此同時，利用夜校和函授方法推行高中和大學教育。此外，還新設了大學，各都道府縣一級至少要有一所國立大學。為滿足日益增長的對教師的需求，廢止了師範學校，而在國立大學和私立大學均增加師範教育，承擔教師的培養任務。實施了這些教育改革後，接受中等教育和高等教育人數有了顯著提高。而教育也從一般行政中獨立出來，實現了地方分權。

隨着教育的快速發展，各種問題也紛紛出現了。中日韓三國教育的共同特點是教育管理的權力過於集中和教育內容的過度統一。日本的《學習指導要領》、中國的《教學大綱》及《教學課程標準》、韓國的《教育過程》等都是具有法律約束性質的文件，左右着學校教育內容。隨着冷戰深化和美國推行單獨佔領日本的政策，20 世紀中期開始日本強化教育中央集權化和對教育的監控，各地教育委員由原來的公選制改為任命制，也強化對教師工作的考核評定。韓國在經歷南北分化後，強化了反共和道義教育，控制教育使其為政府的政策提供合理依據。而中國在大躍進時期、「文化大革命」時期和改革開放時期，政府對教育的控制有不同的政策，趨勢也不同。

戰後初期，中日韓三國的教育事業都面臨教育基礎設施不能滿足日益擴大的教育需求的問題，師資短缺，尤其是有經驗教師短缺，包括教室在內的教學設施也嚴重不足。以至在戰後一段時間，三國都採用過「二部制」❶即輪班授課的方式。為此，三國政府都採取了培養教師的措施，如開辦教師培訓班，鼓勵大學生畢業到學校任教等，必要時還舉辦臨時教師學習班。但是也帶來了教師質量下降的問題。而教師待遇低和社會地位低，也難以確保有能力的教師穩定在學校中。

---

❶　在教室相對缺乏的情況下，不同班級的同學上下午輪流使用教室上課。

由於教室不足，日本的學生們不得不擠在樓道中上課（1954 年）

因城市人口劇增，教室等設施不足，城市小學在很長一段時間裡採取「二部制」的授課方式。相對城市教育事業的發展，農村地區進程緩慢，農村、漁村以及山區兒童的受教育機會遠不如城市兒童，國家教育政策未能覆蓋農村，導致城市和農村地區教育基礎設施差距相當大。《山彥學校》一書曾描寫了戰後日本農村和山區兒童受教育的困難。20 世紀中期，日本民眾還組織過針對兒童生活的實踐教育運動。在韓國，作為振興農村和漁村地區教育的方案之一，自 20 世紀 60 年代初起開展了鄉村教育運動。新中國的教育普及政策在城市與農村的推行也有差別。中國政府實施了改善農村辦學條件、動員志願者到農村支援教育、提高農村教學水平和能力的措施。

不過，直到現在三國的教育事業仍存在一些需要解決的問題，特別是推行義務教育制度還需要諸多的配套政策，而目前政府對教育的投入還不能滿足需要，教育基礎設施不充分，而民眾接受教育的負擔還比較重。這都是需要解決的問題。

教育競爭帶來的問題

在向近代教育發展的過程中，中日韓三國都存在引導民眾接受新的價值觀和建立對國家、民族的忠誠心的問題。戰後，教育的這種性質雖然沒有發生根本變化，但政府通過教育行政權監管教育，更重視傳授知識，而輕視培養創新型人才。戰後，韓國和日本引進美國式教育體制和理念，教育成為人們提高社

「校園孤立」和「局外人」

集體孤立現象在日本叫做「校園孤立（いじめ）」，在韓國被叫做「局外人」。「校園孤立」表示「一人份兒」，日語詞源是「一人前」。對無法完成自己那一份的人，社會上的其他人不給予幫助，反而進行刁難和欺負，試圖將其從集團中排擠掉。「局外人」就是「被孤立王」，作為「最受孤立」的意思來使用。

發生「校園孤立」和「局外人」這種現象，加害者和被害者均為同齡人。有人認為其原因多出在被害者身上，而不是加害者。其實在有些情況下，加害者和被害者的角色會出現替換，甚至出現實施暴力的現象。集體孤立現象發展為「校園暴力」和「逃課」等形式，成了學校教育中的突出問題。

「校園孤立」和「局外人」是教育競爭和集團主義文化發展所帶來的產物。過度競爭帶來的壓力轉嫁給了弱者和不同於一般集團成員的成員，表現為一種集體孤立和刁難。

會經濟地位的手段。而社會競爭的法則也進入教育領域，引起了愈演愈烈的入學競爭。學生們為考上「一流學校」而展開的競爭極其激烈。這樣也帶動了日本和韓國的課外輔導教育發展迅速。

考入一流大學的慾望使入學競爭向下蔓延，擴大到了初等教育。在韓國和日本，有一段時期，圍繞小學升「重點」中學曾展開激烈競爭。隨着 20 世紀 60 年代後期韓國廢止初中入學考試，小學生的入學負擔才有所減緩。在日本，儘管國立中學可以免試入學，但是目前部分國立和私立中學的入學競爭仍十分激烈。

中國在實行改革開放政策發展市場經濟的過程中，也遇到了同樣的問題，為考入「好」大學所展開的高考競爭十分激烈，課外輔導甚至成為重要的經濟領域。特別是隨着社會獨生子女家庭越來越多，更是助長了這種傾向。

強迫接受競爭的教育形式，卻培養出了以自我為中心的學生。與此同時，許多社會問題同樣普遍發生在校園裡。近期成為社會問題的「校園孤立」❶ 現象就是其典型一例。教育競爭給學生帶來了很多壓力，成為「校園孤立」現象發生的重要原因。原先出現在高中生群體中的這一校園孤立排擠問題，日趨低齡化，現在在初中生中也普遍存在。

社會多元化與學校教育面臨的課題

社會交流的擴大和國際化，給中日韓三國的教育工作者帶來了新的歷史課題。與歐洲、美國不同，直到近代，中日韓三國對「以不同人種為對象的少數民族教育」和「多文化教育」並沒有表現出太大關心。但是，在政治社會劇烈

---

❶　校園冷暴力。

變化和國際交流頻繁的當代，三國都居住有不同文化背景的人，因此以他們為對象進行「少數民族教育」和「多文化教育」就變得十分必要，特別是為移民的子女及其後代奠定社會生存基礎的小學教育成為目前最為重要的課題。

在韓國滯留的外國人急速增加，據法務部發表的資料顯示，到 2007 年 8 月已超過了 100 萬，是年末，幾乎佔韓國總人口的 2%，韓國正式進入多文化社會。因此，政府和地方自治團體正式參與到了多文化教育中。該教育的重點定位在「幫助移民和多文化家庭成員能夠適應韓國社會」上，代表性的政策有：對移民和留居外國人實施韓語教育；為多文化家庭子女學習語言提供支援等。這樣做的主要目的是讓他們學到韓國文化，並能夠與其他韓國人自由交流。此外，還需要改變人們對外國移民和多文化家庭的認識。不過，韓國的多文化教育還處在起步階段，正朝「將移民向既有的韓國社會同化」的方向發展，而在「承認和發展社會成員的多樣性」方面尚有不足。

20 世紀 80 年末到 90 年代初，日本對多文化教育的關注也開始提高。 20 世紀 80 年代後期日本「泡沫經濟」崩潰後，社會上的移民勞務人員大幅增加。1989 年，日本政府對之前的法律規定進行修改，旨在「使外國人獲得可以在日本自由就業的資格」。據此，對保障不同人種、出生地、文化背景的人們共同生存的「多文化教育」關注日益升溫。此類教育以「人權教育」和「國際理解教育」為中心開展。除學校外，行政機構和地區社會等也幫助多文化家庭的學生適應日本社會，並建立多文化支持中心，為多文化教育提供人力、物力方面支持。由於地區差異大，因此多文化教育問題在大部分地域不被關注。為多文化家庭設置的日語教育也每周只能提供一到二次的課程，因此其面臨的課題是建立能夠超越語言和心靈壁壘的多文化教育支援體系並提供財政支援。此外，針對在日本居住的外國人中佔有最大比重的在日朝鮮人的民族教育，日本政府仍採取歧視和扼制態度。

在多民族國家中國，在新中國成立之初少數民族教育是一個大的課題。除

漢族外，中國還有 55 個少數民族。在 1949 年中華人民共和國建立前，大部分少數民族所居住的地區經濟和社會相對落後，現代教育幾乎是空白。中華人民共和國成立後的 60 年時間裡，中國政府共召開五次全國民族教育工作會議。中華人民共和國憲法及其相關法律中，就包含支持發展少數民族教育的法律條款。中央和地方各級教育行政部門也設立民族教育處或投入專門人力負責民族教育事務。這些政策促使中國的少數民族教育有了巨大發展，接受教育的少數民族人口也大增。1951 年，各級學校在讀少數民族學生數約 99 萬多，但到了 2008 年末這一數字增至 2199 萬，增長 22 倍。其中，一般高等教育機構在讀學生數達到 133.9 萬名，這個數字佔全國大學在讀學生人數的 6.23％。少數民族地區也實施了九年制義務教育，這在一定程度上消除了中青年層的文盲數。此外，少數民族地區中等職業教育也快速發展。但是少數民族地區經濟基礎和社會環境相對落後，自然條件也不優越，加上民眾的教育熱情相對低下，所以西部少數民族地區的教育仍然比較滯後。

第七章

傳媒：
被製造的大眾意識與感情

本章大事年表

1815 年	英國傳教士馬禮遜、米憐創辦《察世俗每月統記傳》（中文）
1827 年	中國最早的近代報紙英文《廣東記事報》創刊
1850 年	英文報紙《北華捷報》於上海創刊
1864 年	濱田彥藏在日本創辦《海外新聞》
1869 年	日本公佈《新聞印行條例》
1870 年	日本創立日刊報紙《橫濱每日新聞》（1872 年《郵政報知新聞》、《東京日日新聞》創刊）
1872 年	上海英國商人創辦《申報》（1909 年歸中國商人所有）
1883 年	朝鮮統理衙門博文局創刊《漢城旬報》（1886 年改稱《漢城周報》）
1896 年	朝鮮最早的民營報紙《獨立新聞》創刊　上海徐園首次公映電影
1897 年	大阪首次公映日本最早的電影　韓國首次公映電影
1898 年	韓國創辦《每日新聞》、《帝國新聞》、《皇城新聞》等
1899 年	日本拍攝由小說改編的電影《清水定吉（手槍大盜清水定吉）》
1904 年	韓國《大韓每日申報》創刊
1908 年	清朝頒佈大清報律管理報紙行業
1909 年	日本頒佈《新聞法》　中國電影公司「亞細亞影劇公司」在上海成立
1910 年	韓國被吞併後，禁止發行朝鮮語報紙
1912 年	中華民國成立，《臨時約法》規定言論自由，報紙發行量激增
1913 年	中國最早的戲劇電影《難夫難妻》在上海拍攝
1919 年	朝鮮總督府允許在「文化統治」下發行限制發行範圍的朝鮮語版報紙
1923 年	朝鮮首部電影《月下的盟誓》上映　美國商人出資開設的中國無線電公司，在上海開播
1925 年	日本開始電台廣播
1926 年	朝鮮羅雲奎自導自演的電影《阿里郎》大獲成功
1927 年	上海新新百貨設立廣播電台　朝鮮成立京城廣播電台，開始電台廣播

1928 年	中國最早的全國範圍的廣播電台——中央廣播電台成立　日本昭和天皇繼位大典通過收音機在全國直播,開始播放廣播體操
1933 年	中國國民黨開始對報紙實施檢查制度
1935 年	韓國最早的有聲電影《春香傳》上映
1939 年	日本頒佈電影法
1940 年	日本設立內閣情報局,對戰事報道實施一元化管理體制
1942 年	日本在朝鮮禁止朝鮮語電影的製作
1945 年	日本天皇通過收音機廣播宣佈投降　盟軍總司令部(GHQ)通過報道規則、廣播規則限制日本的新聞報道
1946 年	中國國共內戰期間,國民黨與共產黨均通過新聞報道進行宣傳動員
1949 年	中華人民共和國成立,報紙發行及電影製作行業實施國營化
1950 年	朝鮮戰爭開始,日本對言論機關強行實施清共政策
1952 年	日本「獨立」後廢止電波管理委員會
1953 年	日本開始播放電視(NHK 與日本電視台開播)
1956 年	韓國開始播放電視
1958 年	中國開始播放電視
1978 年	中國實行改革開放後,新聞行業、電視廣播行業迅猛發展
1987 年	通過民主抗爭,韓國媒體推進民主化

　　在近現代歷史時期發生交替時，除報紙、雜誌、圖書之外，信息還通過電影、廣播、電視等各種媒體得到傳播，出現了多種多樣的大眾文化形式。近代最早出現的媒體形式是報紙。19 世紀上半期，中國發行了近代報紙，不久東亞各國也開始發行。1895 年，法國巴黎首次放映了電影，並於第二年傳入東亞。20 世紀後，出現了廣播，由此足不出戶就可以獲取信息、欣賞音樂，因此人們為之着迷。這些傳媒給東亞社會帶來了哪些影響？例如，自 1931 年的九一八事變到日本戰敗，在這一歷史時期中，包括報紙、廣播、電影等傳媒成為日本侵略之宣傳手段，同時也傳達了中韓民眾抵抗和民族解放的消息。

　　第二次世界大戰結束後，東亞各國基於本國的情況對傳媒有不同的管理，但其程度有着差異。與此同時，大眾文化已經超越國境更進一步擴大。日本、韓國等國家在硬件產業領域和大眾文化等軟件領域方面，都受到了美國很大的影響。社會主義陣營也嘗試建立和普及與西方陣營對抗的新文化，此外，傳媒在人力動員方面發揮了巨大作用。冷戰結束後，與傳媒相關的產業在東亞地區克服理念差異，不斷發展，有着巨大的市場。

　　媒體具有巨大的魅力，給人們帶來娛樂，同時也作為民眾動員的手段，今後會有什麼樣的發展，對人們有什麼樣的影響呢？本章將對東亞三國媒體的歷史進行回顧，同時探討媒體今後的發展與大眾文化的未來。

第一節　向近代的轉換與媒體

圍繞報紙的統制與抵抗

中國和日本最早出現發行的近代報紙都與外國人來到東亞有關係。1827 年創刊的英文《廣東記事報》是中國最早的近代報紙。1840 年鴉片戰爭後，西方列強強行打開中國的門戶。近代報紙就在這種背景下誕生了。此後，1850 年，英文《北華捷報》在上海創刊（後改名《字林西報》），成為近代中國最具有影響力的外文報紙。1872 年在上海由英國商人創辦的《申報》，從創辦之日起即注重新聞的時效性和趣味性，擴大了銷路。《申報》刊登的新聞逐漸引起讀者的興趣。而且，《申報》刊登了多種多樣的廣告，對於打開商品的市場銷路很有幫助，並且向讀者傳播了時代的各種流行話題。1909 年，《申報》轉為華商所有，成為近代中國歷史最為悠久的商業性大報。

《北華捷報》、《申報》這樣的近代中國早期報紙，最早是外國人在租界發行的，清政府不承認其他的報紙發行。1898 年維新變法期間，一度開放報禁，但隨即又在政變後被西太后取消。20 世紀初，清廷實行新政，再度解除報禁，1908 年，參考日本的有關條例頒佈了《大清報律》，對報界進行管理。

1912 年，中華民國成立，公佈了《臨時約法》，規定國民享有言論自由等各項自由權利，報紙的發行數量激增。在此期間，有數百家報紙創刊，遍及國內六十多個城市。

第一次世界大戰期間，中國迎來了以輕工業為中心的民族產業的黃金時代，以北京、上海、天津、廣州、漢口等大城市為中心，全國的城市不斷發展，城市人口日漸增加。在近代學校教育制度下，小學教育普及，以城市的工人、店員等為對象的平民教育運動擴大，城市民眾的識字率迅速上升。以大眾啟蒙

《北華捷報》的排版間與創刊號

為目的的新文化運動發生，中國的報紙有了很大發展，成為主要的媒體。與美國一樣，天津《大公報》、上海《申報》、上海《時報》等大城市的地方報紙發揮了全國性報紙的作用，全國的中小城市也發行了地方報紙。反對日本政府提出的「二十一條」要求，報道五四運動等，第一次世界大戰時中國民族運動全國化的背景就包括了報紙的普及和發達。

天津《大公報》在1920年代中期提出「不黨、不私、不賣、不盲」的主張，並以其批評性言論而引領了輿論潮流。然而，1927年國民黨當政後，重點發展《中央日報》等黨報，宣傳其三民主義「黨治」理念，而對於民間報紙尤其是政治性言論則施加了限制。1933年，國民黨開始對報紙實施檢查。1934年，《申報》總經理史量才由於在報紙上刊登自由主義言論，觸怒了國民黨，被特務暗殺。

日本近代報紙的起源是1862年江戶幕府發行的《官版巴達維亞新聞》。作為洋學教育機關的幕府番書調所把荷屬巴達維亞發行的荷蘭總督府機關報進行抄譯並發行。民間則以濱田彥藏於1864年創刊的《新聞志》（之後的《海

外新聞》）為起始，傳播海外信息的報紙主要由佐幕派的西學者們創辦。

明治維新之後，新政府在 1868 年嚴厲禁止未經許可發行報紙，除了政府系和外國系報紙外，其他民辦報紙都消失了。翌年 1869 年《新聞印行條例》公佈，承認可在批准制度下發行報紙。第二年，日本最早的日報《橫濱每日新聞》發行，1872 年又發行了《郵便報知新聞》、《東京日日新聞》。當時親政府的新聞居多，英國人布萊克 1872 年發行的報紙《日新真事志》中設有評論和投稿欄。以後許多報紙也設立了評論和投稿欄，報紙成為自由民權運動的重要媒體。此後，政府則在 1875 年制定《新聞條例》而強化了管制。

1889 年公佈的大日本帝國憲法規定，承認在法律許可範圍內的言論自由，但政府可以取消新聞或下令禁停報紙發行的新聞條例繼續存在，它的改廢問題

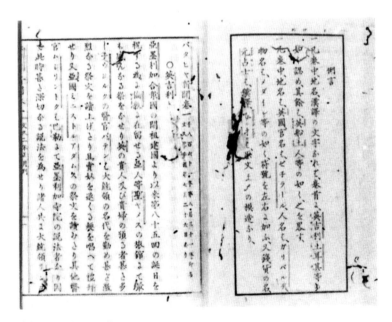

《官版巴達維亞新聞》

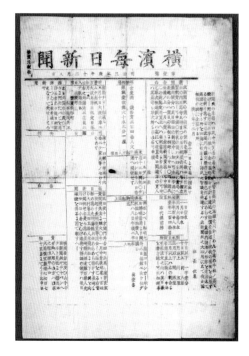

《橫濱每日新聞》

成為議會重要的爭議。

　　中日甲午戰爭前，日本報紙的論調逐漸傾向於對外強硬論。1894 年甲午戰爭爆發後，主要報社派遣隨軍記者，採訪競爭激烈。報紙對中國展開了攻擊性、侵略性的報道，為讀者所接受。各報紙提高了銷售數量，報紙、雜誌的銷售量，從 1893 年到 1894 年呈現了 32% 的增長率。議和時俄、德、法三國干涉，報紙對三國特別是對俄國進行批評，使面向日俄戰爭的國民動員變得更加容易。

　　為了吸引商界的參加，很多報紙都注意經濟方面的報道，同時還以刊登連載小說的方式吸引讀者。1909 年公佈的《新聞法》，規定了內務大臣有權禁止報紙發行（第 23 條），陸海軍大臣和外務大臣有權禁止刊登相關報道（第 27 條）。

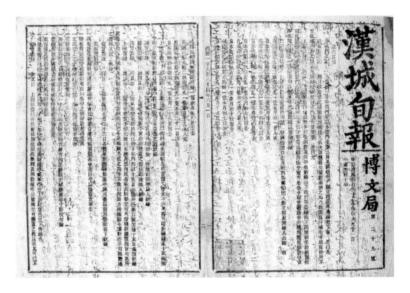

朝鮮最初的近代報紙《漢城旬報》

　　第一次世界大戰後，吉野作造和大山郁夫等評論家出現在《中央公論》等綜合雜誌和報紙上，普選運動擴大。《大阪朝日新聞》、《大阪每日新聞》由此擴大了發行量，1924 年兩家報社的每日發行量都分別超過了 100 萬份。1923年關東大地震時東京的報社遭受了沉重的打擊，受到大阪兩家報社援助的《東京朝日新聞》和《東京日日新聞》成為兩大報紙。報紙中出現壟斷者給日本的新聞界帶來了新的問題。

　　朝鮮最早的報紙也由政府創辦。1883 年起由統理衙門 ❶ 下屬的博文局開始

---

❶　近代韓國處理對外通商事務的政府機構，全稱「統理通商交涉事務衙門」。

正式發行《漢城旬報》。《漢城旬報》翻譯來自外國報紙的消息，其中包括《申報》、《中外新報》等中國報紙和《時事新報》、《東京日日新聞》等日本報紙。在 1884 年發生「甲申政變」時，由於博文局的印刷設施全部被燒燬，《漢城旬報》被迫中止發行，但 1886 年恢復為《漢城周報》。《漢城周報》並用漢字和朝文，有時還刊登純朝文新聞和報道，還最早刊登了商業廣告。

1896 年，朝鮮最早的民辦報《獨立新聞》創刊（《獨立新聞》創刊的 4 月 7 日是現在韓國的新聞節），在設計上，韓文在該報佔了四分之三的版面，第四版則是英文版的 The Independent（《獨立》）。《獨立新聞》自稱是民眾的代言人，為啟蒙民眾積極開展活動，還在向政府施加改革壓力、揭露列強侵略、維護主權等方面發揮了一定的社會影響。

1898 年，《每日新聞》、《帝國新聞》、《皇城新聞》等報紙也陸續創刊，其中《皇城新聞》因其報道帶有濃郁的抵抗日本的色彩而聞名。1904 年，「韓日議定書」被迫簽訂，《皇城新聞》立即把簽約的真相公佈於世，因相關內容遭到刪除，《皇城新聞》遂出版發行「磚瓦新聞」，即將鉛字倒過來印刷，對上述事件提出抗議。《皇城新聞》還不斷揭露日本壓迫的不正當性，多次被勒令停刊。

1904 年，《大韓每日申報》創刊，由於其發行人是英國人，所以能夠避開日本的干涉，發展為有影響力的媒體機構，反對日本的侵略政策。但是日韓合併之後，《大韓每日申報》受到來自日本殖民當局的壓力，變成了朝鮮總督府的機關報，在去掉「大韓」之後，更名為《每日申報》繼續發行。

由於媒體對日本侵略政策的批判不斷發生，1907 年，韓國統監府仿傚日本的新聞紙條例，制定了《新聞紙法》，嚴格管理報紙。1910 年韓日強制合併之後，根據《新聞紙法》，日本嚴禁發行朝文報紙，《每日申報》（1934 年 4 月更名為《每日新報》）作為唯一的朝文版報紙，作為總督府的機關報，主要宣傳的還是日本的統治政策。

　　1919 年三一運動之後，日本改變了對朝鮮的殖民地統治方式，實施「文化統治」，允許在有限範圍內發行朝文版報紙。1920 年，民辦《朝鮮日報》、《東亞日報》、《時事報》獲準發行。雖然《時事報》於 1921 年停刊，但是 1924 年混合使用朝文和漢字的《時代日報》發行（後更名為《中外日報》、《中央日報》、《朝鮮中央日報》），與《朝鮮日報》、《東亞日報》並列為三大民辦報紙。由於朝鮮的民族運動陣營在國外開展積極的抗日運動，國內輿論予以呼應，所以這三大民間報的論調也帶有一定的抗日色彩。同時對世界其他與朝鮮具有相似命運國家展開的獨立運動和民族運動，給予了高度關注。

電影──新娛樂的誕生

　　電影在法國誕生後，翌年的 1896 年在中國上海徐園首次放映，也是在東亞地區的首次放映。反映各國風土人情的電影，在中國觀眾中引起熱烈的反響，增加了人們瞭解外部世界的好奇心，在中國的城市，尤其是上海、北京、天津、漢口、廣州等大都市，逐漸有了商業化市場，並取代戲曲，成為城市居民最主要的日常文化消費，影響到他們的生活方式，諸如消費、時裝、言語等等，都受到電影的影響。

　　1896 年，日本神戶首次用愛迪生發明的早期電影機放映電影。1903 年，東京有了專門放映電影的電影院，看電影逐漸成為日本都市民眾主要的娛樂活動。其時正值日本加速現代化的進程，象徵了西方「近代化」和具有強烈娛樂性的電影受到了歡迎。最初的電影沒有聲音，日本放映電影時，電影院聘用講解員為觀眾進行現場講解，他們被稱為「活動辯士」。他們不僅講解電影故事，還即興表演電影的台詞。因此，活動辯士在相當程度上決定了觀眾對電影的印象。

　　韓國方面，推論是在 1897 年到 1898 年間最早放映電影。1897 年，一個名

叫阿斯特·豪夫（Astor House）的英國人，通過與朝鮮煙草株式會社共同購買
的方式，放映從法國進口的短片電影。最初電影被譽為「活動的圖片」，拋開
電影內容，僅憑它的新鮮特點足以引來人們的關注。據說，1903 年，放映介紹
各國獨特風景片的時候，每天晚上京城的人們都乘坐電車來觀看，其規模達到
了數千人。

　　東亞各國電影市場的形成，催生了各自語言及題材下的電影製作。

　　1898 年，日本的東京小西照相館拍攝了最早的影片。1899 年，在日本拍
攝的第一部戲劇影片上映。1912 年，日本最早的電影專業製片廠「日活」（日
本活動寫真株式會社）在東京成立。電影從原先附屬於娛樂產業的邊緣地位很
快發展為主流娛樂方式。大致從 1910 年代中期開始，日本電影產業成型，不
久便確立了在亞洲的領先地位。日本電影採納了歐美的手法，但仍然表現出獨
自的文化特色。例如溝口健二的《祇園姐妹》（1936 年），就詳細描寫了京都
壓抑的藝妓生活以及受凌辱的女性感情。小津安二郎則通過《獨生子》（1936
年）等描寫家族生活的電影，出色地反映了時代。1930 年代是日本電影的第一
個黃金時代。

　　1905 年，中國北京的豐泰照相館拍攝了中國第一部影片——戲曲片《定軍
山》。但是，中國電影的中心不在北京而在上海。因為商都上海具有電影業發
展所需要的經濟發達、社會多元、文化開放的環境。1909 年，中國第一家電影
公司亞細亞影戲公司在上海成立。1913 年，中國第一部故事片《難夫難妻》在
上海拍攝。20 世紀 20 年代中期，長故事片在上海開始拍攝，中國每年的電影
拍攝量超過了 100 部。之後也大量拍攝了具有中國文化特色的古裝、武俠片，
如多集片《火燒紅蓮寺》等。1930 年代也出現了暴露社會現實的左翼電影，例
如，反映城市底層人民生活的《馬路天使》（1937 年）受到了觀眾的喜愛。這
一期間，還誕生了廣受觀眾歡迎的電影明星。

　　殖民地朝鮮方面，1919 年金陶山首次製作了名為《義理的討伐》之連續劇，

上海早期的電影拍攝場地

但是這是介於戲劇和電影中間的形式，並非真正意義上的電影。1923 年，在韓國放映了首部電影《月下盟誓》，這部電影是將戲劇改變成電影的故事片。正如當時很多電影強調衛生及預防疾病的重要性那樣，這部電影是朝鮮總督府為了獎勵儲蓄而製作的，也是典型的啟蒙電影。1924 年，朝鮮自籌人力和資金拍攝的《薔花紅蓮傳》獲得成功之後，以古典素材為內容的電影成為電影主流。1926 年，羅雲奎自編自導自演的電影《阿里郎》，通過寫實主義手法，揭露了日本的侵略統治，並因此而獲得很大的成功，之後其主題曲《阿里郎》成為代表性的民謠。被電影情節深深感動的觀眾在劇場每每演唱這首歌曲的時候，警察都強制停放這部電影。此後，直到 20 世紀 30 年代初，拍攝了帶有社會主義色彩的卡普（KAPF，朝鮮無產階級藝術家同盟）電影等抵抗電影。

電影《阿里郎》

廣播——發聲媒體的登場

　　東亞三國廣播業的發展與世界其他國家相比並不算晚。1920 年世界最早的廣播電台在美國匹茲堡開播數年後，中日韓三國陸續出現了廣播。

　　1923 年，中國最早的廣播電台——中國無線電公司由美國商人在上海開辦。1926 年，中國人自辦的第一家廣播電台在東北哈爾濱開播。1927 年，上海新新百貨公司創設電台，成為中國第一家自辦民營電台。上海隨後成為中國廣播電台的中心。這時開辦的民營廣播電台都是商業性電台，打出的口號是「供社會之娛樂，飽各界之耳福」。電台播出的主要內容是娛樂節目，如歌曲、戲曲、說書等，也播出經濟市場和商業行情類節目，而時事政治性節目佔的比例不高。1927 年執政的國民黨，非常重視廣播媒體宣傳和統治的作用。1928 年，中央廣播電台建立，成為中國第一個全國性廣播電台，以後又引進德國設

1930 年代中國的收音機廣告　　中國 1930 年代進口的收音機

備，建成當時亞洲發射功率最大的電台。在 1937 年中日全面戰爭爆發前，中國的收音機數量不過二十餘萬台，主要集中在大城市，普及率和覆蓋率都非常有限，主要是有錢人家茶餘飯後的消遣。

日本的廣播業起步於 1925 年。東京、大阪、名古屋依次建立了廣播電台，提供新聞、教育、音樂、浪曲等多種信息和娛樂。雖然接收器價格昂貴，1925 年底三局共簽訂了 25 萬件合同，遠遠超過了預期數量。政府以 1915 年無線電信法的「無線電信電話業由政府專控」為由，規定新聞廣播需經過郵信省的事先檢查，並主張廣播局的一元化，解散了三家廣播局，統一為社團法人日本廣播協會（NHK）。廣播作為大眾文化在開始出現時就被置於政府的控制下，體現了政府在強硬管理下推動大眾化的姿態。

廣播在日本的全國轉播始於 1928 年 11 月昭和天皇的即位大典，廣播體操

廣播體操

1927 年在漢城設立的廣播電台

也在這一年開始播放。受到美國生命保險公司廣播宣傳的啟發，郵信省簡易保險局得到陸軍省的配合，1931 年，成立了「廣播體操會」，開始在各地推廣廣播體操，1938 年又成為國民精神總動員運動的一環，身體與時間都在國民化的名義下被動員起來。

在殖民地朝鮮，最早播放廣播的是成立於 1927 年的京城廣播局。對此，當時報紙的報道稱，「沖天高立在那裡的空中線網鐵柱，會最先進入人們的眼球」。其實，高 45 米的廣播信號塔，其功效十分有限，只能實現在京城及周邊地區聽到廣播。1928 年，日本的廣播信號有了很大提高，在朝鮮也能夠收聽到日本廣播，因此京城廣播局開始轉播日本廣播的內容，但卻導致日本的聽眾增多，朝鮮語廣播時間縮短。

由於朝鮮是日本殖民地，因此廣播也受到殖民當局的嚴格監控，所有激發朝鮮民眾民族感情和反抗情緒的節目都遭到禁止，而積極播送那些誇耀日本殖民統治業績的宣傳節目和不阻礙殖民統治的娛樂節目。1932 年實現了雙語廣播，朝鮮語音樂、戲曲等有關廣播因此比之前增多了。

第二節 戰爭與媒體

報紙——戰爭動員與反戰工具

隨着東亞地區走向戰爭，報紙也在國家嚴格的監控下起到政府政策宣傳工具的作用，同時也傳達抵抗日本侵略的抗日運動有關信息，傳達人們實現民族獨立的希望。

中日戰爭期間，中國的報業受到戰爭的破壞和影響，但是，多數報人仍然堅守崗位，通過報道，宣傳民族抗戰。由於中國政府遷到重慶，重慶成為後方報業的中心，不少報紙遷至重慶繼續出版，通過報道和宣傳堅定了民眾抗日戰爭的信念。戰時環境非常危險，日軍飛機頻繁轟炸，不少記者和編輯犧牲。在日本軍隊進攻香港時，《大公報》總經理胡政之在自己的棉袍裡藏了三枚銅紐扣，預備萬一被日軍發現即吞服殉國，後來他冒險與幾個人同乘小舢板渡海回到內地。在這種艱苦的環境下，後方的報紙媒體（包括中共抗日根據地的報紙）通過形式多樣的報道和宣傳，堅定了民眾的抗戰信念，在抗戰中發揮了重要作用。

日本的報紙向助戰轉舵是在 1931 年 9 月的九一八事變之後，報道稱因為受到中國軍隊的進攻而使日中兩軍發生衝突，自此各家報紙都按照關東軍虛假的消息來源報道新聞，發行數量超過 150 萬份的大報紙帶頭誇大其詞。繼其後報紙又煽動對中國的憎恨，歌頌日軍的奮戰與勝利，甚至撰寫敵視國聯的報道。

1937 年中日全面戰爭爆發後，日本的報紙更加熱衷於宣傳戰爭，戰地記者將戰爭中的殺人描述為「英雄」的行為，還有直接運用士兵在戰地拍攝的影像資料作為報道。但是，對於其中不利於日本的報道內容，當局則打上「不許可」的印記，不許刊登。1938 年 4 月制定的《國家總動員法》規定，在戰爭時可根

戰爭中被打上「不許可」印記的日軍
侵華照片，戰後已經發表

據敕令對報紙登載事宜進行限制或禁止。1940 年 12 月設置了內閣情報局，成
立了對有關戰爭的報道實行一元化管理的體制。於是日本的報業完全被拽入軍
國主義戰爭的軌道。對報紙的各種禁令越來越多，報社也從 1938 年的 739 家
下降到 1942 年的 108 家。亞洲太平洋戰爭開戰後，新聞迎合軍部的立場，煽
動狂熱的戰爭情緒。例如，1942 年日本海軍在中途島作戰中大敗，但報紙卻相
反報道為：我方傷亡輕微，敵人損害甚大。還歌頌勇敢的戰死者為「軍神」，
報道各種美談，激發國民的鬥志。

　　20 世紀 30 年代九一八事變爆發之後，隨着日本推進大陸侵略政策，導致
強化對殖民地朝鮮的言論監控。朝鮮總督府強迫報社順應體制或與日方合作。
中日全面戰爭爆發後，朝鮮總督府還敦促這些報社自重，不要對戰況隨意報
道，社論和論述「不能散佈戰爭有關的流言蜚語」。傳媒人也協助了戰時體制，
他們通過演講公開傳播中日戰爭的重要性，或為朝鮮籌集人力物力動員提供方
案。但是，朝鮮總督府在判斷戰爭將趨長期化之後，為解決報社用紙難等物資
緊缺問題，建議報社進行結構調整，隨之以朝鮮文報紙阻礙其對朝鮮人實施皇
國臣民化為由，於 1940 年 8 月強迫《朝鮮日報》和《東亞日報》停刊。

日本報紙報道的中途島戰役（1942 年 6 月 11 日《朝日新聞》）

廣播對大眾意識的動員

　　1937 年中日全面戰爭的爆發，對中國廣播業產生了重大影響。因為上海和沿海大城市都被日軍佔領，民營電台或停止播出或無奈淪於日本的傀儡政權統治之下。繼續播出的電台則多成為日本傀儡政權的宣傳工具，即便是娛樂節目，也有不少滲透着傀儡政權文化宣傳的氣息，如在電台中反復播送的歌曲《支那之夜》、《滿洲姑娘》等。與此同時，中央廣播電台隨中國政府遷移重慶，中國廣播業的重心西移。在戰時中國的廣播之聲中，與中國人結婚的日本女性綠川英子（長谷川照子）加入中國的抗日宣傳，擔任漢口廣播電台的日語播音員，中國聽眾稱她道：「你那溫柔的嗓音，卻足以製造電閃雷鳴」；而不少日本人則視其為「嬌聲賣國賊」。還有日本士兵聽了廣播後，以日本短歌的

形式寫下自己的感想：重慶廣播，偷偷傾聽，那流暢的日語，心中不能平靜。通過戰時後方的廣播業，中國政府掌握着對國民進行抗戰宣傳的主動權。

中日戰爭一爆發，殖民地朝鮮立即成為重要的情報基地。1932 年創立的朝鮮廣播協會要求快速完成當時在建的重要地區的地方廣播局的建設工作。這是為了擴大朝鮮的廣播信號，也是為了實現電子監控。另外，中日全面戰爭爆發前後，京城廣播局改組為京城中央廣播局，並開播了釜山、平陽、清津等地方廣播局，朝鮮語廣播信號覆蓋了全國。為了阻止中國和蘇聯等國家播報的朝鮮文廣播信號，提高了播放能力。隨着中日戰爭的進程，廣播節目開始受到嚴格控制。

九一八事變後，NHK 表明「動員廣播的所有功能，徹底認識生命線滿蒙，對外明示日本的正義之國策，對內促進國民的覺悟和奮起，努力引導輿論之方向」，宣佈將配合戰爭進行報道。中日戰爭開始後，這一傾向更加明顯，新聞報道的次數為每日六次，並隨時報道臨時新聞，呼籲大家進一步配合戰爭。1940 年情報局成立，節目的企劃、編輯在情報局的領導下進行，開始通過廣播向街道委員會傳達有關事項，在常會上以全體收聽廣播的方式，徹底推行政府的政策。政府仿傚納粹宣傳部長戈培爾，使 NHK 變成「徹底實施國家政策」、「指導輿論」、「提高國民鬥志」的準國家機構。

廣播也被利用於殖民地統治和對外宣傳。1931 年成立了台灣廣播協會，1932 年成立了朝鮮廣播協會，1933 年成立了滿洲電信電話株式會社。1935 年開始開通海外短波，自 1940 年開始，每天以 12 小時，用 11 個國家的語言，進行對外廣播。但是，中國的宣傳戰始終都受南京（後來改為重慶）的中國方面的中央廣播電台（XGOA）領導，日本一直都苦惱於它的影響力不斷擴大。

1945 年 8 月，日本已經無法把戰爭繼續下去了，天皇通過曾是鼓舞戰爭士氣武器的廣播電台宣佈投降，無數普通的日本民眾聽了廣播，切實意識到日本戰敗了。

戰爭下的娛樂與動員

　　日本的侵略戰爭阻礙了中國電影的正常發展，使中國內地電影一分為三，即中國抗戰後方武漢和重慶拍攝的抗戰電影；「孤島」❶上海製作的娛樂電影；受日本的支配、宣傳日本的戰爭國策、以麻痺中國人心為目的而在日本佔領下的「滿洲國」製作的電影以及亞洲太平洋戰爭爆發後在上海製作的電影。抗戰電影在後方起到了鼓舞人心的作用，但是，限於條件，出品數量不多，而上海出品的大量娛樂電影還是在全國範圍內具有重要的影響力，其中有些電影也曲折地傳達了抗日思想，如《木蘭從軍》。

　　在「滿洲國」，1937 年成立的國策電影公司「滿洲映畫協會」壟斷了中國東北部電影的製作、分配和發行。來自日本的電影人和中國的職員們共同製作電影，出現了不少戰後中國電影界的技術人員，但是，他們的作品並未被中國觀眾所廣泛接受。

　　中日戰爭轉向長期化後，日本製作了田阪具隆的《五人斥候兵》（1938）等各種戰爭電影，很多電影都美化戰爭，煽動敵意。但是，龜井文夫的《戰鬥的軍隊》（1939）則描寫了疲於行軍和戰鬥的軍隊和戰場悲慘的痕跡、中國民眾的表情等戰場的實況，曲折表達了他對戰爭的不滿，龜井因此被吊銷了導演執照。1939 年《電影法》公佈，並實施了有關電影製作、分配的嚴格的審批制度、電影導演與演員的資格登記制度、電影劇本的事先檢查制度。另外，還規定電影院在放映劇作電影時，必須同時放映被稱為「文化電影」的紀錄片和那些為增加少年志願兵做出貢獻的《空中少年兵》（1941）等宣傳戰爭的電影。

　　1941 年 12 月亞洲太平洋戰爭爆發後，情報局的統制進一步加強，自有創

---

❶ 日本佔領上海後，日軍權力尚不能及於公共租界與法租界，這些地區被稱為「孤島」，愛國人士在此從事各種抗日宣傳活動，這是上海現代史上一段特殊的時期。

作受到了很大的限制，製作了一些美化日本侵略戰爭的電影，如美化日本侵略的山本嘉次郎的《夏威夷・馬來海戰》（1942年）、要將日本「解放」亞洲這一戰爭目的正當化的阿部豐的《攻擊那面旗幟》（1944年），在情報局的統制下，還製作了很多使日本人陷入自我陶醉、便於進行戰爭動員的影片。日本電影的超前技術成為動員戰爭的有效手段，也成為無視戰爭實況的日本人自我陶醉的產物。

1935年，隨着朝鮮最早的有聲電影《春香傳》熱映之後，朝鮮電影業面臨着有聲電影的新挑戰。隨着電影製作費攀升，此時還未成熟的電影若要在激烈競爭中生存下來，就要發展「朝鮮特色」，並以此為基礎得到日本市場的肯定或同日本合作拍攝電影，成為一種普遍的認識。自1926年制定「活動圖片膠片檢閱規則」開始，日本開始對朝鮮電影進行檢查，並於20世紀40年代初在戰時總動員體制下，成立官辦的朝鮮電影株式會社（朝影），登記電影人，使其只拍攝美化日本侵略和協助這一侵略戰爭的宣傳電影。1942年之後，朝鮮語電影製作遭到禁止，直到日本戰敗，朝鮮只拍攝了日語電影。

第三節　戰後的媒體

戰後的報紙

　　1945 年中日戰爭結束後，中國發生了國共內戰，國共雙方都通過報紙的報道和宣傳進行動員。1949 年 10 月中華人民共和國成立後，全國報紙的出版、發行實現了國營化，中共中央機關報《人民日報》是最重要的全國性報紙。為適應計劃經濟體制，報社由國家撥款，報道內容比較硬性。通過報紙媒體的宣傳報道，構建新的國家認同，統一民眾認識，塑造作為民眾學習榜樣的新人，如解放軍戰士雷鋒，就是報紙在 1960 年代集中宣傳的英雄人物。報紙的種類有所減少，但發行數量有較大增加，實現了全國統一由政府郵政發行，使得偏遠的鄉村也可以看到報紙。

　　1978 年實行改革開放政策以後，中國的報業有了很大發展，尤其是地方性、都市性報紙的發展更為迅速。1978 年關於「真理標準問題」的討論，就發源於報紙的評論，充分表明中國媒體對推動改革開放所起的重要作用。作為產業的報紙性格得到重視，廣告收入取代國家撥款，成為報紙發展的主要支撐。報道內容多樣化，批評性報道得到關注，許多以前被視為「軟性」的社會新聞，也有了較多的報道，但也帶來了低俗化的不良傾向。

　　鴉片戰爭以來，作為英國的殖民地一直維持着資本主義制度的香港地區，報界的發展與大陸有所不同，有自己的特色，以市民生活報道為中心。在其他傳媒的競爭下，曾經興盛的晚報因為發行不暢，1996 年已經全部消失了。

　　中國台灣地區，在日據殖民地時期，曾經限制以至禁止中文報紙的發行。1945 年台灣回歸中國。1949 年國民黨退守台灣，報業發展進入官辦報紙主導

時期。1988 年，台灣解除「報禁」，報業得以自由發展，但是也出現了一些報道格調低下的狀況。

1945 年 8 月日本戰敗後，盟軍總司令部（GHQ）對日本進行改革。為保證佔領政策的順利執行，很重視媒體，設置了 CIE（民間情報教育局），還發佈了通稱為媒體準則的《對日本的報紙規定》，解除了戰前受到鎮壓的對天皇制的批判禁令，另一方面則嚴格限制批判盟軍和關於原子彈的報道。從 1945 年 9 月到 1949 年 10 月，不僅是新聞，日本所有的出版物都成為 GHQ 的審查對象（其中報紙直到 1948 年 7 月實行事前審查，之後變為事後審查）。報紙、出版社害怕審查導致禁止發行，加強自主限制，提前壓制了對盟軍、美國的批判。自主限制從戰時的報道管制一直持續下來，不僅反映了近代日本檢查制度對戰後的影響，也對今日日本媒體的報道姿態產生了影響。

從日本本土被分離出去、由美軍佔領到 1972 年的沖繩，上述審查制度一直持續到 20 世紀 60 年代。政黨的機關報、學生的同人雜誌，以至教職員組織編輯的歌唱集，各領域的媒體都受到過停止發行的處分。但是由於 20 世紀 60 年代沖繩掀起了高漲的復歸運動，審查制度實質上變得有名無實。

GHQ 五大改革指令的其中一項是幫助成立工會。在此基礎上，各報社成立了工會，追究報紙的戰爭宣傳責任，有的還把社長及幹部趕下了台。讀賣新聞社以編輯部幹部為主的工會，追究原警視廳幹部正力松太郎社長等人的戰爭責任，正力社長反而宣佈解僱五名編輯部幹部，此後工會自主編輯、發行報紙進行反抗，成為戰後最初的大爭議。1945 年 12 月，正力社長被 GHQ 指名為甲級戰犯，爭議以工會方面的勝利宣告結束。12 月 12 日《讀賣新聞》刊登評論，宣佈「今後讀賣新聞真正成為民眾之友，是人民永久的機關報」。

然而，1948 年左右，中國共產黨的優勢逐漸顯現，其領導的中國革命即將取得勝利。GHQ 的對日佔領政策發生很大轉變，「逆流時代」到來。1950 年

朝鮮戰爭爆發後，強制進行「赤色整肅」^❶。言論機構受到鎮壓，在 NHK、讀賣、朝日、每日、共同、時事等各報社、通訊社、廣播機構等言論機關，共產黨或被視作同類的職工突然遭到解僱，NHK 有 119 人，朝日新聞社有 104 人，全國共波及了 50 家報社 704 人。相反，一方面強制進行「赤色整肅」，另一方面則使戰後初期佔領政策下被解除公職的人員得到解脫，正力松太郎後來又再度成為《讀賣新聞》社的社長。

由於美國佔領政策的轉變，使戰前的保守勢力開始復活，戰爭責任追究並不徹底，媒體作為繼立法、行政、司法之後的「第四種權力」而保衛民主主義社會這一思想未能得到穩固。1955 年秋，基於保守的自由民主黨，與左右兩派統一而成立的日本社會黨，形成為對抗的「55 年體制」。在媒體界，以正力松太郎為社長的《讀賣新聞》以國民的保守層為讀者對象，《朝日新聞》與《每日新聞》以革新層為讀者對象，這一體制得以長期持續。

1945 年光復之後，韓國創辦了各種報紙，僅 1945 年為例，就有四十多種新創刊的報紙。但是，革新的報紙遭到美軍政廳的壓制。1948 年李承晚政府成立後，在保障韓國的言論自由方面，也經歷了較長時間的曲折。朝鮮戰爭前後，政府以基於「國家安全」之需，對民辦報紙進行嚴格管制，報紙的發行量急劇下滑。20 世紀 50 年代中期之後，報紙的發行開始逐漸復甦，但是，1961 年朴正熙通過軍事政變上台後，再次停辦了相當一部分的民辦報刊。此後，雖然民辦報紙開始逐漸恢復運營，但是其報道內容和範圍仍遭到政府的嚴格管制。1980 年全斗煥發動政變上台後，停辦了部分報紙並對報社實行結構重組，在這一過程中，帶有親政府傾向的少數大型日報實現了長足發展。但是即便如此，還是有媒體和媒體人強烈抵抗對言論的監控。

---

❶ 美國佔領日本期間實施的鎮壓共產主義運動的措施，即公共組織的工作崗位開除、民營企業解僱共產黨員及其同情者。

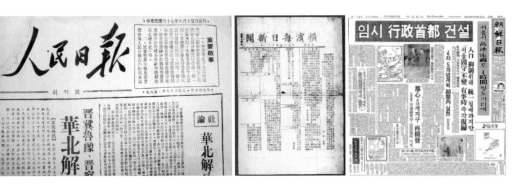

《人民日報》、《橫濱每日新聞》、《朝鮮日報》合照

　　隨着 1987 年 6 月「民主抗爭」之後民主化的推進，韓國對媒體的監控也
得到了緩和，此外，報紙檢查制度廢除，導致日報數量明顯增加，其中，還出
現了通過公募基金的方式創刊的報紙，如 1988 年創刊的《韓民族新聞》。該
報由那些在政府進行言論鎮壓後被解僱的記者策劃和籌備，通過民眾購買股票
的形式創刊，其宗旨是「以實現民主國家和民族統一為目標，建立開放公正的
國民言論」，並在韓國綜合日報中最早嘗試專用韓文以及橫版印刷的出版方
式。目前在韓國，《朝鮮日報》、《中央日報》、《東亞日報》等三大主要大
型日報佔據了全國大部分的份額，壟斷現象雖仍沒有得到解決，但作為其對應
面，市民的言論活動得到強化，變得更加活躍了。

電台廣播的多樣化

　　佔領日本的盟軍總司令部（GHQ）為管理報紙、出版，1945 年 9 月制定
了報紙、出版規則，在禁止軍國主義廣播的同時，又規定不得批判聯合國特別
是美國的佔領政策。傳達街頭聲音的「街頭錄音」、尖銳的社會諷刺與充滿幽

默的「星期日娛樂版」、暴露戰爭真相的「真相如此」等，這些從戰時情報局的統治下脫離出的新節目，使人們真切地感到戰爭過去了。1950 年 4 月，電波三法（《電波法》、《廣播法》、《電波管理委員會設置法》）實施，開始了民間廣播，解除了國家的強力統制，為了保護廣播的政治中立和公正，還成立了作為第三者的電波管理委員會。

但是，隨着中華人民共和國的建立和朝鮮戰爭的爆發，美國進一步改變佔領政策，將日本作為反共堡壘，吉田內閣對此積極迎合，加大了對廣播的壓力。1952 年，隨着美軍佔領的結束和日本的自主，吉田內閣立即廢除了電波管理委員會，把廣播、電視置於郵政省的管轄下。同年，「星期日娛樂版」的社會諷刺節目也受到壓力，該節目在消失前留下的一句話就是：「拜拜，先行一步了。」

中國的廣播業在 1950 年代及以後得到大發展。1949 年 10 月 1 日中華人民共和國成立當天，通過廣播電台實現了現場直播。隨後，中國組建了中央、省、縣市三級廣播網，實現了廣播業的國營化和全國範圍的廣播覆蓋。在中

20 世紀 60 年代的中國農村廣播站

國農村，有條件的地方都設立了廣播站，通過接到農民家中的喇叭，實現了定時和免費的廣播傳送，除了播送新聞及政治宣傳之外，也播送不少農業科技知識（比如如何使用化肥）以及對當地事務的介紹和通告（比如召集會議的通知），起到了在鄉村傳播信息和聯絡溝通的作用。中國實行改革開放政策之後，廣播業在 1980 年代發展到高峰期。與之前相比，突出的變化在廣播電台功能的細分和播出內容的多樣化，地方新聞、娛樂和服務類節目成為電台播出的重點。

在韓國，美軍廳在戰後接管京城廣播局，通過廣播傳輸，開始向當時文盲率較高的韓國人積極傳達美軍廳的政策與活動。1950 年朝鮮戰爭爆發後，對廣播的需求大增。20 世紀 50 年代後期開始，國營廣播體制鬆動，民辦廣播局陸續建立，由此打開了真正的廣播發展鼎盛時期。但是，1961 年「五一六」軍事政變爆發後，由漢城中央廣播局擴大而成的 KBS，充當了宣傳軍事政變正當性的最有效工具。此後民辦商業廣播局陸續建立，加速了以確保聽眾和開發節目為目標的國營廣播和民辦廣播間的激烈競爭。

20 世紀 70 年代之後，隨着電視機的普及，收音機廣播的人氣大減，廣告收益也大大減少，東亞三國的廣播業也由此不得不摸索新的生存出路。

電視——新的大眾傳媒的登場

電視雖然在二戰期間已經發明，但卻是在二戰結束後才在世界各國迅速普及，成為 20 世紀後半期的傳媒中心。畫像從黑白變為彩色，視聽範圍也從國內擴大到世界，人們通過影像可以獲得信息和文化、娛樂，這也意味着，媒體開始對人們的意識和文化產生了巨大的影響力。

日本根據《舊金山和約》、《日美安保條約》，接受了美軍的駐軍，而戰後日本的電視開發有賴於 1920 年代就開始研究電視機的高柳健次郎和 NHK 的

在日本街頭觀看電視（NHK 試播）的人們

開發，另外也有美國方面強大的支持。美國方式（NTSC 方式）的電視系統成
為冷戰心理戰略中的強有力武器，原警察官僚的正力松太郎成為帶頭人。被解
除公職後回歸讀賣新聞社社長的正力，開始着手成立採用美國方式的日本電視
廣播網株式會社，繼 1953 年 2 月 NHK 東京電視台開播，8 月日本電視台開播。
日本電視台在鬧市設置「街頭電視」，放映摔跤的直播節目等，掀起收視熱潮，
人們為力道山的空手道高聲喝彩。電視逐漸普及到各個家庭，《名犬》、《我
愛爸爸》等由美國低價提供的娛樂節目連日播放，美國製造的娛樂節目塑造的
「富裕的美國」、「溫柔的美國人」形象，培養了當時人們親美的傾向。

　　1959 年的皇太子（現任天皇）婚禮模仿英國女王的加冕儀式，電視播放了
馬車列隊的婚禮場景。20 世紀 60 年代，誕生了「三種神器（電視、冰箱、洗
衣機）」和「3C（汽車、空調、彩電）」等詞，1970 年電視的普及率達到了
90%。電視也成為促進新的消費的牽引車。

　　1958 年評論家大宅壯一抨擊說，「由最先進的媒體推行的『一億總白癡化』運動開展起來了」。大宅的發言警告人們，電視使人們投身到大量消費的社會中，起到了培養被動個性的作用。流行音樂、親美感情、支持天皇制向民眾的滲透上，20 世紀 50 至 60 年代的電視起了不小的作用。另外，原本什麼東西都不捨得丟掉的日本人的簡樸生活，開始向大量生產、大量消費的生活方式轉變，在這個過程中，電視也起到了很大的作用。

　　1958 年 5 月，中國北京電視台開播，但因為當時中國大陸的經濟發展程度不高，電視機的數量非常有限，故只有少數高級幹部和知識份子家中有電視機，普通人只能買票在特定場所看電視，但電視還是給觀眾留下了深刻印象。1978 年改革開放政策實行後，中國的電視業有了大發展。在 1980 年代，彩色電視是每個中國人家庭渴望得到的最重要的電器商品，正是因為彩色電視的普及，才使得每年春節由中國中央電視台主辦的春節文藝晚會成為家喻戶曉、人人談論的話題，成為中國的「新民俗」。春節晚會演出節目中的話語，很快即成為社會上的流行語言，如 2009 年春節晚會小品的語言「不差錢」，就凸顯了在世界經濟危機大背景下中國人的幽默感。電視傳播的信息，電視播放的電視劇和廣告，等等，都在各個層面影響了中國人的思維、行為和生活方式。地方省市電視台的節目通過衛星播送的方式傳輸到全國各地，強化了電視台之間的競爭。中國香港和台灣的電視發展各有特色，都比較注重地方新聞的播報，台灣電視台在收視率上的競爭尤其激烈。

　　韓國首次使用電視機是在 1954 年。當時美國無線電公司 RCA 為開拓韓國市場，將電視機設在漢城普信閣前，引起了行人的關注。韓國最早的電視台是1956 年建立的 HLKZ-TV。1961 年，韓國廣播公司（KBS）的前身——漢城廣播電視局作為朴正熙當局給「國民的禮物」開播。此後，文化廣播（MBC，1961 年）與東洋廣播（TBC，1964 年）、漢城廣播（SBS，1990 年）等也陸續開播。20 世紀 70 年代，隨着電視開始普及，電視逐漸開始對人們的生產與消

韓國電視片《大長今》劇照

費帶來巨大影響，成為對大眾影響最大的傳媒。這一時期，電視節目也豐富了很多，特別是電視新聞的真實現場、傳輸快速、傳播全面等特點日漸凸顯。1974 年八一五光復節，在舉辦紀念活動時，朴正熙總統夫人被暗殺的事件，經過電視轉播轟動全國，人們很受刺激。1980 年武力鎮壓光州民主化運動之後，軍人集團以克服商業電視台弊端為由，對電視台進行重組，壟斷電視行業，將所有電視台強制改編到國營體制中。但是這反倒激發了部分電視人的社會、政治責任感，他們通過發動觀眾拒絕向韓國國家廣播系統（KBS）交納收視費的反對運動，努力尋找在國營播送體制內實現電視的社會功能。

　　此外，電視行業內部通過民主化發展，對政府的監控提出反對，民主化運動達到高潮。20 世紀 90 年代，韓國電視恢復了國營、民營兼立體制，此外新出現的有線電視和衛星電視，打開了新的傳媒發展空間。與此同時，電視台圍繞收視率而開展的競爭進一步擴大，收視率直接同廣告收入和電視台的影響力掛鉤。電視產業擴大發展的同時，電視節目的素材、類型、形式也變得豐富多彩。以電視劇為例，已經具有日播片、隔日片、周末片、短片等多種形式，素材方面包括情節劇、歷史劇、動作片等多種類型。電視劇《大長今》（2003~2004 年）以歷史劇形式，結合韓國歷史和飲食文化，講述了一個女人的成功經歷，使「韓流」席捲了東亞地區。

電影——娛樂化和藝術化

在東亞地區，看電影是最為大眾化的娛樂。在中國和韓國，電影曾經被國家視為政策啟蒙之手段，但是很多電影人拍攝出富有個性的電影，獲得了觀眾的喜愛，進而多次在國際電影節獲獎，收穫了國際榮譽。現在在國際電影界，東亞地區正成長為最大的電影市場之一。

1945 年戰爭結束後，中國的電影業復甦，上海仍為中國電影業的龍頭，有眾多的民營電影公司，而國民黨政府控制下的官營電影業，以中央電影攝影場和中國電影製片廠為代表，也有了明顯的發展。在拍攝大量娛樂電影的同時，也製作了不少反映民眾生活困苦的現實主義電影。由民營的昆侖電影公司出品、蔡楚生導演的《一江春水向東流》，反映了民生疾苦，片中女主角最後質問「蒼天路在何方」，被迫跳江自殺的場景，引無數觀眾為之潸然淚下。電影《烏鴉與麻雀》，則通過幾個小人物的命運，惟妙惟肖地反映了時代變遷大背景之下普通人的生活狀況。

1949 年中華人民共和國成立後，中國大陸的電影製作由私營過渡為國營，上海、北京和長春成為電影製作的三大基地。這時拍攝的電影以社會主義、現實主義為宗旨，強調革命宣傳作用，強調電影的內容和形式相統一，強調大眾性和普及性，在影片樣式上也有開拓，過去很少的戰爭電影有了較大的發展，受到眾多觀眾的喜愛，電影院數量和觀眾人數也都有了較大的增長。看電影是當時中國大陸民眾最主要的文化娛樂方式，除了城市，農村也有放映隊定期放映電影。以 1930 年代電影明星趙丹為代表的 22 位著名影星的照片一度懸掛在各電影院，吸引了不少觀眾的目光。1950 年代以後，香港電影的發展勢頭甚猛，其武俠功夫片獨步世界影壇，功夫片影星李小龍在海外成為中國人的代表性形象。1960 到 1970 年代，隨着台灣經濟的起飛，電影業也有了較大發展。

日本戰敗後，GHQ 禁止鼓吹國家主義及以封建忠誠和暴力性報復等為題

材的電影，整體的電影創作自由擴大了，戰時參與了當局戰爭電影拍攝製作工作的電影人也組成了工會，製作了帶有反戰意識的《大曾根家的早晨》（1946年）、《青春無悔》（1946年）等富有良心的作品，給許多觀眾帶來了感動。

然而，這種自由未能持續長久。美國的佔領政策出現變化，由於戰爭中的行為而被解除公職的電影公司的經營者們又恢復職位，以 GHQ 和日本政府為後盾誣衊反戰和宣傳民主主義的電影人為「赤色分子」（即共產主義者）而進行鎮壓。其中發生了「東寶爭議」，不久實行清共，龜井文夫和山本薩夫等眾多電影人被驅逐出電影公司。他們在困境中獨自成立了製作隊，誕生了《真空地帶》（1952年）、《原子彈之子》（1952年）、《姬百合之塔》（1953年）等傑出的作品，這些至今仍在上映的作品反映了曾經支援過戰爭的人們的反省，也是電影人良心的表現。

這一時期，日本電影在海外受到好評，黑澤明的《羅生門》（1950年）在意大利威尼斯電影節獲獎；溝口健二的《西鶴一代女》（1952年）、《雨月物語》（1953年）、《山椒大夫》（1954年）也連續在國外的電影節獲獎。每年的觀眾人數超過 10 億人，被稱作日本電影的「第二次黃金時代」。在 1950 年代電影發展的背景下，反映戰爭及其引起的社會現象的作品，除了山本薩夫的《戰爭與和平》（1947年）、小林正樹的《人類的條件》（1959年）之外有所減少。可以說，尖銳反映日本侵略亞洲真實狀況的電影在戰後日本的電影界並不充分，誠懇面對負面歷史的作品製作，至今仍是日本電影界的課題。

1945年韓國光復後，電影業受當時基礎差等種種不利因素的影響，曾出現技術倒退的現象，拍攝了 16mm 的無聲電影。但是在電影市場上，放映最多的還是美國電影。由於朝鮮戰爭，儘管韓國電影產業嚴重受挫，但還是有些電影人因為隸屬於國防部和美軍，仍製作了一些軍事宣傳片。朝鮮戰爭停戰後，隨着韓國政府對電影業採取的免稅政策，電影業得以快速發展。1959年，韓國電影年產量超過百部，題材和表現形式多樣化，看電影成了人們重要的娛樂方

式，韓國電影迎來了它的發展黃金期。到了 20 世紀 60 年代，朴正熙政府為了發展和監控電影產業，制定了《電影法》，韓國電影至此逐漸進入蕭條期。由於嚴格的檢查和電視機普及等原因，電影製片數和觀眾數量都出現了下滑。

中國的電影業在「文化大革命」時期停滯不前，但在「文革」結束後得以復甦。1979 年中國大陸的電影觀眾達到 293 億人次，創下中國和世界之最。改革開放政策實行後，電影人的創作自由大大擴展，以張藝謀、陳凱歌為代表的新一代影人迅速崛起，代表作品《紅高粱》、《霸王別姬》等，張揚個性，表現出眾，屢屢在國際電影節獲獎。但是，隨着電視的普及、錄影和影碟機的發展、娛樂方式的多樣化等經濟、社會、文化環境的變化，自 1980 年代後期開始，電影業面臨新的困難。其後，中國大陸電影開始向市場化轉型，並且同步引進美國好萊塢影片放映，電影市場逐漸恢復，出現了穩定發展的勢頭，國產片的市場佔有率超過一半。

1997 年香港回歸中國後，香港電影開始與內地合作，開拓內地市場，港片在內地放映已成常事。1980 年代以後，以侯孝賢的《悲情城市》為代表的台灣新電影運動，擴大了台灣電影的國際影響。1990 年代以來，李安成為台灣走向世界的最具知名度的導演，其作品《臥虎藏龍》等以武俠的方式反映了中國的文化傳統，深得觀眾喜愛。

從 1960 年代中期開始，日本電影開始了由高峰下滑的歷程。因為電視的普及，電影觀眾迅速減少。但是，到了 1990 年代，日本電影業逐漸穩定，多廳影院的興起，錄影帶和 DVD 的普及，也為電影觀眾提供了更多的欣賞方式。日本的動漫影片和紀錄影片獨具特色，具有相當的國際影響力，在中國和韓國也有不少擁躉。

1987 年 6 月「民主抗爭」之後，韓國進入民主發展時期，為電影的發展提供了有利條件。此外電影檢查權從原來的政府轉到了電影振興委員會，其標準也逐漸放寬，1993 年，電影審查制度最終被廢棄。在此過程中，影片題材更為

多樣，表現也更為自由，既有強烈的觀賞性，又有獨特的韓國特色，從而受到了觀眾的喜愛，由此迎來韓國電影第二個黃金期。1999 年，以上映《生死諜變》為標誌，韓國電影在國內電影市場的份額達到 40%，以李滄東、金基德、朴贊郁等為代表的中堅導演拍攝的電影，在各大國際電影節頻頻獲獎，為韓國電影贏得了國際聲譽。1996 年，韓國還創辦了釜山國際電影節，逐漸成為亞洲和世界有影響的電影節，受到了全世界的關注。電影配額制（國產電影義務放映制度）為韓國電影在美國電影壟斷局面中受到保護曾發揮過很大的作用，但是在 2006 年召開 FTA 韓美自由貿易協商的時候，政府不顧韓國電影人的強烈反對和國際輿論支持文化多樣性的輿論，同意取消電影配額制。不過，韓國電影人仍然克服很多經濟社會的困難，在堅守韓國電影獨立性的同時，製作出了很多膾炙人口、備受世人關注的優秀電影作品。

功夫巨星李小龍

第四節　被消費的媒體——在新的挑戰中

報紙——商業化與公眾的信賴

　　報紙作為大眾傳媒的主要手段，最重要的功能是傳播新聞信息，通過信息傳播和刊登評論，在相當程度上影響到受眾的價值判斷與行為選擇，而報紙的娛樂教化功能，又在潛移默化中，塑造着受眾心理及對所在國家和世界的認識。報業又是能夠創造巨大收益的文化產業，報紙具有商品屬性，又因其公共屬性而有強烈的政治性。

　　東亞三國報業的歷史，具有一定的共性，又有各自鮮明的個性。因為中國報界的獨特環境及其近代以來的遭遇，受到政治的強烈影響，在民族獨立鬥爭和改革開放實踐中發揮過重要作用。但是，因其在特定時期的過度政治化而對其發展和公信力產生了負面影響。日本報界曾經受到軍國主義的支配，淪為軍國主義侵略戰爭宣傳的吹鼓手，即便是在戰後，日本報業對戰爭的反思及其對戰爭責任的追究也是不充分的。韓國的報業在民主化進程中雖然有了相當的變化，但是因其與政府、財團的關係，也影響到其報道的自由度和選擇性。

　　隨着各種新媒體的發展，作為紙質媒體的報業也遇到了新的挑戰。三國報業面臨的共同問題是，如何在各種傳媒的激烈競爭中促進報業的發展，如何避免因廣告（廣告費）的介入而受到大企業的影響甚至是控制，如何保持新聞報道的自立性和公共性，如何避免從業人員的腐敗等，可以說是共同的課題。

　　除了這些共同課題之外，三國報業也有各自需要解決的問題，日本和韓國需要不受政府和廣告主意向的左右，實現成為民眾的媒體。近期在韓國出現了財團及帶有特定政治傾向的媒體通過建立新媒體而壟斷輿論的現象，韓國開始不斷發出擔憂的聲音。2011 年 3 月，日本福島第一核電站爆發核洩漏事件，但

中國街頭的報亭

是因為此前某大型報社還在鼓吹政府的推進核電站政策，所以遭到了剝奪民眾的知情權和無視人民安全的指責。中國則需要注意新聞來源和報紙評論的多樣化及發揮報業在公共領域的影響力和監督作用。因為報紙的深度報道及其長久的留存性，報業仍有其他媒體不可替代的優勢和作用。

廣播、電視的多樣化

雖然中日韓三國的國家體制存在差別，但其廣播電視體制卻有一定的共性。國家對廣播電視業的管制與西方國家相比都比較嚴格。中國的 CCTV 是國家電視台，承擔着政府的公共政策宣導功能。日本的 NHK、韓國的 KBS 也是公營電視台，與政府有着比較密切的關係，對政府政策也有一定的宣導擔當。

日本的民營廣播電視與報業有密切聯繫，戰後興起的民營廣播電視台，多數都有報業背景。由於日本沒有跨行業所有的限制，電視廣播開始後，形成了讀賣新聞 = 日本電視台、朝日新聞 = 朝日電視台、每日新聞 =TBS、產經新聞

＝富士電視台、日本經濟新聞＝東京電視台這種報紙與電視的聯網。因此面向全國的電視台被報社壟斷，從報社獨立的電視台無法進入全國電視廣播。新聞＋電視作為大媒體取得了在傳媒中的支配性地位。

日本的法學家戒能通孝早在 1958 年就說，要「實現電視言論的自由」，保障廣播職員策劃的創意性和地位的安定是大前提。這句話讓人想起 2001 年發生的政治家介入 NHK 節目一事（當時，執政黨的政治家介入 NHK 關於審判日軍性奴隸的女性國際戰犯法庭的報道，要求修改節目），保障視聽者的知情權和製作的自由是大前提，如何建立向民眾開放，獨立於政府的體系成為大課題。

韓國的廣播電視體制，則具有公私二元並存的特色，廣播電視公司與政府既非附屬關係，也非對手關係，對政府既有批評，也有合作。

中國的國營廣播電視也有在市場經濟環境下如何適應競爭以及如何在國營體制下發揮廣播電視獨有的批評監督作用的問題。

電視與報紙不同，即使不懂文字也能通過影像直接理解，再加上語言可以通過配音和字幕來理解，發揮了飛速推動大眾文化交流的作用。電視普及率在三國的國民中幾乎都達到了 100%，成為這種影響的基礎。1983 年春開始播放的日本 NHK 早間連續電視劇《阿信》，不久後也在中國播出，引起了「阿信潮」。在中國的電視娛樂節目尚少的時期，山口百惠等日本的流行歌手、演員大受歡迎，日本動畫片《多啦 A 夢》、《櫻桃小丸子》等也流行一時。另外，《三國演義》等中國的電視電影在日本享有很高的人氣，韓國的電視劇《冬日戀曲》在日本掀起了韓流。

總而言之，電視廣播可以加深東亞大眾文化的交流，共享政治、經濟、教育等信息，能夠促進新的東亞文化圈的形成。

電影——全球化的交流

進入 21 世紀後，東亞三國的電影產業迅速發展，目前已和美國、歐洲並列成為世界三大電影文化圈之一。

東亞三國是近鄰，又有相似的文化背景。作為大眾文化消費的電影，在東亞三國本應有廣闊的交流與合作空間。但是，由於種種因素的影響，三國之間的電影交流並非一直順暢。二戰前，中日電影在對方國家的市場規模都不大。二戰結束後，中國大陸、台灣地區、韓國因為歷史的因素，都曾強力限制日本電影的放映，其後隨着形勢的變化，東亞三國間的電影交流不斷加深，在民眾感情的溝通和傳達特色文化等方面起到了應有的作用。在「文革」前，日本電影是在中國大陸放映較多的資本主義國家的影片。改革開放以後，在中國大陸最先放映的資本主義國家影片也是日本電影，如《追捕》和《望鄉》的放映，都曾在觀眾中引起轟動，日本男演員高倉健一度成為當時中國青年女性心中的男性偶像。中國拍攝的影片《非誠勿擾》對日本北海道美景的描寫，帶動了中國民眾的北海道旅遊潮。進入 21 世紀以來，韓國電影在中國和日本都有相當的影響，韓國電影中的俊男美女、風土人情乃至韓國美食，都受到中日觀眾的追捧，韓國男影星裴勇俊在日本還有不少阿婆級的「粉絲」。中國影片也在日本和韓國放映，以中國古典名著《三國演義》為藍本改編的電影《赤壁》，在三國都受到觀眾的喜愛。

現在，三國共同攜手投資拍片的機會逐漸增加，正在越來越多地引起三國影人和投資人的興趣。例如，一部電影可以由日本人投資，由香港人導演，台灣人製片，大陸演員出演，在中國大陸拍攝，由韓國人技術製作，成為真正的共同聯合制作。但是，如何克服彼此對歷史認知的差別，解決文化差異，找準市場定位，克服以往東亞三國電影的地域性，真正以東亞獨有文化的方式面向世界，仍然需要在實踐中不斷解決各種問題。

第八章

戰爭和民眾

本章大事年表

1931 年	九一八事變爆發
1932 年	日軍在上海設立第一所慰安所
1937 年	山西省盂縣設立中國共產黨支部，中日戰爭爆發，「南京大屠殺」　日軍 109 旅團第一聯隊向盂縣發起進攻
1938 年	日軍佔領盂縣縣城　朝鮮頒佈陸軍特別志願兵令
1939 年	日本政府內閣通過《勞務動員計劃》
1940 年	八路軍對日軍發動「百團大戰」　日軍佔領河東村
1941 年	日軍在山西省製造西煙鎮、南社屠殺事件
1942 年	新加坡華僑遭日軍屠殺　台灣首次向菲律賓派遣由五百人組成的「高砂族挺身報國隊」　日軍佔領菲律賓　泰緬鐵路動工　日本內閣決議通過強制動員中國勞工
1944 年	日本長野縣河野村開拓團抵達中國　日本頒佈《女子挺身勤勞令》
1945 年	發生「花岡慘案」　廣島和長崎被投放原子彈　日軍從盂縣撤軍　朝鮮解放後摧毀神社　日本靖國神社召開臨時招魂大會
1949 年	韓國政府指定三一紀念日、八一五光復節為公休日
1954 年	建設廣島和平紀念公園
1959 年	靖國神社不經韓國政府同意擅自大規模合祀朝鮮人海軍軍屬
1970 年	廣島和平公園外建設韓國原子彈犧牲者紀念碑
1972 年	朝鮮總聯「二戰期間沖繩地區屠殺朝鮮勞工真相調查團」活動
1975 年	沖繩和平紀念資料館正式開館　朝鮮政府在沖繩和平紀念公園周圍建設韓國人紀念碑
1977 年	沖繩和平紀念資料館再度開館
1982 年	日本歷史教科書檢定在東亞發展為外交問題，日本政府提出教科書的「近鄰國家條款」
1985 年	侵華日軍南京大屠殺遇難同胞紀念館、甲午戰爭博物館開館

1987 年	北京建設中國人民抗日戰爭紀念館　韓國獨立紀念館開館
1990 年	韓國原子彈犧牲者紀念碑搬遷至廣島和平紀念公園
1991 年	「慰安婦」問題首次以實名提供證言，起訴日本政府要求道歉與賠償　中國建設九・一八歷史博物館
1992 年	韓國建設西大門獨立公園
1994 年	中國頒佈《愛國主義教育實施綱要》
1995 年	韓國拆毀原朝鮮總督府辦公樓　在沖繩和平紀念公園內建設「和平之礎」

　　從 1931 年發動九一八事變開始，日本進行了長達 15 年的戰爭。這是一場不分前方與後方的「全民戰」，人們無一例外地被捲入到戰爭中。在國家總動員和統制下，日本民眾或進入軍工廠勞動，或作為士兵被送到戰場實施屠殺。而在中國，不僅軍人，就連民眾也無法倖免於炮火的轟擊。日軍除使用槍炮、刀劍外，還通過毒氣、細菌、人體解剖試驗進行屠殺。在日本殖民地的朝鮮和台灣，很多人被強制動員到軍隊中，或成為士兵，或作為「軍屬」❶。他們一旦離開家鄉，就幾乎踏上了不歸路。在殖民地和日軍佔領區，許多女性還遭受到了日軍的性侵害。

　　日本發動的這場侵略戰爭，奪去了無數民眾的幸福，卻用「大東亞解放」的口號美化侵略。戰爭中的所有加害，都是在日本帝國主義「命令」下實施的非人道行為。而支持了這場侵略戰爭的日本民眾，最終也成為突襲及原子彈的犧牲品。

---

❶　日本軍隊將部隊中從事技術或服務性工作，但不作為軍隊正式編制的人稱為「軍屬」。

第一節　民眾的戰爭動員及戰爭體驗

戰場與民眾

在日本發動的侵略戰爭中，作為戰場的中國，民眾的死亡人數甚至超過了軍人。被動員到戰場的日本士兵雖然是普通的日本人，卻殺害了無辜的普通中國民眾，踐踏了他們的家園。那麼，在戰場上身份很明確的加害者與受害者，平時又是如何生活的呢？

1943 年，日本宮城縣的森伊佐雄接到徵兵令。村裡的鄰居們為他舉行了盛大的送別儀式，在神社特地安排了祈禱武運長久的祭祀典禮，村長致送別詞，然後在鼓樂聲中把他送到火車站。車站上，人們唱着軍歌，揮動着太陽旗，還不斷傳來「萬歲」的口號聲。此刻的森伊佐雄心中充滿了自豪，想「如不在軍隊中立功」，「都無顏再見父老鄉親」了。

但到了軍隊後，充斥在很多士兵耳朵中的卻是「你們不過就是一錢五厘的戰爭消費品」那樣的話。「一錢五厘」指的是寄出徵兵令所需的郵費。而當時，與只需一錢五厘就能隨時補充的士兵相比，軍馬的價值更高。不如一匹戰馬值錢的士兵，在兵營中經常受到來自老兵和上司的私刑，體罰和毆打簡直就是家常便飯，還要參加嚴格的訓練和繁重的勞動。通過這種支配與服從的關係，士兵們要適應嚴格的身體訓練和苛刻的日常起居要求，漸漸地「失去了思考的能力」。

日本兵就是這樣被逐漸訓練成「殺人者」的。為適應戰場環境，師團長曾下令讓士兵對綁在柱子上的俘虜實施殺戮。有的新兵接到這樣的軍令，無論如何也不能把手中的刺刀刺向對面的中國俘虜。見士兵猶豫，軍官在一旁怒吼：「笨蛋，你的面前是敵人，快動手！」被這種喊聲震懾後，士兵終於向前揮出

了刺刀，於是周圍的老兵發出讚許：「你現在成為一名軍人了，祝賀你。」

　　輾轉於戰場的日軍老兵們在回憶當時情況時，經常會提到這樣一句話：「軍隊生活需幾分運氣」。被分配到哪個部隊，在哪個地方作戰，攤上什麼樣的指揮官，往往決定了生與死，這都靠運氣。新兵到了殘酷的戰場，越來越感到與戰友們有一種「吃在一個鍋裡，同甘苦共患難」的「戰友情」。一旦戰友突然死去，就使得那些以前「連一隻蒼蠅都不敢拍死」的士兵變成了「殺人魔鬼」，把刺刀無情地刺向同樣希冀活下來的中國士兵，甚至用木棒、石頭砸向他們的腦袋，以此來發洩自己的憤怒，自認為是為戰友報了仇。而這樣一來，他們自己也失去了最基本的人性，把戰場變成了「人間地獄」。

　　據推算，死於太平洋戰爭的日軍有 212 萬，而其中因疾病和營養不良，即廣義的「戰病死」的死亡約 128 萬，超過了死亡總數的 60%。死在中國戰場上的 46 萬士兵中，有一半以上是因營養不良死亡，而菲律賓戰區 50 萬死亡士兵中，由飢餓導致的死亡約 40 萬。所以，具有諷刺意味的是：奪取日軍生命的最大敵人並非槍炮，反倒是日軍本身。

　　「皇軍」還將民眾也捲入到他們製造的「人間地獄」中。山西盂縣的中國民眾就體驗到了沒有任何「運氣」可言的真正的「人間地獄」。

　　1937 年，盂縣就已設立有共產黨支部。1938 年 1 月，日軍攻佔盂縣縣城後，這裡成為八路軍開展抗日遊擊戰爭的前沿陣地。1940 年夏，八路軍的「百團大戰」打響，盂縣西部的重要陣地西煙鎮被抗日勢力攻佔。但是到了 1940 年冬天，日軍再次入侵河東村並構築了陣地，打算長期駐紮下去。於是，包括河東村在內的其他鄰近村落由此墜入到了戰爭深淵。

　　這一時期日軍作戰有兩大目的：一是奪回被抗日勢力控制的各村落，二是破壞各村落中的抗日份子及共產黨的地下組織。作為其代表性的事件，就是時隔兩天由日軍分別在西煙鎮和南社實施的大規模屠殺。

　　1941 年 4 月，進駐河東村的日軍及警備隊（日軍佔領地的傀儡政權所屬軍

日本侵華時期被破壞的村莊和流離失所的人民

隊）突襲西煙鎮，四十多名無辜民眾慘遭殺害。一名婦女看到鄰居家的老人遇
難後躲到了屋裡，跟隨其後的日軍毒打她的父母，並將這名婦女輪姦。之後，
又用驢子將她拉到河東村，使其遭受了長達四十多天的性暴力傷害。

　　兩天後，慘劇在南社再度發生。日軍和警備隊兵分兩路進村，殺害了數十
名村民，還將數十名村民抓到河東村。日軍殘酷地拷問抓來的男性，逼他們說
出共產黨組織的信息，而對女性則連續多日實施性暴力。直到拿到贖金後才將
她們放回家。

　　盂縣陷入戰爭深淵之後，在民眾的面前有三條道路：一是與八路軍携手「抗
日」，但那樣就會遭到殘酷的「清剿」；二是為逃脫日軍殺戮，一方面應付日

軍，一方面與抗日勢力保持聯繫。村子裡有「正式」和「地下」兩個村長；三是如河東村一樣，為守住家園，建立與日軍合作的組織「維持會」，但那樣不僅物資和勞動力被大量徵用，甚至需要忍受連婦女也會被徵用的苦痛。

後方生活和民眾

在戰時狀態下，後方民眾的生活也與戰爭緊密關聯。在強化動員的體制下，日本女學生不自覺地演變為「軍國少女」。以天皇制為基礎的殖民統治，還將朝鮮和台灣的青年動員到了侵略戰爭中，而戰爭則扭曲了他們的最基本的人性。

下面是一名16歲上高中四年級的日本少女在1942年6月11日寫下的日記：

> 從昨晚的廣播和今天早上老師那裡聽說：皇軍攻擊了阿留申群島的荷蘭港（Dutch Harbor）和中途島。真不知如何用言語來表達心中對日本軍隊的感激。希望我的這份心情能夠越過遙遠的印度洋，傳到馬達加斯加，傳到澳大利亞的悉尼港。我們也必須努力，絕不能輸給軍隊。
>
> 第三節課學習「插花」，因為忘帶工具，一開始我很着急。還好，我的作品受到老師的表揚。老師當着大家的面把我的作品插到老師的花瓶，我又覺得很害羞，因為緊張還出了一身汗。

日記中學習「插花」和被老師表揚時所表現的羞澀，反映出了花季少女感性的一面，而對「勇猛」的日軍的「感激」，則反映了讚美戰爭的「軍國少女」的心情，兩者居然絲毫不矛盾地共存。

隨着戰況的惡化，這些軍國少女也被趕到勞動的第一線，這就是以所謂「女子勤勞挺身隊」為代表的工作。少女手上的筆被勞動工具代替，她們每天

勞動時間超過 10 個小時，以至後來很多人月經失調。但少女們居然發出那樣的「豪言壯語」：「不來月經也沒什麼可擔心的，反而可以讓我們的心情像坐上飛機那樣輕鬆」，「這樣可以更安心工作了」。1945 年 4 月出版的《主婦之友》封面上同時刊登了手持電錐製作飛機尾翼的「女子勤勞挺身隊」的照片和「一億特攻隊員 ❶ 的生活」的口號。

日本侵華戰爭開始後，在殖民地朝鮮也掀起了戰爭動員的狂潮。1938 年 2 月，頒佈了《陸軍特別志願兵令》，鼓吹「軍國的大門向朝鮮半島兩千三百萬熱血青年開啟着」。在此背景下，志願報名的人中，八九成是佃農。這些處於極度貧困中的農村青少年，誤以為當志願兵就能改變其個人命運，可見殘酷的殖民統治已經麻痺和打亂了人們的正常思維。

一名朝鮮志願兵在給母親的信中寫道：「如果可能的話，作為天皇陛下的赤子，我將不惜個人性命報效陛下，履行軍人職責」，同時還寫道：「懇切盼望母親大人銘記皇軍軍人家屬身份，決不辱沒這一名譽」。儘管朝鮮人這樣地崇拜日本天皇，但天皇視察京都的時候，朝鮮出身的工人卻被命令不得邁出集體宿舍一步，因為朝鮮人不是天皇的「赤子」，而是「不逞鮮人」。

台灣民眾的命運也與朝鮮民眾相同。在台灣，原住民與從中國大陸遷移過來的漢族是被區分的，前者被逐漸地轉變為協助日軍作戰的得力人員。請看下面的小學生的作文：

我想當一名軍人奔赴戰場。支那（當時對中國的蔑稱）軍很可惡，這一點我爺爺和我父親都很清楚，所以我們慶倖沒有出生在支那。出生在日本實在太幸運了。這都託了天皇陛下和那些在戰場打拼的戰士們的福。

---

❶ 「特攻隊」是第二次世界大戰中使用自殺式飛機、自殺式潛水艇向對方發起攻擊的日本軍人。這一口號的意思是希望全體日本人都發揚「特攻隊」的精神，為日本獻身。

日本偷襲珍珠港後，約有六千到一萬名台灣原住民青年組成「高砂挺身報國隊」被動員到東南亞戰場。這些人飽受戰爭之苦，死亡率遠遠高出日軍士兵。但是，除了對戰死者和重病者給予每人 200 萬日元的慰問金外，直到現在日本政府仍拒絕任何補償。

奪命式的勞動力掠奪

1937 年 7 月，中日全面戰爭正式打響。對朝鮮人和中國人而言，這是前所未有的噩夢的開始。由於日本工人都被徵兵上了戰場，日本政府於 1939 年通過《勞務動員計劃》，制定了將朝鮮和中國人派到煤礦和工廠的勞動力動員方案。

與此同時，1938 年以前居住在日本的朝鮮人每年就以數萬人的速度劇增，而 1939 年一年時間就猛增了 16 萬人，此後每年增加的人數甚至到了 20 萬人的程度。自 1939 年到 1944 年，超過 100 萬的朝鮮人被迫背井離鄉橫渡玄海灘。他們中的多數被分配到煤礦，在惡劣的工作環境下從事高強度勞動。最後，大部分人都未能生還歸國。

日本財界意識到僅靠朝鮮人還不能滿足對勞動力的需求，繼而將目光轉向中國勞工。日本政府於 1942 年決定將中國勞工「遷入」日本本土，同時制定了將這些中國勞工安排在遭日本人嫌棄的「重體力勞動」部門的方針。按照國民總動員計劃，1944 年制定了徵用三萬中國勞工的目標。正如「強制連行」❶這一概念所表達的意思，這些中國勞工被強制帶到日本，總數有四萬多人，而其中七千多人在繁重的勞動和非人性的待遇下失去了生命。

---

❶ 被強迫徵用的勞工，在日語中被稱為「強制連行」。

在日本九州煤礦勞作的朝鮮勞工

　　那麼，被強行送到日本的勞工們，究竟過着什麼樣的生活呢？以可以掙到工資的朝鮮人為例，他們是在極其惡劣的條件下從事高強度的勞動，卻沒有得到相應的報酬。朝鮮人的工資不僅與日本人平均工資差距懸殊，甚至最高工資還趕不上日本人的最低工資。此外，工資中還要被扣除所謂介紹費、赴日交通費、匯款和存款手續費等 ❶，結果，最差的連一毛錢都拿不到。

　　被強制動員的中國勞工的薪酬和生活也與朝鮮人無本質區別。看一位受害

---

❶　在戰爭期間，日本為將全部財力用於戰爭，開展所謂「貯金運動」，強迫人們把錢存到銀行。

者的親身經歷吧。1944 年 1 月的一天早上，這名工人在工作時突然被日本憲兵抓捕，並進行了殘酷拷問，然後被送到石門（中國河北省石家莊市）俘虜收容所。此後，他被裝到一艘貨船上運到日本下關，再轉乘火車到了長野縣的平岡。在平岡，他每天都要起早貪黑地採石和搬運。冬天住在沒有取暖設備的集中營，所謂的三餐不過是每頓一個稻糠團子。18 人的小組中，有六七人最終病死在集中營。

在日本秋田縣的花岡地區，鹿島組（即現在的鹿島建設公司）負責花岡川的改造工程。自 1944 年 7 月起，共有 986 名中國勞工被動員到這個工程，直到 1945 年 6 月有 137 人死亡。由於無法忍受非人的待遇，1945 年 6 月 30 日夜，八百多名勞工進行了暴動，他們殺死了四名日本人輔導員，試圖逃脫，這就是歷史上的「花岡事件」。7 月 1 日，日本出動憲兵、警察展開了殘酷鎮壓。被捕的中國勞工被曝曬在炎炎烈日下，三天滴水未進，還要遭受殘酷的拷打，有很多人死去。加上 6 月末死亡的人，共有 419 人死亡。也就是說，勞工中的四成都喪失了生命。後來人們在花岡豎立了紀念碑，碑上刻有「為了人的尊嚴而反抗日本軍國主義的起義」的碑文。

關於這一事件，日本外務省管理局在報告書中稱中國勞工的死因為體質虛弱，甚至說「大部分人可以斷定在送來日本之前身體就有問題」，所以認為惡劣的勞作條件並不是其死亡的真正原因。然而，戰敗後，照顧過這些中國勞工的日本醫生提供的證詞卻指出：日本戰敗後到勞工回國前的那兩個月間，竟然沒有一人死亡。

第二節　民眾的戰爭受害

對平民的屠殺和對婦女的性暴力

戰爭造成眾多平民死傷，因為子彈和炮彈是無法分辨戰鬥人員和非戰鬥人員的。正因為這樣，民眾的死傷往往會被用「誤射」和「誤炸」來敷衍。但是，在太平洋戰爭時期，中國北方戰場上的民眾受害根本不是「誤射」與「誤炸」。

日軍在將侵略範圍擴大到全中國後，為了消滅華北地區的抗日根據地，開展了「燼滅」作戰和「肅正」作戰。這是從一開始就有計劃地對該地區居民進行以屠殺和血洗為目的的作戰。在中國，這一作戰方式稱為「燒光、殺光、搶光」的「三光作戰」。

與在東京審判中被起訴且在一定程度上已經真相大白的南京大屠殺不同，關於「三光作戰」真相的調查遲遲沒有展開。1957 年，「中國歸還者聯絡會」（簡稱「中歸聯」）❶ 成立，次年正式出版了《三光》一書，將他們所犯的罪行向日本國民公開，但是當時卻未引起人們的關注，直到 20 世紀 90 年代，日本社會才開始有人對「三光作戰」的真相展開正式的研究。

在日本出版發行的《世界》雜誌 1998 年 5 月號上，曾刊登了部分參與「掃蕩」戰的日軍俘虜的供述，披露了「三光作戰」的慘狀。第五十九師團第五十三旅團長上坂勝少將回憶 1942 年 5 月 27 日發生在河北省定縣北疃村的屠殺事件時說：

---

❶ 被關押在中國戰犯管理所中的日本軍政人員在1956年被釋放回日本後，組成的以反省戰爭罪責、促進中日友好為目的的進步團體。

　　第一大隊 5 月 27 日晨從定縣出發，行進途中在東南方向約 22 公里處發現八路軍。大隊投入主要兵力包圍八路軍，對其進行了毀滅性打擊，也殺戮了許多當地居民。

　　大隊在戰鬥中使用了赤筒和綠筒 ● 毒氣，還用機關槍進行掃射，目標不僅指向八路軍戰士，還包括逃難民眾。在村子裡進行「掃蕩」時，把赤筒和綠筒投放到多數村民藏身的地道口，因窒息而逃出地道的村民，則成為我們射殺、刺殺和砍殺的對象。在這次戰鬥中，大隊共屠殺了包括八路軍戰士和村民在內的八百餘人，且掠奪了大量武器和物資。

　　在雜誌披露「三光作戰」慘狀的同時，北疃村的生還者也受邀出席在東京召開的集會，講述了遭遇毒氣攻擊的親身經歷，證實有一千多村民死於這次事件中。

　　戰場上，對女性實施的性暴力事件也不計其數。儘管陸軍刑法明確規定了對強姦婦女的軍人進行處罰的原則，但指揮士兵的將領們卻對此有着個人解讀。他們認為「從某種意義上說，這對提高士兵的戰鬥力很有幫助，所以對發生的此類事件睜一隻眼閉一隻眼」。地處偏遠的小股部隊則更加無法無天。而有的士兵擔心受到處罰，甚至將女性先姦後殺。

　　對女性性暴力的典型表現是日軍「慰安婦」問題。「慰安所」出現於 1932年一二八事變之後，至中日戰爭爆發，日軍「慰安所」呈現出全面發展和體系化趨勢，太平洋戰爭時期得到更大發展。「慰安所」規模的擴大與侵略戰爭的擴大是同步進行的。

　　1938 年 5 月，在陸軍教育總監部發行的《戰時服務提要》中有如下記載：

● 　由於使用毒氣是違背國際公約的行為，日軍在戰爭中用顏色作為不同毒氣的代號。其中赤色代表嘔吐性毒氣，綠色代表催淚性毒氣。

「作為防範性病的積極措施，首先應完善『慰安所』的衛生設施，同時還要杜絕與非軍方指定的娼妓及當地人接觸」。此外，管理「慰安所」的能力也是考察日本陸軍後勤軍官的必要科目之一。可以說，日軍的軍隊體系本身就是導致對女性性暴力的內在因素之一。

日本政府和軍隊在佔領地設立「慰安所」，強制徵用女性做日軍「性奴

日軍「慰安婦」真被解放了嗎？

日本戰敗後，將東亞民眾推向水深火熱的戰爭終於落下了帷幕。然而，對日軍「慰安婦」而言，「解放」和「戰後」仍是十分遙遠的未來。歷經艱辛回到故里的她們，卻不能向任何人傾訴其內心的煎熬與傷痛，以至沉默了半個多世紀。加上貧困，這些人更不可能過上幸福的家庭生活。儘管倖存下來，但其肉體和心靈早已支離破碎。

自上世紀 90 年代開始，加害國和受害國都掀起了正視「慰安婦」受害者的存在、幫助受害者重新站起來的民眾運動，這是一次具有時代意義的歷史轉變。各國受害者們克服內心矛盾，鼓足勇氣公開其戰爭體驗。她們表示：「真正感到恥辱的應是日本政府，而不是我們」。她們同時要求伸張正義和查明歷史真相，討還公道。部分日軍「慰安婦」還超越自身戰爭受害，以女性人權運動家的身份展開了相關活動。

對日軍「慰安婦」而言，1945 年 8 月 15 日並不意味着解放。在本國，因人們的偏見和無視，她們的這段歷史被淡忘，同時加害當事國日本，直至今日仍堅持拒絕向受害者道歉和賠償。真正的歷史和解之所以經常與解決日軍「慰安婦」問題同時提起，其原因也在於此。

隸」。在殖民地朝鮮和台灣，許多女性被以提供工作為名欺騙，或通過人口買賣徵集為慰安婦，被暴力強行抓來的女性也不在少數。而在日本佔領地的中國和東南亞國家，軍隊或向村長下達動員女性的名額，或直接把婦女作為「性奴隸」抓來監禁。日軍慰安婦制度是源於女性歧視、民族歧視的踐踏人權的性奴隸制度，是違反當時國際法的戰爭犯罪。

到處是屠殺與傷痕的「大東亞解放」

戰爭傷害的痕跡也被刻在了東南亞各國。新加坡的大門樟宜機場，就曾經是新加坡華僑集體遭日軍屠殺的事發地。

1942 年 2 月，在樟宜機場附近的榜鵝海邊，至少有數百名中國人在那裡遭到日軍機關槍掃射。日軍將他們的屍體拋入大海，被沖回岸邊的則被簡單掩埋。樟宜機場第一候機室旁的出租車搭乘點即是當年榜鵝海邊的事發地。

新加坡內陸地區也有屠殺中國人的事件發生。據當時參與戰爭的日本士兵回憶，在他們登陸新加坡之後，很快就接到了「婦孺皆殺」的命令。在佔領新加坡的過程中，無數當地民眾死在日軍的槍口和刀下。1942 年 2 月 18 日，日軍第二十五軍司令官山下奉文（戰後國際審判中被判死刑）為「根絕抗日中國人」、「消滅抗日份子」而向駐守新加坡的警備司令官下達了「秘密處置」的「掃蕩」作戰命令。被日軍「一齊收容」、經「審問」「有敵對證據」的至少五千多名中國人遭殺害。連日軍自己也稱這次大屠殺是「殘忍不堪的大罪惡」。由此可見日本所謂的「大東亞解放」之本質。

再來看當時的菲律賓。在西班牙統治了 350 年後，菲律賓被美國佔領並遭遇太平洋戰爭。隨着戰爭爆發，菲律賓繼而淪為戰場，馬尼拉因飛機轟炸和地面戰爭而變成廢墟。在美國統治下本已成熟的民族獨立的機運也走向了另外一條道路。日本打着「建立大東亞新秩序」的幌子，鼓吹自己將引領亞洲地區的

日本佔領新加坡時期死難人民紀念碑

發展，在宣傳英美是「鬼畜」的同時，獎勵培養菲律賓獨自的文化，結果，菲律賓在 1943 年 10 月發表了所謂的《獨立宣言》。

然而，事實上，菲律賓人所接觸的日本則是與解放和獨立完全背離的帝國主義的統治者。日本人稱自己是菲律賓人的兄弟，但是日常生活中，多數日軍對菲律賓民眾則非打即罵，蠻橫無理，此外，還進行強姦、拷打、掠奪，以至在菲律賓到處瀰漫着對日軍的恐怖心理。於是各地逐漸建立起了「抗日人民軍」和「自由菲律賓」等抵抗日本的組織，而他們開展的游擊隊運動則引來了日軍更為殘酷的報復性攻擊。

美軍再度登陸菲律賓後，日本雖然被迫撤離，但在日軍的集體屠殺下，許多菲律賓人喪失了生命，村莊變為廢墟；經濟凋敝，社會基礎和傳統文化也遭受嚴重打擊。有人為了苟且地生存下去而不惜使用一切手段，導致道德崩潰。戰爭對人們造成的潛在而深刻的精神傷害是最難發現和治癒的。

從 1942 年至 1943 年，日本為佔領緬甸，在高山地帶修建了長達 414 公里的泰緬鐵路。電影《桂河大橋》熱播後，這條鐵路才為人們所熟悉。在泰緬鐵路建設中，很多盟軍俘虜和當地民眾被強制抓來當勞工。另外，勞工中還有不少是印度人。為了實現祖國的獨立，錢德拉‧鮑斯領導的「印度國民軍」將希望寄託在日本身上，因此數萬印度人勞作在被稱為「死亡極限」的泰緬鐵路工地，印度國民軍後來就是通過這條鐵道向緬甸移動，鮑斯本人也曾到過施工現場。

鮑斯身着白色制服、佩帶長刀、身材魁梧，他於所到之處強烈批判英國的殖民統治，並宣揚印度獨立。很多印度人熱衷於聽他的演講。但是當他搭上火車在泰緬鐵路上行駛時，他的身旁總會有日本軍官跟隨，印度勞工也不允許隨意邁出住地一步。監視印度勞工的日本士兵稱，只要印度勞工邁出房門一步便格殺勿論。所以有的印度勞工認為鮑斯應對印度人在泰緬鐵路的受苦承擔責任，甚至還曾制定過周密的襲擊鮑斯的計劃。鼓吹「解放祖國」的鮑斯，連被困在殘酷勞動中的印度同胞都無法顧及，這就是「大東亞共榮圈」的現實。

戰爭加害國中的受害民眾

1945 年 8 月 6 日和 9 日，兩枚原子彈在日本廣島和長崎爆炸，瞬間奪去了數十萬人的性命。對投放原子彈的意義，至今仍有各種各樣的看法，其中一種意見是原子彈的投放與結束戰爭相關。但是不管結論如何，都無法美化這一對非戰鬥人員的傷害行為。投放在廣島和長崎的原子彈造成了太平洋戰爭中最大

的平民被屠殺的慘劇，這是無可爭議的事實。

原子彈的威懾力遠不止於其致命的殺傷力。生活在長崎的池田早苗當時十二歲，至今仍記得他三歲的弟弟被席子裹着火化的情形：

一周後，最小的弟弟死了。因為父母需要照顧其他兄弟，只好由我將弟弟裹在席子裡進行火化。在火紅的夕陽下，燒着弟弟屍體的火把我的眼淚也染紅了。

弟弟出生於珍珠港事件爆發的 1941 年 12 月 8 日晚，死於 1945 年 8 月 16 日，戰爭結束的第二天。他從頭到尾都活在戰爭中，不知道什麼是和平。弟弟死了，而我又在年僅十二歲時親自火化自己的弟弟。這一切都是投放原子彈帶來的悲劇。

高溫、巨大暴風，以及核輻射污染，原子彈製造了無情殺戮無辜民眾的「人間地獄」。更給生還者留下記憶中永遠也難以抹去的「地獄之圖」。

原子彈投放帶來的災難不僅僅危及到日本人，當年居住在長崎和廣島的朝鮮人、中國人，甚至盟軍俘虜（以美軍為主）也因高溫和衝擊波、放射線而成為犧牲品。關於朝鮮人受害者的情況真相不明，所以直至今日只「推算」有四萬左右的朝鮮人死亡。而這些人卻不能像日本人受害者那樣得到援助，這是不是日本政府造成的「第二次加害」呢？

沖繩戰役是從 1945 年 4 月開始的，在受害者中，有一名居住在沖繩本島卻失去了十一位親人的婦女安里要江，她回憶說：

家裡第一個死去的是上小學四年級的侄子。1944 年 8 月，他乘坐的避難船遭美國潛艇襲擊，葬身於冰冷的海水中。其他家人放棄了逃難的念頭而選擇留在沖繩。但到了 1945 年 3 月，因美軍即將登陸沖繩，他們還是被迫踏上了心酸的逃難之路。一行中有生病的老人和婦女以及五個孩子。在三個多月裡，

他們四處逃難，每天見到的都是死屍、空襲和炮擊，直到 6 月 23 日才逃出去。

　　6 月，死神降臨在安里家族中。8 日，母親遭飛機轟炸而死。9 日和 10 日，婆婆和公公相繼死去。出生只有九個月的女兒，從 11 日起被藏在山洞中避難，由於沒有食物，只好任由她像「蠟燭一樣熄滅」。而作為母親的她在漆黑的山洞中甚至沒能看清女兒最後一面，由此抱憾終生。後來雖然輾轉住進收容所，死神卻仍然沒有離開。6 月末，婆婆下落不明，逃難途中勉強支撐的丈夫因營養不良於 8 月離世。10 月，臉頰被彈片擊中，飽受痛苦的四歲長子死亡。其後，侄女（大姑子的小女）死於營養不良。大嫂及其長女也在戰爭中喪生。

　　日本的戰敗也未能終止沖繩居民的死亡噩夢。安里要江是家中唯一的倖存者，此後，她經常在全國各地講述自己的經歷，她說：「什麼是戰爭？戰爭使人類放棄人性。」

　　發動侵略戰爭的日本當然是應承擔戰爭責任和戰後責任的戰爭加害國。所謂戰爭體驗應分為戰爭加害體驗與戰爭受害體驗。現在的日本民眾必須認真對待日本國家的錯誤，成為糾正日本政府所犯錯誤的主體。那麼，廣島、長崎的數十萬原子彈受害者及在沖繩喪生的日本人，究竟是戰爭的加害者還是受害者呢？另外，受到原子彈爆炸傷害的朝鮮人、中國人，以及盟軍俘虜，他們與受到同樣傷害的日本人是不是屬於「同類」受害者呢？這一問題恐怕很難回答。但是我們堅信，只要不回避並坦然面對這一問題，我們就可以為追究日本戰爭責任發出更強大的聲音。

互聯網上中歸聯的日文版主頁

第三節　圍繞日本的侵略及殖民統治的戰爭記憶

冷戰體制下被割斷和抑制的戰爭記憶

　　無論是加害國與受害國、加害者與受害者，倖存的人在戰爭結束後都要繼續生活下去。而在不同的生活環境中，他們按自己的方式保留着對過去戰爭的記憶。

　　對遭受殖民統治和經歷戰爭的朝鮮人而言，「過去」首先是需要遺忘的對象。自 1945 年朝鮮半島解放之日起，朝鮮境內的神社被迅速摧毀。8 月 16 日起的八天裡就發生了 136 起摧毀、焚燒神社的事件，同一時期還發生了 149 起襲擊並攻佔警察官署的群眾事件。可見朝鮮人對神社抱有很深的反感情緒。建在漢城南山的朝鮮神宮，是 10 月 7 日由朝鮮總督府自己撤除和燒燬的，同時還拆除了位於南山獎忠壇上的伊藤博文銅像以及為顯彰其功績而建的博文寺。

　　南山的朝鮮神宮被拆除後，10 月 11 日即開始了在該地建立解放紀念塔的相關活動。人們希望將原來象徵殖民統治的空間重新改造為展現民眾熱切盼望獨立的空間。解放紀念塔成為為建設新國家聚集能量的工具之一。還有一些朝鮮人為「提倡被荒廢掉的民族憂國精神」，而開展了在獎忠壇上再建安重根銅像的運動。本來，獎忠壇是大韓帝國在 1900 年所建的追思設施，是緬懷在戰爭中犧牲的將士和殉國官員的神聖空間。但是 20 世紀 20 年代後期，朝鮮總督府將該地改造為公園，1932 年還在此修建了伊藤博文的銅像和博文寺。

　　然而，上述修建解放紀念塔和再建安重根銅像的活動均未取得成效。原因是美國、蘇聯、英國在 1946 年達成了委託管理朝鮮半島的協議，朝鮮社會正式形成了左右兩翼對立的局面，很難形成推進修建紀念設施的政治主體。另外，解放後很多人開始關注建立以民主共和政體為基礎的國家，而不再關注基

於「民族獨立」的忠節論和復國論。朝鮮人自身的愛國對象已發生變化。

這一時期，漢城正好需要安置大量從海外集體歸國的人們，而當時獎忠壇內的日軍兵營正好可供歸國者臨時居住，於是該地也被稱為「獎忠壇收容所」。朝鮮戰爭爆發後，這裡又成為戰爭難民集中居住的地方。

朝鮮戰爭結束後，戰爭創傷剛得到平復，李承晚政權又欲通過反共反日運動強化其獨裁統治，並為此採取了一系列政治象徵化的措施。1956年，李承晚下令在朝鮮神宮舊址修建自己的銅像，安重根銅像則於1959年建成。與此同時，李承晚還強迫民眾背誦《我們的誓言》，其內容具體如下：

一、我們大韓民國兒女，誓死保衛祖國！

二、我們團結一心，打倒共產主義侵略者！

三、我們要讓太極旗在白頭山靈峰飄揚，實現南北統一！

李承晚試圖將南山地區修建成維護其政權的具有政治象徵性的空間，借此來強化以「北進統一」為目標的反共、反日民族主義，鞏固其專政體制下的領導權。但是在1960年的「四一九革命」中，李承晚被迫辭去總統一職，南山的李承晚銅像也隨之被拆除。

鎮壓了四一九革命的朴正熙於1961年在獎忠壇上修建了沒有任何歷史意義的室內體育館，並於1963年正式開館。為宣傳其作為亞洲反共國家宗主國的地位，朴正熙政權還修建了象徵反共意識形態的自由中心及其附屬住宿設施——「高塔酒店（Tower Hotel）」。

進入上世紀70代後，朝鮮半島南北政權圍繞體制的優越性展開了激烈競爭，在此過程中以自我為中心的排他性歷史認識被強化。朴正熙政權誇大大韓民國臨時政府的作用，高度評價其為「獨立運動的總指揮」，同時將日本帝國主義統治時期朝鮮人的社會主義運動視為民族分裂行為並徹底進行批判。而北

朝鮮則立足於主體歷史觀，排斥其他一切民族運動勢力，僅高度評價以金日成為中心的抗日武裝鬥爭。

由於朝鮮半島形成了分裂體制，李承晚政權雖於 1949 年將「三一節」和「八一五光復日」定為國家法定假日並於當日舉行紀念活動，卻沒有修建紀念民族運動的特定的空間和設施。而朴正熙政權雖然一再強調以大韓民國臨時政府為中心的民族運動，但是也幾乎沒有修建集中再現國家獨立和抗日運動相關的紀念設施。直至上世紀 70 年代，與紀念 1945 年以前的殖民地歷史和抵抗歷史相比，政府仍然更着力於修建宣傳反共政策的建築。

然而，這並不意味着韓國人已經遺忘了日本的侵略戰爭和殖民統治，人們的內心深處仍然殘留着巨大的傷痛。而日本右翼和部分保守勢力則認為這種傷痛是反日教育造成的。他們的這種言行無視韓國人在侵略戰爭和長達 35 年之久的殘酷殖民統治中飽受的歷史傷痛，其目的不過是為了逃避過去所犯罪行的責任，且將歷史認識對立的責任強加於韓國人。

另一方面，中華人民共和國成立時，世界範圍的冷戰格局已經形成。中國被以美國為首的資本主義陣營封鎖。而美國視日本為亞洲「永不沉沒的航空母艦」，試圖將其建設為美國在東亞地區的核心冷戰夥伴。因此，中國民眾雖然始終保有對日本侵略歷史和罪行的記憶，卻沒有機會對外表達自身的傷痛和反日感情。

到了 20 世紀 60 至 70 年代，受國內「文化大革命」的影響，階級鬥爭與政治運動的地位高於一切，連生產都必須順應革命運動的需要。於是，這一時期中國各地修建了許多與階級鬥爭和革命運動有關的展覽館、紀念館。與此同時，歷史教育也以革命鬥爭教育為中心開展，其中日本帝國主義在抗日戰爭時期所犯下的滔天罪行成為當時開展階級教育的重要內容之一。這一時期製作的《地道戰》、《地雷戰》等許多電影集中反映了中國民眾的抗日鬥爭，對中國民眾形成關於戰爭的集體記憶發揮了重要作用。

1972 年中日實現邦交正常化，中國政府就歷史問題明確了其基本的立場和態度，即區分日本帝國主義和日本民眾，並區別對待日本政府中做出政策決定並發動侵略戰爭的元兇和一般官員，以及區分罪大惡極的戰爭犯罪與一般過失。通過表明上述立場和態度，中國政府明確了日本是侵略國的歷史事實，同時指出其主要責任在於日本帝國主義者。另外，基於一戰後德國與歐洲的先例，中國政府認為，讓日本承擔巨額戰爭賠款，只會加重日本民眾的經濟負擔，同時也會讓與戰爭無直接關係的日本年輕一代揹上賠償責任，這與中國政府願與日本民眾保持長期友好關係的願望相違背。

中國政府的這一政策可以用周恩來引用的一句成語來概括，即：「前事不忘，後事之師」。這句話一方面提醒人們不能再度重演中國被日本侵略的悲劇，另一方面也是對民眾歷史記憶的封鎖，旨在抑制民眾隨時表現出來的反日意識。當時，中蘇兩國矛盾正在深化，中國急需和美國、日本改善國際關係。這一國際背景構成了封鎖民眾記憶而不直接追究日本侵略責任的重要原因。

可見，在韓國和中國，不論個人還是集體，對日本的侵略和殖民統治的歷史記憶一直被深埋心底，在 1982 年以前未曾表面化。這主要源於 1945 年後的冷戰體制和朝鮮戰爭這一極端的歷史經驗，以及貧困等社會原因。

1982 年發生的日本歷史教科書問題，成為韓國和中國出現重大轉變的契機。中韓兩國開始重視日本侵略與殖民統治的歷史記憶，積極建設相關的紀念設施，丟掉了反共和階級鬥爭之「外衣」，而逐漸適應冷戰解體後出現的世界形勢的新變化，獨立與勝利成為歷史記憶的焦點。同時，韓國和中國也密切關注日本右翼與保守勢力在侵略歷史問題上的翻案動向。有關這一內容，我們將在第四節作詳細介紹。以下，我們先來瞭解一下戰後日本最具代表性的戰爭記憶方式，以及朝鮮半島南北政權對此所做出的反應。

歷史問題清算得不徹底，多種「集體記憶」的形象化

　　直到日本戰敗之前，日本的靖國神社仍然強迫陣亡者遺屬在悲痛中保持沉默。靖國神社給為國家戰死或病死的人冠以「英靈」的「榮譽」，實際上不過是充當動員民眾參戰的工具。日本戰敗後，靖國神社擔心今後不能再祭祀陣亡者，於是在 1945 年 11 月舉行臨時招魂儀式，將九一八事變以來未供奉的兩百多萬陣亡者的靈位放入神社供奉。1945 年以前，靖國神社也曾供奉過出身於殖民地的軍人，1959 年又大規模遷入了出身朝鮮的海軍軍屬靈位。目前，靖國神社共祭祀有兩萬一千多名朝鮮人，兩萬七千多名台灣人。其理論根據是殖民地人在戰死時是日本人，「死後當然也應作為日本人」被供奉進神社。

　　靖國神社的「慰靈」設施資料館和遊就館對戰爭史的展示方式正體現出了靖國神社式的歷史認識。遊就館於 1986 年和 2002 年新增了展示空間，按日本發動侵略戰爭的時間順序，通過展示日軍遺物、遺書，以及描述戰況的展板等，介紹日本侵略戰爭的歷史，並把陣亡軍人及軍屬供為神靈，借此來美化侵略戰爭。而對侵略戰爭給周邊國家和民族帶來的災難這一歷史事實，即日本作為加害者的事實，遊就館中卻沒有任何展示。而且按照靖國神社式的記憶原則，對同為日本人的沖繩民眾的戰爭受害，也沒有設立展示的空間。靖國神社這種不對侵略歷史進行任何批判反省，卻宣揚侵略戰爭合理性及浪漫性的記憶方式，使今天的日本民眾無法理解戰爭帶來的痛苦與危害。而日本政界的右翼保守勢力每逢 8 月 15 日「終戰」日必定專程參拜靖國神社，則賦予這一記憶方式以正當性。但對東亞民眾來說 8 月 15 日則象徵着「解放」和「勝利」，因此，東亞民眾對日本政界右翼保守勢力在這一天的參拜行為極度敏感。

　　1954 年建成的廣島和平紀念公園，是完全不同於靖國神社式記憶的集體記憶空間。廣島和長崎至今仍遺留有原子彈爆炸的痕跡以及看得見的戰爭瘡痍。廣島更由於是世界上第一個遭受原子彈爆炸的城市，因而一直積極參與廢除核

對靖國神社式記憶的訴訟以及個人的記憶和追悼

2001年6月，韓國的戰爭遺族首次對靖國神社供奉戰歿者提起訴訟。以這次訴訟為契機，2005年3月，在太平洋戰爭中陣亡的日本、沖繩、台灣地區的士兵和軍屬的遺屬10人來到靖國神社，要求取消對其親人的供奉，並相繼提出了訴訟。他們超越國境，互相認識「受害者」與「加害者」的不同，共同展開了要求取消供奉靈位的行動。

韓國人遺屬羅敬壬指出：「如果因非日本國籍而拒絕賠償的話，那也請取消供奉靈位。至今我仍然覺得父親在殖民統治下飽受着煎熬。每想到父親日夜盼望回到祖國和妻女身邊的心情，我都會痛徹心肺」。這一發言是針對日本政府以「國籍條款」為由把韓國籍軍人、軍屬及遺屬排除在《援護法》和《恩給法》對象之外的做法的批評。因被動員加入「高砂義勇隊」而戰死的台灣原住民的遺屬楊元煌提出的訴訟理由是：我們不認為他們是「神」，我們要把親人的靈魂帶回家鄉，以傳統的方式進行祭祀。而沖繩訴訟案的原告則主張：把參加「姬百合部隊」戰死的沖繩人、在「集體自決」中被迫死去的沖繩人以及因間諜嫌疑遭殘害的沖繩人，視作「積極的戰爭配合者」並作為加害方的一員供入神社，是絕對不能允許的。要求取消供奉的遺屬批評國家與靖國神社一體化的做法，認為這種做法剝奪了遺屬對死者自由追悼的權利，是對遺屬感情的政治利用。

可見不許人們靜靜追悼死者、不許人們自由傳承死者記憶、肆意踐踏基本人權，是靖國神社在戰前和戰後的一貫理論。

武器的運動，對核試驗、核擴散等國際動向一直發出批判的聲音。

另外，美軍實施的無差別空襲和轟炸，使得很多日本人認為自己是戰爭受害者。而受害者意識與和平論相結合後，日本人又陷入到了自己是犧牲者的意識之中，相反則淡化了對日軍在太平洋戰爭中作為侵略者所犯的種種罪行的反省，甚至曾一度漠視朝鮮人和盟軍俘虜也是原子彈爆炸受害者的事實。如今在和平紀念資料館東館一層的「核爆炸前的廣島」展覽中，展示了被動員到中日戰爭和太平洋戰爭並遭受迫害的朝鮮人和中國人的物品，並承認了韓國人核爆炸受害者的存在，一定程度上揭示了廣島受害與加害的多重性。

但是，廣島紀念資料館的最終目的在於「重現 1945 年 8 月 6 日發生的事情」。因此展覽內容中並沒有介紹日本的戰爭指揮部是如何不顧沖繩民眾生死，準備與美國進行「本土決戰」的事實，也沒有介紹日本拒絕盟軍無條件投降要求，以保留天皇制為前提進行「終戰」交涉從而導致原子彈投放的事實。所有的展示內容都被鎖定在廣島，僅介紹了日本侵略歷史中特定的一面。日本的國立、公立博物館通常也採用這種方式介紹戰爭歷史，其本質是「不展示戰爭」。比如，製造用於中國戰線毒氣的大久野島其實就在廣島境內，但是資料館對日軍使用毒氣的問題卻沒有任何展覽。另外，對在公園中為韓國人原子彈爆炸受害者設置紀念碑的背景，對韓國人受害者的治療過程，對日本社會不能主動反省戰後責任等問題，資料館也沒有作任何介紹。

同為展現歷史記憶的空間，與靖國神社相比，廣島和平紀念公園發揮着日本及世界和平運動中心的作用。但它同時也是淡化日本民眾的加害者意識，不斷強化受害者意識的基地。如果說靖國神社是通過掩蓋戰爭的侵略性質而賦予戰爭以浪漫色彩的話，那麼，廣島和平紀念資料館則是帶着片面的歷史發展脈絡中的受害者意識，試圖將和平浪漫化。另外，廣島和平公園式的記憶方式雖然與讚美侵略戰爭和陣亡者的靖國神社式記憶在形式上截然不同，但這種記憶方式僅僅關注 8 月 6 日發生的歷史事件，而逃避戰爭責任，着力將日本人刻畫

廣島和平紀念公園

為最初的原子彈受害者，因此它與不尊重歷史的靖國神社式思維邏輯有着一脈相連之處。

　　沖繩和平祈念公園則是同時呈現靖國神社式以及廣島式兩種記憶方式的空間，因為公園內的陳設不區分敵我，只追思所有陣亡者。

　　園內建於 1979 年 的「國立沖繩戰歿者墓苑」是體現了靖國神社式記憶的建築。這裡以日本各縣為單位修建了告慰在沖繩戰鬥中陣亡日軍士兵的慰靈塔。塔上鐫刻的碑文稱這些士兵參加了保衛祖國的戰爭。建在最高處的「黎明之塔」，則是用來歌頌剖腹自殺的牛島司令官及其參謀長的愛國心和軍人精

神。這一紀念空間是以日本帝國主義的視角再現有關沖繩戰役的記憶，完全把日軍美化為戰爭受害者。

同樣位於沖繩和平祈念公園內的沖繩縣立「和平祈念資料館」則是與「國立沖繩戰歿者墓苑」不同的紀念設施。為迎接海洋國際博覽會在沖繩召開以及皇太子的蒞臨，該資料館於 1975 年正式開館。當時紀念館懸掛了太陽旗，並展覽了牛島中將的全身照，可見那時的資料館沿襲了靖國神社式的記憶方式。然而，隨着和平運動組織及其研究人員向當地政府和議會不斷抗議，資料館徹底改變了佈展方式，於 1977 年重新開館。新館內展示了反映戰時殘酷統治民眾的實物資料，以及生動揭露日軍對當地居民實施屠殺的證言、筆錄等。這樣一來，「和平祈念資料館」便向「國立沖繩戰歿者墓苑」的靖國神社式記憶方式提出了挑戰。

顯然，由日本政府主導修建的大部分紀念設施，幾乎都沒有對發動侵略戰爭的加害責任進行深刻認識和反省，相反，更多的是美化侵略戰爭和淡化其責任。這些設施更把日本人作為受害者加以大量展示，從而構建以日本人為中心的集體戰爭記憶。倍遭日本侵略的亞洲各國人民卻完全受到忽視，其原因究竟何在？

由於東亞民眾的抵抗、美國的原子彈投放、蘇聯參戰等原因，日本最終被迫投降。與德國不同，日本本土沒有發生激烈的戰爭，而是在無條件投降的同時，不得不放棄了殖民地。因此多數日本人並沒有經歷喪失殖民地的痛苦，在戰敗後也沒有機會真正瞭解殖民地或佔領地民眾所遭受到的戰爭災難。另外，大部分戰爭主導者也沒有被徹底追究戰爭責任。由於盟軍採取了承認日本天皇和日本政府的地位並對其加以利用的佔領政策，這些發動侵略戰爭的責任者反而多數受到保護，甚至作為統治階層仍維持着在日本社會中的主流地位，因此也得以掩蓋其作為加害者的歷史事實。儘管 1946 年開始的東京審判（即遠東國際軍事審判）對日本重大戰爭罪犯進行了審理，但是受到欲在東亞地區建立

反共陣營的美國佔領政策的影響，東京審判在未追究日軍戰犯的「反人道罪」的情況下就匆匆收尾。此後，1951 年的舊金山和會更以美國為中心簽署了對日軍「寬大」的媾和條約。

　　就這樣，在日本沒有機會徹底追究其侵略責任並進行深刻反省的情況下，美軍的原子彈投放和空襲所造成的日本人的戰爭受害則在日本社會廣泛傳播，並逐漸形成了「厭惡戰爭」的社會氛圍。日本民眾普遍贊同「不能再重演歷史悲劇」，並就反戰達成了廣泛的社會共識。但是戰爭爆發的原因、戰爭的目的以及戰爭加害的責任問題卻沒有被明確闡釋，歷史教育也沒有負責任地向民眾傳達真相。其結果造成雖然多數日本人堅決抵制戰爭，卻沒有作為侵略國國民的責任意識。圍繞廣島和沖繩和平紀念公園建立韓國人慰靈塔展開的爭論過程也對這一問題有所體現。

沖繩和平紀念公園的「和平之礎」

被日本社會排斥的少數人的歷史記憶與朝鮮半島的南北分裂

　　1972 年日本朝鮮人總聯合會（「總聯」）派代表到沖繩，組建了「二戰期間沖繩地區屠殺朝鮮勞工真相調查團」，還出版了《二戰期間沖繩地區屠殺朝鮮勞工真相調查團調查報告》。他們與當地的日本工會組織攜手，開展了為朝鮮人修建慰靈塔的募捐活動。對此，朴正熙政權迅速作出反應，向在日大韓民國民團（「民團」）提供了 10 萬美元援助款，計劃在 1974 年沖繩海洋國際博覽會開幕之前完成慰靈塔的修建。

　　從韓國外交通商部 2000 年後公開的政府檔中，我們能夠瞭解朴正熙政權積極參與修建慰靈塔的直接動機。文件稱：

　　據政府得到的情報，北方傀儡在革新勢力較強的沖繩地區正推進二戰期間犧牲韓國人慰靈塔的修建工作。對此，我政府要予以阻止，防止北韓傀儡及朝總聯滲透到沖繩地區。同時要比北方傀儡提前完成慰靈塔修建工作，以彰顯我大韓民國正統性，以及我政府為唯一合法政府的地位。

　　可見，朴正熙政權修建紀念設施，為的是「與時間賽跑以實現政治目的」，即計劃早於朝鮮完成慰靈塔修建工作，而並非為了告慰和紀念在沖繩戰中犧牲的朝鮮人。因此當時韓國政府向沖繩縣政府提交的計劃書中就提出：希望在「國立沖繩戰歿者墓苑」入口處修建慰靈塔。這意味着將告慰朝鮮人受害者的紀念塔與紀念侵略者的設施建在同一地點。修建韓國人慰靈塔對朴正熙政權而言，不過是與北朝鮮競爭的工具而已。

　　不過，沖繩縣最終以公園的建設已經規劃完畢和綠化工作已經完成為由，拒絕了韓國提出的在和平祈念公園內修建韓國人慰靈塔的要求。1975 年 8 月，韓國人慰靈塔最後建在了沖繩和平祈念公園正門的對面。

日本社會從圍繞侵略戰爭的記憶空間和紀念空間中排除少數人的事例，還體現在修建「韓國人原子彈爆炸犧牲者慰靈碑」的過程中。1967 年，民團廣島縣總部向廣島市提出修建慰靈碑的申請，但得到的回覆是，由於和平公園內紀念碑和慰靈碑過多，在修建「和平時鐘」後，公園已決定此後一律不再修建任何形式的紀念設施。

結果，直到 1970 年，廣島「韓國人原子彈爆炸犧牲者慰靈碑」才在廣島和平紀念公園的園外落成。人們每年在這裡舉辦「韓國人原子彈爆炸犧牲者慰靈祭」。最初，慰靈碑的修建者們並沒有意識到慰靈碑的位置存在民族歧視問題。反而由於該地是發現朝鮮皇族李鍝遺骸的地方，修建者們基於忠君主義的思想，才將慰靈碑修建在此。1974 年，修建者們才展開了將慰靈碑遷入和平公園內和修改涉及民族恥辱的 89 字碑文內容的運動。但最終遷入公園的運動遭到失敗，僅刪除了碑文上的內容。

從上述兩座慰靈碑的位置，我們可以看出在關於沖繩戰役及廣島原子彈爆炸的歷史記憶中，韓國人是被日本邊緣化的。這正揭露了日本逃避殖民主義和侵略戰爭真相的歷史態度。顯然，在日朝鮮人和韓國人被排除在了日本國民的記憶之外。

但是，1975 年，朝總聯下屬的「廣島縣朝鮮人原子彈爆炸犧牲者協會」也開始運作，在和平公園內修建「朝鮮人原子彈爆炸犧牲者慰靈碑」。針對這一舉動，韓國原子彈爆炸受害者慰靈碑修建委員會向廣島市提出抗議，反對再建慰靈碑，並要求盡早將既有慰靈碑遷入園內。其理由是，當初修建慰靈碑時並沒有區分南北，如新建慰靈碑則等於對亡者靈魂也以 38 線為界進行區分。

關於新建與搬遷的糾紛持續了很久，以至於迫使廣島市長於 1989 年給出最後答覆，即如果雙方同意建立統一的紀念碑，廣島市方面可以重新考慮修建地點。而對此，日本人的態度也各不相同。既有人希望放火燒掉慰靈碑，也有人主張「為彌補日本人的加害責任，必須將韓國人慰靈碑遷入和平紀念公園之

廣島和平紀念公園內的朝鮮人慰靈碑

內」。 正因為朝鮮半島分裂與南北政權圍繞體制優越問題展開的競爭以及日本的加害責任問題混合在一起，才出現了這種複雜局面。

　　直到 1990 年廣島市建議將韓國人慰靈碑遷到和平公園園內，慰靈碑遷移與新建的爭論才宣告結束。而這一突然的提議，也是基於政治考慮的結果。首先這與廣島市即將於 1994 年和 1995 年分別召開廣島亞運會和原子彈爆炸 50 週年紀念活動不無關係。另外，當時訪問廣島和平公園的亞洲各國人民也就韓國人慰靈碑的邊緣位置進行了公開指責。

第四節　歷史教科書問題與歷史記憶

圍繞歷史記憶的分歧

1982 年，日本文部省在審定高中歷史教科書時，要求將「侵略」改為「擴張」，模糊處理侵略及殖民統治的內容。此舉一經披露，便遭到包括韓國和中國在內多數國家的強烈譴責。由於日本的歷史認識問題，中日韓三國的國際關係也在這個時期開始惡化。此後，日本政府制定了新的教科書審定標準，新標準向國際社會承諾「在記述涉及近鄰亞洲各國近現代史有關歷史事件時應從國際理解與國際協調的態度出發，進行必要的考慮」，即所謂的「近鄰諸國條款」。至此事態才告一段落。

從韓國對這一事件的反應可以看出，擺脫了絕對貧困，在經濟上逐漸寬裕的韓國，開始關注「周圍人如何看待自己」的問題。而結束了「文化大革命」運動，着手改革開放的中國，也開始對與體制無關的問題發出自己的聲音。

歷史教科書事件後，在日本，部分歷史教材編寫者也為督促反省日本侵略歷史及殖民統治進行了努力。根據新的審定標準，他們可以沒有顧慮地在教科書中使用「侵略」一詞。經教材編寫者的努力，教科書在記述侵略戰爭及對朝鮮的殖民統治方面有了明顯改善。到了上世紀 90 年代，不少教科書開始記述與日軍「慰安婦」相關的內容。到 1997 年，幾乎所有的中學教科書中都出現了日軍「慰安婦」的內容。日本民眾在拒絕戰爭的同時對侵略和加害責任的歷史認識也在逐漸提高。

其實，1982 年的教科書問題的解決，不過是外交層面的調整，僅僅出於優先政治和外交上的顧慮，而並沒有從根本上對歷史問題進行再認識。教科書問題不僅涉及日本對侵略戰爭和殖民統治的歷史認識，也關乎民族問題，因此要

想根本解決是非常困難的。另外，教科書事件發生後，各國之間也沒有進行理性面對分歧，直接聽取對方主張和認識，嘗試歷史對話的努力。

而這種對歷史認識問題的敷衍所造成的消極影響自上世紀 90 年代中期開始，被歷史修正主義勢力利用，問題的嚴峻性逐漸暴露出來。在右翼及部分保守勢力庇護下，歷史修正主義者批評日本歷史教科書的內容具有「自虐性」。他們煽動日本人的民族主義情緒，肯定侵略戰爭，反對還原加害的歷史事實，並稱日本提出的「近鄰諸國條款」是在韓國和中國的「壓力」及「內政干涉」下簽署的，要求廢除該條款。

隨着歷史修正主義者不斷對教科書內容展開攻擊，中學歷史教科書的記述方式也逐漸採取了保守形式，對侵略戰爭和殖民統治的描述或被模糊，或乾脆不涉及加害者與發動戰爭的責任，而強調戰爭是迫於當時形勢的無可奈何的選擇。試圖回避戰爭責任的言論也不斷增多。描寫戰爭場面的電影基本上未向公眾披露歷史真相。在右翼及部分保守勢力支援下，歷史修正主義者不僅否認侵略戰爭的加害性，更試圖淡化民眾記憶中的受害意識，從而消除日本民眾對戰爭的抗拒心理。而針對日本歷史修正主義者對教科書內容和歷史的不斷歪曲，韓國和中國則較之於個人多樣化的戰爭記憶，傾向於越來越強調集體的記憶。

對關於侵略和抵抗的集體記憶的強化

以 1982 年的日本歷史教科書事件為契機，中國各地掀起了挖掘和保護抗日戰爭遺址的活動。中國東北地區復原了日本關東軍要塞的原貌，還在日軍大屠殺遺址上修建了紀念碑和紀念設施。此外，大規模抗日戰爭紀念館也相繼建成，其中具代表性的有：建於 1985 年的侵華日軍南京大屠殺遇難同胞紀念館、甲午戰爭博物館；1987 年建於北京的中國人民抗日戰爭紀念館；1991 年修建的九一八歷史博物館等。此外，隨着中國經濟的發展，由民間舉辦的展覽活動也開始大量湧

中國南京大屠殺遇難同胞紀念館中的塑像

現。四川省大邑縣建有中國最大的民間抗戰紀念館，它由八個分館組成。該展覽館的創建人指出：「人們不會去摸燒紅的鐵塊，是因為兒時有被燙過的記憶。但是，我們民族的集體記憶一直比較淡薄，民眾對歷史的反省和關注也十分不夠。抗日戰爭正如同一塊燒紅的熱鐵，會喚起大量被我們遺忘的記憶」。

　　至今，中國共建有包括博物館、紀念館在內的 353 處愛國主義教育基地。其中，有八十處與日本有直接或間接的聯繫。這些紀念設施一方面揭露日本帝國主義侵略戰爭帶給中國人民的災難，同時介紹中國人民英勇的抗日鬥爭運動。這表明中國開始勇於面對被侵略的歷史，以國恥和受害作為國家記憶，替

代了以往只強調抗戰勝利的國家記憶方式。

中國將這些紀念設施積極用於開展愛國主義教育的基地。愛國主義教育基地的建設是根據鄧小平的指示，目的是確立民族自尊心和自豪感、培養青年學生熱愛祖國和為國獻身的精神。1994 年 8 月，中國頒佈了《愛國主義教育實施綱要》，將愛國主義教育提升到社會建設的戰略高度。在社會主義意識形態隨改革開放而逐漸淡化後，愛國主義教育被作為了新的確保集體意識的重要工具。

1982 年發生日本歷史教科書事件後，韓國也修建了各種反映日本侵略、殖民統治和韓國人抗日等主題的紀念設施。例如：1987 年獨立紀念館開館、1992 年西大門獨立公園落成，以及 1995 年拆除朝鮮總督府大樓。

修建獨立紀念館的宗旨是：「為抵抗外來侵略，全民自發團結起來修建發揚自尊自主與堅忍不拔的民族意志及民族力量的紀念館，以發展國力和進行國民精神教育」。獨立紀念館建在離首爾較遠的天安市，因為這裡是被人們所熟悉的三一運動代表人物柳寬順的出生地。1982 年教科書事件剛一發生，政府就以向國民募捐的形式推動獨立紀念館的建設。當時的全斗煥總統通過發動軍事政變掌權，其政權的正當性尚存在危機。迅速、敏銳地對教科書事件做出反應，並推動建立紀念館其實是為了拉攏民心以挽回其政權正當性脆弱的手段。

獨立紀念館的展示內容基本圍繞抗日運動，並特別集中宣傳大韓民國臨時政府的正統性，也有部分揭露日本侵略及統治真相的陳列空間。在開館初期，展覽內容中排除了與社會主義運動有關的歷史。但是，1987 年「六一〇」民主運動（即光州民主運動）爆發後，隨着韓國社會推進民主化進程以及世界範圍內的「冷戰」的結束，韓國開始積極研究社會主義運動。獨立紀念館也在第五展示室獨立戰爭館中，對在滿洲地區活動的東北抗日聯軍和活躍在太行山一帶的朝鮮義勇軍的歷史進行了展覽。

可見，1982 年的日本教科書問題是具有劃時代意義的歷史事件。它使中國人對戰爭的歷史記憶從過去的階級鬥爭的記憶模式中獨立出來，並構建了以強

化愛國主義和反省戰爭災難為目的的新的記憶空間。在韓國，這一事件為復原韓國人關於殖民統治、迫害、獨立及解放的民族集體記憶並修建相關紀念設施提供了直接契機。中韓兩國飽受日本侵略與統治的歷史經驗，曾因「意識形態」和「反共」風潮而被封存。如今，兩國開始重新審視這段共同的歷史經驗，重建「獨立」與「勝利」的歷史記憶。

針對日本對歷史的歪曲，中韓兩國強調獨立和勝利的歷史認識，這為歷史教育帶來了重大影響。在中國和韓國的歷史教育中，近現代史的內容比重過半，明顯具有強化民族主義教育和愛國主義教育的傾向。另外，這種突出獨立與勝利的歷史認識要求民眾從民族對立、日本（人）與中韓（人）對立的構圖中理解日本的侵略和殖民統治。中韓兩國經歷了日本的侵略戰爭與殘酷統治，因此由國家主導的帶有民族主義色彩的歷史認識很容易深入民心，民眾圍繞這種歷史認識不會產生明顯矛盾或隔閡。然而日本社會則截然不同，比如圍繞教科書中關於沖繩戰役的內容，日本民眾之間就存在很大的意見分歧。

和平意識的現狀

中韓兩國的紀念館具有不少共同點，比如：展示日本侵略及殖民統治的相關資料；重現受害與苦難的記憶；緬懷死者、讚美英雄等等。而這類紀念空間，與實現真正和解和形成共生意識相比，更容易助長集體對立意識。民眾多樣化的戰爭記憶被國家所統籌，使得歷史認識陷入絕對化。當然造成這一局面出現的根本原因在於日本的右翼和部分保守勢力。

中韓兩國的和平紀念館的另一個共同點是，兩者均沒有體現較高水準的和平意識。兩國紀念館仍局限在通過介紹抗日和獨立運動的政治性話語，詮釋以自我為中心的和平，而未能站在超越國家和民族的人道主義立場，達到真摯對待每一個陣亡者的高度，也沒有發揮維護地區和平與穩定的作用。

　　不同於中韓兩國，日本民眾的和平意識中具有十分明確的反戰思想。日本民眾既經歷了日本發動的侵略戰爭，也經歷了世界首次原子彈爆炸。多數人基於作為受害者的戰爭記憶，形成了「厭惡戰爭」的反戰和平意識。因此，與中韓兩國相比，「和平」意識得以較早紮根日本社會。但是，日本式的反戰和平意識並沒有對「作為加害者的和平意識」與「作為受害者的和平意識」做出明確的界定。通過與沖繩戰役相關的歷史記憶方式，我們能夠驗證這一點。

　　上世紀 90 年代，沖繩開展了在新構想下重建沖繩和平祈念資料館的運動，希望以民眾受害為中心，還原沖繩戰役的歷史真相。但是當時掌握沖繩縣政的自民党保守派知事在 1999 年以「雖然是歷史真相，但也不能過於反日」，「沖繩不過是日本的一個縣，展覽應該全面展現日本的情況」為由，強迫和平祈念資料館沿用靖國神社式的紀念形式。結果，民眾原計劃展示的「戰爭爆發的前後過程」、「亞太地區國家的歷史」、「對日本帶給亞洲國家災難的戰爭責任的反省」等內容都未能體現。不過，在堅持記憶歷史真相的沖繩民眾的頑強抗議之下，縣政府最終妥協。2000 年，資料館按照當初的構想重新開館。

　　日本民眾在追溯沖繩記憶時，試圖將沖繩定位為太平洋戰爭中的眾多戰場之一，而非日本本土爆發戰爭的唯一地區。但不僅這一意圖受到挫敗，受害民眾也沒得到認真對待，甚至被強迫接受以國家為中心的歷史認識。在 2007 年對高中歷史教科書進行審定時，日本文部科學省要求教科書中刪除沖繩戰役中的「集體自殺」事件是軍方強制性行為等內容。由此可見，強迫接受以國家為中心的歷史認識的傾向至今在日本社會仍然根深蒂固。

　　與沖繩和平祈念資料館相比，建於 1995 年的「和平之礎」❶ 則具有在脫離

---

❶　和平之礎：1995年，沖繩縣在戰敗50週年之際，以「為了祈禱世界的永久和平」的目的，建設了刻有在沖繩作戰中陣亡的24.1萬人名字的紀念碑群，原則是不問國籍，不分軍人與平民，只對陣亡者的靈魂加以追思。

背景下講述和平的危險。「和平之礎」把朝鮮人也作為沖繩戰役的受害者加以記憶，銘刻了所有犧牲者的名字。但碑文上同時也雕刻了日軍和美軍士兵以及日本民眾的名字，呈現了各類受害情況。但是，這種不區分敵我，消除日軍和朝鮮人作為加害者和受害者的區別，對陣亡者一視同仁，將所有犧牲者姓名都刻在碑上的行為，實際上是淡化了戰爭責任問題。另外，模糊加害者與受害者的區別也就抹除了沖繩戰爆發的歷史背景。可以說，在這種沒有具體且正確再現歷史的地方，未來也容易被忘卻。這正是將和平浪漫化的危害所在。

當然，我們也不能忽視中日韓三國為克服「歷史風化」所做的不懈努力。冷戰格局解體後，在日本人民的幫助下，中韓兩國人民正式起訴日本政府，要求日本政府反省過去歷史、公開道歉並進行經濟賠償，這一運動一直持續至今。此外，2008 年，韓國和日本兩國的民眾及市民團體參與並協助了在沖繩縣宮古島修建日軍慰安婦慰靈碑，這一事件也具有重要意義。這是一次民眾追思受害者並傳承他們痛苦記憶的自發性活動，標誌着不同於國家和地方自治團體助長的「自上而下的集體記憶」的另一種記憶方式的出現。這樣的努力不同於中日韓三國把日本侵略和殖民統治與民族主義相結合的「集體記憶」方式，而是從另外一個視角出發，旨在探索和揭示個人的多樣化的歷史記憶。

中日兩國委員會關於本章的意見

因本章原稿提出較遲，三國編寫者就這一章的討論不充分。但由於韓國方面確定了出版時間，無法與其他各章一樣在充分吸收三國編寫者意見的基礎上形成最終稿。經三國共同歷史編寫委員會（以下簡稱委員會）討論決定：在目前韓國提出的原稿基礎上，將中日雙方的主要意見附在下面。

委員會認為：本書下卷第八章出現這種情況說明了歷史認識跨越國境的難度。但是，經過六年多的努力，委員會能夠在大部分敘述上實現突破，已經取

得了很大成就。委員會決心繼續就本章進行努力，而之所以以這樣的方式坦率地公開圍繞歷史認識對話的困難，是希望讀者理解：今後在中日韓三國間編寫共同的歷史教科書及就歷史教科書進行國際性對話，仍要面對重要的問題。

一　日方委員會的意見

（一）問題點

日方於完成初稿階段的 2011 年 4 月就本章的結構、問題意識、評價方法等提出了意見，其後也曾針對這些問題反復提出過意見。另外，日方關於史實和內容也對本章提出過不少修改意見。本章作者雖然採納其中一部分，但諸多基本問題都未予以解決。以下列舉日方書面意見的概要，以示問題所在。

日方意見（2011 年 4 月 19 日）概要

1. 關於文章整體

（1）文章整體最大的問題是，前半部分的第一、二節和後半部分的第三、四節在敘述上脫節。前半部分把焦點放在各自的民眾方面，而後半部分則沒有出現具體的民眾的身影，僅指出了集體記憶。前半部分對各自民眾記憶的寫法，其戰後的狀況也應在後半部分採用，而集體記憶應成為其有關聯的部分。第八章內部視角的調整和統一不可欠缺，如果沒有的話，那麼讀者就無法明白第八章整體敘述的主線是什麼、想要傳達什麼。而且，由於執筆人員不同而產生的前半部分和後半部分文體上的差異，也始終是個問題。

（2）第三節中的「集體記憶方式的形象化」，其把握和評價上存在很大問題，對此日方無法接受。日方認為應在三國之間充分討論對評價和見解上的差異，在此基礎上定稿。目前的相關敘述片面而且武斷，與日本的研究狀況有出入。特別是把靖國神社的情況與廣島、沖繩的情況單純地相提並論，對此需要進行根本性的討論。即使從推動日本和平運動的角度來看，也無法接受這種

敘述。在此提出改寫第三節和第四節末尾的樣稿（略），請重新考慮。

2. 關於各節

①日方認為應該更明確第一、二節中想要傳達給讀者的中心內容，並理清結構，使讀者更易於理解。例如，第一節「民眾的戰爭動員與體驗」和第二節「後方的生活與民眾」中，為何舉出文中的事例，或是通過這些事例想要表達三國民眾的何種戰爭體驗，應該進一步予以明確。從目前的敘述中很難理解作者要通過這些事例傳達給讀者什麼內容。

②和上面的①相關，日方認為應對第一、二節的內容進行整理。關於具體框架的提議如下：

第一節　民眾的戰爭動員

徵兵動員（日本‧朝鮮‧台灣）

勞務動員（日本‧朝鮮‧中國）

第二節　戰爭時期民眾的受害情況

三光作戰等的受害情況（中國盂縣‧北堡村）

「慰安婦」受害（朝鮮‧中國）

後方（日常）受害情況（朝鮮‧日本）

空襲‧原子彈爆炸的受害情況（中國‧日本）

中日韓三國之外的受害情況（可簡單歸納為屠殺華僑、菲律賓以及泰緬鐵路的情況）

③第三節對各國形成的戰爭記憶進行了通俗易懂的描述，但是由於沒有提及戰爭記憶如何體現在民眾層面，因此與第8章的題目「戰爭與民眾」不符。

④第三節、第四節中，有必要指出為何以博物館和紀念碑等為題材對三國的戰爭記憶進行比較和討論的理由及目的。雖然，博物館、紀念碑作為記憶的載體可以理解，然而在民眾的戰爭記憶中，還有除了這些設施以外的元素，例如教育和家庭內的口述傳承等。對這些因素在民眾戰爭記憶的傳承上所起到的

作用也有必要提到。

⑤第四節提到了1982年以後三國的戰爭記憶，其中最顯著的特點是，圍繞戰爭記憶三國都產生了共振關係，民族主義的存在成為三國共同的課題而一直被討論至今。這一點也有必要提到。目前的文章中，中國、韓國和日本各自的情況寫得較為分散。

⑥第一、二節的戰前、戰時部分，由個別事例積累而成。而第三、四節的戰後部分則立足於戰爭記憶的形成這一視角。前後採取了不同的歷史敘述方式。為何採取這種方式，目的何在？有必要加以說明，否則讀者很難理解第一、二節和第三、四節的關聯性。

（二）修改方案的事例

日方為了給韓方執筆者提供參考，於2011年9月提供了修改方案。以下是執筆者未能予以反映的主要問題，日方在文章相應的位置作了標識（包含具體事例的敘述由於篇幅的關係僅指出要點，省略了修改方案）。

①本章序言結尾部分「應成為東亞民眾共同的使命與課題。」之後補充如下內容：

「如今的時代，未曾體驗過戰爭的人們佔了絕大多數，我們如何直面過去的戰爭？僅僅抽象地描述戰爭明顯是不夠的。戰爭的歷史和清晰的痕跡，只能通過生活在那個時代的個人具體的經歷才能復甦。而個人的經歷和記憶，往往被重新併入國家的集體記憶中。理解國家如何將經歷和記憶集體化，就能理解國家如何定位和傳承個人的戰爭經歷。並且，如果能夠跨越國境，把握國家的記憶和個人的經歷之間的關係，即使戰爭經歷和時代背景不同，也一定可以靠近彼此的歷史。」

②把第二節「戰爭加害國中的受害民眾」這一標題改為「空襲‧原子彈爆炸造成的傷害」，並具體提及日本對中國重慶的轟炸，敘述如下：

「重慶轟炸不分男女老幼，剝奪了家族之間的紐帶和愛情以及生活的食

糧。即使戰爭結束，也成為決定他（她）們人生的巨大因素，作為戰爭的記憶而被傳承下去。對於不曾經歷戰爭的一代來說，戰爭已經成為過去，而對經歷過戰爭的人們，特別是受害者而言，今天戰爭的記憶仍然『鮮明』」。

③在第二節最後（圖片上方）補充如下內容：

「如前所述，亞洲各地人們的自由和生存選擇被戰爭剝奪，並一直無法恢復。要理解戰爭的實際情況，就必須知道受害者個人被奪去了什麼，是如何被奪去的。如果注意到這些多樣性，那麼不僅能從多個方面把握戰爭，還可以悼念在各個戰場和各個地方死去的人們。」

④刪除第三節第一個標題的最後一段「1982年發生的日本歷史教科書問題……以及朝鮮半島南北政權對此所做出的反應。」補充「窗口：戰犯們的和平運動」，總結因禁在巢鴨拘留所的ＢＣ級戰犯們在回顧過去的同時逐漸展開的反戰和平運動（省略修改文章）。

⑤刪除第三節第二個標題的第五～六段「但是，廣島資料紀念館的最終目的在於……因此它與不尊重歷史的靖國神社式思維邏輯有着一脈相連之處。」並補充如下內容：

「資料館的展示上也存在課題。例如，廣島縣雖然受到原子彈災害，但是該縣的大久野島在戰爭期間曾經製造使用於中國戰線的毒氣。日軍使用毒氣的有關內容並沒有被展出。而且，對韓國的原子彈爆炸受害者治療過程中的批判性自我反省，換而言之即對戰後責任的問題未被提起。

因此，資料館對戰爭的展示和慰靈碑反映了展覽者和建設者的意志與目的。日本存在着戰後的日本人如何面對各自的戰爭經歷這一問題。但是，由於日本人並未主動地解決這一問題。因此戰爭的記憶逐漸被淡忘。」

⑥刪除第三節第二個標題的最後一段「日本民眾普遍贊同……圍繞廣島和沖繩和平紀念公園建立韓國人慰靈塔展開的爭論過程也對這一問題有所體現。」並補充如下內容：

「這意味着不談作為加害者的戰爭經歷，而是將加害的經歷帶到墳墓中去。其結果造成了各自的記憶被封閉，戰後亞洲各地生活於同一時間的人們之間的對話機會被抹殺。更甚者，歷史教育中關於準確傳達加害事實的內容也極為欠缺。」

⑦在第三節最後（圖片之上）補充「窗口：朝鮮人原子彈爆炸受害者朱碩的『記憶』的繼承活動」。

在日朝鮮人朱碩的弟弟在原子彈爆炸中死亡，朱碩自己也是受害者之一。修改方案總結了他以眾多的修學旅行的學生為對象進行的「口述」活動，特別是他通過宣傳朝鮮人受害者的存在來呼籲反核、反戰的和平運動（具體修改方案省略）。

⑧在第四節第二個標題的第二段和第三段之間補充：

「另外，中國自 1949 年以來，無論中學或高中的歷史教科書中都幾乎沒有關於『慰安婦』記述，除了在上海曾使用一時外。這意味着人們的戰爭記憶被國家集體化的過程中，『慰安婦』作為個人戰爭受害者的經歷，被歷史湮沒。雖是戰爭受害國，國民並不一定知道所有戰爭的受害情況。甚至由於是受害國，更難以在課堂或家庭中口述傳承悲慘的戰爭經歷。」

⑨在第四節第二個標題的最後（「和平意識的現狀」之前）補充：

「各國對戰爭記憶的強化，與各國的國內局勢相關並體現為民族主義的高漲。甚至還形成了一種共振關係，產生了超出日本侵略、中國和韓國被侵略這一框架的關聯性。例如，不僅是日本的教科書問題，中國和韓國之間發生的領土問題（東北工程問題），也造成韓國修改教育課程的動向。也就是說，各國發生的圍繞戰爭記憶的動態，在東亞範圍內是具有連動性的。因此如何傳承戰爭記憶這一課題，不僅是關係到各國本身，已經成為關係到東亞所有人的課題。」

⑩刪除第四節的倒數第二至四段「上世紀 90 年代……這正是將和平浪漫化的危害所在。」並補充如下內容：

「1995年，和平祈念公園中建立了刻有沖繩戰全體犧牲者姓名的紀念碑『和平之礎』。其建造的理念不區分敵我而是追悼戰亡者，出身朝鮮半島的軍人和『慰安婦』等和日軍戰亡者的姓名被刻在同一列，而沒有加以任何區別說明，戰爭責任模糊不清。受害和加害的實際情況沒有被反映出來，欠缺到沖繩戰為止的日本的侵略和殖民地統治的歷史脈絡。

建造『和平之礎』的沖繩縣解釋為，在紀念碑旁邊的和平紀念資料館中對歷史脈絡有所說明。但『和平之礎』的建造意圖因『為國光榮犧牲』這一國家中心的價值觀而經常陷入危險。事實上，1999年，隨着剛才提到的沖繩縣和平紀念資料館的落成，生動體現沖繩淪為戰場期間的日本侵略的經過，以及戰場上民眾受害的實際情況的展示方案，被保守的縣知事篡改。當時由於受到廣大縣民的譴責，雖然實現了原先的展示方案，然而不是作為日本國內唯一陸地作戰戰場的沖繩，而是作為廣大亞洲太平洋地區陸地戰爭的慘禍之一而被記憶的這一意圖，與國家中心的歷史觀處於嚴峻的對立關係。2007年，高中日本史教科書在接受日本政府檢定時，政府強迫刪除日軍強令沖繩民眾『集體自殺』這一敘述，掀起了大規模的反對運動，然而可以看出，國家中心的歷史觀在日本社會中根深蒂固。因此，如果對正確保留過去的具體事實的努力一旦鬆懈，也存在將來被忘卻的危險。」

⑪在本章最後補充【窗口：沖繩和宮古島的嘗試──讓紀念碑訴說什麼】。

2008年，宮古島建立了日軍「慰安婦」的紀念碑。它向我們發出質問，敘述傳承戰爭歷史和生活於那一時代的人們的意義及其困難（具體修改方案省略）。

二　中方委員會的意見

（一）對該章結構方面的意見

1. 原稿沒有如題目所指出的充分表現「民眾」層面的戰爭記憶，包括個人記憶與集體記憶，特別是對戰爭中最大受害國的中國民眾的戰爭記憶的敘述比

較單薄。中方編寫委員會提供了中國民眾層面的戰爭體驗與歷史記憶的資料，希望能夠補充在相應部分，但是沒有被執筆者採用。

2. 中方編寫委員會雖然同意執筆者主張的，無論被害國還是加害國民眾，都是那一場戰爭的受害者的觀點。但是，中方編寫委員會也在多次會議上指出：由於發動侵略戰爭的日本國家把全體國民都動員到侵略戰爭中，所以參加了戰爭的日本軍人，也包括支持戰爭的一般民眾及被動員到軍隊中的日本殖民地的民眾，其實是具有戰爭被害與戰爭加害的雙重身份，他們的戰爭被害與被害國民眾的被害是不能等量齊觀的。如果對此認識模糊，很難在各國民眾之間實現歷史認識的相互理解。但是本章執筆者對中方編寫委員會的觀點似乎沒有理解，所以在選取實例和論述的角度上，與中方編寫委員會的主張尚有距離，目前的敘述也不充分。

3. 該章前兩節與後兩節的敘述角度脫節，沒有體現內在的連貫性。

4. 第三節關於集體歷史記憶方式所做的判斷與評價，相當程度上表現的是執筆者或者是其所在國的單方面的意見。

5. 與對殖民地民眾的戰爭受害相比，對在戰爭中受到最大傷害的中國民眾的介紹相對較少，中方委員會提供的補充資料沒有被採用。

（二）對該章敘述方面的意見

1. 第八章第一節第一部分，關於戰爭動員

在這場戰爭中，中日兩國都對民眾進行了戰爭動員，但是，動員的口號、方式及目的、意義則有本質的不同。日本是動員民眾進行對外侵略戰爭，而中國的戰爭動員是進行衛國戰爭。但這一部分僅敘述了日本的戰爭動員，對中國動員民眾進行全國抗戰的情況沒有敘述。在戰爭動員部分介紹日本軍隊對孟縣民眾的迫害，內容與標題不相符合。

2. 第八章第一節第二部分，關於「後方生活與民眾」

這一部分所介紹的後方民眾，僅僅是生活在日本本土及其殖民地（朝鮮、

台灣）的民眾。但是，在中國戰場也存在前方與後方，後方民眾一方面支援前線的戰爭，另一方面也遭到日本軍隊入侵或飛機轟炸的威脅。「躲空襲」曾是大後方民眾生活的一個重要內容。中方編寫委員會對此提供了補充內容。

這一部分關於婦女的戰爭受害，主要提出了日軍設立「慰安所」，強徵「慰安婦」的有組織性暴力行為，但那僅是戰爭中婦女受害的一種形式，而在戰爭中日軍不分時間和場合對婦女的強暴，則是日軍性暴力行為中更普遍的現象。本來，「慰安所」和「慰安婦」的概念就是從當時日本軍人的角度提出的，本身就帶有極大的侮辱性和很大的欺騙性；而將被日軍強暴的處於前線農村的婦女稱之為「慰安婦」，就不準確了。

3. 第八章第二節第三部分，關於「戰爭加害國的受害民眾」

這一部分敘述廣島、長崎民眾遭受原子彈爆炸傷害的情況。中方編寫委員會認為：廣島與長崎民眾遭受原子彈爆炸確實屬於典型的戰爭被害，是戰爭加害國民眾遭受戰爭傷害的代表。但執筆者在這裡對廣島「慘劇」的表述不能完全反映歷史學者的觀察角度，中方編寫委員會在 2001 年 11 月的會議上已經提出了意見。

4. 第八章第三、四節講述的集體歷史記憶是東亞三國極為重要的社會現象。但目前的文章主要介紹了韓、日方面的情況，而很少涉及中國的內容，沒有把握基本的平衡。中國曾針對這一情況提供了資料，但沒有被採用。

5. 第八章第三節應當分別圍繞中日韓三國的戰爭記憶進行敘述，但是對中國方面的戰爭記憶的敘述所佔比重過少。特別是執筆者提出中國與韓國一樣，存在「戰爭記憶在冷戰體制下被割斷和被抑制」的問題，中方編寫委員會也曾明確多次提出：戰爭記憶在冷戰時期是否被割斷和被抑制，中國與日本、韓國的情況有根本的不同。不能認為中、韓兩國的戰後處理處於同一層面上。執筆者認為中國總理周恩來提出「前事不忘，後事之師」的主張，是一種「對民眾歷史記憶的封鎖，旨在抑制民眾隨時表現出來的反日意識」。這一觀點帶有執

筆者的很強的主觀意識，是中方不能同意的。其實，周恩來總理的主張，恰恰表達了中國政府的一貫立場，即告誡日本方面，切不可忘記日本軍國主義者發動的侵略戰爭的歷史責任，才是對子孫後代負責任的態度。而執筆者從韓國的角度得出中、韓兩國都「封鎖民眾記憶而不直接追究日本侵略責任」的判斷，也是不準確的。

這一節的第三部分標題為「被排除在日本社會之外的少數人的歷史記憶與朝鮮半島分裂」，專門講述在戰爭中參加軍隊的出身日本殖民地（朝鮮、台灣）的人關於戰爭的歷史記憶，強調他們是單純的戰爭受害者。但是在這裡需要明確如下事實：在當時的歷史條件下，戰爭被害國的中國民眾是將其視為戰爭加害者的。

6. 第四節第三部分講述「和平意識的現狀」，提出「中國和韓國兩國的紀念館具有不少共同點，它們包括：展示日本侵略及統治有關資料；均再現受害及痛苦記憶、引發人們警惕；緬懷陣亡者、讚美英雄。然而，這類紀念設施，比起走向真正和解和建立共存意識，更容易助長集體對決意識。民眾的多種戰爭記憶被國家統攝，因此也阻礙對歷史認識開展相對認識，當然一方面日本右翼和部分保守勢力也對此提供了決定性緣由」。中方編寫委員會認為這樣的表述有片面性。其實，不僅要說明中、韓兩國紀念館的共同點，還需要說明中國與韓國紀念館的不同點。

本章執筆者提出：「和平意識方面，中國和韓國的和平紀念館尚未發展到較高的水平」，但是執筆者的理由是：中、韓兩國的紀念館「沒能站在超越國家層面的泛人類主義立場……因此沒能超越民族主義站在人道主義立場，所以尚不及真摯對待每一個陣亡者逝去的水平」。中國方面尊重執筆者對韓國和平紀念館的分析與評價，但是不能同意執筆者多次重申的中國與韓國的「共同點」。我們認為也需要重視中國與韓國是從不同的角度思考戰爭責任的實際情況，即「不同點」。

（中方委員會補充內容略）

第九章

克服過去，面向未來

　　上一世紀 90 年代冷戰局面結束後，人們期待未來的和平與繁榮，期待生活水平的大幅度提高。與此同時，隨着科學技術與經濟的不斷進步，經濟全球化的趨勢對國際關係產生了巨大影響，這一趨勢促使各國人民間的往來更加密切。

　　不斷增強的人權意識也促進了歷史認識的交流與對國際政治的判斷，為了促進人類文明的融合與發展，出現了國際對話、國際合作與區域政治、區域經濟一體化的新局面。中、日、韓三國的民眾、地方自治體與市民團體之間的跨越國境的交流日益頻繁，通過這一網絡而構築起了緊密的合作關係，國家關係也在這一背景下發生了巨大變化。

　　儘管中、日、韓三國間相互依存關係在不斷深化，但是「共同體意識」仍然沒有被培育起來。特別是在中日、韓日間，圍繞歷史問題仍然存在政治與感情方面的鴻溝。中、日、韓三國間在歷史認識問題方面的障礙究竟能否克服？東亞各國間是否存在培育共同體意識的思想與社會基礎？

第一節　1990 年以來東亞區域政治的變化

中、日、韓三國人口合計達 15 億，國內生產總值（GDP）合計佔世界將近 20%。三國互為重要的貿易夥伴，三國之間的區域內貿易額與三國外貿總額比，高於北美自由貿易區（NAFTA），僅略遜於歐盟（EU），已成為繼歐盟、北美經濟圈之後的世界第三大貿易區，而且近年來成為拉動世界經濟增長的馬達。而與北美及歐盟相比，無論是從文化還是從經濟的角度來看，在東亞建設關係更加密切的區域共同體也具有一定的歷史和現實基礎。

在具有悠久歷史的東亞地區構建共同體這一目標越來越受到人們普遍關注的時候，我們還需要對歷史的經驗加以全面的總結。

在近代意義的國民國家產生之前，東亞地區曾經有佔主導地位的「華夷秩序」（the imperial Chinese tributary system）。作為「中央」的中國希望以冊封周邊國家君主的方式保持安定局面，間接地發揮其影響力；而周邊的國家和民族則希望通過與中國的朝貢關係來取得經濟上的實際利益，同時保障國家的安全，維持內政、外交的自主權。這樣的東亞秩序與近代世界中的帝國主義對周邊的支配關係不同，但也並不是理想的東亞國際秩序的模式。

進入近代以後，日本借助與英國的同盟體制，在阻止俄國勢力南下的同時，上升為地區的「中心」，佔領台灣並統治朝鮮進而侵入中國東北，從而改變了東亞傳統秩序。然而信奉社會達爾文主義（Darwinism）的「弱肉強食」原則的日本突出自身主體性，並主張建立標榜解放東亞各民族的「大東亞新秩序」，但這卻是由霸權國家主導的、不可能成功的秩序。由於各民族的抵抗和日本在亞洲太平洋戰爭失敗，「大東亞新秩序」也最終崩潰。

戰後冷戰期間，東亞國際關係長期從屬於以美國與蘇聯為首的兩大陣營對

立之中。通過經濟、技術、軍事合作等手段，美國力圖在東亞各國導入美國式的社會體制。即，經濟方面建立美國和日本為中心的垂直關係的地區分工體系，軍事方面則建立以美國為主導的東亞安保秩序，其結果仍不能獲得東亞的認同。

後冷戰時期的東亞，在國際化與經濟全球化的衝擊下，作為這一地區主要國家的中、日、韓等國的力量對比正在發生着重大變化。從東亞秩序角度來看，今天的東亞較之過去，最大的區別就是「一強稱雄」的局面已不復存在。當代東亞國家間與民眾間密切往來和交流，為構建共同體和突破其「地理障礙」、「歷史障礙」與「認同障礙」提供了良好契機。

即便這樣，在經濟全球化的過程中，東亞各國仍面臨着共同問題。例如，在安全保障方面，首當其衝的問題是構築東亞和平局面，避免戰爭與紛爭、對立；在經濟方面，需要共同應對金融危機、商品出口、減少失業與貧困、節約能源等問題；環境方面，需要共同應對溫室化效應、禽流感、環境污染與自然災害，共同處理如 2011 年東日本大地震後產生的核事故那樣的問題；在確保人類生存安全方面，則要共同應對貧困、買賣人口、越境犯罪、毒品等問題；在政治安全方面要解決領土問題。而圍繞歷史問題的種種糾紛，也是三國共同面臨的不容忽視的問題。

在中、日、韓三個經濟大國間經濟相互依存的關係越來越密切的背景下，為培育「共同體意識」，有必要對三國間圍繞歷史問題存在的政治性、感情性的鴻溝予以解決。那麼，東亞各國間又應該如何克服歷史認識問題帶來的障礙，培育共同體意識的思想及社會基礎呢？

第二節　克服歷史問題障礙，面向未來進行努力

日軍「慰安婦」問題引發的討論

從上一世紀末開始，東亞各國民眾圍繞歷史問題給東亞造成的影響，進行了積極的努力，而市民團體在這一方面的活動十分活躍。針對歐洲的共同體的建設動向，特別是歐盟的建立，東亞的人們也在思考：歐洲模式能否在東亞實現？亞洲是否存在歐洲那樣的同一性（Identity）？

使東亞產生「歷史問題障礙」的主要原因，是近代以來日本所發動的侵略戰爭與對殖民地的統治。戰後，日本與韓國、中國相繼實現了邦交正常化，締結了和平友好條約，從法律的層面結束了戰爭狀態，但是，歷史認識層面的和解尚未實現。東亞各國的民眾之間也面臨着「克服過去，面向未來」的任務。

在冷戰局面解體，中國開始改革開放，韓國在政治體制方面實行民主化以來，日本國內企圖回復到戰前的政治勢力也有所抬頭。20世紀90年代，亞洲太平洋戰爭的受害者要求日本政府正式謝罪與賠償，提出了多宗訴訟，而這也是向日本人講述自己戰爭被害的開始。加害國成員的日本民眾在這些訴訟及其他活動中，聽到了聞所未聞的被害者的戰爭體驗，心靈在受到巨大衝擊的同時，也得到了對自己的歷史及民族差別意識加以反省的機會。

而圍繞日本軍隊強徵日軍「慰安婦」的問題，加害國的日本民眾與被害國的中國、韓國的民眾在訴訟方面的共同努力，開創了克服歷史問題障礙，面向未來努力的一種新模式。

1991年，韓國金學順老人（1997年去世）打破了將近50年的沉默，勇敢地披露了被日本政府掩蓋了多年的強徵作為日軍「慰安婦」而遭受苦難的事實，提出了關於日軍「慰安婦」問題的訴訟。在她之後，其他的被害婦女也相

繼站出來控訴日本軍隊的暴行。而到現在，已經有韓國、中國（包括台灣）、
菲律賓、荷蘭等國的 93 位婦女提出的十起訴訟案。這些訴訟是被害國的民眾
與加害國日本的民眾共同展開的。在曾經的加害國日本，有人呼籲民眾應回應
戰爭被害國民眾的訴訟，應將訴訟作為改變自己錯誤歷史認識的契機，研究者
還通過這一訴訟深化了自己的民眾史研究。

　　追究日軍「慰安婦」問題，其目的不僅是促進日本清算歷史問題，更重要
的是，可將其推廣到國際社會，促進對婦女權利的關注與婦女地位的提高。
1991 年前後提出的日軍「慰安婦」問題，與當時發生在原南斯拉夫的對婦女的
有組織的性暴力，對世界女性以極大的衝擊。於是 1993 年第二屆聯合國世界
人權大會 NGO 會議，認為：性暴力是長期漠視對婦女的結構性性別歧視的結
果，會議還討論了戰時的性暴力及對過去的行為不加以處罰，以至現在仍在發
生的世界共通性的女性人權問題。

　　在許多女性 NGO 團體的努力下，發表了《維也納宣言及行動綱領》，明
確提出女性人權是普遍人權中不可缺少、不可分割的一部分，指出武力紛爭時
經常發生的對婦女的強姦等性暴力就是對人權的侵害，特別強調對有組織的強
姦、性奴隸（「慰安婦」制度等）、強制性妊娠必須採取有效的對應措施，這
是從女性的角度深化了基本的人權理念。進而，在 1998 年通過的《國際刑事
法院規約》中，明確將強姦、性奴隸、強制妊娠等性暴力行為列為對人道的犯
罪，規定了對加害者的處罰。

　　由日本的女性民間團體發起，2000 年由各國戰爭被害者與 NGO 組織，以
及國際著名的法律專家、研究者參與的追究日本國家與個人的加害責任的「侵
犯女性權利國際戰犯法庭」開庭。通過對證人的詢問，依照國際法根據證據
進行審理，在第二年判定日本政府及包括昭和天皇在內的十名舊日本軍高官有
罪，這是對追究日軍「慰安婦」制度極不充分的東京審判的糾正。法庭認定日
軍「慰安婦」制度是性奴隸制度，是「對人道的犯罪」，是從保障女性人權的

立場對海牙和平會議通過的《陸戰法規與慣例公約》的修正，撫慰了戰後始終在心靈的傷害中苦苦掙扎的被害女性。

　　提交到日本法庭的關於日軍「慰安婦」的訴訟雖然均未能對受害人予以賠償，但多數判決結果都認定了日軍「慰安婦」被害事實，而有的判決否定了成為戰爭被害賠償訴訟難以逾越之障礙的所謂「國家無答責」❶理論，有的判決指出了日本政府的立法不作為的責任，也有的判決建議從立法與行政的角度對被害者予以救濟。1997年，日本初中的全部歷史教科書都記述了日軍「慰安婦」問題，從而使持有危機感的右派勢力感到恐慌。此後，教科書出版社考慮到中學歷史教科書在審定與選擇方面的壓力，而逐漸將日軍「慰安婦」的記述刪除了，而NHK關於「戰犯法庭」報道在播放時也被篡改，有意將日軍「慰安婦」問題加以掩蓋。

　　針對日本政府拒絕向被害者正式謝罪和賠償的態度，2007年美國國會眾議院，歐盟和許多國家的議會均通過決議，明確地要求日本政府公開、正式地就對女性實施的性奴隸致歉並擔負起歷史責任。另外，聯合國人權委員會、消除女性差別委員會等各人權條約委員會、國際勞工組織也相繼呼籲日本政府盡快解決日軍「慰安婦」問題。日軍「慰安婦」問題之所以引起國際社會的關注，是以韓國、日本女性為首的各國女性團體跨越國境的聯合運動的結果。

　　而從1992年1月以來，「韓國挺身隊問題對策協議會」每周星期三都在位於首爾的日本駐韓國大使館門前集會，要求日本政府就侵略戰爭期間強迫婦女充當日軍隨軍「慰安婦」道歉、賠償，懲罰相關責任人，並要求將這段歷史寫入日本歷史教科書中。2011年12月14日，「韓國挺身隊問題對策協議會」

---

❶ 所謂「國家無答責」是日本法院對不給予戰爭被害者賠償的理由，其解釋為：訴訟原告提出的事由係1947年的國家賠償法實施之前發生，當時適用的是日本舊憲法。而在日本的舊法下，由於國家行為而對個人產生的損害，國家不負擔賠償的責任。

韓國市民舉行了第1000次「星期三抗議」活動後樹立的少女像「和平之碑」（韓國挺身隊問題對策協議會提供）

與韓國市民在日本駐韓國大使館前舉行了第1000次「星期三抗議」活動，並且樹立了少女像「和平之碑」。

　　這樣，包括被害女性在內的亞洲與世界的婦女聯合行動，使圍繞日軍「慰安婦」問題的有關各國的聲音成為了世界性的歷史記憶。在排外的民族主義助長民族差別與性差別意識的時候，圍繞日軍「慰安婦」問題的努力則是在努力消除那種差別意識。

為面向未來而進行的戰爭賠償訴訟

　　除針對日軍性暴力的訴訟外，從 1990 年到 2000 年，就日本在戰爭中強制徵用勞工、日軍遺棄化學武器的傷害、南京大屠殺及平頂山事件中的傷害、重慶的無差別轟炸中的傷害等，中國的戰爭被害者均向日本政府提出了謝罪與賠償的訴訟，韓國與朝鮮的原 BC 級戰犯也向日本政府提出了要求謝罪與賠償的訴訟，韓國的原子彈被爆者就被強制徵用、受到原子彈爆炸和戰後日本政府對其不聞不問的無作為責任提出了補償要求。這些訴訟與日本軍隊「慰安婦」訴訟一樣，都是被害國的人們與加害國的人們作為市民的共同運動而展開的。

　　從 20 世紀 90 年代末開始，受害人主要的目標是日本政府承認歷史事實並正式謝罪，通過訴訟這一法律形式清算日本的歷史責任。

　　儘管對戰爭受害者的訴訟表示理解並予以支持的日本人在全體日本人中只是很少的一部分，但是，他們對日本在戰爭中的侵略與殖民統治有責任意識。其實，自上一世紀 50 年代開始，就有一系列促進市民歷史認識的活動，如以「中國歸還者聯絡會」為代表的原日本軍人組織的活動，70 年代開始對殘留在庫頁島上的朝鮮人及韓國原子彈被爆者的關注，進入 80 年代後記者對南京大屠殺及 731 部隊實況的採訪等，進而發展到傾聽被害者控訴的證言集會和在各地區進行的各種各樣的和平運動。於是，日本人關於戰爭被害和戰爭加害的認識也有了變化。例如，在上世紀五六十年代的反對使用核武器運動時期，還沒有注意到日本以外的亞洲的原子彈被爆者，而到 1972 年，作為被爆者的栗原貞子❶就對此有所覺悟，所以她說：「當我們說起『廣島』，那不是簡單的地名；說起廣島，我們會想起珍珠港的襲擊；說起廣島，我們會想起南京的屠殺；說

---

❶　在廣島原子彈爆炸中受害，後來以原子彈爆炸為題材從事詩歌創作。

起廣島，我們會想起血與火的歲月……」

在要求戰後補償訴訟接連敗訴的時候，也有一些例外。如三菱公司在戰爭中徵用的工人就遭受原子彈爆炸的傷害提出的訴訟，經日本最高法院審理，在2007 年判定日本政府應對戰後去了外國的原子彈被害者負責，予以賠償。而鹿島組（現鹿島建設）花岡礦山勞工的損害賠償訴訟，則以鹿島建設公司表示承認企業責任，對全體被害者予以慰靈，同時將五億日元基金委託中國紅十字會而落下帷幕；另外，西松建設公司安野事業所中國勞工的訴訟，儘管原告的請求被拒絕，但西松建設公司與原告基於日本最高法院的判決附屬意見而進行了「和解」。「和解」的內容中包含了承認歷史事實，真誠謝罪，對尚不清楚的問題繼續進行調查及為了教育後代而建立紀念碑等內容。這一結果也影響到了對西松建設公司信濃川事業所提出的同樣內容的勞工訴訟。不過，對於這樣的「和解」，中國與日本內部也存在不同意見。

在日本國內也有訴訟。廣島的原子彈被爆者認為：投放原子彈違反了禁止無差別轟炸的國際法，而《舊金山和約》放棄了個人的請求權，因此國民的損害賠償請求權被放棄，這是違反憲法規定的保障國民幸福追求權與財產權的行為。而日本政府若為締結和平條約而利用被爆者權利的話，就應對被爆者予以國家補償。這一向國家提出的損害賠償請求訴訟是在 1955 年。這一訴訟提出了一個共通性的問題，即日本政府一直以《舊金山和約》和其他的兩國間條約為理由而否定亞洲被害者的要求是不正當的。

1995 年開始實施對原子彈被爆者的「被爆者援護法」，由於對被爆地和被爆症狀等都有苛刻的限定，被爆者們現在正在進行要求對全體被爆者予以國家補償的訴訟。而政府認為適用於「被爆者援護法」與戰爭被害的受忍程度有關，而且該法律並不適用於居住在海外的受害者。對於海外原子彈被爆者的保障是從 2007 年才開始的。

日本各地都有記錄遭受空襲的市民組織的活動，而在 2007 年，東京、大

阪的空襲被害者也在當地提出了要求國家賠償的訴訟。這一訴訟對政府的戰爭被害受忍程度論進行了批判，指出非人道的無差別轟炸的被害直到今天仍然存在。另一方面，遭受美軍無差別轟炸的被害者與遭受日軍無差別轟炸的被害者開始了交流（2000 年前後，在學術研究領域也觸及到了歐洲的無差別轟炸的問題）。這些交流表明了戰爭被害者對戰爭的冷酷性與非人性的譴責。儘管戰爭加害國的國民與戰爭被害國的國民的區別是不能抹殺的，但戰爭加害國的國民確實受到了戰爭的傷害。

而在韓國，戰後初期以建立民主主義的國家為前提，對在殖民地時期出於自身利益和自我保護考慮而與日本侵略者聯手，背叛民族共同體的叛徒（親日派）進行了檢舉和追究，但由於美國的軍政干涉而受挫。其後，許多爭取民主的人士或被獨裁者政權剝奪權利，或人權遭蹂躪，名譽受到傷害。進入 90 年代後，對民主化運動的犧牲者予以補償，恢復朝鮮戰爭時期韓國軍隊製造的屠殺事件的犧牲者名譽等活動開展起來。而進入金大中政權與盧武鉉政權的十年間，人們認識到當年日本統治的協助者、韓國獨裁時期的協助者與統治者、韓國獨裁政權的統治組織的殘存，是韓國社會民主發展的障礙。為了清算過去，在政府的支持下成立了許多委員會，同時調查真相，並利用民眾的捐款，在民間的努力下，製作了大部頭的《親日人名辭典》。這些活動不僅針對日本統治時期的協助者，而且針對本國獨裁時期的當事人、協助者，通過對那些人和事的追究而克服過去的活動一直在持續着。

進入 21 世紀初，韓國努力克服過去歷史問題的活動有了新的發展。2000年，以「侵犯女性權利國際戰犯法庭」開庭為契機，為了清算歷史問題，撫慰受害者的傷痛並緩和社會糾紛，受害者團體、律師、民眾團體、學術界聯合起來，共同展開了制定特別法的運動。其結果是在 2004 年制定了《關於查清日帝強佔下強制動員受害真相特別法》，查明歷史真相和進行部分補償，這一委員會後來更名為「對日抗爭期強制動員受害調查和國外強制動員犧牲者支援委

員會」。由受害國自發設立機構查明強制動員受害事實並提供部分補償，這種努力在世界範圍內都是罕見的。韓國展開這一歷史清算運動，對開拓未來的韓日關係和奠定東亞地區和平環境的基礎都會起到積極作用。

在中國建立的中國人權發展基金會（NGO），是西松建設公司向信濃川事業所的勞工被害者支付補償金的接受窗口。而中國山西省的八路軍太行紀念館及長治市人民對外友好協會與參與中國受害女性訴訟的日本各團體一起，從2009年11月開始，舉辦了「二戰時期日軍對女性的犯罪圖片展」。促成展覽成功的骨幹力量是日本的「山西歷史究明會」與「女性的戰爭與和平資料館」等日本女性團體，也有山西大學的學者們。三國的市民們就是這樣通過一點一滴的努力使過去與未來聯繫起來。

另外，1998年，韓國在為曾經被強迫作為日軍「慰安婦」的受害婦女建立的「婦女之家」❶中建立了「日軍『慰安婦』資料館」；2005年在日本建立了「女性的戰爭與和平資料館」；進而2007年在上海，2008年在馬尼拉，2009年在台北，2010年在雲南省的龍陵縣，也都建立了相關的資料館。韓國首爾的「戰爭與女性的人權博物館」2012年開館。這些資料館都承擔了向年青一代傳遞歷史記憶，研究歷史過程，建立面向未來的歷史認識的責任。中日韓三國的市民們都通過實際行動在思考、記憶着歷史。

---

❶ 在韓國，為了安慰和照顧年老體弱的曾遭受日軍性暴力的婦女，為她們修建了集體居住的地方，被稱為「婦女之家」。

第三節　促進歷史認識跨越國境

建設東亞的和平共同體，需要建立跨越國境的歷史認識。2006 年，德國與法國共同編寫的歷史教科書現代史部分《1945 年後的歐洲與世界》（*Europe and the World since 1945*）出版，這是德國與法國從上一世紀 30 年代就開始了的努力的結果。而德國與波蘭也從 1972 年起開始了同樣的共同研究工作，其研究結果已經開始對編纂教科書產生了影響，於 2010 年提出了對編寫歷史教科書的建議。這些都被認為是在建立跨越國境歷史認識方面的成功典範。

與歐洲的情況相比，亞洲，特別是中國、日本、韓國等國之間在歷史認識問題方面的差異被凸顯出來。那麼，中日韓三國間是否可以進行歷史問題的對話，進而建立跨越國境的歷史認識呢？其實，近年來中日韓三國學者與教育者之間也在為跨越國境的歷史認識的建立而進行着有意義的嘗試與努力。

1982 年，日本文部省審定的高中歷史教科書對日本侵略亞洲與實施殖民統治的敘述或簡化或省略而發生了退步❶，這一情況經媒體報道後，圍繞日本侵略和統治的歷史和歷史教育問題開始受到了人們的普遍關注。以教科書問題為契機，東亞的學者與教師、民眾開始在歷史認識問題上進行對話。

韓、日兩國的歷史學者與教師探討歷史教科書問題，並試圖開展歷史教科

---

❶ 在1982年的日本歷史教科書審定過程中，多數教科書將日本「對外侵略」改為「對外進出」。6月26日，日本各大媒體報道了前一日結束的文部省對教科書審定的結果，在國際社會引起軒然大波。為此，日本的鈴木善幸內閣通過官房長官宮澤喜一發表了被稱為「近鄰諸國條款」的談話，表示政府在審定教科書的時候要「從國際理解與國際協調的角度考慮近鄰亞洲各國對近現代史的認識」。後來，有人為改變政府這一立場，提出所謂的媒體「誤報」與外國干涉內政的問題。而據當時文部省初等中等教育局長鈴木勳1982年7月27日接受朝日新聞記者採訪時承認：「教科書問題」事出有因，至少有兩處有關「侵略」的記述是根據文部省教科書審定委員會的「改善意見」修正的。（《朝日新聞》1982年7月27日「鈴木初中局長に聞く」）。可見強調所謂「誤報」是企圖掩蓋問題的本質。

書的對話，主要檢討記述近代日韓關係的日本教科書內容，通過此次對話建立了人脈關係，在日韓兩國通過多種網路渠道開展學術交流。中國在改革開放後，擴大了與日本、韓國學者間的學術交流，也開始意識到在歷史認識上擴大視野的必要性。

上世紀 90 年代中期，由於日本社會再次發生了對歷史教科書的攻擊，歷史認識問題再次引起東亞社會的關注。1997 年，韓國教科文組織委員會召開國際研討會，邀請在德國和波蘭、德國與法國間從事歷史教科書對話的學者與教師參加，儘管日本方面沒有出席，但是此次會議是首次摸索在東亞地區進行協作的一次研討會。會後，部分與會者展開了具體活動，並於 2007 年在日韓兩國出版發行了《日韓交流的歷史》一書。

跨國間的共同合作開展於上世紀 90 年代後期，當時，日本一些大學分別組織了由日本、美國、中國（包括台灣）、韓國學者參與的關於「東亞的相互認識與誤解」的研究，就東亞歷史認識的問題點進行討論，並提出了研究報告。

進入 21 世紀後，東亞各國學者與教師的共同研究的局面有了新的進展，並且出現了新的成果。

2001 年，日本右翼團體通過「新歷史教科書編纂會」編寫宣揚狹隘民族主義與皇國史觀的歷史教科書。日本文部省審定通過後，立即引起東亞地區關於歷史認識的再次紛爭。中、日、韓三國的有識之士對日本右翼與保守勢力歪曲歷史的行為提出批判，並展開了積極的合作。三國歷史學者、教師和市民團體相關人員在共同批判日本扶桑社《新歷史教科書》的過程中，於 2002 年 3 月在中國南京召開「歷史認識和東亞和平論壇」。在論壇上，與會的歷史學者、教師、市民團體負責人一致同意今後通過具體合作繼續探討建立超越國境的歷史認識問題，形成每年一次的論壇機制，共同探討東亞地區形勢、歷史教育現狀等有關問題，同時開始共同編纂面向三國青少年與一般讀者的歷史教科書的輔助教材。如今，這一工作已經進行了十個春秋。而在 2005 年出版發行的面

向未來的《東亞三國的近現代史》，就是這一共同研究工作的第一階段的成果。另外，「歷史認識和東亞和平論壇」每年還舉辦三國的青少年歷史學習夏令營等交流活動。

現在，三國學者與教師組成的共同委員會仍在繼續進行努力，在第一本教科書輔助教材的基礎上進行深入的研究，在充分討論與研究的基礎上共同編寫新的共同研究成果。

上述跨越國境的共同歷史研究與編寫教材的努力雖然表現形式不同，共同研究的深入程度不一，但建立跨越國境的歷史認識的目標是共同的，即一是力圖擺脫各國在世界歷史的敘述中受西方中心論影響較大的問題，提高關於亞洲敘述的比重，二是處理本國歷史與東亞歷史的關係，特別是思考能否建立「超越本國歷史框架的東亞史」的問題，在這裡，「超越」是一個很重要的概念。

2009 年中日韓三國青少年歷史學習夏令營青年們寫下的對東亞和平的期待

　　這一時期，由政府主導的歷史共同研究也拉開了序幕。先是日本與韓國在2002年開始了共同歷史研究，在2005年告一段落後，於2006年開始了第二期的共同研究，2009年結束。中國與日本的共同歷史研究從2006年起經過三年的努力，已經發表了研究報告。研究報告明確日本對華戰爭的侵略性質和一系列侵略事實，作為確立解決中日歷史問題的基本原則，研究報告引起國際社會的關注。

　　對於歷史認識問題跨越國境的努力，各方評價大不相同。有的表示歡迎，有的感到不可思議，甚至有的提出批評，表示反對。這是因為歷史問題的對話存在於政治、感情與學術研究三個不同的但又相互聯繫的層面。

　　政治層面的對話涉及對日本的殖民統治與侵略戰爭性質的政治判斷。政府與政治家需要態度鮮明地譴責侵略戰爭與殖民統治，在大是大非的原則判斷問題上不容含糊。

　　民眾層面的對話是要解決東亞各國民眾因不對稱的歷史體驗而產生的認識的差異，不同的歷史體驗造成的民眾間的認識差異，具有比較明顯的感情因素，需要民間的深入交往而達到相互理解。對於同時具有戰爭被害與戰爭加害雙重角色的日本國民來說，應正視「加害意識缺失」的問題。

　　學術層面的對話，主要解決兩國歷史學研究中因資料的使用、研究方法的差異及歷史體驗的不同而產生的認識差異問題。三國學者與教師正在進行的共同研究，正是為解決這一層面的問題在進行努力。

　　三個層面在現實中並非涇渭分明，而是相互交錯，相互影響，呈現出十分複雜的局面。把政治層面的問題作為學術研究的問題思考，就會失去方向，被導入無盡無休的爭論。期望通過經院式的討論使民眾感情層面的問題獲得緩解，也是理想主義的表現。學者從學術領域進行研究，不要使學術分歧擴大到兩國民眾的感情層面，更不要轉化為政治問題。

　　戰爭已經結束60年，直接經歷過戰爭的人到現在越來越少，他們的戰爭

體驗對後代人的影響力也越來越小。據統計，現在的人口中，戰後出生的佔
70％以上。40～60 歲的人，可能從上一輩人的口中得到關於戰爭的部分感性
知識，而 20 歲左右的青少年，甚至從父母的口中，也難以得到關於戰爭的感
性的認識。所以，對於多數人來說，應當避免在戰爭歷史的認識上的空洞化與
抽象化的傾向。對於許多年輕人來說，戰爭是久遠的過去，戰爭就像遊戲一樣，
只有在電腦的虛擬的空間中可以看到。持有這種空洞化與抽象化的戰爭認識的
青年人，很容易被引導到錯誤的道路上，特別是引向狹隘的民族主義的方向。
為消除這種危險的傾向，學者要引導青年一代對戰爭歷史有更深刻和全面的瞭
解，特別是要通過歷史教育使青年一代擴大視野，從更廣闊的視角思考東亞的
歷史與未來。

　　本書的編寫是前述中日韓三國學者、教師、市民團體的代表編寫面向未來
的歷史教科書輔助教材工作的第二階段工作。

　　從研究、教育的角度看，中、日、韓三國間存在着相當大的差異。而以此
為背景進行三國共同研究與歷史教材的編纂並非易事。例如，某些問題的研究
在一個國家已經取得了新的進展，但在其他的國家也許並不為人所知或尚不被
承認。而作為共同的教材，如果不能反映各國最新的研究成果，無異於倒退，
而且會招致批判。但是，編寫共同的歷史教材與本國的歷史研究又是在不同的
方向上活動。例如，離開了朝鮮半島與中國大陸，日本史其實不能成立，日本
的研究與教育從經驗中意識到不能只看到本國的存在。如果對此沒有自覺，就
有可能陷入以一國史為中心的束縛中。

　　我們主張的歷史的共有，並不是將所有的認識統一在一種認識之下。只有
通過對話，才能理解與自己生活環境不同，教育背景有差異的現實，才能理解
為什麼對歷史有不同的觀察角度。為了跨越那樣的不同，並不能要求對方同自
己一致。我們能夠做的，只能是主動地調整自己的視角，爭取對方的回應。當
然，我們也不主張無原則的讓步、妥協與折中，而是希望在承認相互差異的基

礎上，構築信賴關係，不懈地研究討論。遇到對立或不一致的意見，要有反復討論、陳述意見的思想準備。

　　《東亞三國的近現代史》在 2005 年發行後，韓國的一名女高中學生讀到了其中描寫的沖繩作戰，才知道日本的戰爭被害與今天的沖繩美軍基地問題的關聯，而那是此前韓國的歷史教育中從未講過的知識。瞭解了沖繩人在沖繩戰中是被日本軍人殺害的事實後，這名女學生給在天國的「姬百合學生隊」❶的女學生們寫了如下的信：

　　沖繩作戰到現在已經六十多年過去了，雖然遭受歷史性創傷的沖繩變成了觀光地，而別有用心的當權者們還竭力掩蓋事實，期望你們對當年製造災難的日本軍隊的怨恨隨着歲月的流逝而被淡忘，但是，請不要擔心，我們不認為你們的死毫無意義。為了不使第二個沖繩出現，為了不使無辜的人受傷害，我們會不斷地努力。也請你們在天國裡為我們聲援。

　　從這封信中可以看出，這位韓國的高中學生能夠接受當年的殖民地宗主國日本的女學生也是戰爭被害者的觀點。當然，那是在她接受了新的歷史知識後發生的新變化。這就向日本的年青一代提出了一個尖銳的問題：應當如何回應這位韓國女高中生呢？

　　努力超越自己而瞭解歷史、認識歷史絕不是有人批評的所謂的「自虐」。相反，認識到自己知識的缺欠，積極地與對方進行對話是很需要的事情。有時

---

❶ 沖繩作戰期間，由沖繩第一女子高中和沖繩師範學校女子部的240名女學生被動員起來在日軍陸軍醫院服務，以兩校共同的宿舍「姬百合」命名，為「姬百合學生隊」。在戰爭中陣亡136人，其中10人是被日軍強制要求「集體自殺」的。戰後，在沖繩建立了「姬百合塔」，以紀念在戰爭中陣亡的沖繩女性。

可能會發生自己的意見被否定，可能出現徘徊、困惑的情況。但是，與對方及過去歷史的對話，可能恰恰也是自己成長的標誌。人類的成長過程就是通過歷史對話而瞭解對方的歷史體驗，也就是歷史認識的共有。

近年來，隨處可見關於東亞共同體的話題，當然在許多場合下是指國家層面的經濟聯繫。但是，也需要關注有別於國家的角度，即基於個人經驗對東亞共同體的觀察，因為經濟不能代表一切。東亞共同體並不是已經成型的事物，也不是天然的或者是什麼人在什麼時候肯定會創造出來的事物。那是一個還在不斷變化、不斷修正中的事物。不同的人對「東亞」這一概念有不同的理解，所謂東亞，其實是具有多樣意味的、並不固定的概念。從這個意義上提出東亞，其實是為對話提供一個平台，是為面向未來打開一扇窗戶。

如何定義東亞？東亞共同體應具備哪些特徵？這是今天人們正在議論的問題。而我們希望記憶歷史，是迫切認為有必要面向我們的未來，跨越國境地進行對話。為此，我們必須面對過去戰爭的歷史和留到今天尚未解決的課題。促進跨越國境的歷史認識，是生活在今天的人們必須正視的課題。

後記

　　在編寫這部「新書」之前，來自中日韓三國的編者們已經有過四年共同工作的經歷，但我們仍然意識到編寫這本「新書」的過程不會一帆風順。果然，在本書即將出版的時候，回頭來看第二輪長達五年的編寫進程，回顧十數次的會議和難以計數的電子郵件，使我們深刻體會到：在具有不同社會環境、歷史研究以及教育背景的三國之間，共同編寫歷史教科書是多麼難的一件事情，在第一本《東亞三國的近現代史》的基礎上實現突破，真可謂克服了重重難關。

　　在決定了「新書」由上下兩卷構成後，我們首先就上卷圍繞國際關係的東亞三國結構變動內容的時期劃分展開了討論。由於是在第一本《東亞三國的近現代史》的基礎上共同工作，圍繞這一問題的意見比較接近，均認為戰爭與革命、國際秩序的急劇變化是從結構上改變東亞三國關係的重要歷史因素。但是，就具體事件的分析和評價，三國學者間仍存在相當大的分歧，如對中日甲午戰爭在東亞近現代史的發展中具有什麼樣的重要性，就是見仁見智的。儘管對許多問題未達成一致意見，但是通過多次會議與討論，各方的認識均有調整。

　　對於下卷九章所涉及的專題，中日韓三國學者先是單獨提出方案，通過比較進行調整，明確以民眾生活和文化為重點，一方面反映國家理念和政策的影響，同時也能夠反映當時的社會面貌，決定了八個專題內容。而第九章則對三國的未來發展提出期望。

　　本書的結構確定之後，接着決定內容編寫的執筆原則。即以「章」為單位確定執筆者，編寫出初稿後，由三國學者共同討論定稿。這樣做是為了強化「共同編寫」這一宗旨，避免出現平行敍述三國歷史的問題。在落實了初稿的執筆

者後，進入正式編寫階段。從 2009 年 3 月的首爾會議開始，對上卷稿件進行討論，而 8 月的北京會議，則開始討論下卷內容。

從那以來，每次會議都對各章的內容進行討論和修改，部分章節甚至進行了較大的調整，使初稿在共同研究的基礎上逐步完善。最初的書稿當然包含了執筆者個人的認識與研究結果，但經過反覆的討論與修改，書稿則在各國研究成果的基礎上發生了新的變化。從這一意義上說，「新書」的內容已經超出了各章執筆者的思維框架，而是參與編寫的三國學者的共同的研究成果。

除了內容方面的問題外，「新書」編寫中的事務方面的具體工作也存在很多困難。例如，由於語言的差異所帶來的篇幅不一的問題，稿件的傳送、接收及翻譯等問題，都十分繁瑣與繁重。承擔這些工作的三國的事務局的成員們，還要為籌備各次會議和準備會議資料花費大量時間和精力。原稿均由執筆者用本國語言寫成，每次討論前均需翻譯成另外兩國的文字，而會議則要使用三國語言進行討論。因此，擔任翻譯和口譯的助手們，在這本書的出版上起到了決定作用。在「新書」編寫的六年多的時間裡，若沒有他們的默默付出，我們的工作實在是難以順利推進的。在此，我們要向他（她）們表示最衷心的感謝。

此外我們還要向負責本書出版的三國的出版社表示深深的謝意。三國出版社的編輯其實從一開始就參與設計、編寫與討論的過程，從編輯的角度審視內容，提供了許多建設性的意見。他們的工作遠遠超出了單純的編輯業務。

我們希望三國的讀者們能夠通過閱讀本書，在瞭解東亞近現代史的基礎上，積極地、活躍地進行觀點的交流，並期待諸位將想法傳達給我們。這部書如果能在消除東亞歷史認識的糾葛與誤解、創造和平氣氛、促進東亞和平共同體的建設上起到積極的作用，將是我們最大的喜悅。

中日韓三國共同歷史編纂委員會

2012 年 5 月

中日韓三國共同歷史編纂委員會
委員及編寫者名單

中國（中日韓三國共同歷史編纂委員會）

步　平　中國社會科學院近代史研究所研究員

汪朝光　中國社會科學院近代史研究所研究員

榮維木　中國社會科學院近代史研究所《抗日戰爭研究》編輯部編審

王奇生　北京大學歷史系教授

李細珠　中國社會科學院近代史研究所研究員

金以林　中國社會科學院近代史研究所研究員

馬曉娟　中國社會科學院近代史研究所助理研究員

李長莉　中國社會科學院近代史研究所研究員

高士華　中國社會科學院近代史研究所研究員

杜繼東　中國社會科學院近代史研究所研究員

畢　苑　中國社會科學院近代史研究所副研究員

徐志民　中國社會科學院近代史研究所助理研究員

楊　群　社會科學文獻出版社編審

徐思彥　社會科學文獻出版社編審

朱漢國　北京師範大學教授

【執筆】

李細珠　晚清至民國初年的中國政治史、思想文化史（上卷第三章）

榮維木　抗日戰爭史、中共黨史（上卷第五章）

金以林　中華民國史（上卷第五章）

馬曉娟　中日關係史（上卷第五章　下卷第七章）

王奇生　中國近現代史（下卷第三章）

汪朝光　中國近現代史、電影史（下卷第七章）

步　平　中日關係史、東北亞國際關係史（下卷第九章）

【翻譯】

〔日文〕

馬　靜　中國社會科學院近代史研究所博士後研究員

于文浩　中國社會科學院經濟研究所助理研究員

高瑩瑩　中國社會科學院近代史研究所助理研究員

廖敏淑　台灣政治大學講師

〔韓文〕

金菊花　山東大學外國語學院韓語系講師、山東大學文學與新聞傳播學院博士
後研究員

李平秀（韓國）　中國社會科學院近代史研究所博士後研究員（韓國成均館大
學派遣）

金成鎬（韓國）　北京師範大學歷史系博士研究生

段慧君　中國社會科學院計算機網絡中心

日本（日中韓三國共同歷史編纂委員會）

伊香俊哉（Iko Toshiya）　都留文科大學文學部教授

伊勢弘志（Ise Hiroshi）　明治大學兼任講師、櫻美林大學非常勤講師

上山由里香（Ueyama Yurika）　成均館大學大學院博士後期課程

小笠原強（Ogasawaara tsuyoshi）　專修大學大學院研究生

大日方純夫（Obinata Sumio）　早稻田大學文學學術院教授

笠原十九司（Kasahara Tokushi）　都留文科大學名譽教授

齋藤一晴（Saito Kazuharu）　明治大學、都留文科大學、關東學院大學、高中社會科非常勤講師

宋連玉（Son Younok）　青山學院大學經營學部教授

田中正敬（Tanaka Masataka）　專修大學文學部教授

田中行義（Tanaka Yukiyoshi）　原高中教師、歷史教育者協議會常任委員

俵義文（Tawara Yoshifumi）　兒童與教科書全國網絡 21 事務局局長、立正大學心理學部非常勤講師

坪川宏子（Tsubokawa Hiroko）　原高中教師、「慰安婦」問題解決總連帶網路事務局局長

戶邊秀明（Tobe Hideaki）　東京經濟大學經濟學部準教授

早川紀代（Hayakawa Noriyo）　綜合女性史研究會代表

本莊十喜（Honjo Toki）　關東學院大學非常勤講師

松本武祝（Matsumoto Takenori）　東京大學大學院農學生命科學研究科教授

丸浜江里子（Maruhama Eriko）　原初中教師、歷史教育者協議會

宮川英一（Miyagawa Hidekazu）　專修大學大學院博士後期課程、專修大學社會知性開發研究中心 R・A

【執筆】

大日方純夫　日本近代史

　　　上卷第一章欄目「古代琉球」

　　　上卷第二章

　　　上卷第二章欄目「如何看日本的大陸政策」

　　　上卷第三章欄目「國際政治與朝鮮中立化構想」

　　　下卷第一章

笠原十九司　中國近現代史

　　　上卷第七章

　　　上卷第七章欄目「中國『文化大革命』與東亞」

　　　「東亞反對越南戰爭運動」

　　　上卷第八章

　　　上卷第八章欄目「從紛爭到交易——中俄邊境的島嶼」

　　　「東京・首爾・北京奧運會的時代」

　　　「東盟共同體的建立與發展」

松本武祝　朝鮮近代史

　　　下卷第二章

早川紀代　近代日本女性史

　　　下卷第五章

戶邊秀明　日本現代史

　　　上卷第六章欄目「沖繩美軍軍事基地」

【翻譯】

〔韓文〕松本武祝・上山由里香・宋連玉・田中正敬

〔中文〕小笠原強・齋藤一晴・宮川英一

韓國（亞洲和平與歷史教育連帶 韓中日共同歷史教材委員會）

金聖甫（Kim Seongbo）　延世大學史學科教授

金正仁（Kim Jeongin）　春川教育大學社會教育科教授

金漢宗（Kim hanjong）　韓國教員大學歷史教育科教授

朴三憲（Park Samhun）　建國大學日語教育科教授

朴中鉉（Park Joonghyun）　良材高等學校歷史教師

朴鎮希（Park Jinhee）　國史編纂委員會編史研究官

辛珠柏（Sin Juback）　韓方委員會委員長、延世大學國學研究院HK研究教授

王賢鐘（Wang Hyeonjong）　延世大學歷史文化學科教授

河棕文（Ha Jongmoon）　韓神大學日本地域學科教授

李寅碩（Lee Inseok）　全國歷史教師協會企劃委員，原高中歷史教師

崔仁榮（Choi Inyoung）　韓方委員會幹事、亞洲和平與歷史教育連帶政策企劃部部長

【執筆】

朴三憲　日本近代史

　　上卷第一章

　　上卷第一章欄目「東亞地區冊封朝貢關係」

金正仁　韓國近代史

　　上卷第四章第一、第二節

　　上卷第四章欄目「中日韓三國對華盛頓會議的不同理解」

辛珠柏　韓國近現代史

　　上卷第四章第三、四節

　　上卷第四章欄目「朝鮮三一運動和日本改變對朝殖民統治方式」

下卷第四章第一節

下卷第八章第三、四節

金聖甫 韓國現代史

上卷第六章第一、第二節

上卷第五章欄目「對原爆的不同解讀」

上卷第六章欄目「對朝鮮戰爭的不同解讀」

朴鎮希 韓國現代史

上卷第六章第三、四節

朴中鉉 歷史教育

下卷第四章第二、三節

河棕文 日本近現代史

上卷第四章欄目「蒙古獨立」

下卷第四章第三節

下卷第八章第一、二節

金漢宗 歷史教育、韓國近現代教育史

下卷第六章

王賢鐘 韓國近代史

上卷第一章欄目「中日韓三國對萬國公法的認識」

上卷第二章欄目「清王朝對朝政策」

【翻譯】

〔中文〕**都熙繻** 首爾外國語大學院　韓中通譯翻譯學科助教授、通譯‧專門翻譯

〔日文〕**姜惠楨** 通譯‧專門翻譯　**崔仁榮**

責任編輯　俞　笛

書籍設計　鍾文君

書　　名　**超越國境的東亞近現代史（下卷）**

著　　者　中日韓三國共同歷史編纂委員會

出　　版　三聯書店（香港）有限公司
　　　　　香港北角英皇道 499 號北角工業大廈 20 樓

　　　　　香港浸會大學當代中國研究所
　　　　　香港九龍塘浸會大學道 15 號
　　　　　教學及行政大樓 13 樓 AAB1301 室

香港發行　香港聯合書刊物流有限公司
　　　　　香港新界大埔汀麗路 36 號 3 字樓

印　　刷　中華商務彩色印刷有限公司
　　　　　香港新界大埔汀麗路 36 號 14 字樓

版　　次　2013 年 9 月香港第一版第一次印刷

規　　格　16 開（168 × 230 mm）下卷 364 面

國際書號　ISBN 978-962-04-3409-9（套裝）